Entraînement intensif

Prépabac

Tle S

Physique-Chimie

SPÉCIFIQUE & SPÉCIALITÉ

Joël Carrasco
Professeur certifié de sciences physiques
en terminale S
au lycée Marcel-Magnol à Marseille

Christian Mariaud
Professeur agrégé de sciences physiques
en terminale S
au lycée Descartes à Tours

Valérie Teixeira-Castex
Professeur agrégée de sciences physiques
en terminale S
au lycée Marguerite-de-Navarre à Alençon

Jean-Joël Teixeira
Professeur agrégé de sciences physiques
en terminale S
au lycée Alain à Alençon

Hatier

PAPIER À BASE DE FIBRES CERTIFIÉES

Hatier s'engage pour l'environnement en réduisant l'empreinte carbone de ses livres. Celle de cet exemplaire est de :
2.2 kg éq. CO_2
Rendez-vous sur www.hatier-durable.fr

Conception de la maquette
Anne Gallet

Mise en pages
Lasergraphie

Suivi éditorial
Raphaël Tomas

Schémas
Lasergraphie

Achevé d'imprimer en Italie par La Tipografica Varese S.p.A.
Dépôt légal n°97806-7/01 juin 2014

 ISBN 978-2-218-97806-7

AVANT-PROPOS

À qui est destiné cet ouvrage ?

- Ce « Prépabac Entraînement intensif » s'adresse à vous qui visez l'excellence, parce que l'objectif principal de votre année de terminale, au-delà du bac, est l'orientation vers les **études supérieures** et les **classes préparatoires**.

- À vous qui êtes ambitieux, cet ouvrage offre les clés d'une année de terminale réussie et la promesse d'une entrée dans la **filière sélective** de votre choix.

Quels contenus offre cet ouvrage ?

- Le **cours**, clair et structuré, rappelle l'essentiel des connaissances qu'il faut maîtriser. Dans chaque chapitre, il est complété par un encadré **post bac** présentant des connaissances nouvelles qui pourront être réinvesties dans l'enseignement supérieur.

- Les **méthodes** pour répondre aux questions types et les **stratégies** pour rendre de très bonnes copies sont un moyen de **gagner en efficacité** : elles constituent un gain de temps précieux dans votre travail.

- Les sujets, nombreux et progressifs, variés et originaux offrent un **entraînement intensif**, complet et très formateur :

– des **sujets de type bac** pour des révisions efficaces et ciblées ;

– des **sujets d'approfondissement** vous proposant des exercices exigeants ;

– des **sujets** **post bac** pour viser avec confiance la filière sélective de votre choix.

- Pour chaque sujet, l'auteur s'est attaché à rédiger un corrigé clair, détaillé et assorti de **commentaires** et de **conseils**.

Quels compléments offre le site annabac.com ?

- L'achat de ce « Prépabac Entraînement intensif » vous permet de bénéficier d'un **accès gratuit*** à toutes les ressources d'annabac.com : vidéos, podcasts audio et fiches de cours, exercices interactifs, sujets d'annales corrigés...

- Pour profiter de cette offre, rendez-vous sur **www.annabac.com** dans la rubrique « Vous avez acheté un ouvrage Hatier ? ».

* Selon les conditions précisées sur le site www.annabac.com

SOMMAIRE

ENSEIGNEMENT SPÉCIFIQUE

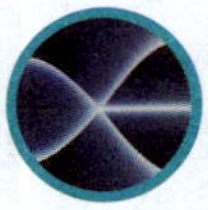

Observer
Ondes, particules, analyse spectrale

Comprendre
Mécanique classique et relativiste

Comprendre
Structure et transformation de la matière Énergie, matière et rayonnement

Agir
Défis du XXIe siècle

ENSEIGNEMENT DE SPÉCIALITÉ

ANNEXES

Observer
Ondes, particules, analyse spectrale

CHAPITRE 1

Ondes et particules

COURS

MÉTHODES ET STRATÉGIES

SUJETS DE TYPE BAC

SUJETS D'APPROFONDISSEMENT

CORRIGÉS

COURS

Ondes et particules

Les ondes sont omniprésentes autour de nous : dans la terre (ondes sismiques), à la surface de l'eau (houle) ou dans l'air (lumière, son, ultrasons...). Les ondes électromagnétiques (rayonnement visible, ultraviolet, rayons X...) et les particules venant de l'espace nous renseignent sur la structure de l'Univers et son évolution.

I. Présentation des ondes

- Une onde correspond à la propagation d'une **perturbation** de proche en proche dans un milieu matériel ou dans le vide. Lors de la propagation d'une onde, **il n'y a pas de transport de matière mais transport d'énergie.**

- On s'intéressera à deux types d'ondes :
  • les **ondes mécaniques,** qui correspondent à une vibration mécanique locale du milieu (les sons, les ondes sismiques ou encore la houle) ;
  • les **ondes électromagnétiques,** qui correspondent à une vibration du champ électrique et/ou magnétique local du milieu (la lumière, les rayonnements infrarouges, ultraviolets...).

II. Les ondes mécaniques

1. Les ondes à la surface de l'eau

Sous l'effet du vent, des ondes sont créées à la surface de l'eau. Il se forme une succession de vagues régulières : la **houle**. Elle est caractérisée par :
• sa hauteur de vague H (différence d'altitude entre le creux et la crête), exprimée en mètres ;
• sa longueur d'onde L (distance séparant deux crêtes successives), exprimée en mètres ;
• sa période T (durée séparant le passage de deux crêtes successives en un même point, exprimée en secondes).

2. Les ondes sismiques

- Un séisme se manifeste par une série de vibrations du sol à la fois brutales et de courte durée. Il est dû à la libération brutale de l'énergie accumulée par deux plaques dont le mouvement est bloqué le long d'une faille. En coulissant les unes sur les autres, ces plaques génèrent des **ondes sismiques** qui se propagent dans toutes les directions.

- Les ondes sismiques sont principalement de deux types :
  • les **ondes de compression** dites **ondes P,** qui sont des ondes **longitudinales** (direction de propagation parallèle à la direction de la perturbation) ;
  • les **ondes de cisaillement** dites **ondes S,** qui sont des ondes **transversales** (direction de propagation perpendiculaire à la direction de la perturbation).

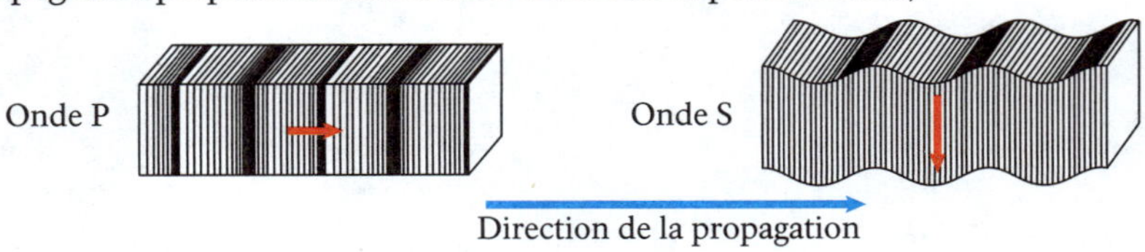

DOC. 1 Propagation des deux types d'ondes sismiques

3. Les ondes sonores

▬ Le son est une **vibration périodique de l'air** détectable par l'oreille humaine. Les ondes sonores sont caractérisées par leur fréquence exprimée en **hertz (Hz)**.

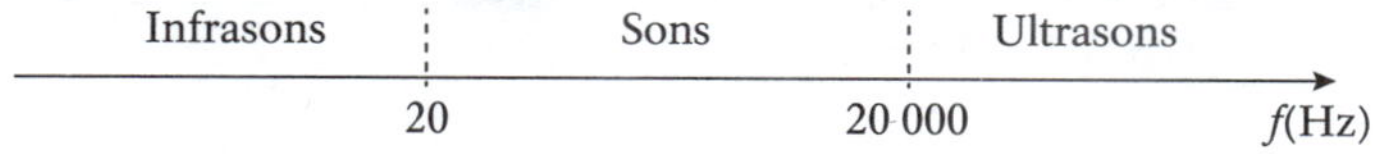

DOC. 2 Intervalles des fréquences des ondes sonores

▬ Le son se propage dans toutes les directions et peut également se propager dans les solides et les liquides.

▬ Certains sons captés par l'oreille provoquent une sensation désagréable voire douloureuse : cela dépend de la valeur de leur **intensité sonore** (notée I). Celle-ci est égale à la puissance sonore reçue par unité de surface. Elle caractérise la puissance énergétique reçue par l'oreille et s'exprime en watts par mètre carré ($W \cdot m^{-2}$).

▬ Le seuil d'audibilité est fixé à une valeur $I_0 = 10^{-12}\ W \cdot m^{-2}$ et le seuil de douleur à une valeur $I_{max} = 25\ W \cdot m^{-2}$. On définit le **niveau sonore** L par rapport à l'intensité sonore I par la relation :

$$L = 10 \times \log_{10}\left(\frac{I}{I_0}\right)$$ L en **décibels (dB)**

Le niveau sonore permet de rendre compte de la sensation physiologique du son : le seuil d'audibilité est égal à 0 dB, tandis que le seuil de douleur est égal à 134 dB.

▬ Pour un son produit par un instrument de musique, on définit trois grandeurs liées à sa perception :
• l'**intensité sonore** I (en watts par mètre carré), qui qualifie un son de faible ou de fort. Elle est liée à l'amplitude de l'onde sonore ;
• la **hauteur d'un son**, qui est liée à sa fréquence : plus la fréquence d'un son est élevée, plus le son est perçu aigu ;
• le **timbre d'un son**, qui permet de différencier des notes de même hauteur et de même intensité sonore jouées par deux instruments différents. Le timbre correspond à la sensation auditive.

▬ L'**analyse spectrale d'un son** permet de décomposer toute fonction périodique de fréquence f en une somme de fonctions sinusoïdales de fréquences f, $2f$, $3f$… La fréquence f_1 la plus basse est appelée le **fondamental** et les autres fréquences f_n sont les **harmoniques**, qui sont des multiples du fondamental : $f_n = n \times f_1$ (n est un nombre entier).

▬ Un **son pur** (sinusoïdal) comporte un seul harmonique, tandis qu'un **son complexe** (non sinusoïdal) est constitué d'un fondamental et de plusieurs harmoniques.

III. Les rayonnements dans l'Univers

1. Le rayonnement électromagnétique

▬ Le rayonnement nous parvenant de l'Univers est constitué d'ondes qui se différencient les unes des autres par la valeur de leurs longueurs d'onde λ, exprimées en mètres.

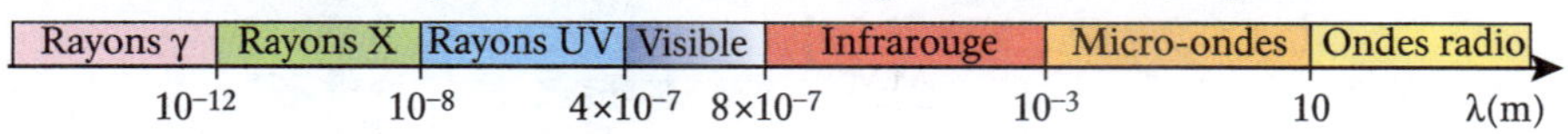

DOC. 3 Domaines du rayonnement électromagnétique

- L'atmosphère terrestre se comporte comme un filtre vis-à-vis du rayonnement électromagnétique en absorbant de manière sélective certains types de radiations (rayonnement UV, infrarouge…). Ainsi, pour observer les sources de rayonnement dans l'Univers, des systèmes d'observation ont été placés en dehors de notre atmosphère : télescopes spatiaux (Hubble, Herschel…).

2. Les rayons cosmiques

- Ils sont composés d'un **flux de particules chargées de très haute énergie** dont l'origine peut être solaire, galactique ou extragalactique. Les protons (noyaux d'hydrogène) constituent 89 % du rayonnement, les particules α (noyaux d'hélium) en représentent 10 %, le reste est composé de noyaux plus lourds.
- Les énergies portées par ces particules sont exprimées en **électronvolts (eV)** : $1\ \text{eV} = 1{,}602 \times 10^{-19}\ \text{J}$.

Les particules des rayons cosmiques possèdent des énergies allant de quelques centaines de mégaélectronvolts ($1\ \text{MeV} = 10^6\ \text{eV}$) à plusieurs dizaines de gigaélectronvolts ($1\ \text{GeV} = 10^9\ \text{eV}$).

IV. La propagation d'une onde progressive

Les ondes mécaniques se propagent dans les milieux matériels (solide, liquide ou gaz), tandis que les ondes électromagnétiques se propagent dans les milieux transparents et dans le vide.

1. Dimensions associées à une onde

- Une onde se propage, à partir de sa source, dans toutes les directions qui lui sont offertes.
- On distingue ainsi les ondes à une dimension telle que la perturbation le long d'une corde, à deux dimensions telle que la houle, ou à trois dimensions telles que les ondes sonores ou les ondes électromagnétiques.

2. Célérité d'une onde

- La célérité v d'une onde est égale au quotient de la distance d parcourue par l'onde pendant une durée Δt :

$$v = \frac{d}{\Delta t}$$

v (m·s^{-1})
d (m)
Δt (s)

- La célérité dépend de la nature de l'onde et du milieu dans lequel elle se propage.

3. Retard d'une onde

Considérons deux points M et M′ du milieu de propagation pour lesquels une perturbation de célérité v passe d'abord en M à l'instant t, puis en M′ à l'instant t'. On appelle τ le **retard au passage de l'onde** en M′. Il correspond au temps mis par l'onde pour parcourir la distance MM′ : $\tau = t' - t$, soit :

$$\tau = \frac{MM'}{v}$$

τ (s)
MM′ (m)
v (m·s^{-1})

V. Les ondes progressives périodiques

1. Périodicité spatiale

La période spatiale, appelée **longueur d'onde** (notée **λ** et exprimée **en mètres**), est la distance entre deux points successifs se trouvant dans le même état vibratoire.

2. Périodicité temporelle

- Si l'état vibratoire d'un point est le même à intervalles de temps réguliers, alors l'onde qui se propage dans le milieu est périodique dans le temps. La **période temporelle** est notée T et s'exprime **en secondes.**
- On définit la **fréquence** ν d'une onde périodique comme étant le nombre de périodes contenues dans une seconde :

$$\nu = \frac{1}{T} \quad \begin{array}{l} \nu \text{ (Hz)} \\ T \text{ (s)} \end{array}$$

- Cas des **ondes sinusoïdales** : une onde périodique est dite sinusoïdale si la forme de sa perturbation, à la fois dans le temps et dans l'espace, est celle d'une sinusoïde.

3. Célérité d'une onde progressive périodique

La longueur d'onde est égale à la distance parcourue par l'onde pendant une durée égale à sa période temporelle T. En conséquence, la célérité v de l'onde peut s'écrire :

$$v = \frac{\lambda}{T} = \lambda \times \nu \quad \begin{array}{l} v \text{ (m·s}^{-1}\text{)} \\ \lambda \text{ (m)} \\ T \text{ (s)} \\ \nu \text{ (Hz)} \end{array}$$

POST BAC

Les ondes progressives sinusoïdales

- La solution générale d'une onde progressive se déplaçant selon une direction (Ox) peut s'écrire sous la forme $F(x, t) = f(x - v \times t) + g(x + v \times t)$.
Les fonctions f et g sont des combinaisons de $(x - v \times t)$ et de $(x + v \times t)$.
- Signification physique des fonctions f et g : à un instant donné, les fonctions f et g sont des constantes dans tout le plan passant par x et perpendiculaire à l'axe (Ox). Les fonctions f et g décrivent donc des ondes planes.
- La fonction f prend les mêmes valeurs dans deux plans d'équation $x = x_1$ à l'instant t_1 et $x = x_2$ à un instant ultérieur t_2 si $x_1 - v \times t_1 = x_2 - v \times t_2$, soit $v = \dfrac{(x_2 - x_1)}{(t_2 - t_1)}$.

On en déduit que v est une vitesse et que le phénomène associé à la fonction f se déplace à la vitesse v selon l'axe (Ox), dans le sens des x croissants. Par un raisonnement identique, on montre que le phénomène associé à la fonction g se déplace à la vitesse v selon l'axe (Ox), dans le sens des x décroissants.

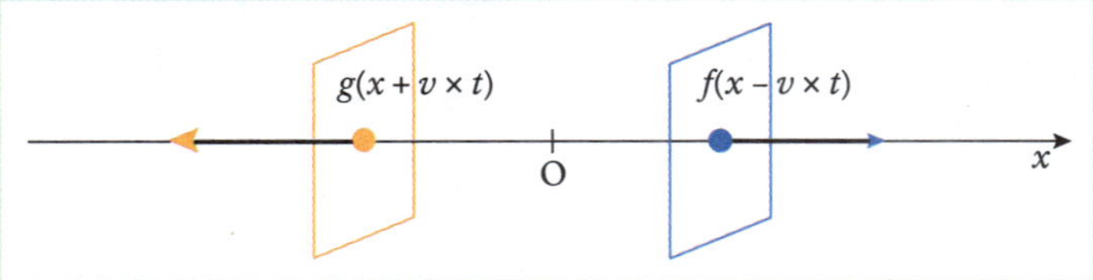

En conclusion, la dépendance en $(x - v \times t)$ correspond à une onde plane se propageant à la vitesse v selon l'axe (Ox) dans le sens croissant, tandis que la dépendance en $(x + v \times t)$ correspond à une onde plane se propageant à la vitesse v selon l'axe (Ox) dans le sens décroissant.

- Une onde progressive sinusoïdale se déplaçant selon l'axe (Ox) dans le sens croissant a pour expression générale :

$$f(x,t) = A \times \cos\left(\frac{2\pi}{\lambda} \times x - \frac{2\pi}{T} \times t + \phi\right)$$

où A est l'amplitude de l'onde et ϕ la phase à l'origine.
Cette onde présente une double périodicité : une périodicité temporelle caractérisée par la période T et une périodicité spatiale caractérisée par la longueur d'onde λ.

On peut réécrire cette fonction sous la forme $f(x,t) = A \times \cos\left(\frac{2\pi}{\lambda} \times \left(x - \frac{\lambda}{T} \times t\right) + \phi\right)$.

Par identification avec $f(x - v \times t)$, on trouve l'expression de la vitesse $v = \frac{\lambda}{T}$.

Ce calcul permet de trouver l'interprétation physique de la longueur d'onde : il s'agit de la distance parcourue par l'onde pendant une durée égale à la période temporelle T.

MÉTHODES ET STRATÉGIES

1 Réaliser une synthèse argumentée

> Voir l'exercice 2 mettant en œuvre cette méthode.

Méthode

À partir d'une série de documents de différentes natures (textes, graphiques, images, tableaux de valeurs, schémas...), le candidat doit pouvoir répondre à une question posée (sous forme de problématique) en réalisant une synthèse argumentée. Elle se présente sous forme d'un texte dont le nombre de lignes est fixé par l'énoncé. Elle consiste à répondre de manière logique et argumentée à la question posée, en exploitant les documents proposés et en s'appuyant sur ses connaissances propres.
Les compétences évaluées se déclinent selon trois axes :
• analyser : organiser et exploiter ses connaissances ou les informations extraites ;
• valider : faire preuve d'esprit critique face à une information ;
• communiquer : rédiger une explication, une réponse, un paragraphe argumenté ou une synthèse.
Il faut également utiliser un vocabulaire scientifique adapté et rigoureux.

> **Étape 1 :** Lire de manière approfondie tous les documents.

> **Étape 2 :** Lire la question et surligner dans les différents documents les mots-clés, les formules ou toutes les informations en lien avec la problématique.

> **Étape 3 :** Faire appel à ses connaissances afin de faire le lien ou expliquer les différentes informations retenues dans l'étape précédente.

> **Étape 4 :** Sur brouillon, placer toutes les informations et les connaissances sélectionnées et réaliser un enchaînement logique, en s'aidant éventuellement d'une carte mentale.

> **Étape 5 :** Rédiger le paragraphe argumenté en veillant à respecter au mieux le nombre de lignes imposées.

Exemple

À partir de vos connaissances et des documents, expliquer en une vingtaine de lignes en quoi l'étude des rayons cosmiques a permis de faire avancer nos connaissances dans plusieurs domaines de la physique.

DOC. 1 Composition chimique du rayonnement cosmique

Le rayonnement cosmique est formé de noyaux d'atomes dont les électrons ont été arrachés, d'électrons et de positrons ; ces particules ont des énergies allant de quelques millions d'électronvolts à une centaine de milliards de milliards d'électronvolts (10^{20} eV). Les noyaux sont pour 90 % des noyaux d'hydrogène (protons), pour 9 % des noyaux d'hélium et pour le reste des noyaux de divers éléments plus lourds.

DOC. 2 **Les buts de la physique des particules**

La physique des particules a pour objectif de connaître les composants ultimes de la matière et les forces qui les régissent. Ces objets ont vu leur existence prouvée à partir de la fin du XIXe siècle où l'on a mis en évidence la réalité des atomes, considérés alors comme les constituants ultimes de la matière (du grec ancien *atomos*, qui ne peut être divisé). Au début du XXe siècle, les découvertes des électrons, des protons et de la radioactivité ont rapidement montré que les atomes étaient eux-mêmes composés d'éléments plus élémentaires.

Actuellement, plusieurs centaines de particules (neutrino, pion, kaon, muon...) ont été répertoriées, et sont classées en trois grandes familles : les leptons, les baryons et les mésons. La plupart de ces particules sont instables et se désintègrent en des particules plus légères.

DOC. 3 **Le centenaire de la découverte des rayons cosmiques**

En 2012, on a fêté le centenaire de la découverte des rayons cosmiques par le physicien autrichien Victor Hess. Ce rayonnement cosmique, composé de particules ionisantes atteignant la haute atmosphère en provenance de l'espace, fut mis en évidence le 17 avril 1912 au-dessus de l'actuelle République tchèque : Hess observa à l'aide d'un ballon-sonde que l'ionisation commençait par décroître avec l'altitude, puis se mettait à augmenter de manière importante jusqu'à 5 300 m d'altitude (hauteur maximale atteinte alors par le ballon).

En 1932, Carl Anderson découvrit l'antiélectron en observant les traces de rayons cosmiques laissées dans une chambre à brouillard (chambre de détection de Wilson), ce qui lui valut en 1936 le prix Nobel de physique attribué par le comité Nobel, qui récompensa en même temps Victor Hess.

En 1938, le physicien Pierre Auger prévoit la production de particules secondaires sous forme de grandes gerbes à partir d'une particule primaire (rayon cosmique primaire) lors de collisions de cette particule avec celles de la haute atmosphère.

Au début des années 1950, l'étude des rayons cosmiques permit de découvrir tout un « zoo » de particules : hypérons, pions, muons, kaons... particules secondaires composant les grandes gerbes.

Dans les années 1960, la composition des rayons cosmiques primaires a été déterminée, mettant en évidence la présence de noyaux d'atomes plus lourds que l'hydrogène et l'hélium. Ces études ont permis de faire de grandes avancées en astrophysique, notamment concernant les phénomènes stellaires les plus violents (supernovas, noyaux actifs de galaxies, trous noirs...).

Aujourd'hui, on arrive à déterminer les proportions d'isotopes de noyaux lourds dans le rayonnement cosmique, ce qui nous permet d'évaluer approximativement leur provenance (étoile, résidu de supernova...) et leur parcours dans l'espace.

Les collisions de particules sont étudiées principalement grâce à des accélérateurs de particules géants comme le LHC au CERN, mais l'étude des particules les plus énergétiques ne peut se faire qu'en étudiant les rayons cosmiques.

Application

> Résultats de la synthèse des documents

Définition des rayons cosmiques (origine + composition + découverte en 1912).
Grandes gerbes dues aux rayons cosmiques primaires.

Identification des deux domaines de la physique mentionnés : physique des particules et astrophysique.
Avancées scientifiques en physique des particules :
• découverte de l'antiélectron par Anderson (1932) ;
• découverte d'un grand nombre de nouvelles particules (hypérons, pions, muons, kaons) par l'étude des grandes gerbes (années 1950).
Avancées scientifiques en astrophysique :
• détermination de la composition des rayons cosmiques primaires (années 1960) ;
• mise en évidence de noyaux plus lourds que l'hydrogène et l'hélium permet de comprendre les mécanismes des phénomènes stellaires violents (supernovas, trous noirs, noyaux actifs de galaxies) ;
• provenance des rayons cosmiques et connaissance de leur parcours dans l'espace grâce aux mesures des proportions d'isotopes lourds les composant.

> Exemple de synthèse argumentée

Découverts en 1912 par Victor Hess, les rayons cosmiques sont des flots de particules (essentiellement des noyaux d'hydrogène et d'hélium) provenant de l'espace et pénétrant dans l'atmosphère terrestre. Par collisions dans la haute atmosphère, ils engendrent de grandes gerbes de particules (prévues par Pierre Auger en 1938) constituées de particules secondaires qui arrivent en grand nombre jusqu'au sol.
De nombreuses particules jusqu'alors inconnues ont été identifiées : l'antiélectron (découvert par Carl Anderson en 1932), et de nombreuses autres dans les grandes gerbes étudiées dans les années 1950 telles que les hypérons, pions, muons, kaons... Toutes ces découvertes ont enrichies les connaissances en physique des particules.
Dans les années 1960, la découverte de la composition des rayons cosmiques primaires a mis en évidence la présence de noyaux plus lourds que l'hydrogène ou l'hélium. Ce résultat fondamental a permis aux astrophysiciens de comprendre les mécanismes des phénomènes stellaires les plus violents tels que les supernovas, les trous noirs ou les noyaux actifs des galaxies. On arrive aujourd'hui à connaître approximativement la provenance de ces rayons et leur parcours dans l'espace, grâce à des mesures de proportions isotopiques des noyaux lourds, ce qui est aussi une source de renseignements précieux en astrophysique.
On peut donc affirmer que tant en physique des particules qu'en astrophysique, l'étude des rayons cosmiques a permis de très nombreuses avancées depuis près d'un siècle.

2 Utiliser les propriété de fonctions mathématiques

> Voir les exercices 4 et 5 mettant en œuvre cette méthode.

Méthode

Dans un certain nombre d'exercices, la recherche de la réponse à une question passe par l'utilisation de certaines propriétés des fonctions mathématiques apparaissant dans les formules à appliquer. Il est donc nécessaire de connaître ces propriétés.

> La fonction logarithme décimal log(x)

C'est une fonction définie sur l'intervalle $[0\ ;+\infty[$, qui à tout x associe la valeur $\log(x)$ qui est accessible directement à partir de la machine à calculer.

Quelques valeurs remarquables : log(1) = 0 ; log(10) = 1 ; log(100) = 2.
Les propriétés à retenir :

$\log(a \times b) = \log(a) + \log(b)$	$\log\left(\frac{a}{b}\right) = \log(a) - \log(b)$	$\log\left(\frac{1}{a}\right) = -\log(a)$
$\log(a^n) = n \times \log(a)$	$\log(10^n) = n$	

> La fonction puissance de dix 10^x

C'est une fonction définie sur l'intervalle $]-\infty\ ;+\infty[$, qui à tout x associe la valeur 10^x qui est accessible directement à partir de la machine à calculer.
Quelques valeurs remarquables : $10^0 = 1$; $10^1 = 10$; $10^{-1} = 0{,}1$.
Les propriétés à retenir :

$10^{a+b} = 10^a \times 10^b$	$10^{a-b} = \frac{10^a}{10^b}$	$10^{-a} = \frac{1}{10^a}$	$(10^a)^n = 10^{a \times n}$	$10^{\log(n)} = n$

> Les fonctions sinusoïdales cos(x) et sin(x)

Ce sont des fonctions définies sur l'intervalle $]-\infty\ ;+\infty[$, qui à tout x associe les valeurs $\cos(x)$ ou $\sin(x)$ qui sont accessibles directement à partir de la machine à calculer.
Quelques valeurs remarquables : $\cos(0) = 1$; $\sin(0) = 0$; $\cos\left(\frac{\pi}{2}\right) = 0$; $\sin\left(\frac{\pi}{2}\right) = 1$.

Les propriétés à retenir :

$\cos(x+2\pi) = \cos(x)$	$\sin(x+2\pi) = \sin(x)$

Les fonctions cosinus et sinus sont périodiques de période égale à 2π.
De manière plus générale, une fonction sinusoïdale peut s'écrire :

$$f(x) = A_{\max} \times \cos\left(\frac{2\pi}{T} \times x + \Phi\right) \quad \text{ou} \quad f(x) = A_{\max} \times \sin\left(\frac{2\pi}{T} \times x + \Phi\right)$$

où $A_{\max}$ est l'amplitude, T la période et Φ la phase à l'origine.

Exemple

On considère un enregistrement correspondant à l'évolution au cours du temps de la tension électrique mesurée en sortie d'un microphone ayant capté le son émis par un diapason.

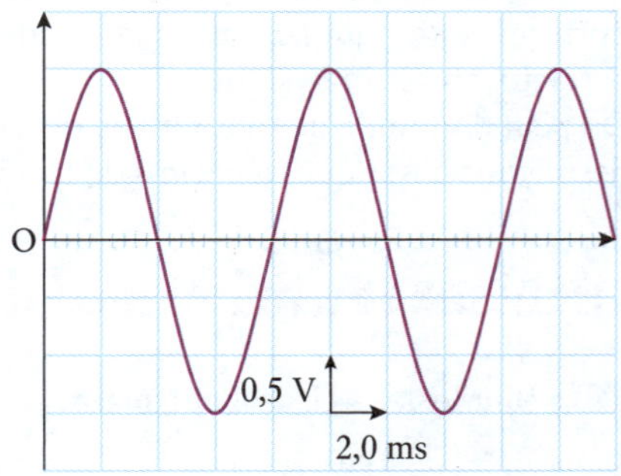

1. Identifier le type de fonction dépendant du temps qui a été enregistré et donner son expression générale.
2. Trouver les valeurs de l'amplitude, de la période et de la phase à l'origine de ce signal.
3. Exprimer mathématiquement la fonction ainsi trouvée.
4. Un sonomètre mesure le niveau d'intensité sonore du son émis par le diapason au niveau du microphone. On trouve $L = 20$ dB. Calculer l'intensité sonore I.
5. Calculer le niveau d'intensité sonore L_{20} que mesurerait le sonomètre dans le cas où l'on jouerait avec vingt diapasons identiques au premier.

Application

1. La fonction dépendant du temps qui a été enregistrée est une fonction sinusoïdale.

Son expression générale est $f(t) = A_{max} \times \cos\left(\frac{2\pi}{T} \times t + \Phi\right)$.

2. Par lecture graphique, on trouve la valeur de l'amplitude :

$A_{max} = 3{,}0 \text{ div} \times \frac{0{,}5 \text{ V}}{\text{div}} = 1{,}5 \text{ V}$.

On trouve de même la valeur de la période :

$T = 4{,}0 \text{ div} \times \frac{2{,}0 \text{ ms}}{\text{div}} = 8{,}0 \text{ ms}$.

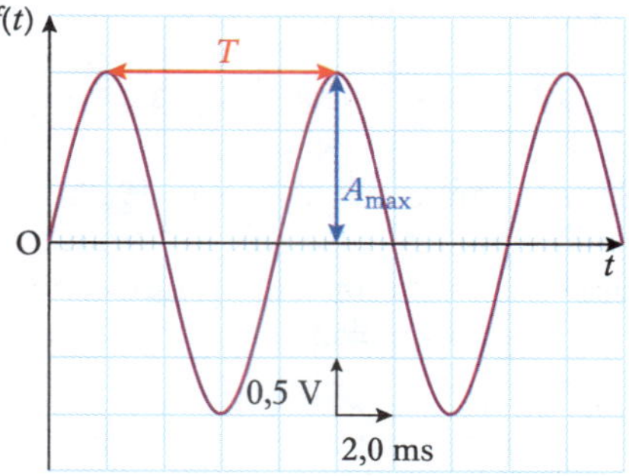

La phase à l'origine de ce signal est obtenue en se plaçant à l'origine de l'axe des abscisses ($t = 0$ ms). Par lecture graphique, on trouve : $f(0) = 0$ V.

On identifie cette valeur à l'expression de la fonction sinusoïdale :

$A_{max} \times \cos\left(\frac{2\pi}{T} \times 0 + \Phi\right) = 0 \Leftrightarrow \cos(\Phi) = 0$.

On en déduit que $\Phi = \frac{\pi}{2}$.

Remarque Si le choix de l'expression avait été $f(t) = A_{max} \times \sin\left(\frac{2\pi}{T} \times t + \Phi\right)$ à la question 1, le calcul de la phase à l'origine aurait donné $\Phi = 0$.

3. La fonction ainsi trouvée a pour expression mathématique $f(t) = 1{,}5 \times \cos\left(\frac{\pi}{4} \times t + \frac{\pi}{2}\right)$, avec t en ms.

4. On déduit l'expression de l'intensité sonore I à partir de celle du niveau sonore L :

$$L = 10 \times \log_{10}\left(\frac{I}{I_0}\right) \Leftrightarrow \frac{L}{10} = \log_{10}\left(\frac{I}{I_0}\right) \Leftrightarrow 10^{\frac{L}{10}} = 10^{\log_{10}\left(\frac{I}{I_0}\right)} \Leftrightarrow 10^{\frac{L}{10}} = \frac{I}{I_0} ;$$

soit : $I = I_0 \times 10^{\frac{L}{10}}$.

Application numérique : $I = 1{,}0 \times 10^{-12} \times 10^{\frac{20}{10}} = 1{,}0 \times 10^{-10} \text{ W} \cdot \text{m}^{-2}$.

5. Si on joue avec vingt diapasons identiques au premier, l'intensité sonore I est multipliée par 20 : $I_{20} = 20 \times I$.

On obtient alors :

$$L_{20} = 10 \times \log_{10}\left(\frac{I_{20}}{I_0}\right) \Leftrightarrow L_{20} = 10 \times \log_{10}\left(\frac{20 \times I}{I_0}\right) \Leftrightarrow L_{20} = 10 \times \log_{10}(20) + 10 \times \log_{10}\left(\frac{I}{I_0}\right)$$

Soit au final : $L_{20} = 10 \times \log_{10}(20) + L$ avec $L = 20$ dB, soit $L_{20} = 33$ dB.

SUJETS DE TYPE BAC

1 Sons, infrasons et ultrasons chez les animaux

90 min

Conformément aux exigences du programme, voici un excellent exercice d'entraînement à l'analyse et à l'exploitation de documents.

> Voir la méthode et stratégie 1.

Tous les animaux, à l'instar de l'homme, utilisent des ondes sonores pour pouvoir communiquer entre eux. On trouve même certaines espèces animales qui émettent des ondes infrasonores ou ultrasonores, inaudibles pour l'homme, pour chasser, se localiser ou simplement pour se reconnaître.

DOC. 1 La communication chez les éléphants

Les éléphants communiquent par le biais de sons ou de vocalisations connus sous le nom de grondements. Ces grondements contiennent des fréquences fondamentales dans le domaine infrasonore qui ne peuvent pas être entendues par les humains, bien que leurs harmoniques soient audibles. Ces infrasons peuvent être détectés sur des distances allant jusqu'à 10 km au-delà desquels ils sont trop atténués. Les éléphants utilisent aussi le barrissement, lorsqu'ils se trouvent proches les uns des autres, qui lui est audible par l'homme car les fréquences sont comprises entre 20 Hz et 12 000 Hz, mais dont la portée ne dépasse pas 1 km. Des géophysiciens de l'université Stanford (États-Unis)) ont mis en évidence que pour communiquer à de très grandes distances, les éléphants peuvent générer des ondes sismiques qui ont la capacité de se propager par le sol. Ces ondes peuvent se propager sur une distance de près de 30 km. Les éléphants captent alors ces ondes grâce à des récepteurs placés dans leurs pattes et leur trompe.

DOC. 2 Le biosonar des dauphins

Le dauphin est un mammifère de la famille des cétacés qui capte les sons ayant une fréquence de 20 Hz à 20 kHz. Il est également capable d'émettre et de capter des ultrasons lui permettant de se localiser par écho grâce à un sonar biologique. Les dauphins émettent des salves ultrasonores très brèves et puissantes appelées « clics ». Ces clics forment un « train de clics » dont la durée et le nombre de clics dépendent de leur fonction : recherche de nourriture ou localisation.

DOC. 3 Le principe du sonar

Le sonar permet de sonder les fonds marins par écholocation. Il mesure la durée Δt séparant l'émission d'ondes ultrasonores de la réception de ces mêmes ondes une fois réfléchies sur un obstacle du fonds marin. Cette mesure, associée à la connaissance de la célérité des ultrasons c dans l'eau, permet de déduire la distance séparant le sonar (placé sous la coque du bateau) à l'obstacle rencontré à la verticale.

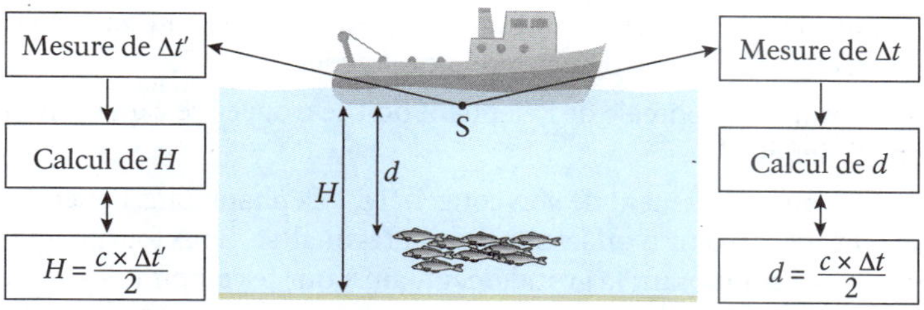

Les distances sont exprimées en mètres, les durées en secondes et les célérités en mètres par seconde.

Données : célérité des ondes sismiques dans le sol : $c_{sis} = 210\ \text{m}\cdot\text{s}^{-1}$; célérité des ondes ultrasonores dans l'eau : $c_{eau} = 1\ 530\ \text{m}\cdot\text{s}^{-1}$.

Partie 1 – Étude de la communication entre deux éléphants

Afin de pouvoir étudier les ondes générées par les éléphants, des scientifiques ont équipé de capteurs la zone d'une réserve africaine située en Europe, où l'on a volontairement séparé deux éléphants en en plaçant un dans un enclos. Au début de l'expérience, les deux éléphants sont distants l'un de l'autre d'une vingtaine de kilomètres.

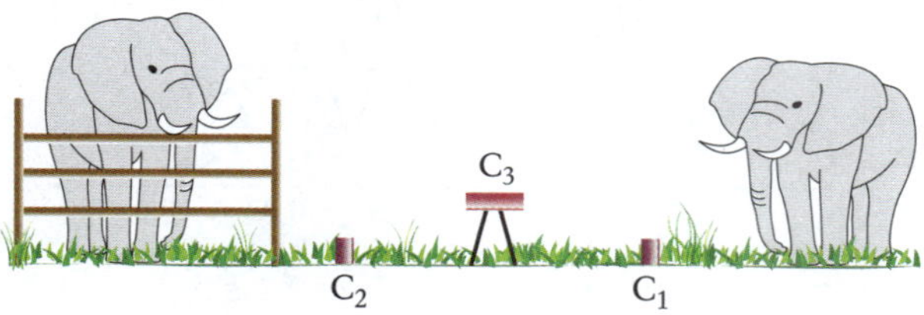

Les capteurs C_1 et C_2 sont sensibles aux ondes sismiques, tandis que le capteur C_3 est sensible aux ondes sonores.

1. Quel est le point commun aux ondes sismiques et aux ondes sonores ?

2. En justifiant votre réponse, indiquer quels moyens de communication vont utiliser deux éléphants initialement éloignés afin de se rapprocher l'un de l'autre.

3. On donne ci-dessous les enregistrements des capteurs C_1 et C_2, lorsque l'éléphant libre de ses mouvements vient de frapper le sol avec l'une de ses pattes. Les capteurs C_1 et C_2 sont distants l'un de l'autre de $D = 2{,}400$ km.

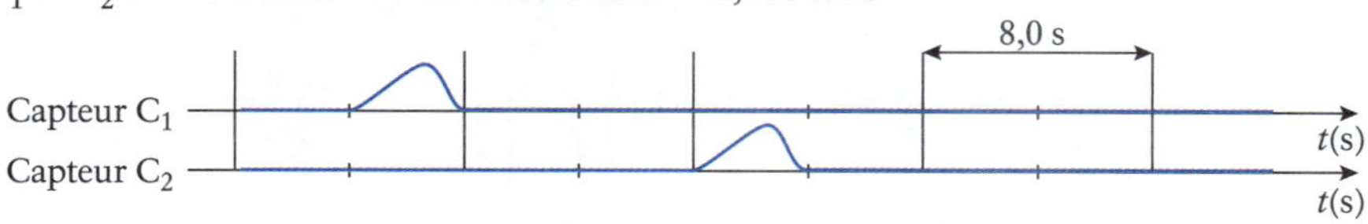

3. a. Calculer la célérité c_{sis} de l'onde sismique en exploitant l'enregistrement. Vérifier que la valeur trouvée par l'expérience est proche de celle qui était attendue.

3. b. Deux scientifiques ont relevé respectivement l'heure à laquelle le premier éléphant a commencé à marteler le sol et l'heure à laquelle le comportement du second éléphant a révélé qu'il avait détecté la présence du premier : t_1 = 15h 15min 12s et t_2 = 15h 17min 31s.
Déterminer la distance D qui sépare les deux éléphants.

4. Un grondement émis par l'éléphant libre de ses mouvements a une fréquence égale à 16 Hz.

4. a. Sachant que le grondement est un son complexe, montrer qu'un capteur d'ondes sonores permet néanmoins de détecter ce grondement.

4. b. À quelle distance maximale de l'éléphant doit se trouver ce capteur pour pouvoir détecter un tel signal ?

4. c. En réponse au grondement de son congénère, l'éléphant dans l'enclos émet aussi un grondement et le capteur d'ondes sonores, après analyse, nous fournit les fréquences des ondes sonores composant le grondement, ainsi que les amplitudes associées.

Fréquence (Hz)	45	60	90
Amplitude	2,3	5,0	1,9

Trouver la fréquence du fondamental de ce grondement. Appartient-elle au domaine des infrasons ?

5. En approche visuelle de l'éléphant dans l'enclos, l'éléphant libre de ses mouvements produit un barrissement. Montrer que l'enregistrement du capteur C_3 est en accord avec le fait que l'éléphant a produit un son.

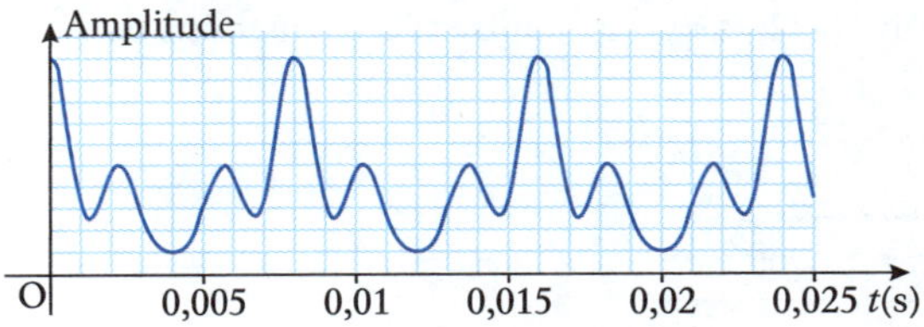

Partie 2 – Étude du comportement d'un dauphin en bassin

Des scientifiques ont enregistré un « train de clics » émis par un dauphin dans le delphinarium d'un parc d'attraction aquatique à l'heure du repas.

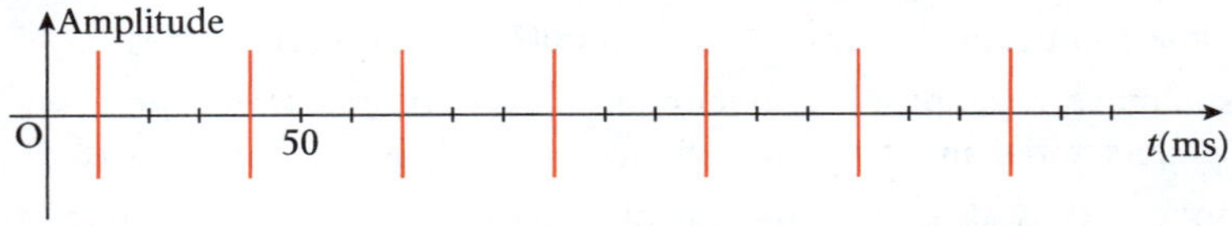

Ces scientifiques ont ensuite isolé un seul clic représenté ci-dessous.

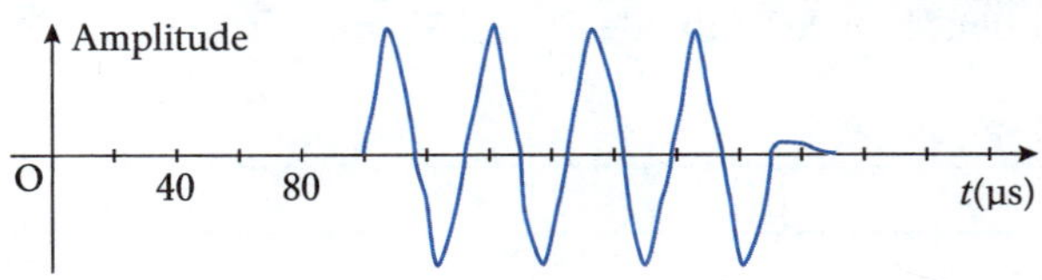

1. Mesurer la durée Δt_c d'un clic et justifier pourquoi les clics du premier graphique sont représentés par un simple trait vertical.

2. Calculer la fréquence du train de clics émis par le dauphin.

3. Est-ce que le clic émis par un dauphin peut être entendu par l'homme ? Justifier la réponse.

Partie 3 – Étude d'un dauphin dans son milieu naturel

Pour se localiser dans son environnement, le dauphin émet des clics espacés de 120 ms qui se réfléchissent sur les obstacles puis sont captés à leur retour par le dauphin. La mesure du retard Δt de l'écho permet au dauphin de connaître l'aspect du fond marin, et de repérer la présence d'un bateau ou d'un autre poisson. Voici un enregistrement de ce type, effectué sur un dauphin relâché aux abords d'une côte et sur lequel on a implanté un système de mesure et de détection des signaux émis par l'animal :

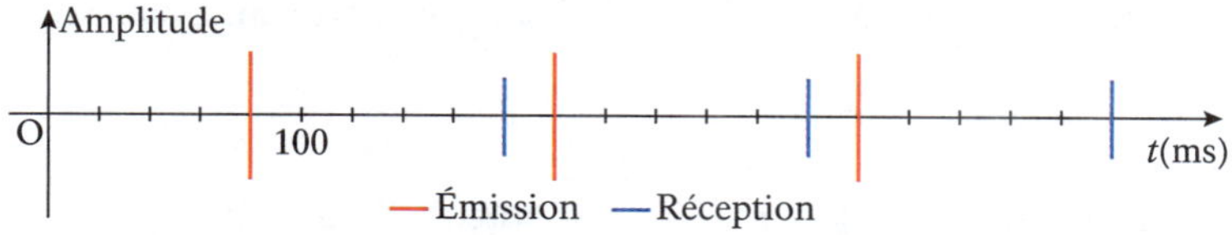

1. Mesurer la durée entre l'émission d'un clic et sa réception par le dauphin après réflexion.

2. Déterminer la distance à laquelle se trouve l'obstacle du dauphin.

3. Le dauphin se déplaçant à une vitesse $v = 20\ \text{km}\cdot\text{h}^{-1}$, déterminer la durée au bout de laquelle celui-ci va intercepter l'obstacle.

4. Trouver la distance minimale entre l'obstacle et le dauphin à partir de laquelle le signal de réception d'un clic réfléchi sera détecté après l'envoi du clic suivant. Commenter le résultat.

2 Les sources d'énergie marine

30 min

Parmi les nouvelles compétences exigées au programme figure un nouveau type d'exercice : la synthèse argumentée sur la base des connaissances de l'élève et d'informations extraites des documents fournis. Cet exercice en est un excellent exemple.

> Voir la méthode et stratégie 1.

À partir de ses connaissances et des documents, rédiger une étude comparée des énergies houlomotrice et marémotrice (20 lignes environ).

DOC. 1 La formation de la houle

La houle est un train de vagues régulier généré par un vent soufflant sur une grande étendue de mer sans obstacle, appelé le « fetch ». Il s'agit d'une onde mécanique à deux dimensions, caractérisée par sa longueur d'onde et sa période.

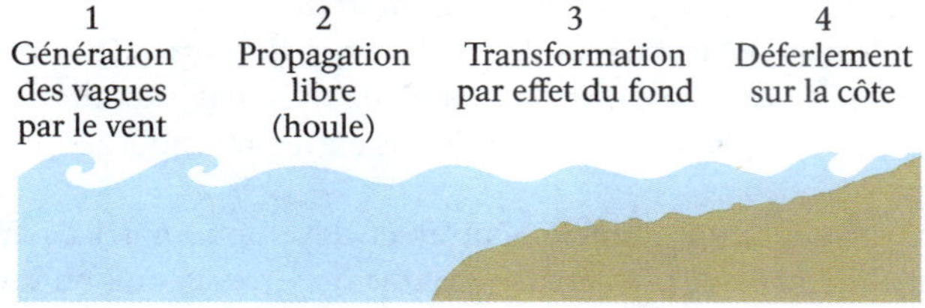

DOC. 2 L'origine des marées

Les marées sont des variations du niveau de la mer dues aux actions combinées des forces gravitationnelles de la Lune et du Soleil. Leur caractère périodique est associé à la rotation de la Terre sur elle-même et aux mouvements périodiques de chacun des

astres (révolution de la Terre et de la Lune autour du Soleil, mouvement de la Lune autour de la Terre).
La déformation de la surface des océans ou des mers sous l'effet de ces actions créent des ondes de marée qui font varier le niveau de l'eau, tout particulièrement aux abords des côtes.

DOC. 3 L'usine marémotrice de la Rance

Les usines marémotrices exploitent l'énergie potentielle de la marée, c'est-à-dire l'énergie liée à la différence de hauteur (le niveau d'eau) entre deux masses d'eau. Cette énergie des marées est récupérée par des systèmes à barrage, au travers desquels le passage de l'eau entraîne des turbines. Ces turbines sont reliées à un alternateur qui produit alors de l'énergie électrique. Les usines marémotrices sont réversibles, c'est-à-dire qu'elles peuvent produire de l'énergie à marée montante mais également à marée descendante.
L'énergie marémotrice a l'avantage d'être permanente et prévisible : c'est l'énergie marine la plus développée aujourd'hui.
L'usine marémotrice de la Rance, en Bretagne, est la plus grande usine marémotrice au monde. Le barrage s'étend sur 750 mètres à l'embouchure du fleuve côtier de la Rance où les marées sont de forte amplitude (pouvant aller jusqu'à 13,50 m). L'énergie électrique est produite par 24 turbines qui utilisent alternativement dans les deux sens, la force des marées et celle du courant de la rivière (les pales des turbines sont orientables et peuvent fonctionner aussi bien à marée montante qu'à marée descendante).
Chaque année, l'usine produit 550 GWh d'électricité, ce qui équivaut à 3 % de la consommation électrique de la Bretagne ou d'une ville comme Rennes (210 000 habitants).
Malgré leur grand intérêt en termes de production et le caractère parfaitement prévisible en termes d'alimentation du réseau électrique, ces usines restent relativement peu développées en raison de leur coût initial et des oppositions locales à leur installation (problèmes environnementaux).

DOC. 4 Le projet Semrev

En une année, les vagues dissipent sur la façade atlantique l'équivalent de la consommation électrique de la France. Cette énergie, appelée énergie houlomotrice (c'est-à-dire portée par la houle), a donc un fort potentiel de développement. Selon le Conseil mondial de l'énergie, environ 10 % de la demande annuelle mondiale en électricité pourrait être satisfaite par la production houlomotrice.
Aujourd'hui, il n'existe aucune unité de production d'énergie électrique à partir de l'énergie houlomotrice car la technologie associée n'est pas encore maîtrisée (il faut trouver des systèmes qui résistent aux conditions extrêmes imposées par l'environnement marin).
Un projet d'expérimentation, appelé Semrev et développé par l'École centrale de Nantes, est constitué par une plateforme au large du Croisic, où l'on teste des prototypes de systèmes à énergie des vagues tels que les corps flottants, les colonnes d'eau oscillantes, les systèmes à déferlement ou les parois oscillantes immergées.

SUJETS D'APPROFONDISSEMENT

3 Propagation et détection des ondes sismiques

60 min

Il s'agit ici d'un exercice d'application très concret, qui balaie un grand nombre de sujets associés aux ondes sismiques. Il permet ainsi de tester votre capacité à manipuler et exploiter des formules littérales non vues en cours.

Parmi les ondes sismiques, on distingue les ondes de volume qui traversent la Terre et les ondes de surface qui se propagent parallèlement à sa surface. Elles se succèdent et se superposent sur les enregistrements des sismographes, qui détectent les mouvements de la Terre. Certains de leurs paramètres (vitesse de propagation, amplitude…) sont modifiés par les structures géologiques traversées. L'analyse de ces paramètres permet ainsi de retrouver la nature des sous-sols traversés.

DOC. 1 Le sismographe

Les ondes sismiques se déplaçant dans toutes les directions, le sismographe doit faire des enregistrements dans trois plans définissant l'espace.

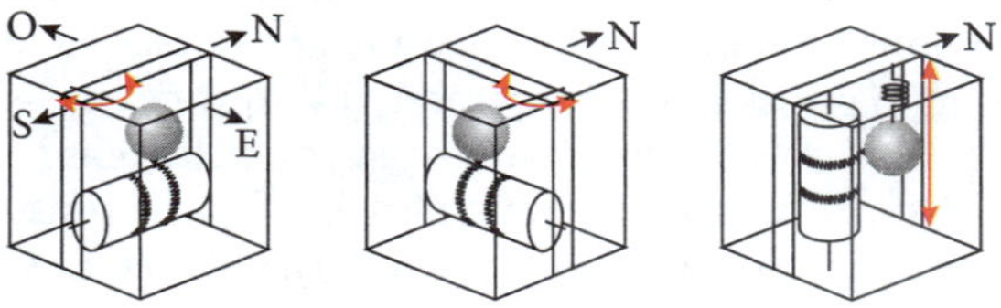

DOC. 2 Les ondes de volume

Elles se propagent dans la croûte terrestre, dans les trois dimensions de l'espace. On distingue deux types d'onde de volume :

• les ondes P (ou ondes primaires) sont des ondes de compression qui se propagent dans tous les milieux matériels. Le passage des ondes P provoque des dilatations et compressions successives, parallèlement à la direction de propagation. Elles sont responsables du grondement sourd que l'on entend au début d'un tremblement de terre. Ce sont les plus rapides (6 $km{\cdot}s^{-1}$ près de la surface) de toutes les ondes sismiques ;

• les ondes S (ou ondes secondaires) sont des ondes de cisaillement : les mouvements du sol s'effectuent perpendiculairement au sens de propagation de l'onde. Ces ondes ne se propagent pas dans les milieux liquides car il est impossible de déformer un liquide par cisaillement. Leur vitesse est plus faible que celle des ondes P.

DOC. 3 Les ondes de surface

Lorsque les ondes de volume se réfléchissent sur la surface du globe, elles produisent des « ondes de surface » qui sont guidées par la surface de la Terre. Ces ondes sont moins rapides que les ondes de volume, mais elles transportent plus d'énergie car leur amplitude est plus grande. On identifie deux types d'ondes de surface :

• les ondes de Love : elle se propagent dans les solides non homogènes. Leur déplacement est le même que celui des ondes S, mais sans le mouvement vertical associé. Elles provoquent un ébranlement horizontal qui est la cause de nombreux dégâts par cisaillement des fondations des édifices ;

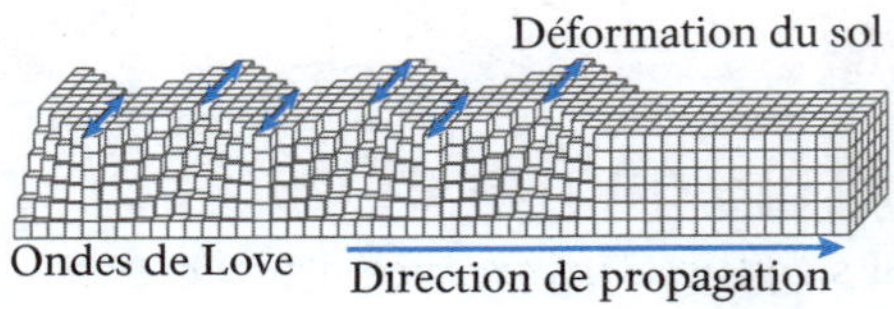

• les ondes de Rayleigh : elles se propagent au voisinage de la surface de milieux homogènes et non homogènes.

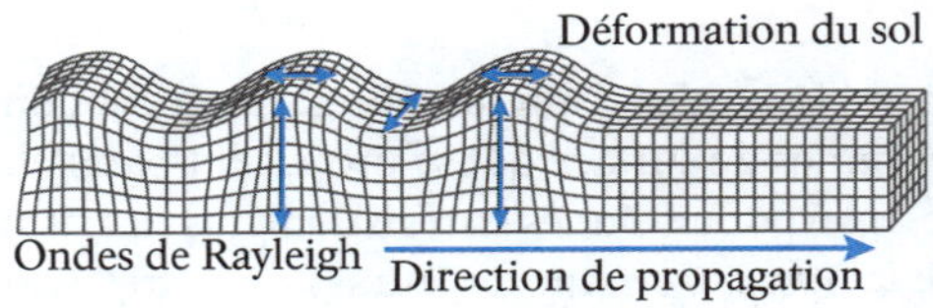

Les ondes de Love se propagent à environ 4 km·s^{-1} et sont plus rapides que les ondes de Rayleigh.

DOC. 4 La vitesse des ondes de volume

La vitesse de propagation des ondes P et S dépend des caractéristiques du matériau traversé. Trois paramètres influent principalement sur la vitesse des ondes sismiques :

• le module d'incompressibilité k : le volume du matériau est d'autant plus difficile à réduire sous l'effet de la pression que k est grand. Il s'exprime en pascals (Pa) et est de l'ordre du gigapascal (1 GPa = 10^9 Pa) pour les matériaux les plus courants ;

• le module de cisaillement μ : il est d'autant plus élevé que la résistance du matériau à changer de forme est grande. Il s'exprime en pascals (Pa) et est aussi de l'ordre du gigapascal (GPa) pour les matériaux les plus courants ;

• la masse volumique ρ : elle représente la masse du matériau par unité de volume et elle est exprimée en kilogrammes par mètre cube (kg·m^{-3}).

La vitesse des ondes P est égale à $v_P = \sqrt{\dfrac{k + \dfrac{4}{3} \times \mu}{\rho}}$.

La vitesse des ondes S est égale à $v_S = \sqrt{\dfrac{\mu}{\rho}}$.

Les vitesses v_P et v_S sont exprimées en mètres par seconde (m·s^{-1}).

Données : masses volumiques : $\rho_{granite} = 2{,}4 \times 10^3$ kg·m^{-3} ; $\rho_{calcaire} = 2{,}4 \times 10^3$ kg·m^{-3} ;

modules de cisaillement : $\mu_{granite} = 19$ GPa ; $\mu_{calcaire} = 25$ GPa ;

modules d'incompressibilité : $k_{granite} = 20$ GPa ; $k_{calcaire} = 53$ GPa.

Partie 1 – Étude des ondes de volume

1. Identifier chacun des schémas à une onde S ou une onde P, en justifiant.

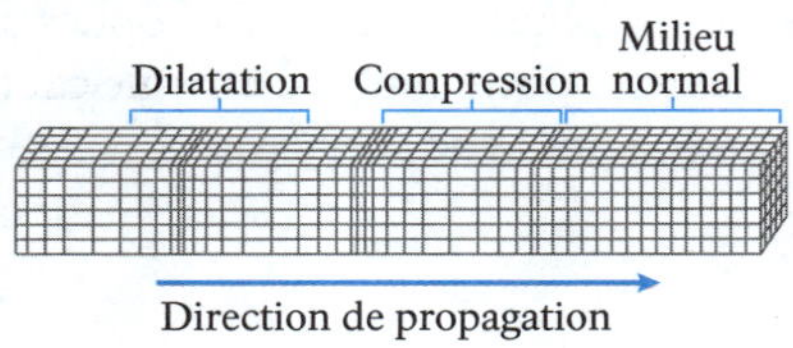

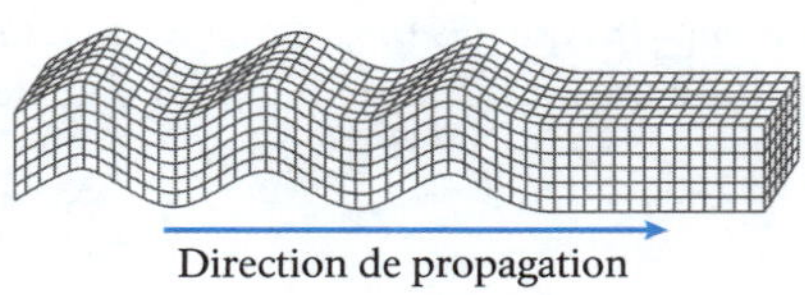

2. Calculer les vitesses des ondes S et P dans le granite. Le résultat est-il en accord avec les documents ?

3. Sans effectuer de calcul, montrer que la vitesse des ondes S est plus grande dans le calcaire que dans le granite.

4. Les liquides ont un module de cisaillement nul car il est impossible de déformer un liquide par cisaillement. Exprimer littéralement les vitesses des ondes P et S dans un liquide. Que pouvez-vous en conclure ?

Partie 2 – Détection d'un séisme

Un sismographe détecte l'arrivée d'ondes sismiques sur une zone frappée par un séisme.

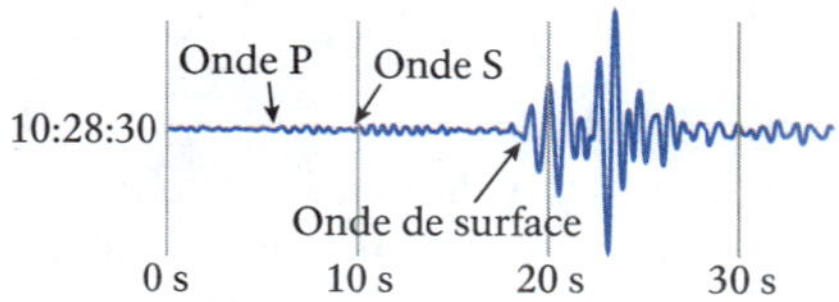

1. D'après le sismogramme, que peut-on dire des vitesses des différentes ondes détectées ? Ces résultats sont-ils en accord avec les prévisions théoriques ?

2. L'épicentre étant le point de la surface situé à la verticale de la source des ondes sismiques, trouver la distance D séparant le point de détection de l'épicentre en utilisant les célérités des ondes S et P : $v_P = 6{,}5\ \text{km}\cdot\text{s}^{-1}$ et $v_S = 4{,}9\ \text{km}\cdot\text{s}^{-1}$.

3. À l'aide des documents et du sismogramme, identifier les ondes qui provoquent le plus de destructions.

4. Pourrait-on envisager à partir de la détection des ondes sismiques les plus rapides, de faire évacuer la zone avant que les ondes les plus destructrices n'arrivent ?

5. De combien de sismographes a-t-on besoin pour avoir une information complète concernant les ondes de surface de Love ou de Rayleigh ? Justifier la réponse.

4 Concerts et enregistrements

90 min

Un exercice très intéressant à la fois parce qu'il couvre l'ensemble des connaissances à maîtriser sur l'acoustique musicale et pousse plus loin le traitement mathématique de ces problèmes.

> Voir la méthode et stratégie 2.

La musique classique recouvre l'ensemble des œuvres musicales, depuis l'époque moyenâgeuse jusqu'à aujourd'hui, qui répondent à un certain nombre de règles théoriques strictes, obéissant à une rigueur formelle et où le sens de la mélodie est très développée. Cette musique attire un public nombreux dans des salles de concert où les orchestres peuvent aller de quelques musiciens (orchestres de chambre) à plus de cent musiciens (orchestres symphoniques).

DOC. 1 Une salle de concert

Le plan ci-contre est celui d'une salle de concert/auditorium d'une capacité de 100 personnes, munie d'une scène de 30 mètres carrés où se trouve en son centre (matérialisé par le point O) un piano de concert. Les sièges sont répartis selon quatre rangs (notés R1, R2, R3 et R4), chaque rang étant espacés de l'autre de 1,10 m. Le premier rang se trouve à 3,20 m du point O.

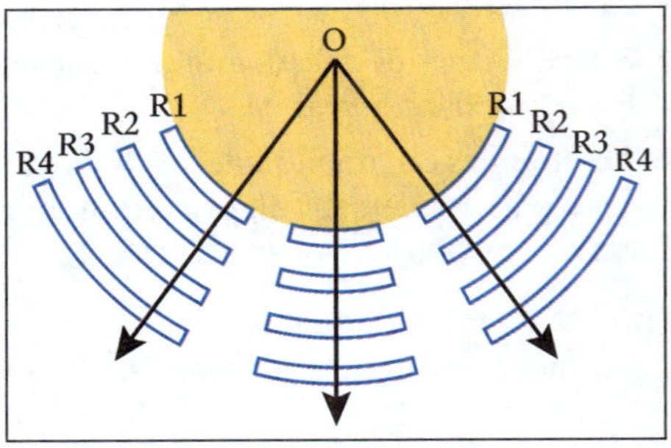

DOC. 2 Intensité acoustique et distance

On considère une source sonore ponctuelle placée au point O et émettant en continu un son de puissance acoustique P constante (exprimée en watts). L'intensité acoustique I associée à un tel son en un point M placé à une distance d du point a pour expression :

$$I = \frac{P}{4 \times \pi \times d^2} \qquad \text{avec } I \text{ en W·m}^{-2}\text{, P en W, } d \text{ en m}$$

Données : le seuil d'audibilité est fixé à une valeur $I_0 = 1{,}00 \times 10^{-12}$ W·m^{-2}.

Partie 1 – Un concert philarmonique

Au cours de la répétition d'une symphonie par un orchestre de musique classique, un ingénieur placé au milieu de la salle de concert, relève le niveau d'intensité sonore à différents instants.

Instant	t_1	t_2
L (dB)	80	97

1. À l'instant t_1, seul un violoniste joue. Calculer l'intensité sonore associée.

2. Quel aurait été le niveau d'intensité sonore enregistré si deux violonistes avaient joué la même note à l'instant t_1 ?

3. À l'instant t_2, tous les instruments à cordes jouent en même temps la même note que précédemment. En faisant l'hypothèse que chaque instrument produit la même intensité sonore, trouver le nombre d'instruments à cordes de cet orchestre.

4. L'ingénieur enregistre sur son ordinateur portable le son produit par l'une des clarinettes, puis en réalise le spectre à l'aide d'un logiciel.

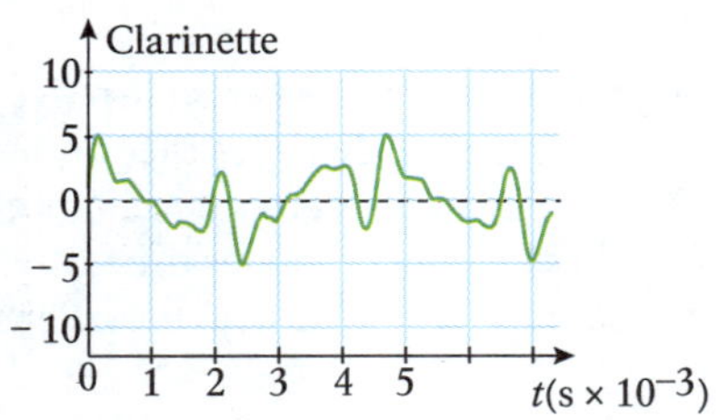

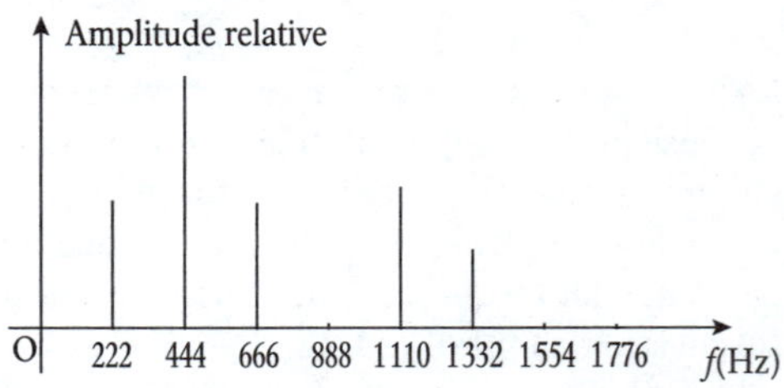

Montrer que l'enregistrement et le spectre sont cohérents.

Partie 2 – Analyse du son produit par des instruments en studio

Dans un studio d'enregistrement, un ingénieur du son réalise quelques réglages en enregistrant les sons produits par deux musiciens d'un orchestre classique à qui il a été demandé de jouer une seule note pendant une certaine durée avec leur instrument respectif.

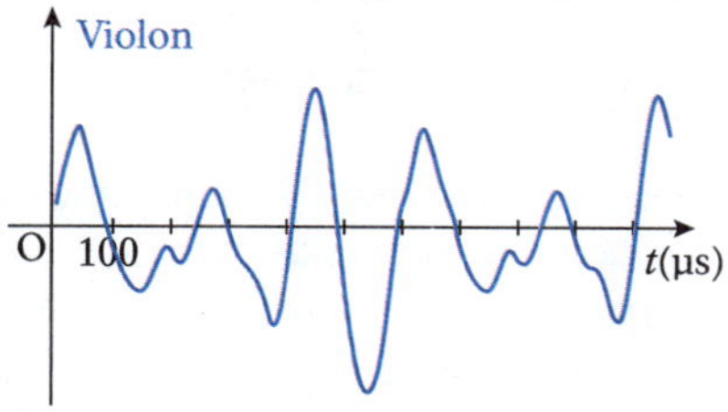

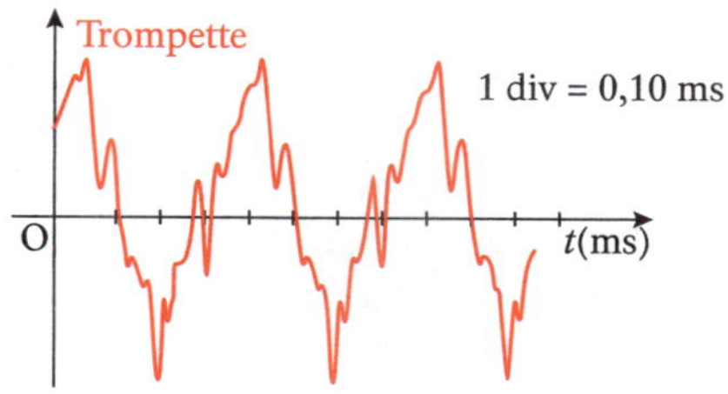

1. Trouver lequel de ces deux instruments produit la note la plus grave. Expliciter votre démarche.

2. Identifier parmi les fréquences suivantes, en justifiant, celles qui peuvent apparaître dans les spectres de chacun des deux instruments.

Fréquence	f_1	f_2	f_3	f_4	f_5	f_6	f_7	f_8
Valeur (Hz)	1 200	1 670	3 340	5 000	5 001	5 500	6 680	7 500

3. Afin d'étalonner ses mesures, l'ingénieur enregistre le son d'un diapason dont on connaît avec précision la note jouée : il s'agit du La440, ce qui signifie que la fréquence associée est 440 Hz.

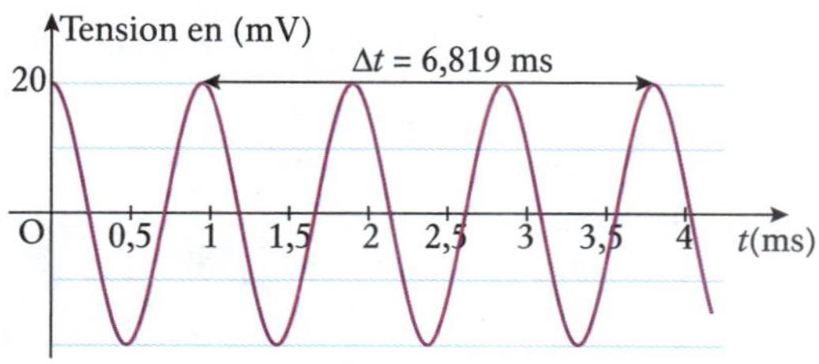

a. Le son enregistré est-il pur ou complexe ? Justifier.

b. L'expression mathématique associée à cet enregistrement est :

$$f(t) = A_{max} \times \cos\left(\frac{2\pi}{T} \times t + \Phi\right)$$

Trouver les valeurs de l'amplitude, de la période et de la phase à l'origine de ce signal.

c. Calculer la fréquence associée.

Partie 3 – Concerto pour piano seul dans un auditorium

Un pianiste soliste répète un concerto pour piano dans un auditorium dont le plan est donné dans le document 2. À la fin d'un mouvement, il joue une note longuement. On mesure le niveau d'intensité sonore à une distance $d = 1{,}20$ m et on trouve $L = 75{,}0$ dB.

1. Calculer l'intensité sonore correspondante, puis trouver la puissance acoustique du son du piano.

2. Exprimer en fonction de d le niveau d'intensité sonore dans l'auditorium.

3. Quelle sera la différence de niveau sonore ΔL entre un spectateur du premier rang et un spectateur du dernier rang ?

POST BAC

5 Étude en laboratoire d'ondes à la surface de l'eau

90 min

Un exercice original par la mise en œuvre des ondes progressives sinusoïdales et leur traitement mathématique qui demandera toute votre sagacité.

> Voir le complément de cours POST BAC, ainsi que la méthode et stratégie 2.

Pour étudier les ondes progressives sinusoïdales à la surface de l'eau, on utilise une cuve à ondes. Un vibreur permet de générer des ondes planes rectilignes de fréquence F à la surface de l'eau : la surface de l'eau est déformée par de l'air pulsé créé par une petite pompe. La fréquence des pulsations peut être réglée entre 10 et 50 Hz.
Les crêtes des vagues donnent des rides brillantes et les creux des rides sombres sur un écran que l'on photographie et dont le fichier image peut être traité numériquement.

DOC. 1 Vitesse de propagation des ondes à la surface de l'eau

En fonction des valeurs respectives de la longueur d'onde λ associée à la vague et de la profondeur de l'eau h, deux formules de la vitesse de la vague sont données :

- si la longueur d'onde λ est faible devant la profondeur h de l'eau ($\lambda < 0,5\ h$), on se trouve dans le cas des ondes dites « courtes » ou en eau profonde : $v = \sqrt{\dfrac{g \times \lambda}{2\pi}}$;
- si la longueur d'onde λ est très grande devant la profondeur de l'eau ($\lambda > 10\ h$), on se trouve dans le cas des ondes dites « longues » ou en eau peu profonde : $v = \sqrt{g \times h}$.

g est l'intensité du champ de pesanteur terrestre en $m \cdot s^{-2}$, λ et h sont en m, v en $m \cdot s^{-1}$.
Données : $g = 9,8\ m \cdot s^{-2}$.

Partie 1 – Mesure de la célérité des ondes

À l'aide du vibreur, des ondes progressives sinusoïdales de fréquence F sont générées à la surface de l'eau. Le phénomène observé possède une longueur d'onde λ.

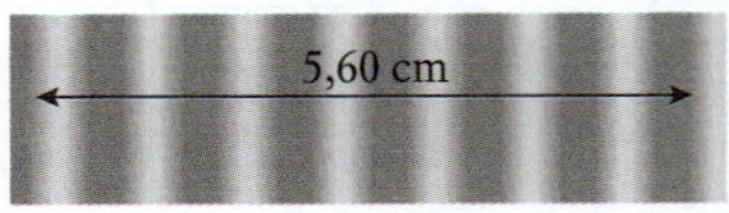

1. Définir la longueur d'onde λ.

2. Donner la relation qui existe entre la longueur d'onde λ, la période T et la célérité v des ondes. En déduire la relation où intervient la fréquence F.

3. À l'aide de la photo ci-dessus, déterminer le plus précisément possible la longueur d'onde λ, puis calculer la célérité v des ondes sachant que pour cette expérience la fréquence des vibrations est $F = 15,0$ Hz.

Partie 2 – Étude de l'influence de la profondeur de l'eau sur la célérité des ondes

On place sur le fond de la cuve une plaque (P) qui délimite ainsi des zones de profondeur h et h' (avec $h' < h$). On génère des ondes incidentes planes sinusoïdales de fréquence $F = 20,0$ Hz et de longueur d'onde $\lambda = 4,5$ cm.

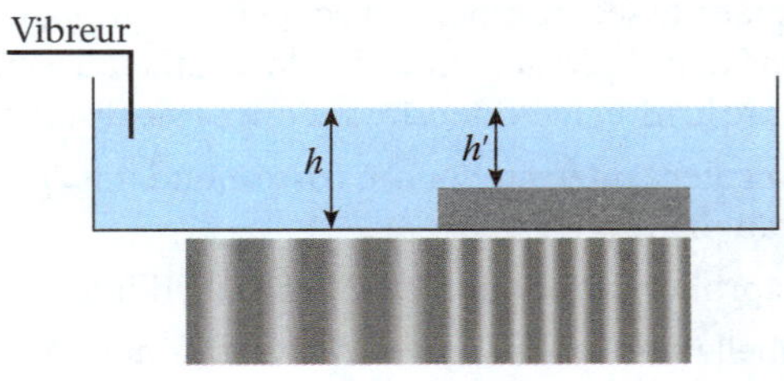

1. Montrer qualitativement en utilisant la photo ci-dessus que la célérité des ondes dépend de la profondeur de l'eau.

2. Déterminer la formule de la vitesse de la vague qui doit être retenue.

3. Calculer la célérité des ondes pour une profondeur $h = 4{,}0$ mm.

Partie 3 – Étude du phénomène de dispersion

Un milieu de propagation est qualifié de dispersif lorsque la vitesse de l'onde qui s'y propage dépend de la fréquence F de l'onde. On considère les expressions mathématiques de deux ondes sinusoïdales se propageant à la surface de la cuve à ondes. Chacune correspondant à une expérience menée :

- expérience 1 : $f_1(x,t) = A_1 \times \cos\left(\frac{2\pi}{\lambda_1} \times \left(x - \sqrt{g \times h} \times t\right) + \Phi_1\right)$;
- expérience 2 : $f_2(x,t) = A_2 \times \cos\left(\frac{2\pi}{\lambda_2} \times \left(x - \sqrt{\frac{g \times \lambda_2}{2\pi}} \times t\right) + \Phi_2\right)$.

1. Identifier pour chacune des expériences si les ondes sont « courtes » ou « longues ».

2. Trouver pour chacune des expériences l'expression littérale de la période temporelle T de l'onde.

3. Dans le cas où les ondes des deux expériences ont la même longueur d'onde égale à 0,60 cm, lesquelles auront la fréquence la plus grande pour une profondeur d'eau $h = 1{,}0$ cm ?

4. Dans quelle expérience, la surface de l'eau est-elle un milieu dispersif ?

5. Justifier l'observation suivante : « À la surface des océans, sur les zones les plus profondes (de profondeur supérieure à 10 km), on observe que les vagues associées aux fréquences les plus élevées se déplacent moins vite que celles associées à des fréquences plus basses. » Quelles sont les longueurs d'onde maximales des vagues associées aux fréquences les plus élevées ?

CORRIGÉS

1 Sons, infrasons et ultrasons chez les animaux

Partie 1

1. Les ondes sismiques et les ondes sonores sont des ondes mécaniques : elles transportent de l'énergie en se déplaçant uniquement dans des milieux matériels.

2. Lorsque les deux éléphants sont séparés de plus de 10 km, ils vont utiliser les ondes sismiques comme moyen de communication car celles-ci peuvent se propager et être détectées jusqu'à une trentaine de kilomètres. À partir de 10 km, les infrasons sont utilisés (ils sont trop atténués au-delà) : ce sont les grondements des éléphants qui sont détectables jusqu'à une dizaine de kilomètres, alors que le son ne l'est pas. Lorsque les éléphants sont proches, pour des distances inférieures à 1 km, les ondes sonores (barrissement) sont alors un moyen de communication efficace.

3. a. On applique la formule $c_{sis} = \dfrac{D}{\tau}$ où D est la distance séparant les deux capteurs et τ le retard de l'onde sismique sur le capteur C_2 par rapport au capteur C_1.

Sur l'enregistrement, on mesure $\tau = 12{,}0$ s, d'où $c_{sis} = \dfrac{2{,}400}{12{,}0} = 0{,}200 \text{ km·s}^{-1} = 200 \text{ m·s}^{-1}$.
La valeur obtenue est bien proche de la valeur attendue de 210 m·s^{-1}.

b. On calcule la distance D qui sépare les deux éléphants :
$D = c_{sis} \times (t_2 - t_1) = 210 \times 139 = 2{,}92 \times 10^4 \text{ m} = 29{,}2 \text{ km}$.

Le second éléphant a détecté la présence de son congénère au bout de :
$(t_2 - t_1) = (15\text{h } 17\text{min } 31\text{s} - 15\text{h } 15\text{min } 12\text{s}) = 2 \text{ min } 19\text{s}$, soit 139 s.

4. a. Les sons ont des fréquences supérieures à 20 Hz, ce qui n'est pas le cas du grondement émis. Le grondement étant complexe, il est la superposition d'harmoniques de fréquences $f_n = n \times f_1$, où $f_1 = 16$ Hz est la fréquence du fondamental. On en déduit les fréquences des premiers harmoniques : $f_2 = 2 \times f_1 = 32$ Hz ; $f_3 = 3 \times f_1 = 48$ Hz.
Les fréquences de ces harmoniques appartiennent au domaine des ondes sonores et pourront donc être entendues et détectées par le capteur d'ondes sonores.

b. Le capteur ne détectant que les ondes sonores de l'éléphant, celui-ci doit être à une distance maximale d'environ 1 km pour pouvoir détecter un tel signal, car au-delà les ondes sonores sont trop atténuées.

c. Chacune de ces fréquences peut s'exprimer par la relation $f_n = n \times f_1$.

On calcule le rapport entre les deux premières fréquences : $\dfrac{60}{45} = \dfrac{4}{3}$; ainsi que leur différence : $60 - 45 = 15$.
On pose $f_1 = 15$ Hz, on obtient alors : $45 = 3 \times 15$; $60 = 4 \times 15$; $90 = 6 \times 15$.
Il s'agit donc bien de la fréquence du fondamental et elle appartient au domaine des infrasons (< 20 Hz).

5. On mesure la période de l'enregistrement : $T = 0{,}008$ s. On en déduit la fréquence associée : $f = \dfrac{1}{T} = \dfrac{1}{0{,}008} = 125 \text{ Hz} = 1{,}25 \times 10^2 \text{ Hz}$.

Cette fréquence étant supérieure à 20Hz, il s'agit donc bien d'un son.

Partie 2

1. Mesure de la durée Δt_c d'un clic : $\Delta t_c = 150\ \mu s = 0,150$ ms.
L'intervalle entre deux graduations successives du premier graphique est égal à 10 ms. Un clic ayant une durée de 0,150 ms, il est donc justifié de le représenter par un simple trait avec l'échelle de temps du graphique 1.

2. La fréquence du train de clics émis par le dauphin se calcule en ayant au préalable déterminé la période. Sur le graphique 2, quatre périodes correspondent à Δt_c donc :

$T = \dfrac{\Delta t_c}{4}$. On en déduit : $f = \dfrac{1}{T} = \dfrac{4}{\Delta t_c} = \dfrac{4}{150 \times 10^{-6}} = 2,67 \times 10^4$ Hz.

3. Ce clic émis par le dauphin ne peut pas être entendu par l'homme car la fréquence associée est supérieure à 20 000 Hz.

Partie 3

1. Mesure de la durée entre l'émission d'un clic et sa réception par le dauphin après réflexion : $\Delta t_{er} = 100$ ms.

2. La distance à laquelle se trouve l'obstacle du dauphin est égale à la moitié de celle parcourue par les ultrasons lors de l'aller-retour. On peut appliquer le principe du sonar :

$$D = \frac{(c_{eau} \times \Delta t_{er})}{2} = \frac{1\,530 \times 100 \times 10^{-3}}{2} = 76,5 \text{ m.}$$

3. Durée au bout de laquelle le dauphin va intercepter l'obstacle :

$\Delta t = \dfrac{D}{v}$ avec $v = 20\ \text{km·h}^{-1} = \dfrac{20}{3,6} = 5,6\ \text{m·s}^{-1}$, d'où $\Delta t = \dfrac{76,5}{5,6} = 14$ s.

> Ne pas oublier de convertir la vitesse en m·s^{-1} : $1\ \text{km·h}^{-1} = \dfrac{1\,000}{3\,600}\ \text{m·s}^{-1}$
> soit $1\ \text{m·s}^{-1} = \dfrac{3\,600}{1\,000} = 3,6\ \text{km·h}^{-1}$.

4. Distance minimale entre l'obstacle et le dauphin à partir de laquelle le signal de réception d'un clic réfléchi sera détecté après l'envoi du clic suivant :

$$D_{min} = \frac{(c_{eau} \times \Delta t_{er})}{2} = \frac{1\,530 \times 120 \times 10^{-3}}{2} = 91,8 \text{ m.}$$

> La durée $\Delta t_{er} = 120$ ms correspond à l'intervalle entre deux clics successifs.

Pour des distances aux obstacles supérieures à 91,8 m, le dauphin recevra le signal réfléchi après l'envoi d'un second clic, tandis que pour des distances inférieures, le signal réfléchi sera reçu avant.

2 Les sources d'énergie marine

Exemple de synthèse argumentée

Les énergies marémotrice et houlomotrice sont deux sources d'énergie marine : l'énergie houlomotrice est créée par les vagues (la houle, train de vagues régulier généré par un vent soufflant sur une grande étendue de mer sans obstacle), tandis que l'énergie marémotrice est l'énergie potentielle de la marée (déformation de la surface des océans

due aux actions combinées des forces gravitationnelles de la Lune et du Soleil), c'est-à-dire l'énergie liée à la différence de hauteur entre deux masses d'eau.
La production d'énergie électrique à partir de l'énergie marémotrice est bien maîtrisée : l'usine marémotrice de la Rance, par exemple, qui est la plus grande usine marémotrice au monde, produit une énergie qui équivaut à environ 3 % de la consommation électrique de la Bretagne. Cette énergie présente un grand intérêt à la fois en termes de quantité d'électricité produite et en termes de prévisibilité de cette production en raison du caractère parfaitement prévisible des marées, ce qui est important pour l'alimentation du réseau électrique.
La production d'énergie électrique à partir de l'énergie houlomotrice en est encore au stade expérimental : on peut citer le projet Semrev dont l'objectif est de tester des prototypes de systèmes à énergie des vagues tels que les corps flottants, les colonnes d'eau oscillantes, les systèmes à déferlement ou les parois oscillantes immergées. Cette énergie a un fort potentiel car environ 10 % de la demande annuelle mondiale en électricité pourrait être satisfaite par la production houlomotrice.
En conclusion, ces deux formes d'énergie permettraient de produire une partie notable de l'énergie électrique mondiale, mais leur développement est pour l'instant limité pour des raisons de coûts d'installation et de problèmes environnementaux en ce qui concerne les usines marémotrices, et en raison de technologies non mûres pour l'exploitation de l'énergie houlomotrice.

3 Propagation et détection des ondes sismiques

Partie 1

1. Dans le premier schéma, la direction de propagation est parallèle à la direction de perturbation : il s'agit donc des ondes P qui provoquent des dilatations et des compressions successives, parallèlement à la direction de propagation.
Dans le second schéma, la direction de propagation est perpendiculaire à la direction de perturbation : il s'agit donc des ondes S, car les mouvements du sol s'effectuent perpendiculairement au sens de propagation de l'onde.

2. Vitesse des ondes S dans le granite : $v_S = \sqrt{\dfrac{\mu_{granite}}{\rho_{granite}}} = \sqrt{\dfrac{19 \times 10^9}{2,4 \times 10^3}} = 2,8 \times 10^3 \text{ m·s}^{-1}$.

Vitesse des ondes P dans le granite :

$$v_P = \sqrt{\dfrac{k_{granite} + \dfrac{4}{3} \times \mu_{granite}}{\rho_{granite}}} = \sqrt{\dfrac{20 \times 10^9 + \dfrac{4}{3} \times 19 \times 10^9}{2,4 \times 10^3}} = 4,3 \times 10^3 \text{ m·s}^{-1}.$$

Le résultat est en accord avec les documents car la vitesse des ondes P est supérieure à celle des ondes S.

3. On a $\rho_{granite} = \rho_{calcaire}$ et $\mu_{granite} < \mu_{calcaire}$, d'où $\sqrt{\dfrac{\mu_{granite}}{\rho_{granite}}} < \sqrt{\dfrac{\mu_{calcaire}}{\rho_{calcaire}}}$.

La vitesse des ondes S est donc plus grande dans le calcaire que dans le granite.

4. Un module de cisaillement nul signifie que $\mu = 0$. Les expressions littérales des ondes S et P sont alors les suivantes : $v_P = \sqrt{\dfrac{k}{\rho}}$ et $v_S = 0$.

Conclusion : les ondes S ne peuvent pas se propager dans les milieux matériels liquides.

Partie 2

1. D'après le sismogramme, les premières ondes à être détectées sont les ondes P, puis les ondes S, et enfin les ondes de surface. Ces résultats sont parfaitement en accord avec les prévisions théoriques selon lesquelles les ondes P sont les plus rapides (6 km·s^{-1}) près de la surface, devant les ondes S (5 km·s^{-1}) et les ondes de surface (4 km·s^{-1} environ).

2. On exprime la distance D séparant le point de détection de l'épicentre pour les deux types d'ondes : $D = v_p \times t_p$ et $D = v_s \times t_s$, avec t_P et t_S les durées mises par chacune des ondes pour aller de l'épicentre au sismographe.
On exprime ensuite la durée Δt séparant la détection des ondes S et P et qui peut être mesurée sur le sismogramme : $\Delta t = t_S - t_P$.

On obtient finalement : $\Delta t = \dfrac{D}{v_S} - \dfrac{D}{v_P}$ soit $D = \dfrac{v_S \times v_P \times \Delta t}{v_P - v_S}$.

On mesure Δt sur le sismogramme : $\Delta t = 10 - 5 = 5$ s ;

donc $D = \dfrac{4{,}9 \times 6{,}5 \times 5}{6{,}5 - 4{,}9} = 1 \times 10^2$ km.

3. Les ondes qui provoquent le plus de destructions sont celles dont l'amplitude des oscillations est la plus forte : on identifie ainsi sur le sismogramme que les ondes de surface sont les plus destructrices, ce qui rejoint l'analyse du document 3.

4. On ne peut pas anticiper l'évacuation de la zone à partir de la détection des ondes sismiques les plus rapides, car d'après le sismogramme il ne s'écoule que 15 secondes entre la détection des ondes P (t = 5 s) et celle des ondes de surface (t = 20 s).

5. D'après le document 3, une information complète sur les ondes de Rayleigh nécessiterait trois sismographes car les vibrations ont lieu selon trois axes, tandis que les ondes de Love ne nécessiteraient qu'un seul sismographe car les vibrations ont lieu selon un seul axe, perpendiculaire à la direction de propagation.

4 Concerts et enregistrements

Partie 1

1. Calcul de l'intensité sonore associée au violoniste seul :

$$L = 10 \times \log_{10}\left(\frac{I}{I_0}\right) \Leftrightarrow \frac{L}{10} = \log_{10}\left(\frac{I}{I_0}\right) \Leftrightarrow 10^{\frac{L}{10}} = 10^{\log_{10}\left(\frac{I}{I_0}\right)} \Leftrightarrow 10^{\frac{L}{10}} = \frac{I}{I_0}$$

d'où : $I = I_0 \times 10^{\frac{L}{10}} = 1{,}00 \times 10^{-12} \times 10^{\frac{80}{10}} = 1{,}00 \times 10^{-4}\,\text{W·m}^{-2}$.

2. Niveau d'intensité sonore L_2 enregistré si deux violonistes avaient joué la même note à l'instant t_1 : $L_2 = 10 \times \log_{10}\left(\dfrac{2 \times I}{I_0}\right) \Leftrightarrow L_2 = 10 \times \log_{10}(2) + 10 \times \log_{10}\left(\dfrac{I}{I_0}\right)$

soit $L_2 = 10 \times \log_{10}(2) + 80 = 83$ dB.

3. On calcule : $L_n = 10 \times \log_{10}\left(\frac{n \times I}{I_0}\right) \Leftrightarrow L_n = 10 \times \log_{10}(n) + 10 \times \log_{10}\left(\frac{I}{I_0}\right)$

soit $L_n = 10 \times \log_{10}(n) + L_1 \Leftrightarrow \log_{10}(n) = \frac{L_n - L_1}{10}$

donc $n = 10^{\frac{L_n - L_1}{10}} = 10^{\frac{97-80}{10}} = 50$.

Il y a donc 50 instruments à cordes dans l'orchestre.

4. On mesure la période du son enregistré et on obtient : $T = 4{,}5 \times 10^{-3}$ s.

Puis on calcule la fréquence associée : $f = \frac{1}{T} = \frac{1}{4{,}5 \times 10^{-3}} = 222$ Hz.

La fréquence obtenue correspond au fondamental du spectre donné, toutes les autres fréquences correspondent aux harmoniques. L'enregistrement et le spectre sont donc cohérents.

Partie 2

1. L'instrument qui produit la note la plus grave est celui dont la fréquence est la plus basse. On mesure au préalable les périodes de chaque note :

• pour le violon, on a $T = 600$ µs soit $f = \frac{1}{T} = \frac{1}{600 \times 10^{-6}} = 1{,}67 \times 10^3$ Hz ;

• pour la trompette, on a $T = 0{,}40$ ms soit $f = \frac{1}{T} = \frac{1}{0{,}40 \times 10^{-3}} = 2{,}5 \times 10^3$ Hz.

On en déduit que la note la plus basse est celle jouée par le violon.

2. Les fréquences qui peuvent apparaître dans les spectres sont des multiples des fréquences de chaque son :

• pour le violon : $f_2 = 1\,670$ Hz ; $f_3 = 2 \times 1\,670 = 3\,340$ Hz ; $f_7 = 4 \times 1\,670 = 6\,680$ Hz ;

• pour la trompette : $f_4 = 2 \times 2\,500 = 5\,000$ Hz ; $f_8 = 3 \times 2\,500 = 7\,500$ Hz.

3. a. Le son enregistré est pur car il est sinusoïdal.

b. Par lecture graphique, on trouve la valeur de l'amplitude : $A_{max} = 20$ mV.

On trouve de même la valeur de la période : $T = \frac{\Delta t}{3} = \frac{6{,}819}{3} = 2{,}273$ ms.

La phase à l'origine de ce signal est obtenue en se plaçant à l'origine de l'axe des abscisses ($t = 0$ ms). Par lecture graphique, on trouve $f(0) = A_{max}$.

On identifie cette valeur à l'expression de la fonction sinusoïdale :

$A_{max} \times \cos\left(\frac{2\pi}{T} \times 0 + \Phi\right) = A_{max} \Leftrightarrow \cos(\Phi) = 1.$

On en déduit que : $\Phi = 0$.

c. La fréquence associée est : $f = \frac{1}{T} = \frac{1}{2{,}273 \times 10^{-3}} = 439{,}9$ Hz.

Partie 3

1. Calcul de l'intensité sonore correspondante :

$L = 10 \times \log_{10}\left(\frac{I}{I_0}\right) \Leftrightarrow I = I_0 \times 10^{\frac{L}{10}} = 1{,}0 \times 10^{-12} \times 10^{\frac{75{,}0}{10}} = 3{,}2 \times 10^{-5}\,\text{W}\cdot\text{m}^{-2}$.

On en déduit la puissance acoustique du son du piano :

$I = \frac{P}{4 \times \pi \times d^2} \Leftrightarrow P = I \times 4 \times \pi \times d^2$ soit $P = 3{,}2 \times 10^{-5} \times 4 \times \pi \times 1{,}20^2 = 5{,}8 \times 10^{-4}$ W.

2. Expression du niveau d'intensité sonore dans l'auditorium en fonction de d :

$$L = 10 \times \log_{10}\left(\frac{I}{I_0}\right) \text{ avec } I = \frac{P}{4 \times \pi \times d^2} \text{ soit } L = 10 \times \log_{10}\left(\frac{1}{I_0} \times \frac{P}{4 \times \pi \times d^2}\right) ;$$

Rappels : $\log(a \times b) = \log(a) + \log(b)$; $\log\left(\frac{a}{b}\right) = \log(a) - \log(b)$; $\log(a^n) = n \times \log(a)$; $\log(1) = 0$.
Voir la méthode et stratégie 2.

d'où $L = 10 \times \log_{10}\left(\frac{P}{4 \times \pi \times I_0}\right) + 10 \times \log_{10}\left(\frac{1}{d^2}\right)$;

soit finalement $L = 10 \times \log_{10}\left(\frac{P}{4 \times \pi \times I_0}\right) - 20 \times \log_{10}(d)$.

Application numérique : $L = 77 - 20 \times \log_{10}(d)$.

3. La différence de niveau sonore ΔL entre un spectateur du premier rang et un spectateur du dernier rang (quatrième rang) est :

$\Delta L = L_{\text{premier}} - L_{\text{dernier}} = (77 - 20 \times \log_{10}(d_P)) - (77 - 20 \times \log_{10}(d_D))$;

$\Delta L = L_{\text{premier}} - L_{\text{dernier}} = 20 \times \log_{10}(d_D) - 20 \times \log_{10}(d_P)$;

avec $d_P = 3{,}20$ m et $d_D = 3{,}20 + 3 \times 1{,}10 = 6{,}50$ m, on trouve :

$\Delta L = 20 \times \log_{10}(6{,}50) - 20 \times \log_{10}(3{,}20) = 6$ dB.

POST BAC

5 Étude en laboratoire d'ondes à la surface de l'eau

Partie 1

1. La longueur d'onde λ est égale à la période spatiale de l'onde : c'est la distance parcourue par l'onde pendant une durée égale à une période.

2. La relation est $\lambda = v \times T = \frac{v}{F}$ avec λ en m, v en m·s^{-1}, T en s, F en Hz.

3. Sur la photo, la distance mesurée correspond à sept longueurs d'onde λ, soit :

$$\lambda = \frac{5{,}60 \times 10^{-2}}{7} = 8{,}0 \times 10^{-3} \text{ m.}$$

Ne pas oublier de convertir les centimètres en mètres.

On en déduit la célérité v des ondes : $v = \lambda \times F = 8{,}0 \times 10^{-3} \times 15{,}0 = 0{,}12$ m·s^{-1}.

Partie 2

1. On constate que la longueur d'onde diminue lorsque la profondeur diminue. Sachant que $v = \lambda \times F$ et que la fréquence reste la même, on en déduit que la vitesse diminue également avec la profondeur de l'eau.

2. On retient la formule de la vitesse des ondes longues $v = \sqrt{g \times h}$ car elle dépend de la profondeur, ce qui n'est pas le cas de la vitesse des ondes courtes $v = \sqrt{\frac{g \times \lambda}{2\pi}}$.

De plus, la valeur de la longueur d'onde est égale à 4,5 cm soit 45 mm, ce qui est plus de dix fois supérieur à la profondeur ($h = 4$ mm) : on est bien dans le cas des ondes dites « longues » ou en eau peu profonde.

3. Calcul de la célérité des ondes longues pour une profondeur $h = 4{,}0$ mm :
$v = \sqrt{g \times h} = \sqrt{9{,}8 \times 4{,}0 \times 10^{-3}} = 0{,}20\ \text{m·s}^{-1}$.

Partie 3

1. L'expression d'une onde sinusoïdale se déplaçant dans le sens croissant d'un axe (Ox) avec une vitesse v peut s'écrire : $f(x,t) = A \times \cos\left(\frac{2\pi}{\lambda} \times (x - v \times t) + \Phi\right)$.

Par identification, on déduit l'expression de la vitesse v pour chacune des deux expériences :

- expérience 1 : $v = \sqrt{g \times h}$;
- expérience 2 : $v = \sqrt{\frac{g \times \lambda_2}{2\pi}}$.

On en déduit que les ondes sont « longues » pour l'expérience 1 et « courtes » pour l'expérience 2.

2. L'expression d'une onde sinusoïdale se déplaçant dans le sens croissant d'un axe (Ox) de période T et de longueur d'onde λ peut s'écrire :
$f(x,t) = A \times \cos\left(\frac{2\pi}{\lambda} \times x - \frac{2\pi}{T} \times t + \Phi\right)$.

Par identification, on trouve pour l'expérience 1 : $\frac{2\pi}{T_1} = \frac{2\pi}{\lambda_1} \times \sqrt{g \times h} \Leftrightarrow T_1 = \frac{\lambda_1}{\sqrt{g \times h}}$;

de même pour l'expérience 2 : $\frac{2\pi}{T_2} = \frac{2\pi}{\lambda_2} \times \sqrt{\frac{g \times \lambda_2}{2\pi}} \Leftrightarrow T_2 = \sqrt{\frac{2\pi \times \lambda_2}{g}}$.

3. Pour l'expérience 1 : $F_1 = \frac{1}{T_1} \Leftrightarrow F_1 = \frac{\sqrt{g \times h}}{\lambda_1} = \frac{\sqrt{9{,}8 \times 1{,}0 \times 10^{-2}}}{6{,}0 \times 10^{-3}} = 52$ Hz.

Pour l'expérience 2 : $F_2 = \frac{1}{T_2} \Leftrightarrow F_2 = \sqrt{\frac{g}{2\pi \times \lambda_2}} = \sqrt{\frac{9{,}8}{2\pi \times 6{,}0 \times 10^{-3}}} = 16$ Hz.

Les ondes « longues » auront la fréquence la plus grande.

4. Calcul de l'expression des vitesses en fonction de la fréquence :

- pour l'expérience 1 : $F_1 = \frac{\sqrt{g \times h}}{\lambda_1}$ et $\lambda_1 = \frac{v_1}{F_1}$, donc $v_1 = \sqrt{g \times h}$;
- pour l'expérience 2 : $F_2 = \sqrt{\frac{g}{2\pi \times \lambda_2}}$ et $\lambda_2 = \frac{v_2}{F_2}$, d'où $F_2 = \sqrt{\frac{g \times F_2}{2\pi \times v_2}}$;

soit $F_2^2 = \frac{g \times F_2}{2\pi \times v_2}$, donc $v_2 = \frac{g}{2\pi \times F_2}$.

On en déduit que la surface de l'eau est un milieu dispersif dans l'expérience 2, car la vitesse dépend de la fréquence.

5. D'après la question précédente, on constate que les ondes « courtes » ont des vitesses qui sont inversement proportionnelles à leurs fréquences : plus leur fréquence est grande, plus leur vitesse est faible. Ceci est donc en accord avec le fait que « les vagues associées aux fréquences les plus élevées se déplacent moins vite que celles associées à des fréquences plus basses. » Ces vagues correspondent aux ondes « courtes » pour lesquelles $\lambda < 0{,}5\ h$. La profondeur étant de l'ordre de 10 km, les longueurs d'onde maximales de ces vagues ne dépasseront pas 5 km.

CHAPITRE 2

Propriétés des ondes

COURS

Propriétés des ondes

L'exploitation des propriétés des ondes a permis de concevoir des systèmes de stockage numérique de plus en plus performants (CD, DVD, Blu-ray) et aussi d'apporter une preuve expérimentale à un phénomène fondamental de la cosmologie : l'expansion de l'Univers, l'un des piliers de la théorie du big bang.

I. La diffraction des ondes

- La diffraction est un phénomène qui se produit lorsqu'une onde périodique rencontre une ouverture ou un obstacle dont la dimension est inférieure ou de l'ordre de grandeur de la longueur d'onde.

- Le phénomène de diffraction s'obtient notamment avec des ondes lumineuses, dont les longueurs d'onde dans le vide sont comprises dans l'intervalle [400 nm ; 800 nm]. Pour une onde lumineuse monochromatique, on observe sur un écran une série de taches lumineuses entrecoupées d'extinction (doc. 1). Si la fente est fine, la figure de diffraction s'étale dans la direction perpendiculaire à la fente. Le phénomène est d'autant plus marqué que la longueur d'onde de la radiation est grande ou que la largeur de la fente est fine.

Expérience	Longueur d'onde λ	Largeur de la fente a	Observation
1	λ_1	a_1	
2	$\lambda_2 < \lambda_1$	$a_2 = a_1$	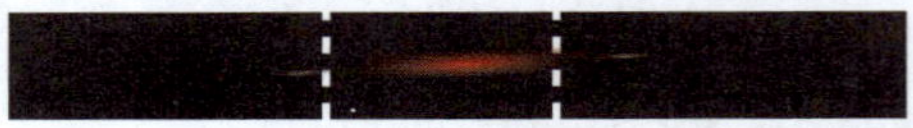
3	$\lambda_3 = \lambda_1$	$a_3 > a_1$	

DOC. 1 Diffraction d'un faisceau laser par une fente fine verticale

- Afin de caractériser le phénomène de diffraction, on définit l'**écart angulaire** θ entre le centre de la tache centrale et la première extinction (doc. 2).

DOC. 2 Définition de l'écart angulaire θ

- L'écart angulaire dépend à la fois de la longueur d'onde λ de la radiation diffractée et de la largeur de la fente a :

$$\theta = \frac{\lambda}{a}$$

θ en radians (rad)
λ en mètres (m)
a en mètres (m)

II. Le phénomène d'interférences

1. Notion de cohérence entre deux ondes

- Une onde sinusoïdale dans le temps peut être modélisée par la fonction mathématique suivante :

$$f(t) = A \times \sin(\omega \times t + \Phi)$$

ω, **pulsation** de l'onde (en s^{-1})
Φ, sa **phase à l'origine** (en rad)

Remarque La pulsation ω est reliée à la fréquence ν et à la période T de l'onde par la relation $\omega = 2\pi \times \nu = \frac{2\pi}{T}$.

- Considérons deux ondes modélisées par les expressions suivantes :
$f_1(t) = A_1 \times \sin(\omega_1 \times t + \Phi_1)$ et $f_2(t) = A_2 \times \sin(\omega_2 \times t + \Phi_2)$.
Le déphasage entre les deux ondes est égal à $\Delta\Phi = \Phi_2 - \Phi_1$.
Si $\omega_1 = \omega_2$ et si $\Delta\Phi$ est constant au cours du temps, alors les ondes 1 et 2 sont cohérentes.

Deux ondes sinusoïdales sont dites cohérentes si leurs fréquences sont égales et si leur déphasage est constant au cours du temps.

2. Les conditions d'interférences

Il y a **interférence** entre deux ondes qui se superposent lorsque ces ondes sont **sinusoïdales**, de **même fréquence** et **cohérentes**.
Si les amplitudes des ondes s'ajoutent, on parle d'interférences **constructives** ; si les amplitudes se retranchent, on parle d'interférences **destructives**.

3. Le cas des ondes lumineuses

- Lorsque l'on obtient une **frange brillante**, il s'agit d'interférences constructives entre les deux ondes lumineuses ; lorsque l'on obtient une **frange sombre**, il s'agit d'interférences destructives entre les deux ondes lumineuses.

- La **différence de marche** δ entre deux ondes lumineuses issues de deux sources S_1 et S_2 et qui interfèrent en un point M a pour expression :

$$\delta = (S_1M) - (S_2M)$$

avec δ en mètres (m) (doc. 3).

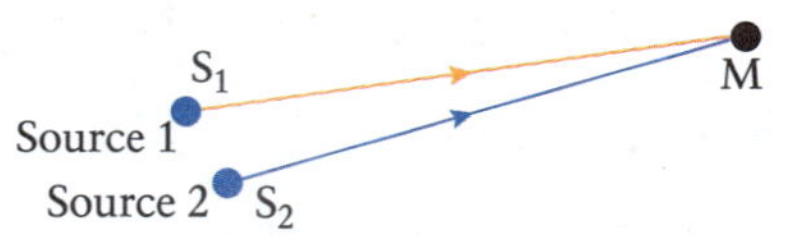

DOC. 3 Illustration de la différence de marche

- Deux ondes lumineuses interfèrent de manière constructive en un point si leur différence de marche δ au point considéré est égale à un nombre entier de fois la longueur d'onde λ commune aux deux ondes, soit :

interférences constructives si $\boldsymbol{\delta = k \times \lambda}$, avec k entier naturel.

- Deux ondes interfèrent de manière destructive en un point lorsque la différence de marche δ entre les deux ondes au point considéré est égale à un nombre entier impair de fois la demi-longueur d'onde $\frac{\lambda}{2}$ commune aux deux ondes, soit :

interférences destructives si $\boldsymbol{\delta = (2k+1) \times \frac{\lambda}{2}}$, avec k entier naturel.

III. L'effet Doppler-Fizeau

- L'effet Doppler-Fizeau correspond à la modification apparente de la fréquence d'une onde périodique émise par une source en mouvement par rapport à un observateur qui détecte cette onde (doc. 4).

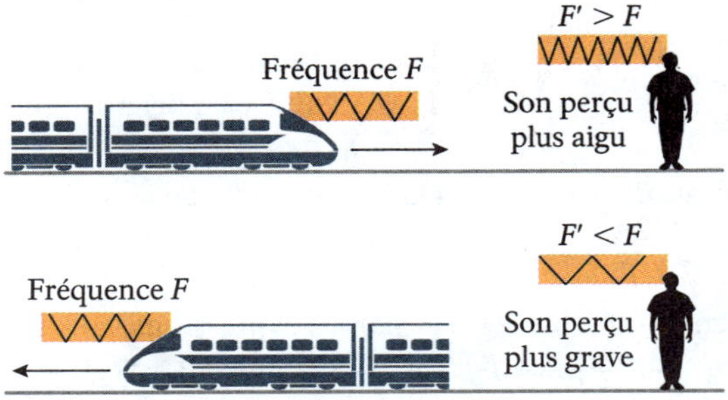

DOC. 4 Illustration de l'effet Doppler-Fizeau

- Considérons une source d'ondes périodiques de fréquence ν_{source} en mouvement rectiligne avec une vitesse V_{source} par rapport à un observateur fixe. On notera c la célérité des ondes et ν_{obs} la fréquence des ondes perçue par l'observateur. La relation mathématique donnant la fréquence perçue par l'observateur est la suivante :

$$\nu_{obs} = \frac{c}{c - V_{source}} \times \nu_{source}$$

ν_{source} et ν_{obs} en Hz
c et V_{source} en $m \cdot s^{-1}$

• Pour une source qui s'éloigne, la vitesse V_{source} est comptée négativement, ce qui implique la relation d'ordre suivante : $\nu_{obs} < \nu_{source}$.
• Pour une source qui se rapproche, la vitesse V_{source} est comptée positivement, ce qui implique la relation d'ordre suivante : $\nu_{obs} > \nu_{source}$.

POST BAC

Interférences à ondes multiples : étude des réseaux

> Voir l'exercice 4.

1. Définition du phénomène d'interférences à ondes multiples

Un réseau est constitué par une structure périodique qui diffracte une onde lumineuse incidente. Les réseaux usuels sont constitués par N fentes fines parallèles et équidistantes entre elles d'une distance a, appelé **pas du réseau.** Chaque fente du réseau peut être considérée comme une source secondaire qui diffracte la lumière incidente. Si toutes les fentes sont éclairées par une lumière cohérente, alors ces sources interfèrent entre elles : c'est le **phénomène d'interférences à ondes multiples.**

2. Calcul de la différence de marche entre deux rayons consécutifs diffractés

- On considère deux fentes successives éclairées par une lumière cohérente sous une incidence i (angle que fait la direction des rayons incidents avec la normale au plan du réseau). Les rayons diffractés par les deux fentes font un angle θ avec cette normale (doc. 5).

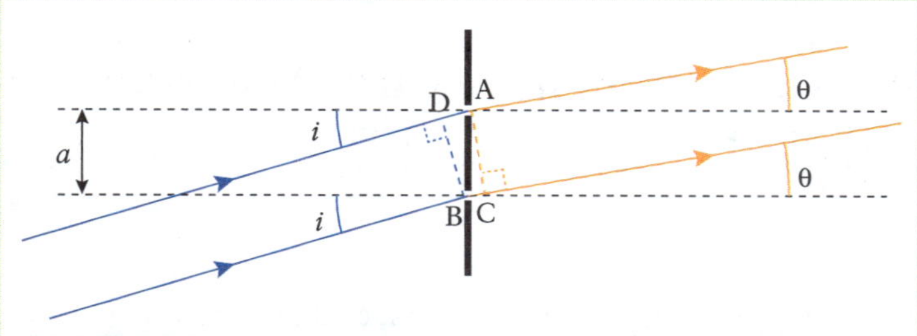

DOC. 5 Diffraction par deux fentes consécutives d'un réseau

La différence de marche entre les deux rayons consécutifs, d'après le doc. 5, a pour expression : $\delta = BC - DA$.

Sachant que deux droites perpendiculaires chacune à deux autres droites formant un angle α, forment elles aussi le même angle α entre elles, on constate que : $i = \widehat{DBA}$ et $\theta = \widehat{BAC}$.

On applique alors les relations trigonométriques dans les triangles rectangles ACB et ADB : $\sin i = \frac{DA}{a}$ et $\sin\theta = \frac{BC}{a} \Leftrightarrow DA = a \times \sin i$ et $BC = a \times \sin\theta$.

On obtient finalement l'expression de δ :

$$\delta = a \times (\sin\theta - \sin i)$$

- Un maximum d'intensité lumineuse sera obtenu dans une direction si les interférences sont constructives, ce qui implique la relation :

$$\delta = a \times (\sin\theta - \sin i)\text{, avec } \delta = k \times \lambda \ (k \text{ entier})$$

Les angles θ pour lesquels nous aurons des maximas d'intensité lumineuse sont donc donnés par la relation :

$$\sin\theta = k \times \left(\frac{\lambda}{a}\right) + \sin i$$

3. Dispersion de la lumière blanche par un réseau

- Si $k = 0$, on obtient toutes les radiations lumineuses avec $\theta = i$, c'est-à-dire le simple prolongement du faisceau incident.
- Si $k \neq 0$, on constate que la direction des maximums dépend de la longueur d'onde λ (les radiations pourront être vues séparément sur un écran éloigné) : on obtient des franges colorées parallèles aux fentes du réseau. Ainsi, le réseau permet de disperser la lumière.

1 Estimer la qualité d'une mesure de longueur d'onde

> Voir l'exercice 1 mettant en œuvre cette méthode.

Méthode

Un calcul faisant intervenir des grandeurs issues d'une mesure expérimentale de diffraction ou d'interférences est toujours entaché d'une certaine imprécision. Afin d'apprécier la qualité d'une mesure, il faut évaluer l'incertitude associée.

> **Étape 1 :** Identifier la formule mathématique qui permet le calcul de la grandeur finale à déterminer.

Diffraction : $\lambda = \dfrac{L \times a}{2 \times D}$; interférences : $\lambda = \dfrac{b \times i}{D}$.

> **Étape 2 :** À partir de l'énoncé, trouver les valeurs des incertitudes sur la mesure associées à chaque grandeur entrant dans le calcul de la grandeur finale à déterminer. On note $U(X)$ l'incertitude sur la mesure d'une grandeur X et $X = X_{\text{mesure}} \pm U(X)$. Ces incertitudes sont parfois à calculer (voir annexe 1 sur les calculs d'incertitudes).

> **Étape 3 :** Calculer l'incertitude associée à une grandeur à partir d'une formule donnée. Considérons une grandeur X dont l'expression est $X = \dfrac{W \times Z}{Y}$. Les grandeurs W, Y et Z sont chacune mesurée et associée à une incertitude sur leur mesure $U(W)$, $U(Y)$ et $U(Z)$. L'incertitude sur la valeur de X a alors pour expression :

$$U(X) = X \times \sqrt{\left(\frac{U(Y)}{Y}\right)^2 + \left(\frac{U(W)}{W}\right)^2 + \left(\frac{U(Z)}{Z}\right)^2}$$

> **Étape 4 :** Écrire le résultat en tenant compte de l'incertitude : $X = X_{\text{mesure}} \pm U(X)$.

> **Étape 5 :** Calculer l'incertitude relative :

- cas général : $r = \dfrac{U(X)}{X_{\text{mesure}}}$;
- cas où on connaît une valeur de référence X_{connue} pour la grandeur :

$r = \dfrac{|X_{\text{mesure}} - X_{\text{connue}}|}{X_{\text{connue}}}$.

L'incertitude relative r peut aussi s'exprimer en pourcentages. Si l'incertitude est inférieure à 0,01 (ou 1 %), la mesure peut être considérée comme de bonne qualité.

Exemple

On réalise une expérience dans laquelle un faisceau laser de longueur d'onde λ est diffracté lors de son passage par une fente fine de largeur a. On mesure la largeur L de la tache centrale de diffraction sur un écran situé à une distance D de la fente. Cette mesure (ainsi que celles de a et D) permet de trouver la valeur de la longueur d'onde de la radiation laser diffractée à partir de la formule $\lambda = \dfrac{L \times a}{2 \times D}$.

Toutes les longueurs sont exprimées en mètres. L'incertitude sur la mesure de λ a pour expression $U(\lambda) = \lambda \times \sqrt{\left(\frac{U(L)}{L}\right)^2 + \left(\frac{U(a)}{a}\right)^2 + \left(\frac{U(D)}{D}\right)^2}$.

Les mesures des différentes grandeurs donnent : $D = (158 \pm 1)\text{cm}$; $L = (12{,}5 \pm 0{,}1)\text{cm}$; $a = (11{,}5 \pm 0{,}1)\mu\text{m}$.

Calculez λ, puis son incertitude sur la mesure.

Sachant que la valeur de référence donnée par le fabricant du laser est $\lambda_{ref} = 450$ nm, peut-on considérer le résultat de l'expérience comme issu d'une bonne mesure ?

Application

> Étape 1 : Il s'agit d'une expérience de diffraction, donc on utilise la formule $\lambda = \frac{L \times a}{2 \times D}$ pour déterminer la longueur d'onde du faisceau laser.

Application numérique : $\lambda = \frac{12{,}5 \times 10^{-2} \times 11{,}5 \times 10^{-6}}{2 \times 158 \times 10^{-2}} = 455 \times 10^{-9}\text{m} = 455 \text{ nm}.$

> Étape 2 et 3 : On déduit les incertitudes sur les mesures de L, a et D à partir des données et on calcul l'incertitude sur la valeur de λ :

$$U(\lambda) = 455 \times 10^{-9} \times \sqrt{\left(\frac{0{,}1}{12{,}5}\right)^2 + \left(\frac{0{,}1}{11{,}5}\right)^2 + \left(\frac{1}{158}\right)^2} = 6 \times 10^{-9} \text{ m}.$$

> Étape 4 : On peut donc écrire : $\lambda = (455 \pm 6) \times 10^{-9}$ m.

> Étape 5 : Comme on connaît la valeur de référence $\lambda_{réf}$ de la longueur d'onde du laser, on calcule l'incertitude relative r avec la formule suivante :

$$r = \frac{|\lambda_{mesure} - \lambda_{ref}|}{\lambda_{ref}} = \frac{|455 - 450|}{450} = 0{,}01 = 1\,\%.$$

On peut donc considérer que la mesure est de bonne qualité.

2 Résoudre des problèmes de diffraction ou d'interférences

> Voir l'exercice 1 mettant en œuvre cette méthode.

Méthode

L'utilisation d'outils mathématiques est indispensable pour résoudre des problèmes sur la diffraction ou les interférences, en particulier des outils géométriques.

> Étape 1 : Identifier la grandeur à calculer et la mettre en lien avec les formules issues de vos connaissances.

> Étape 2 : Trouver dans l'arsenal des outils géométriques et trigonométriques ceux qui permettront de calculer les grandeurs nécessaires au calcul.

• Les relations de trigonométrie dans le triangle rectangle :

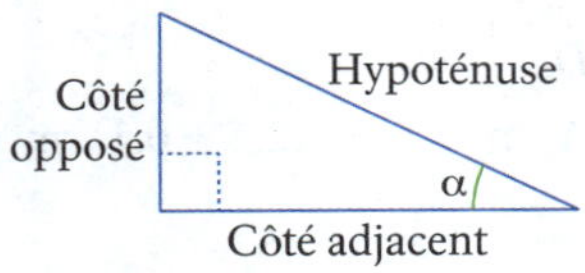

$\cos \alpha = \dfrac{\text{côté adjacent}}{\text{hypoténuse}}$	$\sin \alpha = \dfrac{\text{côté opposé}}{\text{hypoténuse}}$
$\tan \alpha = \dfrac{\text{côté opposé}}{\text{côté adjacent}}$	

• Les résultats de géométrie :

Triangle quelconque

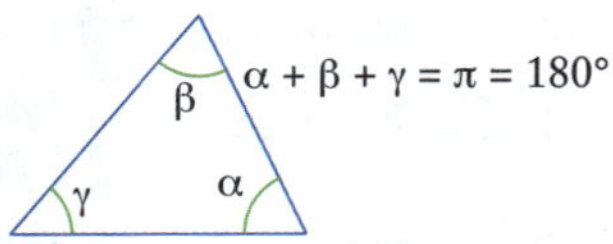

Triangle rectangle

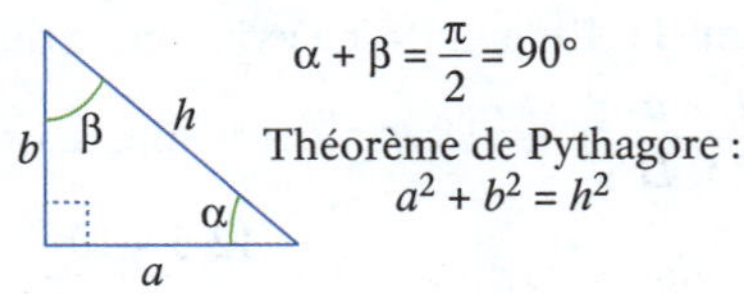

Angles alternes-internes

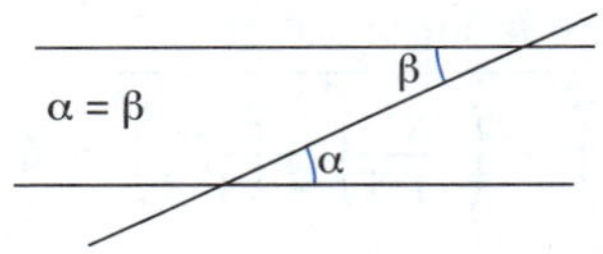

> Étape 3 : Mettre en application les formules choisies pour effectuer le calcul.

Exemple

On éclaire avec un faisceau laser de longueur d'onde λ une fente de largeur a et on obtient sur l'écran situé à une distance D, une figure de diffraction avec une tache centrale de longueur L.
À l'aide du schéma suivant, déterminer une expression de $\tan \theta$ en fonction de la distance D entre l'écran et la fente et de la largeur L de la tache centrale. En déduire une relation simple de θ en fonction de L et de D, si les angles sont petits.

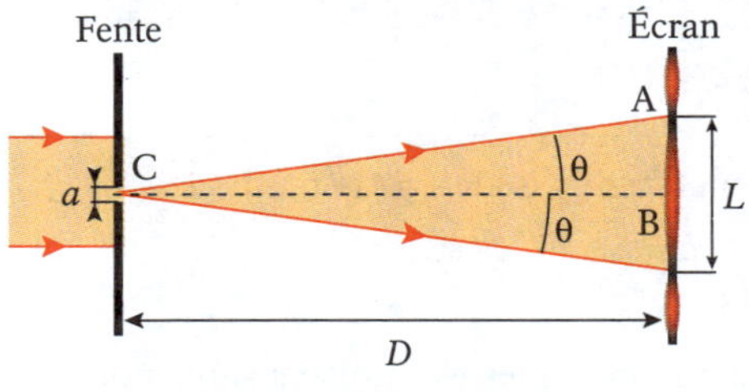

Par identification, trouver une expression de λ en fonction de a, L et D.

Application

> **Étape 1 et 2 :** Dans le triangle rectangle ABC, rectangle en B, on applique la relation de trigonométrie $\tan\theta = \dfrac{\text{côté opposé}}{\text{côté adjacent}}$.

Soit $\tan\theta = \dfrac{\frac{L}{2}}{D} \Leftrightarrow \tan\theta = \dfrac{L}{2D}$; si θ est petit, alors $\tan\theta \approx \theta$ (voir annexe 2 sur les outils mathématiques pour la justification).

On en déduit alors que $\theta = \dfrac{L}{2D}$.

> **Étape 3 :** Par définition : $\theta = \dfrac{\lambda}{a}$.

On obtient alors par identification : $\theta = \dfrac{L}{2D} = \dfrac{\lambda}{a} \Leftrightarrow \lambda = \dfrac{L \times a}{2D}$.

1 Détermination expérimentale de la longueur d'onde d'un laser

90 min

Cet exercice très complet permet d'appliquer les phénomènes d'interférences et de diffraction à la mesure de longueurs d'onde. C'est également l'occasion de s'entraîner aux calculs d'incertitudes des mesures que l'on retrouve dans les TP BAC.

> Voir les méthodes et stratégies 1 et 2, ainsi que l'annexe 1 sur les calculs d'incertitudes.

On dispose au laboratoire d'un laser de démonstration dont la longueur d'onde affichée par le constructeur est $\lambda = 650$ nm. On se propose de retrouver cette valeur par deux méthodes expérimentales différentes.

Partie 1 – Détermination par diffraction

On réalise la figure de diffraction de la lumière du laser qui passe par une fente fine verticale de largeur a, sur un écran placé à une distance D.

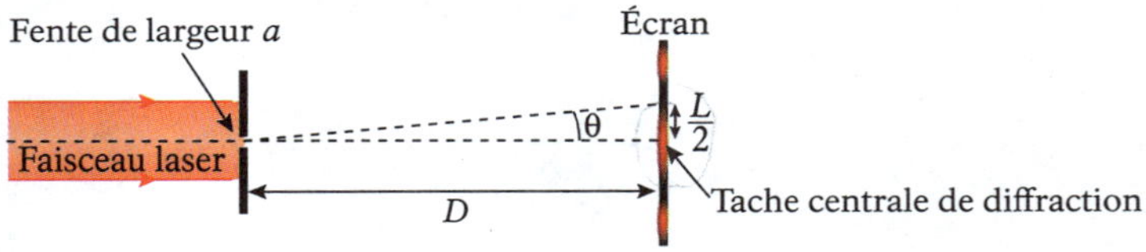

1. Comment évolue la largeur L de la tache centrale de diffraction lorsque l'on utilise une fente de largeur a plus petite ? Justifier la réponse.

2. Par une méthode trigonométrique, trouver l'expression de l'écart angulaire θ en fonction de D et L. On rappelle que dans la limite des petits angles $\tan\theta = \theta$.

3. Déterminer l'expression de λ qui permettrait de trouver sa valeur à partir d'une telle expérience.

4. On mesure avec une règle la largeur L de la tache centrale. On trouve $L = (11{,}4 \pm 0{,}1)$ cm. Les paramètres de l'expérience réalisée sont : $a = (27{,}0 \pm 0{,}1)$ µm et $D = (2{,}35 \pm 0{,}01)$ m.

a. Par un calcul, retrouver la valeur de l'incertitude sur la mesure $U(L)$.

b. Déduire des résultats expérimentaux la valeur de la longueur d'onde λ.

c. Calculer l'incertitude sur la mesure de λ à partir de son expression :

$$U(\lambda) = \lambda \times \sqrt{\left(\frac{U(L)}{L}\right)^2 + \left(\frac{U(a)}{a}\right)^2 + \left(\frac{U(D)}{D}\right)^2}.$$

d. Trouver un encadrement de la valeur expérimentale de λ.

e. Cet encadrement est-il compatible avec la valeur donnée par le constructeur ?

Partie 2 – Détermination par interférences

On réalise la figure d'interférences de la lumière du laser à l'aide d'une double fente de Young. Ces fentes sont séparées par une distance $b = (0{,}200 \pm 0{,}005)\ \text{mm}$.

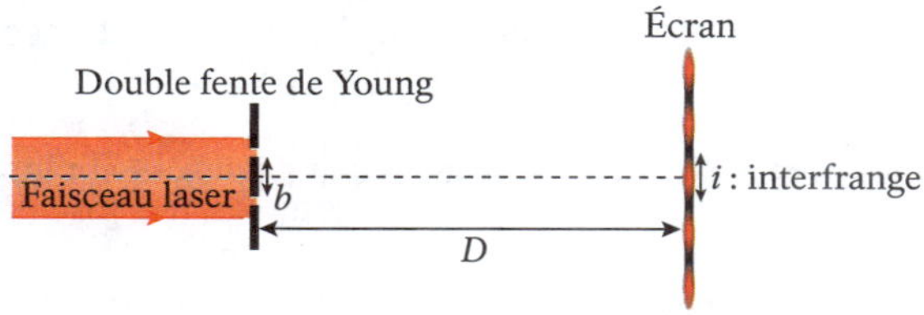

La figure d'interférences est observée sur un écran placé à une distance $D = (1{,}35 \pm 0{,}01)\ \text{m}$. La mesure de l'interfrange i (distance séparant deux franges brillantes successives) nous donne : $i = 4{,}40\ \text{mm}$ avec $U(i) = 0{,}05$ mm. L'expression de l'interfrange est $i = \dfrac{\lambda \times D}{b}$, toutes les longueurs étant exprimées en mètres.

1. On observe une tache centrale brillante sur la figure d'interférences. Justifier cette observation, éventuellement à l'aide d'un schéma.

2. Calculer la valeur de λ.

3. L'incertitude sur la mesure de λ nous est donnée par l'expression suivante :

$$U(\lambda) = \lambda \times \sqrt{\left(\frac{U(i)}{i}\right)^2 + \left(\frac{U(b)}{b}\right)^2 + \left(\frac{U(D)}{D}\right)^2}.$$

a. Calculer l'incertitude sur la mesure $U(\lambda)$.

b. Trouver l'encadrement de la valeur expérimentale de λ.

c. Cet encadrement est-il compatible avec la valeur donnée par le constructeur ?

4. Laquelle de ces deux expériences fournit la mesure de meilleure qualité ? Justifier.

Partie 3 – Détermination par une méthode graphique

On réalise une expérience de diffraction à l'aide d'un laser qui émet une radiation monochromatique de longueur d'onde inconnue λ. Pour différentes fentes de largeur connue, on mesure la largeur L de la tache centrale de la figure de diffraction, puis on en déduit l'écart angulaire θ. On trace alors la courbe $\theta = f\left(\dfrac{1}{a}\right)$ donnée sur la figure suivante :

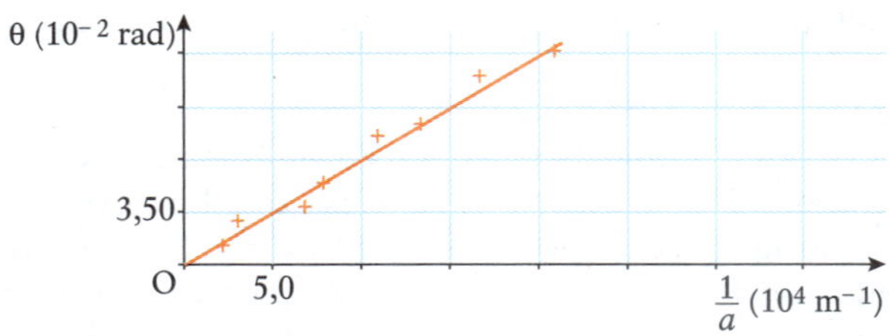

1. La courbe obtenue est-elle en accord avec la formule de θ ?

2. Indiquer comment on peut obtenir la valeur de λ à partir de cette courbe.

3. Déterminer cette valeur.

4. La valeur fournie par le constructeur du laser est λ = 705 nm. Le résultat de l'expérience peut-il être considéré comme issu d'une bonne mesure ?

2 Big bang *or not* big bang ?

90 min

Cet exercice basé sur l'exploitation de documents a pour objectif principal de vous entraîner à rédiger une synthèse argumentée et à utiliser les données fournies par les documents. Un grand classique des nouvelles épreuves.

> Voir les méthodes et stratégies 1 et 2, ainsi que l'annexe 1 sur les calculs d'incertitudes.

DOC. 1 Une brève histoire de la cosmologie

La cosmologie est la partie des sciences qui étudie les lois de l'Univers ainsi que son évolution. Trois grandes révolutions scientifiques ont jalonné l'histoire de la cosmologie : la révolution copernico-galiléenne qui a donné les lois du mouvement planétaire et sonné la fin du géocentrisme ; la révolution newtonienne avec la notion d'Univers infini et statique, dans lequel les astres sont soumis à la gravitation universelle ; et enfin la révolution relativiste qui introduit la notion de temps relatif et qui débouche sur la découverte de l'expansion de l'Univers et d'une origine appelée big bang.

En 1917, Albert Einstein établit le premier modèle cosmologique relativiste, issu de sa théorie de la relativité générale : il s'agit d'un Univers sphérique, statique et de densité de matière uniforme. Alexandre Friedmann, directeur de l'Institut de géophysique de Leningrad, publie en 1923 un ouvrage intitulé « L'Univers comme espace et temps » dans lequel il montre que la « création de l'Univers » est une des solutions naturelles des équations du champ gravitationnel d'Einstein : il en déduit aussi que l'Univers n'est pas statique mais en perpétuelle évolution, prévoyant une expansion de celui-ci. Mais c'est le chanoine et astronome belge Georges Lemaître qui, en reprenant les idées de Friedmann, établit les bases de la théorie moderne du big bang : à partir des résultats expérimentaux américains sur les vitesses des galaxies qu'il interprète comme un des indices majeurs d'un Univers en expansion, Lemaître énonce son hypothèse de l'« Atome primitif » qui prévoit un Univers intialement très chaud et très dense.

Aujourd'hui, les résultats apportés par le télescope spatial Hubble depuis 1990 et par les grands observatoires terrestres tels que VLT (Very Large Telescope, installé au Chili en 2001) sur les galaxies les plus éloignées et donc les plus vieilles ont permis de confirmer les modèles d'évolution des populations galactiques prévus par la théorie du big bang.

DOC. 2 La loi de Hubble

Au cours des années 1920, l'astronome américain Edwin Hubble fut le premier à montrer l'origine extragalactique de certains objets lumineux (les nébuleuses) observés grâce au télescope le plus puissant de l'époque, qui venait d'être installé au laboratoire du mont Wilson. Par l'étude d'un grand nombre de galaxies découvertes avec d'autres physiciens tels que James Edward Keeler ou Vesto Slipher, il établit grâce à des mesures spectroscopiques le fait que les galaxies s'éloignent les unes des autres, avec des vitesses d'autant plus grandes qu'elles sont éloignées de la Terre. La relation entre la vitesse d'éloignement et la distance est connue sous le nom de loi de Hubble : $v = H_0 \times d$, où v est la vitesse d'éloignement en $km{\cdot}s^{-1}$, d est la distance à la galaxie en Mpc (mégaparsecs), et H_0 la constante de Hubble évaluée aujourd'hui à environ 68 $km{\cdot}s^{-1}{\cdot}Mpc^{-1}$.

Cette découverte réalisée par l'observation et la mesure a permis de conforter la théorie du big bang d'un Univers en expansion, qui avait été proposée par Alexandre Friedmann.

DOC. 3 La découverte du rayonnement fossile

En 1965, les physiciens Arno Penzias et Robert Wilson découvrirent par hasard, lors d'essais de nouvelles antennes de détection aux laboratoires Bell (États-Unis), un « bruit » électromagnétique étrange en provenance du cosmos et qui arrivait de toutes les directions de l'Univers. Il s'agissait d'un rayonnement micro-ondes cosmologique qui fut identifié comme un rayonnement thermique d'un corps noir à une température de 3 kelvins au-dessus du zéro absolu. Ce rayonnement était la trace lointaine des débuts d'un Univers très chaud et très dense, qui s'était refroidi depuis des milliards d'années.

Partie 1 – La technologie au service de la science

À partir des documents, répondre à la question suivante : en quoi les avancées technologiques ont-elles permis d'assurer le succès de la théorie du big bang ? (20 lignes environ).

Partie 2 – L'Univers en expansion et la loi de Hubble

Les dernières avancées en matière de collecte d'informations ont permis de tracer la représentation graphique de la loi de Hubble suivante :

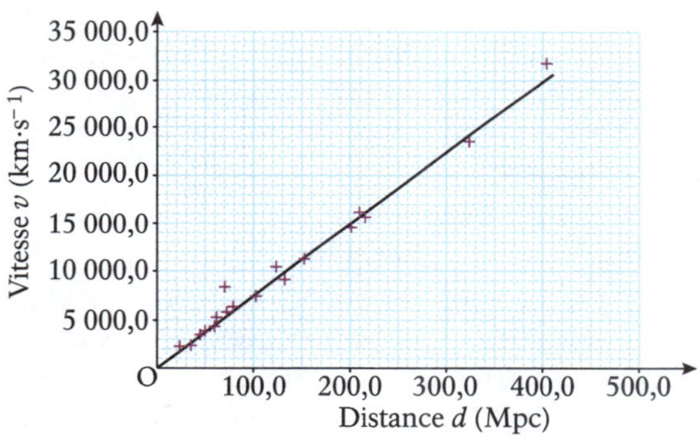

Chaque point représente un objet céleste (étoile, galaxie) et la courbe noire est l'approximation linéaire la plus proche du nuage de points expérimentaux.

1. Cette représentation graphique est-elle en accord avec la loi de Hubble ?

2. Calculer la constante de Hubble à partir de cette représentation graphique.

3. La valeur communément admise de cette constante est $H_0 = 68 \pm 8$ km·s^{-1}·Mpc^{-1}

a. Quel est l'incertitude sur la mesure $U(H_0)$ de cette valeur ?

b. Votre résultat est-il compatible avec la valeur annoncée ?

c. Calculer l'incertitude relative entre votre mesure et celle de référence. Avez-vous réalisé une détermination de bonne qualité ?

4. Le parsec est une unité de distance utilisée en astronomie. Par définition, un parsec est la distance nous séparant d'un objet céleste que l'on voit depuis l'orbite terrestre sous un angle égal à une seconde d'arc (1″).

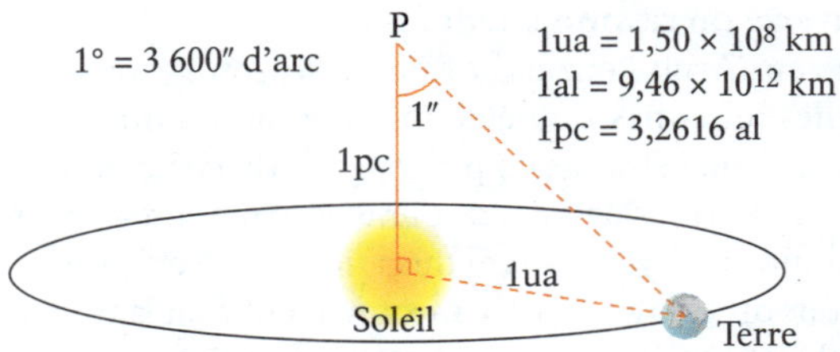

a. L'étoile 61 Cygni est plus éloignée de notre Système solaire que l'étoile Proxima Centauri. Laquelle de ces deux étoiles verra-t-on sous l'angle le plus petit ? Justifier votre réponse. On rappelle que pour les petites valeurs d'angle (typiquement inférieures à 1°), on utilise l'approximation $\tan\theta \approx \theta$.

b. Retrouver par un calcul la valeur de l'angle donné sur le schéma précédent. On rappelle que 1° = 3 600″ d'arc.

c. Calculer la vitesse de la galaxie d'Andromède située à environ 2,55 millions d'années-lumière de la Terre.

d. Le satellite Hipparcos, lancé par l'Agence spatiale européenne (ESA), a mesuré la parallaxe d'environ 100 000 étoiles avec une précision supérieure à la milliseconde d'arc entre 1989 et 1993. Ceci a permis de déterminer la distance d'étoiles éloignées de nous de plus d'un kiloparsec.
Justifier par un calcul la phrase précédente.

Partie 3 – L'Univers en expansion et l'effet Doppler-Fizeau

Hippolyte Fizeau eut l'idée d'appliquer aux ondes électromagnétiques la loi établie par Christian Doppler à propos des ondes sonores. Par ces travaux, il parvint à prévoir que le rayonnement électromagnétique reçu sur Terre et provenant d'un objet céleste serait affecté selon que cet objet s'éloigne ou se rapproche de nous.
Considérons un objet céleste envoyant un signal électromagnétique de fréquence f_O, et qui est reçu sur la Terre avec une fréquence f_T.

Si cet objet se rapproche de la Terre avec une vitesse v, on a la relation $\dfrac{f_O}{f_T} = \left(1 - \dfrac{v}{c}\right)$.

Si cet objet s'éloigne de la Terre avec une vitesse v, on a la relation $\dfrac{f_O}{f_T} = \left(1 + \dfrac{v}{c}\right)$.

On note c la vitesse de la lumière dans le vide : $c = 3{,}00 \times 10^8$ m·s^{-1}. Les fréquences sont en hertz (Hz) et les vitesses en mètres par seconde (m·s^{-1}).

1. Comparer les fréquences f_O et f_T selon que l'objet céleste se rapproche ou s'éloigne de nous.

2. Pour les étoiles les plus proches de nous, on a estimé ce rapport pour une radiation électromagnétique donnée.

Étoile	Proxima	Wolf 359	Barnard	Luyten
$\dfrac{f_O}{f_T}$	< 1	> 1	< 1	> 1

La loi de Hubble est-elle localement vérifiée pour ces étoiles ?

3. Quels objets célestes a choisi Edwin Hubble pour réaliser son étude ? Que pouvez-vous en déduire sur l'application de la loi de Hubble ?

4. Une galaxie se déplace en s'éloignant de nous avec une vitesse radiale égale à $4{,}00 \times 10^4$ km·s^{-1}.

a. Calculer la distance qui nous sépare d'elle.

b. Calculer le rapport des fréquences $\frac{f_O}{f_T}$.

5. L'étoile Sirius, qui est l'étoile la plus brillante du ciel, se rapproche de notre Système solaire avec une vitesse égale à 7,6 km·s^{-1}.

a. Calculer le rapport des fréquences $\frac{f_O}{f_T}$.

b. Que pourrait-on dire d'un objet céleste pour lequel le rapport $\frac{f_O}{f_T}$ serait égal à 1 ?

SUJETS D'APPROFONDISSEMENT

3 Analyse de la lumière des étoiles

90 min

Cet exercice permet de balayer un grand nombre de sujets associés à l'analyse de la lumière des étoiles : étude des réseaux de diffraction, spectres de raies... Il permet aussi de tester votre capacité à manipuler et à exploiter des formules littérales non vues en cours.

> Voir la méthode et stratégie 2, ainsi que l'annexe 2 sur les outils mathématiques pour résoudre des problèmes de physique.

L'analyse spectrale de la lumière fut mise au point en 1859 par Gustav Kirchhoff et Robert Bunsen : on peut déterminer la nature d'un corps qui émet ou absorbe de la lumière en étudiant les longueurs d'onde des radiations composant cette lumière. Cette méthode expérimentale appliquée aux étoiles nous permet d'obtenir de précieux renseignements sur les caractéristiques de celles-ci (température de surface, composition chimique de leur atmosphère, etc.).

DOC. 1 Les réseaux

Les réseaux de diffraction ont été mis au point par Joseph Fraunhofer en 1821. Ces dispositifs sont constitués d'un très grand nombre de traits fins parallèles et distants entre eux d'une même longueur appelée le pas du réseau. On définit pour chaque réseau le nombre de traits par millimètre qui est égal à l'inverse du pas, exprimé en millimètres. À la traversée du réseau, la lumière arrivant perpendiculairement au plan du réseau est diffractée par chaque trait

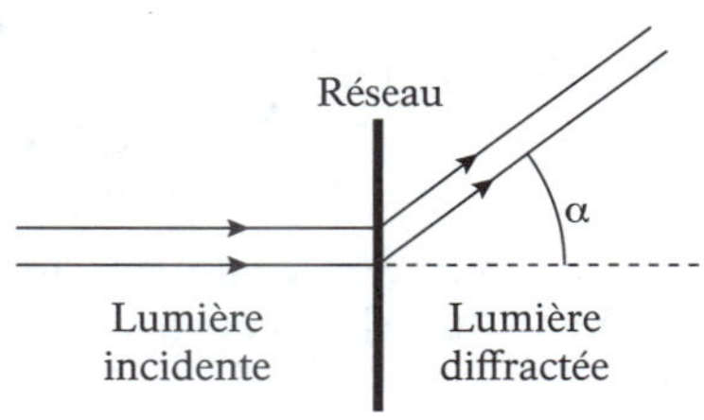

et on observe pour une radiation diffractée de longueur d'onde λ, un maximum de lumière pour un angle α définit par la relation :

$$\sin\alpha = p \times \frac{\lambda}{a}$$

a, pas du réseau
p, nombre entier positif ou négatif, appelé ordre du spectre (voir figure ci-dessus)

DOC. 2 Profil spectral et loi de Wien

Le profil spectral nous donne l'intensité associée à chaque radiation composant la lumière émise. Il correspond à une courbe $I = f(\lambda)$. Pour une étoile, le profil spectral nous renseigne à la fois sur la température de surface de l'étoile et sur les éléments chimiques présents dans sa chromosphère : la courbe présente un maximum d'intensité dont la longueur d'onde associée λ_{max} nous permet de trouver la température de surface grâce à la loi de Wien, tandis que les minimums d'intensité sous forme de pics inversés nous renseignent sur les radiations absorbées et donc sur les atomes présents dans la chromosphère et responsables de ces absorptions.

On donne la loi de Wien : $T = \dfrac{2{,}89 \times 10^6}{\lambda_{max}} - 273$

λ_{max} en nanomètres (nm)
T en degré Celsius (°C)

Le spectre de la lumière d'une étoile est donc un spectre continu sur lequel apparaissent des raies noires qui correspondent aux radiations sélectivement absorbées par les atomes présents dans l'atmosphère stellaire.

DOC. 3 Le *redshift*

Lorsque les sources de lumière s'éloignent ou se rapprochent d'un observateur terrestre, on observe un décalage des longueurs d'onde des radiations émises. Si les objets lumineux s'éloignent, on observe un décalage vers des valeurs de longueurs d'onde plus grandes : ce phénomène est appelé *redshift*, ou décalage vers le rouge. La mesure de la longueur d'onde de la radiation émise et la connaissance de la valeur de cette même radiation en laboratoire sur Terre, permet de calculer la vitesse radiale de l'objet lumineux en mètres par seconde :

$$v = c \times \frac{\lambda_0 - \lambda_T}{\lambda_T}$$

c, la vitesse de la lumière dans le vide (en mètres par seconde)
λ_0, la longueur d'onde de la radiation émise (en nanomètres)
λ_T, sa valeur déterminée sur Terre (en nanomètres)

DOC. 4 Émission et absorption de lumière par les atomes

Lorsqu'un atome passe d'un niveau d'énergie E_m à un niveau d'énergie E_p, celui-ci émet un photon (si $E_m > E_p$) ou absorbe un photon (si $E_m < E_p$). Le quantum d'énergie porté par le photon a pour expression :

$$|\Delta E| = |E_p - E_m| = \frac{h \times c}{\lambda}$$

E, l'énergie (J)
λ, la longueur d'onde de la radiation associée au photon (m)
c, la vitesse de la lumière dans le vide ($m \cdot s^{-1}$)
h, la constante de Planck (J·s)

Données : vitesse de la lumière dans le vide $c = 3{,}00 \times 10^8\ m \cdot s^{-1}$; constante de Planck $h = 6{,}63 \times 10^{-34}\ J \cdot s$; conversion joule-électronvolt : $1\ eV = 1{,}602 \times 10^{-19}\ J$.

Partie 1 – Spectre du Soleil obtenu par un réseau

Un réseau de 1 000 traits par millimètre est éclairé en incidence normale par un faisceau de lumière blanche issu du Soleil. On place derrière le réseau un écran sur lequel se projette le spectre de lumière stellaire.

1. Qu'observe-t-on sur l'écran pour un ordre $p = 0$?

2. Donner l'expression de $\sin\alpha$ à l'ordre $p = 1$ et expliquer pourquoi le réseau peut disperser une lumière blanche.

3. Quel phénomène permet d'expliquer le fait de pouvoir observer des maximums de lumière pour certaines directions de diffraction ? Expliquer l'existence de ces maximums de lumière.

4. La différence de marche entre deux rayons consécutifs diffractés peut s'écrire $\delta = a \times \sin\alpha$.

a. Montrer par un calcul que l'on doit avoir un maximum de lumière pour des ordres entiers p.

b. Qu'observe-t-on pour un ordre p ayant pour expression $p = k + 0{,}5$ où k est un entier ?

5. Quelle est la couleur des radiations les plus déviées par le réseau ?

6. On considère deux radiations de longueurs d'onde respectives $\lambda_1 = 450$ nm et $\lambda_2 = 750$ nm.

a. Calculer les angles de diffraction associés à chaque radiation, pour lesquels on obtient un maximum de lumière.

b. Quelle est la distance séparant les deux maximums sur un écran placé à 1,50 m du réseau ?

7. Voici un extrait du spectre observé, caractérisé par des raies noires sur un fond coloré continu, nommées A, B, C, D, E, F_1, F_2, G et H.

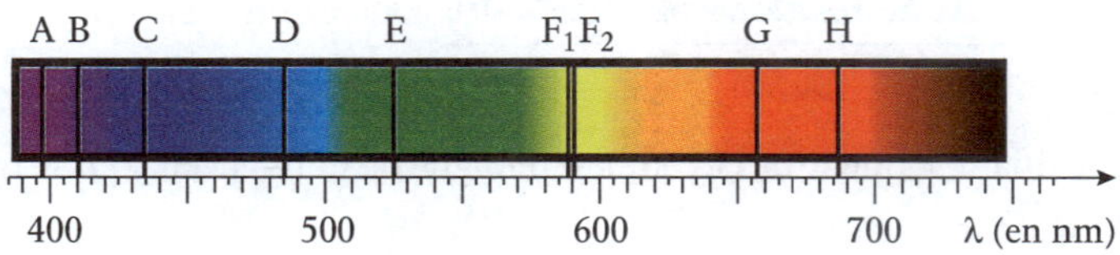

7. a. Les raies observées ci-dessus sont-elles des raies d'émission ou d'absorption ?

7. b. On donne les longueurs d'onde d'émission de quelques éléments chimiques.

Élément chimique	Longueur d'onde λ (en nm) de quelques raies					
Hydrogène H	410,1	434,0	486,1	656,3		
Hélium He	447,2	471,3	492,2	501,6	587,6	667,8
Sodium Na	589,0	589,6				

Quels sont les éléments chimiques que l'on peut retrouver dans les couches superficielles du Soleil? Justifier votre réponse.

8. On obtient le profil spectral du Soleil :

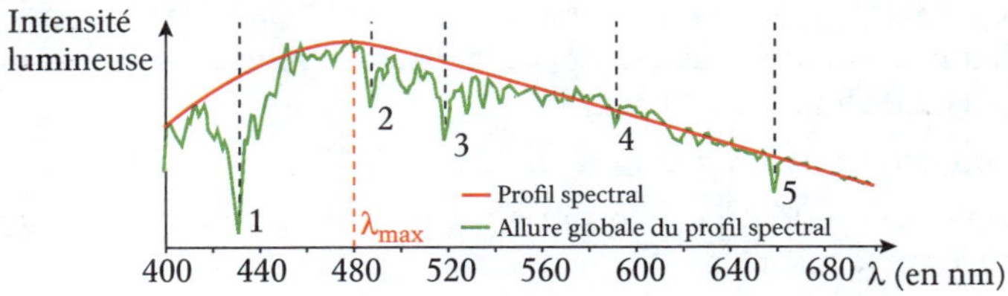

a. Ce profil est-il en accord avec le spectre obtenu par le réseau ?

b. Que peut-on déduire de la présence d'un pic d'absorption à 520 nm ?

c. Déterminer la température de surface du Soleil.

9. On observe aucune différence entre les longueurs d'onde mesurées sur le spectre solaire et celles mesurées en laboratoire sur la Terre.

a. Cela vous paraît-il cohérent ?

b. Grâce à un télescope muni d'un réseau de diffraction, on obtient les spectres de deux étoiles proches, Sirius et Wolf 359. On compare ces spectres avec le spectre d'émission de l'hydrogène obtenu en laboratoire.

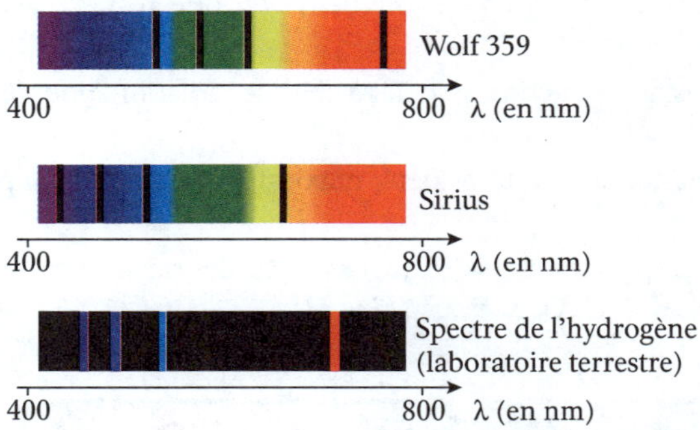

Déduire, en justifiant, laquelle de ces étoiles s'éloigne de nous et celle qui se rapproche.

Partie 2 – Étude de la raie Hα

La formule de Balmer nous donne les longueurs d'onde des radiations pouvant être absorbées ou émises par l'atome d'hydrogène lorsque le niveau de départ (pour les absorptions) ou d'arrivée (pour les émissions) est le premier niveau excité associé au nombre $m = 2$:

$$\lambda = 364{,}56 \times \left(\frac{m^2}{m^2 - 2^2}\right)$$

λ (en nm)
m est un entier strictement supérieur à 2, correspondant à des niveaux d'énergie supérieurs au premier niveau excité

La raie Hα correspond à la radiation de longueur d'onde égale à 656,3 nm et correspond à la transition d'énergie entre les niveaux $m = 3$ et $m = 2$. Cette raie joue un grand rôle en astronomie.

1. Calculer l'énergie du photon émis (en électronvolts) lors de l'émission de la raie Hα.

2. Trouver la valeur du niveau d'énergie E_3 sachant que le niveau d'énergie E_2 est égal à −3,39 eV.

3. Combien de radiations correspondant à la formule de Balmer appartiennent au domaine du rayonnement visible ? Justifier par un calcul.

4. On enregistre une partie du spectre de la lumière d'une galaxie, où apparaissent les pics d'absorption de certaines radiations.

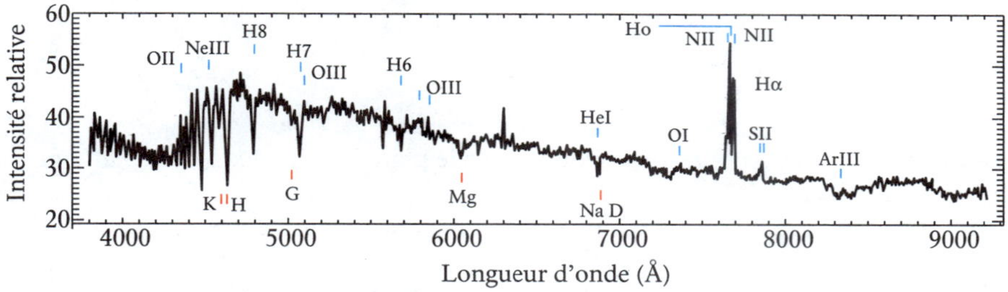

Les longueurs d'onde en abscisse sont données en angströms (Å) : **1Å = 10^{-10} m**.

a. Déterminer la valeur de la longueur d'onde associée à la raie Hα.

b. Cette galaxie s'éloigne-t-elle de nous ? Justifier.

c. Déterminer la vitesse radiale de cette galaxie.

5. Quel est le nom du phénomène associé au calcul de la vitesse radiale ?

6. Rappeler la formule de la vitesse c en fonction de la fréquence ν et de la longueur d'onde λ, puis montrer que l'éloignement d'une galaxie se traduit par un phénomène de *redshift*.

POST BAC

4 La couleur des animaux

90 min

Un exercice très intéressant qui permet d'aborder le phénomène des interférences à ondes multiples. Attention, la résolution de ce problème nécessite de solides bases mathématiques.

> Voir la méthode et stratégie 2, ainsi que l'annexe 2 sur les outils mathématiques pour résoudre des problèmes de physique.

La couleur des animaux vient le plus souvent des pigments qu'ils produisent ou qu'ils mangent. Pour d'autres animaux, tels que certaines espèces de papillons, les scarabées, les paons ou les colibris, les couleurs résultent de phénomènes physiques, notamment d'interférences lumineuses. Ces couleurs interférentielles apparaissent lorsqu'il existe chez l'animal une structure périodique avec une périodicité spatiale de l'ordre de grandeur des longueurs d'onde de la lumière : chaque élément de la structure renvoie séparément une onde lumineuse, et ces différentes ondes interfèrent en produisant des couleurs qui varient selon l'angle d'observation.

DOC. 1 Les lois de Snell-Descartes sur la réflexion

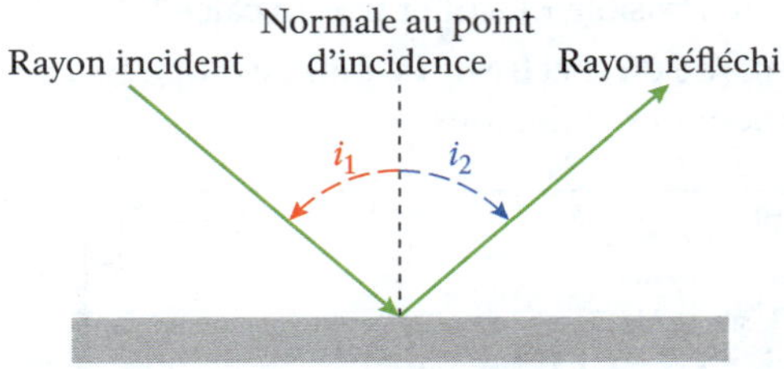

Première loi : le rayon réfléchi se trouve dans le plan d'incidence formé par le rayon incident et la normale.
Seconde loi : les angles de réflexion et d'incidence sont égaux : $i_1 = i_2$.

DOC. 2 Les lois de Snell-Descartes sur la réfraction

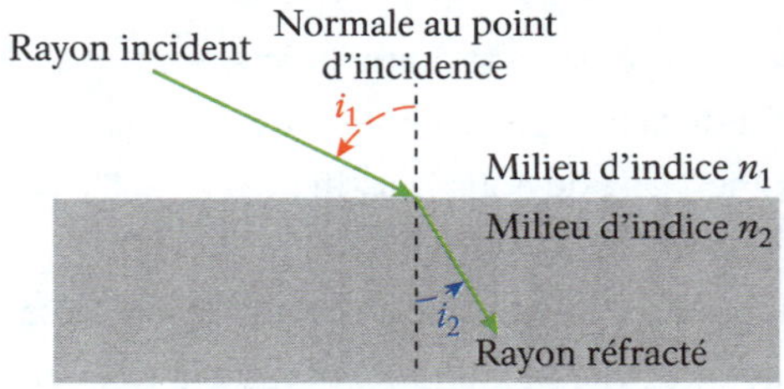

Première loi : le rayon réfracté se trouve dans le plan d'incidence formé par le rayon incident et la normale.
Seconde loi : les angles de réfraction et d'incidence sont liés par la relation :
$n_1 \times \sin i_1 = n_2 \times \sin i_2$.

Partie 1 – Obtention d'ondes multiples à la sortie d'une lame à faces parallèles

On considère une lame à faces parallèles d'épaisseur *e* et d'indice *n* qui se trouve plongée dans l'air dont l'indice est égale à 1,00. Cette lame est éclairée par un rayon incident sous un angle d'incidence noté *i*. À l'intérieur de la lame, on assiste à une succession de réflexion-réfraction, le rayon étant partiellement réfléchi ou réfracté.

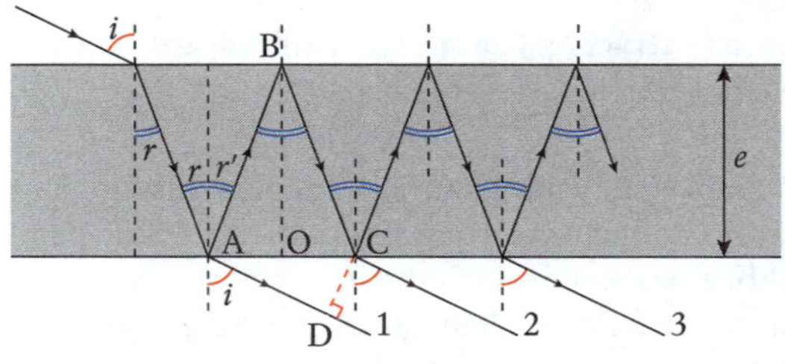

1. Exprimer les lois de Descartes appropriées au point A en faisant intervenir les angles *i*, *r* et *r'*.

2. Exprimer les longueurs AB et BC en fonction de *e* et de *r*. Faire appel aux formules trigonométriques dans les triangles rectangles OAB et OBC rectangles en O.

3. Exprimer la longueur AC en fonction de *e* et de *r*. Faire appel aux formules trigonométriques dans les triangles rectangles OAB et OBC rectangles en O.

4. À l'aide du résultat de la question précédente, exprimer la longueur AD en fonction de e et de r. Faire appel aux formules trigonométriques dans le triangle rectangle DAC rectangle en D.

5. La différence de marche δ entre les rayons émergeants 1 et 2 a pour expression : $\delta = n \times (AB + BC) - AD$.
Exprimer δ en fonction de n, e et $\cos r$, sachant que $\cos^2 x + \sin^2 x = 1$.

6. Les amplitudes a_1, a_2 et a_3 associées aux trois premiers rayons émergeants sont reliées par les relations suivantes : $a_2 = \rho^2 \times a_1$; $a_3 = \rho^4 \times a_1$, où ρ est le facteur de réflexion, sans unité et toujours inférieur à 1.

a. Comparer les trois amplitudes.

b. Pour une lame de verre (dont les surfaces sont non traitées) plongée dans l'air, le facteur de réflexion a pour expression : $\rho = \sqrt{\frac{(n-1)^2}{(n+1)^2}}$. Calculer ρ pour $n = 1{,}6$.

c. Comparer les amplitudes a_3 et a_1 et justifier la nécessité de « traiter » les surfaces de la lame par un dépôt métallique qui permet d'augmenter le facteur de réflexion jusqu'à des valeurs proches de 0,90 si l'on veut obtenir de manière efficace des interférences à ondes multiples.

Partie 2 – Conditions d'interférences constructives ou destructives

Un dispositif optique muni d'une lentille convergente permet de rassembler les rayons émergeants de la lame à faces parallèles en un point d'un écran.

1. Quelle condition doit vérifier la différence de marche δ entre deux rayons consécutifs si l'on veut que les interférences soient constructives ?

2. Une radiation monochromatique verte de longueur d'onde λ égale à 532 nm arrive sur la lame à faces parallèles avec un angle d'incidence i égal à 30°. L'indice n du verre pour une telle radiation est égal à 1,610.
On précise que la fonction arcsinus est la fonction inverse de la fonction sinus :

$$\text{Arcsin}(\sin x) = x \quad \text{et} \quad \sin(\text{Arcsin}\, x) = x$$

a. Trouver la valeur minimale de l'épaisseur e pour laquelle on pourrait avoir des interférences constructives avec une telle radiation.

b. Trouver la valeur minimale de l'épaisseur e pour laquelle on pourrait avoir des interférences destructives avec une telle radiation.

3. Un faisceau de lumière polychromatique arrive sur la lame à faces parallèles avec une incidence $i = 30°$. L'épaisseur e est égale à 0,174 µm.

On calcule le rapport $\frac{\delta}{\lambda}$ pour les trois radiations de ce faisceau :

Radiation	Bleue	Verte	Rouge
λ (nm)	400	532	750
Indice n	1,625	1,610	1,595
$\frac{\delta}{\lambda}$	1,35	1,00	0,70

a. Observera-t-on des interférences constructives pour chacune des radiations ?

b. Pour quelles valeurs du rapport $\frac{\delta}{\lambda}$ observerait-on des interférences destructives ?

c. Sur quel paramètre de la lame à faces parallèles peut-on jouer afin de sélectionner une radiation à la sortie.

d. L'indice du verre dépend de la longueur d'onde de la radiation :

$n(\lambda) = A + \frac{B}{\lambda^2}$ | A et B positifs.

Cette formule est-elle en cohérence avec les valeurs des indices fournis dans le tableau précédent ?

Partie 3 – Les couleurs interférentielles d'une plume d'oiseau

Une plume d'oiseau peut être considérée comme un empilement de lames à faces parallèles de l'ordre du dixième de micromètre, permettant de produire des interférences lumineuses.

1. Quelle condition doit respecter une couleur pour être observée ?

2. Est-ce que la couleur observée dépend de l'angle d'incidence ?

3. Comment peut-on savoir, par une simple manipulation, si les couleurs d'une plume d'oiseau sont d'origine interférentielle ou pigmentaire ?

CORRIGÉS

1 Détermination expérimentale d'une longueur d'onde

Partie 1

1. On sait que pour une radiation de longueur d'onde donnée, l'écart angulaire augmente lorsque a diminue car $\theta = \frac{\lambda}{a}$. En conséquence, on déduit d'après le schéma que L doit augmenter.

2. Dans le triangle rectangle, on applique la relation de trigonométrie suivante :

$$\tan\theta = \frac{\frac{L}{2}}{D} \Leftrightarrow \tan\theta = \frac{L}{2D}\text{ ; si } \theta \text{ est petit alors : } \tan\theta \approx \theta \Rightarrow \theta = \frac{L}{2D}.$$

3. On identifie les deux expressions de l'écart angulaire : $\theta = \frac{L}{2D} = \frac{\lambda}{a} \Leftrightarrow \lambda = \frac{L \times a}{2D}$.

4. a. La mesure de L s'effectuant avec une règle, la valeur d'une graduation est égale à 1 mm ; on a donc : $U_1(L) = \frac{2 \times V(\text{graduation})}{\sqrt{12}} = \frac{2 \times 1 \times 10^{-3}}{\sqrt{12}} = 6 \times 10^{-4}\text{m}$.

> Ne pas oublier de convertir les millimètres en mètres. Voir aussi l'annexe 1 sur les calculs d'incertitudes.

Cette mesure de L nécessite une double lecture, celle du « zéro » et celle de la valeur de L ; donc l'incertitude sur la mesure de L est égale à :
$U(L) = \sqrt{2} \times U_1(L) = 8 \times 10^{-4}\text{m} \approx 1 \text{ mm} \approx 0{,}1 \text{ cm}$.
On retrouve bien la valeur de $U(L)$.

b. On applique la formule, en ayant mis toutes les grandeurs en mètres :

$$\lambda = \frac{L \times a}{2D} = \frac{11{,}4 \times 10^{-2} \times 27{,}0 \times 10^{-6}}{2 \times 2{,}35} = 6{,}55 \times 10^{-7}\text{m} = 655 \text{ nm}.$$

c. Calcul de l'incertitude sur la mesure de λ :

$$U(\lambda) = 655 \times \sqrt{\left(\frac{0{,}1}{11{,}4}\right)^2 + \left(\frac{0{,}1}{27{,}0}\right)^2 + \left(\frac{0{,}01}{2{,}35}\right)^2} = 7 \text{ nm}.$$

d. Encadrement de la valeur expérimentale de λ : $648 \text{ nm} \leqslant \lambda \leqslant 662 \text{ nm}$.

e. Oui, cet encadrement est compatible avec la valeur donnée par le constructeur car 650 nm est bien dans l'intervalle trouvé.

Partie 2

1. On observe une tache centrale brillante sur la figure d'interférences car les interférences sont constructives. En effet, les rayons issus des deux trous parcourent exactement la même distance : leur différence de marche est donc nulle et vérifie la condition des interférences constructives : $\delta = k \times \lambda$.

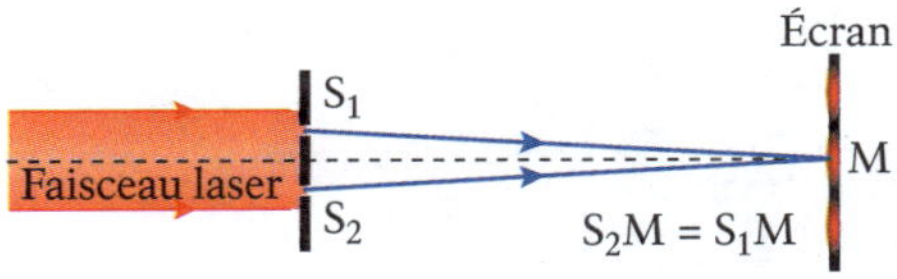

2. On applique l'expression en mettant toutes les grandeurs en mètres :

$$i = \frac{\lambda \times D}{b} \Leftrightarrow \lambda = \frac{b \times i}{D} = \frac{0,200 \times 10^{-3} \times 4,40 \times 10^{-3}}{1,35} = \mathbf{6,52 \times 10^{-7}\,m = 652\,nm.}$$

3. a. *Application numérique :* $U(\lambda) = 652 \times \sqrt{\left(\frac{0,05}{4,40}\right)^2 + \left(\frac{0,005}{0,200}\right)^2 + \left(\frac{0,01}{1,35}\right)^2} = \mathbf{19\,nm}$.

b. Encadrement de la valeur expérimentale de λ : $\mathbf{633\,nm \leqslant \lambda \leqslant 671\,nm}$.

c. Cet encadrement est bien compatible avec la valeur donnée par le constructeur car 650 nm est bien dans l'intervalle trouvé.

4. La qualité d'une mesure est d'autant meilleure que l'incertitude sur la mesure est petite. On en déduit que la détermination par diffraction ($U(\lambda)$ = 7 nm) a donné une mesure de meilleure qualité que celle par interférences ($U(\lambda)$ = 19 nm).

Partie 3

1. La courbe obtenue est en accord avec la formule de θ car il s'agit d'une portion de droite passant par l'origine, ce qui est cohérent avec le fait que l'écart angulaire et $\frac{1}{a}$ soient proportionnels.

2. Sachant que $\theta = \lambda \times \frac{1}{a}$, on peut obtenir la valeur de λ à partir de cette courbe en calculant son coefficient directeur.

3. Par détermination graphique : $\lambda = \frac{(7,00 - 3,50) \times 10^{-2}}{(10,0 - 5,0) \times 10^4} = \mathbf{7,00 \times 10^{-7}\,m = 700\,nm.}$

4. Pour savoir si le résultat de l'expérience peut être considéré comme issu d'une bonne mesure, il faut calculer l'incertitude relative :

$$r = \frac{|\lambda_{mesure} - \lambda_{ref}|}{\lambda_{ref}} = \frac{|700 - 705|}{705} = 0,007 = 0,7\,\%.$$

On peut donc considérer que la mesure est de bonne qualité car r est inférieur à 1 %.

2 Big bang *or not* big bang ?

Partie 1 – La technologie au service de la science

La théorie du big bang est issue de la troisième révolution cosmologique : l'introduction de la relativité générale développée par Albert Einstein. Cette théorie nous décrit un Univers en expansion, à la différence de l'Univers statique communément admis auparavant. Elle prévoit que par le passé, l'Univers était très chaud et très dense, comme le décrit Georges Lemaître dans son hypothèse de l'« Atome primitif ».

Les avancées technologiques qui ont jalonné le XXe siècle ont permis de trouver des preuves expérimentales confortant cette théorie :

• dans les années 1920, le télescope le plus puissant installé au mont Wilson permit à Edwin Hubble de découvrir que les galaxies s'éloignent les unes des autres, preuve d'un Univers en expansion ;
• en 1965, de nouvelles antennes de détection permirent la découverte du rayonnement fossile par Penzias et Wilson, preuve irréfutable du passé chaud et dense de l'Univers ;
• depuis 1990, le télescope spatial Hubble et les grands observatoires terrestres tels que le VLT collectent des informations sur les galaxies les plus éloignées (autrement dit les plus vieilles) et ont permis de confirmer les modèles d'évolution des populations galactiques prévus par la théorie du big bang.
En conclusion, ces avancées technologiques ont apporté des preuves expérimentales solides constituant les piliers de la théorie du big bang.

Partie 2

1. Cette représentation graphique est en accord avec la loi de Hubble car il s'agit d'une portion de droite passant par l'origine, ce qui confirme la relation de linéarité entre la vitesse et la distance telle qu'elle est donnée dans la loi.

2. La constante de Hubble correspond au coefficient directeur de la droite :
$H_0 = \dfrac{15000 - 0}{200 - 0} = 75\ \text{km·s}^{-1}\text{·Mpc}^{-1}$.

3. a. L'incertitude sur la mesure $U(H_0)$ est égale à $8\ \text{km·s}^{-1}\text{·Mpc}^{-1}$.

b. L'encadrement de H_0 est le suivant : $60\ \text{km·s}^{-1}\text{·Mpc}^{-1} \leqslant H_0 \leqslant 76\ \text{km·s}^{-1}\text{·Mpc}^{-1}$.
Notre résultat est compatible avec la valeur annoncée car $75\ \text{km·s}^{-1}\text{·Mpc}^{-1}$ est compris dans l'intervalle de l'encadrement.

c. L'incertitude relative entre notre mesure et celle de référence se calcule par la relation :

$$r = \frac{|H_{0\text{mesure}} - H_{0\text{ref}}|}{H_{0\text{ref}}} = \frac{|75 - 68|}{68} = 0{,}10 = 10\ \%$$

Notre détermination n'est pas de bonne qualité car r est supérieur à 1 %.

4. a. En appliquant une relation trigonométrique au triangle PST rectangle en S (centre du Soleil), on obtient : $\tan\theta = \dfrac{\text{ST}}{\text{PS}}$, avec ST le rayon de l'orbite terrestre, PS la distance entre l'étoile et le Soleil, et θ l'angle sous lequel on voit l'étoile. Les angles étant inférieurs à la seconde d'arc, on peut apppliquer l'approximation $\tan\theta \approx \theta$.

On obtient donc $\theta = \dfrac{\text{ST}}{\text{PS}}$.

L'étoile 61 Cygni étant plus éloignée de notre Système solaire que l'étoile Proxima Centauri, on en déduit que $\text{PS}_{61\ \text{Cygni}}$ est supérieur à $\text{PS}_{\text{Proxima Centauri}}$. Par conséquent, $\theta_{61\ \text{Cygni}}$ est inférieur à $\theta_{\text{Proxima Centauri}}$.

C'est donc l'étoile 61 Cygni que l'on verra sous l'angle le plus petit.

b. On applique la formule trouvée dans la question précédente : $\theta = \dfrac{\text{ST}}{\text{PS}}$,
avec ST = 1 ua = $1{,}50 \times 10^8$ km.
PS = 1 pc = 3,2616 al = $3{,}2616 \times 9{,}46 \times 10^{12}$ km = $3{,}09 \times 10^{13}$ km.

Sachant que π rad = 180°, on obtient :

$$\theta = \frac{ST}{PS} = \frac{1{,}50 \times 10^8}{3{,}09 \times 10^{13}} = 4{,}85 \times 10^{-6}\,\text{rad} = 2{,}78 \times 10^{-4}\,\text{degré} = 2{,}78 \times 10^{-4} \times 3600$$

$\approx 1''$d'arc.

c. Pour calculer la vitesse de la galaxie d'Andromède située à environ 2,55 millions d'années-lumière de la Terre, on applique la loi de Hubble :

$$v = H_0 \times d = 68 \times \frac{2{,}55 \times 10^6}{3{,}2616} \times 10^{-6} = 53\,\text{km·s}^{-1} = 5{,}3 \times 10^4\,\text{m·s}^{-1}.$$

Attention à bien respecter les unités : d en Mpc d'où l'ajout de $\times 10^{-6}$; H_0 en $\text{km·s}^{-1}\text{·Mpc}^{-1}$.

d. Exprimons la distance associée à une milliseconde d'arc : $\theta = \frac{ST}{PS} \Leftrightarrow PS = \frac{ST}{\theta}$.

Si θ est égal à une seconde d'arc, alors PS est égal à un parsec. Donc si θ est mille fois plus petit, alors PS sera mille fois plus grand, c'est-à-dire égal à mille parsecs soit un kiloparsec (kpc).

Partie 3

1. La vitesse de la lumière c étant supérieure à v, on en déduit que :

$$1 > \left(1 - \frac{v}{c}\right) \text{ et } 1 < \left(1 + \frac{v}{c}\right).$$

Si l'objet céleste se rapproche de nous : $f_O < f_T$.

Si l'objet céleste s'éloigne de nous : $f_O > f_T$.

2. On constate que Proxima et l'étoile de Barnard se rapprochent de nous, ce qui est en contradiction avec la loi de Hubble qui n'est donc pas vérifiée localement pour les étoiles.

3. Edwin Hubble a choisi les galaxies pour réaliser son étude. L'application de la loi de Hubble est ainsi réalisée sur des objets suffisamment éloignés les uns des autres, en particulier des objets situés en dehors de notre galaxie.

4. a. La distance qui nous sépare d'elle se calcule à partir de la loi de Hubble :

$$v = H_0 \times d \Leftrightarrow d = \frac{v}{H_0} = \frac{4{,}00 \times 10^4}{68} = 588\,\text{Mpc}.$$

b. $\frac{f_O}{f_T} = \left(1 + \frac{v}{c}\right) = \left(1 + \frac{4{,}00 \times 10^4}{3{,}00 \times 10^5}\right) \approx 1{,}13$.

5. a. $\frac{f_O}{f_T} = \left(1 - \frac{v}{c}\right) = \left(1 - \frac{7{,}6}{3{,}00 \times 10^5}\right) \approx 1{,}00$.

b. Un objet céleste pour lequel le rapport $\frac{f_O}{f_T}$ est égal à 1 correspond soit à un objet fixe par rapport à nous ($v = 0$), soit se déplaçant à une vitesse très petite devant celle de la lumière ($v << c$, typiquement inférieure à 0,1 % de sa valeur). C'est le cas de l'étoile Sirius dont la vitesse est de 7,6 km·s^{-1} alors que la vitesse de la lumière est de 300 000 km·s^{-1}.

3 Analyse de la lumière des étoiles

Partie 1

1. À l'ordre $p = 0$, on a $\sin\alpha = p \times \dfrac{\lambda}{a} = 0$: les radiations ne sont pas déviées. On obtient une lumière blanche sur l'écran, superposition de toutes les radiations non déviées.

2. À l'ordre $p = 1$, $\sin\alpha = \dfrac{\lambda}{a}$. L'angle de déviation α dépend de la longueur d'onde de la radiation : chaque radiation sera diffractée dans une direction différente, donc le réseau peut disperser la lumière blanche.

3. Le phénomène permettant d'expliquer le fait de pouvoir observer des maximums de lumière pour certaines directions de diffraction est le phénomène des interférences lumineuses. Ces maximums de lumière correspondent à des zones où les interférences sont constructives.

4. a. Pour avoir des interférences constructives (et donc un maximum de lumière), la différence de marche doit être égale à $\delta = k \times \lambda$ avec k entier.
On cherche l'expression de δ en fonction de p :
$\delta = a \times \sin\alpha$; or $\sin\alpha = p \times \dfrac{\lambda}{a}$; d'où $\delta = a \times p \times \dfrac{\lambda}{a} = p \times \lambda$.
On en déduit par identification que p doit être entier.

b. Pour un ordre p ayant pour expression $p = k + 0{,}5$ où k est un entier, la différence de marche est alors égale à $\delta = p \times \lambda = (k + 0{,}5) \times \lambda = (2k + 1) \times \dfrac{\lambda}{2}$.
Elle est égale à un nombre impair de fois la demi-longueur d'onde : on observe donc des interférences destructives.

5. Les radiations les plus déviées par le réseau sont celles ayant les longueurs d'onde les plus grandes, c'est-à-dire les radiations rouges.

Spectre des longueurs d'onde du domaine visible :

6. a. Pour $\lambda_1 = 450$ nm, on a : $\sin\alpha_1 = \dfrac{\lambda_1}{a} \Leftrightarrow \alpha_1 = \text{Arcsin}\left(\dfrac{\lambda_1}{a}\right)$

avec $\lambda_1 = 4{,}50 \times 10^{-7}\,\text{m}$ et $\dfrac{1}{a} = 1000\ \text{mm}^{-1} = 1{,}000 \times 10^{6}\,\text{m}^{-1}$;

on obtient $\alpha_1 = 27°$.
Pour $\lambda_2 = 750$ nm, on obtient $\alpha_2 = 49°$.

b. On a la configuration suivante :
la distance d qui sépare ces deux maximums est égale à $d = d_2 - d_1$;
or $d_2 = \tan\alpha_2 \times D$ et $d_1 = \tan\alpha_1 \times D$;

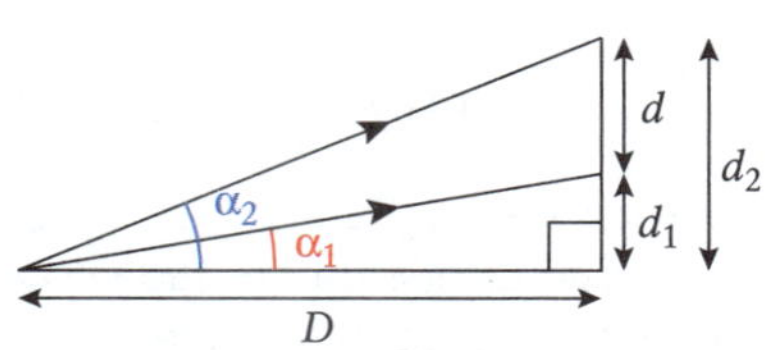

d'où $d = (\tan\alpha_2 - \tan\alpha_1) \times D = (\tan 49° - \tan 27°) \times 1{,}50 = 0{,}96\ \text{m}$.

7. a. Les raies observées sont des raies d'absorption.

b. Les éléments chimiques que l'on peut retrouver dans les couches superficielles du Soleil sont l'hydrogène (raies B, C, D et G) et le sodium (raies F1 et F2).

8. a. Ce profil est en accord avec le spectre obtenu par le réseau, car on identifie des pics d'absorption correspondant aux éléments chimiques hydrogène (pics 1, 2 et 5) et sodium (pic 4).

b. Le pic à 520 nm correspond à un autre élément chimique non détecté sur le spectre obtenu par le réseau.

c. On mesure λ_{max} = 480 nm, puis on applique la loi de Wien :

$$T = \frac{2{,}89 \times 10^6}{\lambda_{max}} - 273 = \frac{2{,}89 \times 10^6}{480} - 273 = 5\,748\ °\text{C}.$$

9. a. C'est cohérent car le Soleil et la Terre ne s'éloignent pas ou ne se rapprochent pas l'un de l'autre : ils restent à une distance moyenne égale à 150 millions de kilomètres.

b. Pour Wolf 359, on observe un décalage vers les plus grandes longueurs d'onde (*redshift*) : Wolf 359 s'éloigne de nous.
Pour Sirius, on observe un décalage vers les plus petites longueurs d'onde (*blueshift*) : Sirius se rapproche de nous.

Partie 2

1. $$|\Delta E| = |E_p - E_m| = \frac{6{,}63 \times 10^{-34} \times 3{,}00 \times 10^8}{656{,}3 \times 10^{-9}} = 3{,}03 \times 10^{-19}\ \text{J} = 1{,}89\ \text{eV}.$$

2. On a $\Delta E < 0$ car $\Delta E = E_2 - E_3$ et $E_2 < E_3$;
d'où $\Delta E = E_2 - E_3 \Rightarrow E_3 = E_2 - \Delta E = E_2 + |\Delta E|$ car $\Delta E < 0$;
soit $E_3 = -3{,}39 + 1{,}89 = -1{,}50\ \text{eV}$.

Les niveaux d'énergie de l'atome d'hydrogène sont tous négatifs.

3. Longueurs d'onde du domaine visible (en nm) : $400 \leqslant \lambda \leqslant 800$;

or $\lambda = 364{,}56 \times \left(\frac{m^2}{m^2 - 2^2}\right)$ soit $400 \leqslant 364{,}56 \times \left(\frac{m^2}{m^2 - 2^2}\right) \leqslant 800$;

• à gauche : $$400 \leqslant 364{,}56 \times \left(\frac{m^2}{m^2 - 2^2}\right) \Leftrightarrow \frac{400}{364{,}56} \times (m^2 - 2^2) \leqslant m^2$$

$$\Leftrightarrow \frac{400}{364{,}56} \times (-4) \leqslant m^2 \times \left(1 - \frac{400}{364{,}56}\right)$$

$$\Leftrightarrow 45 \geqslant m^2 \Rightarrow 6 \geqslant m\ ;$$

• à droite : $$364{,}56 \times \left(\frac{m^2}{m^2 - 2^2}\right) \leqslant 800 \Leftrightarrow m^2 \geqslant 7 \Rightarrow m > 2.$$

L'encadrement obtenu est donc : $2 < m \leqslant 6$.
On en déduit que quatre radiations correspondant à la formule de Balmer appartiennent au domaine du rayonnement visible : celles correspondant aux transitions des niveaux m = 6, 5, 4 et 3 vers le niveau m = 2.

4. a. $\lambda = 7650\,\text{Å} = 7{,}650 \times 10^{-7}\ \text{m} = 765{,}0\,\text{nm}$.

b. Cette galaxie s'éloigne de nous car la longueur d'onde de la raie $H\alpha$ mesurée est supérieure à celle mesurée en laboratoire (*redshift*): 765,0 > 656,3.

c. La vitesse radiale de cette galaxie se calcule par la formule :

$$v = c \times \frac{\lambda_0 - \lambda_T}{\lambda_T} = 3{,}00 \times 10^8 \times \frac{765{,}0 - 656{,}3}{656{,}3} = 4{,}97 \times 10^7\,\text{m·s}^{-1} = 4{,}97 \times 10^4\,\text{km·s}^{-1}.$$

5. Le phénomène associé au calcul de la vitesse radiale est l'effet Doppler.

6. Formule : $c = \lambda \times \nu$.
La vitesse de la lumière étant constante, on en déduit que si la fréquence perçue des radiations émises par la galaxie diminue, du fait de son éloignement de plus en plus grand, alors nécessairement la longueur d'onde associée doit augmenter, ce qui correspond au *redshift*.

POST BAC

4 La couleur des animaux

Partie 1

1. Selon la deuxième loi de la réflexion : $r = r'$; et selon la deuxième loi de la réfraction : $\sin i = n \times \sin r$.

2. Dans le triangle rectangle OAB : $\cos r = \frac{\text{OB}}{\text{AB}} = \frac{e}{\text{AB}} \Leftrightarrow \text{AB} = \frac{e}{\cos r}$.

Dans le triangle rectangle OBC : $\cos r = \frac{\text{OB}}{\text{BC}} = \frac{e}{\text{BC}} \Leftrightarrow \text{BC} = \frac{e}{\cos r}$.

3. $\text{AC} = \text{AO} + \text{OC}$; or $\tan r = \frac{\text{AO}}{\text{BO}} = \frac{\text{AO}}{e}$ et $\tan r = \frac{\text{OC}}{\text{BO}} = \frac{\text{OC}}{e}$;

donc $\text{AC} = 2 \times e \times \tan r$.

4. Dans le triangle rectangle DAC :

$$\cos\left(\frac{\pi}{2} - i\right) = \frac{\text{AD}}{\text{AC}} \Leftrightarrow \sin i = \frac{\text{AD}}{\text{AC}} \Leftrightarrow \text{AD} = \text{AC} \times \sin i \ ;$$

or $\sin i = n \times \sin r$ et $\text{AC} = 2 \times e \times \tan r$;

d'où $\text{AD} = 2 \times e \times \tan r \times n \times \sin r = 2 \times e \times n \times \frac{\sin^2 r}{\cos r}$.

> Rappel : $\tan x = \frac{\sin x}{\cos x}$.

5.
$$\delta = n \times (\text{AB} + \text{BC}) - \text{AD} = n \times 2 \times \frac{e}{\cos r} - 2 \times n \times e \times \frac{\sin^2 r}{\cos r}$$
$$= 2 \times n \times e \times \left(\frac{1}{\cos r} - \frac{\sin^2 r}{\cos r}\right) = 2 \times n \times e \times \left(\frac{1 - \sin^2 r}{\cos r}\right).$$

> Rappel : $\cos^2 x + \sin^2 x = 1 \Leftrightarrow 1 - \sin^2 x = \cos^2 x$.

Donc $\delta = 2 \times n \times e \times \left(\frac{\cos^2 r}{\cos r}\right) = 2 \times n \times e \times \cos r$.

6. a. Sachant que $a_2 = \rho^2 \times a_1$; $a_3 = \rho^4 \times a_1$ et que le facteur de réflexion ρ est toujours inférieur à 1, on en déduit la relation d'ordre suivante : $a_1 \geqslant a_2 \leqslant a_3$.

b. Application numérique : $\rho = \sqrt{\dfrac{(n-1)^2}{(n+1)^2}} = \sqrt{\dfrac{(1{,}6-1)^2}{(1{,}6+1)^2}} = 0{,}23$.

c. Comparons les amplitudes a_3 et a_1 : $\dfrac{a_1}{a_3} = \dfrac{a_1}{\rho^4 \times a_1} = \dfrac{1}{\rho^4} = 3{,}6 \times 10^2$.

L'amplitude a_3 est 360 fois plus petite que a_1, ce qui signifie qu'elle est négligeable devant a_1. Si l'on veut des interférences à ondes multiples, il faut donc « traiter » les surfaces de la lame par un dépôt métallique de manière à augmenter le facteur de réflexion ρ jusqu'à des valeurs proches de 0,90, soit : $\dfrac{a_1}{a_3} = \dfrac{a_1}{\rho^4 \times a_1} = \dfrac{1}{\rho^4} = 1{,}5$.

Partie 2

1. Si l'on veut que les interférences soient constructives, la différence de marche δ entre deux rayons consécutifs doit être égale à un nombre entier de fois la longueur d'onde de la radiation.

2. a. Calcul de la valeur minimale de l'épaisseur e pour des interférences constructives :

$\delta = 2 \times n \times e \times \cos r = k \times \lambda$ avec $k = 1$;

soit $2 \times n \times e \times \cos r = \lambda \Leftrightarrow e = \dfrac{\lambda}{2 \times n \times \cos r}$;

or $\sin i = n \times \sin r \Leftrightarrow \sin r = \dfrac{\sin i}{n} \Leftrightarrow r = \text{Arcsin}\left(\dfrac{\sin i}{n}\right)$;

soit $e = \dfrac{\lambda}{2 \times n \times \cos\left(\text{Arcsin}\left(\dfrac{\sin i}{n}\right)\right)} = \dfrac{532 \times 10^{-9}}{2 \times 1{,}610 \times \cos\left(\text{Arcsin}\left(\dfrac{\sin 30°}{1{,}610}\right)\right)}$.

$= 1{,}74 \times 10^{-7}\,\text{m} = 0{,}174\ \mu\text{m}$

b. Calcul de la valeur minimale de l'épaisseur e pour des interférences destructives :

$\delta = 2 \times n \times e \times \cos r = k \times \dfrac{\lambda}{2}$ avec $k = 1$,

soit $2 \times n \times e \times \cos r = \dfrac{\lambda}{2} \Leftrightarrow e = \dfrac{\lambda}{4 \times n \times \cos r}$;

donc $e = \dfrac{\lambda}{4 \times n \times \cos\left(\text{Arcsin}\left(\dfrac{\sin i}{n}\right)\right)} = \dfrac{532 \times 10^{-9}}{4 \times 1{,}610 \times \cos\left(\text{Arcsin}\left(\dfrac{\sin 30°}{1{,}610}\right)\right)}$.

$= 8{,}69 \times 10^{-8}\,\text{m} = 0{,}0869\ \mu\text{m}$

3. a. Non, on n'observera pas d'interférences constructives pour chacune des radiations, seulement pour celles dont le rapport $\dfrac{\delta}{\lambda}$ est un nombre entier, soit pour la radiation verte de longueur d'onde $\lambda = 532$ nm.

b. On observerait des interférences destructives pour des valeurs du rapport $\frac{\delta}{\lambda}$ égales à $\left(k + \frac{1}{2}\right)$ soit 0,5 ; 1,5 ; 2,5…

c. Le paramètre de la lame à faces parallèles sur lequel on peut jouer afin de sélectionner une radiation à la sortie est l'épaisseur e de la lame (qui est directement proportionnelle à δ).

d. La formule est en cohérence avec les valeurs des indices fournis dans le tableau car d'après la formule, n est une fonction décroissante de λ, ce que confirment les valeurs du tableau.

Partie 3

1. Pour être observée, une couleur doit correspondre à des interférences constructives des radiations associées à cette couleur.

2. Oui, la couleur observée dépend de l'angle d'incidence car la plume étant un empilement de lames à faces parallèles, on observera pour une couleur donnée des interférences constructives uniquement pour des angles d'observation fixés par les paramètres des lames (voir la partie 2).

3. Pour savoir si les couleurs d'une plume d'oiseau sont d'origine interférentielle ou pigmentaire, il suffit de regarder cette plume sous différents angles : si les couleurs perçues changent, il s'agit alors de couleurs interférentielles ; dans le cas contraire, la couleur est d'origine pigmentaire.

CHAPITRE 3

Analyse spectrale

COURS

MÉTHODES ET STRATÉGIES

SUJETS DE TYPE BAC

SUJETS D'APPROFONDISSEMENT

CORRIGÉS

COURS

Analyse spectrale

Pour connaître la structure d'une molécule inconnue, les chimistes utilisent des techniques d'analyse extrêmement efficaces qui exploitent l'interaction entre le rayonnement et la matière. Les techniques les plus utilisées sont la spectroscopie ultraviolette (UV) et infrarouge (IR), ainsi que la résonance magnétique nucléaire (RMN).

I. Protocole de synthèse organique

1. Groupes caractéristiques des molécules et nomenclature

- Dans les molécules, certaines associations d'atomes donnent des propriétés chimiques particulières aux molécules : ce sont les **groupes caractéristiques**.
- Toutes les molécules possédant le même groupe caractéristique font partie de la même **famille** appelée **classe fonctionnelle**.

Groupe caractéristique	Famille	Formule semi-développée	Nom
	Alcane	$CH_3-CH(CH_3)-CH_2-CH_2-CH(CH_2-CH_3)-CH_3$	2,5 diméthyl-heptane
$>C=C<$	Alcène	$(H)(CH_3)C=C(H)(CH_3)$	Z-but-2-ène
$>C=O$	Cétone	$H_3C-C(=O)-CH_2-CH_2-CH_3$	Pent-2-one
$-C(=O)-H$	Aldéhyde	$CH_2-CH_2-CH(=O)$	Propanal
$-C(=O)-OH$	Acide carboxylique	$CH_3-CH(CH_3)-CH_2-C(=O)-OH$	Acide 3-méthyl-butanoïque
$-OH$	Alcool	$H_3C-CH(OH)-CH_3$	Propan-2-ol

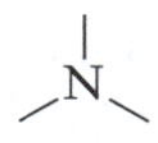	Amine	$CH_3-CH_2-CH_2-N(CH_2-CH_3)-CH_3$	N-éthyl N-méthyl-propan-1-amine
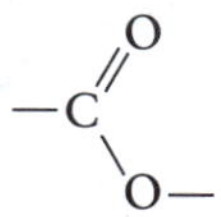	Ester	$CH_3-CH_2-CH_2-C(=O)-O-CH_3$	Butanoate de méthyle
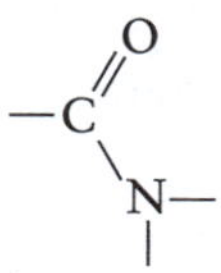	Amide	$CH_3-CH_2-C(=O)-N(CH_3)-CH_2-CH_3$	N-éthyl N-méthyl-propanamide

DOC. 1 Principaux groupes caractéristiques et leur nomenclature

2. Formule topologique

Dans la formule topologique d'une molécule, la **chaîne carbonée est représentée par une chaîne brisée** dans laquelle on ne représente plus les atomes de carbone ni d'hydrogène. On représente en revanche les autres atomes et les atomes d'hydrogène liés à ces autres atomes.

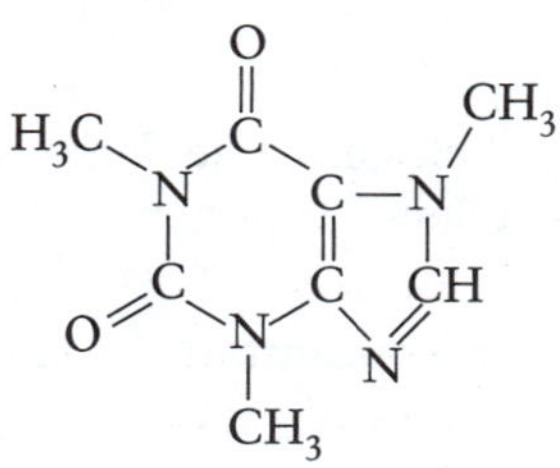

Formule semi-développée

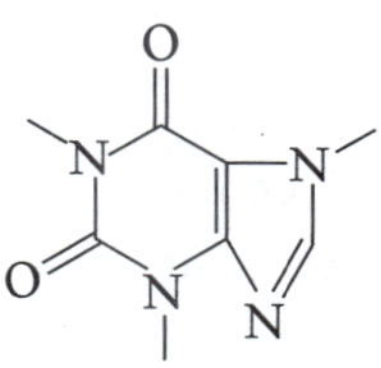

Formule topologique

DOC. 2 Formules semi-développée et topologique de la molécule de caféine

II. Spectroscopie UV-visible

1. Couleur des solutions

- Les molécules colorées ($400\ nm < \lambda < 800\ nm$) possèdent au moins 7 doubles liaisons conjuguées.
- Certaines espèces inorganiques absorbent également des rayonnements dans le domaine du visible ($MnO_{4\ (aq)}^-$, $Cu^{2+}_{(aq)}$, …).
- Une **molécule colorée** (ou une solution colorée) **absorbe toujours la radiation complémentaire à sa couleur.**

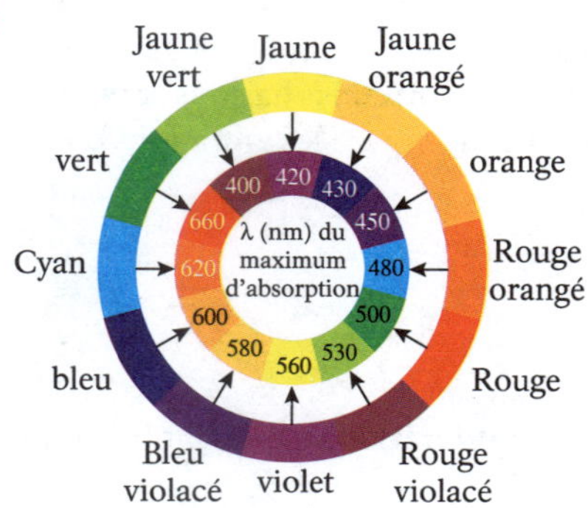

DOC. 3 Cercle chromatique des couleurs. La flèche indique la longueur d'onde absorbée.

2. Absorbance des solutions

- Le **spectrophotomètre** est l'appareil qui mesure l'absorbance d'une solution.
- L'**absorbance** est définie de la manière suivante : $\boldsymbol{A = -\log(T) = -\log\left(\frac{I}{I_0}\right)}$

avec T la transmittance : $\boldsymbol{T = \frac{I}{I_0}}$;

I, l'intensité lumineuse mesurée après traversée de la solution ;
I_0, l'intensité lumineuse de référence, déterminée lors de l'étalonnage de l'appareil.

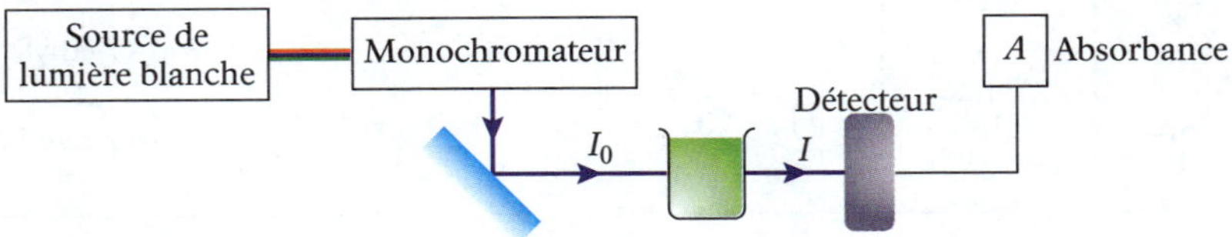

DOC. 4 Schéma de principe d'un spectrophotomètre

- L'absorbance est à la fois proportionnelle à la longueur de la cuve et à la concentration de l'espèce colorée. On établit ainsi la **loi de Beer-Lambert** :

$A = \varepsilon_{(\lambda)} \times l \times c$	$\varepsilon_{(\lambda)}$, coefficient d'extinction molaire en $L{\cdot}mol^{-1}{\cdot}cm^{-1}$; l, longueur de la cuve en cm ; c, concentration de l'espèce colorée en $mol{\cdot}L^{-1}$; A, absorbance sans unité

La largeur de la cuve d'un spectrophotomètre étant constante, le produit $\varepsilon \times l$ est aussi une constante. La loi de Beer-Lambert peut donc s'exprimer plus simplement : $\boldsymbol{A = K \times c}$, avec K en $L{\cdot}mol^{-1}$.

- La loi de Beer-Lambert n'est applicable que si la **concentration des solutions est faible**. Au-delà d'une certaine concentration, l'absorbance n'est plus proportionnelle à la concentration, et la loi n'est plus applicable.

III. Spectroscopie infrarouge (IR)

1. Principe de la spectroscopie infrarouge

Les rayonnements infrarouges (800 nm $\leqslant \lambda \leqslant$ 1 000 nm) n'ont pas une énergie suffisante pour briser les liaisons chimiques, mais ces rayonnements peuvent les faire vibrer selon deux types : les vibrations d'élongation et de déformation.

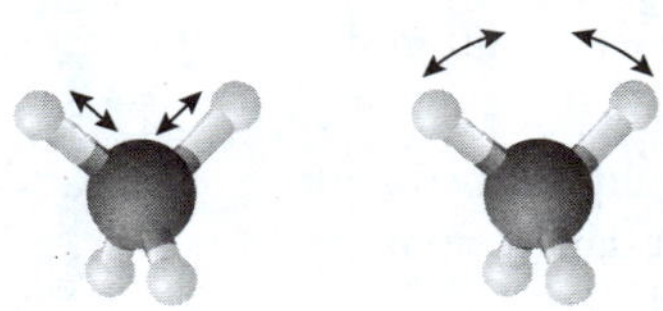

DOC. 5 Vibrations d'élongation et de déformation de la molécule de méthane (CH_4)

2. Vibrations de valence caractéristiques

Sur les spectres IR, on représente en ordonnée la **transmittance (en %)** et en abscisse le **nombre d'onde** $\sigma = \frac{1}{\lambda}$, exprimé généralement **en** cm^{-1}.

Liaison	—O—H	—NH (avec une liaison vers le bas)	=CH (avec une liaison vers le bas)	—CH— (avec une liaison vers le bas)	H—C=O (2 bandes)
σ (cm^{-1})	3 200-3 650	3100-3500	3 000-3 100	2 800-3 000	2 750-2 900
Liaison	>C=O	>C=C<	—C—C— (avec des liaisons vers le haut et le bas)	—C—O— (avec des liaisons vers le haut et le bas)	
σ (cm^{-1})	1 650-1 750	1 625-1 685	1 000-1 250	1 050-1 450	

DOC. 6 Nombres d'onde associés aux liaisons

IV. Résonance magnétique nucléaire (RMN)

1. Principe de la RMN

- À des fréquences bien particulières, appelées **fréquences de résonance**, les noyaux d'hydrogène absorbent les radiations électromagnétiques. Ces fréquences dépendent de l'environnement chimique des noyaux d'hydrogène.
- Cependant, sur un spectre RMN, on n'indique pas la fréquence mais le **déplacement chimique** (noté **δ**) : $\delta = \frac{f - f_0}{f_0} \times 10^6$, où f est la fréquence de résonance du noyau et f_0 la fréquence d'un noyau de référence.

Le noyau choisi comme référence en RMN est généralement le tétraméthylsilane (TMS) de formule $H_3C—Si(CH_3)_2—CH_3$ (un CH_3 au-dessus et un CH_3 au-dessous de Si).

Le déplacement chimique est une grandeur très faible qui s'exprime en parties par million (**ppm**). Il faut appliquer des champs magnétiques intenses (> 1 tesla) pour voir les écarts entre les pics.

Type de proton	$R—CH_3$	R—OH	$R—CH_2—R'$	R—CH=O	$R—CH_2—OH$
δ (ppm)	0,8-1,2	0,5-6,0	1,2-1,4	9,5-9,6	3,3-3,4
Type de proton	—CH—O—CO—R	$R—CO—CH_3$	CH—COOR	R—COOH	$R—NH_2$
δ (ppm)	3,7-4,8	2,1-2,6	2,0-2,4	11,0-12,0	0,5-4,0

DOC. 7 Déplacement chimique de quelques types de protons

2. Analyse de spectres RMN

- **Multiplicité du signal :** *n* protons équivalents voisins donnent un signal constitué de (n+1) pics. Lorsque l'on n'arrive pas à distinguer le nombre de pics dans le multiplet, on parle de massif.

Protons voisins équivalents	0	1	2	3	4
Signal	Singulet	Doublet	Triplet	Quadruplet	Quintuplet
Allure du massif					

DOC. 8 Protons équivalents et multiplicité du signal

- **Courbe d'intégration :** l'aire sous un pic (ou sous un multiplet) est proportionnelle au nombre de protons équivalents correspondant à ce pic. La courbe d'intégration permet de calculer le rapport des aires sous le pic.

POST BAC

Blindage et déblindage en RMN

> Voir les exercices 7, 8 et 9 mettant en œuvre ces connaissances.

1. Notion d'écrantage

- On considère dans un premier temps que la fréquence est fixe et le champ magnétique variable. Le champ magnétique subi par le noyau d'hydrogène ($\vec{B}_{local}$) est souvent différent du champ magnétique extérieur ($\vec{B}_{ext}$) à cause du nuage électronique entourant le noyau. Cet effet est appelé **écrantage**. Lorsque l'on fait varier un champ magnétique extérieur à un système électrique, ce dernier réagit en créant son propre champ magnétique ($\vec{B}_{induit}$) qui s'oppose au champ magnétique extérieur (**loi de Lenz**) : $\vec{B}_{local} = \vec{B}_{ext} + \vec{B}_{induit}$.
- Puisque le champ induit est provoqué par le champ magnétique extérieur, on peut supposer que $\vec{B}_{induit}$ est proportionnel à $\vec{B}_{ext}$, soit $\vec{B}_{induit} = -\sigma_0 \vec{B}_{ext}$, où σ_0 est le coefficient de proportionnalité que l'on appelle également **constante d'écran.** Cette constante dépend de l'environnement électronique de l'atome d'hydrogène et donc diffère d'un noyau d'hydrogène à un autre. On en déduit : $\vec{B}_{local} = (1 - \sigma_0)\vec{B}_{ext}$.
Pour le produit de référence (TMS), on peut imaginer que l'on a le même champ local pour un champ magnétique différent, soit $\vec{B}_{local} = (1 - \sigma_{0,réf})\vec{B}_{réf}$.
- Pour des fréquences variables, on peut montrer que $\vec{B}_{ext}$ et $\vec{B}_{réf}$ sont reliés par leur fréquence : $f \times B_{ext} = f_0 \times B_{réf}$. On obtient ainsi $(1 - \sigma_0) = (1 - \sigma_{0,réf})\dfrac{f}{f_0}$.
- En reprenant la définition du déplacement chimique δ, on a $\dfrac{f}{f_0} = 1 + \delta = \dfrac{(1 - \sigma_0)}{(1 - \sigma_{0,réf})}$.

On en déduit une expression du déplacement chimique en fonction de la constante d'écran : $\delta = \dfrac{(\sigma_{0,réf} - \sigma_0)}{(1 - \sigma_{0,réf})} \times 10^6 \approx (\sigma_{0,réf} - \sigma_0) \times 10^6$.

δ positif signifie que l'écrantage des électrons est plus faible que celui du noyau d'hydrogène de référence. Ainsi, plus le déplacement chimique est grand, plus la densité d'électrons autour du noyau d'hydrogène est faible : on parle alors de **noyau déblindé**. La molécule de référence en RMN (souvent le TMS) est également choisie afin d'obtenir des valeurs positives du déplacement chimique.

DOC. 9 Blindage et déblindage d'un noyau d'hydrogène en fonction du déplacement chimique

2. Influence de l'électronégativité

L'**électronégativité** est la capacité d'un atome à **attirer un nuage d'électrons** vers lui (voir chapitre 9). Un atome fortement électronégatif va donc appauvrir la densité électronique des atomes voisins. Sur un spectre RMN, on remarquera une augmentation du déplacement chimique δ : les noyaux d'hydrogène seront déblindés.

X	H	I	Br	Cl	F
Électronégativité	2,1	2,5	2,8	3,0	4,0
δ (ppm)	0,28	2,2	2,7	3,0	4,3

DOC. 10 Influence de l'électronégativité sur le déplacement chimique pour CH_3–X

1 Nommer une molécule en chimie organique

> Voir les exercices 1 et 3 mettant en œuvre cette méthode.

Méthode

> Étape 1 : Repérer la chaîne carbonée la plus longue et le groupe caractéristique de la molécule.

> Étape 2 : Numéroter la chaîne carbonée dans le sens où le groupe caractéristique porte le numéro le plus faible. Nommer la chaîne principale en indiquant le numéro du carbone qui porte le groupe caractéristique et la terminaison du groupe caractéristique (-ol pour alcool, -ène pour alcène, ...).

Pour les esters de formule générale 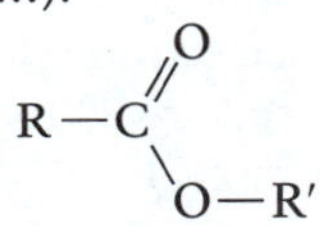, on nomme la molécule en deux parties :

• la première, avec la terminaison -oate (ou -ate), désigne la chaîne principale 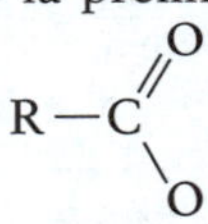, numérotée à partir de C ;

• la seconde est le nom du groupe alkyle R′. On relie les deux parties par la préposition *de* (par exemple, éthanoate de méthyle).
Pour les amides, la chaîne carbonée principale est celle qui contient la fonction amide. On numérote à partir du carbone du groupe caractéristique (comme pour les esters).

> Étape 3 : Repérer les ramifications qui sont souvent des groupes alkyles (méthyle CH_3, éthyle C_2H_5, ...).
Pour les amines ou les amides, les ramifications partant de l'atome d'azote sont précédées du préfixe N- suivi du nom de l'alkyle (N-méthyl ou N-éthyl par exemple).

> Étape 4 : Nommer complètement la molécule en commençant par les groupes alkyles avec le numéro du carbone qui les porte (3-méthyl ou 2-éthyl par exemple), puis le nom de la chaîne principale déterminée à l'étape 2. Lorsqu'un groupe alkyle apparaît à plusieurs reprises, on utilise les préfixes di (pour 2), tri (pour 3) ou tétra (pour 4).

Exemple

Nommer les molécules suivantes :

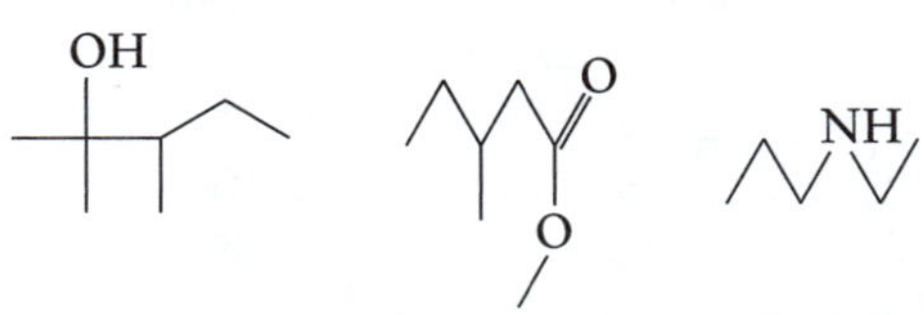

Molécule 1 Molécule 2 Molécule 3

Application

> Étape 1 : La chaîne carbonée la plus longue est indiquée en bleu, le groupe caractéristique en rouge.

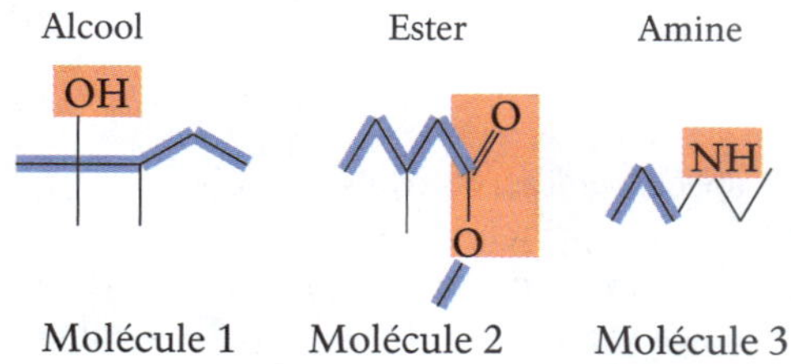

> Étape 2 :

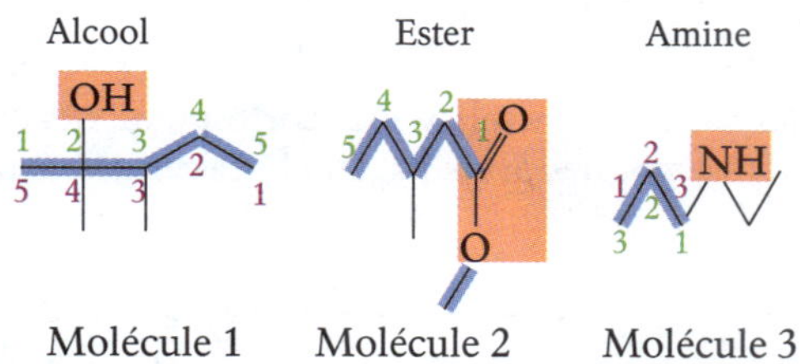

Pour la molécule 1, on choisit la numérotation en vert car la fonction alcool doit être portée par le carbone de plus faible numéro (carbone n°2 dans ce cas).
Pour la molécule 2, on n'a pas le choix : le sens de numérotation se fait forcément à partir de la fonction ester.
Pour la molécule 3, on choisit aussi la numérotation en vert car la fonction amine doit être portée par le carbone de plus faible numéro.
On peut ainsi nommer les chaînes principales pour chacune des molécules :
pentan-2-ol pour la molécule 1 ;
pentanoate de méthyle pour la molécule 2 ;
propan-1-amine pour la molécule 3.

> Étape 3 :

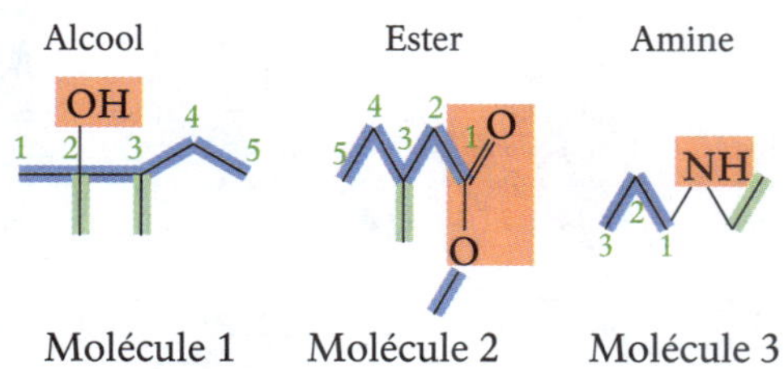

On représente les groupements ramifiés en vert : la molécule 1 contient deux groupements méthyles, la molécule 2 un seul et la molécule 3 un groupement éthyle rattaché à un atome d'azote.

> Étape 4 :
On peut alors nommer complètement les molécules :
2,3-diméthylpentan-2-ol pour la molécule 1 ;
3-méthylpentanoate de méthyle pour la molécule 2 ;
N-éthylpropan-1-amine pour la molécule 3.

2 Analyser un spectre IR

> Voir les exercices 3, 5, 6 et 9 mettant en œuvre cette méthode.

Méthode

> Étape 1 : Partager le spectre en deux parties.

On peut distinguer deux zones principales sur un spectre IR :

• $3\,500 > \sigma > 1\,400$ cm^{-1} environ : on trouve dans cette partie du spectre des bandes caractéristiques des liaisons O—H, N—H, C═O et C═C. Il est nécessaire d'étudier cette partie en premier ;

• $1\,400 > \sigma > 500$ cm^{-1} : cette partie du spectre est plus complexe et plus difficile à analyser, elle est souvent appelée « empreinte digitale ».

> Étape 2 : Trouver les bandes caractéristiques correspondant aux liaisons.

Le tableau ci-dessous rassemble les principales bandes caractéristiques que l'on trouve sur un spectre IR.

<table>
<tr><td>Spectre IR d'un alcène : but-1-ène</td><td>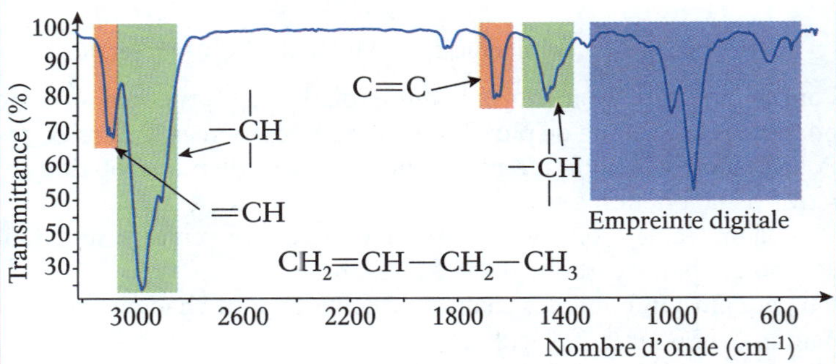
</td></tr>
<tr><td>Spectre d'un alcool : butan-2-ol</td><td>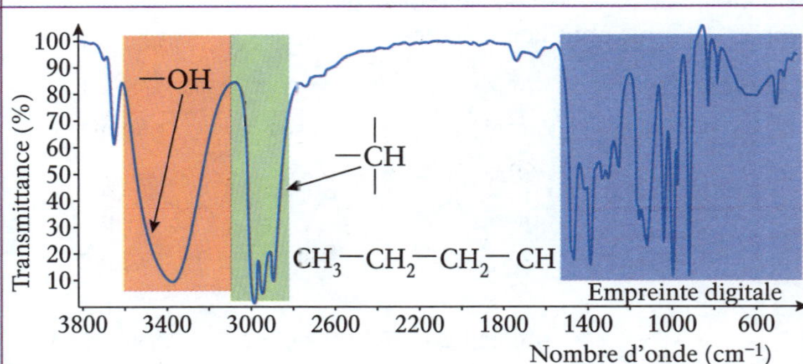
</td></tr>
</table>

Spectre d'un aldéhyde : butanal

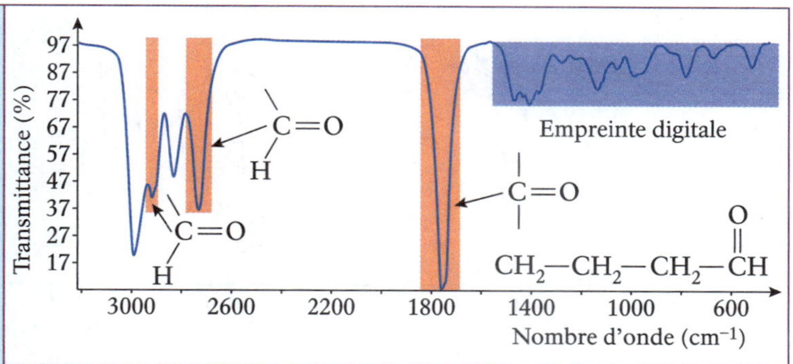

Spectre d'une amine : 2-méthylpropan-2-amine

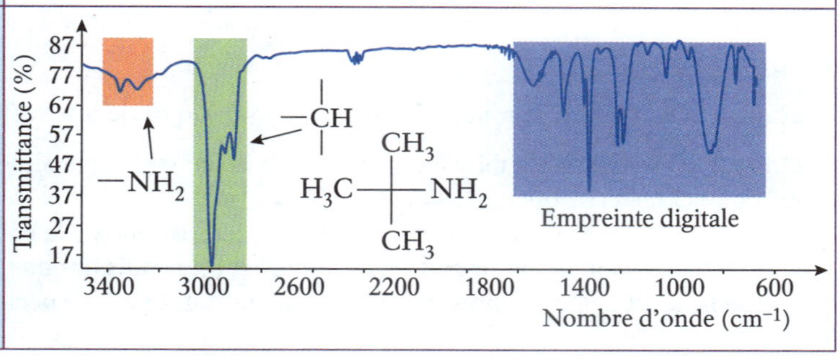

Remarques

- Pour les acides carboxyliques, il y a chevauchement des bandes —OH et —CH.
- Pour les amines primaires, la bande d'absorption se dédouble dans sa partie terminale, ce qui n'est pas le cas pour une amine secondaire.
- Pour les amides, la liaison C═O ressort à un nombre d'onde plus bas que dans le cas des aldéhydes et des cétones.

Exemple

Parmi les molécules suivantes, laquelle peut correspondre au spectre IR indiqué ci-dessous ?

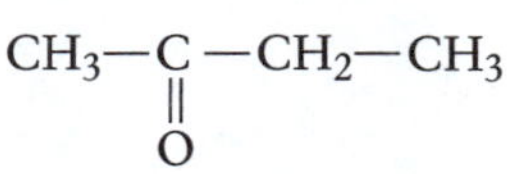

butanone

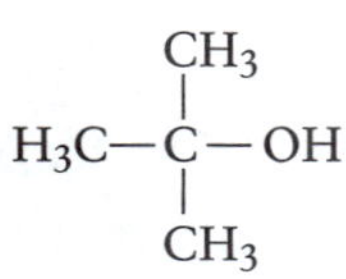

2-méthylpropan-2-ol

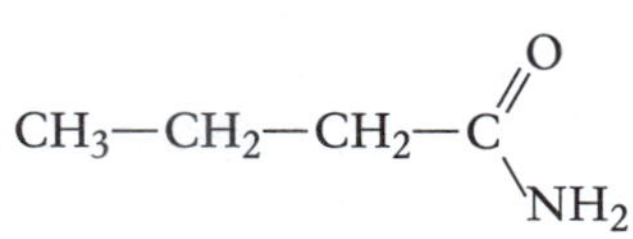

butanamide

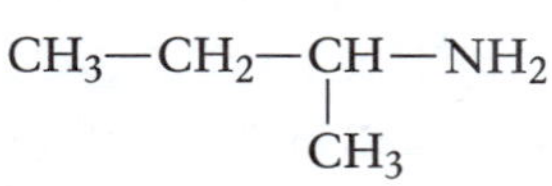

butan-2-amine

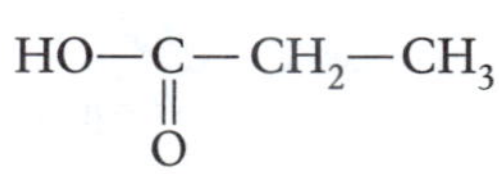

acide butanoïque

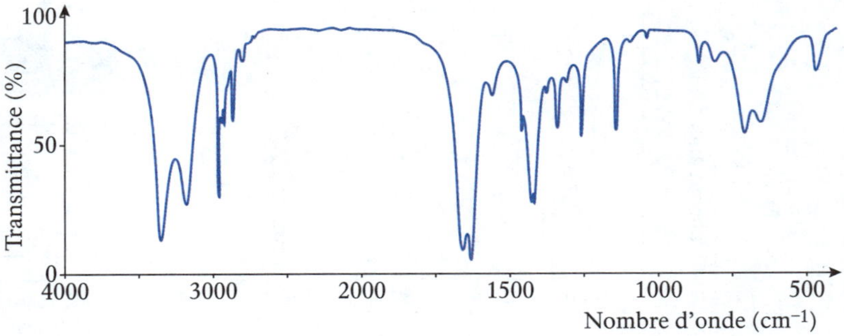

Application

> Étape 1 : On s'intéresse tout d'abord aux nombres d'onde $\sigma > 1\,400$ cm^{-1}.

> Étape 2 : On constate qu'il y a une double bande assez large située entre 3 100 et 3 500 cm^{-1} caractéristique de la liaison —NH_2.
Il y a une autre bande vers 1 600-1 650 cm^{-1}, caractéristique de la liaison C=O.
De plus, cette liaison C=O ressort à un nombre d'onde plus bas que les aldéhydes ou les cétones, ce qui signe la présence d'une fonction amide. Le spectre est donc celui de la butanamide.

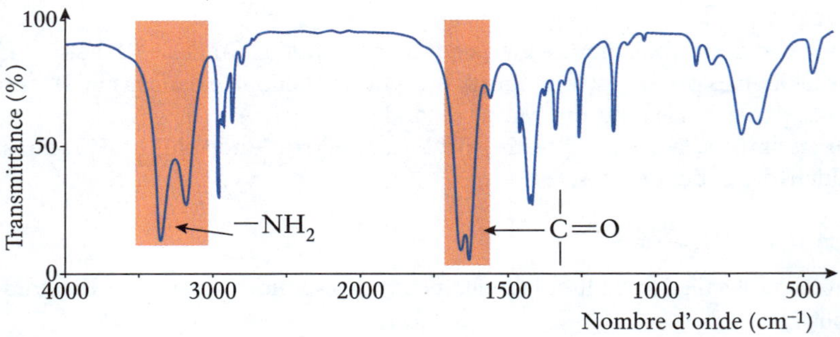

3 Analyser un spectre RMN

> Voir les exercices 4, 6, 7, 8 et 9 mettant en œuvre cette méthode.

Méthode

> Étape 1 : Identifier les protons équivalents sur la (les) molécule(s) et/ou sur le spectre.

> Étape 2 : À partir de la formule semi-développée, déterminer pour chaque groupe de protons équivalents la multiplicité du signal.

> Étape 3 : Établir une correspondance entre le déplacement chimique lu et les fonctions chimiques de la molécule.

> Étape 4 : Si la courbe d'intégration est donnée, vérifier que le nombre de protons équivalents est bien proportionnel à l'aire du pic ou du multiplet.

Exemple

Parmi les molécules suivantes, laquelle peut correspondre au spectre RMN indiqué ci-dessous ?

$HO-C(=O)-CH_2-CH_3$

acide butanoïque

$CH_3-C(=O)-CH_2-CH_3$

butanone

CH_3-CH_2-OH

éthanol

$CH_3-CH(CH_3)-OH$

propan-2-ol

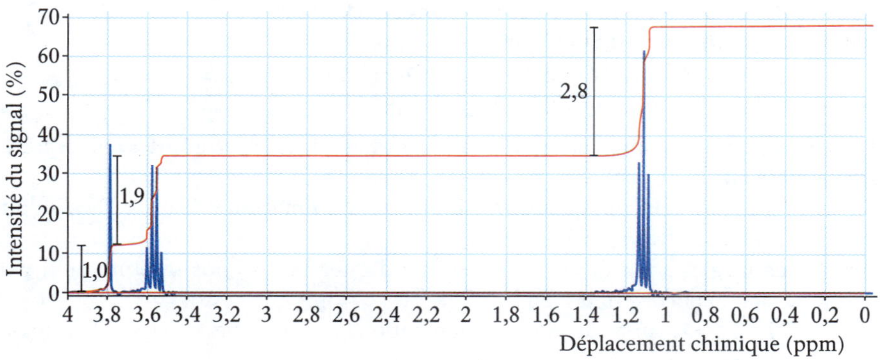

Application

> Étape 1 : Le spectre RMN présente trois groupes de protons équivalents.
Toutes les molécules proposées ont trois groupes de protons équivalents. Ils sont indiqués ci-dessous avec différentes couleurs :

$HO-C(=O)-CH_2-CH_3$

$CH_3-C(=O)-CH_2-CH_3$

CH_3-CH_2-OH

$CH_3-CH(CH_3)-OH$

> Étape 2 : Sur le sceptre RMN, on a un singulet, un quadruplet et un triplet. On rappelle que n protons voisins vont donner un signal de $n+1$ pics.
Pour l'acide butanoïque :
—OH va donner un singulet (pas de protons voisins) ;
—CH_2— va donner un quadruplet (3 protons voisins) ;
—CH_3 va donner un triplet (2 protons voisins).

Pour l'éthanol et la butanone, on obtiendra exactement le même signal (même code couleur pour ces molécules).
Pour le propan-2-ol :
$(—CH_3)_2$ va donner un doublet (1 proton voisin).
—OH va donner un singulet (pas de protons voisins et l'atome d'oxygène empêche le couplage avec les autres atomes d'hydrogène) ;
—CH— va donner un septuplet (6 protons voisins).
Le spectre RMN ne correspond pas au propan-2-ol.

> Étape 3 : Les déplacements chimiques sont :
$\delta = 3,8$ ppm pour le singulet ;
$\delta = 3,6$ ppm pour le quadruplet ;
$\delta = 1,1$ ppm pour le triplet.
En s'aidant des tables de RMN, on peut éliminer l'acide butanoïque, car le singulet —COOH devrait sortir à 11-12 ppm. On peut également éliminer la butanone puisque les protons situés à côté de la fonction carbonyle devraient donner un signal (singulet) vers 2,1-2,6 ppm.
Le spectre RMN correspond donc à la molécule d'éthanol :
—OH devrait sortir entre 0,5-6,0 ppm ($\delta = 3,8$ ppm) ;
$—CH_2—$ devrait sortir entre 3,3-3,4 ppm ($\delta = 3,6$ ppm) ;
$CH_3—$ devrait sortir entre 0,8-1,2 ppm ($\delta = 1,1$ ppm).

> Étape 4 : La courbe d'intégration permet de vérifier que le spectre RMN correspond bien à la molécule d'éthanol :
• pour le singulet à $\delta = 3,8$ ppm, la courbe d'intégration nous indique qu'il n'y a qu'un seul proton, ce qui correspond bien à —OH ;
• pour le quadruplet à $\delta = 3,6$ ppm, la courbe d'intégration nous indique qu'il y a 1,9 protons, ce qui correspond bien à $—CH_2$;
• pour le triplet à $\delta = 1,1$ ppm, la courbe d'intégration nous indique qu'il y a 2,8 protons, ce qui correspond bien à $CH_3—$.

SUJETS DE TYPE BAC

1 Nomenclature

15 min

Cet exercice classique de chimie organique permet de s'entraîner à trouver le nom de molécules par identification de leur groupe caractéristique, à partir de leur formule topologique.

> Voir la méthode et stratégie 1.

1. Nommer les molécules représentées ci-dessous :

①
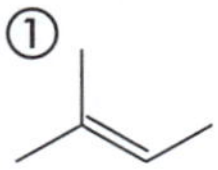

②
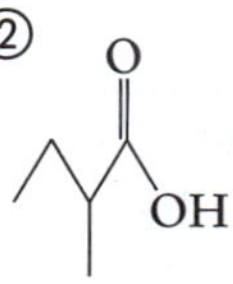

③
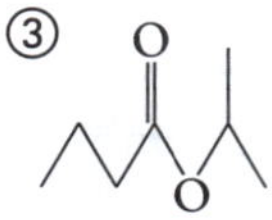

④
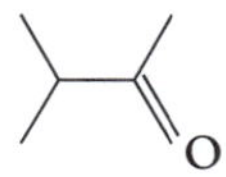

⑤
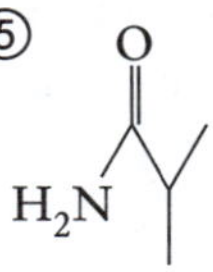

⑥
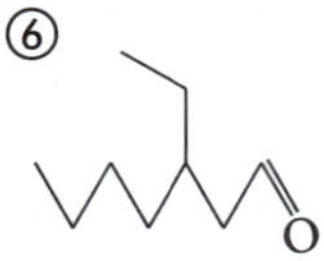

⑦
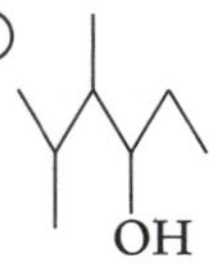

2. Représenter les formules topologiques des molécules suivantes :
3,3,4 triméthylpentan-2-one ; 2-méthylpropan-2-amine ; 2-éthylpentanoate de butyle.

2 Dosage de la caféine par spectrophotométrie

40 min

Cet exercice de laboratoire permet de revoir dans un premier temps les dilutions des solutions, puis d'appliquer la loi de Beer-Lambert dans un cas concret.

> Voir le cours sur la spectroscopie UV-visible.

On souhaite déterminer la concentration en caféine dans deux tasses de café de provenances différentes (notées boisson 1 et boisson 2) pour déterminer celui qui est le plus excitant. Avec de la caféine purifiée, on prépare des solutions étalons de caféine de différentes concentrations. Puis à l'aide d'un spectrophotomètre, on mesure l'absorbance A de ces solutions de caféine et des deux tasses de café.

Partie 1 – Préparation de solutions de caféine de différentes concentrations

À partir de caféine purifiée, on fabrique une solution de caféine dans le dichlorométhane de concentration 32 $mg{\cdot}L^{-1}$. On désire préparer des solutions étalons de concentrations 4,0 $mg{\cdot}L^{-1}$, 8,0 $mg{\cdot}L^{-1}$, 12 $mg{\cdot}L^{-1}$ et 16 $mg{\cdot}L^{-1}$.
Matériel à disposition : béchers de 100 mL et 200 mL ; fioles jaugées de 5,0 mL, 10,0 mL et 20,0 mL ; pipettes jaugées de 2,0 mL et 5,0 mL ; éprouvette graduée de 5 mL.

1. Pourquoi est-il important de travailler avec des concentrations faibles en spectrophotométrie ?

2. Avec le matériel mis à disposition, rédiger un protocole permettant de préparer la solution de caféine à 8,0 $mg{\cdot}L^{-1}$. Justifier votre réponse.

Partie 2 – Mesure d'absorbance

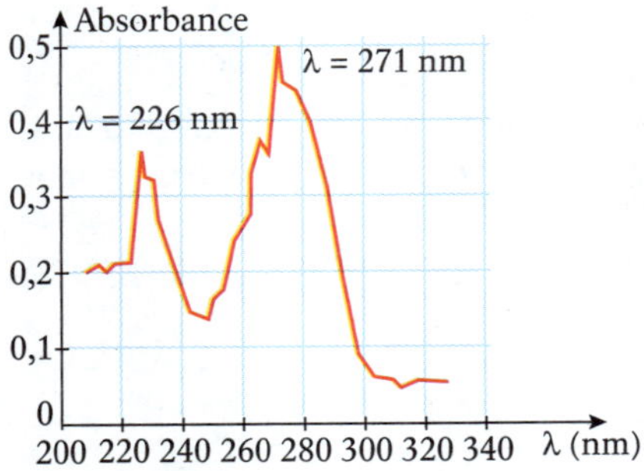

DOC. 1 Spectre d'absorption de la caféine entre 220 nm et 320 nm

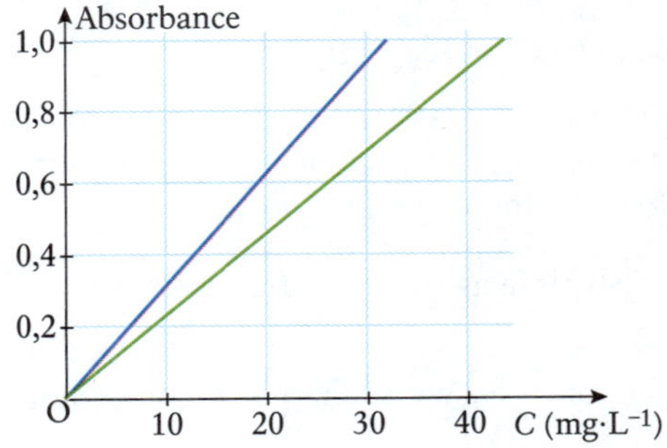

DOC. 2 Droites d'étalonnage de la caféine pour λ = 271 nm et λ = 226 nm

1. À quel domaine appartiennent les longueurs d'onde d'étude de la caféine ?

2. À quelle longueur d'onde doit-on normalement travailler pour avoir la meilleure précision possible ?

3. Attribuer chacune des droites à la longueur d'onde de travail.

4. À λ = 271 nm, on trouve A_1 = 0,17 pour la boisson 1 et A_2 = 0,53 pour la boisson 2. Quelle est la boisson la plus excitante ? Déterminer la concentration en caféine pour chacune de ces boissons.

3 Identification d'une molécule organique à partir de son spectre IR

20 min

Un exercice incontournable en chimie organique, qui permet de tester votre maîtrise de la nomenclature et votre capacité à exploiter un spectre IR.

> Voir les méthodes et stratégies 1 et 2.

Il manque une étiquette sur un flacon commandé récemment dans un laboratoire. Afin de déterminer le contenu du flacon, le technicien décide de réaliser un spectre IR. En regardant les dernières factures, il constate qu'il a commandé quatre produits récemment.

Données : voir le cours pour les tables IR.

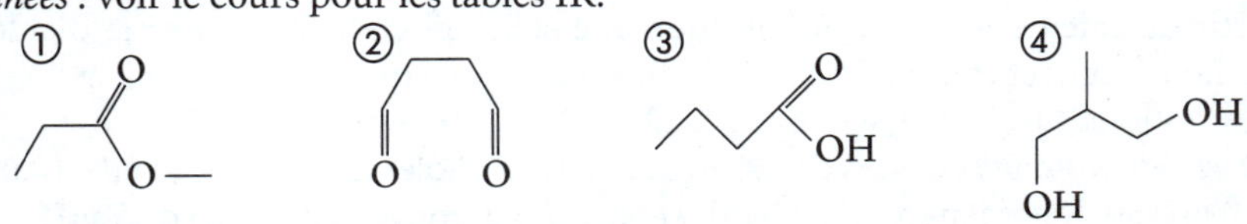

DOC. 1 Produits chimiques commandés récemment

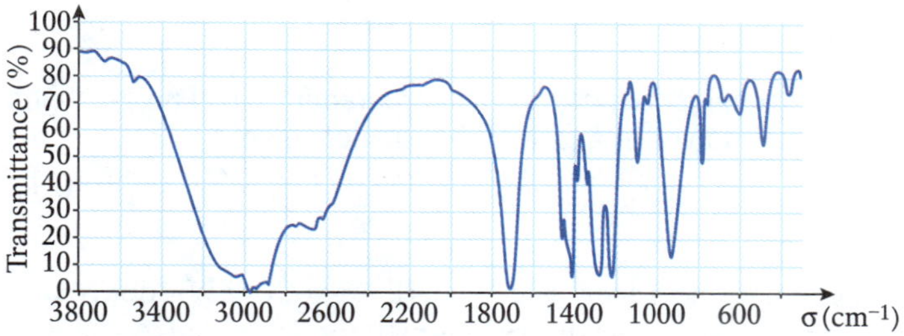

DOC. 2 Spectre IR de la molécule recherchée

1. Nommer les molécules du document 1.

2. Quelles sont les molécules isomères ?

3. Quelles sont les bandes d'absorption caractéristiques du spectre infrarouge de l'espèce recherchée ?

4. Quelle est l'espèce présente dans le flacon ?

4 Spectre RMN de deux molécules organiques

30 min

Autre exercice classique de chimie organique : savoir déterminer la molécule qui se cache derrière un spectre RMN. Ce type d'exercice demande beaucoup de rigueur dans le suivi de la méthode utilisée et un sens aigu de la déduction.

> Voir les méthodes et stratégies 1 et 3.

Un technicien a réalisé les spectres RMN de deux molécules : l'acide méthylpropanoïque et l'éthanoate de méthyléthyle. Les spectres sont représentés ci-dessous.
Données : voir le cours pour les tables de RMN.

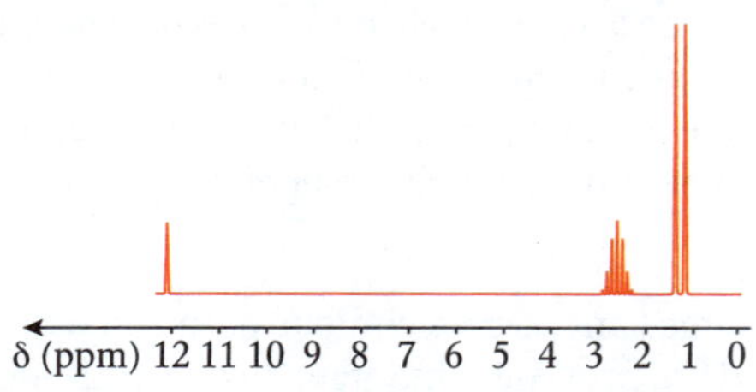

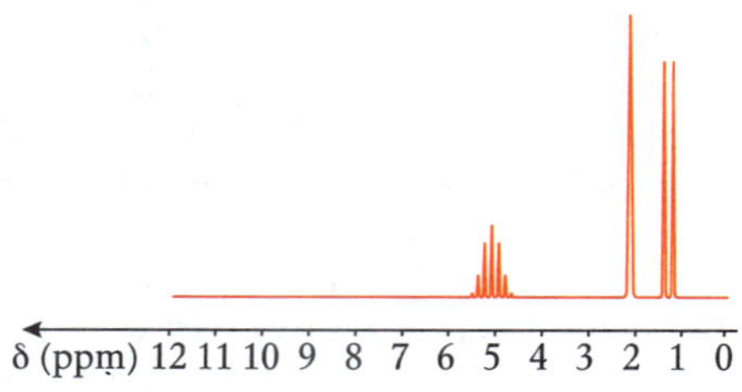

1. Écrire la formule semi-développée de chacune de ces molécules.

2. Indiquer les protons équivalents dans chaque molécule. Combien de signaux prévoit-on sur chaque spectre RMN ? Peut-on conclure pour l'attribution des spectres à chacune des molécules ?

3. Analyser la multiplicité des signaux de chaque spectre. Cette analyse permet-elle de relier chaque spectre à sa molécule ?

4. L'utilisation de la table de valeurs de déplacements chimiques permet-elle de lever l'ambiguïté ?

5. La courbe d'intégration aurait-elle permis de lever l'ambiguïté sans utiliser la table de données ?

5 Peinture de Pompéi

60 min

Conformément aux exigences du nouveau programme, voici un excellent exercice d'entraînement à l'analyse et à la synthèse de documents.

> Voir la méthode et stratégie 2.

À l'aide de vos connaissances et des documents mis à votre disposition, rédiger un paragraphe argumenté (30 lignes maximum) permettant de répondre à la problématique suivante : quel matériau peut donner l'aspect ciré (ou laqué) des fresques de Pompéi ? Exposer tous les arguments permettant de valider ou d'invalider chacune des hypothèses que vous avez retenues.
Données : voir le cours pour les tables IR.

DOC. 1 Technique de la fresque dite *a fresco*

Pour réaliser une fresque sur un mur, l'artiste réalise son œuvre sur un enduit avant qu'il ne soit sec. Le terme vient de l'italien *a fresco* qui signifie « dans le frais ».

Cette technique permet aux pigments de pénétrer dans la masse de l'enduit. Les couleurs se détériorent moins facilement et donc durent plus longtemps par rapport à une peinture réalisée en surface. La réalisation de la fresque doit être rapide : elle est faite juste après la pose de l'enduit et avant son séchage complet. L'enduit contient de l'hydroxyde de calcium $Ca(OH)_2$. Cette espèce chimique peut diffuser jusqu'à la surface de la fresque.

DOC. 2 Effet de l'éruption du Vésuve sur les fresques

En 79 après J.-C., la ville de Pompéi a été complètement détruite lors de l'éruption du Vésuve. Les fresques présentes sur certains murs de la ville ont été retrouvées quasiment intactes après cette catastrophe. Cependant, on a remarqué que sur certaines fresques, l'ocre jaune s'est transformé en ocre rouge ; cette réaction peut uniquement se produire entre 300 °C et 600 °C. Certaines fresques avaient un aspect ciré malgré l'éruption.

DOC. 3 Caractéristiques de la cire d'abeille

La peinture à la cire utilise la cire d'abeille comme liant ; cette technique permet d'obtenir un aspect ciré. Les premières utilisations de ce procédé remontent aux portraits du Fayoum, datés du Ier au Ve siècles, retrouvés en Égypte. Ces peintures réalisées sur des sarcophages ont bien résisté au temps et sont parvenues jusqu'à nous.
Caractéristiques de cette cire :

Composition : la cire d'abeille contient principalement des esters	Température de fusion : entre 60 °C et 65 °C
Solubilité : la cire est insoluble dans l'eau	Indice de réfraction : $n = 1,49$

DOC. 4 Spectre IR de la couche superficielle d'une fresque de Pompéi

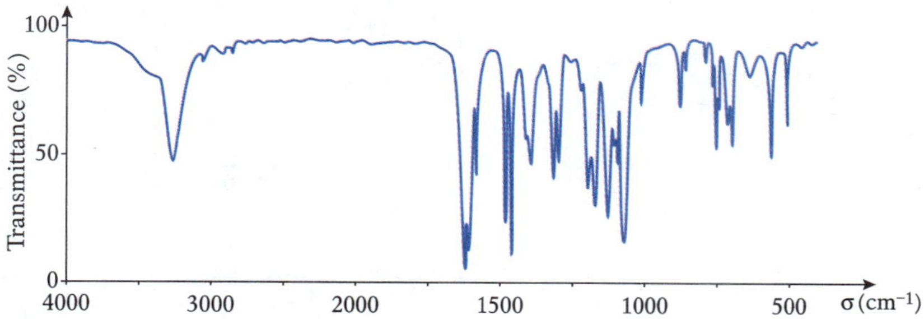

La couche superficielle de la fresque contient les couches picturales (colorants divers, pigments, liant...) et la couche d'aspect laqué.

DOC. 5 Caractéristiques du calcin

Le calcin correspond au carbonate de calcium de formule $CaCO_3$. Sa formation résulte de la réaction entre le dioxyde de carbone CO_2 gazeux et l'hydroxyde de calcium $Ca(OH)_2$ solide selon l'équation de réaction suivante :

$$Ca(OH)_{2(s)} + CO_{2(g)} \rightarrow CaCO_{3(s)} + H_2O_{(l)}$$

Le dépôt d'une couche de calcin sur une surface lui donne un aspect ciré.

SUJETS D'APPROFONDISSEMENT

6 Détermination de structure

30 min

Un exercice très complet pour tester ses compétences dans l'analyse de spectres IR et RMN. Une grande rigueur et un grand sens de la déduction sont nécessaires pour résoudre ce problème.

> Voir les méthodes et stratégies 2 et 3.

Un composé a pour formule brute $C_5H_{10}O$. Ses spectres IR et RMN sont donnés ci-dessous. Proposer une structure pour ce composé.

Données : voir le cours pour les tables de RMN et IR.

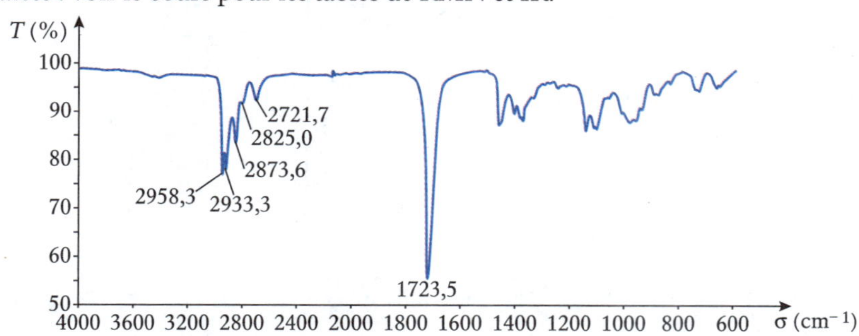

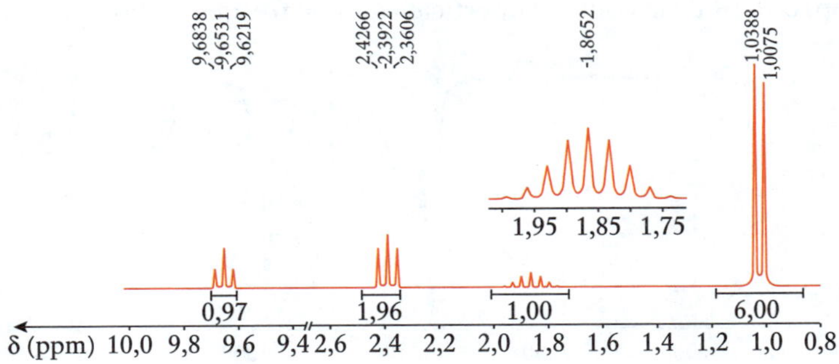

7 Suivi de la réaction de Cannizzaro

40 min

Cet exercice très complet propose de découvrir la célèbre réaction de Cannizzaro à partir des spectres IR des produits finaux. C'est également l'occasion de comprendre le déblindage des protons d'un cycle benzénique.

> Voir les méthodes et stratégies 2 et 3, ainsi que le complément de cours POST BAC.

Lorsqu'on chauffe le benzaldéhyde en présence d'une solution de soude, on obtient, après retour à un milieu acide, deux produits organiques : une molécule A de formule brute C_7H_8O et une molécule B de formule brute $C_7H_6O_2$ que l'on peut facilement séparer.

Au cours de cette réaction appelée réaction de Cannizzaro, seule la fonction aldéhyde est modifiée. On cherche donc deux molécules ayant pour structure 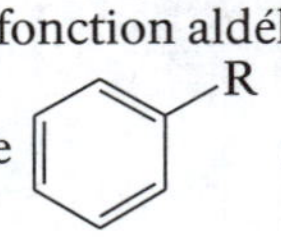

.

Données : voir le cours pour les tables de RMN et IR 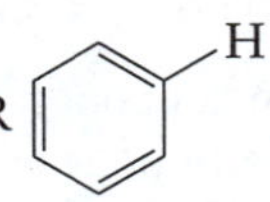

;

- déplacement chimique du cycle aromatique ou benzénique : $\delta = 6{,}5\text{-}8{,}2$ ppm ;
- formule topologique du benzaldéhyde : 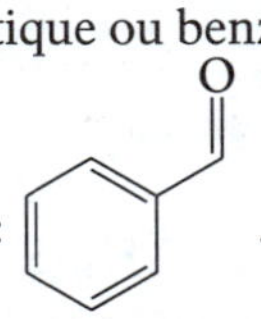

.

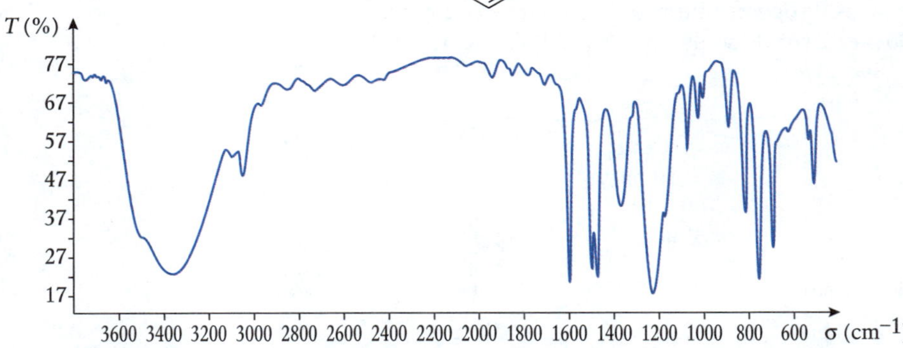

DOC. 1 **Spectre IR de la molécule A**

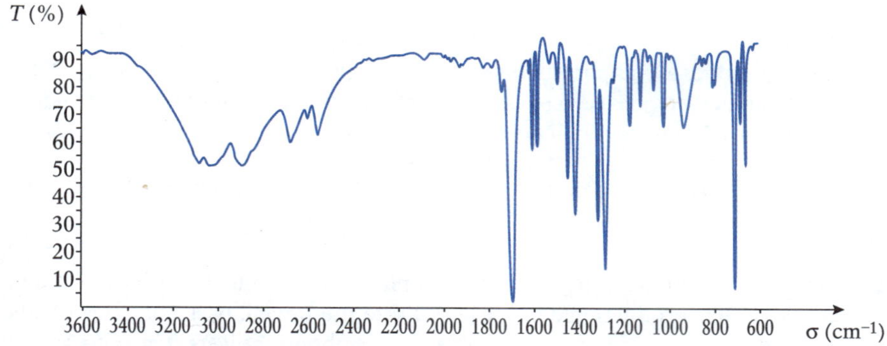

DOC. 2 Spectre IR de la molécule B

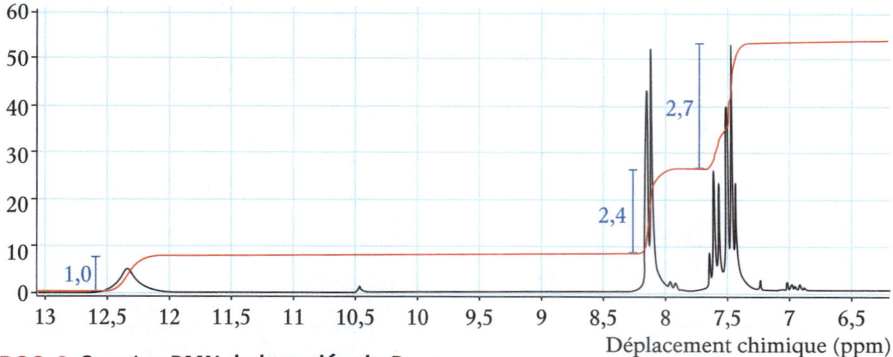

DOC. 3 Spectre RMN de la molécule B

1. Identifier le (les) groupe(s) caractéristique(s) présent(s) dans la molécule A.

2. En déduire une formule de la molécule A.

3. En utilisant le même raisonnement, donner une formule pour la molécule B.

4. Proposer une équation-bilan modélisant la réaction de Cannizzaro.

5. Quelle molécule correspond à une oxydation du benzaldéhyde ? Quelle molécule correspond à une réduction du benzaldéhyde ?

6. Attribuer chacun des signaux du spectre RMN de la molécule B. Proposer une explication au fait que les protons du cycle ne sortent pas avec le même déplacement chimique.

POST BAC

8 Étude du lilial

30 min

Cet exercice propose un approfondissement de l'exploitation des spectres RMN. C'est l'occasion de comprendre la notion de déblindage et de voir ses effets dans un cas concret d'étude de molécule.

> Voir la méthode et stratégie 3, ainsi que le complément de cours POST BAC et le chapitre 9.

L'industrie de la parfumerie utilise de plus en plus des produits de synthèse. Le lilial (molécule A) dont la production dépasse les 1 000 tonnes/an fait partie de ces produits. La synthèse du lilial racémique a fait l'objet de nombreux brevets. Un travail assez récent (D. Enders, 1990) décrit l'obtention d'énantiomères pratiquement purs. L'aldéhyde B est une des matières premières possibles pour préparer le lilial.

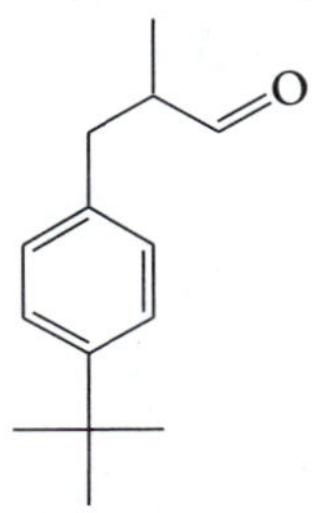

Molécule A

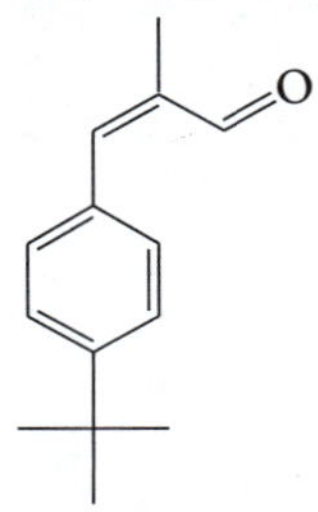

Molécule B

1. Indiquer le nombre de carbones asymétriques (notés *) que comporte le lilial A ? En déduire le nombre de stéréoisomères et préciser leur relation de stéréoisomérie.

2. L'aldéhyde B est-il en configuration Z ou E ?

3. Quelles liaisons fonctionnelles les plus caractéristiques du composé B pourrait-on visualiser en spectroscopie infrarouge (IR) ?

4. Le spectre RMN de la molécule B ($C_{14}H_{18}O$) ci-dessous est représenté en deux parties pour une meilleure lisibilité : de 1 à 2,3 ppm et de 7 à 10 ppm (les valeurs de δ figurant en abscisse). La courbe d'intégration représentée sur ce spectre a été obtenue par simulation à partir d'un logiciel.

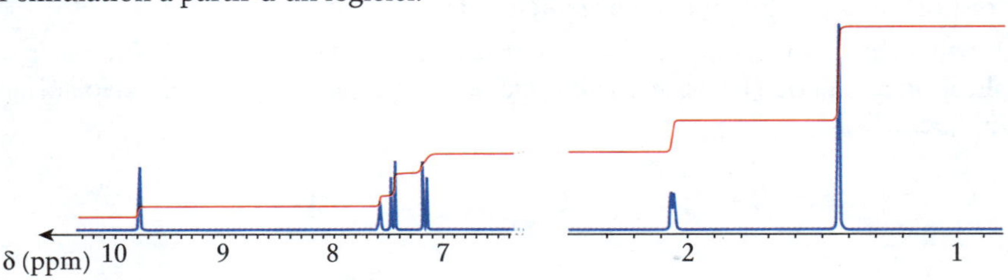

Données : voir le cours pour les tables de RMN ;

• déplacement chimique du cycle aromatique ou benzénique 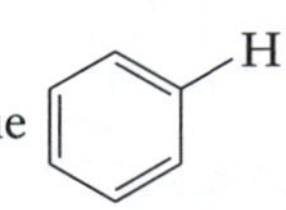 :

δ = 6,5-8,2 ppm ;
• déplacement chimique d'une fonction alcène R–CH=CH_2– : δ = 4,5-7,0 ppm.
Quel est le proton le plus déblindé ?

5. Sachant que l'hydrogène de la fonction alcène sort à 7,6 ppm, attribuer les autres protons aux différents signaux.

6. Les signaux observés à 2,05 ppm, 7,15 ppm et 7,45 ppm se présentent sous forme de doublets. Expliquer ce résultat.

7. En s'appuyant sur l'observation des multiplicités des autres signaux, prévoir la multiplicité du signal à 7,6 ppm.

POST BAC

9 Attribution de signaux des dérivées de fluorescéine

30 min

Cet exercice exige une bonne maîtrise de l'exploitation des spectres RMN. Il permet notamment de tester sa compréhension de la notion de déblindage, mais aussi de revoir les notions sur les couleurs abordées en 1re S.

> Voir le complément de cours POST BAC, ainsi que la méthode et stratégie 3.

La fluorescéine est une molécule fluorescente. Elle possède la propriété d'absorber de l'énergie lumineuse et de réémettre rapidement de la lumière à une longueur d'onde plus grande. Les molécules fluorescentes sont présentes dans de nombreux produits de la vie courante : surligneurs, azurants optiques dans le papier et les textiles, colorants fluorescents, traceurs en hydrologie… Elles constituent également des outils d'étude précieux pour les biologistes et les médecins. Ainsi, le prix Nobel de chimie 2008 a récompensé la découverte et le développement de la protéine fluorescente verte (GFP).
Données : voir le cours pour les tables de RMN ;

• déplacement chimique du cycle aromatique ou benzénique 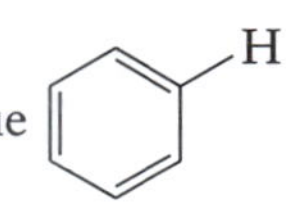

: $\delta = 6{,}5\text{-}8{,}2$ ppm ;

• déplacement chimique du phénol 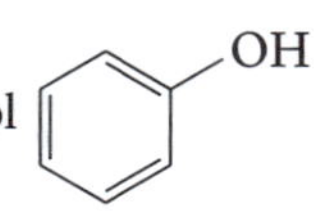

: $\delta = 8{,}0\text{-}12{,}0$ ppm ;

• formule topologique de la fluorescéine : 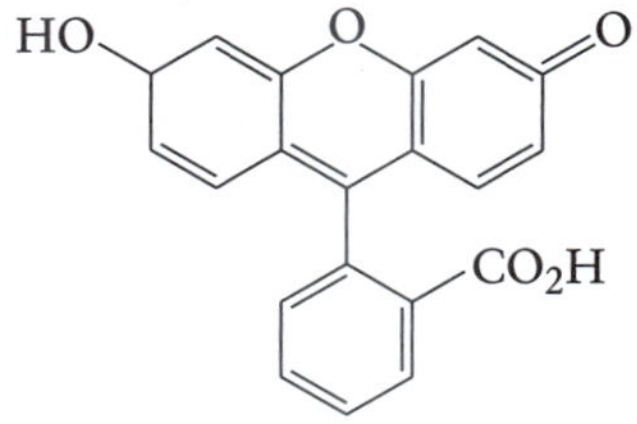

;

• molécules correspondant à des étapes de synthèse de la fluorescéine :

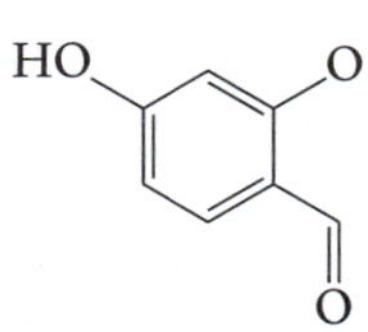

Molécule 1

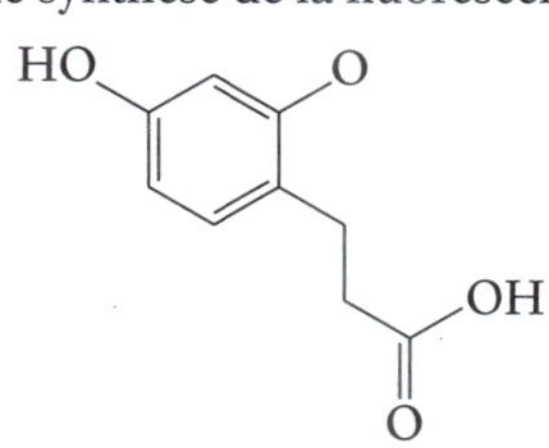

Molécule 2

1. En étudiant la structure de la fluorescéine, comment expliquer que cette molécule puisse interagir avec la lumière ?

2. Le spectre RMN ^1H ($CDCl_3$, 250 MHz) de la molécule 1 présente les signaux dont les déplacements chimiques (en ppm) sont les suivants :
6,41 (1H, doublet) ;
6,49 (1H, doublet de doublet) ;
7,35 (1H, doublet) ;
9,57 (1H, singulet large) ;
9,66 (1H, singulet) ;
11,42 (1H, singulet large).
Les protons du cycle benzénique (cycle à 6 carbones) peuvent se coupler entre eux même s'ils sont séparés par 2 carbones.
Attribuer les différents signaux RMN observés.

3. Le spectre RMN ^1H ($(CD_3)_2SO$, 300 MHz) de la molécule 2 présente les signaux dont les déplacements chimiques (en ppm) sont les suivants :
2,37 (2H, triplet) ;
2,60 (2H, triplet) ;
6,09 (1H, doublet de doublet) ;
6,24 (1H, doublet) ;
6,78 (1H, doublet) ;
8,96 (1H, singulet large) ;
9,14 (1H, singulet large) ;
11,98 (1H, singulet large).
Attribuer les différents signaux RMN observés.

CORRIGÉS

1 Nomenclature

1. Molécule 1 : 2-méthylbut-2-ène.
Molécule 2 : acide 2-méthylbutanoïque.
Molécule 3 : butanoate de méthyléthyle ou butanoate de 1-méthyléthyle.
Molécule 4 : méthylbutanone ou 3-méthylbutanone.
Molécule 5 : méthylpropanamide ou 2-méthylpropanamide.
Molécule 6 : 3-éthylheptanal.
Molécule 7 : 4,5-diméthylhexan-3-ol.

Pour les molécules 3, 4 et 5, on n'est pas obligé d'indiquer le numéro du carbone qui porte la fonction ou le groupement alkyle. Dans ces cas, il n'y a pas d'ambiguïté sur le numéro du carbone.

2.

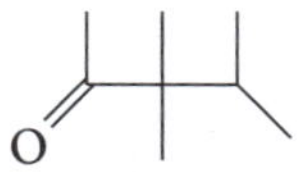
3,3,4-triméthylpentan-2-one

2-méthylpropan-2-amine

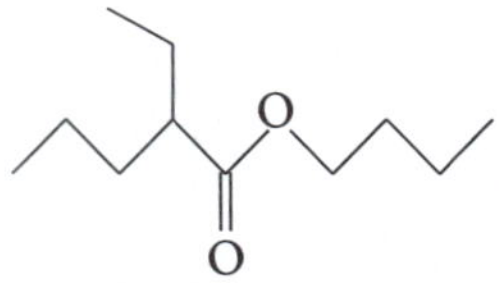
2-éthylpentanoate de butyle

2 Dosage de la caféine par spectrophotométrie

Partie 1

1. La loi de Beer-Lambert n'est valable que pour les concentrations faibles ; au-delà d'une certaine valeur, l'absorbance n'est plus proportionnelle à la concentration.

2. Pour effectuer une dilution, il faut utiliser du matériel jaugé de manière à être le plus précis possible. On détermine dans un premier temps le facteur de dilution qui permet de déterminer le rapport entre le volume de la fiole jaugée et la pipette jaugée :
$\frac{C_{\text{mère}}}{C_{\text{fille}}} = \frac{32}{8,0} = 4,0$ et $\frac{V_{\text{fiole}}}{V_{\text{pipette}}} = \frac{20,0}{5,0} = 4,0$.
Parmi la liste du matériel proposée, on choisit la pipette jaugée de 5,0 mL et la fiole jaugée de 20,0 mL. On rince la pipette avec la solution mère et la fiole à l'eau distillée. On prélève la solution à l'aide de la pipette et on la verse dans la fiole, puis on complète jusqu'au trait de jauge.

Ne pas oublier d'homogénéiser à la fin.

Partie 2

1. Le domaine d'étude de la caféine est l'ultraviolet : $\lambda < 400$ nm.

2. On travaille normalement à la longueur d'onde où l'absorbance est maximale pour avoir la meilleure précision possible, ici $\lambda = 271$ nm.

3. L'absorbance est plus élevée à $\lambda = 271$ nm qu'à $\lambda = 226$ nm. La droite 1 ayant une plus forte pente, elle correspond à la longueur d'onde de travail $\lambda = 271$ nm ; et par conséquent, la droite 2 correspond à $\lambda = 226$ nm.

4. La boisson 2 ayant une plus forte absorbance est plus excitante que la boisson 1. Par lecture graphique du document 2, on observe que la boisson 1 a une concentration en caféine de 4 $mg \cdot L^{-1}$ et la boisson 2 de 17 $mg \cdot L^{-1}$.

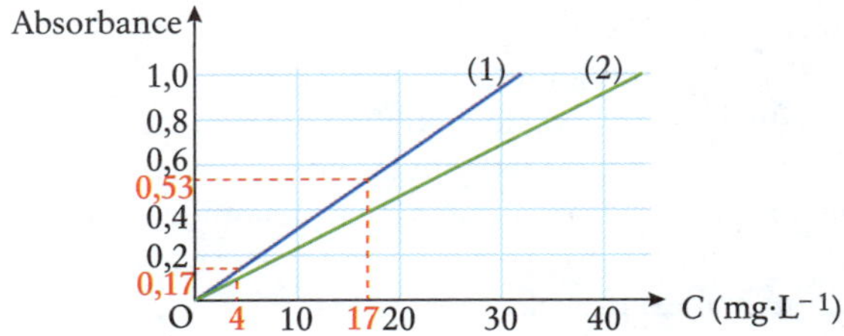

3 Identification d'une molécule organique à partir de son spectre IR

1. Molécule 1 : $C_4H_8O_2$: propanoate de méthyle.
Molécule 2 : $C_4H_6O_2$: butan-1,4-dial.
Molécule 3 : $C_4H_8O_2$: acide butanoïque.
Molécule 4 : $C_4H_{10}O_2$: méthylpropan-1,3-diol.

2. Les molécules 1 et 3 ont la même formule brute : elles sont donc isomères.

3. Il y a une bande vers 1 700 cm^{-1}, caractéristique de la fonction carbonyle. On remarque également une bande très large vers 3 000 cm^{-1} caractéristique d'une liaison —OH. Cette bande se chevauche avec celle des liaisons —CH. On peut donc penser que la molécule contient une fonction acide carboxylique.

4. Seule la molécule 3 contient une fonction acide carboxylique : il s'agit donc d'un flacon d'acide butanoïque.

4 Spectre RMN de deux molécules organiques

1. Les formules semi-développées sont représentées ci-dessous :

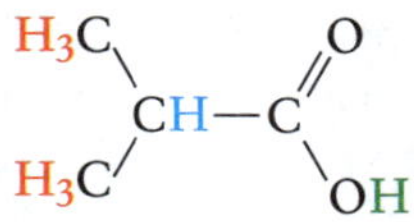

acide méthylpropanoïque

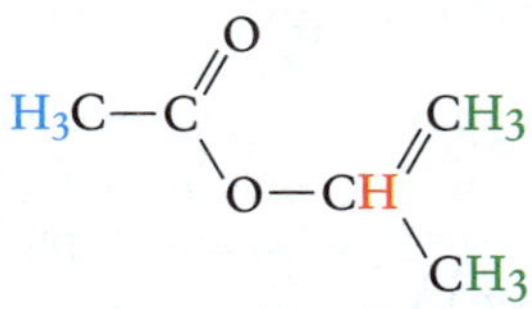

éthanoate de méthyléthyle

2. Les protons équivalents ont été représentés à la question **1.** par un code de couleur. Il y a trois groupes de protons équivalents dans chaque molécule, qui donneront trois signaux sur chaque spectre RMN. Par conséquent, on ne peut pas encore conclure.

3. Pour l'acide méthylpropanoïque :
—OH va donner un singulet (pas de protons voisins) ;
$(—CH_3)_2$ va donner un doublet (1 proton voisin) ;
—CH va donner un septuplet (6 protons voisins).
Pour l'éthanoate de méthyléthyle :
$(—CH_3)$ va donner un singulet (pas de protons voisins) ;

$(—CH_3)_2$ va donner un doublet (1 proton voisin) ;
—CH va donner un septuplet (6 protons voisins) ;
La multiplicité du signal ne permet pas de relier chaque spectre à sa molécule.

4. L'utilisation de la table de valeurs de déplacements chimiques permet de lever l'ambiguïté : on a $\delta = 12$ ppm sur le premier spectre, ce qui est une valeur caractéristique du proton d'une fonction acide carboxylique (—COOH).
Le premier spectre correspond donc à l'acide méthylpropanoïque, le second à l'éthanoate de méthyléthyle.

5. La courbe d'intégration aurait permis de lever l'ambiguïté puisque le singulet de l'acide propanoïque représente 1 seul proton, alors que celui de l'ester représente 3 protons.

5 Peinture de Pompéi

Voir la méthode et stratégie 2.
On peut envisager deux hypothèses pour expliquer l'aspect ciré des fresques de Pompéi :
- soit il est dû au calcin ;
- soit il est dû à la cire d'abeille.

L'analyse spectroscopique révèle l'absence d'ester dans l'échantillon de la fresque (car absence du pic vers 1 650-1 750 cm^{-1}), ce qui démontre l'absence de cire d'abeille. De plus, le changement de couleur de l'ocre montre que la température du lieu a dépassé 300 °C lors de l'éruption. Or, à cette température, la cire fond et se désolidarise de la fresque. Les premières fresques retrouvées en Égypte datent du Ier siècle après J.-C. ; on peut penser que cette technique n'est pas encore parvenue à Pompéi au moment de l'éruption.
La nature du matériau à l'origine de l'aspect ciré des fresques de Pompéi est donc clairement identifiée : il s'agit de l'hydroxyde de calcium de formule $Ca(OH)_2$. Son aspect ciré provient de sa réaction avec le CO_2 pour former du calcin ($CaCO_3$) qui a un aspect ciré.

> Le sujet demandant 30 lignes maximum, il faut dégager les points essentiels. Les idées doivent être clairement exprimées et ordonnées. Il faut éviter également les paraphrases.

6 Détermination de structure

Sur le spectre IR, on constate une bande forte à 1 723 cm^{-1} caractéristique de la fonction carbonyle (C═O). De plus, on observe deux bandes à 2 721 et 2 933 cm^{-1} dues à une liaison —CH═O. Le composé est donc un aldéhyde.
Le spectre RMN confirme cette structure d'aldéhyde par la présence d'un signal à 9,6-9,7 ppm sous la forme d'un triplet. La fonction aldéhyde présente donc un carbone avec 2H voisins.
Par ailleurs, on a un autre signal comportant 9 pics, qui laisse penser à une ramification du type

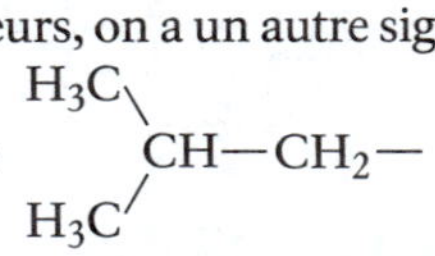

;

> Le proton de la liaison CH— a 8 protons voisins, d'où le multiplet à 9 pics.

$(CH_3)_2$— est un groupe de protons équivalents qui a 1 proton voisin : il va donner le doublet à 1,0 ppm ;
—CH_2— a 2 protons voisins, d'où le triplet à 2,4 ppm.

On peut proposer pour structure le 3-méthylbutanal : 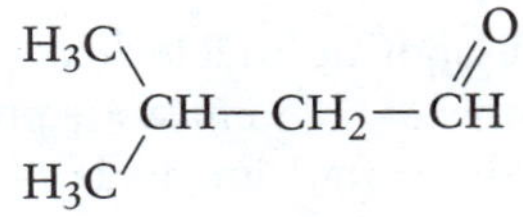 .

La courbe d'intégration permet de vérifier la structure proposée : le doublet représente 6 protons, le multiplet à 9 pics correspond à 1 proton, le triplet à 2,4 ppm représente 2 protons et le triplet à 9,65 ppm à un autre proton.

7 Suivi de la réaction de Cannizzaro

1. Le spectre IR de la molécule A présente une bande large au-delà de 3 100 cm^{-1}, caractéristique d'une liaison —OH : la molécule A est un alcool.

2. À partir de la formule brute (C_7H_8O) de la molécule A et du fait qu'elle contient un cycle benzénique, on déduit la formule suivante :

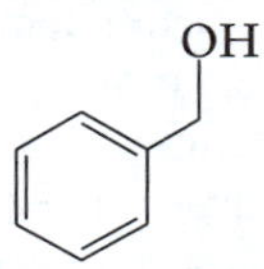

Le nom de cet alcool est l'alcool benzylique.

3. On observe un pic important à 1 700 cm^{-1} sur le spectre IR de la molécule B, ce qui suppose la présence d'une fonction carbonyle (C═O). Au-delà de 3 000 cm^{-1}, on observe le chevauchement d'une bande large (—OH) avec une autre bande (—CH) : ceci est caractéristique d'un acide carboxylique.
À partir de la formule brute ($C_7H_6O_2$) de la molécule B et du fait qu'elle contient un cycle benzénique, on déduit la formule suivante :

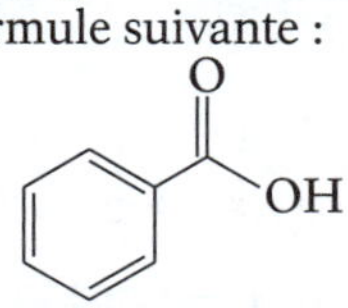

Le nom de cet acide est l'acide benzoïque.

4. On peut proposer l'équation-bilan suivante pour la réaction de Cannizzaro :

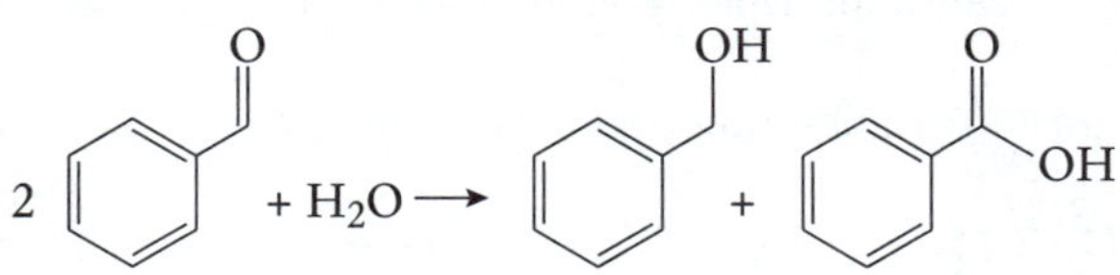

L'eau parmi les réactifs ne traduit pas les conditions expérimentales ; en effet, on met d'abord l'espèce en milieu basique, puis en milieu acide : $HO^- + H^+ \rightarrow H_2O$.

5. On vérifie que l'acide benzoïque (molécule B) correspond à une oxydation du benzaldéhyde et l'alcool benzylique (molécule A) à une réduction du benzaldéhyde en écrivant les demi-équations d'oxydoréduction (R représente le cycle benzénique) :
R—CHO + H_2O = R—COOH + 2 H^+ + 2 e^- : oxydation ;
R—CHO + 2 H^+ + 2 e^- = R—CH_2OH : réduction.

6. Le pic à 12,3 ppm correspond au proton de la fonction acide carboxylique. Les autres signaux correspondent aux protons du cycle benzénique. Ils ne sortent pas au même endroit à cause du déblindage dû à la fonction acide carboxylique. Les protons les plus proches de la fonction acide carboxylique seront plus déblindés et auront donc un déplacement chimique δ plus grand. Nous avons ainsi trois signaux pour les hydrogènes du cycle benzénique :

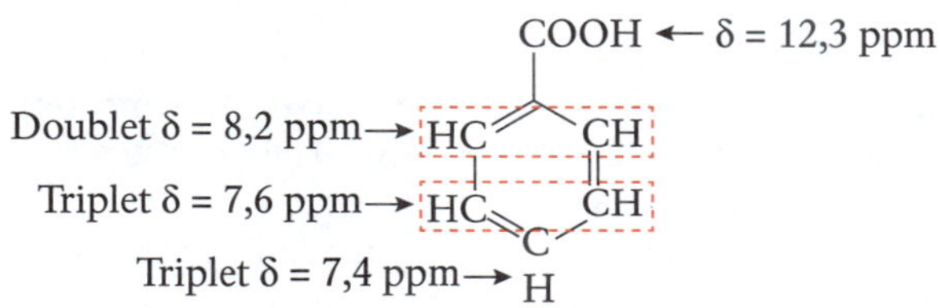

POST BAC

8 Étude du lilial

1. La molécule A possède un carbone asymétrique noté* ; elle possède donc 2 stéréoisomères de configuration. Ces deux stéréoisomères sont énantiomères entre eux.

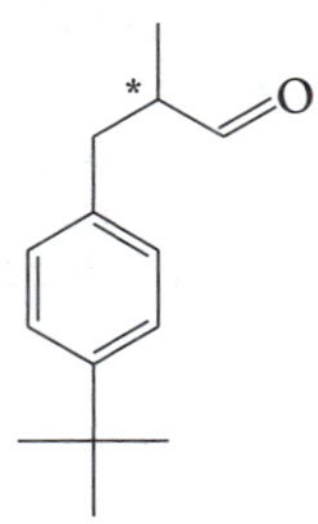

Un carbone asymétrique est un carbone tétraédrique qui possède quatre substituants de natures différentes.
Des énantiomères sont des molécules isomères, images l'une de l'autre dans un miroir, mais non superposables même en effectuant une rotation de la molécule.

2. L'aldéhyde B est en configuration Z : les deux groupes les plus importants sont du même côté.

3. La fonction aldéhyde —CH=O et la fonction alcène C=C seraient facilement repérables en spectroscopie infrarouge (IR).

4. Le proton le plus déblindé est celui de la fonction aldéhyde ; il possède en effet le plus grand déplacement chimique.

5. Les signaux seront plus ou moins déblindés selon leur proximité par rapport à la fonction aldéhyde. Ceux qui sont proches de la fonction aldéhyde sortiront avec des valeurs de déplacement chimique plus grandes :

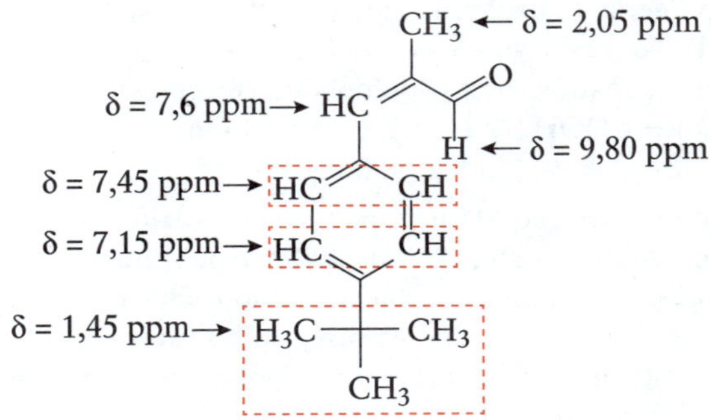

6. Les signaux observés à 7,15 ppm et 7,45 ppm se présentent sous forme de doublets, car les hydrogènes n'ont qu'un seul groupe de protons équivalents voisins. En revanche, pour expliquer le doublet du signal à δ = 2,05 ppm, il faut envisager un couplage de ces protons avec celui de la fonction alcène.

7. En conséquence, le proton de la fonction alcène se couplera avec les 3 protons du signal à 2,05 ppm : il sortira donc sous la forme d'un quadruplet.

POST BAC

9 Attribution de signaux des dérivés de fluorescéine

1. La fluorescéine interagit avec la lumière car elle contient des doubles liaisons conjuguées entre elles.

2. Les protons qui possèdent le plus fort déplacement chimique sont ceux des fonctions hydroxyles —OH, puis celui de l'aldéhyde. Les autres protons correspondent aux protons situés sur le cycle benzénique ; on les attribue en observant la multiplicité du signal et leur proximité par rapport à la fonction carbonyle C=O (plus un proton est proche de la fonction carbonyle, plus il est déblindé).

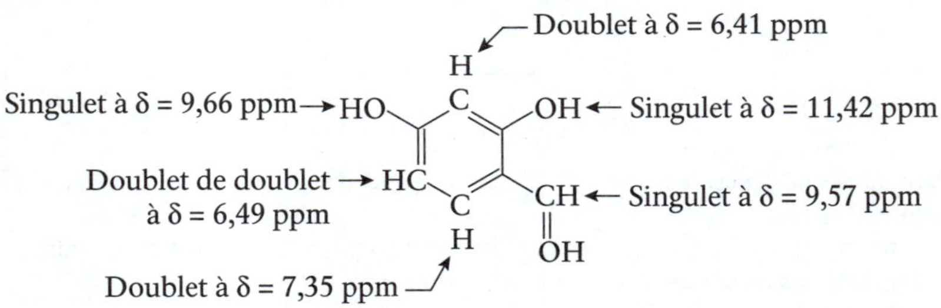

Le signal à δ = 6,49 ppm sort sous la forme d'un doublet de doublet car les deux protons voisins ne sont pas équivalents ; le couplage n'est donc pas symétrique.
Le déblindage important du pic à 11,42 ppm pour la fonction –OH est dû à sa proximité de la fonction aldéhyde.

3. Pour la molécule 2, on attribue de la même manière les signaux RMN observés comme suit :

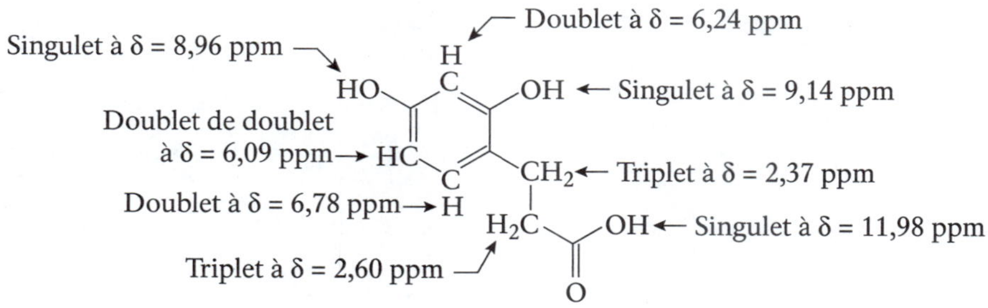

Comprendre
Mécanique classique et relativiste

CHAPITRE 4

Cinématique et lois de Newton

COURS

MÉTHODES ET STRATÉGIES

SUJETS DE TYPE BAC

SUJETS D'APPROFONDISSEMENT

CORRIGÉS

COURS

Cinématique et lois de Newton

La cinématique est l'étude des grandeurs liées au mouvement d'un corps (la position, la vitesse et l'accélération d'un point mobile au cours du temps) sans s'occuper des causes qui sont à l'origine du mouvement. Tandis que la dynamique étudie les mouvements des corps et des causes qui les engendrent. On utilise les lois de Newton pour effectuer une étude dynamique.

I. Cinématique dans un repère orthonormé

On se place dans un repère orthonormé $(O; \vec{i}, \vec{j}, \vec{k})$.

1. Vecteur position

- La **position** d'un point M est définie par son vecteur position qui s'écrit :

$$\overrightarrow{OM}(t) = x(t)\vec{i} + y(t)\vec{j} + z(t)\vec{k} \quad \text{ou} \quad \overrightarrow{OM}(t)\begin{pmatrix} x(t) \\ y(t) \\ z(t) \end{pmatrix}.$$

$x(t)$, $y(t)$ et $z(t)$ sont les coordonnées cartésiennes du point M au cours du mouvement. Ce sont des fonctions du temps appelées **équations horaires**.

- La **norme** du vecteur position $\overrightarrow{OM}(t)$ est $OM(t) = \sqrt{x(t)^2 + y(t)^2 + z(t)^2}$. Elle s'exprime en mètres (m). L'ensemble des positions successives occupées par M au cours du temps constitue sa **trajectoire**.

Remarque Afin d'alléger les notations, les fonctions du temps $f(t)$ seront notées par la suite $x(t) = x$, $y(t) = y$ et $z(t) = z$.

2. Vecteur vitesse

- Le vecteur **vitesse instantanée** est défini par $\vec{v}(t) = \dfrac{\mathrm{d}\overrightarrow{OM}(t)}{\mathrm{d}t}$ soit $\vec{v}(t)\begin{pmatrix} v_x \\ v_y \\ v_z \end{pmatrix} = \begin{pmatrix} \dfrac{\mathrm{d}x}{\mathrm{d}t} \\ \dfrac{\mathrm{d}y}{\mathrm{d}t} \\ \dfrac{\mathrm{d}z}{\mathrm{d}t} \end{pmatrix}$.

v_x, v_y et v_z sont les coordonnées du vecteur vitesse au cours du mouvement.

Remarque Les dérivées $\dfrac{\mathrm{d}x}{\mathrm{d}t}$, $\dfrac{\mathrm{d}y}{\mathrm{d}t}$ et $\dfrac{\mathrm{d}z}{\mathrm{d}t}$ sont également notées en physique $\dot{x}$, $\dot{y}$ et $\dot{z}$.

- La **norme** du vecteur vitesse est définie par $v = \sqrt{v_x{}^2 + v_y{}^2 + v_z{}^2}$. Elle s'exprime en $m \cdot s^{-1}$.
La vitesse $\vec{v}(t)$ est portée par la tangente en M à la trajectoire.

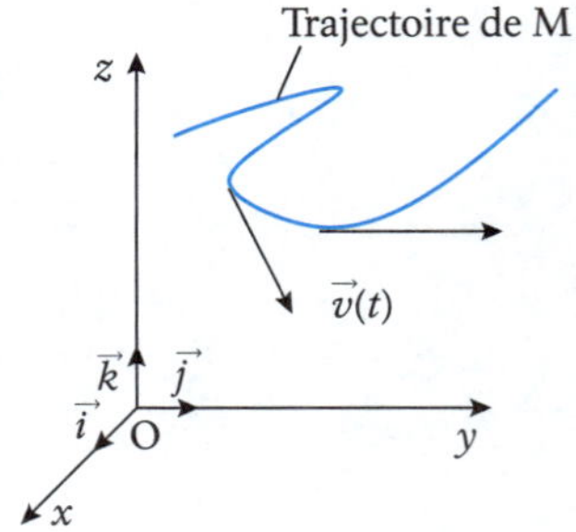

3. Vecteur accélération

- Le vecteur **accélération instantanée** est défini par $\vec{a}(t) = \dfrac{d\vec{v}(t)}{dt} = \dfrac{d^2\overrightarrow{OM}(t)}{dt^2}$

soit $\vec{a}(t)\begin{pmatrix} a_x \\ a_y \\ a_z \end{pmatrix} = \begin{pmatrix} \dfrac{dv_x}{dt} \\ \dfrac{dv_y}{dt} \\ \dfrac{dv_z}{dt} \end{pmatrix} = \begin{pmatrix} \dfrac{d^2x}{dt^2} \\ \dfrac{d^2y}{dt^2} \\ \dfrac{d^2z}{dt^2} \end{pmatrix}$.

a_x, a_y et a_z sont les coordonnées du vecteur accélération au cours du mouvement.

Remarque Les dérivées secondes $\dfrac{d^2x}{dt^2}$, $\dfrac{d^2y}{dt^2}$ et $\dfrac{d^2z}{dt^2}$ sont également notées en physique $\ddot{x}$, $\ddot{y}$ et $\ddot{z}$.

- La **norme** du vecteur accélération est $a = \sqrt{a_x^2 + a_y^2 + a_z^2}$. Elle s'exprime en $m{\cdot}s^{-2}$.

4. Quantité de mouvement

- Le vecteur **quantité de mouvement** $\vec{p}$ d'un point matériel de masse m se déplaçant à la vitesse $\vec{v}$ est défini par $\vec{p} = m\vec{v}$ soit $\vec{p}\begin{pmatrix} mv_x \\ mv_y \\ mv_z \end{pmatrix}$.

v_x, v_y et v_z sont les coordonnées du vecteur vitesse et m la masse en kg.

- La **norme** du vecteur quantité de mouvement est $p = mv = m\sqrt{v_x^2 + v_y^2 + v_z^2}$. Elle s'exprime en $kg{\cdot}m{\cdot}s^{-1}$.

5. Récapitulatif

Position	Vitesse	Accélération	Quantité de mouvement
$\overrightarrow{OM}(t)$	$\vec{v}(t) = \dfrac{d\overrightarrow{OM}(t)}{dt}$	$\vec{a}(t) = \dfrac{d\vec{v}(t)}{dt} = \dfrac{d^2\overrightarrow{OM}(t)}{dt^2}$	$\vec{p} = m\vec{v}$
$\begin{pmatrix} x \\ y \\ z \end{pmatrix}$	$\begin{pmatrix} \dfrac{dx}{dt} \\ \dfrac{dy}{dt} \\ \dfrac{dz}{dt} \end{pmatrix}$	$\begin{pmatrix} \dfrac{dv_x}{dt} \\ \dfrac{dv_y}{dt} \\ \dfrac{dv_z}{dt} \end{pmatrix} = \begin{pmatrix} \dfrac{d^2x}{dt^2} \\ \dfrac{d^2y}{dt^2} \\ \dfrac{d^2z}{dt^2} \end{pmatrix}$	$\begin{pmatrix} mv_x \\ mv_y \\ mv_z \end{pmatrix}$

II. Quelques mouvements usuels

1. Mouvement rectiligne uniforme

- C'est un mouvement pour lequel la trajectoire est une droite et la valeur de la vitesse est constante, ce qui implique que le vecteur vitesse $\vec{v}$ soit constant.

- Dans le repère $\left(O\,;\vec{i}\right)$, les équations horaires du mouvement s'écrivent :

$$\begin{cases} v_x = cte \\ x = v_x t + x_0 \end{cases}$$

où x_0 est l'abscisse du mobile à l'origine des temps.
Le vecteur vitesse $\vec{v}$ étant constant, le vecteur accélération $\vec{a}$ est nul.

Remarques
- Si $v_x > 0$, le mouvement a lieu dans le sens des x positifs.
- Si $v_x < 0$, le mouvement a lieu dans le sens contraire.

2. Mouvement rectiligne uniformément varié

C'est un mouvement pour lequel la trajectoire est une droite et le vecteur accélération $\vec{a}$ est constant. Dans le repère $\left(O\,;\vec{i}\right)$, les équations horaires du mouvement s'écrivent :

$$\begin{cases} a_x = cte \\ v_x = a_x t + v_0 \\ x = \dfrac{1}{2}a_x t^2 + v_0 t + x_0 \end{cases}$$

v_0 et x_0 sont respectivement la vitesse et l'abscisse du mobile à l'origine des temps.

Remarque Le signe du produit scalaire $\vec{a}\cdot\vec{v}$ permet de connaître si un mouvement est accéléré ou déccéléré :
- si $\vec{a}\cdot\vec{v} > 0$, le mouvement est dit accéléré. Les vecteurs $\vec{v}$ et $\vec{a}$ sont dans le même sens ;
- si $\vec{a}\cdot\vec{v} < 0$, le mouvement est dit décéléré. Les vecteurs $\vec{v}$ et $\vec{a}$ sont de sens opposés.

3. Mouvement circulaire uniforme

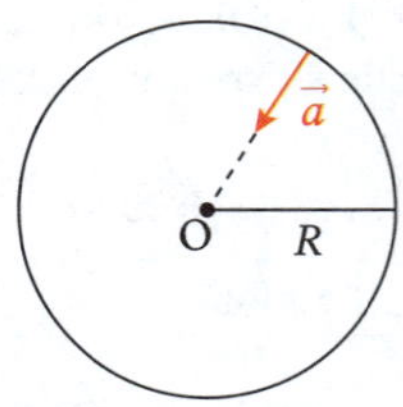

La trajectoire d'un mouvement circulaire est un cercle de centre O, de rayon R et la valeur de la vitesse v ainsi que de l'accélération a sont constantes au cours du mouvement.

Dans ce cas, on a $\begin{cases} v = cte \\ a = \dfrac{v^2}{R} = cte \end{cases}$; l'accélération est **centripète**.

Remarque Le vecteur accélération est non nul, car le vecteur vitesse varie (la direction et le sens du vecteur vitesse varient, mais sa norme reste la même).

Voir le complément de cours POST BAC.

4. Mouvement circulaire non uniforme

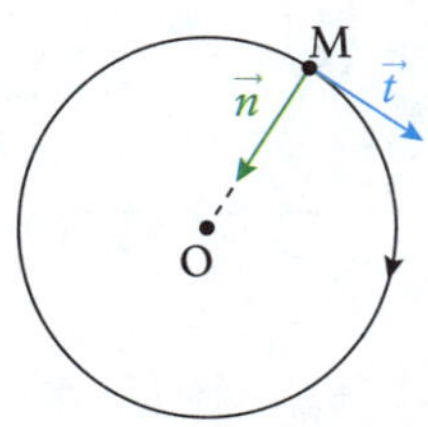

- Les mouvements circulaires s'étudient en général dans le **repère de Frenet**.

Le repère de Frenet $(M\,;\vec{t},\vec{n})$ est lié au point mobile M.
L'origine du repère est la position du point M.
$\vec{t}$ et $\vec{n}$ sont deux vecteurs unitaires.
$\vec{t}$ est un vecteur tangent à la trajectoire et orienté dans le sens du mouvement.
$\vec{n}$ est perpendiculaire à $\vec{t}$ et orienté vers l'intérieur du cercle.

- Dans le repère de Frenet, les vecteurs vitesse et accélération s'écrivent :
$\vec{v} = v\vec{t}$ et $\vec{a} = \vec{a}_t + \vec{a}_n = a_t\vec{t} + a_n\vec{n}$.

a_t est l'accélération tangentielle, définie par $a_t = \dfrac{dv}{dt}$.

a_n est l'accélération normale, définie par $a_n = \dfrac{v^2}{R}$.

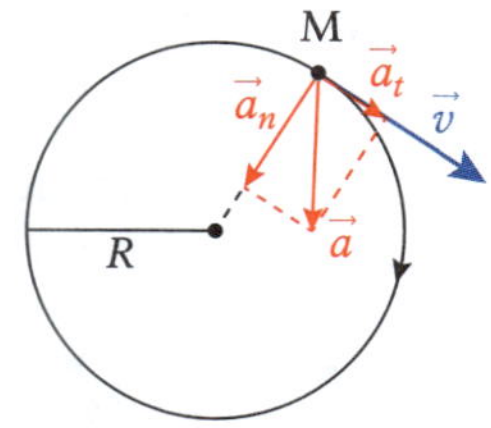

R étant le rayon du cercle (en m) et v la vitesse (en $m \cdot s^{-1}$), le vecteur accélération s'exprime alors dans le repère de Frenet par la relation :

$$\vec{a} = \frac{dv}{dt}\vec{t} + \frac{v^2}{R}\vec{n}$$

III. Les trois lois de Newton

1. Première loi de Newton ou principe d'inertie

- Dans un référentiel galiléen, si la somme vectorielle des forces extérieures qui s'exercent sur un système est nulle (le système est donc soit isolé ou pseudo-isolé), alors le vecteur vitesse de son centre d'inertie G est un vecteur constant :
si $\sum \vec{F}_{ext} = \vec{0}$, alors $\vec{v}_G = \overrightarrow{cte}$.

- Le système est donc soit au repos si $\vec{v}_G = \vec{0}$, soit en mouvement rectiligne uniforme si $\vec{v}_G = \overrightarrow{cte}$.

- La reciproque est vraie : si $\vec{v}_G = \overrightarrow{cte}$, alors $\sum \vec{F}_{ext} = \vec{0}$.

Définitions

- Un système est isolé s'il n'est soumis à aucune force.
- Un système est pseudo-isolé s'il est soumis à un ensemble de forces qui se compensent.
- Un référentiel galiléen est un référentiel dans lequel le principe d'inertie s'applique.

2. Deuxième loi de Newton ou principe fondamental de la dynamique

- Dans un référentiel galiléen, la somme vectorielle des forces extérieures qui s'exercent sur un système est égale à la dérivée par rapport au temps de son vecteur quantité de mouvement :

$$\sum \vec{F}_{ext} = \frac{d\vec{p}}{dt} = \frac{d(m\vec{v})}{dt}$$

- Si la masse m du système est constante, la relation devient $\sum \vec{F}_{ext} = m\dfrac{d\vec{v}}{dt} = m\vec{a}$.

Remarque Si le système est isolé ou pseudo-isolé, alors il y a conservation de la quantité de mouvement du système : si $\sum \vec{F}_{ext} = \vec{0}$ alors $\dfrac{d\vec{p}}{dt} = \vec{0}$ donc $\vec{p} = \overrightarrow{cte}$.

La première loi de Newton est un cas particluier de cette loi.

3. Troisième loi de Newton ou principe des actions réciproques

Si un corps A exerce sur un corps B une action mécanique représentée par une force $\vec{F}_{A/B}$, le corps B exerce sur le corps A une action mécanique modélisée par une force $\vec{F}_{B/A}$.
Ces deux forces ont même direction, même valeur et sont de sens opposés :

$$\vec{F}_{A/B} = -\vec{F}_{B/A}$$

POST BAC

Compléments sur les mouvements circulaires uniformes

> Voir les exercices 8 et 9.

1. Abscisse angulaire

Dans le cas des mouvements circulaires, la position d'un point M peut être repérée sur sa trajectoire par son abscisse angulaire qui correspond à l'angle $\theta = (\overrightarrow{OA}, \overrightarrow{OM})$, orienté dans le sens du mouvement. Il s'exprime en radians (rad).

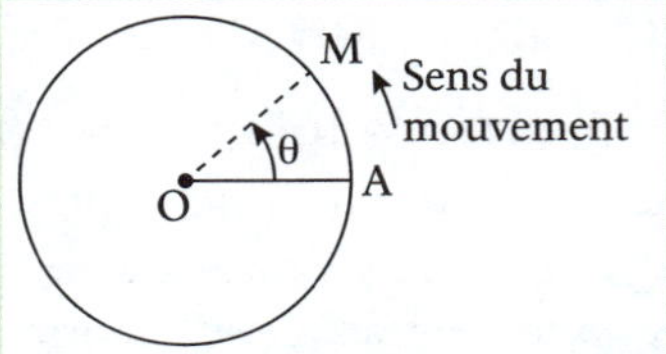

2. Vitesse angulaire

- Par définition, la **vitesse angulaire**, notée ω, est la dérivée par rapport au temps de l'abscisse angulaire ; elle s'exprime en rad·s^{-1} :

$$\omega = \frac{d\theta}{dt}$$

- La vitesse angulaire correspond au rapport entre l'angle $\Delta\theta$ que parcourt le point M et la durée Δt mise par ce point pour parcourir cet angle.
- Dans la pratique, la vitesse angulaire peut s'exprimer en tours par seconde (tr·s^{-1}) ou en tours par minute (tr·min^{-1}) :

$$1\,\text{tr}\cdot\text{min}^{-1} = \frac{2\pi}{60}\,\text{rad}\cdot\text{s}^{-1}$$

3. Période et fréquence du mouvement circulaire uniforme

- La période T d'un mouvement circulaire uniforme est la durée pendant laquelle le mobile effectue un tour.

Pour un tour, $\Delta\theta = 2\pi$ et $\Delta t = T$. Donc $\omega = \frac{2\pi}{T}$, avec T en secondes et ω en rad·s^{-1}.

- La fréquence f du mouvement circulaire uniforme est le nombre de tours effectués par seconde :

$$f = \frac{1}{T} = \frac{\omega}{2\pi}$$

avec f en hertz, T en secondes et ω en rad·s^{-1}.

4. Relation entre vitesse angulaire ω et vitesse v

La vitesse angulaire ω est liée à la vitesse v par la relation :

$$v = R \times \omega$$

où R est le rayon du cercle en mètres, v en m·s^{-1} et ω en rad·s^{-1}.

MÉTHODES ET STRATÉGIES

1 Établir et utiliser les équations horaires d'un mouvement rectiligne uniformément accéléré

> Voir les exercices 1, 4 et 7 mettant en œuvre cette méthode.

Méthode

> **Étape 1 :** Vérifier que le mouvement est bien rectiligne et uniformément accéléré.

> **Étape 2 :** L'accélération d'un mouvement rectiligne uniformément varié étant constante, trouver par intégration l'expression de la vitesse v_x en tenant compte des conditions initiales puisque $a_x = \frac{dv_x}{dt}$.

> **Étape 3 :** Déterminer également par intégration l'expression de la position x en tenant compte des conditions initiales puisque $v_x = \frac{dx}{dt}$.

> **Étape 4 :** À l'aide de ces expressions, traduire en équations le problème à résoudre, et résoudre les équations obtenues pour répondre aux questions de l'énoncé.

Exemple

Un automobiliste en sortie d'agglomération commence sa phase d'accélération. Son accélération est considérée comme constante et de valeur a_1. L'automobiliste a un mouvement rectiligne. La sortie d'agglomération sera prise comme origine des abscisses et du temps. Le sens positif de l'axe (Ox) correspond au sens du mouvement.
Déterminer la durée et la distance parcourue par l'automobiliste lorsqu'il aura atteint une vitesse de 90 km·h^{-1} ?
Données : vitesse en agglomération : 50 km·h^{-1} ; $a_1 = 2{,}2\ \text{m·s}^{-2}$.

Application

> **Étape 1 :** Dans notre exemple, $a_x = a_1 = cte > 0$ et $v_x > 0$. Le mouvement est donc rectiligne uniformément accéléré, car les vecteurs vitesse et accélération sont dans le même sens et l'accélération est constante.

> **Étape 2 :** La primitive de a_x est de la forme : $v_x = a_1 t + C_1$ (1)
avec C_1 constante d'intégration à déterminer.
Pour cela, on utilise les conditions initiales sur la vitesse : à $t = 0$, $v_0 = 50$ km·h^{-1}.
En remplaçant dans la relation (1), on a $v_0 = a_1 \times 0 + C_1$ d'où $C_1 = v_0$.
L'équation horaire pour la vitesse est donc : $v_x = a_1 t + v_0$ (1′)

Travailler au maximum avec des expressions littérales. On ne remplace les grandeurs par leurs valeurs numériques qu'au moment de l'application numérique.

> **Étape 3 :** Pour déterminer l'expression de x, on détermine la primitive de v_x par rapport au temps qui est de la forme suivante : $x = \frac{1}{2}a_1 t^2 + v_0 t + C_2$ (2)
où C_2 est une constante d'intégration à déterminer.

Pour cela, on utilise les conditions initiales sur la position de l'automobiliste : à $t = 0$, $x_0 = 0$. En remplaçant dans la relation (2), on a $x_0 = \frac{1}{2}a_1 \times 0^2 + v_0 \times 0 + C_2 = 0$; d'où $C_2 = 0$. L'équation horaire pour la position est donc :

$$x = \frac{1}{2}a_1 t^2 + v_0 t \qquad (2')$$

> Étape 4 : Grâce à la relation (1'), on peut déterminer le moment où l'automobiliste atteint la vitesse de 90 km·h^{-1} : $v_x = a_1 t + v_0$ soit $t = \frac{v_x - v_0}{a_1}$.

Dans le système d'unités SI, les vitesses s'expriment en m·s^{-1}.
Il faut donc penser à convertir les vitesses v_x et v_0 avant de faire les applications numériques, sachant que 1 km·h^{-1} = 3,6 m·s^{-1}.

Application numérique : $t = \dfrac{\frac{90}{3{,}6} - \frac{50}{3{,}6}}{2{,}2} = 5{,}1$ s.

On remplace maintenant cette valeur dans la relation (2') pour déterminer la position de la voiture : $x = \frac{1}{2} \times 2{,}2 \times (5{,}1)^2 + \left(\frac{50}{3{,}6} \times 5{,}1\right) = 98$ m.

L'automobiliste a donc mis 5,1 s pour atteindre la vitesse de 90 km·h^{-1} et il aura parcouru 98 m.

2 Utiliser la deuxième loi de Newton

> Voir les exercices 5 et 6 mettant en œuvre cette méthode.

Méthode

> Étape 1 : Définir précisément le système mécanique d'étude.

> Étape 2 : Choisir un référentiel d'étude galiléen.

> Étape 3 : Effectuer l'inventaire des forces extérieures s'exerçant sur le système. Représenter sur un schéma simplifié (pas à l'échelle) l'ensemble de ces forces en respectant leur direction et leur sens.

Remarque Il est très commode de décomposer la force exercée par un support, appelée aussi réaction du support $\vec{R}$, en deux composantes : $\vec{R} = \vec{R}_N + \vec{R}_T$.

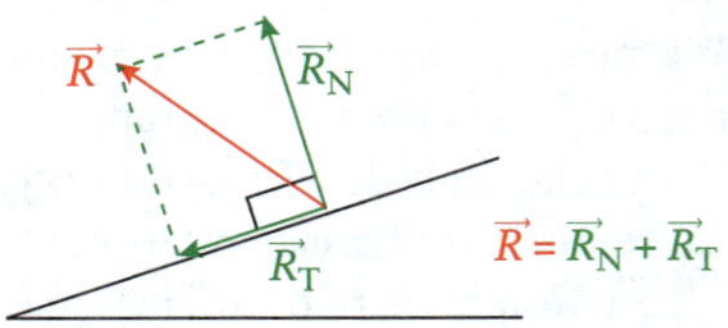

$\vec{R}_N$ est la réaction normale ; c'est une force perpendiculaire au support qui empêche le solide de s'enfoncer dans celui-ci.

$\vec{R}_T$ est la réaction tangentielle ; c'est une force parallèle au support qui empêche le solide de glisser. Elle est souvent appelée force de frottement $\vec{f}$.

S'il n'y a pas de frottements, la réaction du support $\vec{R}$ est perpendiculaire au support.

> **Étape 4 :** Appliquer la deuxième loi de Newton en effectuant la somme vectorielle des forces extérieures : $\sum \vec{F}_{ext} = \frac{d\vec{p}}{dt} = \frac{d(m\vec{v})}{dt} = m\vec{a}$, si la masse m du système est constante.

> **Étape 5 :** Suivant l'objectif de l'exercice, il peut être nécessaire de définir un système d'axes pour projeter la relation vectorielle précédente. Dans ce cas, on représentera sur le schéma simplifié les axes de projection choisis.

Exemple

Un skieur de masse $m = 80$ kg, tiré par la perche d'un remonte-pente, gravit à vitesse constante une pente inclinée de $\alpha = 30°$ par rapport à l'horizontale. La perche est inclinée d'un angle $\beta = 40°$ par rapport à la piste. L'ensemble des forces de frottement est équivalent à une force $\vec{f}$ parallèle à la pente, de sens inverse à la vitesse et d'une valeur de 200 N.
Exprimer la force de traction de la perche $\vec{T}$.

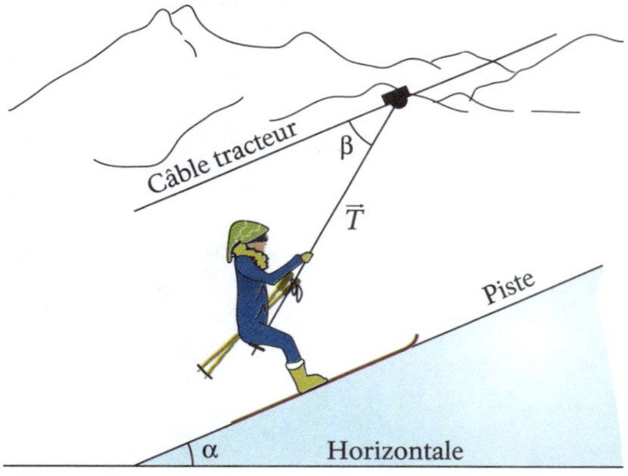

Application

> **Étape 1 :** Le sytème d'étude est le skieur.

> **Étape 2 :** On étudie le système dans le référentiel terrestre supposé galiléen.

> **Étape 3 :** Le skieur est soumis à :

- son poids $\vec{P}$;
- la force de traction de la perche $\vec{T}$;
- les forces de frottement $\vec{f}$;
- la réaction normale du support $\vec{R}_N$.

Voir le schéma simplifié de la situation ci-contre :

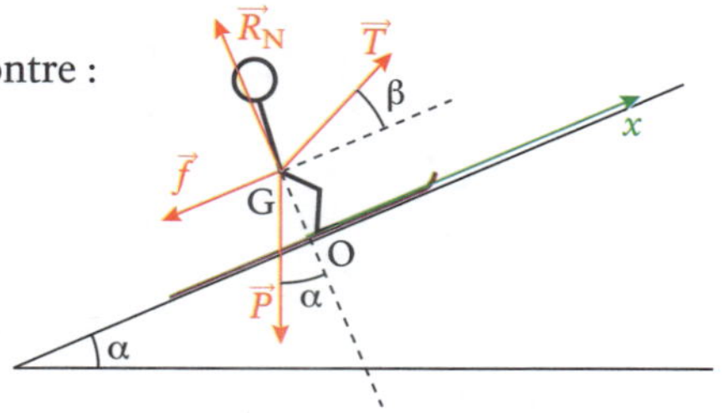

> Étape 4 : D'après la deuxième loi de Newton, on peut écrire :

$$\sum \vec{F}_{ext} = \frac{d\vec{p}}{dt} = \frac{d(m\vec{v})}{dt} = m\vec{a}$$

Le skieur a un mouvement rectiligne uniforme, donc son accélération est nulle : $\vec{a} = \vec{0}$.
On a donc :

$$\sum \vec{F}_{ext} = \vec{0} \Rightarrow \vec{P} + \vec{f} + \vec{R}_N + \vec{T} = \vec{0} \qquad (1)$$

On retrouve la première loi de Newton pour les mouvements rectilignes uniformes.

> Étape 5 : Pour déterminer T, on projette la relation vectorielle (1) sur l'axe (Ox), ce qui permet d'éliminer la réaction normale $\vec{R}_N$ du support (voir le schéma simplifié) : $P_x + f_x + R_{Nx} + T_x = 0$ avec $P_x = -mg\sin\alpha$, $f_x = -f$, $R_{Nx} = 0$ et $T_x = T\cos\beta$; d'où $-mg\sin\alpha - f + T\cos\beta = 0$.
On extrait ensuite T de cette relation :

$$T = \frac{f + mg\sin\alpha}{\cos\beta}$$

SUJET TYPE BAC

1 Où est le mobile ?

45 min

Un des mérites de cet exercice, et non des moindres, est de permettre la révision efficace de toutes les définitions du cours. Sa spécificité est de montrer l'importance des conditions initiales lorsqu'on détermine les équations horaires du mouvement.

> Voir la méthode et stratégie 1.

Un mobile se déplace suivant une trajectoire rectiligne. Le graphique ci-dessous donne l'évolution de la coordonnée v_x du vecteur vitesse relative au mouvement du mobile selon un axe (Ox) en fonction du temps.

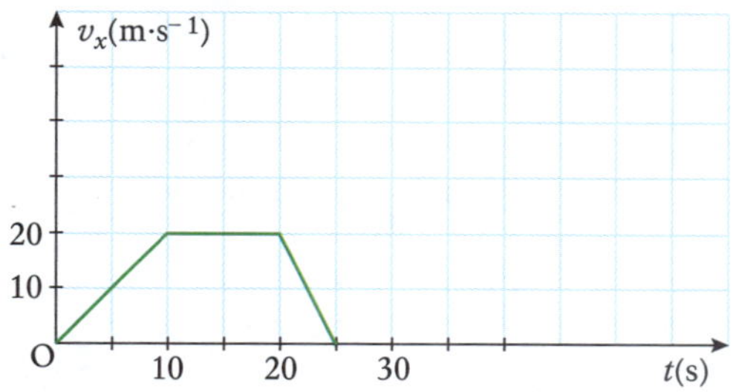

1. Décrire qualitativement le mouvement du mobile.

2. Pour chaque phase du mouvement, déterminer :

a. la coordonnée a_x du vecteur accélération ;

b. les expressions des équations horaires du mouvement $v_x(t)$ et $x(t)$, en prenant pour origine des abscisses le point de départ.

3. Quelle est la position du mobile à la date $t = 25$ s ?

2 Snowboard

15 min

Cet exercice permet de revoir la méthode de détermination des vecteurs vitesse et accélération à partir de l'enregistrement du mouvement d'un solide. C'est un exercice typique basé sur l'analyse d'un document.

On s'intéresse au mouvement d'un surfeur, de masse $m = 60$ kg, sur une portion circulaire de piste enneigée. Un film vidéo du mouvement permet de représenter les positions successives toutes les 0,16 s du centre d'inertie G du surfeur. La trajectoire de G est un arc de cercle de centre O.

L'échelle du document est $\frac{1}{80}$. À la date $t = 0$ s, le point G se trouve à la position G_0, la vitesse initiale est nulle et le surfeur se laisse ensuite glisser.

1. Déterminer les valeurs v_6, v_7 et v_8 des vecteurs vitesse du centre d'inertie du surfeur aux dates t_6, t_7 et t_8.

2. Construire, avec l'origine au point G_7, le vecteur $\vec{v} = \vec{v}_8 - \vec{v}_6$ et déterminer sa valeur v (échelle : 1 cm pour 1m·s^{-1}).

3. En déduire la valeur a_7 du vecteur accélération du centre d'inertie à l'instant t_7 et construire le vecteur $\vec{a}_7$ (échelle : 1 cm pour 1 m·s^{-2}).

4. En utilisant la construction, déterminer la valeur a_n de la composante normale du vecteur accélération $\vec{a}_7$. En déduire le rayon R du cercle de centre O.

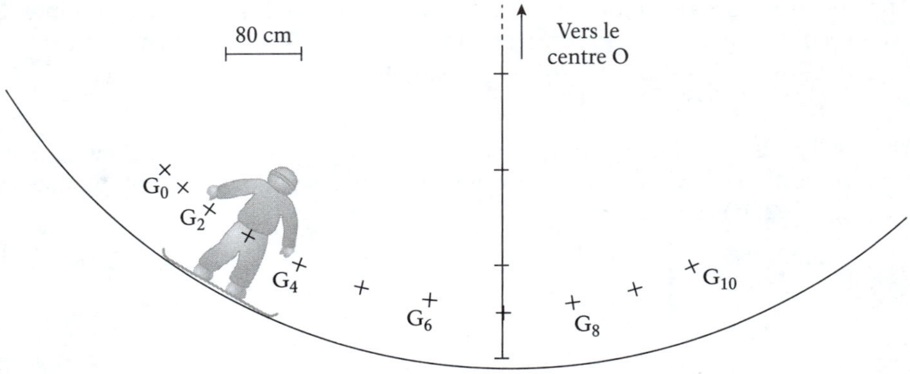

3 Accident de voiture

Cet exercice est une application de la loi de la conservation de la quantité de mouvement dans un cas concret. Sa difficulté et son intérêt proviennent du fait de l'utilisation intensive des projections de relations vectorielles, source de bien des erreurs.

15 min

> Voir la section I.4 du cours sur la quantité de mouvement.

Par un jour d'hiver, les chaussées sont glissantes et on suppose que les véhicules qui s'y déplacent sont des solides pseudo-isolés.

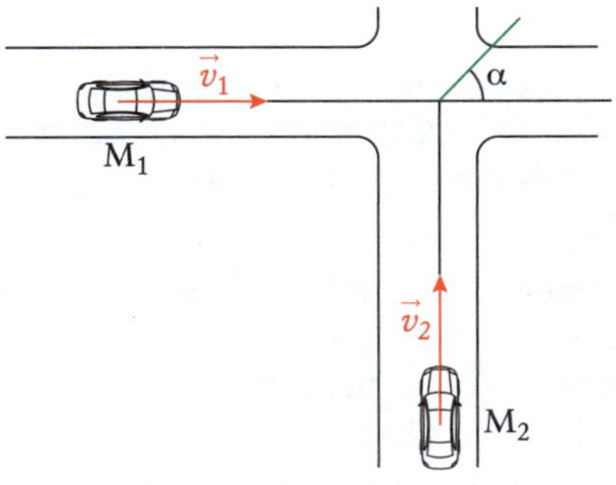

Deux automobilistes se heurtent au croisement de deux routes perpendiculaires. Le premier véhicule, de masse $M_1 = 1{,}0$ t, roulait à la vitesse $v_1 = 35$ km·h^{-1}, tandis que le deuxième, de masse $M_2 = 850$ kg, se déplaçait à la vitesse v_2.
Après le choc, les deux véhicules restent accrochés et la direction prise par l'ensemble forme un angle α de 60° avec la direction initiale du premier véhicule.
La vitesse sur ces deux routes étant limitée à 50 km·h^{-1}, le deuxième véhicule était-il en infraction pour excès de vitesse ?

4 Course-poursuite

10 min

Avant de répondre à la question posée, il faut traduire les données du problème sous forme d'équations horaires. C'est cette difficulté que vous propose d'apprendre à surmonter cet exercice et qu'il faut absolument savoir maîtriser dans le temps imparti.

> Voir la méthode et stratégie 1.

Une voiture A se déplaçant sur une route rectiligne est animée d'une vitesse constante v_A. Une moto B démarre à une distance $L = 20$ m devant A avec une accélération constante $a = 2{,}0\ \text{m}\cdot\text{s}^{-2}$.
Les deux véhicules se déplacent dans le même sens et sur la même trajectoire.
Quelle doit être la valeur de la vitesse v_A pour que le véhicule A rejoigne B et qu'ils aient la même vitesse ?

SUJETS D'APPROFONDISSEMENT

5 Vitesse limite d'un skieur

15 min

Cet exercice est un grand classique ! Il permet non seulement d'appliquer la deuxième loi de Newton, mais présente également l'intérêt d'introduire la notion de vitesse limite, le tout en s'entraînant aux projections de relations vectorielles.

> Voir la méthode et stratégie 2.

Un skieur de masse $M = 90$ kg (équipement compris) se lance sans vitesse initiale d'un point A sur une piste de descente rectiligne faisant un angle $\alpha = 30°$ avec l'horizontale. On modélise les actions mécaniques dues aux frottements des skis sur la neige par une force $\vec{f}$, opposée au mouvement et d'intensité constante $f = \dfrac{P}{8}$, où P représente le poids total du skieur. Une force de résistance de l'air $\vec{F}_{\text{air}}$, opposée au mouvement et d'intensité proportionnelle au carré de la vitesse du skieur, soit $F_{\text{air}} = kv^2$ avec $k = 0{,}35$ (unité SI), s'exerce en plus de la force de frottement $\vec{f}$.
Quelle est la vitesse limite atteinte par le skieur ?
Donnée : $g = 9{,}8\ \text{m}\cdot\text{s}^{-2}$.

6 Étude du mouvement de deux solides liés par un fil

45 min

Cet exercice permet d'appliquer la deuxième loi de Newton pour deux systèmes différents liés par un fil. C'est un excellent exercice d'entraînement pour tester ses capacités à bien choisir les axes de projection qui permettent de résoudre le système d'équations.

> Voir la méthode et stratégie 2.

Un solide A de masse M_A est posé sur une table horizontale. Il est relié par l'intermédiaire d'un fil inextensible et de masse négligeable à un solide B de masse M_B.
Le solide B lâché sans vitesse initiale entraîne le solide A. On suppose que le fil reste toujours tendu et que tous les frottements sont négligeables. On admettra que la force exercée par le fil $\vec{T}$ a la même valeur sur chaque brin de fil de part et d'autre de la poulie.

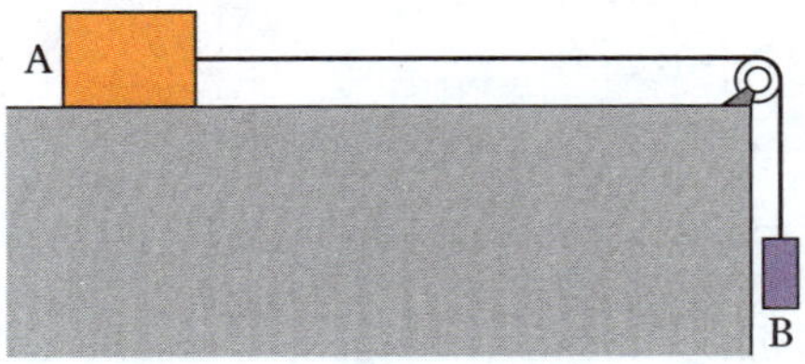

1. Déterminer l'expression de l'accélération pour les deux solides.

2. Déterminer la valeur de la force exercée par le fil T.

Données : $M_A = 6{,}0$ kg ; $M_B = 1{,}0$ kg ; $g = 9{,}8$ m·s^{-2}.

7 Mesure du champ de pesanteur

30 min

Cet exercice très complet permet de tester sa maîtrise de l'ensemble des définitions du cours. Attention, la résolution de cet exercice fait appel à quelques astuces mathématiques.

> Voir la méthode et stratégie 1.

Dans un repère orthonormé $(O; \vec{i}, \vec{j}, \vec{k})$ lié au sol, on étudie le mouvement dans le vide d'un point matériel M de masse m. L'axe $(O; \vec{k})$ est vertical et orienté vers le haut.
À $t = 0$, M est lancé à partir du point O verticalement vers le haut, avec une vitesse initiale $\vec{v}_0 = v_0\vec{k}$. Le champ de pesanteur $\vec{g}$ sera considéré comme uniforme.
On note z l'altitude du point M à un instant t et z_M l'altitude maximale atteinte à un instant t_M. Le but de l'exercice est une détermination précise de g.

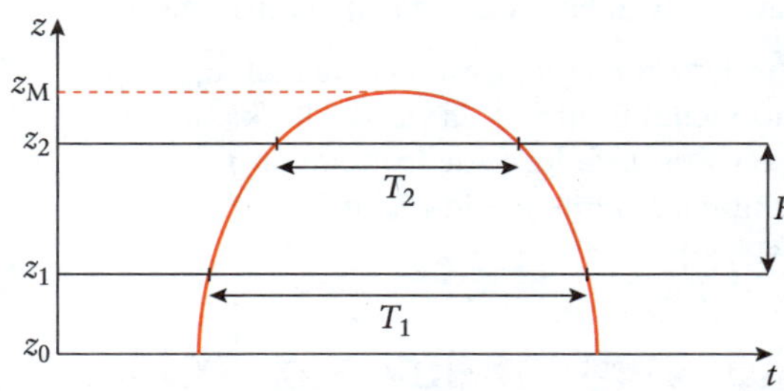

1. Établir l'expression de sa vitesse v_z en fonction de g, v_0 et t.

2. Établir l'expression de son altitude z en fonction de g, v_0 et t.

3. Quelle est la vitesse de M à l'instant t_M ? En déduire une relation entre v_0, g et t_M.

4. a. Établir une relation entre $(z_M - z)$, $(t - t_M)^2$ et g.

b. Déterminer les deux dates de passage t_1 et t_2 du mobile à une même altitude z.

c. Exprimer la durée T qui sépare les deux dates de passage du mobile à une même altitude z en fonction de z, z_M et g.

5. On associe à l'altitude z_1 la durée T_1 et à l'altitude z_2 la durée T_2.
On pose $z_2 - z_1 = H$ pour la différence d'altitude.
Exprimer g en fonction de T_1, T_2 et H.

6. Calculer g.
Données : $T_1 = 1{,}807$ s ; $T_2 = 1{,}278$ s ; $H = 2{,}000$ m.

POST BAC

8 Mouvement d'une fronde

10 min

La notion de vitesse angulaire est décrite dans l'encadré POST BAC et sera amplement revue en classe préparatoire scientifique par exemple ! Cet exercice constitue aussi un excellent entraînement à la projection de relations vectorielles.

> Voir le complément de cours POST BAC sur les mouvements circulaires uniformes.

Une fronde est constituée d'un solide de masse $m = 140$ g attaché à une extrémité d'une cordelette inextensible et de masse négligeable dont l'autre extrémité est tenue à la main. On fait tourner la fronde verticalement de manière à ce que le solide décrive à vitesse constante un cercle de rayon $r = 40$ cm.
Quelle doit être la vitesse angulaire de rotation de la fronde pour que la tension de la cordelette soit égale au double du poids quand le solide passe au point le plus bas de la trajectoire ?
Donnée : $g = 9{,}8\ \text{m·s}^{-2}$.

POST BAC

9 Un manège de fête foraine

30 min

La résolution de cet exercice très complet fait appel à quelques outils mathématiques et à une bonne maîtrise de la projection des vecteurs. Il permet aussi d'introduire la notion de vitesse angulaire et de fréquence de rotation.

> Voir le complément de cours POST BAC sur les mouvements circulaires uniformes.

Un manège est constitué d'un axe vertical en rotation. Plusieurs nacelles sont suspendues par des tiges rigides de longueur $l = 6{,}0$ m qui sont articulées au sommet A de l'axe. On négligera la masse de ces tiges. Pour des raisons de sécurité, un fil inextensible également de masse négligeable et de longueur l relie chaque nacelle à la base B de l'axe de rotation.
Un enfant monte dans la nacelle. On considère l'ensemble de la nacelle et de l'enfant comme un point matériel M de masse $m = 40$ kg. La tige et le fil, lorsqu'il est tendu, font avec l'axe de rotation un angle α.

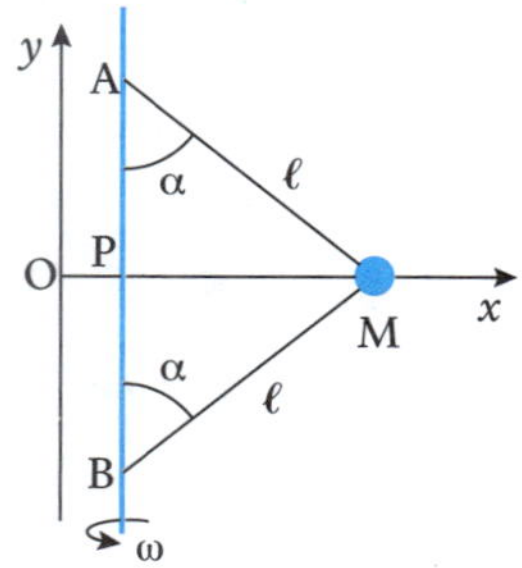

1. Par des considérations géométriques, exprimer $\sin\alpha$ et $\cos\alpha$.

2. L'axe tourne avec une vitesse angulaire ω constante et le fil MB est tendu.

a. Porter sur un schéma la direction et le sens des diverses forces s'exerçant sur M. Faire de même pour le vecteur accélération.

b. En utilisant les axes (Ox) et (Oy), déterminer en fonction de m, g, l, α et ω les intensités T_1 et T_2 des forces exercées par la tige et par le fil sur la nacelle.

3. Déterminer la vitesse angulaire minimum à partir de laquelle le fil commence à se tendre.

4. En déduire la fréquence minimale de l'axe de rotation pour que le fil soit tendu.
Données : $g = 10$ m·s^{-2} et AP = 4,0 m.

CORRIGÉS

1 Où est le mobile ?

1. Graphiquement, l'évolution de v_x comporte trois parties distinctes. On peut donc décrire le mouvement du mobile en trois phases.

Rappel : si v_x est une fonction affine du temps, graphiquement a_x correspond au coefficient directeur de la droite puisque $a_x = \dfrac{dv_x}{dt}$.

Première phase : de 0 à 10 s

v_x est une portion de droite, donc a_x est constant : le mouvement est rectiligne uniformément varié (accéléré ou retardé).

Pour savoir si le mouvement est accéléré ou retardé, il faut déterminer le signe du produit scalaire $\vec{a} \cdot \vec{v}$. Comme le mouvement s'effectue selon l'axe (Ox), le produit scalaire s'écrit en coordonnées cartésiennes $\vec{a} \cdot \vec{v} = a_x \times v_x$.

La droite étant croissante sur cette première phase, son coefficient directeur est positif.

La coordonnée de l'accélération a_x est donc une constante positive.

Graphiquement, on constate que la coordonnée v_x est positive sur cette première phase.

On en déduit que $\vec{a} \cdot \vec{v} = a_x \times v_x > 0$, car a_x et v_x sont positifs.

Les vecteurs vitesse et accélération sont dans le même sens lors de cette première phase.

Le mouvement est donc rectiligne uniformément accéléré sur la première phase.

Deuxième phase : de 10 à 20 s

v_x est constant, donc sa dérivée par rapport au temps $\dfrac{dv_x}{dt}$ est nulle, soit $a_x = 0\ \text{m·s}^{-2}$.

Le mouvement est donc rectiligne uniforme.

Troisième phase : de 20 à 25 s

v_x est une portion de droite, donc a_x est constant : le mouvement est rectiligne uniformément varié (accéléré ou retardé).

Comme pour la première phase, on détermine le signe du produit scalaire pour savoir si le mouvement est accéléré ou retardé : $\vec{a} \cdot \vec{v} = a_x \times v_x$.

La droite étant décroissante, le coefficient directeur de la droite est négatif. La coordonnée de l'accélération a_x est donc une constante négative.

Graphiquement, on constate que la coordonnée v_x est positive sur cette troisième phase.

On en déduit que $\vec{a} \cdot \vec{v} = a_x \times v_x < 0$, car a_x est négatif et v_x est positif.

Les vecteurs vitesse et accélération sont de sens opposés lors de cette troisième phase.

Le mouvement est donc rectiligne uniformément retardé.

2. a. Détermination de la coordonnée de l'accélération a_x pour chaque phase.

Première phase : de 0 à 10 s

Le coefficient directeur de la droite est $a_x = \dfrac{20 - 0}{10 - 0} = 2{,}0\ \text{m·s}^{-2} = a_1$

Le coefficient directeur de la droite a_x a la dimension d'une accélération, il ne faut donc pas oublier son unité (m·s^{-2}).

Deuxième phase : de 10 à 20 s

Comme on l'a vu, v_x est constant, donc $a_x = \frac{dv_x}{dt} = 0 \text{ m·s}^{-2} = a_2$.

Troisième phase : de 20 à 25 s

Le coefficient directeur de la droite est $a_x = \frac{0-20}{25-20} = -4 \text{ m·s}^{-2} = a_3$.

b. Détermination des équations horaires $v_x(t)$ et $x(t)$ pour chaque phase :

Première phase : de 0 à 10 s

On a $a_x = a_1$ et $a_x = \frac{dv_x}{dt}$; soit :

$$v_x = a_1 t + C_1 \qquad (1)$$

On détermine la constante d'intégration C_1 grâce aux conditions initiales sur la vitesse :
à $t = 0$, $v_x = 0$; soit en remplaçant dans la relation (1) :
$v_x = a_1 \times 0 + C_1 = 0$, d'où $C_1 = 0$.
L'équation horaire pour la vitesse est $v_x = a_1 t$. Comme $v_x = \frac{dx}{dt}$, on a :

$$x = \frac{1}{2} a_1 t^2 + C_2 \qquad (1')$$

On détermine la constante d'intégration C_2 grâce aux conditions initiales sur la position :
à $t = 0$, $x = 0$; soit en remplaçant dans la relation (1′) :
$x = \frac{1}{2} \times a_1 \times 0 + C_2 = 0$, d'où $C_2 = 0$.

L'équation horaire pour la position est donc $x = \frac{1}{2} a_1 t^2$. Soit numériquement :

$$x(t) = 1{,}0 \times t^2 \qquad (1'')$$

Deuxième phase : de 10 à 20 s

On a $a_x = 0$.
On détermine graphiquement la vitesse pour cette deuxième phase : $v_x = 20 \text{ m·s}^{-1}$.
Comme $v_x = \frac{dx}{dt}$, on a :

$$x = 20t + C_1 \qquad (2)$$

On détermine la constante d'intégration C_1 grâce aux nouvelles conditions initiales sur la position du mobile.
En effet, la deuxième phase étant comprise entre les dates 10 et 20 s, les conditions initiales correspondent ici à la position du mobile à la date $t = 10$ s.
On détermine la position du mobile à $t = 10$ s à l'aide de la relation (1″) :
$x(t = 10\text{s}) = 1{,}0 \times 10^2$ m.
On remplace maintenant les nouvelles conditions initiales $x(t = 10\text{s}) = 1{,}0 \times 10^2$ m et $t = 10$ s dans la relation (2) pour déterminer la constante d'intégration C_1 :
$x(t = 10\text{s}) = 1{,}0 \times 10^2 = 20 \times 10 + C_1$ d'où $C_1 = -1{,}0 \times 10^2$ m.

La constante d'intégration a la dimension d'une longueur, il ne faut donc pas oublier son unité.

Les équations horaires du mouvement pour la deuxième phase sont donc :

$$v(t) = 20 \text{ m·s}^{-1} \text{ et } x(t) = 20t - 1{,}0 \times 10^2 \qquad (2')$$

Troisième phase : de 20 à 25 s

Nouvelles conditions initiales pour la troisième phase :
à $t = 20$ s, $v_x(t = 20\,\text{s}) = 20\ \text{m·s}^{-1}$ et $x(t = 20\,\text{s})$.
On détermine la position du mobile $x(t = 20\,\text{s})$ à l'aide de la relation (2′) :
$x(t = 20\,\text{s}) = 20 \times 20 - 1{,}0 \times 10^2 = 3{,}0 \times 10^2$ m.
On applique ici le même raisonnement que pour la première phase.
On a $a_x = a_3$ et $a_x = \dfrac{dv_x}{dt}$; soit :

$$v_x = a_3 t + C_1 \qquad (3)$$

On détermine la constante d'intégration C_1 grâce aux conditions initiales sur la vitesse :
à $t = 20$ s, $v_x = 20\ \text{m·s}^{-1}$; soit en remplaçant dans la relation (3) :
$v_x = a_3 \times 20 + C_1 = 20\ \text{m·s}^{-1}$, d'où $C_1 = 1{,}0 \times 10^2\ \text{m·s}^{-1}$.
L'équation horaire pour la vitesse est donc $v_x = a_3 t + 1{,}0 \times 10^2$.
Soit numériquement : $v_x = -4{,}0t + 1{,}0 \times 10^2$.
Comme $v_x = \dfrac{dx}{dt}$, on a :

$$x = -2{,}0t^2 + 1{,}0 \times 10^2 t + C_2 \qquad (4)$$

On détermine la constante d'intégration C_2 grâce aux conditions initiales sur la position :
à $t = 20$ s, $x(t = 20\text{ s}) = 3{,}0 \times 10^2$ m ; soit en remplaçant dans la relation (4) :
$3{,}0 \times 10^2 = -2{,}0 \times 20^2 + 1{,}0 \times 10^2 \times 20 + C_2$ d'où $C_2 = -9{,}0 \times 10^2$ m.
Les équations horaires du mouvement pour la troisième phase sont :

$$v_x(t) = -4{,}0t + 1{,}0 \times 10^2 \text{ et } x(t) = -2{,}0t^2 + 1{,}0 \times 10^2 t - 9{,}0 \times 10^2 \qquad (5)$$

3. Pour déterminer la position du mobile à la date $t = 25$ s, on utilise la relation (5) :
$x(t = 25\,\text{s}) = -2{,}0 \times 25^2 + 1{,}0 \times 10^2 \times 25 - 9{,}0 \times 10^2 = 350$ m.
La position du mobile à la date $t = 25$ s est donc de 350 m.

2 Snowboard

1. $v_6 = \dfrac{G_5G_6 + G_6G_7}{t_7 - t_5} = \dfrac{(0{,}90 + 1{,}0) \times 10^{-2} \times 80}{2 \times 0{,}16} = 4{,}8\,\text{m·s}^{-1}$.

$v_7 = \dfrac{G_6G_7 + G_7G_8}{t_8 - t_6} = \dfrac{(1{,}0 + 0{,}95) \times 10^{-2} \times 80}{2 \times 0{,}16} = 4{,}9\,\text{m·s}^{-1}$.

$v_8 = \dfrac{G_7G_8 + G_8G_9}{t_9 - t_7} = \dfrac{(0{,}95 + 0{,}85) \times 10^{-2} \times 80}{2 \times 0{,}16} = 4{,}5\,\text{m·s}^{-1}$.

Penser à convertir les distances mesurées en mètres et à les multiplier par 80 (échelle $\dfrac{1}{80}$).

2. Voir la figure ci-après.

Les vecteurs vitesses ont la même direction que la tangente à la trajectoire au point considéré.

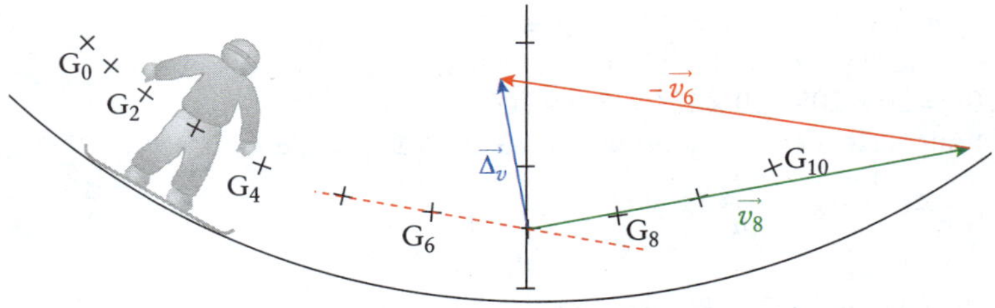

On détermine Δv graphiquement : $\Delta v = 1{,}6$ cm.
Comme l'échelle est de 1 cm pour 1 m·s^{-1}, on en déduit que $\Delta v = 1{,}6$ m·s^{-1}.

3. Comme $\vec{a}_7 = \dfrac{\Delta\vec{v}}{t_8 - t_6}$, les vecteurs $\vec{a}_7$ et $\Delta\vec{v}$ ont la même direction et le même sens.

La valeur de l'accélération est $a_7 = \dfrac{\Delta v}{t_8 - t_6} = \dfrac{1{,}6}{2 \times 0{,}16} = 5{,}0$ m·s^{-2}.

On peut maintenant tracer le vecteur accélération $\vec{a}_7$ en respectant l'échelle imposée :

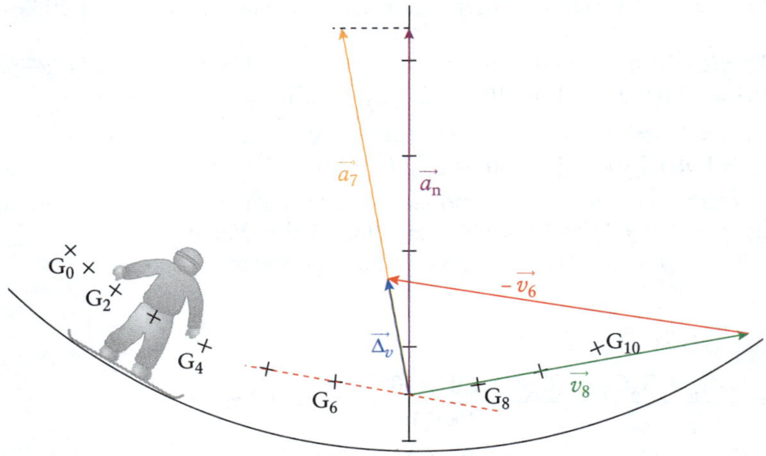

4. On détermine graphiquement la valeur de l'accélération normale par projection suivant la normale en G_7 (voir la figure précédente) : $a_n = 4{,}9$ m·s^{-2}.

On sait que $a_n = \dfrac{v^2}{R}$, donc au point G_7 : $a_n = \dfrac{{v_7}^2}{R}$

Connaissant la valeur v_7, on en déduit le rayon R du cercle de centre O : $R = \dfrac{{v_7}^2}{a_n}$.

Application numérique : $R = \dfrac{4{,}9^2}{4{,}9} = 4{,}9$ m. Le rayon est donc de 4,9 m.

3 Accident de voiture

On peut appliquer la conservation de la quantité de mouvement, car les véhicules sont des solides pseudo-isolés : $\sum \vec{p}_{\text{avant choc}} = \sum \vec{p}_{\text{après choc}}$

Dans notre cas, cette relation devient : $\vec{p}_1 + \vec{p}_2 = \vec{p}_{1\text{et}2}$.

On en déduit : $M_1\vec{v}_1 + M_2\vec{v}_2 = (M_1 + M_2)\vec{v}$.

Cette équation comporte deux inconnues : $\vec{v}_2$ et $\vec{v}$. Pour résoudre cette équation, il est nécessaire d'effectuer une projection de ces vecteurs sur deux axes judicieusement choisis (voir figure).

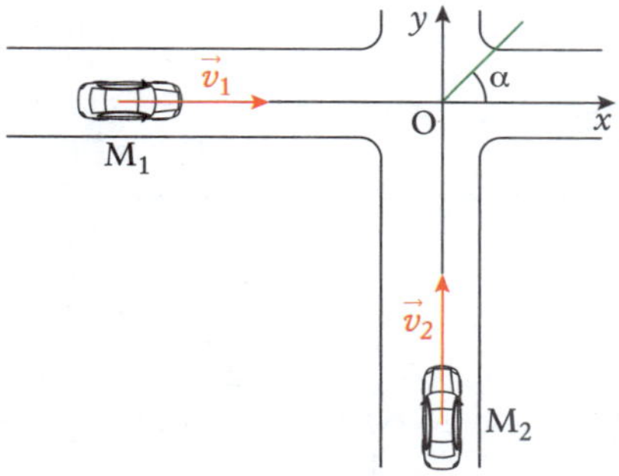

Selon l'axe (Ox), on a : $M_1v_{1x} + M_2v_{2x} = (M_1 + M_2)v_x$.
Or $v_{1x} = v_1$, $v_{2x} = 0$ et $v_x = v\cos\alpha$, d'où $M_1v_1 = (M_1 + M_2)v\cos\alpha$ (1)
Selon l'axe (Oy), on a : $M_1v_{1y} + M_2v_{2y} = (M_1 + M_2)v_y$.
Or $v_{1y} = 0$, $v_{2y} = v_2$ et $v_y = v\sin\alpha$, d'où $M_2v_2 = (M_1 + M_2)v\sin\alpha$ (2)

En effectuant le rapport $\frac{(2)}{(1)}$, on peut éliminer la grandeur v et déterminer l'expression de la vitesse du deuxième véhicule v_2, soit : $\frac{(M_1 + M_2)v\sin\alpha}{(M_1 + M_2)v\cos\alpha} = \tan\alpha = \frac{M_2v_2}{M_1v_1}$.

En isolant v_2, on obtient : $v_2 = \frac{M_1v_1\tan\alpha}{M_2}$.

Penser à convertir les masses en kg et les vitesses en m·s^{-1} pour l'application numérique :
$1{,}0\,\text{t} = 1{,}0 \times 10^3\,\text{kg}$ et $35\,\text{km·h}^{-1} = \frac{35}{3{,}6}\,\text{m·s}^{-1}$.

Application numérique : $v_2 = \frac{1{,}0 \times 10^3 \times \left(\frac{35}{3{,}6}\right) \times \tan 60}{850} = 20\ \text{m·s}^{-1}$, soit $71\ \text{km·h}^{-1}$.

Pour passer du résultat en m·s^{-1} à celui en km·h^{-1}, il faut repartir du résultat non arrondi en m·s^{-1}.

Le deuxième véhicule est donc en excès de vitesse, car sa vitesse est supérieure à la vitesse autorisée sur cette route.

4 Course-poursuite

Il faut tout d'abord établir les équations horaires du mouvement de la voiture et de la moto. Pour cela, on prendra comme origine des dates et des abscisses le départ de la moto B. La voiture A a une vitesse constante, soit $v_A = cte$.
Par intégration, on obtient $x_A = v_At + x_0$.

Appliquer les conditions initiales pour préciser x_0 dans l'équation horaire.

Or à $t = 0$, la voiture se trouve à la position $x_A = -L = -20$ m. On en déduit alors :

$$x_A = v_A t - L \qquad (1)$$

La moto B a une accélération constante $a_x = a = 2{,}0\ \text{m·s}^{-2}$.

Donc par intégrations successives, on trouve sa vitesse et sa position :

$$\begin{cases} v_B = at + v_0 \\ x_B = \dfrac{1}{2}at^2 + v_0 t + x_0 \end{cases}$$

À $t = 0$, la vitesse initiale de la moto est nulle, soit $v_0 = 0$; de plus, on a choisit $x_0 = 0$, donc on a finalement :

$$\begin{cases} v_B = at \\ x_B = \dfrac{1}{2}at^2 \end{cases} \qquad (2)$$

Lorsque la voiture rejoint la moto, on a l'égalité $x_A = x_B$; on en déduit d'après (1) et (2) :

$$\frac{1}{2}at^2 = v_A t - L \qquad (3)$$

À cet instant t, la voiture et la moto ont la même vitesse ; on a donc l'égalité $v_A = v_B$.

On en déduit la date t : $v_A = at$, soit $t = \dfrac{v_A}{a}$.

On remplace maintenant l'expression de t dans (3) pour déterminer la vitesse v_A :

$$\frac{1}{2}a\left(\frac{v_A}{a}\right)^2 = v_A\left(\frac{v_A}{a}\right) - L \Leftrightarrow \frac{1}{2}\frac{v_A^2}{a} = \frac{v_A^2}{a} - L \Leftrightarrow \frac{1}{2}\frac{v_A^2}{a} = L$$

On a finalement $v_A = \sqrt{2aL}$.

Application numérique : $v_A = \sqrt{2 \times 2{,}0 \times 20} = 8{,}9\ \text{m·s}^{-1}$.

5 Vitesse limite d'un skieur

Le skieur est soumis à un ensemble de forces : son poids $\vec{P}$; la réaction normale du support $\vec{R}_N$; la force de frottement des skis $\vec{f}$; la force de résistance de l'air $\vec{F}_{air}$.

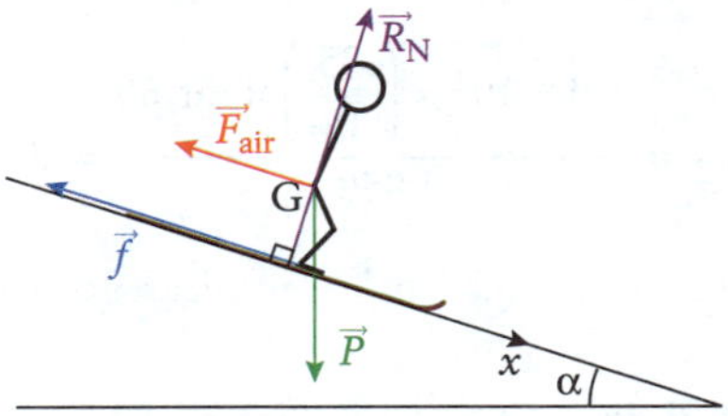

Ne pas oublier de définir le référentiel avant d'appliquer la deuxième loi de Newton.

On considère le référentiel terrestre comme galiléen et on applique la deuxième loi de Newton : $\vec{F}_{air} + \vec{f} + \vec{P} + \vec{R}_N = M\vec{a}$.

Le skieur a un mouvement rectiligne uniforme lorsqu'il atteint la vitesse limite (vitesse constante), donc l'accélération est nulle : $\vec{a} = \vec{0}$.

D'où $\vec{F}_{air} + \vec{f} + \vec{P} + \vec{R}_N = \vec{0}$.

Choisir judicieusement l'axe de projection des vecteurs.

On projette cette relation sur l'axe (Ox), car dans ce cas la réaction normale R_N n'intervient pas : $F_{air\,x} + f_x + P_x + R_{Nx} = 0$;
de plus, on a $F_{air\,x} = -F_{air}$, $f_x = -f$, $R_{Nx} = 0$ et $P_x = P\sin\alpha$;
d'où $-F_{air} - f + P\sin\alpha = 0$.

On remplace f et F_{air} par leurs expressions : $-kv^2 - \frac{P}{8} + P\sin\alpha = 0$.

Soit l'expression de la vitesse limite : $v = \sqrt{\dfrac{-\frac{P}{8} + P\sin\alpha}{k}} = \sqrt{\dfrac{-\frac{Mg}{8} + Mg\sin\alpha}{k}}$.

Application numérque : $v = \sqrt{\dfrac{-\frac{90\times 9{,}8}{8} + 90\times 9{,}8\times\sin 30}{0{,}35}} = 31\ \text{m}\cdot\text{s}^{-1}$.

6 Étude du mouvement de deux solides liés par un fil

Avant d'appliquer la deuxième loi de Newton, il faut toujours définir le référentiel.

1. On considère le référentiel terrestre comme galiléen et on y applique séparément la deuxième loi de Newton à chaque solide.

Inventaire des forces pour le solide A :

- $\vec{P}_A$, poids du solide A ;
- $\vec{T}_A$, force exercée par le fil sur A ;
- $\vec{R}_A$, réaction du support.

Inventaire des forces pour le solide B :

- $\vec{P}_B$, poids du solide B ;
- $\vec{T}_B$, force exercée par le fil sur B.

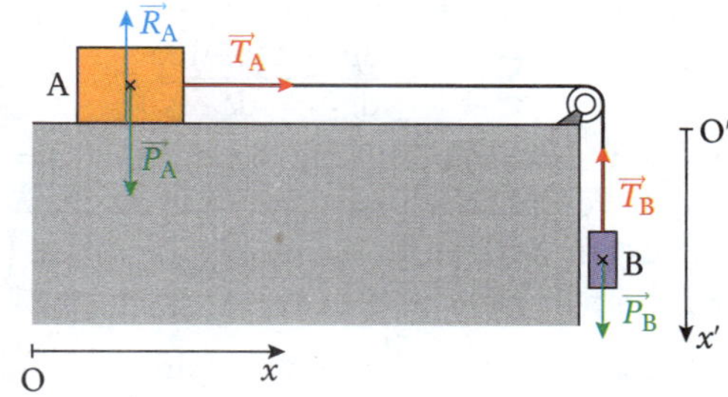

D'après la deuxième loi de Newton :
$\vec{P}_A + \vec{T}_A + \vec{R}_A = M_A\vec{a}_A$ et $\vec{P}_B + \vec{T}_B = M_B\vec{a}_B$.
On projette ces relations sur l'axe (Ox) pour A et sur l'axe (O'x') pour B.

Il est préférable de définir des axes confondus avec le sens du mouvement pour simplifier les projections.

Sur l'axe (Ox) :

$$T_A = M_A a_A \qquad (1)$$

Sur l'axe (O'x') :

$$-T_B + P_B = M_B a_B \qquad (2)$$

On sait que la force exercée par le fil T a la même valeur sur chaque brin de fil de part et d'autre de la poulie, d'où la relation :

$$T_A = T_B \qquad (3)$$

Or d'après la relation (1), $T_A = M_A a_A$; et d'après la relation (2), $T_B = M_B g - M_B a_B$.
On obtient alors d'après la relation (3) :

$$M_A a_A = M_B g - M_B a_B \qquad (4)$$

Or l'accélération du solide A a la même valeur que celle du solide B, car la poulie n'a ici pas d'effet sur le mouvement et le fil est inextensible.
D'où la relation : $a_A = a_B = a$.
On peut alors exprimer l'accélération des deux solides A et B en utilisant la relation (4) :
$M_A a = M_B g - M_B a \Leftrightarrow (M_A + M_B)a = M_B g$

soit : $a = \dfrac{M_B g}{M_A + M_B}$.

2. On peut déterminer la valeur de la force exercée par le fil T d'après la relation (1) :
$T = M_A a = \dfrac{M_A M_B g}{M_A + M_B}$.

Application numérique : $T = \dfrac{6{,}0 \times 1{,}0 \times 9{,}8}{6{,}0 + 1{,}0} = 8{,}4\,\text{N}$.

7 Mesure du champ de pesanteur

1. Le point matériel M est dans le vide donc il n'est soumis qu'à son poids.

Ne pas oublier de définir le référentiel avant d'appliquer la deuxième loi de Newton.

On considère le référentiel terrestre comme galiléen et on y applique la deuxième loi de Newton : $\sum \vec{F}_{ext} = \dfrac{d\vec{p}}{dt} = \dfrac{d(m\vec{v})}{dt} = m\vec{a}$ car la masse m du système est constante.
On a alors $\vec{P} = m\vec{a}$, soit $m\vec{g} = m\vec{a}$, donc $\vec{g} = \vec{a}$.
Dans cet exercice, le point mobile M est en chute libre (voir chapitre 5).
On projette cette relation vectorielle sur l'axe $(O;\vec{k})$ et on obtient $a_z = -g$.
Le champ de pesanteur $\vec{g}$ est un vecteur vertical orienté vers le bas.
Or on sait que $a_z = \dfrac{dv_z}{dt}$, on peut donc en déduire la coordonnée de la vitesse v_z par intégration : $v_z = -gt + C_1$.
On détermine la constante d'intégration C_1 grâce aux conditions initiales : à $t = 0, v_z = v_0$.
On en déduit :

$$v_z = -gt + v_0 \qquad (1)$$

2. Comme $v_z = \dfrac{dz}{dt}$, on détermine l'équation horaire de z en intégrant la relation (1) :

$z = -\dfrac{1}{2}gt^2 + v_0 t + C_2$.

On détermine la constante d'intégration C_2 grâce aux conditions initiales : à $t = 0$; $z = 0$.
On en déduit :

$$z = -\frac{1}{2}gt^2 + v_0 t \qquad (2)$$

3. Lorsque le point M atteint son altitude maximale z_M, sa vitesse est nulle car le mouvement est vertical. On obtient donc les conditions suivantes : à $t = t_M$, $v_z = 0$.

On remplace alors ces conditions dans la relation (1) :
$0 = -gt_M + v_0$, soit $v_0 = gt_M$.

4. a. D'après l'énoncé de la question, on recherche une relation faisant intervenir $(z_M - z)$. Il faut donc préalablement écrire les équations horaires donnant z et z_M :

$$z = -\frac{1}{2}gt^2 + v_0 t \qquad (3)$$

$$z_M = -\frac{1}{2}gt_M^2 + v_0 t_M \qquad (4)$$

Pour faire apparaître $(z_M - z)$, on effectue la soustraction (4) – (3) des deux relations précédentes :

$$(z_M - z) = -\frac{1}{2}gt_M^2 + v_0 t_M + \frac{1}{2}gt^2 - v_0 t \qquad (5)$$

La question demande d'établir une relation entre $(z_M - z)$, $(t - t_M)^2$ et g, il faut donc éliminer la grandeur v_0 dans la relation (5). Pour cela, on utilise la relation déterminée à la question **3** : $v_0 = gt_M$, et on remplace v_0 par gt_M dans la relation (5), soit :

$$(z_M - z) = -\frac{1}{2}gt_M{}^2 + gt_M^2 + \frac{1}{2}gt^2 - gt_M t \Rightarrow (z_M - z) = \frac{1}{2}gt_M{}^2 + \frac{1}{2}gt^2 - gt_M t$$

On peut simplifier le second membre de cette équation en utilisant une identité remarquable et faire apparaître $(t - t_M)^2$:

Rappel de maths : $(a - b)^2 = a^2 - 2ab + b^2$.

$$(z_M - z) = \frac{1}{2}g(t_M^2 + t^2 - 2t_M t) \Rightarrow (z_M - z) = \frac{1}{2}g(t - t_M)^2 \qquad (6)$$

b. Pour déterminer l'expression des deux dates t de passage du mobile à une même altitude z, il faut extraire de la relation (6) la grandeur t :

$$(z_M - z) = \frac{1}{2}g(t - t_M)^2 \Rightarrow (t - t_M)^2 = \frac{2}{g}(z_M - z)$$

$$(t - t_M) = \pm\sqrt{\frac{2}{g}(z_M - z)} \Rightarrow t = t_M \pm \sqrt{\frac{2}{g}(z_M - z)}.$$

Les expressions des deux dates t_1 et t_2 sont donc :

$$t_1 = t_M + \sqrt{\frac{2(z_M - z)}{g}} \text{ et } t_2 = t_M - \sqrt{\frac{2(z_M - z)}{g}}.$$

c. La durée T qui sépare les deux dates de passage du mobile à une même altitude z est définie par $T = t_1 - t_2$ car $t_1 > t_2$. D'où la relation :

$$T = 2\sqrt{\frac{2(z_M - z)}{g}} \qquad (7)$$

5. Avant de déterminer la différence d'altitude $z_2 - z_1 = H$, il faut préalablement écrire la relation liant l'altitude z_1 à la durée T_1 et la relation liant l'altitude z_2 à la durée T_2 en utilisant la relation (7), puis extraire z_1 et z_2 de ces deux relations :

$$T_1 = 2\sqrt{\frac{2(z_M - z_1)}{g}} \text{ et } T_2 = 2\sqrt{\frac{2(z_M - z_2)}{g}}.$$

Pour extraire z_1 et z_2 de ces deux relations, il faut les mettre au carré :

$$T_1^2 = 2^2 \times \frac{2(z_M - z_1)}{g} = \frac{8(z_M - z_1)}{g} \quad \text{et} \quad T_2^2 = 2^2 \times \frac{2(z_M - z_2)}{g} = \frac{8(z_M - z_2)}{g}.$$

On en déduit finalement les expressions de z_2 et z_1 :

$$\begin{cases} (z_M - z_1) = \dfrac{gT_1^2}{8} \\ z_1 = z_M - \dfrac{gT_1^2}{8} \end{cases} \quad \text{et} \quad \begin{cases} (z_M - z_2) = \dfrac{gT_2^2}{8} \\ z_2 = z_M - \dfrac{gT_2^2}{8} \end{cases}$$

On peut maintenant déterminer la différence d'altitude $z_2 - z_1 = H$:

$$H = z_2 - z_1 = z_M - \frac{gT_2^2}{8} - z_M + \frac{gT_1^2}{8} = \frac{g(T_1^2 - T_2^2)}{8}.$$

Soit $g = \dfrac{8H}{(T_1^2 - T_2^2)}$.

6. *Application numérique :* $g = \dfrac{8 \times 2{,}000}{(1{,}807^2 - 1{,}278^2)} = 9{,}804\ \text{m}\cdot\text{s}^{-2}$.

POST BAC

8 Mouvement d'une fronde

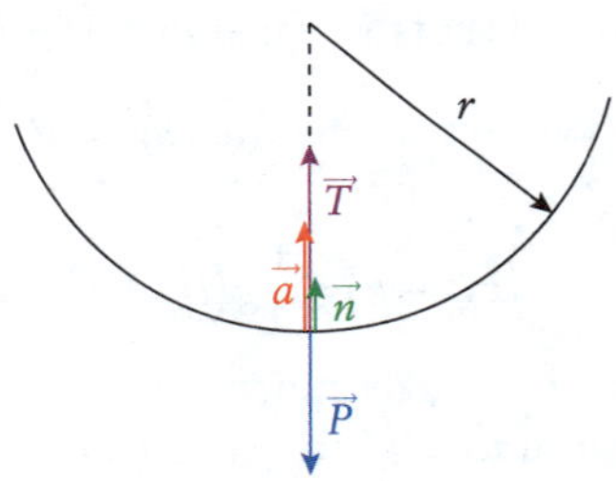

Le solide de masse m est soumis à un ensemble de forces :

- $\vec{P}$, le poids du solide ;
- $\vec{T}$, la force exercée par la cordelette.

Le solide a un mouvement circulaire uniforme, donc le vecteur accélération est centripète.
On considère le référentiel terrestre comme galiléen et on y applique la deuxième loi de Newton :

$\sum \vec{F}_{ext} = \dfrac{d\vec{p}}{dt} = \dfrac{d(m\vec{v})}{dt} = m\vec{a}$ car la masse m du système est constante.

On a alors $\vec{P} + \vec{T} = m\vec{a}$. On projette cette relation selon $\vec{n}$: $T - P = ma_n$.

Or l'accélération normale a_n est définie par $a_n = \dfrac{v^2}{r} = \dfrac{(r\omega)^2}{r} = r\omega^2$ car $v = r\omega$.

On obtient alors la relation suivante :

$$T - P = mr\omega^2 \qquad (1)$$

On sait d'après l'énoncé que la tension de la cordelette est égale au double du poids, soit $T = 2P$, ce qui donne pour la relation (1) :

$2P - P = mr\omega^2$, soit finalement $\omega = \sqrt{\dfrac{P}{mr}} = \sqrt{\dfrac{mg}{mr}} = \sqrt{\dfrac{g}{r}}$.

Penser à convertir le rayon en mètres dans l'application numérique.

Application numérique : $\omega = \sqrt{\dfrac{9{,}8}{0{,}40}} = 4{,}9\,\text{rad}\cdot\text{s}^{-1}$.

POST BAC

9 Un manège de fête foraine

1. En appliquant le théorème de Pythagore dans le triangle APM, on a : $AP^2 + MP^2 = \ell^2$

soit $PM = \sqrt{\ell^2 - AP^2}$; d'où $\sin\alpha = \dfrac{PM}{\ell} = \dfrac{\sqrt{\ell^2 - AP^2}}{\ell}$ et $\cos\alpha = \dfrac{AP}{\ell}$.

2. a. Inventaire des forces exercées sur M :
- le poids $\vec{P}$;
- la force exercée par la tige $\vec{T_1}$;
- la force exercée par le fil $\vec{T_2}$.

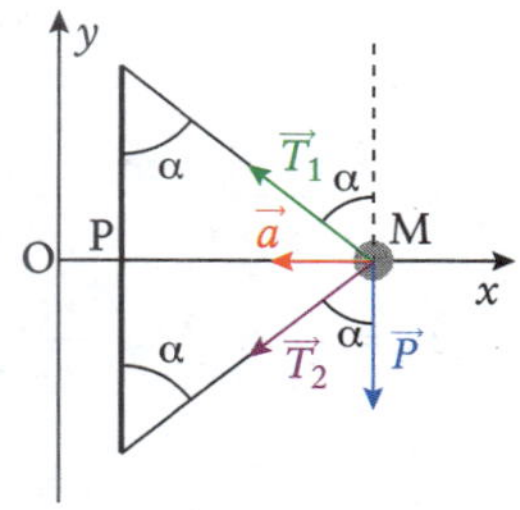

Le point M étant relié à l'axe par une tige rigide, son mouvement est alors solidaire de celui de l'axe. Le point M a un mouvement circulaire uniforme de centre P et de rayon PM, car l'axe tourne avec une vitesse angulaire constante. L'accélération est donc centripète.

b. On considère le référentiel terrestre comme galiléen, et on applique la deuxième loi de Newton : $\sum \vec{F}_{ext} = \dfrac{d\vec{p}}{dt} = \dfrac{d(m\vec{v})}{dt} = m\vec{a}$ car la masse m du système est constante.

Soit $\vec{P} + \vec{T_1} + \vec{T_2} = m\vec{a}$.

On projette ensuite sur les axes (Ox) et (Oy) imposés par l'énoncé.

> Pour résoudre un système à deux inconnues T_1 et T_2, il est nécessaire d'avoir deux relations, c'est pourquoi on projette ici sur deux axes.

Selon l'axe (Ox), on a : $P_x + T_{1x} + T_{2x} = ma_x$.

Or $P_x = 0$, $T_{1x} = -T_1 \sin\alpha$, $T_{2x} = -T_2 \sin\alpha$ et $a_x = -\dfrac{v^2}{PM}$ où PM est le rayon du cercle de centre P décrit par M.

D'où : $-T_1 \sin\alpha - T_2 \sin\alpha = -m\dfrac{v^2}{PM}$.

Le mouvement étant ciculaire et uniforme, on peut remplacer v par $v = PM \times \omega$.
(voir le complément de cours POST BAC).

D'où : $-T_1 \sin\alpha - T_2 \sin\alpha = -m\dfrac{v^2}{PM} = -m \times PM \times \omega^2$.

Soit en simplifiant : $(T_1 + T_2)\sin\alpha = m \times PM \times \omega^2$

$$T_1 + T_2 = \frac{m \times PM \times \omega^2}{\sin\alpha} \qquad (1)$$

Selon l'axe (Oy), on a : $P_y + T_{1y} + T_{2y} = ma_y$.

Or $P_y = -P$, $T_{1y} = T_1 \cos\alpha$, $T_{2y} = -T_2 \cos\alpha$ et $a_y = 0$.

D'où : $-P + T_1 \cos\alpha - T_2 \cos\alpha = 0$.

Soit en simplifiant :

$$T_1 - T_2 = \frac{P}{\cos\alpha} = \frac{mg}{\cos\alpha} \qquad (2)$$

En additionnant les relations (1) et (2), on peut exprimer T_1 :

$$2T_1 = \frac{m \times \text{PM} \times \omega^2}{\sin\alpha} + \frac{mg}{\cos\alpha}.$$

D'après la question **1**, on peut remplacer $\sin\alpha$ par $\sin\alpha = \frac{\text{PM}}{\ell}$.

D'où : $T_1 = \frac{1}{2}\left(m\omega^2\ell + \frac{mg}{\cos\alpha}\right)$.

En soustrayant les relations (1) et (2), on peut exprimer T_2 :

$$2T_2 = \frac{m \times \text{PM} \times \omega^2}{\sin\alpha} - \frac{mg}{\cos\alpha} = m\omega^2\ell - \frac{mg}{\cos\alpha};$$

soit $T_2 = \frac{1}{2}\left(m\omega^2\ell - \frac{mg}{\cos\alpha}\right)$.

3. Le fil est tendu si T_2 n'est pas nulle, soit $T_2 > 0$.

D'après la question précédente : $T_2 = \frac{1}{2}\left(m\omega^2\ell - \frac{mg}{\cos\alpha}\right) > 0$;

soit $m\omega^2\ell > \frac{mg}{\cos\alpha}$; donc $\omega > \sqrt{\frac{g}{\ell\cos\alpha}} = \sqrt{\frac{g}{\ell\left(\frac{\text{AP}}{\ell}\right)}} = \sqrt{\frac{g}{\text{AP}}}$.

Application numérique : $\omega_{\text{min}} > \sqrt{\frac{10}{4,0}}$ soit $\omega_{\text{min}} > 1,6\ \text{rad}\cdot\text{s}^{-1}$.

4. La fréquence est définie pour un mouvement circulaire uniforme par la relation :

$f = \frac{1}{T} = \frac{\omega}{2\pi}$ (voir le complément de cours POST BAC).

Application numérique : $f_{\text{min}} > \frac{1,6}{2\pi} = 0,25\,\text{Hz}$.

CHAPITRE 5

Applications des lois de Newton et de Kepler

COURS

MÉTHODES ET STRATÉGIES

SUJETS DE TYPE BAC

SUJETS D'APPROFONDISSEMENT

CORRIGÉS

COURS

Applications des lois de Newton et de Kepler

Au début du XVIIe siècle, Johannes Kepler (1571-1630) énonce trois lois empiriques qui permettent de décrire les mouvements des planètes dans le ciel.
Mais c'est Isaac Newton (1642-1727) qui pose les fondements de la mécanique classique avec ses trois lois pour l'étude des mouvements des corps et sa loi de la gravitation universelle, publiées en 1687 dans son célèbre ouvrage *Philosophiae Naturalis Principia Mathematica*.

I. Mouvement dans un champ de pesanteur uniforme

1. Champ de pesanteur uniforme

- Le vecteur $\vec{g}$ est appelé **champ de pesanteur** : sa direction est celle de la verticale locale et il pointe vers le centre de la Terre.
- Dans un domaine de l'espace limité (de l'ordre de quelques kilomètres), le champ de pesanteur peut être considéré comme uniforme.
- Sa valeur g est appelée **intensité de la pesanteur** et est égale à 9,8 $m \cdot s^{-2}$ en moyenne au voisinage du sol terrestre.

Remarque La Terre n'étant pas rigoureusement homogène ni sphérique, g dépend du lieu où on se trouve (influence de la latitude et de l'altitude).

2. Vecteur accélération pour une chute libre

- On dit qu'un solide de masse m est en chute libre si la seule force qui s'exerce sur lui est son poids $\vec{P}$. En toute rigueur, cette condition n'est réalisée que dans le vide.
- Un solide sera considéré en chute libre si on peut négliger devant le poids l'influence des autres forces : frottements fluides, poussée d'Archimède…

Voir le complément de cours POST BAC.

- D'après la deuxième loi de Newton, on écrit : $\vec{P} = m\vec{a}$ soit $\vec{g} = \vec{a}$.

Pour tout mouvement de chute libre, l'accélération du centre d'inertie du solide est égale au champ de pesanteur. L'accélération ne dépend ni de la masse m de l'objet ni de la manière dont il a été lancé.

3. Chute libre avec vitesse initiale quelconque

- Un solide de centre d'inertie G est lancé d'un point O à un instant $t = 0$ avec un vecteur vitesse initiale $\vec{v}_0$ faisant un angle α avec l'horizontale. Cet angle α est appelé angle de tir.

Le mouvement est étudié dans un référentiel terrestre supposé galiléen. On associe à ce référentiel un repère orthonormé $\left(O; \vec{i}, \vec{j}, \vec{k}\right)$ tel que l'origine O coïncide avec la position du centre d'inertie du solide à l'instant $t = 0$.

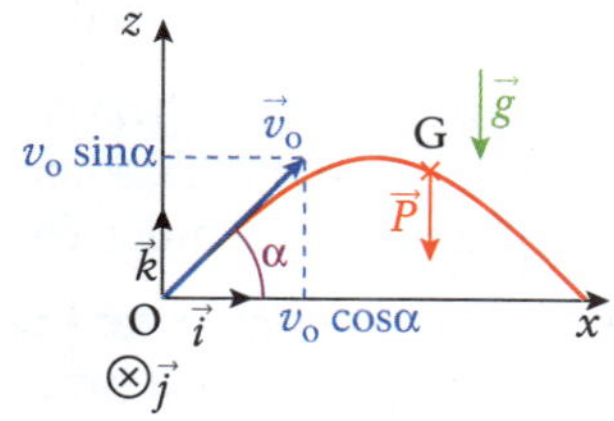

Remarque Un vecteur représenté par ⊗ est perpendiculaire au plan de la feuille et dirigé vers l'arrière. Un vecteur représenté par ⊙ est perpendiculaire au plan de la feuille et dirigé vers l'avant.

- Équations horaires du mouvement :

$$\vec{a}\begin{cases} a_x = \dfrac{dv_x}{dt} = 0 \\ a_y = \dfrac{dv_y}{dt} = 0 \\ a_z = \dfrac{dv_z}{dt} - g \end{cases} \Rightarrow \begin{cases} v_x = v_{0x} = v_0 \cos\alpha \\ v_y = v_{0y} = 0 \\ v_z = -gt + v_{0z} \\ \quad = -gt + v_0 \sin\alpha \end{cases} \Rightarrow \begin{cases} x = v_0 \cos\alpha \times t + x_0 = v_0 \cos\alpha \times t \\ y = y_0 = 0 \\ z = -\dfrac{1}{2}gt^2 + v_0 \sin\alpha \times t + z_0 \\ \quad = -\dfrac{1}{2}gt^2 + v_0 \sin\alpha \times t \end{cases}$$

car à $t = 0$, le vecteur vitesse initiale est $\vec{v}_0 \begin{cases} v_{0x} = v_0 \cos\alpha \\ v_{0y} = 0 \\ v_{0z} = v_0 \sin\alpha \end{cases}$ et le solide est en O $\begin{cases} x_0 = 0 \\ y_0 = 0 \\ z_0 = 0 \end{cases}$.

Le mouvement s'effectue dans le plan (xOz) qui contient le vecteur vitesse initiale $\vec{v}_0$, car la coordonnée y est constamment nulle. La trajectoire est une portion de parabole située dans le plan contenant $\vec{v}_0$:

$$z = -\frac{g}{2{v_0}^2 \cos^2\alpha} x^2 + \tan\alpha \times x$$

Remarque Lorsque le vecteur vitesse initiale est vertical ou nul, la trajectoire est une droite. On parle alors de chute verticale libre.

II. Mouvement dans un champ électrostatique uniforme

1. Champ électrostatique uniforme

- Entre deux armatures chargées d'un condensateur plan où règne le vide, un champ électrostatique uniforme $\vec{E}$ apparaît.

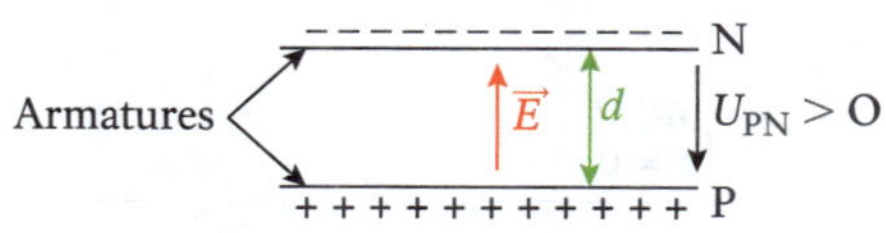

- Le vecteur champ électrostatique $\vec{E}$ a une droite d'action perpendiculaire aux armatures et est orienté vers l'armature chargée négativement.

- Pour un condensateur plan, la valeur du champ électrostatique est donnée par la relation :

$E = \dfrac{U_{PN}}{d}$	U_{PN}, tension entre les armatures du condensateur plan en volts (V) d, la distance entre les armatures en mètres (m) E, valeur du champ électrostatique en volts par mètre ($V \cdot m^{-1}$).

- Une particule de charge électrique q placée dans un champ électrostatique $\vec{E}$ est soumise à une force électrostatique qui a pour expression :

$$\vec{F}_e = q\vec{E} \quad | \quad q \text{ en coulombs (C)}$$

L'intensité de cette force a pour expression $F_e = |q|E$ avec F_e en newtons (N).

Remarque Le sens de la force électrostatique dépend du signe de la charge q.

2. Vecteur accélération

Dans une région de l'espace où règne un champ uniforme $\vec{E}$, on considère des particules de charge q et de masse m dont le poids $\vec{P}$ est négligeable devant la force électrostatique $\vec{F}_e$. On applique la deuxième loi de Newton dans un référentiel terrestre supposé galiléen et on écrit $\sum \vec{F}_{ext} = \dfrac{d\vec{p}}{dt} \Rightarrow \vec{F}_e = q\vec{E} = m\vec{a}$, d'où $\vec{a} = \dfrac{q\vec{E}}{m}$.

3. Équations horaires du mouvement et trajectoire

Selon le vecteur vitesse initiale $\vec{v}_0$, la trajectoire de la particule est une portion de droite ou un arc de parabole. Exemples pour une particule de charge $q < 0$:

Schéma de la situation	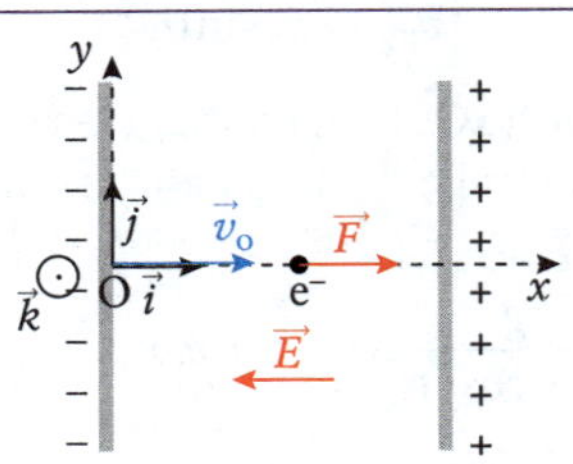	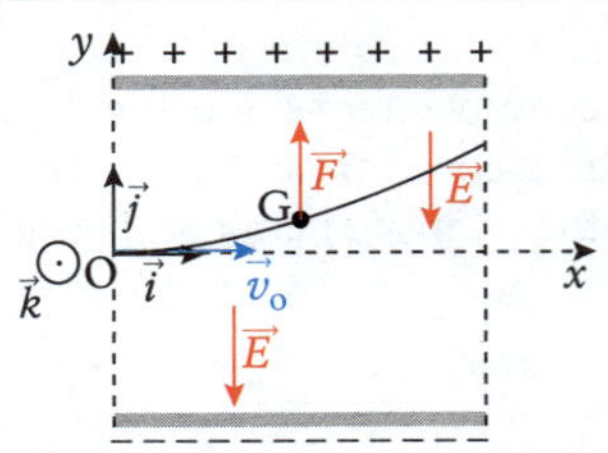
Accélération $\vec{a}$	$\begin{cases} a_x = -\dfrac{qE}{m} \\ a_y = 0 \\ a_z = 0 \end{cases}$	$\begin{cases} a_x = 0 \\ a_y = -\dfrac{qE}{m} \\ a_z = 0 \end{cases}$
Vitesse $\vec{v}$	$\begin{cases} v_x = -\dfrac{qE}{m}t + v_0 \\ v_y = 0 \\ v_z = 0 \end{cases}$	$\begin{cases} v_x = v_0 \\ v_y = -\dfrac{qE}{m}t \\ v_z = 0 \end{cases}$
Position $\overrightarrow{OG}$	$\begin{cases} x = -\dfrac{qE}{2m}t^2 + v_0 t \\ y = 0 \\ z = 0 \end{cases}$	$\begin{cases} x = v_0 t \\ y = -\dfrac{qE}{2m}t^2 \\ z = 0 \end{cases}$
Équation de la trajectoire	$x = -\dfrac{qE}{2m}t^2 + v_0 t$ Mouvement rectiligne uniformément accéléré	$y = -\dfrac{qE}{2m{v_0}^2}x^2$ La trajectoire est un arc de parabole de sommet O

III. Mouvement des planètes et des satellites

1. Les trois lois de Kepler

- Première loi : dans le référentiel héliocentrique, la trajectoire du centre d'une planète est une ellipse dont le Soleil (S) occupe l'un des foyers (voir figure ci-après).
- Deuxième loi : le segment Soleil-planète balaie des aires égales $A_1 = A_2$ pendant des durées égales $\Delta t_1 = \Delta t_2$ (voir figure).

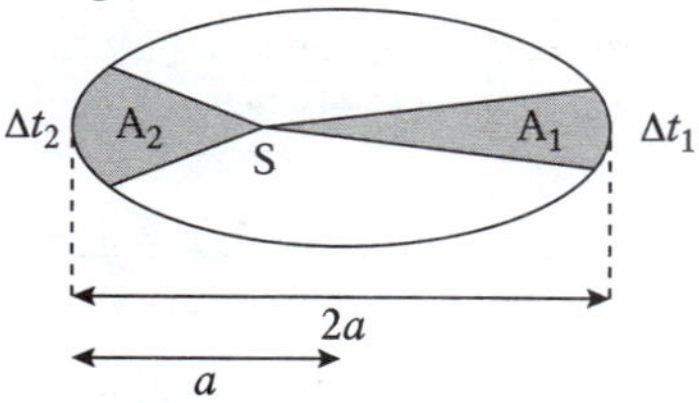

- Troisième loi : pour toutes les planètes du Système solaire, le rapport entre le carré de la période de révolution T et le cube du demi-grand axe a de son orbite est le même :

$$\frac{T^2}{a^3} = cte$$

T en s
a en m
cte en $s^2 \cdot m^{-3}$

2. Force d'interaction gravitationnelle

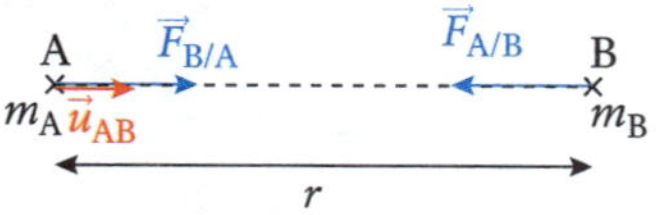

La force gravitationnelle $\vec{F}_{A/B}$ exercée par un corps A de masse m_A sur un corps B de masse m_B situé à une distance $r = AB$ a pour expression vectorielle :

$$\vec{F}_{A/B} = -\vec{F}_{B/A} = -G\frac{m_A m_B}{r^2}\vec{u}_{AB}$$

m_A et m_B en kg
r en m
G, constante de gravitation universelle :
$G = 6{,}67 \times 10^{-11} N \cdot m^2 \cdot kg^{-2}$ ou $m^3 \cdot kg^{-1} \cdot s^{-2}$
$\vec{u}_{AB}$ vecteur unitaire dirigé de A vers B

3. Mouvement circulaire d'un satellite terrestre

En appliquant la deuxième loi de Newton dans le référentiel géocentrique supposé galiléen, on peut montrer que le mouvement d'un satellite est circulaire uniforme. On en déduit l'expression de sa vitesse v et sa période T de révolution :

$$v = \sqrt{\frac{GM_T}{r}} = \sqrt{\frac{GM_T}{R_T + h}}$$

v en $m \cdot s^{-1}$
M_T, masse de la Terre en kg

la distance r entre le centre de la Terre et le centre du satellite en m ($r = R_T + h$ avec h l'altitude du satellite par rapport au sol terrestre et R_T le rayon de la Terre) ;

$$T = 2\pi\sqrt{\frac{r^3}{GM_T}} = 2\pi\sqrt{\frac{(R_T + h)^3}{GM_T}}$$

T en s

Voir la méthode et stratégie 2 pour les démonstrations de ces résultats.

POST BAC

Les forces de frottements fluides et la poussée d'Archimède

> Voir les exercices 7 et 8.

1. La poussée d'Archimède $\vec{\Pi}$

Théorème d'Archimède Tout corps plongé dans un fluide (liquide ou gaz) subit de la part de ce fluide, une force verticale $\vec{\Pi}$ vers le haut, égale au poids du fluide déplacé.

- Caractéristiques de $\vec{\Pi}$:
- point d'application : le centre d'inertie C du fluide déplacé ;
- direction : la verticale du lieu ;
- sens : vers le haut ;
- norme : poids du fluide déplacé $\Pi = m_{\text{fluide déplacé}} \times g = \rho_{\text{fluide}} \times V_{\text{immergé}} \times g$, où $V_{\text{immergé}}$ est le volume de fluide déplacé (volume immergé) en m^3, ρ_{fluide} la masse volumique du fluide déplacé en kg·m^{-3}, et g l'intensité de la pesanteur en N·kg^{-1} ou m·s^{-2}.

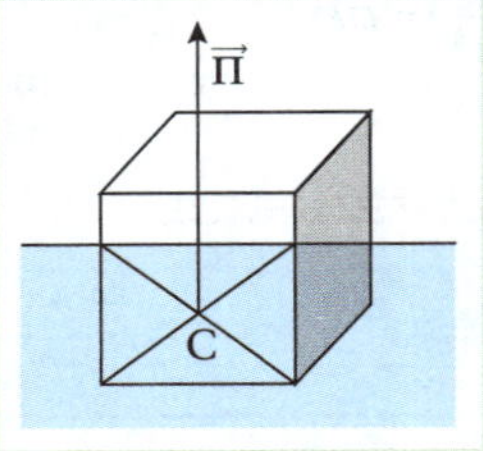

Remarque Le centre d'inertie C du volume de fluide déplacé peut être différent du centre d'inertie G du solide. C'est le cas notamment si le solide n'est que partiellement immergé dans le fluide (comme sur la figure ci-dessus) ou s'il n'est pas homogène. Par contre, dans le cas fréquent d'un solide homogène totalement immergé dans le fluide, le centre d'inertie C du volume de fluide déplacé est confondu avec le centre d'inertie G du solide.

2. La force de frottement fluide $\vec{f}$

- Tout solide en mouvement dans un fluide (liquide ou gaz) subit une force de frottement fluide colinéaire au vecteur vitesse et de sens opposé.

- La valeur f de la force de frottement dépend de la nature du fluide, de la vitesse v du solide, de sa forme et de son état de surface.

- On peut la modéliser par une expression de la forme $f = kv^n$ où n est un entier.
Pour de faibles valeurs de la vitesse (quelques cm·s^{-1}), $n = 1$, soit $f = kv$.
Pour des vitesses plus élevées (quelques m·s^{-1}), $n = 2$, soit $f = kv^2$.

MÉTHODES ET STRATÉGIES

1 Établir et utiliser les équations horaires d'un mouvement de chute libre avec vitesse initiale quelconque

> Voir les exercices 1 et 5 mettant en œuvre cette méthode.

Méthode

> **Étape 1 :** Dans un référentiel supposé galiléen, appliquer la deuxième loi de Newton dans le cas d'une chute libre.

> **Étape 2 :** Projeter la relation vectorielle dans le système d'axes préalablement défini. Déterminer les équations horaires du mouvement par intégrations successives en tenant compte des conditions initiales.

> **Étape 3 :** À l'aide des équations horaires, déterminer l'équation de la trajectoire par combinaison des équations horaires en éliminant le paramètre temps t.

> **Étape 4 :** Déterminer la portée, distance entre le point de départ et le point d'impact avec le sol.

> **Étape 5 :** Déterminer la flèche, l'altitude maximale atteinte ; elle correspond au sommet de la trajectoire.

Exemple

Un golfeur communique à une balle de masse m posée sur le sol une vitesse initiale de valeur $v_0 = 25\,\text{m·s}^{-1}$ et faisant un angle $\alpha = 40°$ avec l'horizontale.
1. Déterminer les équations horaires du mouvement du centre d'inertie de la balle de golf dans l'hypothèse d'une chute libre. En déduire l'équation de la trajectoire.
2. À quelle distance du point de lancement la balle va-telle tomber ?
3. Quelle est la flèche de ce lancer ?
Donnée : $g = 9{,}8\ \text{m·s}^{-2}$.

Application

> **Étape 1 :** La balle de golf est en chute libre, donc elle n'est soumise qu'à son poids. Dans le référentiel terrestre supposé galiléen, on applique la deuxième loi de Newton :

$\sum \vec{F}_{\text{ext}} = \dfrac{\text{d}\vec{p}}{\text{d}t} = \dfrac{\text{d}(m\vec{v})}{\text{d}t} = m\vec{a}$, car la masse m du système est constante.

On a alors : $\vec{P} = m\vec{a}$, soit $m\vec{g} = m\vec{a}$, donc $\vec{g} = \vec{a}$

> **Étape 2 :** On projette cette relation dans le repère (Oxz) pour obtenir par intégrations successives les équations horaires du mouvement du centre d'inertie de la balle :

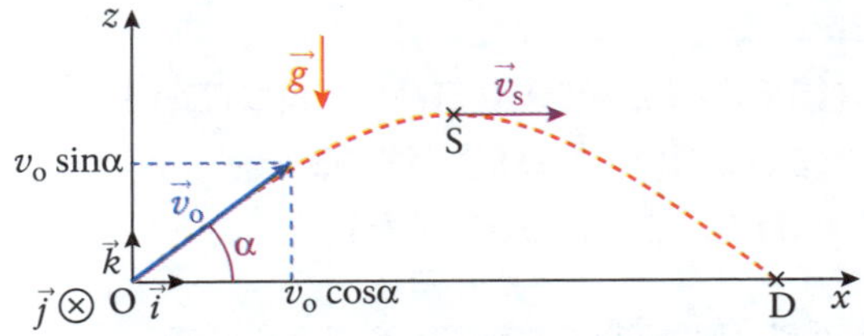

$$\begin{cases} a_x = \dfrac{dv_x}{dt} = 0 \\ a_z = \dfrac{dv_z}{dt} = -g \end{cases} \Rightarrow \begin{cases} v_x = v_0 \cos\alpha \\ v_z = -gt + v_0 \sin\alpha \end{cases} \quad \text{car à } t = 0, \text{ on a } \vec{v}_0 \begin{cases} v_{x0} = v_0 \cos\alpha \\ v_{z0} = v_0 \sin\alpha \end{cases}.$$

$$\text{Soit} \begin{cases} x = v_0 \cos\alpha \times t & (1) \\ z = -\dfrac{1}{2} g t^2 + v_0 \sin\alpha \times t & (2) \end{cases} \quad \text{car à } t = 0, \text{ la balle est en O, donc } x_0 = z_0 = 0.$$

En cas de difficultés pour établir les équations horaires du mouvement, revoir le chapitre 4.

> **Étape 3 :** L'équation de la trajectoire est obtenue en remplaçant t par $t = \dfrac{x}{v_0 \cos\alpha}$

dans la relation (2), ce qui donne : $z = -\dfrac{1}{2} g \times \left(\dfrac{x}{v_0 \cos\alpha}\right)^2 + v_0 \sin\alpha \times \left(\dfrac{x}{v_0 \cos\alpha}\right)$;
or $\tan\alpha = \dfrac{\sin\alpha}{\cos\alpha}$, soit :

$$z = -\frac{g}{2{v_0}^2 \cos^2\alpha} x^2 + \tan\alpha \times x \qquad (3)$$

> **Étape 4 :** Notons D le point où la balle atteint le sol. La distance cherchée (la portée) est l'abscisse du point D défini par $z_D = 0$.
Soit en utilisant l'équation de la trajectoire (3) :

$$0 = -\frac{g}{2{v_0}^2 \cos^2\alpha} x^2 + \tan\alpha \times x \Rightarrow 0 = -\frac{g}{2{v_0}^2 \cos^2\alpha} x + \tan\alpha$$

La solution $x = 0$ correspond au point de départ. La deuxième solution correspond à la distance recherchée : $-\dfrac{g}{2{v_0}^2 \cos^2\alpha} x + \tan\alpha = 0 \Rightarrow \dfrac{g}{2{v_0}^2 \cos^2\alpha} x = \tan\alpha$;

soit finalement : $x_D = \dfrac{2{v_0}^2 \cos\alpha \sin\alpha}{g} = \dfrac{{v_0}^2 \sin 2\alpha}{g}$ car $2\cos\alpha\sin\alpha = \sin 2\alpha$.

Application numérique : $x_D = \dfrac{25^2 \times \sin(2 \times 40)}{9{,}8} = 63\,\text{m}$.

Penser à mettre votre calculatrice en degrés.

Remarque Pour une valeur de v_0, la portée est maximale lorsque $\sin(2\alpha) = 1$ soit $\alpha = 45°$.

> Étape 5 : Notons S le point où la balle est au sommet de la trajectoire (voir figure). La hauteur recherchée (la flèche) est déterminée en utilisant le fait qu'en ce point, le vecteur vitesse $\vec{v}_S$ est horizontal. Sa coordonnée v_{zS} est donc nulle : $v_{zS} = -gt_S + v_0 \sin\alpha = 0$.

On en déduit la date de passage en S : $t_S = \dfrac{v_0 \sin\alpha}{g}$.

Il suffit maintenant de remplacer t par t_S dans la relation (2) :

$$z_S = -\frac{1}{2}gt_S{}^2 + v_0 \sin\alpha \times t_S = -\frac{1}{2}g \times \left(\frac{v_0 \sin\alpha}{g}\right)^2 + v_0 \sin\alpha \times \left(\frac{v_0 \sin\alpha}{g}\right) = \frac{v_0{}^2 \sin^2\alpha}{2g}$$

Application numérique : $z_S = \dfrac{25^2 \times \sin^2 40}{2 \times 9{,}8} = 13\,\text{m}$.

2 Démontrer l'uniformité du mouvement pour un satellite ou une planète dans l'approximation des trajectoires circulaires

> Voir l'exercice 4 mettant en œuvre cette méthode.

Méthode

> Étape 1 : Définir le référentiel d'étude supposé galiléen. Pour un satellite de la Terre, on prendra le référentiel géocentrique et pour un satellite d'une autre planète un référentiel centré sur cette planète.

> Étape 2 : Écrire l'expression vectorielle de la force d'interaction gravitationnelle entre le système étudié et la planète autour de laquelle il tourne. Faire un schéma pour l'illustrer.

Remarque Cette relation n'est valable que pour des corps à répartition sphérique de masse ou des corps ponctuels.

> Étape 3 : Appliquer la deuxième loi de Newton pour déterminer l'expression vectorielle de l'accélération. Montrer ainsi que le vecteur accélération est centripète. En conclure que le mouvement est circulaire uniforme.

Exemple

Encelade est l'un des nombreux satellites de Saturne. Il a une trajectoire quasi circulaire. Montrer que son mouvement est uniforme.
Données : masse de Saturne M_s ; masse d'Encelade m.

Application

> Étape 1 : Le mouvement du satellite Encelade est étudié dans le référentiel « saturnocentrique » supposé galiléen.

> Étape 2 : Encelade et Saturne sont deux solides dont la répartition des masses est à symétrie sphérique. Le centre de Saturne sera noté S et celui d'Encelade E.

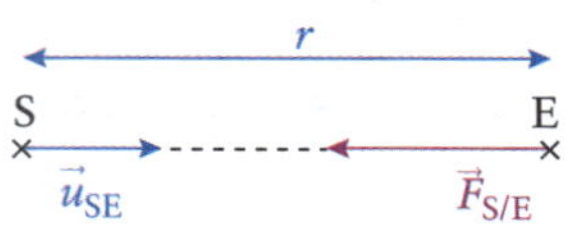

Saturne exerce sur le satellite Encelade la force d'interaction gravitationnelle
$\vec{F}_{S/E} = -\dfrac{GM_S m}{r^2}\vec{u}_{SE}$ avec $\vec{u}_{SE}$ vecteur unitaire.

> **Étape 3 :** On applique la deuxième loi de Newton : $\sum \vec{F}_{ext} = \dfrac{d\vec{p}}{dt} = \dfrac{d(m\vec{v})}{dt} = m\vec{a}$;

soit $\vec{F}_{S/E} = m\vec{a} \Rightarrow \vec{a} = \dfrac{\vec{F}_{S/E}}{m}$, ce qui donne finalement : $\vec{a} = -\dfrac{GM_S}{r^2}\vec{u}_{SE}$.

L'expression de a est donc : $a = \dfrac{GM_S}{r^2} = cte$.

L'orbite d'Encelade est circulaire et le vecteur accélération est un vecteur centripète, on peut donc en déduire que le mouvement du satellite est circulaire uniforme.

3 Déterminer la vitesse et la période de révolution d'un satellite ou d'une planète dans le cas d'un mouvement circulaire uniforme

> Voir l'exercice 4 mettant en œuvre cette méthode.

Méthode

> **Étape 1 :** Si le mouvement d'un satellite ou d'une planète est circulaire uniforme, on peut utiliser l'expression de l'accélération $a = \dfrac{v^2}{r}$ pour déterminer la vitesse v du satellite ou de la planète (voir le paragraphe II. 3, Mouvement circulaire uniforme, du chapitre 4).

> **Étape 2 :** La période de révolution T est la durée nécessaire pour effectuer un tour complet. Dans l'approximation d'une trajectoire circulaire, la distance parcourue est alors $2\pi r$. Pour déterminer l'expression de T, on utilise la relation : $v = \dfrac{2\pi r}{T}$.

Exemple

Encelade, satellite de Saturne, a un mouvement circulaire uniforme. Établir l'expression de sa vitesse v et de sa période de révolution T.
Données : rayon de l'orbite $r = 2{,}4 \times 10^5$ km ; masse de saturne $M_S = 5{,}68 \times 10^{26}$ kg ; masse du satellite m ; $G = 6{,}67 \times 10^{-11}$ SI.

Application

> **Étape 1 :** Pour les mouvements circulaires uniformes, l'accélération du satellite $a = \dfrac{GM_S}{r^2}$ peut aussi s'écrire $a = \dfrac{v^2}{r}$; d'où $a = \dfrac{v^2}{r} = \dfrac{GM_S}{r^2}$.

On en déduit l'expression de la vitesse : $v = \sqrt{\dfrac{GM_S}{r}}$.

Application numérique : $v = \sqrt{\dfrac{6,67 \times 10^{-11} \times 5,68 \times 10^{26}}{2,4 \times 10^5 \times 10^3}} = 1,3 \times 10^4 \text{m·s}^{-1}$.

N'oubliez pas de convertir les distances en mètres : $1\text{km} = 10^3\text{m}$.

> **Étape 2 :** La période de révolution T d'Encelade est la durée mise pour effectuer un tour complet autour de Saturne, soit $T = \dfrac{2\pi r}{v} = \dfrac{2\pi r}{\sqrt{\dfrac{GM_S}{r}}} = 2\pi\sqrt{\dfrac{r^3}{GM_S}}$.

Application numérique : $T = 2\pi\sqrt{\dfrac{(2,4 \times 10^5 \times 10^3)^3}{6,67 \times 10^{-11} \times 5,68 \times 10^{26}}} = 1,2 \times 10^5 \text{ s} = 1,4 \text{ jour}$.

SUJETS DE TYPE BAC

1 Volley-ball

Cet exercice d'application de la chute libre permet de tester sa capacité à élaborer une démarche pour résoudre un problème scientifique.

> Voir la méthode et stratégie 1.

On étudie le centre d'inertie d'un ballon de masse M au volley-ball. La résistance de l'air est négligée. Le joueur frappe le ballon situé en A et lui communique une vitesse $\vec{v}_0$ de valeur 16 $m \cdot s^{-1}$ faisant un angle $\alpha = 20°$ avec l'horizontale.

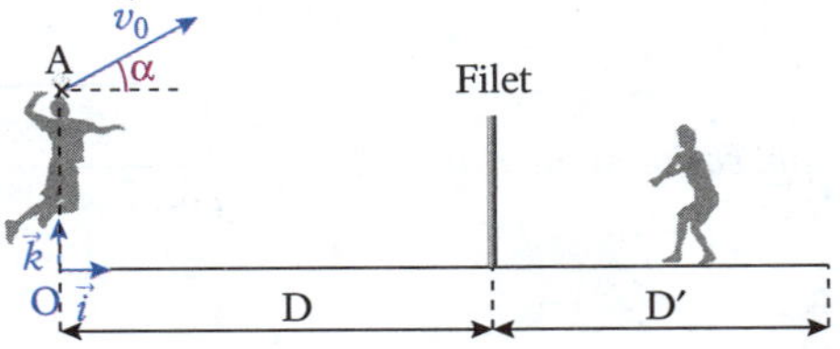

Le point A est à une hauteur $H = 3{,}0$ m du sol, le filet est situé à une distance $D = 12$ m du joueur, la hauteur du filet est $h = 2{,}4$ m.
Le service est réussi si la balle passe au-dessus du filet et touche le sol dans le camp adverse entre le filet et la ligne située à $D' = 9{,}0$ m.
Le service est-il réussi ?
Données : le champ de pesanteur est uniforme : $g = 9{,}81\ m \cdot s^{-2}$.

2 Appareil à déviation

Cet exercice permet de mettre en évidence l'importance du signe de la charge électrique q dans les équations horaires pour les mouvements dans un champ électrostatique uniforme.

> Voir la partie 2 du cours sur le mouvement dans un champ électrostatique uniforme.

Entre deux plaques A et B d'un condensateur plan, des électrons de charge $q = -e$ et de masse m pénètrent en O avec une vitesse initiale de valeur v_0. Le vecteur vitesse $\vec{v}_0$ est dans le plan (xOy) et fait un angle α avec l'axe (Ox).

Le champ électrostatique $\vec{E}$ est créé par une tension constante $U_{AB} = U > 0$ appliquée entre les plaques A et B. La longueur des plaques est L et leur distance est d. On négligera l'action du poids sur le mouvement des électrons.

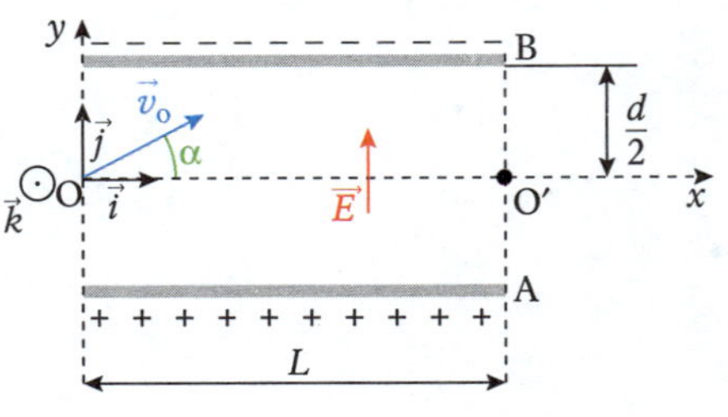

Données : $v_0 = 7{,}5 \times 10^6\ m \cdot s^{-1}$; $\alpha = 25°$; $d = 8{,}0$ cm ; $L = 20$ cm ; $e = 1{,}6 \times 10^{-19}$ C ; $m = 9{,}1 \times 10^{-31}$ kg.

1. Déterminer l'expression du vecteur accélération en fonction du champ électrique $\vec{E}$.

2. Déterminer les équations horaires du mouvement en fonction de E, v_0, α et e.

3. Déterminer l'équation de la trajectoire.

4. Déterminer les coordonnées du point $M(x_M ; y_M)$ où le vecteur vitesse devient parallèle à l'axe (Ox).

5. On veut que l'électron ressorte en O′ (voir schéma). Déterminer l'expression de la tension U à appliquer entre les plaques A et B, puis la calculer.

3 Application industrielle du champ électrostatique

Cet exercice d'application concrète du champ électrostatique permet de tester à la fois sa maîtrise du cours et sa capacité à extraire et exploiter des informations.

> Voir la partie 2 du cours sur le mouvement dans un champ électrostatique uniforme.

DOC. 1 Présentation du dispositif

La précipitation électrostatique est pratiquement la seule utilisable pour traiter les fumées rejetées par les centrales thermiques. Les gaz passent dans des canaux métalliques verticaux. Sur la figure 1 ci-dessous, un canal métallique est représenté par deux parois métalliques (C) et (C′), planes, verticales, parallèles et reliées à la terre, de potentiel électrique nul $(V_C = V_{C'} = 0\,\text{V})$. La distance entre les plaques (C) et (C′) est $D = 2d = 50$ cm, leur hauteur H est de plusieurs mètres.
Dans le plan de symétrie vertical des canaux, des fils verticaux notés F, très rapprochés et isolés, sont tendus à intervalles réguliers et maintenus chacun à un potentiel électrique $V_F = -50\,\text{kV}$.
Sur la figure 2 ci-dessous, l'ensemble de ces fils est modélisé, dans une première approximation, par une plaque (F) verticale, parallèle à (C) et (C′), équidistante de (C) et (C′) et portée au potentiel $V_F = -50\,\text{kV}$. L'ensemble ainsi modélisé est équivalent à deux condensateurs plans : l'un formé par les plaques (C) et (F), et l'autre par les plaques (C′) et (F).
En entrée de ces canaux, un dispositif ionisant permet de charger négativement les particules en suspension dans les gaz. Les particules chargées sont déviées par les forces électrostatiques (ou électriques) vers les parois verticales reliées à la terre.
Par vibration, on provoque la chute des particules qu'on récupère pour les éliminer.
De telles installations de précipitation des fumées sont très coûteuses et peuvent représenter près de 10 % du prix de fabrication de la centrale thermique.

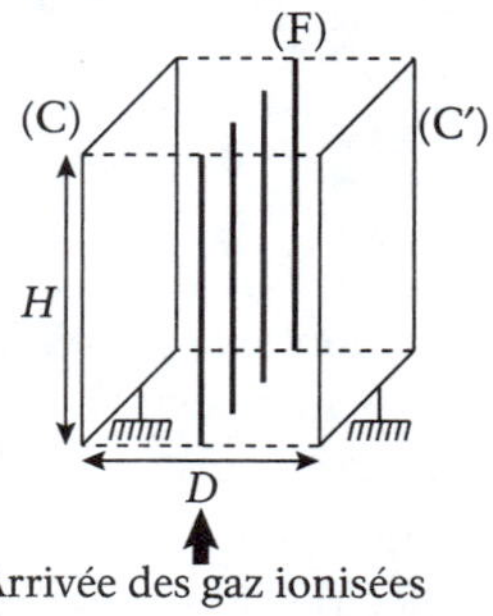

Figure 1

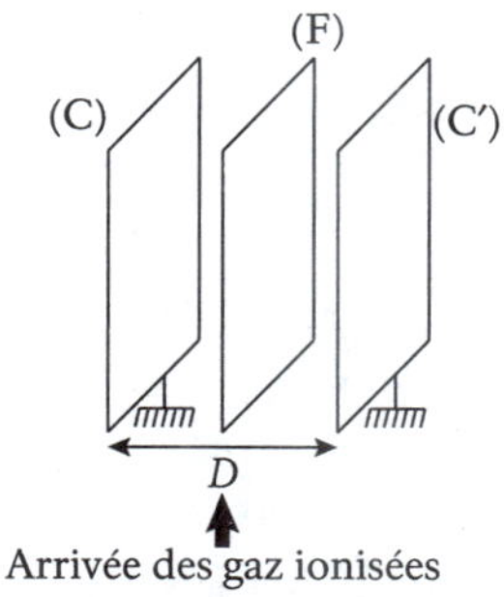

Figure 2

DOC. 2 Quelques données supplémentaires

On considère que l'action d'une force de valeur F_1 peut être négligée par rapport à celle d'une force de valeur F_2 si $F_2 > 100 F_1$.

On note m la masse de la particule.

Intensité du champ de pesanteur : $g \approx 10\ \text{N}{\cdot}\text{kg}^{-1}$.

Le référentiel terrestre d'étude est supposé galiléen.

DOC. 3 Le condensateur plan

Un condensateur plan est constitué de deux armatures (plaques) conductrices planes, parallèles et face à face. Lorsqu'une différence de potentiel électrique est appliquée entre ces armatures, le condensateur plan crée un champ électrostatique uniforme.

Le champ électrostatique $\vec{E}$ est toujours orienté dans le sens des potentiels décroissants.

Si l'armature P a un potentiel électrique V_P supérieur à celui de l'armature N soit V_N, le champ électrostatique $\vec{E}$ sera orienté de l'armature P vers l'armature N.

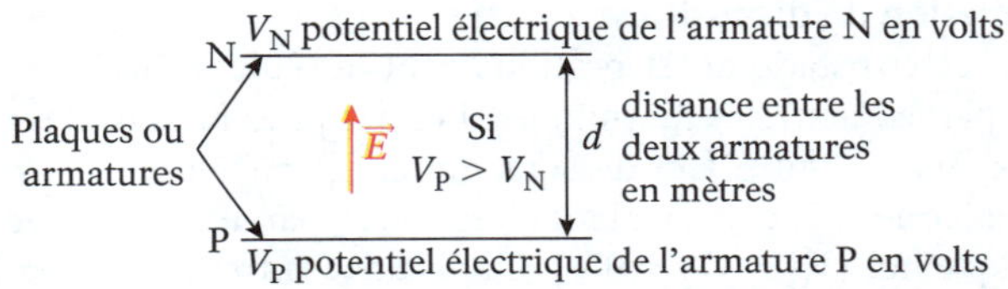

Valeur E du champ électrostatique uniforme pour un condensateur plan :

$$E = \frac{V_P - V_N}{d} = \frac{U_{PN}}{d}$$ avec U_{PN} la tension électrique entre P et N.

1. Trajectoire d'une particule

Une particule ponctuelle, de masse m et de charge q négative, pénètre avec une vitesse de valeur v_0 en un point O situé entre les plaques (C) et (F) ; O est équidistant des plaques (C) et (F). Le vecteur $\vec{v}_0$ est parallèle à l'axe vertical Oz représenté sur la figure 3.

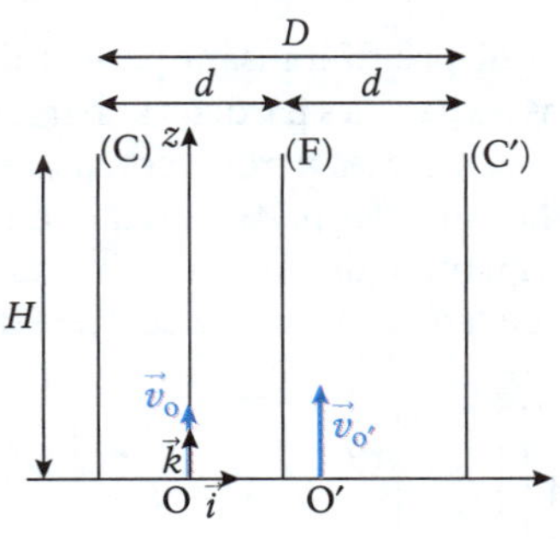

Figure 3

La trajectoire de la particule se trouve dans le plan contenant le repère $(O, \vec{i}, \vec{k})$.

L'origine des dates est choisie lorsque la particule pénètre en O entre les plaques.

On suppose dans cette question que la particule n'est soumise, entre les deux plaques, qu'à l'action de la force électrostatique(ou électrique) notée $\vec{F}$.

a. Sur la figure 3, représenter le vecteur champ électrostatique $\vec{E}$ créé entre les deux plaques (C) et (F), sans souci d'échelle.

b. Écrire la relation entre le vecteur force électrostatique $\vec{F}$ et le vecteur champ électrostatique $\vec{E}$. Représenter le vecteur force sur le schéma lorsque la particule est en O.

c. Établir les équations horaires du mouvement dans le repère $(O, \vec{i}, \vec{k})$ en fonction de E, m, q et v_0. En déduire l'équation de la trajectoire.

d. Représenter sur la figure 3, sans souci d'échelle, l'allure de cette trajectoire.

2. Application au traitement des fumées

a. Représenter sur la figure 3 le vecteur champ électrostatique entre les plaques (F) et (C′) et l'allure de la trajectoire d'une particule chargée négativement arrivant en O′ avec un vecteur vitesse $\vec{v_{0'}}$.

b. L'ordre de grandeur de la charge électrique de la particule est le nanocoulomb. Évaluer la masse maximale d'une particule pour que l'action de son poids soit négligeable devant celle de la force électrostatique.

c. Quel est l'intérêt du traitement des fumées malgré le surcoût de fabrication de la centrale thermique ?

4 Les satellites de Jupiter

Un exercice d'astronomie original qui permet de redémontrer la troisième loi de Kepler et de déterminer expérimentalement la masse d'une planète.

> Voir la méthode et stratégie 2.

On considère que Jupiter et ses 16 satellites sont des corps à symétrie sphérique.

Première partie – Étude générale

On s'intéresse au mouvement du centre d'inertie d'un satellite de Jupiter en orbite circulaire autour de Jupiter. L'étude est réalisée dans un référentiel « jupiterocentrique » d'origine le centre de Jupiter et d'axes dirigés vers des étoiles fixes.

Données : masse de Jupiter M_J, centre d'inertie J ; masse d'un satellite m_S, centre d'inertie S, rayon de la trajectoire r_S et période T_S ;
constante de gravitation $G = 6{,}67 \times 10^{-11}$ SI.

1. Déterminer l'expression du vecteur accélération du centre d'inertie S du satellite. Les interactions entre le satellite et les autres corps sont négligées.

2. En modélisant le mouvement du centre d'inertie S par un mouvement circulaire uniforme, établir l'expression de la vitesse v du point S en fonction de G, M_J et r_S.

3. En déduire l'expression de la période de révolution T_S du satellite en fonction de G, M_J et r_S.

Deuxième partie – Les satellites de Jupiter

On a représenté ci-dessous, pour les huit plus gros satellites de Jupiter, les variations de la grandeur T^2 en fonction de la grandeur r^3.

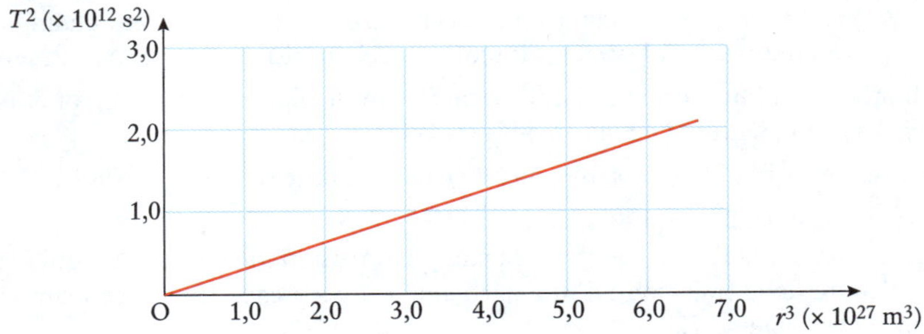

4. Quelle loi retrouve-t-on à partir de ce graphique ? Justifier.

5. Déduire du graphique la valeur approchée de la masse de Jupiter.

SUJETS D'APPROFONDISSEMENT

5 Le cascadeur

Cet exercice très complet permet de tester votre maîtrise de la chute libre. Sa résolution mathématique fait appel à toute votre sagacité.

> Voir la méthode et stratégie 1.

Pour les besoins d'un film, un cascadeur doit franchir un ravin avec une voiture. Pour cela, la voiture s'élance sur une route horizontale AO, quitte la chaussée avec une vitesse $\vec{v}_0$ en O et retombe de l'autre côté du ravin sur un tremplin BC qui a été aménagé à cet effet. Le tremplin BC est situé à une hauteur h en dessous de l'horizontale AO et à une distance L de O. Ce tremplin est incliné d'un angle α par rapport à l'horizontale. L'objectif de cet exercice est de déterminer la valeur de la vitesse $\vec{v}_0$ avec laquelle le cascadeur s'élance en O et l'inclinaison du tremplin α pour que la voiture atterrise en douceur.

On étudiera le mouvement du centre d'inertie G du système $\{\text{cascadeur} + \text{voiture}\}$ de masse M. On négligera les frottements et à l'instant $t = 0$, la voiture sera prise au point O.

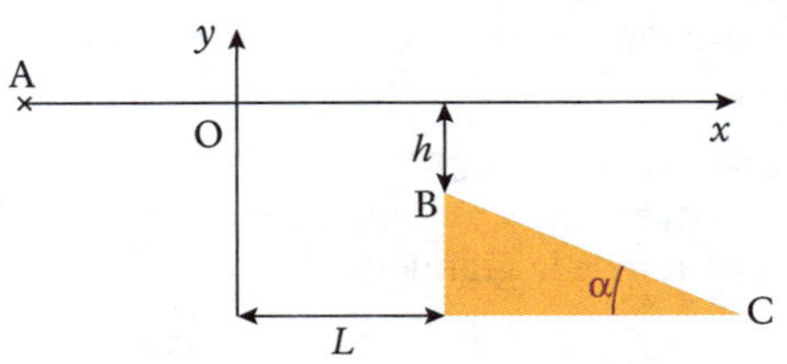

Données : $L = 35{,}0$ m ; $h = 7{,}50$ m ; $g = 9{,}81$ m·s^{-2}.

1. Établir dans le repère (Oxy) les équations horaires du mouvement de G entre O et B.

2. En déduire l'équation de la trajectoire de G entre O et B.

3. Pour que la voiture atterrisse en douceur sur le tremplin BC en B, le vecteur vitesse $\vec{v}_B$ de la voiture en B doit être parallèle à la pente BC. En déduire la valeur de la vitesse de la voiture v_0 en O et l'angle d'inclinaison du tremplin α pour que la cascade soit réussie.

6 Point de Lagrange entre la Terre et la Lune

Cet exercice d'application de la force gravitationnelle permet de tester votre connaissance du cours, ainsi que vos compétences mathématiques.

> Voir la partie III du cours sur les forces d'interaction gravitationnelle.

Entre la Terre et la Lune, il existe un point appelé point de Lagrange où les forces de gravitation exercées par les deux astres sur un objet noté O de masse m se compensent. À quelle distance de la Terre se trouve ce point O ?

Données : $M_{\text{Terre}} = 5{,}98 \times 10^{24}$ kg ; $M_{\text{Lune}} = 7{,}4 \times 10^{22}$ kg ; distance Terre-Lune $d = 3{,}8 \times 10^8$ m ; constante de gravitation $G = 6{,}67 \times 10^{-11}$ SI.

POST BAC

7 La grêle

Cet exercice d'approfondissement permet d'étudier les chutes verticales avec frottements fluides. Il présente également l'intérêt d'introduire la poussée d'Archimède. Sa résolution demande une attention particulière aux multiples conversions d'unités.

> Voir le complément de cours POST BAC sur les forces de frottements fluides et la poussée d'Archimède.

La grêle se forme dans les cumulonimbus situés entre 1 000 m et 10 000 m d'altitude où la température est très basse, jusqu'à −40 °C. Le grêlon tombe lorsqu'il n'est plus maintenu au sein du nuage. Lors de sa chute vers le sol, sa vitesse peut atteindre 160 km·h^{-1}.
On étudie un grêlon de masse $m = 13$ g qui tombe d'un point O d'altitude 1 500 m sans vitesse initiale. Il peut être assimilé à une sphère de diamètre 3,0 cm.
Le point O sera pris comme origine d'un axe (Oz) orienté positivement vers le bas.
L'intensité de la pesanteur sera considérée comme constante et de valeur $g = 9{,}80$ m·s^{-2}.
Données : masse volumique de l'air $\rho = 1{,}3$ kg·m^{-3} ; $k = 2{,}03 \times 10^{-4}$ SI.

Première partie

On admettra que le grêlon tombe en chute libre.

1. a. En appliquant la deuxième loi de Newton, déterminer les équations horaires donnant la vitesse et la position du centre d'inertie G du grêlon en fonction de la durée t de la chute.

b. Calculer la valeur de la vitesse du grêlon lorsqu'il atteint le sol. Ce résultat est-il vraisemblable ? Justifier.

Deuxième partie

En réalité le grêlon est soumis à deux autres forces, la poussée d'Archimède $\vec{\Pi}$ et la force de frottement fluide $\vec{f}$ proportionnelle au carré de la vitesse telle que $f = k \times v^2$.

2. a. Par une analyse dimensionnelle, déterminer l'unité du coefficient k dans le Système international (SI).

b. Donner l'expression de la valeur de la poussée d'Archimède, puis la calculer et la comparer à celle du poids. Conclure.

c. On néglige par la suite la poussée d'Archimède. En appliquant la deuxième loi de Newton, établir une relation liant la vitesse v du grêlon et sa dérivée par rapport au temps $\frac{dv}{dt}$ et montrer qu'elle peut s'écrire sous la forme $\frac{dv}{dt} = A - Bv^2$. En déduire l'expression de A et de B.

d. Exprimer littéralement la vitesse limite atteinte par le grêlon en fonction de A et de B, puis calculer sa valeur numérique.

POST BAC

8 Expérience de Millikan

Cet exercice est l'occasion de découvrir comment Robert Millikan a déduit la valeur de la charge de l'électron en 1910. Un exercice très complet dont la résolution nécessite un bon niveau en mathématiques.

> Voir le complément de cours POST BAC sur les forces de frottements fluides et la poussée d'Archimède.

On étudie le mouvement d'une goutte d'huile chargée électriquement en chute verticale et soumise à l'action d'un champ électrique $\vec{E}$ constant. Ce champ est produit entre les armatures horizontales d'un condensateur plan, placé dans l'air. On admet que ce champ est uniforme entre les armatures, il est orienté de la plaque positive A vers la plaque négative B. Entre les armatures A et B du condensateur, il existe une tension U_{AB} positive ou nulle. On peut relier la tension U_{AB} à la valeur du champ E par la relation $E = \frac{U_{AB}}{d}$, où d est la distance entre les armatures A et B.

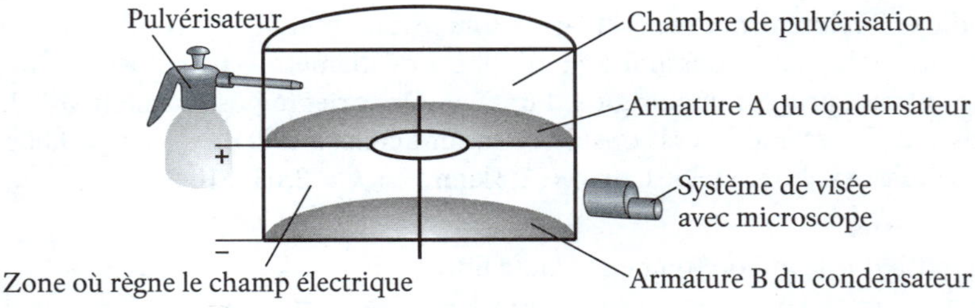

Chambre de Millikan en coupe

Une goutte d'huile sphérique de rayon r, de masse m, de charge q négative, tombe entre les armatures du condensateur. On observe la chute de la goutte dans la zone entre les armatures A et B à l'aide d'un système de visée et on peut ainsi obtenir sa vitesse v. On pose g l'intensité de la pesanteur. On néglige la poussée d'Archimède et la force de frottement est modélisée par $\vec{f} = -6\pi r h \vec{v}$, où h représente la viscosité de l'air.

Données : $g = 10\ m{\cdot}s^{-2}$; $h = 18 \times 10^{-6}\ Pa{\cdot}s$; $\rho = 800\ kg{\cdot}m^{-3}$; $e = 1{,}6 \times 10^{-19}\ C$; $d = 5{,}5 \times 10^{-3}\ m$.

1. Faire l'inventaire des forces exercées sur la goutte entre A et B.

2. À l'aide de la deuxième loi de Newton, établir une équation reliant la vitesse v de la goutte et sa dérivée par rapport au temps $\frac{dv}{dt}$ en choisissant comme axe de projection un axe (Oz) vertical et orienté vers le bas.

3. Au cours de la chute verticale, la vitesse tend vers une vitesse limite v_{lim}. Déterminer l'expression de v_{lim} en fonction de m, h, q, E, g et r.

4. Montrer que $v(t) = v_{\text{lim}}\left(1 - e^{-\frac{t}{\tau}}\right)$ est solution de l'équation établie précédemment à la question **2**. En déduire l'expression de τ en fonction de m, r et h.

5. On réalise une mesure de v_{lim} lorsque $U_{AB} = 0$; on trouve $v_{\text{lim}} = 4{,}0 \times 10^{-5}\,\text{m}\cdot\text{s}^{-1}$. Exprimer le rayon r de la goutte en fonction de v_{lim}, g, h et ρ (masse volumique de l'huile). Calculer la valeur du rayon.

6. La goutte étant en mouvement rectiligne uniforme avec la vitesse limite précédente, on établit entre les armatures la tension $U_{AB} = 100\,\text{V}$ de façon à immobiliser la goutte. Déterminer l'expression littérale de la charge q de la goutte en fonction de r, ρ, g, d et U_{AB}. Calculer la valeur de q. Comparer cette valeur à la charge de l'électron.

CORRIGÉS

1 Volley-ball

Pour résoudre le problème, il faut tout d'abord établir les équations horaires du mouvement afin d'obtenir l'équation de la trajectoire du ballon.
Le ballon n'est soumis qu'à son poids, car on a négligé la résistance de l'air. Le système est donc en chute libre.
On considère le référentiel terrestre comme galiléen et on y applique la deuxième loi de Newton : $\sum \vec{F}_{\text{ext}} = \frac{d\vec{p}}{dt} = \frac{d(M\vec{v})}{dt} = M\vec{a}$ car la masse M du ballon est constante.
On a alors : $\vec{P} = M\vec{a}$, soit $M\vec{g} = M\vec{a}$ et enfin $\vec{g} = \vec{a}$.
On projette cette relation dans le repère (Oxz) pour obtenir par intégrations successives les équations horaires du mouvement du centre d'inertie du ballon :

$$\begin{cases} a_x = \frac{dv_x}{dt} = 0 \\ a_z = \frac{dv_z}{dt} = -g \end{cases} \Rightarrow \begin{cases} v_x = v_0 \cos\alpha \\ v_z = -gt + v_0 \sin\alpha \end{cases} \quad \text{car à } t = 0\text{, on a } \vec{v}_0 \begin{cases} v_{x0} = v_0 \cos\alpha \\ v_{z0} = v_0 \sin\alpha \end{cases} ;$$

$$\text{soit} \begin{cases} x = v_0 \cos\alpha \times t & (1) \\ y = -\frac{1}{2}gt^2 + v_0 \sin\alpha \times t + H & (2) \end{cases} \quad \text{car à } t = 0\text{, le ballon est en A } \begin{cases} x_A = 0 \\ z_A = H \end{cases} .$$

En cas de difficultés pour établir les équations horaires du mouvement, revoir la méthode et stratégie 1 du chapitre 4.

L'équation de la trajectoire est obtenue en remplaçant t dans la relation (2) par $t = \frac{x}{v_0 \cos\alpha}$, soit :

$$z = -\frac{g}{2{v_0}^2 \cos^2\alpha}x^2 + x\tan\alpha + H \qquad (3)$$

Le ballon passe au-dessus du filet si pour $x = 12\,\text{m}$, l'altitude z du ballon est supérieure à celle du filet h.
À l'aide de l'équation de la trajectoire (3), on détermine z pour $x = 12\,\text{m}$:

$$z = -\frac{9{,}81}{2 \times 16^2 \cos^2 20} \times 12^2 + 12 \times \tan 20 + 3{,}0 = 4{,}2\,\text{m}.$$

Penser à mettre votre calculatrice en degrés.

Le ballon passe donc au dessus du filet car $z > h$.
Il reste maintenant à déterminer la position x où le ballon touche le sol, ce qui impose $z = 0$, soit $0 = -\frac{g}{2{v_0}^2 \cos^2\alpha}x^2 + x\tan\alpha + H$ d'après la relation (3).
On obtient une équation du second degré qui admet deux solutions :
$x = -6{,}1\,\text{m}$ et $x = 23\,\text{m}$. La solution physiquement acceptable est $x = 23\,\text{m}$.
On constate que $x > D + D'$, donc le service n'est pas réussi.

2 Appareil à déviation

1. L'électron n'est soumis qu'à l'action de la force électrostatique $\vec{F} = q\vec{E}$ soit $\vec{F} = -e \times \vec{E}$ car la charge électrique de l'électron est $-e$ (on néglige l'action du poids sur le mouvement des électrons).
On considère le référentiel terrestre comme galiléen et on y applique la deuxième loi de Newton : $\sum \vec{F}_{\text{ext}} = \frac{\mathrm{d}\vec{p}}{\mathrm{d}t} = \frac{\mathrm{d}(m\vec{v})}{\mathrm{d}t} = m\vec{a}$, car la masse m du système est constante.

On a alors : $-e \times \vec{E} = m\vec{a} \Rightarrow \vec{a} = \frac{-e\vec{E}}{m}$.

2. On projette cette relation dans le repère (Oxy) pour obtenir par intégrations successives les équations horaires du mouvement :

$$\begin{cases} a_x = \dfrac{\mathrm{d}v_x}{\mathrm{d}t} = 0 \\ a_y = \dfrac{\mathrm{d}v_y}{\mathrm{d}t} = -\dfrac{eE}{m} \end{cases} \Rightarrow \begin{cases} v_x = v_0 \cos\alpha \\ v_y = -\dfrac{eE}{m}t + v_0 \sin\alpha \end{cases} \text{ car à } t = 0, \text{ on a } \vec{v}_0 \begin{cases} v_{0x} = v_0 \cos\alpha \\ v_{0y} = v_0 \sin\alpha \end{cases};$$

$$\text{soit } \begin{cases} x = v_0 \cos\alpha \times t & (1) \\ y = -\dfrac{1}{2}\dfrac{eE}{m}t^2 + v_0 \sin\alpha \times t & (2) \end{cases} \text{ car à } t = 0, \text{ l'électron est en O ;}$$

d'où $x_0 = y_0 = 0$.

> En cas de difficultés pour établir les équations horaires du mouvement, revoir la méthode et stratégie 1 du chapitre 4.

3. L'équation de la trajectoire est obtenue en remplaçant t dans la relation (2) par $t = \frac{x}{v_0 \cos\alpha}$, ce qui donne :

$$y = -\frac{eE}{2mv_0^2 \cos^2\alpha}x^2 + \tan\alpha \times x \qquad (3)$$

4. Au point M, le vecteur vitesse est parallèle à l'axe (Ox) ce qui implique que $v_y = 0$.
On a donc : $v_y = -\frac{eE}{m}t_{\mathrm{M}} + v_0 \sin\alpha = 0 \Rightarrow t_{\mathrm{M}} = \frac{mv_0 \sin\alpha}{eE}$

avec t_{M} l'instant de passage de l'électron par le point M.
On remplace ensuite l'expression de t_{M} dans les relations (1) et (2) pour accéder aux coordonnées de M :

$$\begin{cases} x_{\mathrm{M}} = v_0 \cos\alpha \times \left(\dfrac{mv_0 \sin\alpha}{eE}\right) = \dfrac{mv_0^2 \cos\alpha \sin\alpha}{eE} & (4) \\ y_{\mathrm{M}} = -\dfrac{1}{2}\dfrac{eE}{m} \times \left(\dfrac{mv_0 \sin\alpha}{eE}\right)^2 + v_0 \sin\alpha \times \left(\dfrac{mv_0 \sin\alpha}{eE}\right) = \dfrac{mv_0^2 \sin^2\alpha}{2eE} & (5) \end{cases}$$

5. L'électron ressort en O′, ce qui implique que pour $x = L$, on a $y = 0$.
D'après l'équation de la trajectoire (3), on obtient alors :

$$0 = -\frac{eE}{2mv_0^2 \cos^2\alpha}L^2 + \tan\alpha \times L \Rightarrow \frac{eE}{2mv_0^2 \cos^2\alpha}L^2 = \tan\alpha \times L$$

Pour faire apparaître la tension U, il suffit de remplacer E par $E = \frac{U}{d}$ (condensateur plan) ;
on obtient alors :

$$\frac{eU}{2dmv_0^2 \cos^2 \alpha} L^2 = \tan\alpha \times L \Rightarrow U = \frac{2mdv_0^2 \sin\alpha \cos\alpha}{eL} = \frac{mdv_0^2 \sin 2\alpha}{eL}.$$

On rappelle que $2\sin\alpha\cos\alpha = \sin 2\alpha$.

Application numérique :

$$U = \frac{9{,}1 \times 10^{-31} \times 8{,}0 \times 10^{-2} \times (7{,}5 \times 10^6)^2 \times \sin(2 \times 25)}{1{,}6 \times 10^{-19} \times 20 \times 10^{-2}} = 98 \text{ V}.$$

Ne pas oublier de convertir les centimètres en mètres.

3 Application industrielle du champ électrostatique

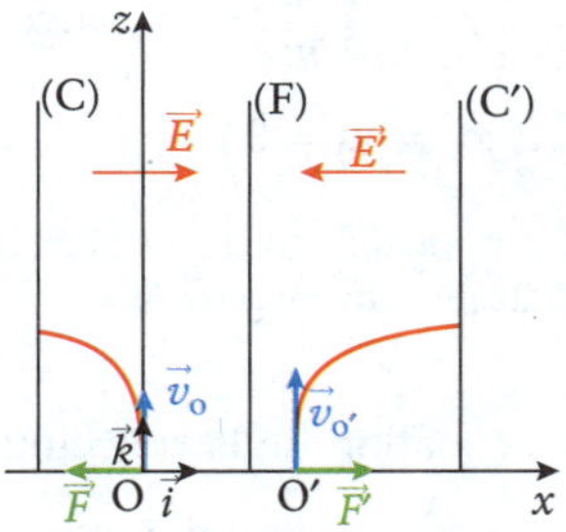

1. a. $\vec{E}$ est dans le sens des potentiels décroissants. Comme le potentiel électrique de la plaque C est $V_C = 0\,\text{V}$ et celui de la plaque F est $V_F = -50\,\text{kV}$ (soit $V_F < V_C$), $\vec{E}$ va de la plaque C vers F.

b. $\vec{F} = q\vec{E}$, or d'après le document 1, les particules portent une charge négative $q < 0$; $\vec{F}$ et $\vec{E}$ sont donc de sens opposé (voir figure).

c. On considère le référentiel terrestre comme galiléen et on y applique la deuxième loi de Newton :

$$\sum \vec{F}_{ext} = \frac{d\vec{p}}{dt} = \frac{d(m\vec{v})}{dt} = m\vec{a}$$ car la masse m du système est constante.

On a alors : $q\vec{E} = m\vec{a} \Rightarrow \vec{a} = \frac{q\vec{E}}{m}$.

On projette cette relation dans le repère $(O, \vec{i}, \vec{k})$ pour obtenir par intégrations successives les équations horaires du mouvement :

$$\begin{cases} a_x = \frac{dv_x}{dt} = \frac{qE}{m} \\ a_z = \frac{dv_z}{dt} = 0 \end{cases} \Rightarrow \begin{cases} v_x = \frac{qE}{m} t \\ v_z = v_0 \end{cases}$$ car à $t = 0$, on a $\vec{v}_0 \begin{cases} v_{0x} = 0 \\ v_{0z} = v_0 \end{cases}$;

soit $$\begin{cases} x = \frac{1}{2}\frac{qE}{m} t^2 & (1) \\ z = v_0 t & (2) \end{cases}$$ car à $t = 0$, la particule est en O.

En cas de difficultés pour établir les équations horaires du mouvement, revoir la méthode et stratégie 1 du chapitre 4.

L'équation de la trajectoire est obtenue en remplaçant t dans la relation (1) par $t = \frac{z}{v_0}$;
d'où :

$$x = \frac{qE}{2mv_0^{\,2}} z^2 \qquad (3)$$

d. L'allure de la trajectoire est une portion de parabole orientée vers (C), car $\vec{F}$ est orienté vers (C) (voir figure).

2. a. Voir figure.

b. D'après le document 2, si le poids est négligeable devant la force électrostatique alors on a : $100P < F$, soit $100 \times mg < |q|E \Rightarrow m < \frac{|q|E}{100g}$.

D'après le document 3, $E = \frac{V_C - V_F}{d}$, donc on a finalement : $m < \frac{|q|(V_C - V_F)}{100gd}$.

> Ne pas oublier de convertir le potentiel électrique en volts et les nanocoulombs en coulombs : **1 nanocoulomb = 1×10^{-9} C**.

Application numérique : $m < \frac{1 \times 10^{-9} \times \left(0 - (-50 \times 10^3)\right)}{100 \times 10 \times 25 \times 10^{-2}} = 2 \times 10^{-7}$ kg.

c. L'intêret du traitement des fumées est de limiter le rejet de particules dans l'atmosphère. On limite ainsi la pollution.

4 Les satellites de Jupiter

1. Le mouvement du satellite de Jupiter est étudié dans le référentiel « jupiterocentrique » supposé galiléen. Jupiter et ses satellites sont des corps à symétrie sphérique.

Jupiter exerce sur le satellite la force d'interaction gravitationnelle $\vec{F}_{J/S} = -\frac{GM_J m_S}{r_S^{\,2}} \vec{u}_{JS}$ avec $\vec{u}_{JS}$ vecteur unitaire de direction la droite (JS) et orienté de J vers S.

On applique la deuxième loi de Newton : $\sum \vec{F}_{ext} = \frac{d\vec{p}}{dt} = \frac{d(m_S \vec{v})}{dt} = m_S \vec{a}$;

soit $\vec{F}_{J/S} = m_S \vec{a} \Rightarrow \vec{a} = \frac{\vec{F}_{J/S}}{m_S}$, ce qui donne finalement $\vec{a} = -\frac{GM_J}{r_S^{\,2}} \vec{u}_{JS}$.

L'expression de la valeur de a est donc $a = \frac{GM_J}{r_S^{\,2}} = cte$.

Le vecteur accélération est un vecteur centripète de valeur constante.

2. Pour les mouvements circulaires uniformes, l'accélération peut s'écrire $a = \frac{v^2}{r}$.

> Voir les mouvements circulaires uniformes dans le chapitre 4.

Soit $a = \frac{v^2}{r_S} = \frac{GM_J}{r_S^{\,2}}$; on en déduit l'expression de la vitesse : $v = \sqrt{\frac{GM_J}{r_S}}$.

3. La période de révolution T_S est la durée pour effectuer un tour complet :

$$T_S = \frac{2\pi r_S}{v} = \frac{2\pi r_S}{\sqrt{\frac{GM_J}{r_S}}} = 2\pi \sqrt{\frac{r_S^{\,3}}{GM_J}} \qquad (1)$$

4. Le graphique est une droite qui passe par l'origine, donc on peut en conclure que la période T^2 est proportionnelle à r^3. On retrouve ainsi la troisième loi de Kepler : $\frac{T^2}{r^3} = cte = k$.

5. En mettant la période T au carré dans la relation (1), on détermine l'expression de la constante k : $T^2 = \left(2\pi\sqrt{\frac{r^3}{GM_J}}\right)^2 = \frac{4\pi^2 r^3}{GM_J} \Rightarrow \frac{T^2}{r^3} = \frac{4\pi^2}{GM_J} = cte = k$.

On détermine ensuite la valeur de k graphiquement, car elle correspond au coefficient directeur de la droite : $k = \frac{(2{,}0 \times 10^{12} - 0)}{(6{,}5 \times 10^{27})} = 3{,}1 \times 10^{-16}\,\text{s}^2\cdot\text{m}^{-3}$.

On peut alors déduire la valeur de la masse de Jupiter : $\frac{T^2}{r^3} = \frac{4\pi^2}{GM_J} = k \Rightarrow M_J = \frac{4\pi^2}{Gk}$.

Application numérique : $M_J = \frac{4\pi^2}{6{,}67 \times 10^{-11} \times 3{,}1 \times 10^{-16}} = 1{,}9 \times 10^{27}\,\text{kg}$.

5 Le cascadeur

1. Le point matériel G n'est soumis qu'à son poids entre O et B, car on néglige les frottements. Le système est donc en chute libre.

On considère le référentiel terrestre comme galiléen et on y applique la deuxième loi de Newton :

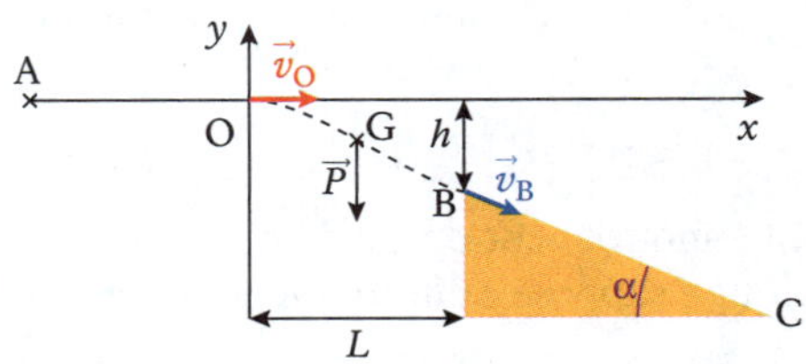

$$\sum \vec{F}_{ext} = \frac{d\vec{p}}{dt} = \frac{d(M\vec{v})}{dt} = M\vec{a}$$, car la masse M du système est constante.

On a alors : $\vec{P} = M\vec{a}$ soit $M\vec{g} = M\vec{a}$ donc $\vec{g} = \vec{a}$.

On projette cette relation dans le repère (Oxy) pour obtenir par intégrations successives les équations horaires du mouvement de G entre O et B :

$$\begin{cases} a_x = \frac{dv_x}{dt} = 0 \\ a_y = \frac{dv_y}{dt} = -g \end{cases} \Rightarrow \begin{cases} v_x = v_0 \\ v_y = -gt \end{cases} \quad \text{car à } t = 0, \text{ on a } \vec{v}_0 \begin{cases} v_{x0} = v_0 \\ v_{y0} = 0 \end{cases};$$

$$\text{soit } \overrightarrow{OG} \begin{cases} x = v_0 t & (1) \\ y = -\frac{1}{2}gt^2 & (2) \end{cases} \quad \text{car à } t = 0, \text{ G est en O donc } x_0 = y_0 = 0.$$

En cas de difficultés pour établir les équations horaires du mouvement, revoir la méthode et stratégie 1 du chapitre 4.

2. L'équation de la trajectoire est obtenue en remplaçant t dans la relation (2) par $t = \frac{x}{v_0}$, ce qui donne :

$$y = -\frac{g}{2{v_0}^2}x^2 \qquad (3)$$

3. La voiture atterrisant au point B de coordonnées $\begin{cases} x_B = L \\ y_B = -h \end{cases}$, l'équation de la trajectoire (3) au point B a pour expression : $-h = -\frac{g}{2{v_0}^2}L^2$, soit $h = \frac{g}{2{v_0}^2}L^2$.

On en déduit l'expression de v_0 : ${v_0}^2 = \frac{gL^2}{2h} \Rightarrow v_0 = L\sqrt{\frac{g}{2h}}$ (4)

Application numérique : $v_0 = 35{,}0 \times \sqrt{\frac{9{,}81}{2 \times 7{,}50}} = 28{,}3\,\text{m}\cdot\text{s}^{-1}$.

Pour déterminer l'angle d'inclinaison α, il est conseillé de faire un schéma pour faire apparaître les coordonnées de la vitesse $\vec{v}_B$.

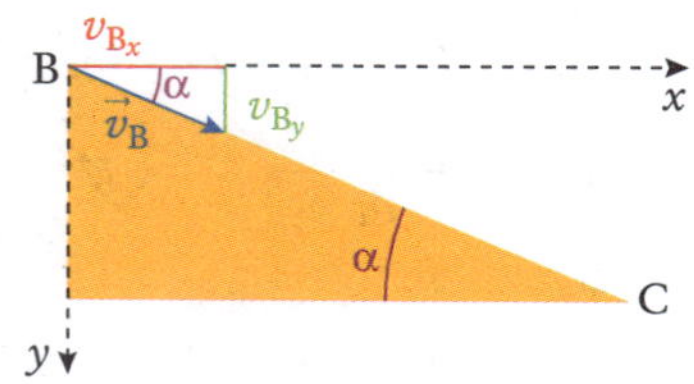

D'après la figure ci-contre, on constate que α, v_{Bx} et v_{By} sont reliés par la relation trigonométrique $\tan\alpha = \left|\frac{v_{By}}{v_{Bx}}\right|$; or $v_{By} = -gt_B$ et $v_{Bx} = v_0$,

d'où $\tan\alpha = \left|\frac{-gt_B}{v_0}\right| = \frac{gt_B}{v_0}$.

D'après la relation (1), on sait que $t_B = \frac{x_B}{v_0} = \frac{L}{v_0}$, donc $\tan\alpha = \frac{gL}{{v_0}^2}$;

et en remplaçant v_0 par son expression (4), on a finalement : $\tan\alpha = \frac{gL}{\left(L\sqrt{\frac{g}{2h}}\right)^2} = \frac{2h}{L}$.

Application numérique : $\tan\alpha = \frac{2 \times 7{,}50}{35{,}0}$ soit $\alpha = 23{,}2°$.

6 Point de Lagrange entre la Terre et la Lune

On note d la distance Terre-Lune et x la distance Terre-point O.

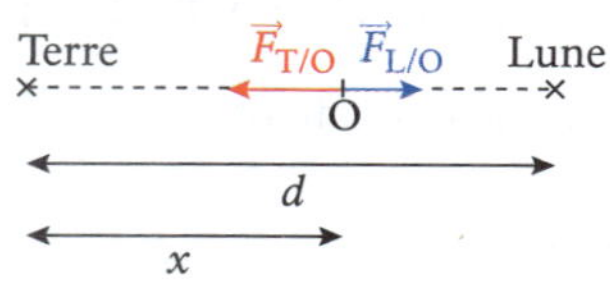

L'expression de la force de gravitation exercée par la Terre sur l'objet O est : $F_{T/O} = \frac{GmM_{Terre}}{x^2}$.

L'expression de la force de gravitation exercée par la Lune sur l'objet O est :

$F_{L/O} = \frac{GmM_{Lune}}{(d-x)^2}$.

Au point O, on sait que ces deux forces de gravitation se compensent, soit $F_{T/O} = F_{L/O}$;

d'où $\frac{GmM_{Terre}}{x^2} = \frac{GmM_{Lune}}{(d-x)^2} \Rightarrow d - x = \pm\, x\sqrt{\frac{M_{Lune}}{M_{Terre}}} \Rightarrow x = \frac{d}{1 \pm \sqrt{\frac{M_{Lune}}{M_{Terre}}}}$

x admet deux solutions, mais celle recherchée doit être plus petite que la distance d, car le point O se situe entre la Terre et la Lune. La solution est donc $x = \frac{d}{1 + \sqrt{\frac{M_{Lune}}{M_{Terre}}}}$.

Application numérique : $x = \frac{3{,}8 \times 10^8}{1 + \sqrt{\frac{7{,}4 \times 10^{22}}{5{,}98 \times 10^{24}}}} = 3{,}4 \times 10^8\,\text{m}$.

POST BAC

7 La grêle

1. a. Comme le grêlon est en chute libre, il n'est soumis qu'à son poids.
On considère le référentiel terrestre comme galiléen et on y applique la deuxième loi de Newton : $\sum \vec{F}_{ext} = \frac{d\vec{p}}{dt} = \frac{d(m\vec{v})}{dt} = m\vec{a}$, car la masse m du système est constante.

On a alors : $\vec{P} = m\vec{a}$ soit $m\vec{g} = m\vec{a}$ donc $\vec{g} = \vec{a}$.
On projette cette relation sur l'axe vertical (Oz) orienté vers le bas pour obtenir par intégrations successives les équations horaires du mouvement de G :

$a_z = \frac{dv_z}{dt} = g \Rightarrow v_z = gt + v_{0z} = gt$ car à $t = 0$ s, on a $v_{0z} = 0$ (pas de vitesse initiale).

Comme $v_z = \frac{dz}{dt} \Rightarrow z = \frac{1}{2}gt^2 + z_0 = \frac{1}{2}gt^2$ car à $t = 0$s, le grêlon est en O, soit $z_0 = 0$.

b. Quand le grêlon atteint le sol, $z = h = 1\ 500$ m. On détermine alors l'instant t d'arrivée au sol : $h = \frac{1}{2}gt^2 \Rightarrow t = \sqrt{\frac{2h}{g}}$.

Dans l'expression de la vitesse, on remplace t par l'expression précédente pour trouver la vitesse du grêlon lorsqu'il atteint le sol : $v = gt \Rightarrow v = g\sqrt{\frac{2h}{g}} \Rightarrow v = \sqrt{2gh}$.

Application numérique : $v = \sqrt{2 \times 9{,}80 \times 1500} = 171\,\text{m}\cdot\text{s}^{-1}$

soit $v = 171 \times \frac{3\ 600}{1\ 000} = 617\,\text{km}\cdot\text{h}^{-1}$.

Dans le texte d'introduction, on nous dit que la vitesse d'un grêlon au sol peut atteindre 160 $\text{km}\cdot\text{h}^{-1}$, donc la valeur obtenue avec le modèle de la chute libre n'est pas vraisemblable.

2. a. On cherche l'unité de k par analyse dimensionnelle. D'après l'expression de la force de frottement, on a : $f = kv^2 \Rightarrow k = \frac{f}{v^2}$ donc $[k] = \frac{[f]}{[v^2]}$.

Or d'après la deuxième loi de Newton $\sum \vec{F}_{ext} = \frac{d\vec{p}}{dt}$, la force F s'exprime en $\text{kg}\cdot\text{m}\cdot\text{s}^{-2}$ dans le Système international d'unités (SI) car la quantité de mouvement p s'exprime en $\text{kg}\cdot\text{m}\cdot\text{s}^{-1}$. On a donc finalement : $[k] = \frac{\text{kg}\cdot\text{m}\cdot\text{s}^{-2}}{(\text{m}\cdot\text{s}^{-1})^2} = \text{kg}\cdot\text{m}^{-1}$.

b. L'expression de la poussée d'Archimède est $\Pi = \rho V_{sphère} g$ soit $\Pi = \rho \frac{4}{3}\pi r^3 g$ (voir le complément de cours POST BAC).

Le volume d'une sphère est donné par la formule $V_{sphère} = \frac{4}{3}\pi r^3$.

Application numérique : $\Pi = 1{,}3 \times \frac{4}{3}\pi \times \left(\frac{3{,}0 \times 10^{-2}}{2}\right)^3 \times 9{,}80 = 1{,}8 \times 10^{-4}\,\text{N}$.

On déduit le rayon r à partir du diamètre qui est donné, soit $r = \frac{\text{diamètre}}{2}$.
Ne pas oublier de convertir les cm en m.

L'expression du poids est $P = mg$.
Application numérique : $P = 13 \times 10^{-3} \times 9,80 = 1,3 \times 10^{-1}\,\text{N}$.

Ne pas oublier de convertir la masse m en kg.

Le poids du grêlon est environ 700 fois plus élevé que la poussée d'Archimède : on peut donc négliger celle-ci devant le poids.

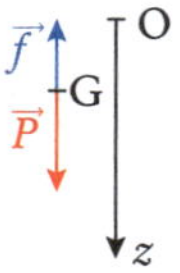

c. On applique la deuxième loi de Newton au grêlon, dans un référentiel terrestre supposé galiléen. Le grêlon est soumis à son poids et à la force de frottement fluide (on néglige la poussée d'Archimède) :
$\sum \vec{F}_{\text{ext}} = \frac{d\vec{p}}{dt} = \frac{d(m\vec{v})}{dt} = m\vec{a}$ soit $\vec{P} + \vec{f} = m\vec{a}$.

En projetant sur l'axe vertical (Oz) dirigé vers le bas, il vient : $P - f = ma_z$.
Comme le mouvement du grêlon est vertical et dirigé vers le bas, on a $v_z = v$;
d'où $mg - kv_z^2 = m\frac{dv_z}{dt} \Rightarrow mg - kv^2 = m\frac{dv}{dt}$, soit finalement $\frac{dv}{dt} = g - \frac{k}{m}v^2$.
La relation obtenue est bien de la forme : $\frac{dv}{dt} = \text{A} - \text{B}v^2$ avec $\text{A} = g$ et $\text{B} = \frac{k}{m}$.

Cette relation est une équation différentielle. Les équations différentielles ne sont pas au programme de terminale S. Elles seront étudiées dans l'enseignement supérieur.

d. Quand la vitesse limite est atteinte, celle-ci est alors constante, donc $\frac{dv}{dt} = 0$.

Soit $\text{A} - \text{B}v_{\text{lim}}^2 = 0 \Rightarrow v_{\text{lim}} = \sqrt{\frac{\text{A}}{\text{B}}}$

Application numérique : $v_{\text{lim}} = \sqrt{\frac{9,80}{\left(\frac{2,03 \times 10^{-4}}{13 \times 10^{-3}}\right)}} = 25\,\text{m·s}^{-1}$.

POST BAC

8 Expérience de Millikan

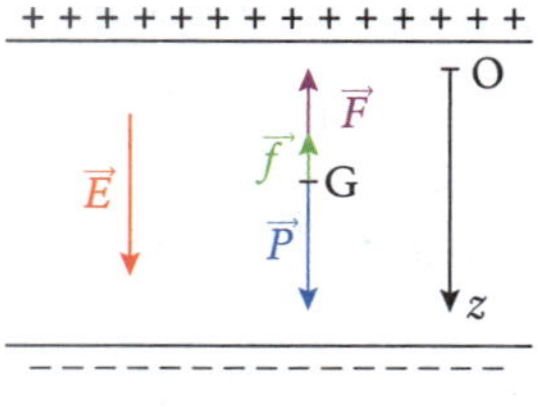

1. La goutte d'huile est soumise à un ensemble de forces : le poids $\vec{P}$ de la goutte, la force électrique $\vec{F}$ et la force de frottement $\vec{f}$.
Comme la charge de la goutte est négative, le champ $\vec{E}$ et la force électrique $\vec{F}$ sont de sens opposés.

2. Dans le référentiel terrestre supposé galiléen, on applique la deuxième loi de Newton :
$\sum \vec{F}_{\text{ext}} = \frac{d\vec{p}}{dt} = \frac{d(m\vec{v})}{dt} = m\vec{a} \Rightarrow \vec{P} + \vec{F} + \vec{f} = m\vec{a}$.

On projette cette relation vectorielle sur l'axe vertical (Oz) orienté vers le bas, soit : $P - F - f = ma_z$.

On sait que $P = mg$, $F = |q|E$, $f = 6\pi rhv$ et $a_z = \frac{dv_z}{dt} = \frac{dv}{dt}$ car le mouvement est vertical vers le bas.

La norme d'une force est toujours positive, c'est pour cela qu'il est nécessaire d'exprimer la charge q en valeur absolue car elle est négative ici, d'où $F = |q|E$.

En remplaçant ces expressions dans la relation précédente, on obtient :

$$mg - 6\pi rhv - |q|E = m\frac{dv}{dt} \qquad \text{équation (1)}$$

Cette équation (1) relie bien la vitesse v et sa dérivée en fonction du temps $\frac{dv}{dt}$.

Cette relation est une équation différentielle. Les équations différentielles ne sont pas au programme de terminale S. Elles seront étudiées dans l'enseignement supérieur.

3. Quand la goutte d'huile a atteint sa vitesse limite, la vitesse devient alors constante et égale à v_{lim}, ce qui implique que $\frac{dv}{dt} = 0$.

On détermine l'expression de la vitesse limite à l'aide de l'équation (1) :

$$mg - 6\pi rhv_{\text{lim}} - |q|E = 0 \Rightarrow v_{\text{lim}} = \frac{1}{6\pi rh}(mg - |q|E) \qquad \text{équation (2)}$$

4. Pour montrer que la solution donnée est solution de l'équation (1), on remplace v par $v(t) = v_{\text{lim}}\left(1 - e^{-\frac{t}{\tau}}\right)$ et le terme $\frac{dv}{dt}$ par $\frac{dv}{dt} = \frac{d}{dt}\left(v_{\text{lim}}\left(1 - e^{-\frac{t}{\tau}}\right)\right) = \frac{1}{\tau}v_{\text{lim}}e^{-\frac{t}{\tau}}$.

Rappel : $(e^{ax})' = ae^{ax}$ donc $\frac{d}{dt}\left(e^{-\frac{t}{\tau}}\right) = -\frac{1}{\tau}e^{-\frac{t}{\tau}}$.

En remplaçant ces deux expressions dans l'équation (1), on obtient :

$$mg - 6\pi rhv_{\text{lim}}\left(1 - e^{-\frac{t}{\tau}}\right) - |q|E = m\frac{1}{\tau}v_{\text{lim}}e^{-\frac{t}{\tau}}$$

On peut simplifier cette expression en remplaçant $mg - |q|E = v_{\text{lim}}6\pi rh$ d'après l'équation (2), ce qui donne :

$$6\pi rhv_{\text{lim}} - 6\pi rhv_{\text{lim}}\left(1 - e^{-\frac{t}{\tau}}\right) = m\frac{1}{\tau}v_{\text{lim}}e^{-\frac{t}{\tau}} \Rightarrow 6\pi rhv_{\text{lim}}e^{-\frac{t}{\tau}} = m\frac{1}{\tau}v_{\text{lim}}e^{-\frac{t}{\tau}}$$

soit $v_{\text{lim}}e^{-\frac{t}{\tau}}\left(\frac{m}{\tau} - 6\pi rh\right) = 0$.

v est donc solution de l'équation (1) à condition que $\frac{m}{\tau} - 6\pi rh = 0$, car la fonction exponentielle $e^{-\frac{t}{\tau}}$ et v_{lim} ne peuvent pas être nulle.

On en déduit l'expression de τ : $\tau = \frac{m}{6\pi rh}$.

5. Si $U_{AB} = 0$ alors le champ électrostatique devient nul $E = 0$. L'expression de la vitesse limite se simplifie : $v_{lim} = \frac{mg}{6\pi r h}$.

Avant de déterminer l'expression du rayon r, il faut préalablement remplacer la masse de la goutte par $m = \rho \times V_{goutte} = \rho \times \frac{4}{3}\pi$ car la masse dépend du rayon r de la goutte.

> Rappel : le volume d'une sphère est donné par la formule $V_{sphère} = \frac{4}{3}\pi r^3$.

Ainsi $v_{lim} = \dfrac{\rho \times \frac{4}{3}\pi r^3 g}{6\pi r h} \Rightarrow r^2 = \dfrac{v_{lim} \times 9h}{\rho \times 2g} \Rightarrow r = \sqrt{\dfrac{v_{lim} \times 9h}{\rho \times 2g}}$

Application numérique : $r = \sqrt{\dfrac{4{,}0 \times 10^{-5} \times 9 \times 18 \times 10^{-6}}{800 \times 2 \times 10}} = 6{,}4 \times 10^{-7}\,\text{m}$.

6. Si la goutte est immobile, on a $v = 0$ et $\frac{dv}{dt} = 0$;

donc on peut simplifier l'équation (1) : $mg - 0 - |q|E = 0 \Rightarrow mg = |q|E$.

Comme $m = \rho \times V_{goutte} = \rho \times \frac{4}{3}\pi r^3$ et $E = \frac{U_{AB}}{d}$, on obtient alors :

$$\rho \times \frac{4}{3}\pi r^3 g = |q|\frac{U_{AB}}{d} \Rightarrow |q| = \frac{\frac{4}{3}\pi r^3 \rho d g}{U_{AB}}.$$

Application numérique : $|q| = \dfrac{\frac{4}{3}\pi(6{,}4 \times 10^{-7})^3 \times 800 \times 5{,}5 \times 10^{-3} \times 10}{100} = 4{,}8 \times 10^{-19}\,\text{C}$.

$\dfrac{|q|}{e} = \dfrac{4{,}8 \times 10^{-19}}{1{,}6 \times 10^{-19}} = 3$. La goutte d'huile porte donc la charge électrique de 3 électrons.

CHAPITRE 6

Travail et énergie

COURS

MÉTHODES ET STRATÉGIES

SUJETS DE TYPE BAC

SUJETS D'APPROFONDISSEMENT

CORRIGÉS

COURS

Travail et énergie

Quelles relations existe-t-il entre travail et énergie ? Qu'est-ce qui modifie l'énergie d'un système ? Une étude énergétique du mouvement permet de comprendre les transferts entre les différentes formes d'énergie d'un système.

I. Travail d'une force constante

1. Définitions

- Une force est constante lorsque sa valeur, sa direction et son sens ne varient pas au cours du temps.
- Le travail d'une force constante $\vec{F}$ dont le point d'application se déplace de A en B est égal au produit scalaire de la force $\vec{F}$ par le déplacement $\overrightarrow{AB}$:

$$W_{A \to B}(\vec{F}) = \vec{F} \cdot \overrightarrow{AB} = F \times AB \times \cos\alpha$$

W en joules (J)
F en newtons (N)
AB en mètres (m)
α, angle entre $\vec{F}$ et $\overrightarrow{AB}$

$\alpha < 90°$	$\alpha = 90°$	$\alpha > 90°$
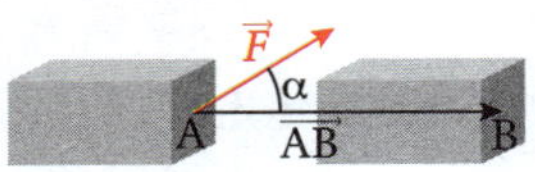 $\alpha < 90°$; $W > 0$ Travail moteur	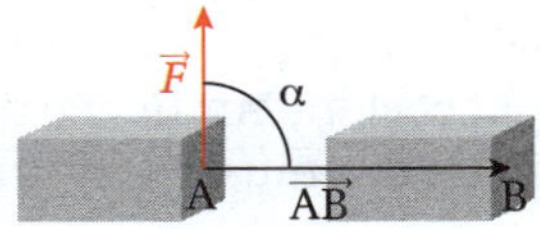 $\alpha = 90°$; $W = 0$ Travail nul	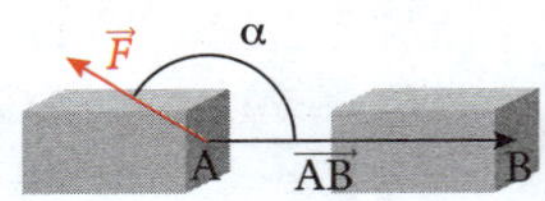 $\alpha > 90°$; $W < 0$ Travail résistant
Le système reçoit de l'énergie et la force $\vec{F}$ contribue par son action au déplacement.	Le système n'échange pas d'énergie et la force $\vec{F}$ n'a pas d'influence sur le déplacement.	Le système perd de l'énergie et la force $\vec{F}$ s'oppose par son action au déplacement.

- Le travail d'une force constante est indépendant du chemin suivi : il ne dépend que des points de départ et d'arrivée.

2. Travail du poids

- Sur une zone étendue de quelques kilomètres, le poids d'un corps peut être considéré comme une force constante. Dans le repère orthonormé $(O; \vec{i}, \vec{j}, \vec{k})$ avec l'axe Oz orienté vers le haut, on a :

$W_{A \to B}(\vec{P}) = \vec{P} \cdot \overrightarrow{AB}$
$= -mg\vec{k} \cdot \left((x_B - x_A)\vec{i} + (y_B - y_A)\vec{j} + (z_B - z_A)\vec{k}\right)$

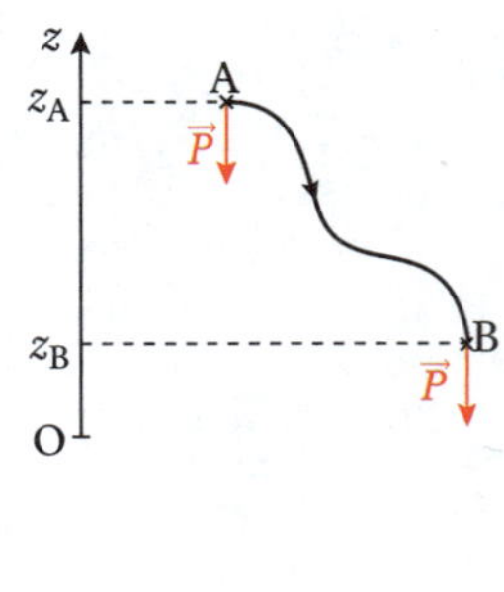

Comme $\vec{k} \cdot \vec{i} = 0$, $\vec{k} \cdot \vec{j} = 0$ et $\vec{k} \cdot \vec{k} = 1$, on obtient finalement la relation :

$$W_{A \to B}(\vec{P}) = mg(z_A - z_B)$$

On peut distinguer deux cas :
- si le corps monte, $z_A < z_B$ donc $W_{A\to B}(\vec{P}) < 0$, le travail du poids est résistant ;
- si le corps descend, $z_A > z_B$ donc $W_{A\to B}(\vec{P}) > 0$, le travail du poids est moteur.

Pour déterminer le travail du poids, il est souvent plus commode de poser pour une dénivellation h entre le point de départ A et celui d'arrivée B que $h = |z_A - z_B|$.
Dans ce cas, l'expression du travail du poids devient : $W_{A\to B}(\vec{P}) = \pm mgh$.
Comme précédemment, on distingue deux cas :
- si le corps effectue un mouvement ascendant entre le point de départ et son point d'arrivée, le travail du poids sera résistant : $W_{A\to B}(\vec{P}) = -mgh < 0$;
- si le corps effectue un mouvement descendant entre le point de départ et son point d'arrivée, le travail du poids sera moteur : $W_{A\to B}(\vec{P}) = mgh > 0$.

3. Travail de la force électrique

Une particule de charge q se déplaçant de A vers B dans un champ $\vec{E}$ uniforme est soumise à une force électrique $\vec{F}_e = q\vec{E}$ dont le travail est :

$$W_{A\to B}(\vec{F}_e) = qU_{AB} = q(V_A - V_B) = qV_A - qV_B$$

où la tension électrique correspond à une différence de potentiel électrique :
$U_{AB} = V_A - V_B$; V_A et V_B sont les potentiels électriques en volts aux points A et B.

4. Travail d'une force de frottement

Dans le cas d'un mouvement rectiligne, la force de frottement $\vec{f}$ est toujours opposée au vecteur déplacement, et le travail est donc négatif (résistant) :

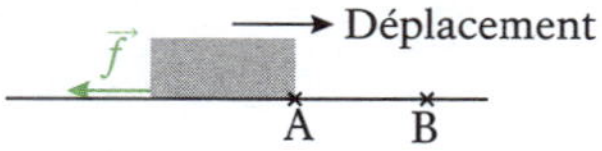

$W_{A\to B}(\vec{f}) = \vec{f} \cdot \overrightarrow{AB} = f \times AB \times \cos 180 = -f \times AB$ car $\cos 180 = -1$.

II. Forces conservatives

Une force est conservative quand son travail ne dépend pas du chemin suivi mais des positions initiale et finale. Dans le cas contraire, elle est dite non conservative.

À toute force conservative, on peut associer une énergie potentielle. Celle-ci représente l'énergie en réserve que le système peut donner.

Le travail d'une force conservative est lié à son énergie potentielle par la relation :

$$W_{A\to B}(\vec{F}_{\text{conservative}}) = E_{pA} - E_{pB} = -\Delta E_{pA\to B}$$

Exemples Le poids, la force électrique et la force exercée par un ressort appelée force de rappel sont des exemples de forces conservatives.

III. Les types d'énergies potentielles

1. Énergie potentielle de pesanteur

Au voisinage de la Terre, on peut admettre que le champ de pesanteur $\vec{g}$ est uniforme. Dans ces conditions, l'énergie potentielle de pesanteur est :

$E_{pp} = mgz + cte$	E_{pp} en joules (J) m, masse en kilogrammes (kg) z, altitude en mètres (m)

Cette relation n'est valable que si l'axe des altitudes Oz est vertical et orienté vers le haut.

- L'énergie potentielle de pesanteur est définie à une constante près. Elle peut donc prendre une infinité de valeurs à une altitude donnée. Le choix de la constante est arbitraire.

Généralement, on choisit d'associer $E_{pp} = 0$ à l'altitude $z = 0$ (niveau de référence). La constante est alors nulle et l'expression de l'énergie potentielle de pesanteur devient donc : $E_{pp} = mgz$.

2. Énergie potentielle électrique

L'énergie potentielle électrique d'une particule de charge q est définie par $E_{pe} = qV$. V est le potentiel électrique qui s'exprime en volts (V) ; il peut être nul, positif ou négatif.

3. Énergie potentielle élastique

Un ressort comprimé ou étiré possède une énergie liée à son état de déformation par rapport à sa position d'équilibre, appelée énergie potentielle élastique :

$$E_{pe} = \frac{1}{2}kx^2$$

E_{pe} en newtons (N)
x, allongement algébrique du ressort en mètres (m) ;
k, constante de raideur du ressort en newtons par mètre (N·m^{-1})

Lorsque le ressort n'est ni comprimé, ni étiré, son énergie potentielle élastique est nulle.

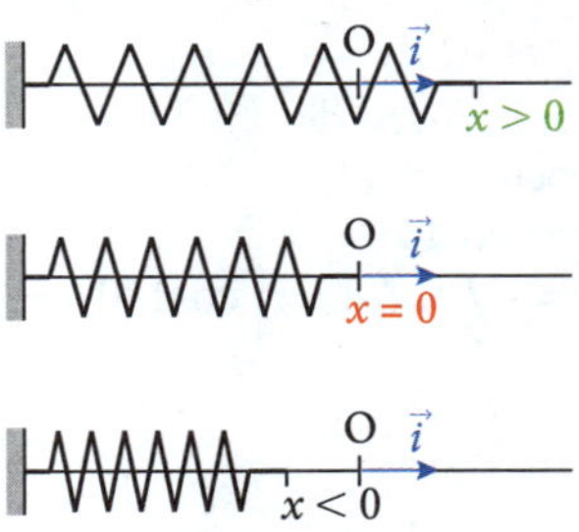

IV. Échanges énergétiques

1. Définitions

- L'énergie cinétique d'un système de centre d'inertie G et de masse m se déplaçant à la vitesse $\overrightarrow{v_G}$ dans un référentiel galiléen est donnée par la relation :

$$E_c = \frac{1}{2}mv_G^2$$

E_c en J
m en kg
v_G en m·s^{-1}

- L'énergie mécanique est la somme des énergies cinétiques et des énergies potentielles :

$$E_m = E_c + E_p$$

2. Transfert d'énergie

- Si un solide évolue dans un environnement terrestre en étant soumis à des forces extérieures qui effectuent un travail nul (à l'exception des forces conservatives), alors l'énergie mécanique est constante au cours du mouvement.

On peut démontrer ce résultat en utilisant le théorème de l'énergie cinétique (voir complément de cours POST BAC) :

$\Delta E_{cA\to B} = \sum W_{A\to B}(\vec{F}_{ext})$;

$\Delta E_{cA\to B} = \sum W_{A\to B}(\vec{F}_{conservatives}) + \sum W_{A\to B}(\vec{F}_{non\ conservatives}) = \sum W_{A\to B}(\vec{F}_{conservatives})$

car $\sum W(\vec{F}_{non\ conservatives}) = 0$;

or on sait que $\sum W_{A\to B}(\vec{F}_{conservatives}) = E_p(A) - E_p(B) = -\Delta E_{pA\to B}$;

donc $E_c(B) - E_c(A) = -E_p(B) + E_p(A)$.

On a donc au final : $E_c(A) + E_p(A) = E_c(B) + E_p(B) = E_m = cte$.

- Dans le cas où les autres forces non conservatives travaillent, l'énergie mécanique n'est plus constante au cours du mouvement.

Comme précédemment, on peut démontrer ce résultat en utilisant le théorème de l'énergie cinétique (voir complément de cours POST BAC) :

$\Delta E_{cA\to B} = \sum W_{A\to B}(\vec{F}_{ext})$

soit $\Delta E_{cA\to B} = \sum W_{A\to B}(\vec{F}_{conservatives}) + \sum W_{A\to B}(\vec{F}_{non\ conservatives})$;

or on sait que $\sum W_{A\to B}(\vec{F}_{conservatives}) = E_p(A) - E_p(B) = -\Delta E_{pA\to B}$;

donc $E_c(B) - E_c(A) = -E_p(B) + E_p(A) + \sum W_{A\to B}(\vec{F}_{non\ conservatives})$.

On a donc au final : $E_m(B) - E_m(A) = \sum W_{A\to B}(\vec{F}_{non\ conservatives}) \neq 0$.

On distingue alors deux cas :

- si $\sum W_{A\to B}(\vec{F}_{non\ conservatives}) > 0$, la somme des forces extérieures non conservatives développent un travail moteur. Le système reçoit de l'énergie et son énergie mécanique augmente.
- si $\sum W_{A\to B}(\vec{F}_{non\ conservatives}) < 0$, la somme des forces extérieures non conservatives développent un travail résistant. Le système perd de l'énergie et son énergie mécanique diminue.

POST BAC

Le théorème de l'énergie cinétique

> Voir les exercices 7 et 8.

Dans un référentiel galiléen, la variation de l'énergie cinétique d'un solide en translation entre deux positions A et B est égale à la somme des travaux des forces extérieures s'exerçant sur le solide :

$$\Delta E_{cA\to B} = \sum W_{A\to B}(\vec{F}_{ext}) \quad \text{soit} \quad E_c(B) - E_c(A) = \frac{1}{2}mv_B^2 - \frac{1}{2}mv_A^2 = \sum W_{A\to B}(\vec{F}_{ext})$$

On distingue trois cas :

- si $\sum W_{A\to B}(\vec{F}_{ext}) > 0$, la somme des forces extérieures développent un travail moteur. Le système reçoit de l'énergie ; sa vitesse et son énergie cinétique augmentent au cours du déplacement : le solide accélère ;

• si $\sum W_{A \to B}(\vec{F}_{ext}) < 0$, la somme des forces extérieures développent un travail résistant. Le système perd de l'énergie ; sa vitesse et son énergie cinétique diminuent au cours du déplacement : le solide ralentit ;

• si $\sum W_{A \to B}(\vec{F}_{ext}) = 0$, la somme des forces extérieures développent un travail nul. Le système n'échange pas d'énergie ; sa vitesse et son énergie cinétique restent constantes au cours du déplacement : le solide a un mouvement uniforme.

Remarque Il est possible d'aborder la résolution de certains problèmes de mécanique soit à partir de la conservation de l'énergie mécanique, soit à partir du théorème de l'énergie cinétique.

MÉTHODES ET STRATÉGIES

1 Déterminer l'expression de l'énergie potentielle de pesanteur E_{pp} dans le cas du pendule simple

> Voir les exercices 1 et 5 mettant en œuvre cette méthode.

Méthode

> **Étape 1 :** On définit l'origine de l'axe des altitudes (Oz) qui est vertical et orienté vers le haut. Cette origine servira aussi de référence pour l'énergie potentielle de pesanteur.

> **Étape 2 :** L'expression de l'énergie potentielle de pesanteur est $E_{pp} = mgz$.

> **Étape 3 :** Afin de déterminer l'expression de l'altitude z, il est judicieux de la représenter sur un schéma.

> **Étape 4 :** On remplace ensuite l'expression de l'altitude z dans E_{pp}.

Exemple

Un pendule simple est constitué d'un fil de longueur L, accroché à un point fixe O et auquel est suspendu un solide ponctuel de masse m. Déterminer l'énergie potentielle de pesanteur du pendule lorsque celui-ci est écarté de sa position d'équilibre d'un angle α_0. On prendra pour origine de l'énergie potentielle de pesanteur la position d'équilibre du solide.

Application

> **Étape 1 :** On choisit comme origine pour l'axe des altitudes la position d'équilibre du solide (voir figure) qui servira de référence pour l'énergie potentielle de pesanteur. L'axe des altitudes est vertical et orienté vers le haut.

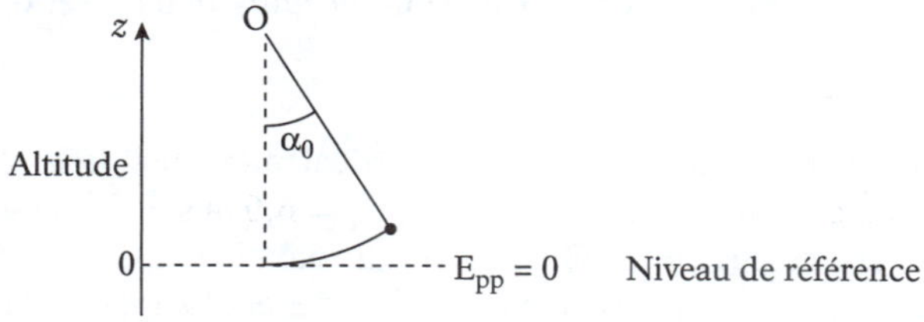

> **Étape 2 :** L'expression de l'énergie potentielle de pesanteur est $E_{pp} = mgz$.

> **Étape 3 :** Graphiquement, on constate que l'altitude z correspond à $z = L - L_1$.
La longueur OB = L_1 correspond au côté adjacent du triangle rectangle ABO, soit $L_1 = L\cos\alpha_0$.
On a donc $z = L - L_1 = L - L\cos\alpha_0 = L(1 - \cos\alpha_0)$.

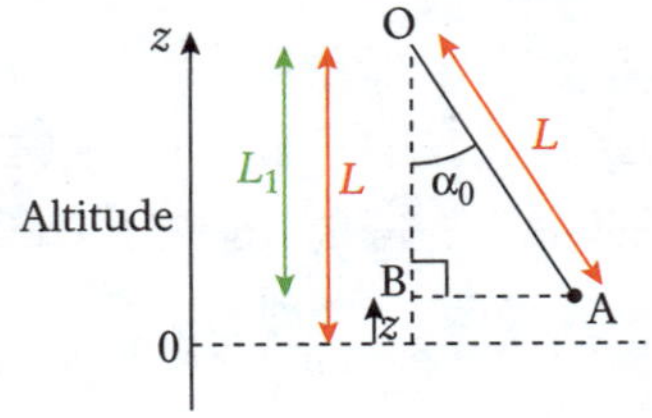

> Étape 4 : L'expression de l'énergie potentielle de pesanteur est alors :
$E_{pp} = mgz = mgL\left(1 - \cos\alpha_0\right)$.

2 Utiliser la conservation de l'énergie mécanique

> Voir les exercices 1, 2, 3, 4, 5 et 6 mettant en œuvre cette méthode.

Méthode

> Étape 1 : On définit précisément le système mécanique d'étude.

> Étape 2 : On choisit un référentiel d'étude galiléen.

> Étape 3 : On effectue l'inventaire des forces extérieures s'exerçant sur le système. On représente sur un schéma simplifié (pas à l'échelle) l'ensemble de ces forces en respectant leur direction et leur sens.

> Étape 4 : On détermine si on peut appliquer la conservation de l'énergie mécanique. Pour cela, il faut vérifier que toutes les forces autres que les forces conservatives (poids, force électrique, ...) ont un travail nul.

> Étape 5 : On définit l'origine de l'axe des altitudes (Oz) qui est vertical et orienté vers le haut. Cette origine servira aussi de référence pour l'énergie potentielle de pesanteur. On applique la conservation de l'énergie mécanique entre deux positions du système.

Exemple

Florent lance une pierre de masse m = 150 g verticalement vers le haut. Au moment où elle quitte sa main, la vitesse de la pierre est $v_A = 6{,}0 \text{ m·s}^{-1}$ et elle se trouve à une hauteur h = 1,0 m au- dessus du sol. Quelle altitude maximale z_{max} la pierre atteint-elle en prenant le niveau du sol comme origine des altitudes et en supposant les frottements négligeables ?
Donnée : intensité de la pesanteur $g = 9{,}8 \text{ m·s}^{-2}$.

Application

> Étape 1 : Le système d'étude est la pierre.

> Étape 2 : On étudie le système dans le référentiel terrestre supposé galiléen.

> Étape 3 : La pierre est soumise uniquement à son poids, car on néglige les frottements.

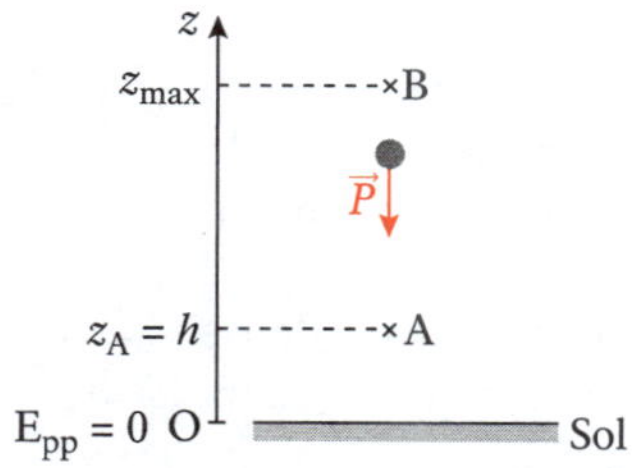

> Étape 4 : Le poids étant une force conservative, on peut appliquer la conservation de l'énergie mécanique.
L'énergie potentielle mise en jeu sera de l'énergie potentielle de pesanteur qui est associée au poids.

> Étape 5 : On choisit comme origine pour l'axe des altitudes le niveau du sol (voir figure) qui servira de référence pour l'énergie potentielle de pesanteur. On applique ensuite la conservation de l'énergie mécanique entre le point A du lancer de la pierre et le point B où l'altitude est maximale :

$E_m(A) = E_m(B) \Rightarrow E_c(A) + E_{pp}(A) = E_c(B) + E_{pp}(B)$.

Dans le cas des mouvements verticaux, la vitesse s'annule quand l'altitude est maximale. L'énergie cinétique est donc nulle en B, car l'altitude est maximale.
En remplaçant chaque terme par son expression, on a finalement :

$$\frac{1}{2}mv_A^2 + mgz_A = 0 + mgz_B \Rightarrow z_B = \frac{\frac{1}{2}mv_A^2 + mgz_A}{mg} = \frac{\frac{1}{2}v_A^2 + gz_A}{g}.$$

Comme l'altitude du point A de départ est *h*, on obtient $z_B = \dfrac{\frac{1}{2}v_A^2 + gh}{g}$.

Application numérique : $z_B = z_{max} = \dfrac{\frac{1}{2} \times 6{,}0^2 + 9{,}8 \times 1{,}0}{9{,}8} = 2{,}8 \text{ m}$.

3 Utiliser le théorème de l'énergie cinétique

> Voir les exercices 7 et 8 mettant en œuvre cette méthode.

Méthode

> Étape 1 : On définit précisément le système mécanique d'étude.

> Étape 2 : On choisit un référentiel d'étude galiléen.

> Étape 3 : On effectue l'inventaire des forces extérieures s'exerçant sur le système. On représente sur un schéma simplifié (pas à l'échelle) l'ensemble de ces forces en respectant leur direction et leur sens.

> Étape 4 : On applique le théorème de l'énergie cinétique entre deux positions du système. Pour cela, il faut exprimer le travail des forces extérieures.

Exemple

Un enfant prend place sur une luge au sommet O d'une piste enneigée parfaitement plane, de longueur ℓ = OB = 100 m et de dénivellation OH = h = 20 m.

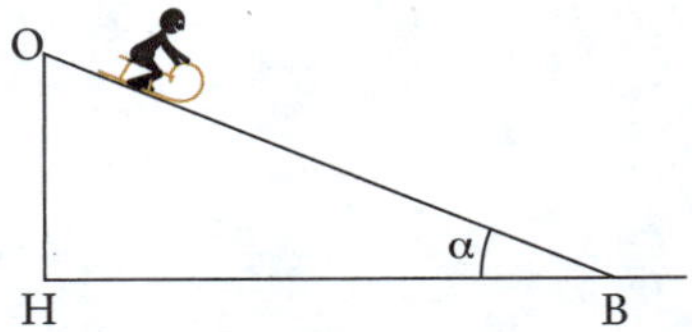

L'ensemble {luge + enfant} forme un solide de masse m = 60 kg. Les forces de frottements exercées par le sol sur la luge sont assimilables à une force constante $\vec{f}$ opposée au vecteur vitesse de valeur f = 60 N. Un autre enfant pousse l'ensemble {luge + enfant} et lui communique une vitesse en O de $v_0 = 2{,}0\ \text{m·s}^{-1}$. Quelle est la vitesse atteinte par l'enfant sur sa luge lorsqu'il arrive en bas de la piste en B ? On prendra $g = 9{,}8\ \text{m·s}^{-2}$.

Application

> Étape 1 : On étudie le mouvement de l'enfant sur sa luge.

> Étape 2 : Cette étude s'effectue dans le référentiel terrestre supposé galiléen.

> Étape 3 : L'ensemble {luge + enfant} est soumise à son poids $\vec{P}$, à la réaction normale du support $\vec{R}_N$ et à la force de frottement $\vec{f}$ exercée par la neige sur la luge.

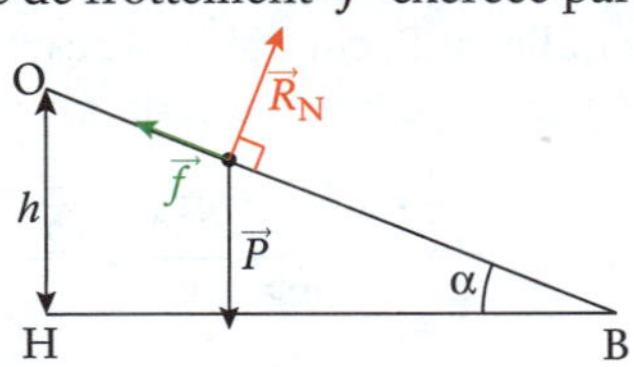

> Étape 4 : On applique le théorème de l'énergie cinétique entre les points O et B :

$$\Delta E_{cO\to B} = \sum W_{O\to B}\left(\vec{F}_{ext}\right)$$

soit $E_{cB} - E_{cO} = W_{O\to B}\left(\vec{P}\right) + W_{O\to B}\left(\vec{R}_N\right) + W_{O\to B}\left(\vec{f}\right)$ (1)

On explicite maintenant chaque terme de cette expression :

- l'énergie cinétique en B est $E_{cB} = \frac{1}{2}mv_B^2$ et celle en O est $E_{cO} = \frac{1}{2}mv_O^2$;
- le travail du poids est donné par la relation $W_{O\to B}\left(\vec{P}\right) = mgh$; il est moteur puisque l'altitude du point d'arrivée z_B est inférieure à celle du point de départ z_O. La dénivellation $|z_O - z_B|$ correspond à OH = h ;
- le travail de la réaction normale du support est nul car $\vec{R}_N$ est perpendiculaire au vecteur déplacement $\overrightarrow{OB}$; on a alors $W_{O\to B}\left(\vec{R}_N\right) = \vec{R}_N \cdot \overrightarrow{OB} = 0$;
- le travail de la force de frottement est donné par la relation :

$$W_{O\to B}\left(\vec{f}\right) = \vec{f} \cdot \overrightarrow{OB} = f \times OB \times \cos 180 = -f \times OB = -f\ell .$$

On remplace maintenant ces expressions dans (1) :

$$\frac{1}{2}mv_B^2 - \frac{1}{2}mv_O^2 = mgh - f\ell \Rightarrow \frac{1}{2}mv_B^2 = \frac{1}{2}mv_O^2 + mgh - f\ell ;$$

soit finalement : $v_B^2 = v_O^2 + 2gh - \dfrac{2f\ell}{m} \Rightarrow v_B = \sqrt{v_O^2 + 2gh - \dfrac{2f\ell}{m}}$.

Application numérique : $v_B = \sqrt{2{,}0^2 + 2 \times 9{,}8 \times 20 - \dfrac{2 \times 60 \times 100}{60}} = 14\ \text{m·s}^{-1}$.

SUJETS DE TYPE BAC

1 Étude du pendule

15 min

Cet exercice permet de s'entraîner à déterminer l'énergie potentielle de pesanteur dans le cas du pendule simple.

> Voir les méthodes et stratégies 1 et 2.

Une bille de masse $M = 10$ g est suspendue à l'extrémité d'un fil de longueur $\ell = 90$ cm. Le dispositif constitué de la bille et du fil sera considéré comme un pendule simple, non amorti.

Donnée : $g = 9{,}8\,\text{m}\cdot\text{s}^{-2}$.

1. On écarte le fil d'un angle $\alpha = 30°$ de sa position d'équilibre et on abandonne la bille sans vitesse initiale. Quelle est la vitesse v de la bille lorsqu'elle passe par sa position d'équilibre ?

2. À partir de la même position initiale, on lance la bille dans un plan vertical avec une vitesse initiale v_1. Quelle valeur faut-il donner à v_1 pour qu'après avoir franchi sa position d'équilibre, le fil s'écarte au maximum d'un angle $\beta = 60°$ par rapport à la verticale ?

2 Étude du lanceur de bille d'un flipper

15 min

Cet exercice très complet présente l'intérêt de faire intervenir en même temps plusieurs énergies potentielles : énergie potentielle de pesanteur et énergie potentielle élastique.

> Voir la méthode et stratégie 2.

Le lanceur de bille d'un flipper est constitué d'un ressort horizontal de masse négligeable, à spires non jointives, de coefficient de raideur $k = 35\ \text{N}\cdot\text{m}^{-1}$ et de longueur à vide ℓ_0. Ce ressort est fixe à son extrémité gauche et une butée P est fixée à son extrémité droite.

On travaille dans le repère $(O, \vec{i})$ tel que l'origine O du repère coïncide avec le point P quand le ressort n'est ni comprimé, ni étiré (voir figure).

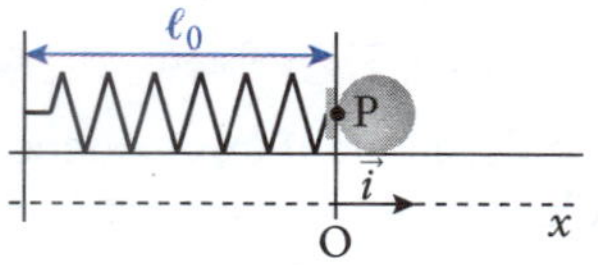

Par ailleurs, le flipper est constitué d'un plan horizontal et d'un plan incliné d'un angle $\alpha = 20°$ avec l'horizontale. Au sommet du plan incliné de longueur $L = 80$ cm se trouve la cible H à atteindre (voir figure).

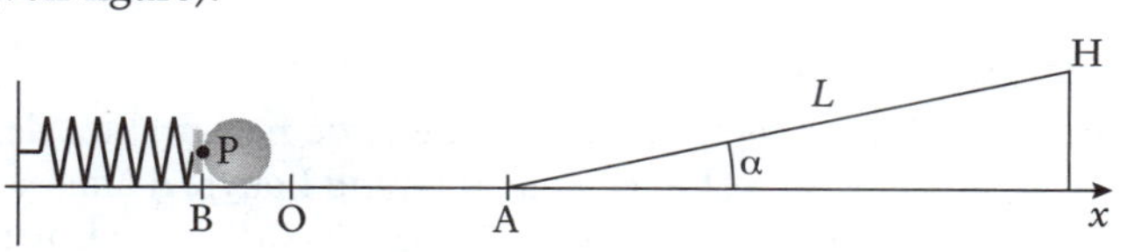

Initialement (voir figure), on comprime le ressort de $x_B = -0{,}10$ m : la bille de masse $m = 150$ g située contre la butée P se trouve ainsi à la position B ; puis on libère le

système. On suppose que la bille quitte le ressort quand celui-ci reprend sa longueur à vide ℓ_0. On néglige les frottements.
Donnée : $g = 9{,}8\,\text{m·s}^{-2}$.

1. Déterminer l'expression de la vitesse avec laquelle la bille quitte le ressort ; puis calculer cette vitesse.

2. Déterminer l'expression de la vitesse minimale v_{min} que doit posséder la bille en A pour atteindre la cible H ; puis calculer v_{min}.

3. La bille peut-elle atteindre la cible H ?

3 Le minigolf

30 min

Un excellent exercice d'application pratique qui permet de tester votre faculté à élaborer une démarche scientifique pour résoudre un problème. C'est également l'occasion de revoir la chute libre.

> Voir la méthode et stratégie 2.

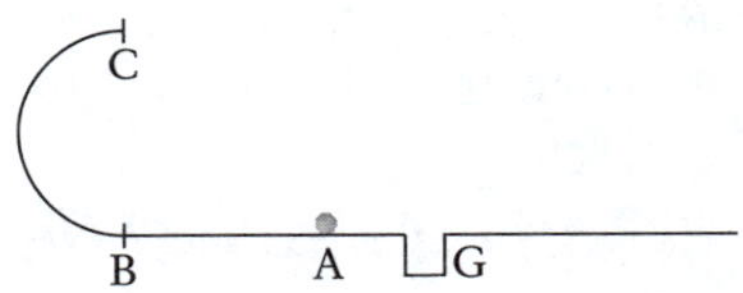

Dans un minigolf, un joueur doit frapper une balle de masse m en A de telle sorte que cette balle parcourt la distance AB horizontale, puis aborde à partir de B un demi-cercle vertical et le quitte en C, pour finalement tomber dans le trou G.
Si le demi-cercle a un rayon r de 80 cm et le trou est à 2,0 m de B, quelle est la vitesse à imprimer à la balle au moment de la frappe en A pour « réussir le trou » ?
La balle est considérée comme ponctuelle et on suppose qu'elle se déplace sans frottement.
Donnée : $g = 9{,}8\ \text{m·s}^{-2}$.
Remarque Déterminer l'expression de la vitesse de la balle en C et l'équation de la trajectoire de la balle entre C et G.

4 AGLAÉ, l'accélérateur de particules du laboratoire de recherche des musées de France

30 min

Conformément aux exigences du nouveau programme, voici un excellent exercice d'entraînement à l'analyse et à l'exploitation de documents. C'est également l'occasion de vérifier ses connaissances sur l'énergie potentielle électrique.

> Voir la méthode et stratégie 2.

DOC. 1 L'accélérateur AGLAÉ
Installé en décembre 1987 au centre de recherche et de restauration des Musées de France, dans les locaux du Louvre, l'Accélérateur Grand Louvre d'analyse élémentaire est un accélérateur électrostatique tandem de 2 mégavolts (MV). Il permet de produire des protons et des deutons possédant une énergie allant jusqu'à 4 MeV et des ions He jusqu'à 6 MeV.
Il s'agit du seul accélérateur de particules au profit des musées, constituant la méthode la plus performante qui soit pour l'analyse de la composition en éléments chimiques

d'un objet. Il permet d'obtenir des résultats en quelques minutes seulement et surtout sans qu'aucun prélèvement sur l'œuvre ne soit nécessaire.

DOC. 2 Description du fonctionnement de l'accélérateur d'ions

Dans l'accélérateur, des ions de charge $+e$ sont soumis tout d'abord à une tension accélératrice $U = |U_{AB}| = 2{,}0\ \text{MV}$. Puis, entre les points B et C, par une technique d'« épluchage », la charge est modifiée et devient $q = (+ne)$, sans variation de l'énergie des ions (n est un entier naturel non nul, inférieur ou égal au numéro atomique Z). Ces ions sont alors à nouveau soumis à une tension accélératrice $|U_{CD}| = |U_{AB}| = 2{,}0\ \text{MV}$ et $U_{AB} = U_{CD}$.

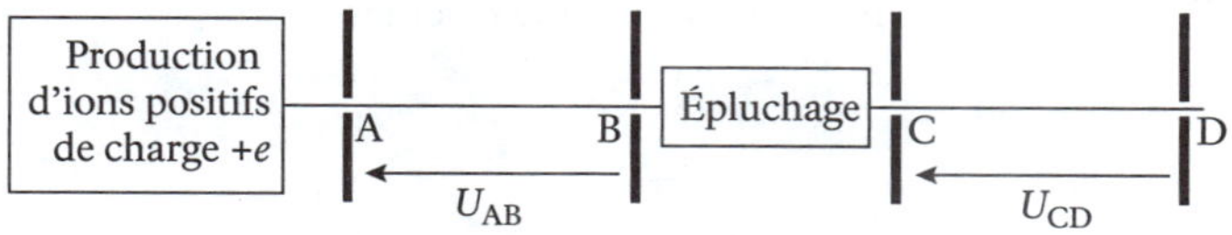

DOC. 3 Données

$1{,}00\ \text{eV} = 1{,}60 \times 10^{-19}\ \text{J}$.
Masse de l'atome d'hydrogène : $m = 1{,}67 \times 10^{-27}\ \text{kg}$.
Numéro atomique de l'hydrogène : $Z = 1$.
Charge élémentaire : $e = 1{,}60 \times 10^{-19}\ \text{C}$.
La vitesse des ions émis à partir de A est considérée comme négligeable devant celle à leur passage en B.
On négligera la masse des ions par rapport à la force électrique.
La tension électrique U_{AB} correspond à la différence de potentiel électrique entre A et B, soit $U_{AB} = V_A - V_B$ avec V_A et V_B potentiels électriques. Le champ électrostatique $\vec{E}$ est orienté dans le sens des potentiels électriques décroissants.

1. Durant le trajet AB, les protons H^+ subissent une forte accélération. Quelle est le sens du champ électrostatique $\vec{E}$ entre A et B ? En déduire le signe de la tension U_{AB}.

2. Établir en fonction de U, l'expression de l'énergie cinétique acquise par un proton lors de son arrivée en B. Calculer sa valeur en MeV. En déduire la valeur de la vitesse v_B du proton.

3. Dans le cas du proton, quel est l'effet de l' « épluchage » ?

4. Déterminer l'énergie cinétique acquise par le proton à sa sortie en D, si on admet que l'énergie des particules n'a pas été affectée entre B et C par l' « épluchage ».

SUJETS D'APPROFONDISSEMENT

5 Quelle est l'amplitude du pendule ?

15 min

Cet exercice sur l'énergie potentielle de pesanteur dans le cas du pendule simple est un grand classique à savoir résoudre sans hésiter.

> Voir les méthodes et stratégies 1 et 2.

On considère un pendule simple constitué par un solide supposé ponctuel de masse $m = 50$ g suspendu à un fil inextensible de masse négligeable et de longueur $L = 1{,}20$ m.

On place sur la verticale du point d'attache O du fil, à une distance $\frac{1}{2}L$ en dessous de ce point, un obstacle O′. De A_1 à A, les caractéristiques du pendule sont : longueur du fil $L = 1{,}20$ m et amplitude $\boldsymbol{\alpha} = \mathbf{60°}$. De A à A_2, les caractéristiques sont : longueur du fil $\frac{1}{2}L$ et amplitude β.

On néglige la résistance de l'air et on lâche le pendule de A_1 sans vitesse initiale.
Déterminer l'amplitude β en fonction de $\boldsymbol{\alpha}$ et la calculer.

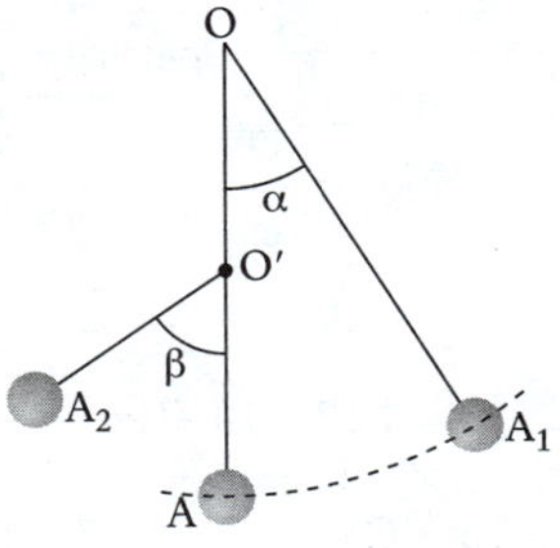

6 Le saut à l'élastique

15 min

Un excellent exercice d'application concret qui présente l'intérêt de faire intervenir en même temps plusieurs énergies potentielles : l'énergie potentielle de pesanteur et l'énergie potentielle élastique.

> Voir la méthode et stratégie 2.

Le saut à l'élastique n'est pas un sport sans risques. L'élastique doit être bien choisi et les règles de sécurité définies par les règlements en vigueur doivent être respectées. Un homme de masse $m = 60$ kg s'apprête à sauter accroché à un élastique depuis un pont. Lorsqu'il est tendu, l'élastique est assimilable à un ressort de masse négligeable, à spires non jointives, de longueur à vide $\ell_1 = \mathbf{25\ m}$ et de constante de raideur $k = 60\ \text{N·m}^{-1}$. Lorsqu'il n'est pas tendu, l'élastique n'exerce aucune force sur le sauteur.
On suppose que toutes les forces de frottements sont négligeables. Le sauteur s'élance sans vitesse initiale du haut du pont.
Quelle doit être la hauteur minimale du pont H pour que le sauteur ne heurte pas le sol ?

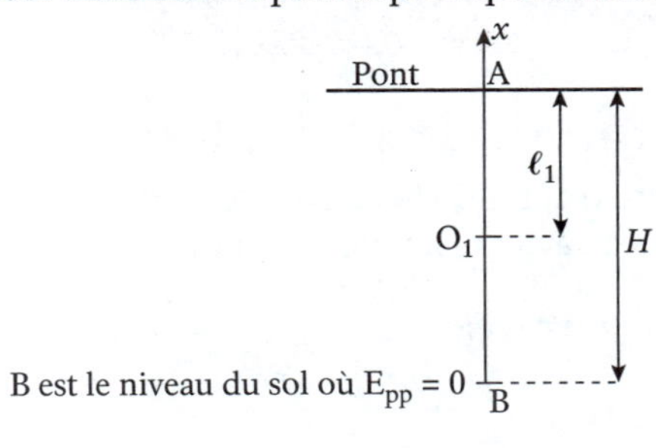

POST BAC

7 L'encensoir de Saint-Jacques de Compostelle

45 min

Ce sujet est typiquement dans l'esprit des nouvelles compétences à maîtriser en terminale : savoir résoudre un problème en s'appuyant sur ses connaissances et sur des documents. C'est aussi l'occasion d'appliquer le théorème de l'énergie cinétique à un cas concret et de revoir les analyses dimensionnelles.

> Voir la méthode et stratégie 3, ainsi que le complément de cours POST BAC.

DOC. 1 Description de l'encensoir de Saint-Jacques-de-Compostelle

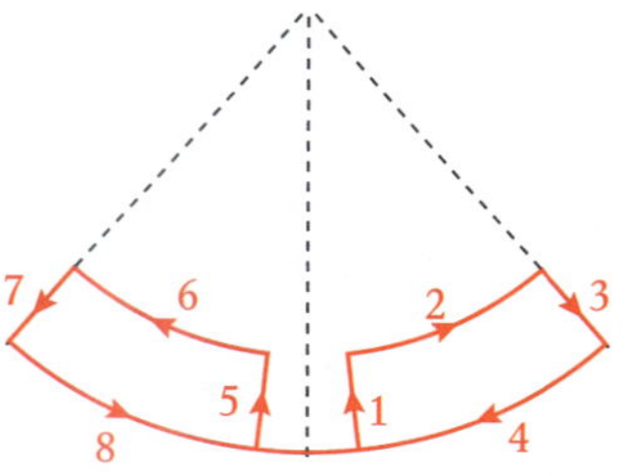

Depuis sept siècles, un mécanisme ingénieux fait osciller un encensoir géant dans la cathédrale de Saint-Jacques-de-Compostelle. Suspendu par une corde attachée au haut de la croisée de la cathédrale, l'encensoir gigantesque est dévié d'une poussée de sa position de repos verticale. Pendant qu'il se balance, huit hommes tirent sur une corde qui soulève l'encensoir lorsque celui-ci passe par la verticale et relâchent la corde quand l'encensoir est au plus haut. Les tireurs, sous les ordres d'un conducteur, amplifient ainsi les oscillations de l'encensoir, jusqu'à ce que celui-ci monte à une hauteur de 21 mètres, décrive un arc de 65 mètres de longueur, et passe en vrombissant à la vitesse de 68 kilomètres par heure en un point situé au ras du sol (voir figure).

Si l'oscillation n'était pas entretenue, l'énergie totale de l'encensoir (somme de l'énergie potentielle et de l'énergie cinétique) diminuerait à cause des frottements et de la résistance de l'air.

La période du pendule-encensoir est de 9,1 secondes à 13 degrés et de 10,5 secondes à 82 degrés. Le raccourcissement de 3 mètres de longueur de la corde de 20,6 mètres dure environ trois-quarts de seconde, de même que l'augmentation de sa longueur. La durée de la manœuvre de la corde est donc beaucoup plus petite que la période du mouvement, ce qui contribue au succès du processus d'amplification.

Les tireurs disposés en étoile agissent sur les ficelles nouées à la corde et exercent une force égale aux trois-quarts de leur poids. La force appliquée à l'encensoir peut atteindre alors environ quatre fois son poids.

DOC. 2 Données sur l'encensoir

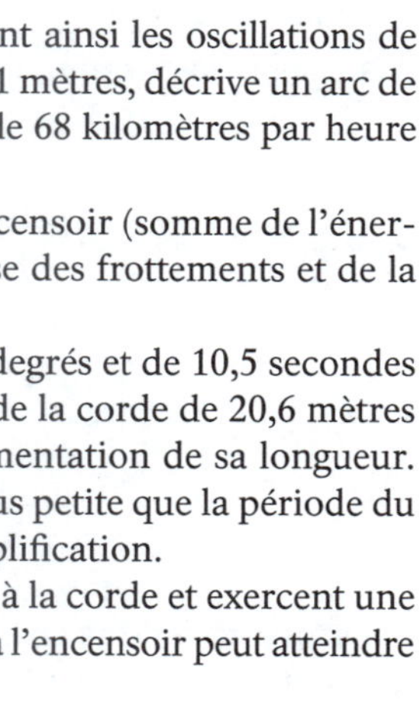

L'encensoir de masse $m = 50$ kg est supposé quasi ponctuel ; il est suspendu au bout d'une corde de longueur $\ell = 20{,}6\,\text{m}$ dans le champ de pesanteur $g = 9{,}81\,\text{m}\cdot\text{s}^{-2}$.
Le dispositif constitué de l'encensoir et de la corde sera considéré comme un pendule simple, libre, non amorti.

1. En appliquant le théorème de l'énergie cinétique à l'encensoir entre la position qui correspond à l'élongation maximale α_m et la position qui correspond à l'équilibre, déterminer l'expression de la vitesse maximale v_{max} quand l'encensoir passe au ras du sol. Calculer v_{max} pour $\alpha_m = 82{,}0°$. Cette valeur vous semble-t-elle cohérente ?

2. Par analyse dimensionnelle, choisir l'expression correcte donnant la période des petites oscillations d'un pendule simple : $T_0 = 2\pi m \frac{g}{\ell}$; $T_0 = 2\pi\sqrt{\frac{\ell}{g}}$; $T_0 = 2\pi\sqrt{\frac{g}{\ell}}$.

3. Calculer la période des oscillations de faible amplitude de l'encensoir de Saint-Jacques-de-Compostelle. Comment évolue-elle si on augmente son amplitude ?

4. Il est facile d'imaginer un scénario catastrophe : la chute de l'encensoir après rupture de la corde.

a. Parmi les propositions ci-dessous, quelle serait sa trajectoire avant de toucher le sol si le décrochage avait lieu pour l'élongation maximale α_m (accident de 1622) ?

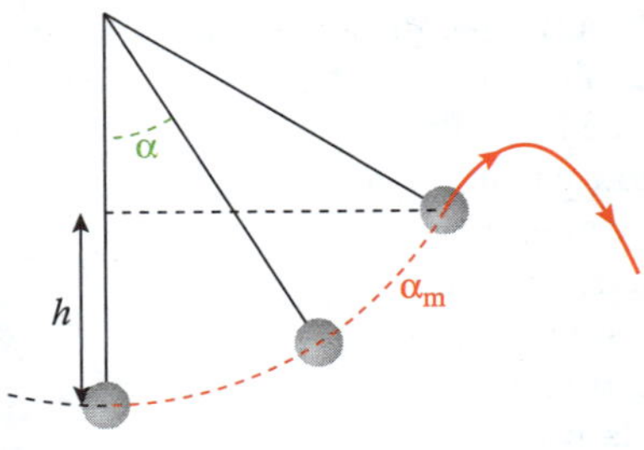

b. Quelle serait sa trajectoire avant de toucher le sol si le décrochage avait lieu lors du passage par la position d'équilibre (accident de 1499) ?

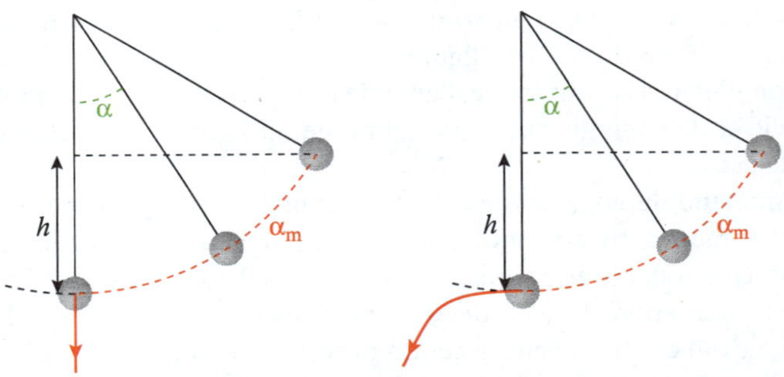

5. La force de tension de la corde F_1 à l'élongation maximale α_m vaut 68 N (hors action des tireurs). Quelle est la valeur de la force F_0 de tension de la corde lors du passage par la position d'équilibre de l'encensoir venant de la position repérée par $\alpha_m = 82{,}0°$ (toujours hors action des tireurs) ? Quelle est alors la position de l'encensoir où la corde a le plus de risques de se rompre ?

6. Si les oscillations de l'encensoir n'étaient pas entretenues par les tireurs, l'énergie totale diminuerait au cours du temps. À chaque passage par sa position d'équilibre, elle perdrait $\frac{1}{50}$ de son énergie cinétique. Calculer l'énergie cinétique E_c' de l'encensoir au bout de 20 oscillations.

7. En déduire l'amplitude α_m' des oscillations au bout de 20 oscillations.

POST BAC

8 Le looping

30 min

Cet exercice est un excellent test de vos connaissances générales en mécanique : mouvements circulaires, deuxième loi de Newton, application du théorème de l'énergie cinétique…

> Voir le complément de cours POST BAC et la méthode et stratégie 3.

On considère un dispositif dénommé « looping » constitué de deux rails d'abord horizontaux puis enroulés suivant une circonférence verticale de centre O et de rayon r, et enfin, de nouveau horizontaux.
Un véhicule de petites dimensions, assimilable à son centre d'inertie G, arrive en A avec la vitesse $\overrightarrow{v_0}$. On néglige tous les frottements.

Données : $g = 9{,}8\ \text{m·s}^{-2}$; $r = 6{,}0$ m.

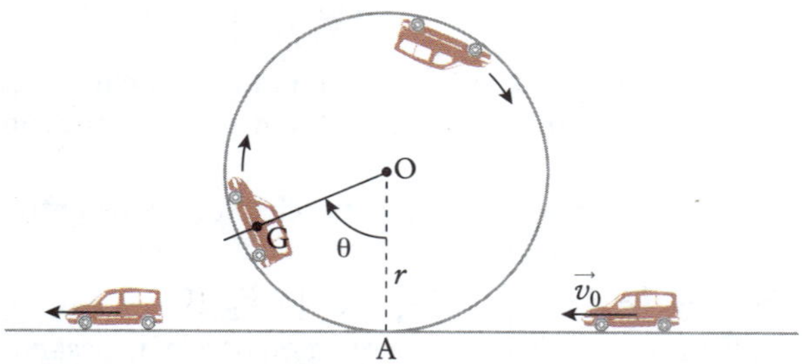

1. En utilisant le théorème de l'énergie cinétique, déterminer l'expression de la vitesse v du véhicule au point G défini par $(\overline{\text{OA}}, \overline{\text{OG}}) = \theta$ en fonction de g, r, v_0 et θ. On supposera que OG = r.

2. Établir l'expression de la valeur de la réaction $\vec{R}$ des rails sur le véhicule au point G en fonction de m, g, r, v_0 et θ.

3. Déterminer la valeur minimale de la vitesse v_0 en A pour que le véhicule décrive un tour complet à l'intérieur du looping, en restant constamment en contact avec les rails. Cette condition est remplie si la valeur R de la réaction des rails est positive quand le véhicule est au sommet de sa trajectoire.

CORRIGÉS

1 Étude du pendule

1. On étudie le mouvement de la bille de masse M suspendue à un fil dans le référentiel terrestre supposé galiléen. Cette bille est soumise à un ensemble de forces : son poids $\vec{P}$ et la tension du fil $\vec{T}$.

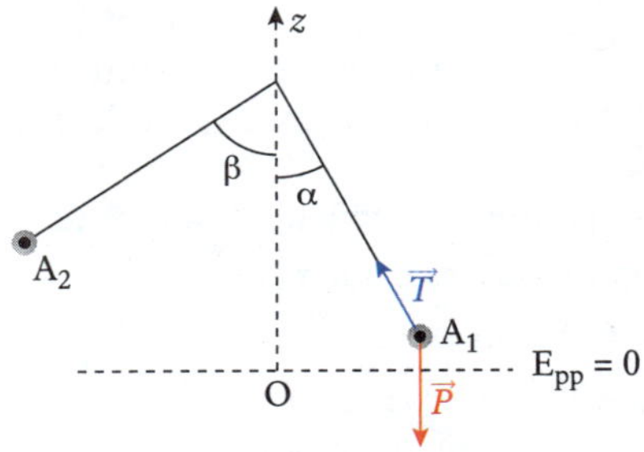

Le poids est une force conservative et la tension du fil est une force qui est constamment perpendiculaire à la trajectoire au cours du mouvement, donc son travail est nul : $W(\vec{T}) = 0$.

On peut alors appliquer la conservation de l'énergie mécanique entre la position initiale A_1 et la position d'équilibre O :

$E_m(A_1) = E_m(O) \Rightarrow E_c(A_1) + E_{pp}(A_1) = E_c(O) + E_{pp}(O)$.

L'énergie potentielle mise en jeu ici est l'énergie potentielle de pesanteur qui est associée au poids.

On choisit comme origine pour l'axe des altitudes la position d'équilibre du pendule O (voir figure) qui servira de référence pour l'énergie potentielle de pesanteur.

On remplace maintenant chaque terme par son expression :

$$\frac{1}{2}Mv_1^2 + Mgz_{A_1} = \frac{1}{2}Mv_O^2 + Mgz_O \qquad (1)$$

Or la vitesse de la bille est nulle en A_1 car la bille a été lâché sans vitesse initiale, soit $v_1 = 0$ et l'énergie potentielle de pesanteur est nulle en O, car la position O correspond à l'origine pour l'axe des altitudes, soit $E_{pp}(O) = Mgz_O = 0$.

La relation (1) devient donc : $Mgz_{A_1} = \frac{1}{2}Mv_O^2 \Rightarrow v_O = \sqrt{2gz_{A_1}}$.

Or l'altitude de la bille dans sa position initiale est $z_{A_1} = \ell - \ell\cos\alpha = \ell(1-\cos\alpha)$.

Voir la méthode et stratégie 1.

On a donc : $v_O = \sqrt{2g\ell(1-\cos\alpha)}$.

Application numérique : $v_O = \sqrt{2 \times 9{,}8 \times 90 \times 10^{-2}(1-\cos 30)} = 1{,}5\ \text{m}\cdot\text{s}^{-1}$.

Penser à convertir la longueur ℓ du pendule en mètres et à vérifier que la calculatrice est bien en degrés pour effectuer le calcul.

2. On applique la conservation de l'énergie mécanique entre la position initiale A_1 et la position A_2 où le fil est écarté d'un angle β (voir figure) :

$E_m(A_1) = E_m(A_2) \Rightarrow E_c(A_1) + E_{pp}(A_1) = E_c(A_2) + E_{pp}(A_2)$.

On remplace maintenant chaque terme par son expression :

$$\frac{1}{2}Mv_1^2 + Mgz_{A_1} = \frac{1}{2}Mv_2^2 + Mgz_{A_2} \quad (2)$$

Or la vitesse de la bille est nulle pour la position A_2, soit $v_2 = 0$, car l'amplitude du pendule est maximale. La relation (2) devient alors :

$\frac{1}{2}Mv_1^2 + Mgz_{A_1} = Mgz_{A_2} \Rightarrow v_1 = \sqrt{2g\left(z_{A_2} - z_{A_1}\right)}$.

Comme l'altitude de A_1 est $z_{A1} = \ell - \ell\cos\alpha = \ell(1 - \cos\alpha)$ et celle de A_2 est $z_{A_2} = \ell - \ell\cos\beta = \ell(1 - \cos\beta)$, on a finalement : $v_1 = \sqrt{2g\ell(\cos\alpha - \cos\beta)}$.

Application numérique : $v_1 = \sqrt{2 \times 9{,}8 \times 90 \times 10^{-2} \times (\cos 30 - \cos 60)} = 2{,}5\ \text{m·s}^{-1}$.

2 Étude du lanceur de bille d'un flipper

1. On étudie le mouvement de la bille sur le trajet BO dans le référentiel terrestre supposé galiléen, car la bille quitte le ressort quand celui-ci reprend sa longueur à vide ℓ_0 en O. Sur le trajet BO, ce solide est soumis à un ensemble de forces : son poids $\vec{P}$, la force de rappel du ressort $\vec{F}$, et la réaction du support $\vec{R}$.

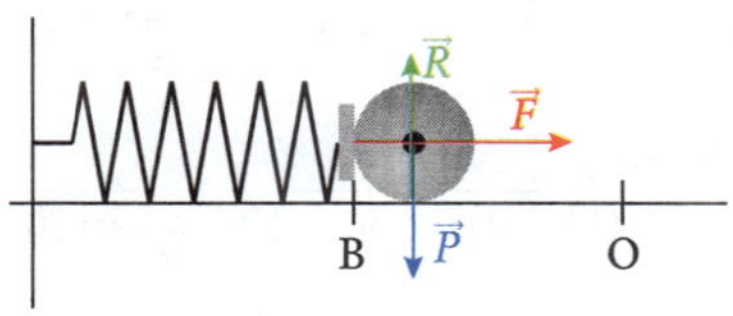

La force de rappel du ressort $\vec{F}$ est orientée vers la droite, car en B le ressort est comprimé.

Le poids et la force de rappel du ressort sont des forces conservatives et la réaction du support est une force qui est constamment perpendiculaire à la trajectoire au cours du mouvement, donc son travail est nul : $W_{B\to O}(\vec{R}) = 0$.

On peut alors appliquer la conservation de l'énergie mécanique entre la position B et O :

$E_m(B) = E_m(O) \Rightarrow E_c(B) + E_{pp}(B) + E_{pe}(B) = E_c(O) + E_{pp}(O) + E_{pe}(O)$.

Les énergies potentielles mises en jeu ici sont l'énergie potentielle de pesanteur qui est associée au poids et l'énergie potentielle élastique qui est associée à la force de rappel du ressort.

On choisit comme origine pour l'axe des altitudes le plan horizontal BO qui servira de référence pour l'énergie potentielle de pesanteur.

On remplace maintenant chaque terme par son expression :

$$\frac{1}{2}mv_B^2 + mgz_B + \frac{1}{2}kx_B^2 = \frac{1}{2}mv_O^2 + mgz_O + \frac{1}{2}kx_O^2 \quad (1)$$

On peut simplifier cette relation, car les altitudes de la bille z_B et z_O sont nulles ; de plus, le ressort reprend sa longueur à vide en O, ce qui implique $x_O = 0$; enfin, la bille n'a pas de vitesse initiale, soit $v_B = 0$.

La relation (1) devient alors : $\frac{1}{2}kx_B^2 = \frac{1}{2}mv_O^2 \Rightarrow v_O = \sqrt{\frac{kx_B^2}{m}}$.

Application numérique : $v_O = \sqrt{\frac{35 \times (-0{,}10)^2}{150 \times 10^{-3}}} = 1{,}5\ \text{m·s}^{-1}$.

Penser à convertir la masse m en kilogrammes : 1 g $=10^{-3}$ kg.

2. Entre A et H, la bille est soumise à son poids $\vec{P}$ et à la réaction du support $\vec{R}$.

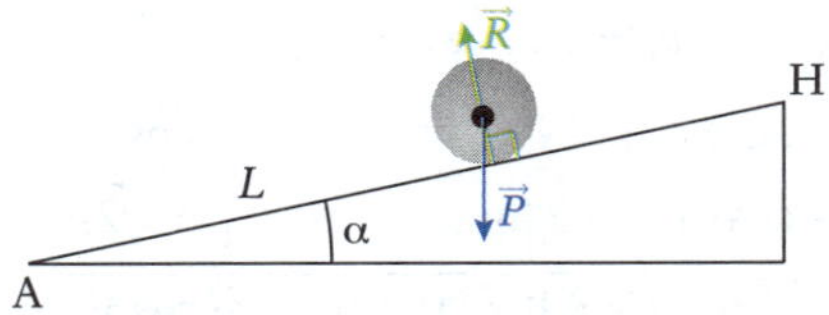

Comme précédemment, on peut appliquer entre A et H la conservation de l'énergie mécanique, car le poids est une force conservative et le travail de la réaction du support entre A et H est nul $W_{A \to H}(\vec{R}) = 0$ puisque cette force est constamment perpendiculaire à la trajectoire :

$$E_m(A) = E_m(H) \Rightarrow E_c(A) + E_{pp}(A) = E_c(H) + E_{pp}(H) \qquad (2)$$

On peut simplifier cette relation, car l'altitude de la bille z_A est nulle et la bille atteint la cible H avec une vitesse minimale nulle, soit $v_H = 0$.

La relation (2) devient alors : $E_c(A) = E_{pp}(H) \Rightarrow \frac{1}{2}mv_{min}^2 = mgz_H = mg \times L\sin\alpha$ car $v_{min} = v_A$.

On a alors : $v_{min} = \sqrt{2g \times L\sin\alpha}$.

Application numérique : $v_{min} = \sqrt{2 \times 9{,}8 \times 80 \times 10^{-2} \times \sin 20} = 2{,}3\ \text{m·s}^{-1}$.

Penser à convertir la distance L en mètres : **1 cm = 10^{-2} m**.

3. Entre O et A, la bille n'est soumise qu'à son poids $\vec{P}$ et à la réaction du support $\vec{R}$, on peut donc appliquer comme précédemment la conservation de l'énergie mécanique entre O et A :

$E_m(O) = E_m(A) \Rightarrow E_c(O) + E_{pp}(O) = E_c(A) + E_{pp}(A)$.

Comme $E_{pp}(O) = E_{pp}(A) = 0$, puisqu'on a choisi comme origine pour l'énergie potentielle de pesanteur le plan horizontal BA, on a finalement :

$E_c(O) = E_c(A) \Rightarrow v_O = v_A$.

La bille arrive donc en A avec une vitesse de 1,5 m·s^{-1} qui est inférieure à v_{min} : elle ne peut donc pas atteindre la cible H.

3 Le minigolf

Pour résoudre cet exercice, il faut décomposer en trois parties le mouvement de la balle dans le référentiel terrestre supposé galiléen :

- partie 1 : de A à B, la balle a un mouvement rectiligne ;
- partie 2 : de B à C, la balle a un mouvement circulaire ;
- partie 3 : de C à G, la balle a un mouvement de chute libre avec vitesse initiale horizontale ; la trajectoire sera donc parabolique.

Partie 1 : entre A et B, la balle est soumise à son poids $\vec{P}$ qui est une force conservative et à la réaction du support $\vec{R}$ dont le travail est nul : $W_{A \to B}(\vec{R}) = 0$ car elle est constamment perpendiculaire à la trajectoire au cours du mouvement (voir figure).

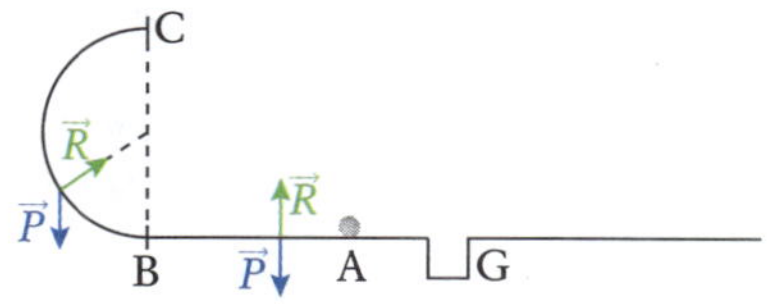

On peut alors appliquer la conservation de l'énergie mécanique entre la position A et B :
$E_m(A) = E_m(B) \Rightarrow E_c(A) + E_{pp}(A) = E_c(B) + E_{pp}(B)$.
L'énergie potentielle mise en jeu ici est l'énergie potentielle de pesanteur qui est associée au poids.
On choisit comme origine pour l'axe des altitudes le plan horizontal AB qui servira de référence pour l'énergie potentielle de pesanteur. On a alors $E_{pp}(A) = E_{pp}(B)$, soit finalement :

$$E_c(A) = E_c(B) \Rightarrow v_A = v_B \qquad (1)$$

Partie 2 : entre B et C, on peut appliquer comme précédemment la conservation de l'énergie mécanique, car la balle est soumise à son poids $\vec{P}$ qui est une force conservative et à la réaction du support $\vec{R}$ dont le travail est nul : $W_{B \to C}(\vec{R}) = 0$ car elle est constamment perpendiculaire à la trajectoire au cours du mouvement (voir figure) :
$E_m(B) = E_m(C) \Rightarrow E_c(B) + E_{pp}(B) = E_c(C) + E_{pp}(C)$.
Or l'énergie potentielle de pesanteur en B est nulle car l'altitude de B est nulle, soit $E_{pp}(B) = 0$.
On a donc en remplaçant chaque terme par son expression :
$\frac{1}{2}mv_B^2 = \frac{1}{2}mv_C^2 + mgz_C \Rightarrow \frac{1}{2}mv_B^2 = \frac{1}{2}mv_C^2 + mg2r$
car l'altitude du point C est $z_C = 2r$.
On peut alors déterminer l'expression de la vitesse horizontale de la balle au point C :

$$v_C = \sqrt{v_B^2 - 4gr} \qquad (2)$$

Partie 3 : entre C et G, la balle a un mouvement de chute libre car elle n'est soumise qu'à son poids.
Il est judicieux de déterminer l'équation de la trajectoire, car on connait la position du « trou » G.
On applique la deuxième loi de Newton : $\sum \vec{F}_{ext} = \frac{d\vec{p}}{dt} = \frac{d(m\vec{v})}{dt} = m\vec{a}$ car la masse m du système est constante. On a alors : $\vec{P} = m\vec{a}$ soit $m\vec{g} = m\vec{a}$ et enfin $\vec{g} = \vec{a}$.
On projette cette relation dans le repère (Bxy) pour obtenir par intégrations successives les équations horaires du mouvement de la balle entre C et G (voir figure) :

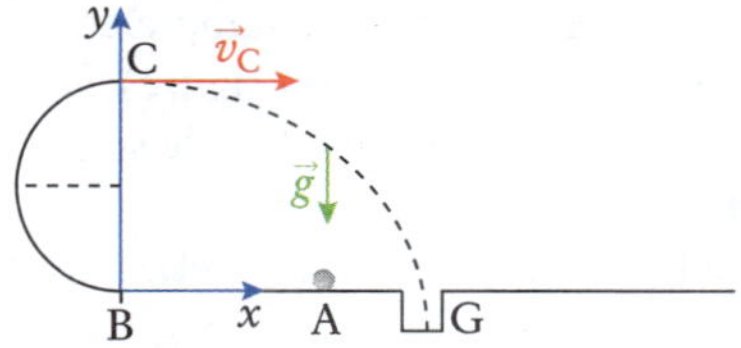

$$\begin{cases} a_x = \dfrac{dv_x}{dt} = 0 \\ a_y = \dfrac{dv_y}{dt} = -g \end{cases} \Rightarrow \begin{cases} v_x = v_C \\ v_y = -gt \end{cases} \text{ car à } t = 0 \text{, on a } \vec{v}_C \begin{cases} v_{xC} = v_C \\ v_{yC} = 0 \end{cases} ;$$

$$\text{soit} \begin{cases} x = v_C t \\ y = -\dfrac{1}{2}gt^2 + 2r \end{cases} \text{ car à } t = 0 \text{, la balle est en C, ce qui donne } \begin{cases} x_C = 0 \\ y_C = 2r \end{cases}.$$

En cas de difficultés pour établir les équations horaires du mouvement, revoir les méthodes et stratégies du chapitre 4.

L'équation de la trajectoire est obtenue en remplaçant t par $t = \dfrac{x}{v_C}$, ce qui donne :

$$y = -\frac{g}{2v_C^2}x^2 + 2r \qquad (3)$$

On peut maintenant remplacer v_C par son expression obtenue à la relation (2) :

$$y = -\frac{g}{2(v_B^2 - 4gr)}x^2 + 2r \text{ ; or les coordonnées du point G sont } \begin{cases} x_G = 2{,}0 \text{ m} \\ y_G = 0 \end{cases} ;$$

$$\text{d'où } 0 = -\frac{g}{2(v_B^2 - 4gr)}x_G^2 + 2r \Rightarrow v_B^2 - 4gr = \frac{gx_G^2}{4r} \Rightarrow v_B = \sqrt{4gr + \frac{gx_G^2}{4r}}.$$

D'après la relation (1), $v_A = v_B$ soit $v_A = \sqrt{4gr + \dfrac{gx_G^2}{4r}}$.

Application numérique : $v_A = \sqrt{4 \times 9{,}8 \times 80 \times 10^{-2} + \dfrac{9{,}8 \times 2{,}0^2}{4 \times 80 \times 10^{-2}}} = 6{,}6 \text{ m·s}^{-1}$.

Penser à convertir le rayon r en mètres : $1 \text{ cm} = 10^{-2} \text{ m}$.

4 AGLAÉ, l'accélérateur de particules du laboratoire de recherche des musées de France

1. On étudie le mouvement d'un proton dans le référentiel terrestre supposé galiléen. On considère qu'il est uniquement soumis à l'action de la force électrique $\vec{F}_e$, car on néglige le poids devant celle-ci (voir document 3).

Le proton est accéléré entre A et B : il faut donc que la force électrique soit orientée de A vers B. Le champ électrostatique $\vec{E}$ est lié à la force électrique $\vec{F}_e$ par la relation vectorielle $\vec{F}_e = q\vec{E}$ (voir chapitre 5).

Comme le proton porte une charge électrique positive $q = +e$, le vecteur champ électrostatique et la force électrique ont même direction et même sens. Le champ électrostatique $\vec{E}$ est donc orienté de A vers B (voir figure), et on sait d'après le document 3 qu'il est orienté dans le sens des potentiels décroissants.

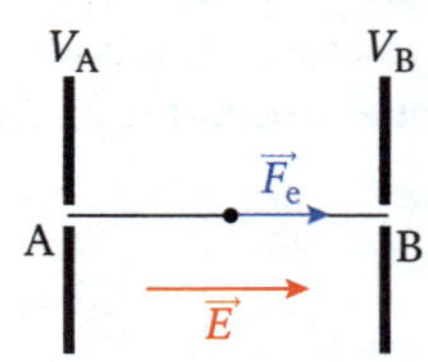

On en déduit que le potentiel électrique de A est supérieur à celui de B, soit $V_A - V_B > 0$.

La tension électrique $U_{AB} = V_A - V_B$ est donc positive.

2. On peut appliquer la conservation de l'énergie mécanique entre A et B, car le proton est uniquement soumis à la force électrique conservative $\vec{F}_e$:

$E_m(A) = E_m(B) \Rightarrow E_c(A) + E_{pe}(A) = E_c(B) + E_{pe}(B)$.

Or la vitesse des ions émis à partir de A est considérée comme négligeable devant celle à leur passage en B (voir document 3) : on en déduit alors que l'énergie cinétique du proton est nulle en A, soit $E_c(A) = 0$.

En remplaçant les énergies potentielles électriques par leur expression, on obtient :

$qV_A = E_c(B) + qV_B \Rightarrow E_c(B) = q(V_A - V_B) \Rightarrow E_c(B) = qU_{AB} = qU$.

L'énergie potentielle électrique est définie par $E_{pe} = qV$.

Application numérique : $E_c(B) = 1{,}60 \times 10^{-19} \times 2{,}0 \times 10^6 = 3{,}2 \times 10^{-13}\,\text{J}$.

Ne pas oublier de convertir la tension U en volts : $1\,\text{MV} = 10^6\,\text{V}$.

Comme $1{,}00\,\text{eV} = 1{,}60 \times 10^{-19}\,\text{J}$, on obtient : $E_c(B) = \dfrac{3{,}2 \times 10^{-13}}{1{,}60 \times 10^{-19}} = 2{,}0\,\text{MeV}$.

Pour déterminer la vitesse du proton en B, il faut remplacer $E_c(B)$ par son expression :

$E_c(B) = \dfrac{1}{2}mv_B^2 = qU \Rightarrow v_B = \sqrt{\dfrac{2qU}{m}}$.

Application numérique : $v_B = \sqrt{\dfrac{2 \times 1{,}60 \times 10^{-19} \times 2{,}0 \times 10^6}{1{,}67 \times 10^{-27}}} = 2{,}0 \times 10^7\,\text{m·s}^{-1}$.

3. Dans le cas du proton, l'« épluchage » n'a aucun effet sur sa charge électrique, car d'après le document 2, la charge est modifiée lors de l'« épluchage » et devient $q = +ne$ (avec n entier naturel non nul, inférieur ou égal au numéro atomique Z). Comme le numéro atomique du proton est $Z = 1$ et que n ne peut pas être nul, n est donc égal à 1 et la charge $q = +e$ du proton n'est pas modifiée après l'« épluchage ».

4. On applique comme précédemment la conservation de l'énergie mécanique entre C et D : $E_m(C) = E_m(D) \Rightarrow E_c(C) + E_{pe}(C) = E_c(D) + E_{pe}(D)$.

En remplaçant les énergies potentielles électriques par leur expression, on obtient :

$E_c(C) + qV_C = E_c(D) + qV_D \Rightarrow E_c(D) = E_c(C) + q(V_C - V_D) = E_c(C) + qU_{CD}$.

Or d'après l'énoncé, $E_c(C) = E_c(B)$ puisque l'énergie des particules n'a pas été affectée entre B et C par l'« épluchage », et $U_{AB} = U_{CD} = U$.

On a finalement : $E_c(D) = E_c(B) + qU = 2E_c(B)$ car d'après la question 1 : $E_c(B) = qU$.

Application numérique : $E_c(D) = 2 \times 3{,}2 \times 10^{-13} = 6{,}4 \times 10^{-13}\,\text{J}$,

soit $E_c(D) = \dfrac{6{,}4 \times 10^{-13}}{1{,}60 \times 10^{-19}} = 4{,}0\,\text{MeV}$.

Ce résultat est cohérent avec la valeur donnée dans le document 1.

Lorsque la vitesse d'une particule chargée est supérieure à $\dfrac{c}{10}$ où c est la célérité de la lumière dans le vide $(c = 3{,}00 \times 10^8\,\text{m·s}^{-1})$, il apparaît des effets relativistes et la formule $E_c = \dfrac{1}{2}mv^2$ n'est plus valable.

5 Quelle est l'amplitude du pendule ?

On étudie le mouvement d'un solide de masse m suspendu à un fil dans le référentiel terrestre supposé galiléen. Ce solide est soumis à un ensemble de force : son poids $\vec{P}$ et la tension du fil $\vec{T}$.

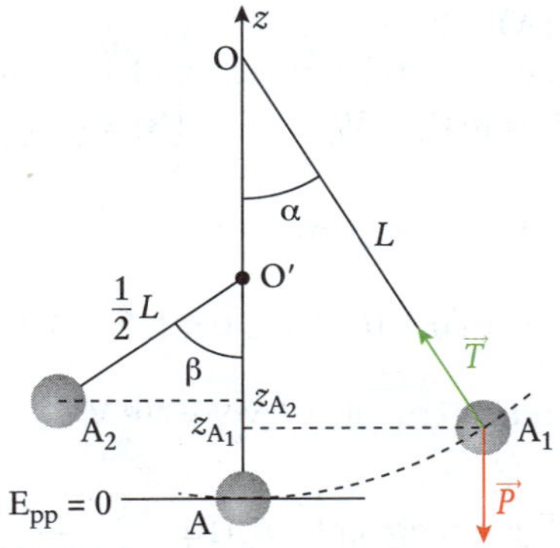

Le poids est une force conservative et la tension du fil est une force qui est constamment perpendiculaire à la trajectoire au cours du mouvement, donc son travail est nul : $W_{A_1 \to A_2}(\vec{T}) = 0$.

On peut alors appliquer la conservation de l'énergie mécanique entre la position A_1 et A_2 :

$E_m(A_1) = E_m(A_2) \Rightarrow E_c(A_1) + E_{pp}(A_1) = E_c(A_2) + E_{pp}(A_2)$.

L'énergie potentielle mise en jeu ici est l'énergie potentielle de pesanteur qui est associée au poids.

On choisit comme origine pour l'axe des altitudes la position d'équilibre du pendule A qui servira de référence pour l'énergie potentielle de pesanteur (voir figure).

On remplace chaque terme par son expression :

$$\frac{1}{2}mv_{A_1}^2 + mgz_{A_1} = \frac{1}{2}mv_{A_2}^2 + mgz_{A_2} \qquad (1)$$

Or la vitesse du solide est nulle en A_1 et A_2 car le pendule a été lâché en A_1 sans vitesse initiale et atteint son amplitude maximale en A_2.

La relation (1) précédente devient donc : $mgz_{A_1} = mgz_{A_2} \Rightarrow z_{A_1} = z_{A_2}$.

L'altitude de A_1 est $z_{A_1} = L - L\cos\alpha = L(1 - \cos\alpha)$;

celle de A_2 est $z_{A_2} = \frac{1}{2}L - \frac{1}{2}L\cos\beta = \frac{1}{2}L(1 - \cos\beta)$.

En cas de difficultés, voir la méthode et stratégie 1.

On a donc : $L(1 - \cos\alpha) = \frac{1}{2}L(1 - \cos\beta) \Rightarrow 2 - 2\cos\alpha = 1 - \cos\beta$;

soit $\cos\beta = -1 + 2\cos\alpha$.

Application numérique : $\cos\beta = -1 + 2\cos 60 = 0 \Rightarrow \beta = 90°$.

6 Le saut à l'élastique

On étudie le mouvement du sauteur dans le référentiel terrestre supposé galiléen. Il est soumis à un ensemble de force : son poids $\vec{P}$ et la force de rappel de l'élastique assimilé à un ressort après O_1.
Le poids et la force de rappel sont des forces conservatives : on peut donc appliquer la conservation de l'énergie mécanique entre la position A et B :

$E_m(A) = E_m(B) \Rightarrow E_c(A) + E_{pp}(A) = E_c(B) + E_{pp}(B) + E_{pe}(B)$.

En A, le ressort n'exerce aucune action sur le sauteur : l'énergie potentielle mise en jeu ici est uniquement l'énergie potentielle de pesanteur qui est associée au poids.
En B, l'énergie potentielle mise en jeu est la somme de l'énergie potentielle de pesanteur E_{pp} et de l'énergie potentielle élastique E_{pe} qui est associée à la force exercée par l'élastique sur le sauteur.
D'après la figure de l'énoncé, l'axe des altitudes (Bx) a pour origine le niveau du sol qui sert de référence pour l'énergie potentielle de pesanteur.

On a donc : $\frac{1}{2}mv_A^2 + mgz_A = \frac{1}{2}mv_B^2 + mgz_B + \frac{1}{2}kx^2$.

Or en A et en B, la vitesse du sauteur est nulle, soit $v_A = 0$ et $v_B = 0$.
En A, l'altitude du sauteur $z_A = H$ et l'altitude du sauteur en B est nulle, car il est au niveau de sol.

La relation précédente devient alors : $mgH = \frac{1}{2}kx^2$.

L'allongement du ressort x (déformation de l'élastique par rapport à sa longueur à vide ℓ_1) a pour expression : $x = H - \ell_1$.
On a alors :

$$mgH = \frac{1}{2}k(H - \ell_1)^2 \Rightarrow mgH = \frac{1}{2}k(H^2 - 2H\ell_1 + \ell_1^2)$$
$$\Rightarrow \frac{1}{2}kH^2 - H(mg + k\ell_1) + \frac{1}{2}k\ell_1^2 = 0$$

Pour déterminer la hauteur minimale du pont H, il faut résoudre cette équation du second degré :

$$\frac{1}{2} \times 60 \times H^2 - H(60 \times 9{,}8 + 60 \times 25) + \frac{1}{2} \times 60 \times 25^2 = 0$$

La solution physiquement acceptable ($H > 25$ m) est $H = 59$ m.

7 L'encensoir de Saint-Jacques-de-Compostelle

1. On étudie le mouvement de l'encensoir dans le référentiel terrestre supposé galiléen. Il est soumis à son poids $\vec{P}$ et à la force de tension exercée par la corde $\vec{F}$.
On applique le théorème de l'énergie cinétique entre la position G_m qui correspond à l'élongation maximale α_m et la position G_O qui correspond à la position d'équilibre :

$$\Delta E_{cG_m \to G_0} = \sum W_{G_m \to G_0}(\vec{F}_{ext}) \Rightarrow E_{cG_0} - E_{cG_m} = W_{G_m \to G_0}(\vec{P}) + W_{G_m \to G_0}(\vec{F}) \quad (1)$$

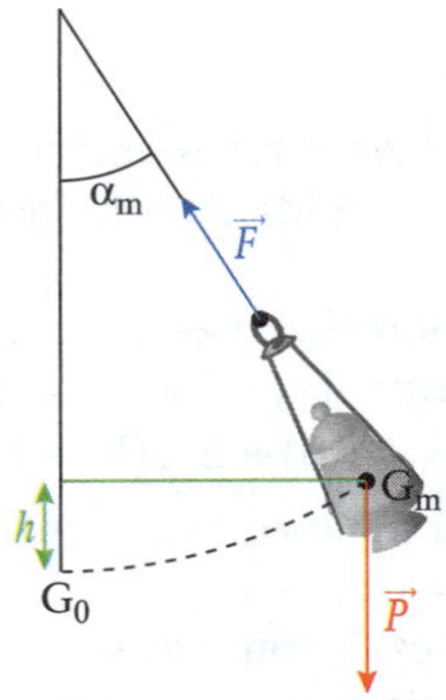

L'énergie cinétique en G_m est nulle car l'amplitude du pendule est maximale, soit $E_{cG_m} = 0$; et le travail de la force exercée par la corde est nul, car cette force est perpendiculaire à la trajectoire au cours du mouvement, soit $W_{G_m \to G_0}(\vec{F}) = 0$.
La relation (1) se simplifie :

$$E_{cG_0} = W_{G_m \to G_0}(\vec{P}) \Rightarrow \frac{1}{2}mv_{max}^2 = mgh \Rightarrow \frac{1}{2}mv_{max}^2 = mg\ell(1 - \cos\alpha_m)$$

On a donc finalement : $v_{max} = \sqrt{2g\ell(1 - \cos\alpha_m)}$.

Application numérique : $v_{max} = \sqrt{2 \times 9{,}81 \times 20{,}6 \times (1 - \cos 82{,}0)} = 18{,}7\ \text{m·s}^{-1}$

soit $v_{max} = \dfrac{18{,}7 \times 3\,600}{1\,000} = 67{,}1\ \text{km·h}^{-1}$.

Cette valeur est cohérente avec celle donnée dans le document 1 $(68\ \text{km·h}^{-1})$.

2. On réalise une analyse dimensionnelle des différentes relations proposées en remplaçant chaque grandeur physique par son unité :

$$\left[2\pi m\frac{g}{\ell}\right] = \frac{\text{kg·m·s}^{-2}}{\text{m}} = \text{kg·s}^{-2} \quad ; \quad \left[2\pi\sqrt{\frac{\ell}{g}}\right] = \left(\frac{\text{m}}{\text{m·s}^{-2}}\right)^{\frac{1}{2}} = (\text{s}^2)^{\frac{1}{2}} = \text{s}$$

et $\left[2\pi\sqrt{\frac{g}{\ell}}\right] = \text{s}^{-1}$.

La période T_0 étant une durée en secondes, la relation qui convient est donc :

$T_0 = 2\pi\sqrt{\frac{\ell}{g}}$.

3. *Application numérique :* $T_0 = 2\pi\sqrt{\frac{20{,}6}{9{,}81}} = 9{,}10\ \text{s}$.

Cette valeur est cohérente avec celle donnée dans le document 1.
Pour de faibles amplitudes $\alpha_m < 20°$, la période des oscillations est indépendante de l'amplitude. Cette propriété est appelée « l'isochronisme des petites oscillations ».
Si on augmente l'amplitude des oscillations, la période T_0 des oscillations augmente, elle passe de 9,1 secondes à 13 degrés à 10,5 secondes à 82 degrés d'après le document 1.

4. a. Lorsque l'élongation α_m est maximale, la trajectoire de l'encensoir qui résulte du décrochage correspond à la proposition 2, car la vitesse de l'encensoir en ce point est nulle et il n'y a plus que le poids qui exerce une force sur celui-ci. Le mouvement de l'encensoir devient alors une chute libre sans vitesse initiale, d'où un mouvement rectiligne accéléré.

b. Si le décrochage se produit lorsque l'encensoir passe par sa position d'équilibre, la trajectoire de l'encensoir correspond à la proposition 2, car la vitesse de l'encensoir en ce point est non nulle et il n'y a plus que le poids qui exerce une force sur celui-ci. Le mouvement de l'encensoir devient alors une chute libre avec vitesse initiale horizontale, d'où une trajectoire parabolique.

5. On applique la deuxième loi de Newton à l'encensoir lorsqu'il passe par sa position d'équilibre G_0 :

$\frac{d\vec{p}}{dt} = \sum \vec{F}_{ext} \Rightarrow m\vec{a} = \vec{P} + \vec{F_0}$ car la masse m du système est constante.

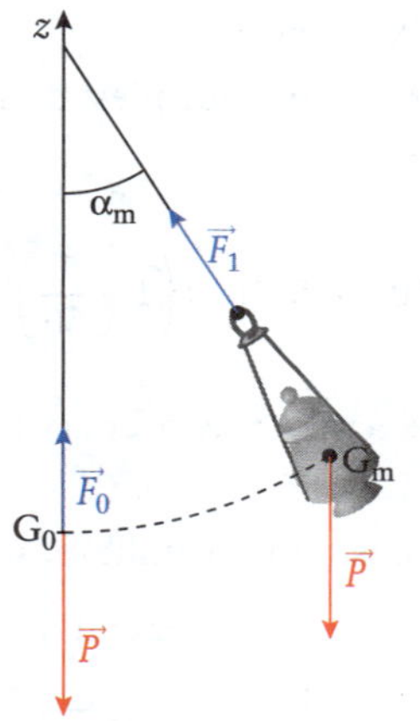

On projette cette relation sur un axe vertical (G_0z) orienté vers le haut :

$$ma_z = P_z + F_{0z} \Rightarrow ma_z = -P + F_0 \Rightarrow F_0 = P + ma_z \quad (1)$$

Or le centre d'inertie G de l'encensoir a un mouvement circulaire, donc la composante a_z de l'accélération correspond à l'accélération normale dans le repère de Frenet, soit :

$$a_z = \frac{v_{G_0}^2}{\ell} = \frac{v_{max}^2}{\ell}$$

En cas de difficultés, voir le complément de cours POST BAC du chapitre 4.

D'après la question 1, la vitesse maximale en G_0 a pour expression :

$v_{max} = \sqrt{2g\ell(1-\cos\alpha_m)}$.

La relation (1) devient donc :

$$F_0 = mg + m\frac{\left(\sqrt{2g\ell(1-\cos\alpha_m)}\right)^2}{\ell} = mg + 2mg(1-\cos\alpha_m)$$

soit $F_0 = mg(3 - 2\cos\alpha_m)$.

Application numérique : $F_0 = 50 \times 9{,}81 \times (3 - 2\cos 82{,}0) = 1{,}33 \times 10^3\,\text{N}$.

F_0 est largement supérieure à F_1. Si la tension est plus forte en G_0, c'est donc en ce point que le risque d'accident est le plus élevé.

6. Pour une oscillation, on a deux passages par la position d'équilibre ; donc après 20 oscillations, on sera au 40e passage par l'équilibre :

Au départ $\alpha_m = 82{,}0°$ et $E_c(G_0) = \frac{1}{2}mv_{max}^2 \xrightarrow{1^{er}\text{ passage par l'équilibre}}$

$$E_c(G_0)\times\left(1-\frac{1}{50}\right) \xrightarrow{2^{e}\text{ passage par l'équilibre}} E_c(G_0)\times\left(1-\frac{1}{50}\right)^2 \ \dots$$

$$\xrightarrow{40^{e}\text{ passage par l'équilibre}} E_c(G_0)\times\left(1-\frac{1}{50}\right)^{40}.$$

Au bout de la 20e oscillation, l'énergie cinétique n'est donc plus que de

$$E'_c = \frac{1}{2}mv_{max}^2 \times \left(1-\frac{1}{50}\right)^{40}.$$

Application numérique : $E'_c = \frac{1}{2}\times 50\times(18{,}7)^2\times\left(1-\frac{1}{50}\right)^{40} = 3{,}88\times 10^3\ \text{J}$.

Pour effectuer le calcul, il faut prendre la valeur exacte de la vitesse v_{max}.

7. Quand l'encensoir passe par sa position d'équilibre, son énergie cinétique a pour expression $E'_c = \frac{1}{2}mv_{max}^2$; or la vitesse v_{max} dépend de l'amplitude α_m des oscillations d'après la question 1, car on a la relation $v_{max} = \sqrt{2g\ell(1-\cos\alpha_m)}$.

Connaissant la valeur de l'énergie cinétique au bout de la 20e oscillation, il est donc possible d'en déduire l'amplitude des oscillations :

$$E'_c = \frac{1}{2}mv_{max}^2 = \frac{1}{2}m\times\left(\sqrt{2g\ell(1-\cos\alpha'_m)}\right)^2 = mg\ell(1-\cos\alpha'_m)$$

soit $\cos\alpha'_m = 1-\frac{E'_c}{mg\ell}$.

Application numérique : $\cos\alpha'_m = 1-\frac{3{,}88\times 10^3}{50\times 9{,}81\times 20{,}6} \Rightarrow \cos\alpha'_m = 52{,}0°$.

Pour effectuer le calcul, il faut prendre la valeur exacte de l'énergie cinétique E'_c.

POST BAC

8 Le looping

1. On étudie le mouvement du véhicule de centre d'inertie G dans le référentiel terrestre supposé galiléen. Le véhicule est soumis à un ensemble de forces : le poids $\vec{P}$ et la réaction $\vec{R}$ des rails (voir figure).

On applique le théorème de l'énergie cinétique entre A et G :

$$\Delta E_{cA\to G} = \sum W_{A\to G}(\vec{F}_{ext}) \Rightarrow E_c(G) - E_c(A) = W_{A\to G}(\vec{P}) + W_{A\to G}(\vec{R}).$$

Le travail du poids entre A et G est négatif, donc résistant, car le véhicule monte sur ce parcours. Il s'exprime alors : $W_{A\to G}(\vec{P}) = -mgh = -mg(r - r\cos\theta)$ où h est la dénivellation entre le point A et G.

Le travail de la réaction $\vec{R}$ des rails est quant à lui nul, car cette force est constamment perpendiculaire à la trajectoire sur ce parcours : $W_{A\to G}(\vec{R}) = 0$.

On a finalement : $\frac{1}{2}mv^2 - \frac{1}{2}mv_0^2 = -mg(r - r\cos\theta) \Rightarrow v = \sqrt{v_0^2 - 2gr(1-\cos\theta)}$.

2. On applique la deuxième loi de Newton en G : $\frac{d\vec{p}}{dt} = m\vec{a} = \sum \vec{F}_{ext}$ car la masse m du système est constante. On a alors : $m\vec{a} = \vec{P} + \vec{R}$.

On projette cette relation selon la normale $\vec{n}$ du repère de Frenet $(G;\vec{t};\vec{n})$ (voir figure) :

$-mg\cos\theta + R = ma_n = m\frac{v^2}{r}$.

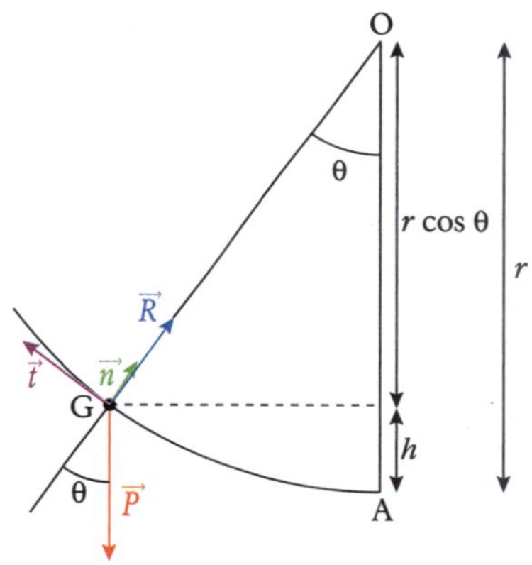

En cas de difficultés pour effectuer la projection, voir le chapitre 4.

On remplace maintenant v par son expression, ce qui donne :

$$-mg\cos\theta + R = m\frac{\left(\sqrt{v_0^2 - 2gr(1-\cos\theta)}\right)^2}{r} \Rightarrow R = mg\cos\theta + m\frac{v_0^2}{r} - 2mg(1-\cos\theta);$$

on obtient finalement : $R = mg(3\cos\theta - 2) + m\frac{v_0^2}{r}$.

3. Au sommet de sa trajectoire, soit pour $\theta = 180°$, la condition de contact se traduit par $R > 0$.

On a alors : $R = mg(3\cos 180 - 2) + m\frac{v_0^2}{r} = -5mg + m\frac{v_0^2}{r} \Rightarrow -5mg + m\frac{v_0^2}{r} > 0$;

ce qui donne finalement : $v_0 > \sqrt{5gr}$.

La valeur minimale est donc $v_{0\,min} = \sqrt{5gr}$.

Application numérique : $v_{0\,min} = \sqrt{5 \times 9{,}8 \times 6{,}0} = 17\ \text{m·s}^{-1}$ soit $17 \times 3{,}6 = 62\ \text{km·h}^{-1}$.

CHAPITRE 7

Temps et relativité restreinte

COURS

MÉTHODES ET STRATÉGIES

SUJETS DE TYPE BAC

SUJETS D'APPROFONDISSEMENT

CORRIGÉS

COURS

Temps et relativité restreinte

En 1905, Albert Einstein révolutionne la physique en énonçant le principe de la relativité restreinte. Il lie l'espace et le temps et explique pourquoi les objets ne peuvent pas dépasser la vitesse de la lumière dans le vide.

I. Les postulats de la relativité restreinte

1. Les limites de la mécanique newtonienne et le principe de relativité

- Aucune expérience de mécanique entièrement réalisée dans un référentiel galiléen ne permet de savoir si ce référentiel est en mouvement par rapport à un autre référentiel galiléen : c'est le principe de la relativité de Galilée.
- Selon le principe de la relativité, **les lois de la physique ne doivent pas privilégier un point de vue (ou référentiel) particulier** pour décrire un phénomène.
- La théorie d'Einstein (1905) applique le principe de relativité au cas particulier, « restreint », de référentiels inertiels, en ignorant les effets de la gravitation.

2. Postulats de la relativité restreinte

En 1905, Einstein énonce sa théorie de la relativité restreinte :
1. les lois de la physique sont les mêmes dans tous les référentiels galiléens ;
2. la célérité de la lumière dans le vide est une constante ($c \approx 300\ 000$ km·s^{-1}), quelle que soit la vitesse de l'observateur.
Ce deuxième point implique que **le temps et l'espace se déforment** selon la vitesse de l'observateur. Einstein démontre qu'il existe une vitesse limite, égale à la célérité c de la lumière dans le vide, qui ne peut être dépassée par aucun signal transportant une information, ni aucune particule. Elle ne peut être atteinte que par des particules de masse nulle comme le photon.

II. La dilatation du temps

1. Caractère relatif du temps

- On équipe le wagon d'un train (roulant à une vitesse V) de deux miroirs (un au sol et l'autre au plafond). On veut mesurer le temps que met la lumière pour faire l'aller-retour entre ces deux miroirs. On imagine pour cela deux observateurs :
• observateur 1 immobile dans un train roulant à grande vitesse (lié au référentiel du train) ;
• observateur 2 immobile sur le quai d'une gare (lié au référentiel terrestre).
L'observateur 1 verra la lumière effectuer le parcours de la figure 1, l'observateur 2 le parcours de la figure 2.

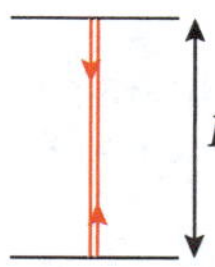

FIGURE 1 **Trajectoire d'un éclair dans le référentiel du wagon**

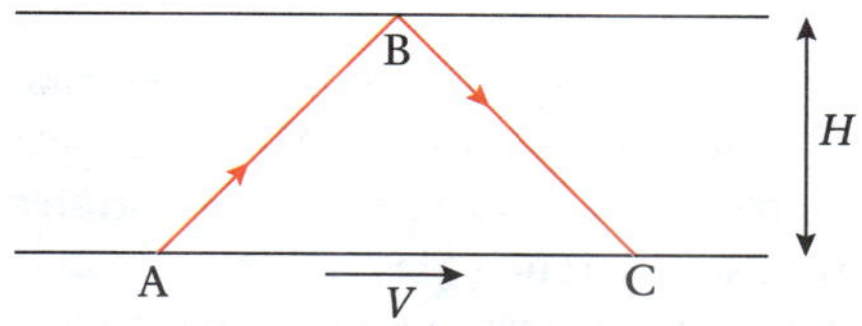

FIGURE 2 **Trajectoire d'un éclair dans le référentiel terrestre**

On considère le référentiel lié au train. Le temps τ mis par la lumière pour faire l'aller-retour entre les deux miroirs est $\tau = \dfrac{2H}{c}$.

On considère maintenant le référentiel terrestre. Selon le théorème de Pythagore, on a : $AB^2 = \left(\dfrac{AC}{2}\right)^2 + H^2$ avec $AB = \dfrac{c \times t}{2}$ et $AC = V \times t$; soit l'expression du temps t mis par la lumière pour parcourir la distance AC : $t = \dfrac{2H}{\sqrt{c^2 - V^2}}$.

En divisant par c et par identification avec l'égalité $\tau = \dfrac{2H}{c}$, on obtient :

$$t = \gamma \times \tau \quad \text{avec} \quad \gamma = \frac{1}{\sqrt{1 - \dfrac{V^2}{c^2}}}$$

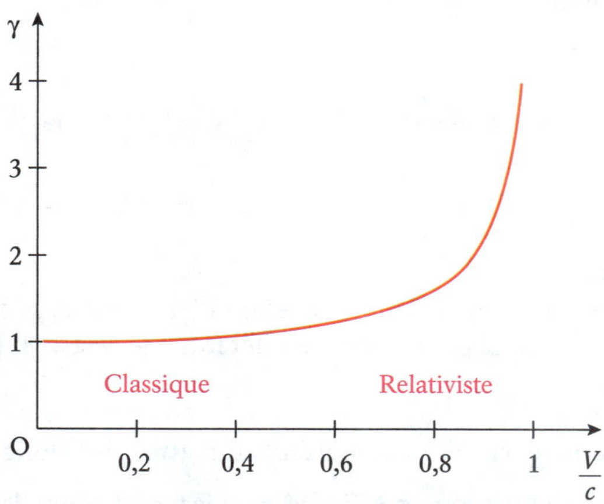

FIGURE 3 **Facteur de dilatation γ en fonction du rapport $\dfrac{V}{c}$.**

Une **durée propre** concernant un objet est une durée mesurée par une horloge immobile dans le référentiel propre de cet objet.

Comme $\gamma > 1$, la dilatation du temps ne s'applique que pour les objets mobiles par rapport à un référentiel immobile. Un observateur fixe verra le temps d'une horloge située dans un vaisseau à grande vitesse s'écouler plus lentement, tandis que celui à l'intérieur du vaisseau verra son horloge s'écouler de façon « normale ».

Exemples

• La dilatation des durées explique pourquoi des muons cosmiques peuvent traverser une partie de l'atmosphère et être observés à la surface de la Terre en dépit d'une durée de vie (au repos) très brève (voir la méthode et stratégie 2).
• De même, en faisant circuler des muons à grande vitesse dans des anneaux de stockage, les chercheurs peuvent les conserver sur des périodes plusieurs dizaines de fois plus longues que leur durée de vie !

2. Paradoxe des jumeaux

- On suppose deux jumeaux, Pierre et Paul. Paul voyage à bord d'un vaisseau spatial qui évolue à très grande vitesse, alors que Pierre reste au sol. Ce dernier voit les pendules de Paul aller plus lentement. Paul, bien sûr, ne remarque rien d'inhabituel, mais s'il revient au point de départ, il sera plus jeune que Pierre. Ainsi, Paul vivra plus longtemps s'il est en mouvement (même raisonnement que pour les muons cosmiques).
- Ceci n'est appelé un paradoxe que si l'on croit que le principe de relativité signifie que « tout mouvement est relatif » : du point de vue de Paul, Pierre était en mouvement et devrait de ce fait vieillir plus lentement. Par symétrie, le seul résultat possible est que les deux devraient avoir le même âge lorsqu'ils se retrouvent.
Mais justement la situation n'est pas symétrique : pour qu'ils puissent se retrouver, Paul doit s'arrêter pour comparer leurs pendules. Paul a donc subi une accélération pour partir et une décélération pour revenir. Ainsi, la bonne manière d'énoncer la règle est de dire que **l'homme qui a senti les accélérations est celui pour lequel le temps s'écoule le plus lentement**.

POST BAC

Espace, masse et énergie d'un objet relativiste

1. Contraction de l'espace

> Voir les exercices 7, 8 et 9.

Supposons un objet à une vitesse V dans le référentiel terrestre, suffisante pour que la relativité restreinte soit appliquée. Dans le référentiel terrestre, il parcourt une longueur L, en un temps t, soit $t = \frac{L}{V}$.

Si on se place du point de vue de l'objet, il faut admettre que la longueur précédente L est modifiée et devient L' telle que $\tau = \frac{L'}{V}$, où τ est le temps défini dans le référentiel de l'objet (voir paragraphe précédent). Or, on a établi que $t = \gamma \times \tau$, d'où $\frac{L'}{V} = \frac{t}{\gamma} = \frac{L}{\gamma \times V}$.

Aussi étrange que cela puisse paraître, il faut admettre que la longueur L' dans le référentiel où l'objet est au repos n'est pas identique à la longueur L dans le référentiel terrestre, mais vaut en fait $L' = \frac{L}{\gamma} = \frac{L}{\sqrt{1 - \frac{V^2}{c^2}}}$.

2. Modification de la masse

Avec la mécanique newtonienne, on a supposé que la masse était constante. Avec la relativité restreinte, on sait que la masse augmente avec la vitesse :

$$m = \frac{m_0}{\gamma} = \frac{m_0}{\sqrt{1 - \frac{V^2}{c^2}}}$$

m_0, masse du solide au repos

3. Énergie d'un objet relativiste

- Pour calculer l'énergie d'un objet relativiste, il faut tenir compte de son énergie de masse et de sa quantité de mouvement : $E = \sqrt{m_0{}^2 \times c^4 + p^2 \times c^2}$.

L'énergie totale d'une particule correspond à son énergie de masse plus son énergie cinétique :

$$E = m_0 \times c^2 + E_c \Leftrightarrow E_c = E - m_0 \times c^2 \quad \text{soit} \quad E_c = m_0 \times c^2\left(\sqrt{\frac{1}{1 - \frac{V^2}{c^2}}} - 1\right)$$

- Pour des vitesses faibles ($V << c$), on retrouve l'expression de l'énergie cinétique en effectuant un développement limité pour x petit : $(1 + x)^\alpha \approx 1 + \alpha x$, avec $\alpha = -\frac{1}{2}$ dans notre cas ; d'où $E_c = m_0 \times c^2\left(1 + \frac{1}{2}\frac{V^2}{c^2} - 1\right)$.

On retrouve bien l'expression de l'énergie cinétique dans le cas de la mécanique newtonienne : $E_c = \frac{1}{2}m_0 V^2$.

MÉTHODES ET STRATÉGIES

1 Savoir si un objet obéit à la mécanique classique ou à la relativité restreinte

> Voir les exercices 1 et 3 mettant en œuvre cette méthode.

Méthode

> **Étape 1 :** Comme pour les problèmes de mécanique vus dans le chapitre 4, bien définir les deux référentiels d'étude afin de préciser les temps mesurés dans chaque référentiel.

> **Étape 2 :** Appliquer la relation du facteur de dilatation du temps : $\gamma = \dfrac{1}{\sqrt{1-\dfrac{V^2}{c^2}}}$.

> **Étape 3 :** Si $\gamma \approx 1{,}0$, alors on peut négliger la dilatation du temps : on applique les règles de la mécanique classique (également appelée newtonienne).
Si $\gamma \geqslant 1{,}01$, alors l'objet est considéré comme relativiste : on n'applique plus les lois classiques, mais celles de la relativité restreinte.

Exemple

Pour les objets suivants, dire s'ils obéissent à la mécanique classique ou à la relativité restreinte :
• un avion de ligne volant à 1 000 $km{\cdot}h^{-1}$;
• les électrons dans le synchrotron SOLEIL situé sur le plateau de Saclay ; ces électrons sont accélérés au départ par un canon à électrons et acquièrent ainsi une énergie cinétique de 90 keV, soit une vitesse d'environ $\dfrac{c}{2}$, avec c la vitesse de la lumière dans le vide.
Donnée : $c = 3{,}00 \times 10^8$ $m{\cdot}s^{-1}$.

Application

> **Étape 1 :** Pour l'avion de ligne, les deux référentiels supposés galiléens à définir sont :
• celui lié à l'avion ;
• le référentiel terrestre.
De même, les deux référentiels supposés galiléens pour l'électron sont :
• celui lié à l'électron (on imagine que l'on est assis sur cette particule) ;
• le référentiel terrestre.

> **Étape 2 :** On applique la relation du facteur de dilatation.

Pour l'avion : $\gamma = \dfrac{1}{\sqrt{1-\dfrac{\left(\dfrac{1000}{3{,}6}\right)^2}{\left(3{,}00\times 10^8\right)^2}}} = 1{,}00$.

Pour l'électron : $\gamma = \dfrac{1}{\sqrt{1-0{,}5^2}} = 1{,}15$.

> Étape 3 : Pour l'avion, $\gamma = 1{,}0$: on continue d'appliquer la mécanique classique. En revanche pour l'électron, $\gamma = 1{,}15$: les lois de la mécanique classique ne sont plus valables, il faut appliquer la relativité restreinte.

Remarque En relativité restreinte, on utilise également la relation $\frac{\mathrm{d}\vec{p}}{\mathrm{d}t} = \Sigma\vec{F}_{ext}$ mais avec $\vec{p} = \frac{m \times \vec{V}}{\sqrt{1 - \frac{V^2}{c^2}}} = \gamma \times m \times \vec{V}$.

La résolution de ces équations est alors plus compliquée.

2 Exploiter les notions de durée propre et de durée mesurée

> Voir les exercices 4 et 6 mettant en œuvre cette méthode.

Méthode

> Étape 1 : Définir les deux référentiels dans lesquels se fait l'étude.

> Étape 2 : Déterminer la durée propre T_0 qui correspond à l'horloge mesurant le temps dans le référentiel immobile. L'horloge dans le référentiel mobile mesure un temps $T > T_0$.

> Étape 3 : Appliquer la relation du facteur de dilatation du temps : $T = \frac{T_0}{\sqrt{1 - \frac{V^2}{c^2}}}$.

Exemple

Le temps de demi-vie du muon est $t_{\frac{1}{2}} = 2{,}2$ µs, c'est-à-dire que sur une population de N_0 muons, il en reste $\frac{N_0}{2}$ au bout de 2,2 µs.

Dans un laboratoire, on accélère des muons à la vitesse de 0,95 c, où c est la vitesse de la lumière dans le vide. Déterminer le temps de demi-vie du muon dans le référentiel du laboratoire.
Donnée : $c = 3{,}00 \times 10^8$ m·s^{-1}.

Application

> Étape 1 : On définit les deux référentiels suivants :
- celui lié au muon (on imagine que l'on est assis sur cette particule) :
- celui du laboratoire où on effectue la mesure du temps.

> Étape 2 : $t_{\frac{1}{2}} = 2{,}2$ µs correspond donc au temps propre : c'est le temps de demi-vie dans le référentiel du muon. Le temps mesuré dans le référentiel du laboratoire sera donc supérieur : on le notera $T_{\frac{1}{2}}$.

> **Étape 3 :** *Application numérique* : $T_{\frac{1}{2}} = \dfrac{t_{\frac{1}{2}}}{\sqrt{1 - \dfrac{V^2}{c^2}}} = \dfrac{2{,}2}{\sqrt{1 - 0{,}95^2}} = 7{,}0\ \mu\text{s}$.

Ceci signifie que le muon a une durée de vie 3 fois plus grande dans le référentiel du laboratoire.

Remarque La physique des particules utilise au quotidien la relativité restreinte. En effet, certaines particules paraissent indétectables tant leur durée de vie est courte (de l'ordre de la nanoseconde). Cependant, leur temps de mesure est fortement rallongé car elles sont ultra-relativistes.

3 Déterminer une vitesse à partir du facteur de dilatation

> Voir les exercices 1, 2, 3 et 6 mettant en œuvre cette méthode.

Méthode

> **Étape 1 :** Reprendre l'expression du facteur de dilatation et l'élever au carré.

> **Étape 2 :** Prendre l'inverse de l'expression obtenue puis isoler le terme en $\dfrac{V^2}{c^2}$.

> **Étape 3 :** Déterminer l'expression finale de V en prenant la racine carrée positive, seule solution physiquement possible.

> **Étape 4 :** Faire l'application numérique (résultat en $\text{m}\cdot\text{s}^{-1}$).

Exemple

On considère une horloge en mouvement dont le temps s'écoule moins vite de 5 % par rapport à la valeur d'une horloge immobile. Déterminer alors la vitesse de l'horloge par rapport à celle restée immobile.
Donnée : $c = 3{,}00 \times 10^8\ \text{m}\cdot\text{s}^{-1}$.

Application

> **Étape 1 :** On a : $\gamma = \dfrac{1}{\sqrt{1 - \dfrac{V^2}{c^2}}} \Leftrightarrow \gamma^2 = \dfrac{1}{1 - \dfrac{V^2}{c^2}}$.

> **Étape 2 :** On isole le terme $\dfrac{V^2}{c^2}$, soit : $\dfrac{1}{\gamma^2} = 1 - \dfrac{V^2}{c^2} \Leftrightarrow \dfrac{V^2}{c^2} = \dfrac{\gamma^2 - 1}{\gamma^2}$.

> **Étape 3 :** On détermine l'expression de V : $V = c \times \sqrt{\dfrac{\gamma^2 - 1}{\gamma^2}}$.

> **Étape 4 :** *Application numérique* (avec $\gamma = 1{,}05$ selon l'énoncé) :

$$V = 3{,}00 \times 10^8 \times \sqrt{\frac{1{,}05^2 - 1}{1{,}05^2}} = 9{,}14 \times 10^7\ \text{m}\cdot\text{s}^{-1}.$$

SUJETS DE TYPE BAC

1 Frontière entre mécanique classique et relativité restreinte

30 min

Un excellent exercice de mise en jambe pour mettre en pratique les méthodes et stratégies permettant de distinguer les situations où la mécanique classique est applicable de celles où elle ne l'est plus.

> Voir les méthodes et stratégies 1 et 3.

On considère trois objets :
- un TGV se déplaçant à 300 km·h^{-1} ;
- un satellite en mouvement autour de la Terre à la vitesse de 3,0 km·s^{-1} ;
- un muon produit dans les hautes couches de l'atmosphère par un rayonnement cosmique de haute énergie, sa vitesse étant $V = 0{,}99\ c$.

1. Définir le référentiel d'étude pour chacun des objets.

2. Déterminer dans chaque cas le facteur de dilatation γ.

3. On considère que la mécanique classique ne s'applique plus si $\gamma > 1{,}01$. Ces objets peuvent-ils être décrits par la mécanique newtonienne ?

4. Déterminer la vitesse minimale que doivent avoir les objets pour être considérés comme relativistes.

2 Le voyage spatial, un moyen pour voyager dans le futur

40 min

Cet exercice permet de s'entraîner à déterminer une vitesse à partir du coefficient de dilatation. C'est aussi l'occasion de mieux comprendre le principe de la déformation de l'espace-temps.

> Voir la méthode et stratégie 3.

Martine va faire un voyage dans l'espace. Au moment de son départ, elle est âgée de 38 ans. Son fils Paul, âgé de 10 ans, reste sur Terre. On ne tient pas compte ici des phases d'accélération et de décélération du vaisseau. Le vaisseau envoie vers la Terre des flashs lumineux à intervalles réguliers. Paul constate que l'intervalle entre deux flashs est de $T_1 = 3{,}00$ s, alors que sa mère mesure un intervalle de $T_2 = 2{,}00$ s.

1. Comment expliquer la différence de mesure du temps entre Martine et Paul ?

2. Quelle horloge mesure la durée propre de l'intervalle entre deux flashs ?

3. Déterminer le facteur de dilatation γ entre T_1 et T_2.

4. En déduire alors la vitesse du vaisseau spatial.

5. Au bout de 10 ans à bord du vaisseau, Martine rentre sur Terre.

6. Quel est l'âge de Martine ?

7. Même question pour Paul. Conclure.

3 La relativité restreinte au cinéma

30 min

Cet exercice original s'appuie sur deux films qui ont repris avec plus ou moins de succès les principes de la relativité. Le but est de discuter de la justesse ou des erreurs de chacun de ces films.

> Voir les méthodes et stratégies 1 et 3.

DOC. 1 Retour vers le futur

L'action de ce film se déroule en 1985, le personnage scientifique (le Doc) a mis au point une voiture capable de voyager dans le passé. Il est assassiné par des terroristes libyens, car il leur avait volé du plutonium, élément nécessaire pour le convecteur temporel. Un jeune adolescent (Marty) met involontairement les circuits temporels en marche et franchit la barre des 88 miles par heure (142 km/h), vitesse également nécessaire au voyage dans le temps. Il se retrouve projeté à Hill Valley… le 5 novembre 1955 !

1. Déterminer le facteur de dilatation temporel dans le référentiel de la voiture par rapport à un observateur resté sur place. Discuter de sa valeur.

2. Des films comme Terminator ou Timecop évoquent également un voyage dans le passé. Discuter de la justesse scientifique de tels scénarios.

DOC. 2 La planète des singes

La planète des singes, avant d'être une adaptation au cinéma, est un roman écrit par Pierre Boulle en 1963.

En l'an 2500, un savant (le professeur Antelle) organise une expédition spatiale pour explorer l'étoile Bételgeuse. À bord du vaisseau se trouvent également un jeune physicien, un journaliste (le narrateur) ainsi qu'un chimpanzé. Arrivé à proximité de l'étoile, ils distinguent quatre planètes dont l'une d'entre elles s'avère être la Terre, mais dans le futur. Elle est habitée par des singes ayant évolué au détriment des hommes devenus esclaves. Ce voyage dans le futur est évoqué plusieurs fois dans le livre. D'abord par le professeur : « Notre temps s'écarte sensiblement du temps de la Terre, l'écart étant d'autant plus grand que nous allons vite. En ce moment, nous avons vécu plusieurs minutes qui correspondent à plusieurs mois sur la Terre. » Puis à un autre moment par le narrateur : « Comme il [le professeur] l'avait prévu, … le voyage dura environ deux ans de notre temps, pendant lesquels trois siècles et demi durent passer sur la Terre…».

3. En vous appuyant sur vos connaissances, discuter le contenu scientifique des phrases entre guillemets.

4. Déterminer la vitesse de ce vaisseau spatial en fonction de c. On gardera exceptionnellement tous les chiffres de la calculatrice.

4 Expérience de Hafele-Keating

50 min

Cet exercice typique de baccalauréat reprend une expérience historique qui a permis de confirmer le principe de la relativité restreinte ainsi que celui de la relativité générale.

> Voir la méthode et stratégie 2.

DOC. 1 Principe de l'expérience de Hafele-Keating

Terre vue du pôle Nord

Cette expérience a permis de tester la théorie de la relativité. En octobre 1971, le physicien Joseph Hafele et l'astronome Richard Keating ont embarqué une horloge atomique au césium à bord de deux vols commerciaux. Le premier avion a fait le tour du monde en se dirigeant vers l'est et le deuxième avion a fait le tour du monde en se dirigeant vers l'ouest. Les horloges atomiques ont été comparées avec une troisième restée au sol.
L'horloge embarquée de l'avion se dirigeant vers l'est affichait un retard de 59 ± 10 ns par rapport à l'horloge restée au sol. Celle embarquée dans l'avion voyageant vers l'ouest affichait une avance de 273 ± 7 ns.
Les avions ont volé à une vitesse moyenne de 200 $m{\cdot}s^{-1}$ et les vols ont duré 50,0 h.

DOC. 2 Décalage temporel dû à la relativité restreinte

Dans le cas des objets se déplaçant lentement, le retard que prend une horloge mobile par rapport à une horloge fixe peut être calculé par la relation :

$$T - T_0 = \frac{1}{2}\frac{V^2}{c^2} \times T_0$$

T_0, durée du vol

Données : rayon de la Terre à l'équateur : 6 370 km ; durée d'une révolution de la Terre : 23 h 56 min 4 s ; vue du pôle Nord, la Terre tourne sur elle-même dans le sens anti-horaire.

1. Quel référentiel faut-il choisir pour effectuer cette étude ?

2. Déterminer la vitesse d'un objet situé à la surface de la Terre au niveau de l'équateur.

3. Pourquoi Hafele et Keating ont-ils utilisé des horloges atomiques pour effectuer leur mesure ?

4. Pourquoi l'horloge embarquée dans l'avion se dirigeant vers l'est affiche-t-elle un retard ? En déduire la vitesse de déplacement de l'horloge restée au sol par rapport à celle embarquée dans l'avion se dirigeant vers l'est.

5. De la même manière, pourquoi l'horloge embarquée dans l'avion se dirigeant vers l'ouest affiche-t-elle une avance ? En déduire la vitesse de l'horloge située dans l'avion se dirigeant vers l'ouest par rapport à celle restée au sol.

6. a. Déterminer le retard R_1 que prend l'horloge située à la surface de la Terre par rapport à une horloge fictive située dans l'espace et immobile dans le référentiel géocentrique.

b. Faire la même chose pour les horloges embarquées dans chacun des avions par rapport à cette même horloge fictive immobile située dans l'espace. On notera ces retards R_{est} et R_{ouest}.

7. Pour déterminer le décalage entre l'horloge située à la surface de la Terre et les horloges embarquées, on utilise la relation suivante : $\Delta t = R_1 - R_{est/ouest} + 161$ ns, dans laquelle le dernier terme est un terme correctif dû à la relativité générale.
Déterminer pour chaque avion l'avance ou le retard théorique des horloges par rapport à l'horloge restée au sol.

8. Les horloges n'étaient par ailleurs pas suffisamment stables, les auteurs de l'expérience annonçaient une précision de 10 % sur les valeurs théoriques sans tenir compte des erreurs de mesure. Donner un encadrement des valeurs et conclure. Expliquer l'origine de ces écarts.

5 Avant la relativité : l'éther

60 min

Avant la relativité restreinte, les scientifiques pensaient que la lumière se propageait dans un milieu appelé éther. Bien que cette théorie soit fausse, il est intéressant de reprendre le raisonnement des scientifiques de cette époque et de montrer comment la science progresse.

> Voir le chapitre 2 sur les propriétés des ondes (interférences).

DOC. 1 La théorie du vent d'éther

À la fin du XIXe siècle, Maxwell réussit à décrire les ondes électromagnétiques (dont la lumière fait partie) au moyen d'équations relativement simples. Le problème pour les physiciens de l'époque est que ces ondes se propageaient toujours à la même vitesse dans le vide quel que soit le référentiel que l'on considérait. Cependant, cette théorie contredisait la loi galiléenne d'addition des vitesses.

Pour les physiciens de l'époque, l'espace et le temps étaient constants : le temps et les dimensions étaient les mêmes quel que soit l'endroit où l'on se trouvait dans l'Univers. Newton parlait de « grand Horloger ». Afin de ne pas abandonner les idées de Newton et de Galilée, ces scientifiques imaginèrent que les ondes électromagnétiques se propageaient dans un milieu qui restait à mettre en évidence, appelé **éther**.

Si l'éther existait, on devait mesurer des variations sur la vitesse de la lumière, selon le mouvement que l'on effectue par rapport à lui. Un objet facile à exploiter et suffisamment rapide est la Terre. En effet, elle effectue sa révolution autour du Soleil à une vitesse d'environ 30 km·s^{-1}. Selon la saison, on aurait dû ainsi observer des variations sur la mesure de la vitesse de la lumière.

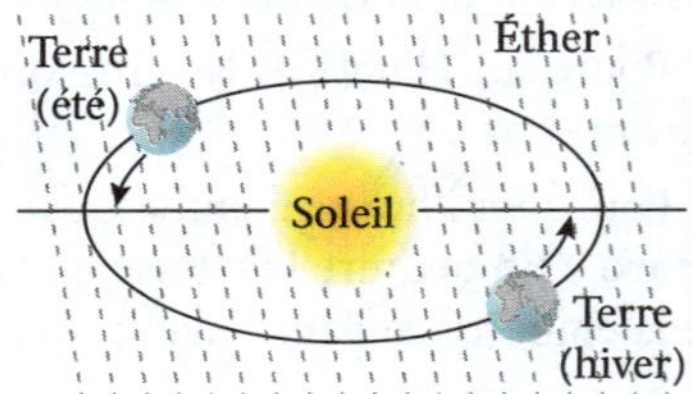

DOC. 2 Interféromètre de Michelson

Pour mesurer avec une bonne précision ces variations de vitesse de la lumière, A. Michelson et E. Morley conçurent un appareil, appelé interféromètre. Cet instrument sépare une onde lumineuse considérée comme monochromatique en deux faisceaux (voir schéma ci-contre). Ces derniers se dirigent vers deux miroirs qui renvoient les rayons au centre de l'appareil. L'image obtenue correspond à l'interférence de ces deux faisceaux de lumière. Si la Terre se

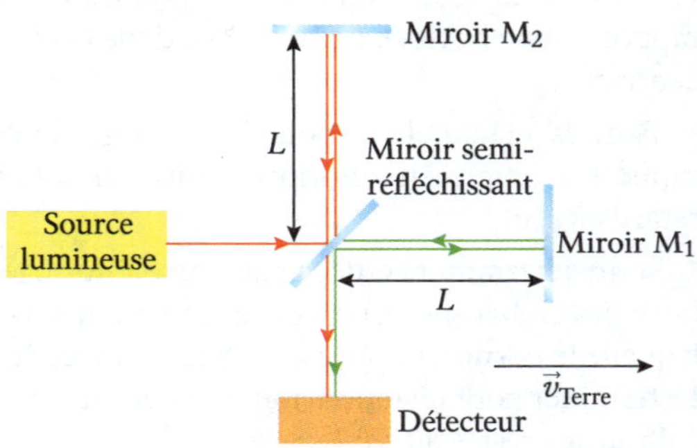

déplaçait dans l'éther, on devait observer une modification de la figure d'interférences, même avec une variation très faible.

Si la Terre est immobile par rapport à l'éther, les deux trajets dans les deux directions perpendiculaires sont égaux (même distance parcourue, même durée de trajet). En revanche, si la Terre est en mouvement par rapport à l'éther, à la vitesse v_{Terre} dans une direction particulière vers M_1 par exemple (voir schéma ci-dessus), alors les deux trajets ne sont pas effectués à la même vitesse, et la distance parcourue n'est pas la même dans les deux directions.

Données :

• La distance entre les miroirs M_1 et M_2 avec le miroir semi-réfléchissant est $L = 10$ m.

• La source est une lampe à vapeur de sodium qui émet un rayonnement à 589 nm.

• La vitesse de la lumière dans l'éther est notée c ($c = 3{,}00 \times 10^8$ m·s^{-1}).

• Dans tout l'exercice, on se placera dans le cadre d'une mécanique galiléenne, c'est-à-dire que les vitesses pourront s'additionner sans qu'il y ait déformation de l'espace ou du temps, même si on sait maintenant que cette démarche est erronée. On supposera de plus, que la vitesse de la Terre dans l'éther est égale à sa vitesse de révolution autour du Soleil soit 30,0 km·s^{-1}.

1. Dans le référentiel de l'éther, exprimer la vitesse de la lumière lorsque le faisceau part du miroir semi-réfléchissant jusqu'au miroir M_1. En déduire une expression du temps t mis par la lumière pendant le trajet aller en fonction de L, c et v_{Terre}.

2. Même question mais pour le chemin retour.

3. Montrer alors que le temps total t_1 mis pour faire l'aller-retour jusqu'au miroir M_1 peut s'exprimer de la façon suivante : $t_1 = \dfrac{2L \times c}{c^2 - v_{\text{Terre}}^2}$.

4. Le trajet effectué par le miroir M_2 dans le référentiel de l'éther est représenté ci-contre :

a. En utilisant le théorème de Pythagore, donner la relation entre AC, AB et L.

b. Montrer alors que le temps mis par la lumière pour effectuer le trajet AC (en passant par B) s'exprime de la manière suivante : $t_2 = \dfrac{2L}{\sqrt{c^2 - v_{\text{Terre}}^2}}$.

Comme $v_{\text{Terre}} \ll c$, on peut faire les approximations suivantes :

$$t_1 \approx \frac{2L}{c} \times \left(1 + \frac{v_{\text{Terre}}^2}{c^2}\right) \text{ et } t_2 \approx \frac{2L}{c} \times \left(1 + \frac{v_{\text{Terre}}^2}{2c^2}\right).$$

5. Donner une expression littérale de la différence $t_1 - t_2$.

6. L'expression de la différence de chemin optique est donnée par la relation $\Delta\delta = c \times (t_2 - t_1)$. Déterminer la valeur de $\Delta\delta$.

7. On rappelle que les interférences sont constructives si elles sont un multiple entier de la longueur d'onde et qu'elles sont destructives dans le cas d'un demi-entier. On voit une évolution de la figure d'interférences lorsqu'une frange brillante devient sombre. Déterminer alors la différence de chemin optique $\Delta\delta'$ pour qu'une frange brillante devienne sombre.

8. Le rapport $\frac{\delta}{\delta'}$ donne la variation que l'on pouvait détecter au niveau d'une frange.
L'interféromètre de Michelson pouvait-il mettre en évidence l'éther ?

9. L'expérience fut répétée plusieurs fois, à différents moments de l'année, mais aucune variation significative ne fut jamais détectée. En quoi, cette expérience négative a-t-elle quand même pu faire avancer les connaissances de la science ?

SUJETS D'APPROFONDISSEMENT

6 Précision du GPS

40 min

Cet exercice très complet (un grand classique au baccalauréat) permet de comprendre le principe du GPS qui fait intervenir à la fois la relativité restreinte et la relativité générale.

> Voir la méthode et stratégie 2, ainsi que chapitre 5.

DOC. 1 Précision d'un satellite GPS

La précision du GPS provient de la rigueur et de la qualité des lois physiques sur lesquelles il est basé. En particulier, deux effets relativistes dégraderaient considérablement les performances du système s'ils étaient ignorés. La relativité restreinte nous apprend que les horloges des satellites – en mouvement autour de la Terre – battent la seconde plus lentement que celles immobiles au sol. La différence n'est pas négligeable : 7,1 µs par jour, soit 2 100 mètres d'erreur environ pour un signal voyageant à la vitesse de la lumière. Quant à la relativité générale, elle prédit un effet opposé plus conséquent (45,7 µs/jour) dû au fait que le champ gravitationnel est plus faible en orbite. Pour compenser ces effets relativistes, la fréquence des horloges embarquées est légèrement plus faible que celles des stations au sol : 10,22999999543 MHz au lieu de 10,23 MHz.

DOC. 2 Décalage temporel dû à la relativité générale

La différence de temps entre les horloges GPS et celles au sol est donnée par la relation :

$$T = \left(\frac{g \times R_T - g_B \times (R_T + H)}{c^2} \right) \times T_0$$

g, accélération de pesanteur au niveau du sol
R_T, rayon de la Terre
g_B, accélération de la pesanteur au niveau du satellite
H, altitude du satellite
T_0, durée d'une journée

En d'autres termes, le temps s'écoule plus vite lorsque l'on s'éloigne du champ de pesanteur.

DOC. 3 Décalage temporel dû à la relativité restreinte

Dans le cadre de la relativité restreinte et dans le cas d'objets se déplaçant lentement, le retard que prend une horloge mobile par rapport à une horloge fixe s'exprime de la manière suivante :

$$T - T_0 = \frac{1}{2}\frac{V^2}{c^2} \times T_0$$ | T_0, durée d'une journée

Données :
• $M_T = 5{,}98 \times 10^{24}$ kg ; $G = 6{,}67 \times 10^{-11}$ N·m²·kg⁻² ; $R_T = 6\,370$ km.
• La vitesse de la Terre au niveau de l'équateur est $v_{Terre} = 465$ m·s⁻¹.
• On considère que l'altitude du satellite GPS est $H = 2{,}00 \times 10^4$ km ; sa trajectoire est circulaire autour de la Terre ; on notera sa masse m.

1. Préciser le référentiel dans lequel on doit faire cette étude.

2. Pourquoi un décalage de 7,1 µs introduit une imprécision de 2 100 m ?

3. Donner une expression littérale de g et de g_B.

4. En déduire une expression littérale globale de ΔT. Faire l'application numérique et retrouver les 45,7 µs de décalage par jour dans le cadre de la relativité générale.

5. En appliquant la seconde loi de Newton, montrer que la vitesse du satellite dans le référentiel géocentrique peut s'exprimer ainsi : $v_{satellite} = \sqrt{\frac{G \times M_T}{R_T + H}}$.
Calculer la vitesse du satellite.

6. a. Donner une expression littérale du décalage temporel entre une horloge située à la surface de la Terre et une horloge fictive immobile dans le référentiel géocentrique. Faire la même chose pour l'horloge du satellite.

b. En déduire une expression littérale de la différence de temps mesuré entre l'horloge située au sol et celle du satellite. Faire l'application numérique, puis conclure.

7. Si on ne tenait pas compte de ces effets relativistes, quel serait le décalage temporel par jour entre les deux horloges. Convertir cette imprécision en mètres (m).

8. Conclure sur la précision des horloges GPS.

7 Faisceaux de protons au LHC

40 min

Cet exercice vous plonge au cœur du plus grand accélérateur de particules au monde : le LHC, où circulent des particules relativistes.

> Voir la méthode et stratégie 3, le complément de cours POST BAC, ainsi que le chapitre 15.

Le Large Hadron Collider (LHC) est l'accélérateur de particules de nouvelle génération au CERN. Il est installé dans un tunnel de 27 km de circonférence, occupé jusqu'en 2002 par le LEP. Deux faisceaux de protons, circulant en sens contraires, sont accélérés jusqu'à l'énergie de 7,0 TeV.
À d'autres moments, des noyaux de plomb $^{208}_{82}Pb$ peuvent également être introduits dans le LHC. Chaque proton des noyaux de plomb acquiert également une énergie de 7,0 TeV.
Deux mille événements sont enregistrés sur disque à chaque seconde. Chaque collision génère en moyenne 70 traces chargées et autant de particules neutres. Au final, environ 0,25 gigaoctet de données sont écrits à chaque seconde.

Données :
• Pour des particules relativistes : $E = \sqrt{p^2c^2 + m^2c^4}$, avec E l'énergie totale de la particule ($E = E_c + mc^2$), p la quantité de mouvement de la particule, et m sa masse au repos.
• De plus : $p = \gamma m v$, avec $\gamma = \dfrac{1}{\sqrt{1 - \dfrac{v^2}{c^2}}}$.
• Masse d'un proton au repos : $1{,}67 \times 10^{-27}$ kg.
• 1 TeV = $1{,}602 \times 10^{-7}$ J.
• Capacité de stockage d'un CD : 700 Mo.

1. Montrer que l'énergie peut se mettre sous la forme $E = \gamma mc^2$.

2. Pour les particules ultra-relativistes, on peut assimiler l'énergie totale à l'énergie cinétique de la particule. En considérant les protons dans le LHC comme ultra-relativistes, déterminer la valeur de γ. Que remarque-t-on ?

3. En déduire également la vitesse des protons à l'intérieur du LHC en fonction de c. On gardera pour ce calcul tous les chiffres de la calculatrice.

4. Lorsque les noyaux de plomb sont introduits dans le LHC, quelle est l'énergie atteinte par l'un des ces noyaux ? En déduire l'énergie partagée entre les nucléons.

5. Si les données étaient écrites sur CD, calculer le nombre de CD à graver en une journée, puis en un an ?

6. Sachant qu'un CD a une épaisseur de 1,2 mm, quelle hauteur de CD aurait-t-on au bout d'une journée ? Au bout d'une année ?

POST BAC

8 Diffraction d'un faisceau d'électrons

50 min

Cet exercice permet de découvrir le principe d'un microscope électronique. Sa résolution permet de tester votre maîtrise de l'ensemble du programme car elle nécessite de faire appel à des connaissances relevant de plusieurs chapitres.

> Voir le complément de cours POST BAC, ainsi que les chapitres 4 et 12.

On dirige un faisceau d'électrons sur un cristal d'argent. Les atomes d'argent sont distants de 288 pm. On accélère les électrons avec une tension de 40 V (on suppose que les électrons ont une vitesse nulle au départ).
Données :
• $|e| = 1{,}60 \times 10^{-19}$ C ; $m_e = 9{,}11 \times 10^{-31}$ kg ; $c = 3{,}00 \times 10^8$ m·s^{-1}.
• Pour des particules relativistes : $E = \sqrt{p^2c^2 + m^2c^4}$, avec E l'énergie de la particule, p la quantité de mouvement de la particule, et m sa masse au repos.
• Relation entre quantité de mouvement et longueur d'onde :
$p = \dfrac{h}{\gamma}$, avec $h = 6{,}63 \times 10^{-34}$ J·s.

1. À l'aide du théorème de l'énergie cinétique, déterminer la vitesse de ce faisceau d'électrons (les électrons sont considérés pour l'instant comme non relativistes).

2. En déduire la longueur d'onde associée.

3. Le faisceau d'électrons sera-t-il diffracté par les atomes d'argent ?

4. On recommence la même expérience mais en appliquant cette fois-ci une tension

accélératrice de 4 kV, apportant ainsi une énergie supplémentaire de 4 keV aux électrons (les électrons sont considérés comme relativistes).
En tenant compte de l'énergie de masse ($E = mc^2$), déterminer l'énergie totale des électrons contenus dans le faisceau.

5. En déduire la quantité de mouvement d'un électron du faisceau.

6. En déduire la nouvelle longueur d'onde associée.

7. Quel est l'intérêt d'augmenter l'énergie du faisceau d'électrons ?

POST BAC

9 Quantité de mouvement et effet Compton

50 min

Un exercice parfait pour tester ses connaissances sur la conservation de la quantité de mouvement et la conservation de l'énergie autour d'une expérience fondamentale de l'histoire des sciences.

> Voir le complément de cours POST BAC, ainsi que les chapitres 4 et 12.

Arthur Compton avait remarqué que les rayons X étaient « plus mous » après diffusion sur une cible de graphite.
En utilisant la conservation de la quantité de mouvement et la conservation de l'énergie dans le cas d'un électron relativiste, Compton obtint le résultat suivant :

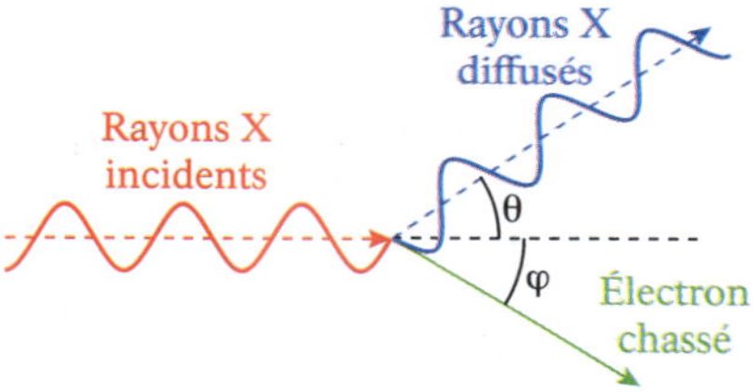

$$\lambda' - \lambda = \frac{h}{m_e \times c}(1 - \cos\theta)$$

λ', longueur d'onde des photons diffusés
λ, longueur d'onde des photons incidents
m_e, masse de l'électron-cible (kg)
h, constante de Planck
c, célérité de la lumière dans le vide

La longueur d'onde des photons incidents est de 70,8 pm. Avant le choc, l'électron est considéré comme étant au repos.

Données :
- $h = 6{,}63 \times 10^{-34}$ J·s ; $m_e = 9{,}11 \times 10^{-31}$ kg ; $c = 3{,}00 \times 10^{8}$ m·s^{-1}.
- Pour des particules relativistes : $E = \sqrt{p^2c^2 + m^2c^4}$, avec E l'énergie de la particule, p la quantité de mouvement de la particule, et m sa masse au repos.
- Relation entre quantité de mouvement et longueur d'onde : $p = \frac{h}{\gamma}$.

1. Déterminer le décalage spectral ($\lambda' - \lambda$) dans le cas où $\theta = 90°$.

2. En déduire la longueur d'onde des photons diffusés.

3. Déterminer la valeur de la quantité de mouvement d'un photon incident et d'un photon diffusé.

4. Réaliser un schéma en indiquant les vecteurs quantité de mouvement avant la collision et après la collision dans le cas où $\theta = 90°$.

5. En utilisant la conservation de la quantité de mouvement, déterminer la quantité de mouvement $\vec{p}_e$ de l'électron chassé et la valeur de l'angle ϕ de la diffusion de l'électron.

6. Calculer l'énergie totale avant et après la collision. L'énergie est-elle conservée ?

CORRIGÉS

1 Frontière entre mécanique classique et relativité restreinte

1. Pour le TGV et le muon, le référentiel choisi est le référentiel terrestre. Pour le satellite, le meilleur référentiel est géocentrique.
Si l'on veut comparer les durées entre une horloge dans un satellite et une horloge située à la surface de la Terre, il faut déterminer la vitesse du satellite dans le référentiel terrestre.

2. Pour le TGV : $\gamma = \dfrac{1}{\sqrt{1 - \dfrac{\left(\dfrac{300}{3,6}\right)^2}{(3,00 \times 10^8)^2}}} = 1,00$.

Pour le satellite (par rapport au référentiel géocentrique) : $\gamma = \dfrac{1}{\sqrt{1 - \dfrac{(3,00 \times 10^3)^2}{(3,00 \times 10^8)^2}}} = 1,00$

Pour le muon : $\gamma = \dfrac{1}{\sqrt{1 - 0,99^2}} = 7,1$.

3. On en conclut que les lois de la mécanique classique continuent de s'appliquer pour le TGV et le satellite. En revanche pour le muon, il faut appliquer les lois de la relativité restreinte.

4. Il faut déterminer la vitesse en fonction de γ. Les étapes intermédiaires sont indiquées dans la méthode et stratégie 2 : $\gamma = \dfrac{1}{\sqrt{1 - \dfrac{V^2}{c^2}}} \Leftrightarrow V = c \times \sqrt{\dfrac{\gamma^2 - 1}{\gamma^2}}$.

Application numérique : $V = 3,00 \times 10^8 \times \sqrt{\dfrac{1,01^2 - 1}{1,01^2}} = 4,2 \times 10^7 \text{ m·s}^{-1}$.

La mécanique classique s'applique très bien si $V < \dfrac{c}{10}$. Au-delà de cette valeur, il faut tenir compte des effets relativistes.

2 Le voyage spatial, un moyen pour voyager dans le futur

1. Martine et Paul ne mesurent pas le même temps car l'horloge de Martine est en mouvement par rapport celle de Paul. L'horloge de Paul mesure le temps dans le référentiel terrestre, celle de Martine dans le référentiel du vaisseau spatial.

2. L'horloge à bord du vaisseau spatial mesure une durée propre : elle est immobile par rapport à la source qui émet les flashs.

3. On a $T_1 = \gamma T_2$ soit $\gamma = \dfrac{T_1}{T_2} = \dfrac{3,00}{2,00} = 1,50$.

4. On détermine la vitesse en fonction de γ, les étapes intermédiaires sont indiquées dans la méthode 2 : $\gamma = \dfrac{1}{\sqrt{1 - \dfrac{V^2}{c^2}}} \Leftrightarrow V = c \times \sqrt{\dfrac{\gamma^2 - 1}{\gamma^2}}$.

Application numérique : $V = 3{,}00 \times 10^8 \times \sqrt{\dfrac{1{,}50^2 - 1}{1{,}50^2}} = 2{,}24 \times 10^8 \ \mathrm{m{\cdot}s^{-1}}$.

La vitesse du vaisseau par rapport à la Terre est de $2{,}24 \times 10^8 \ \mathrm{m{\cdot}s^{-1}}$.

5. a. L'âge de Martine sera de 38 + 10 = 48 ans.

b. Il ne se sera pas écoulé le même temps sur Terre. En reprenant la valeur de γ déterminée à la question **3**, il s'est écoulé 1,5 × 10 = 15 ans. Paul aura donc 10 + 15 = 25 ans. Ce voyage spatial permet à Martine de faire un voyage temporel dans le futur de son fils en réduisant leur écart d'âge !

3 La relativité restreinte au cinéma

1. On peut déterminer le facteur de dilatation du temps entre l'horloge embarquée dans la voiture et une horloge restée sur Terre :

$$\gamma = \frac{1}{\sqrt{1 - \dfrac{V^2}{c^2}}} \Leftrightarrow \gamma = \frac{1}{\sqrt{1 - \dfrac{\left(\dfrac{142}{3{,}6}\right)^2}{\left(3{,}00 \times 10^8\right)^2}}} = 1{,}00 .$$

La vitesse de la voiture n'est pas suffisante pour créer une déformation du temps.

2. À partir du moment où $V \neq 0$, on a $\gamma > 1$; il s'en s'ensuit que l'horloge d'un objet mobile a un temps qui s'écoule toujours plus lentement qu'une horloge restée immobile. Ainsi, si la relativité restreinte nous montre que les voyages dans le futur restent possibles (voir exercice 2), elle exclut en revanche les voyages dans le passé. Les scénarios des films proposant des voyages dans le passé sont donc impossibles.

> Les voyages dans le passé soulèvent plusieurs paradoxes. Le plus connu étant celui du grand-père : si une personne voyage dans le passé et tue son grand-père alors qu'il n'a pas eu d'enfant, ce voyageur ne peut pas exister. Mais si ce voyageur n'existe pas, le grand-père n'est pas tué !

3. D'après la réponse à la question précédente, un voyage dans le futur reste possible (à condition d'avoir la technologie nécessaire). Les phrases extraites du livre sont tout à fait cohérentes d'un point de vue scientifique. On peut toutefois se demander comment en se dirigeant vers Bételgeuse, ils ont pu se retrouver sur la Terre dans le futur ?

4. On détermine le facteur de dilatation à partir de la deuxième phrase extraite du livre. Les 2 ans correspondent à une durée propre et 3,5 siècles à la durée mesurée sur Terre :

$$\gamma = \frac{T}{T_0} \Leftrightarrow \gamma = \frac{3\,500}{2} = 1\,750 .$$

On détermine la vitesse en fonction de γ. Les étapes intermédiaires sont indiquées dans la méthode et stratégie 2 : $\gamma = \dfrac{1}{\sqrt{1 - \dfrac{V^2}{c^2}}} \Leftrightarrow V = c \times \sqrt{1 - \dfrac{1}{\gamma^2}}$.

Application numérique : $V = c \times \sqrt{1 - \frac{1}{1750^2}} = 0{,}9999998367 \times c$.

Le vaisseau a une vitesse très proche de celle de la lumière dans le vide.
Actuellement, seules les particules ayant une très grande énergie peuvent atteindre ce genre de vitesse (voir exercice 9).

4 Expérience de Hafele-Keating

1. Le meilleur référentiel pour cette étude est le référentiel géocentrique. Il faudra donc considérer une horloge fictive immobile par rapport au centre de la Terre.

2. Un point situé à la surface de la Terre décrit un cercle dans le référentiel géocentrique :

$$V_{\text{Terre}} = \frac{2\pi R_T}{T} \Leftrightarrow V_{\text{Terre}} = \frac{2 \times \pi \times 6\,370 \times 10^3}{23 \times 3\,600 + 56 \times 60 + 4} = 4{,}65 \times 10^2 \ \text{m·s}^{-1}.$$

Ne pas oublier de convertir les heures et les minutes en secondes, et les kilomètres en mètres.

La vitesse de la Terre au niveau de l'équateur est de $4{,}65 \times 10^2$ m·s^{-1}.

3. Les écarts de temps sont très faibles. Les horloges atomiques sont les seuls instruments suffisamment précis pour pouvoir mesurer ce décalage.

4. Dans le référentiel géocentrique, l'avion se dirigeant vers l'est bénéficie de la rotation de la Terre et de sa vitesse dans le référentiel terrestre :
$V_{\text{Terre}} + V_{\text{avion}} = 465 + 200 = 665$ m·s^{-1}.
L'horloge embarquée dans l'avion aura un temps qui s'écoulera plus lentement :

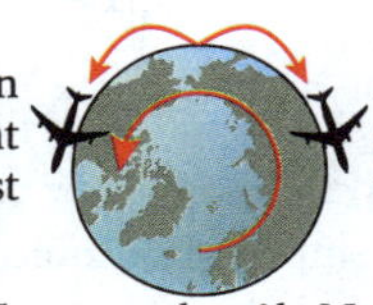

Terre vue du pôle Nord

$T_{\text{Terre}} = \gamma \times T_{\text{est}} \Rightarrow T_{\text{Terre}} > T_{\text{est}}$ puisque $\gamma > 1$. Au final, $T_{\text{est}} < T_{\text{Terre}}$. Cette horloge présentera un retard par rapport à celle restée au sol.

5. Toujours dans le référentiel géocentrique, la Terre se déplace plus vite que l'avion se dirigeant vers l'ouest. En utilisant la loi d'addition des vitesses, on peut déterminer la vitesse (en valeur absolue) de l'avion dans le référentiel géocentrique :
$V_{\text{Terre}} - V_{\text{avion}} = 465 - 200 = 265$ m·s^{-1}.
Par conséquent, le temps correspondant à l'horloge située au sol s'écoulera moins vite que dans l'avion. L'horloge embarquée dans l'avion aura donc une avance par rapport à l'horloge restée au sol.

6. a. Retard R_1 pris par l'horloge située à la surface de la Terre par rapport à l'horloge fictive : $R_1 = \frac{1}{2}\frac{465^2}{(3{,}00 \times 10^8)^2} \times 50{,}0 \times 3\,600 = 217$ ns.

b. Pour l'avion se dirigeant vers l'est, le retard pris par rapport à l'horloge fictive est :

$$R_{\text{est}} = \frac{1}{2}\frac{665^2}{(3{,}00 \times 10^8)^2} \times 50{,}0 \times 3\,600 = 442 \ \text{ns}.$$

Pour l'avion se dirigeant vers l'ouest, le retard pris par rapport à l'horloge fictive est :

$$R_{\text{ouest}} = \frac{1}{2}\frac{265^2}{\left(3{,}00 \times 10^8\right)^2} \times 50{,}0 \times 3\ 600 = 70{,}0 \text{ ns}.$$

Il est important de comprendre que l'on calcule des retards par rapport à une horloge fictive fixe dans le référentiel géocentrique, sinon il est impossible de faire les comparaisons.

7. Pour l'avion se dirigeant vers l'est, le retard final sera : $\Delta t = 217 - 442 + 161 = -64$ ns.
Pour l'avion se dirigeant vers l'ouest : $\Delta t = 217 - 70 + 161 = 308$ ns.

8. Pour l'avion allant vers l'est, on peut donner un encadrement de 10 %, soit 7 ns : $-71 \text{ ns} < \Delta t < -57$ ns.
De même, pour l'horloge se déplaçant vers l'ouest : $277 \text{ ns} < \Delta t < 339$ ns.
Les valeurs obtenues sont bien dans l'intervalle de confiance des valeurs théoriques. Les écarts s'expliquent assez bien par des durées de vol différentes, des altitudes variables, des trajectoires approximatives, et par l'imprécision des horloges.

5 Avant la relativité : l'éther

1. Dans le référentiel de l'éther, le miroir M_1 s'éloigne à la vitesse v_{Terre} ; le temps mis par la lumière pour faire le chemin aller est donc : $t = \dfrac{L}{c - v_{\text{Terre}}}$.

2. Pour le chemin retour c'est l'inverse, le miroir semi-réfléchissant se rapproche, le temps est donc plus court : $t' = \dfrac{L}{c + v_{\text{Terre}}}$.

3. $t_1 = t + t'$, d'où : $t_1 = \dfrac{L}{c - v_{\text{Terre}}} + \dfrac{L}{c + v_{\text{Terre}}}$.

En réduisant au même dénominateur :

$$t_1 = \frac{L \times \left(c + v_{\text{Terre}}\right) + L \times \left(c - v_{\text{Terre}}\right)}{c^2 - v_{\text{Terre}}^2} = \frac{2L \times c}{c^2 - v_{\text{Terre}}^2}.$$

4. a. En utilisant le théorème de Pythagore, on obtient : $AB^2 = \dfrac{AC^2}{4} + L^2$.

b. AB correspond au trajet de la lumière dans l'éther, soit :

$AB = \dfrac{c \times t_2}{2}$ et $AC = v_{\text{Terre}} \times t_2$.

On en déduit : $L^2 = \dfrac{c^2 \times t_2^2}{4} - \dfrac{v_{\text{Terre}}^2 \times t_2^2}{4} = \dfrac{t_2^2(c^2 - v_{\text{Terre}}^2)}{4}$.

En isolant t_2 et en prenant la racine carrée positive, on retrouve bien l'expression demandée : $t_2 = \dfrac{2L}{\sqrt{c^2 - v_{\text{Terre}}^2}}$.

Cette démonstration ressemble fortement à celle du cours. On remarquera cependant que la vitesse de la lumière n'est pas une constante ; le temps par contre est uniforme quel que soit le référentiel.

5. On montre simplement que : $t_1 - t_2 \approx \dfrac{L \times v_{\text{Terre}}^2}{c^3}$.

6. En multipliant l'expression précédente par c, on trouve : $\Delta\delta \approx \dfrac{L \times v_{\text{Terre}}^2}{c^2}$.

Application numérique : $\Delta\delta = \dfrac{10 \times (30{,}0 \times 10^3)^2}{(3{,}00 \times 10^8)^2} = 1{,}0 \times 10^{-7}\,\text{m}$.

7. Pour que des interférences constructives deviennent destructives, il faut une variation : $\Delta\delta' = \dfrac{\lambda}{2}$ soit $\Delta\delta' = 295\ \text{nm}$.

8. On calcule alors le rapport $\dfrac{\Delta\delta}{\Delta\delta'} = \dfrac{100}{295} \approx 0{,}33$ **frange.**

L'interféromètre de Michelson devait détecter la variation d'un tiers de franges, ce qui reste possible.

9. Si cette expérience était suffisamment précise pour illustrer le déplacement de la lumière dans l'éther et que l'on ne détecte rien, c'est que la théorie n'est pas bonne. Elle a ainsi obligé les scientifiques de l'époque à rechercher une autre solution pour expliquer la propagation de la lumière. C'est le propre de la démarche scientifique.

6 Précision du GPS

1. Le référentiel dans lequel on fait cette étude est le référentiel géocentrique que l'on supposera galiléen dans la suite de l'exercice.

2. L'onde électromagnétique se propage à la célérité c. Le décalage temporel introduit donc une imprécision sur la mesure de la distance :
$d = c \times t \Leftrightarrow d = 3{,}00 \times 10^8 \times 7{,}1 \times 10^{-6} = 2{,}1$ km.
On retrouve bien la valeur énoncée dans le texte.

3. La force de gravitation s'exprime de la manière suivante :
$F = \dfrac{\text{G} \times M_\text{T} \times m}{{R_\text{T}}^2}$ or $F = m \times g \Leftrightarrow g = \dfrac{\text{G} \times M_\text{T}}{{R_\text{T}}^2}$ avec m, mase du satellite.
De la même manière : $g_\text{B} = \dfrac{\text{G} \times M_\text{T}}{(R_\text{T} + H)^2}$.

4. En introduisant l'expression de g et de g_B dans ΔT :

$$\Delta T = \left(\frac{\text{G} \times M_\text{T}}{{R_\text{T}}^2} \times R_\text{T} - \frac{\text{G} \times M_\text{T}}{(R_\text{T}+H)^2} \times (R_\text{T}+H)\right) \times \frac{T_0}{c^2} \text{ soit}$$

$$\Delta T = \left(\frac{1}{R_\text{T}} - \frac{1}{(R_\text{T} + H)}\right) \times \frac{\text{G} \times M_\text{T} \times T_0}{c^2}.$$

Application numérique :

$$\Delta T = \left(\frac{1}{6\,370 \times 10^3} - \frac{1}{6\,370 \times 10^3 + 2{,}02 \times 10^7}\right) \times \frac{6{,}67 \times 10^{-11} \times 5{,}98 \times 10^{24} \times 24 \times 3\,600}{(3{,}00 \times 10^8)^2}$$

$$= \mathbf{45{,}7\ \mu s.}$$

On retrouve bien la valeur de 45,7 µs.

5. Le système est le satellite (de masse m) et l'étude s'effectue dans le référentiel géocentrique supposé galiléen. En appliquant la seconde loi de Newton, on a : $m\vec{a} = \Sigma\vec{F}_{\text{ext}}$.

Puisque la trajectoire est circulaire : $m\frac{v^2_{\text{satellite}}}{R_T + H}\vec{n} = \frac{G \times m \times M_T}{(R_T + H)^2}\vec{n}$, où $\vec{n}$ est un vecteur centripète. Après simplification, on retrouve bien l'expression demandée :

$v_{\text{satellite}} = \sqrt{\frac{G \times M_T}{R_T + H}}$.

Application numérique : $v_{\text{satellite}} = \sqrt{\frac{6{,}67 \times 10^{-11} \times 5{,}98 \times 10^{24}}{6\,370 \times 10^3 + 2{,}02 \times 10^7}} = 3{,}87 \times 10^3\ \text{m·s}^{-1}$.

6. a. On a les expressions suivantes, respectivement pour la Terre et le satellite :

$T - T_0 = \frac{1}{2}\frac{V^2_{\text{Terre}}}{c^2} \times T_0$ et $T' - T_0 = \frac{1}{2}\frac{V^2_{\text{satellite}}}{c^2} \times T_0$.

b. On en déduit : $\Delta T = T' - T = \frac{1}{2}\frac{\left(V^2_{\text{satellite}} - V^2_{\text{Terre}}\right)}{c^2} \times T_0$.

Application numérique : $\Delta T = \frac{1}{2}\frac{\left((3{,}87 \times 10^3)^2 - 465^2\right)}{(3{,}00 \times 10^8)^2} \times 24 \times 3\,600 = 7{,}1\ \mu\text{s}$.

On retrouve bien la valeur donnée dans le document 1.

7. La relativité générale et la relativité restreinte ont dans ce cas des effets inverses ; le décalage est donc : 45,7 − 7,1 = 38,6 µs ;
soit une distance de $d = c \times t \Leftrightarrow d = 3{,}00 \times 10^8 \times 38{,}6 \times 10^{-6} = 11{,}5$ km.
Le GPS serait alors trop imprécis pour pouvoir fonctionner.

8. On en conclut que le décalage temporel entre les horloges, bien qu'il soit faible, est significatif et on doit donc en tenir compte. Pour ajuster les fréquences des satellites de façon très précise, il faut utiliser des horloges atomiques.

7 Faisceaux de protons au LHC

1. On part de la relation donnée dans l'énoncé que l'on élève au carré :
$E^2 = p^2c^2 + m^2c^4 = \gamma^2m^2v^2c^2 + m^2c^4$;

on factorise par $\gamma^2m^2c^4$: $E^2 = \gamma^2m^2c^4\left(\frac{v^2}{c^2} + \frac{1}{\gamma^2}\right)$;

on remplace γ^2 par son expression : $E^2 = \gamma^2m^2c^4\left(\frac{v^2}{c^2} + 1 - \frac{v^2}{c^2}\right) \Leftrightarrow E^2 = \gamma^2m^2c^4$.

On retrouve bien l'expression demandée : $E = \gamma mc^2$.

2. En isolant γ dans l'expression précédente :

$\gamma = \frac{7{,}0 \times 1{,}60 \times 10^{-7}}{1{,}67 \times 10^{-27} \times (3{,}00 \times 10^8)^2} = 7{,}45 \times 10^3$.

La très grande valeur de γ signifie que les protons ont une vitesse très proche de celle de la lumière, c'est pourquoi on les considère comme ultra-relativistes.

3. On détermine la vitesse en fonction de γ (les étapes intermédiaires sont indiquées dans la méthode 2) : $\gamma = \frac{1}{\sqrt{1 - \frac{V^2}{c^2}}} \Leftrightarrow V = c \times \sqrt{\frac{\gamma^2 - 1}{\gamma^2}}$.

Application numérique : $V = c \times \sqrt{1 - \dfrac{1}{(7{,}45 \times 10^3)^2}} = 0{,}9999999910 \times c$.

Le résultat confirme bien la remarque précédente.

4. Énergie des noyaux de plomb : $E = 82 \times 7{,}0 = 574$ TeV.

L'énergie transportée par chaque nucléon sera donc : $E_{\text{nucléon}} = \dfrac{574}{206} = 2{,}79$ TeV.

Le plomb a été choisi car c'est l'élément stable ayant la plus grande masse atomique.

5. En une journée, il faudrait graver : $n_{\text{CD}} = \dfrac{250 \times 24 \times 3\,600}{700} = 2{,}16 \times 10^7$.

Et donc en une année : $n_{\text{CD}} = 2{,}16 \times 10^7 \times 365 = 7{,}88 \times 10^9$.

6. Au bout d'une journée, on aurait une pile de CD d'une hauteur suivante :
$h = 2{,}16 \times 10^7 \times 1{,}2 \times 10^{-3} = 25{,}9$ km.
Soit en une année : $h = 25{,}9 \times 365 = 9{,}46 \times 10^6$ km.

POST BAC

8 Diffraction d'un faisceau d'électrons

1. Le système est l'électron soumis à une force électrique. Le référentiel est terrestre supposé galiléen. On peut appliquer le théorème de l'énergie cinétique :

$$\Delta E_c = |e| \times U \Leftrightarrow \frac{1}{2}mv^2 = |e| \times U.$$

2. On en déduit l'expression de la vitesse : $v = \sqrt{\dfrac{2 \times |e| \times U}{m_e}}$

soit $v = \sqrt{\dfrac{2 \times 1{,}60 \times 10^{-19} \times 40}{9{,}11 \times 10^{-31}}} = 3{,}7 \times 10^6\ \text{m·s}^{-1}$.

La vitesse des électrons dans le faisceau est $3{,}7 \times 10^6$ m·s^{-1}.
La longueur d'onde associée à l'électron a pour valeur :

$$\lambda = \frac{h}{p} = \frac{h}{m \times v} \quad \text{soit } \lambda = \frac{6{,}63 \times 10^{-34}}{9{,}11 \times 10^{-31} \times 3{,}7 \times 10^6} = 2{,}0 \times 10^2 \text{ pm}.$$

3. Le faisceau d'électrons sera diffracté car λ est du même ordre de grandeur que la distance entre les atomes d'argent.

4. $E = 9{,}11 \times 10^{-31} \times (3{,}00 \times 10^8)^2 + 4 \times 10^3 \times 1{,}60 \times 10^{-19} = 8{,}3 \times 10^{-14}$ J.
L'énergie totale d'un électron du faisceau est de $8{,}3 \times 10^{-14}$ J.

5. Les électrons étant maintenant relativistes, on a la relation :

$$E = \sqrt{p^2c^2 + m_e^2c^4} \Leftrightarrow p^2c^2 = E^2 - m_e^2c^4 \text{ soit } p = \sqrt{\frac{E^2}{c^2} - m_e^2c^2}.$$

Application numérique :

$$p = \sqrt{\left(\frac{8{,}3 \times 10^{-14}}{3{,}00 \times 10^8}\right)^2 - (9{,}11 \times 10^{-31} \times 3{,}00 \times 10^8)^2} = 4{,}3 \times 10^{-23}\ \text{kg·m·s}^{-1}.$$

La quantité de mouvement d'un électron du faisceau est de $4{,}3 \times 10^{-23}$ kg·m·s^{-1}.

La relation $E_c = \dfrac{1}{2}mv^2$ n'est plus valable pour des particules relativistes.

6. La longueur d'onde associée donne : $\lambda = \frac{h}{p} = \frac{6{,}63 \times 10^{-34}}{4{,}3 \times 10^{-23}} = 15{,}4 \text{ pm}$.

7. Augmenter l'énergie du faisceau permet de diminuer la longueur d'onde. Le faisceau sera ainsi moins diffracté : l'observation de détails plus fins est alors possible (principe du microscope électronique).

POST BAC

9 Quantité de mouvement et effet Compton

1. Dans le cas où $\theta = 90°$, le décalage spectral devient :

$$\lambda' - \lambda = \frac{h}{m_e \times c} \Leftrightarrow \lambda = \frac{6{,}63 \times 10^{-34}}{9{,}11 \times 10^{-31} \times 3{,}00 \times 10^{8}} = 2{,}4 \text{ pm}.$$

2. La longueur d'onde des photons diffusés est donc : $\lambda' = 70{,}8 + 2{,}4 = 73{,}2$ pm.

3. On a : $p = \frac{h}{\lambda}$ soit $p = \frac{6{,}63 \times 10^{-34}}{70{,}8 \times 10^{-12}} = 9{,}36 \times 10^{-24} \text{ kg·m·s}^{-1}$.

Pour le photon diffusé : $p' = \frac{6{,}63 \times 10^{-34}}{73{,}2 \times 10^{-12}} = 9{,}06 \times 10^{-24} \text{ kg·m·s}^{-1}$.

4. Voir schéma ci-dessous. On note $\vec{p}$ l'impulsion du photon incident, $\vec{p}'$ l'impulsion du photon diffusé et $\vec{p}_e$ l'impulsion de l'électron chassé.

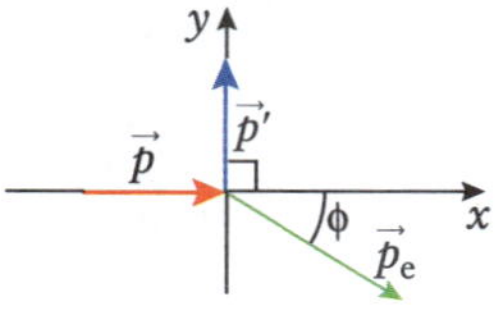

5. On a $\vec{p} = \vec{p}' + \vec{p}_e$.

En effectuant les projections sur les axes, on obtient :

- sur l'axe des abscisses : $p_e \times \cos\phi = p$;
- sur l'axe des ordonnées : $p_e \times \sin\phi = -p'$.

On en déduit : $\tan\phi = -\frac{p'}{p} \Leftrightarrow \phi = -\tan^{-1}\left(\frac{p'}{p}\right)$.

Application numérique : $\phi = -\tan^{-1}\left(\frac{9{,}06 \times 10^{-24}}{9{,}36 \times 10^{-24}}\right) = -44°$.

La quantité de mouvement est donc $p_e = \frac{p}{\cos\phi} = \frac{9{,}36 \times 10^{-24}}{\cos(44)} = 1{,}3 \times 10^{-23} \text{ kg·m·s}^{-1}$.

6. Avant la collision :

$E_{av} = pc + m_e c^2 = 9{,}36 \times 10^{-24} \times 3{,}00 \times 10^{8} + 9{,}11 \times 10^{-31} \times (3{,}00 \times 10^{8})^2 = 8{,}5 \times 10^{-14}$ J.

Après la collision : $E_{ap} = p'c + \sqrt{p_e^2 c^2 + m^2 c^4}$;

soit :

$$E_{ap} = 9{,}36 \times 10^{-24} \times 3{,}00 \times 10^{8} + \sqrt{\left(1{,}3 \times 10^{-23} \times 3{,}00 \times 10^{8}\right)^2 + \left(9{,}11 \times 10^{-31} \times \left(3{,}00 \times 10^{8}\right)^2\right)^2}$$
$$= 8{,}5 \times 10^{-14} \text{ J}.$$

L'énergie est bien conservée.

On parle de diffusion inélastique car l'énergie du photon n'est pas conservée.

Observer
Structure et transformation de la matière
Énergie, matière et rayonnement

CHAPITRE 8

Évolution temporelle des systèmes chimiques

COURS

MÉTHODES ET STRATÉGIES

SUJETS DE TYPE BAC

SUJETS D'APPROFONDISSEMENT

CORRIGÉS

COURS

Évolution temporelle des systèmes chimiques

L'évolution temporelle d'un sytème chimique est caractérisée par une grandeur appelée vitesse de réaction. Cette dernière est influencée par des facteurs cinétiques qui peuvent ralentir ou accélérer la réaction. L'étude de la vitesse des réactions chimiques est appelée cinétique chimique. Elle consiste principalement à décrire l'évolution de l'avancement d'une réaction au cours du temps.

I. Les réactions lentes et rapides

- Les **réactions rapides** se produisent si vite qu'on ne peut pas suivre leur évolution à l'œil nu : elles paraissent instantanées.
- Les **réactions lentes** sont des réactions dont on peut suivre l'évolution à l'œil nu : elles durent de quelques secondes à quelques heures.

Remarque Certaines réactions sont tellement lentes que le système dans lequel elles se produisent semble figé. On dit que ces réactions sont **infiniment lentes** et que le système est **cinétiquement inerte**.

II. Les facteurs cinétiques

1. Rôle de la température

- Une augmentation de la température tend à augmenter la vitesse des réactions chimiques.
- Une diminution de la température tend à diminuer la vitesse des réactions chimiques.

2. Influence de la concentration des réactifs

- Une augmentation de la concentration des réactifs se traduit par une augmentation de la vitesse des réactions chimiques.
- Une diminution de la concentration des réactifs se traduit par une diminution de la vitesse des réactions chimiques.

3. Interprétation microscopique

- Au niveau microscopique, une réaction chimique a lieu grâce aux **chocs des molécules de réactifs**. La réaction sera d'autant plus rapide que les chocs seront fréquents.
- Une augmentation de la température, augmentant la vitesse d'agitation des molécules de réactifs, permet d'augmenter la fréquence des chocs.
- Une augmentation de la concentration des réactifs, augmentant le nombre de molécules de réactifs par unité de volume, permet aussi d'augmenter la fréquence des chocs.

III. Les catalyseurs

1. Définition

Un catalyseur est une espèce chimique qui **augmente la vitesse** d'une réaction chimique sans apparaître dans l'équation de la réaction.

Remarque Un catalyseur n'est pas un réactif au sens strict, puisqu'on le retrouve inchangé à la fin de la transformation. Il peut cependant subir des modifications au cours du processus de la réaction, mais il finit par revenir à son état initial.

2. Catalyses hétérogène, homogène et enzymatique

- On parle de **catalyse homogène** lorsque le catalyseur se trouve dans la même phase que celle des réactifs : solide (s), liquide (l), gaz (g) ou en solution (aq).
En revanche, la **catalyse** est **hétérogène** lorsque le catalyseur se trouve dans une phase différente que celle des réactifs.
On parle de **catalyse enzymatique** lorsque le catalyseur est une enzyme. Une enzyme est un catalyseur biologique.
- Un catalyseur a une **action spécifique** et peut être **sélectif**.

Exemple Un mélange de monoxyde de carbone (CO) et de dihydrogène (H_2) réagit différemment selon que le catalyseur est le fer (Fe) ou le cuivre (Cu).

$$CO + H_2 \xrightarrow{Fe} \text{Hydrocarbures} + \text{Eau}$$

$$CO + H_2 \xrightarrow{Cu} \text{Alcools}$$

- On dit d'une réaction qu'elle est **autocatalysée** quand l'un de ses produits est un catalyseur de la réaction. Les courbes des évolutions de la quantité de matière d'un produit et de la vitesse de formation correspondante (voir le complément POST BAC) ont les allures suivantes :

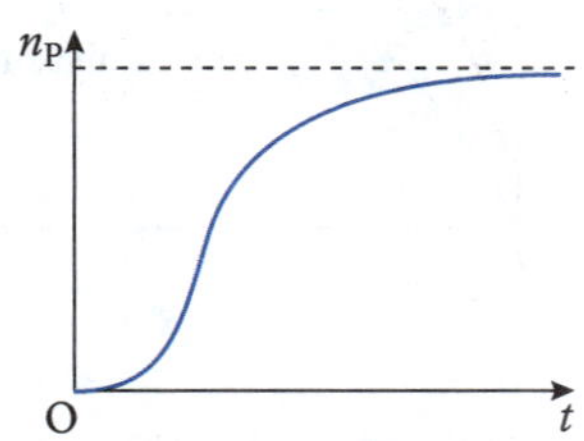

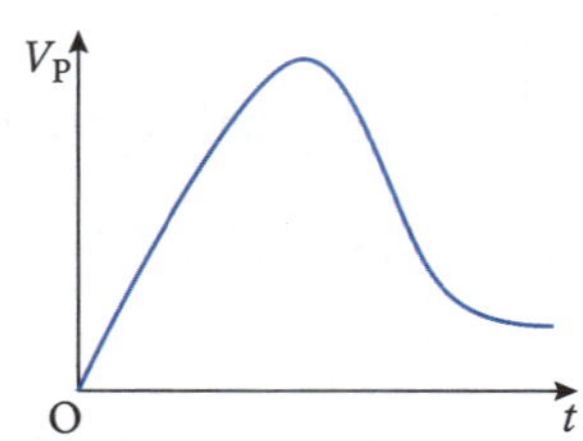

Dans un premier temps, la vitesse de réaction est relativement faible. Puis la vitesse augmente régulièrement avec l'apparition progressive du catalyseur (produit). Enfin, la vitesse diminue à nouveau avec la diminution progressive de la concentration en réactifs.

IV. Évolutions de la vitesse et des quantités de matière

On peut mettre en relation les évolutions de la vitesse de réaction (v), des quantités de matière des réactifs (n_R) et des quantités de matière des produits (n_P) en cours de réaction avec les facteurs cinétiques et les catalyseurs.

1. Vitesse de réaction au cours de la réaction

En général, la vitesse d'une réaction chimique diminue progressivement au cours d'une réaction. En effet, au cours de la réaction les réactifs disparaissent et leurs concentrations diminuent, ce qui a pour effet de diminuer la vitesse de la réaction.

Remarque L'évolution de la vitesse observée au cours de l'**autocatalyse** est un contre-exemple à cette règle générale.

2. Influence de la température

Quand la température augmente, la vitesse de réaction augmente, les quantités de matière des réactifs n_R diminuent plus rapidement et les quantités de matière des produits n_P augmentent plus rapidement.

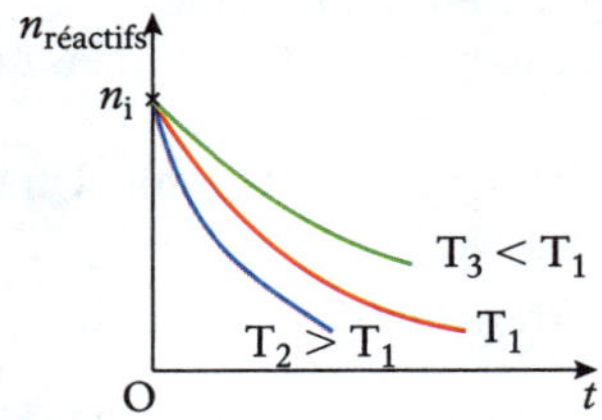

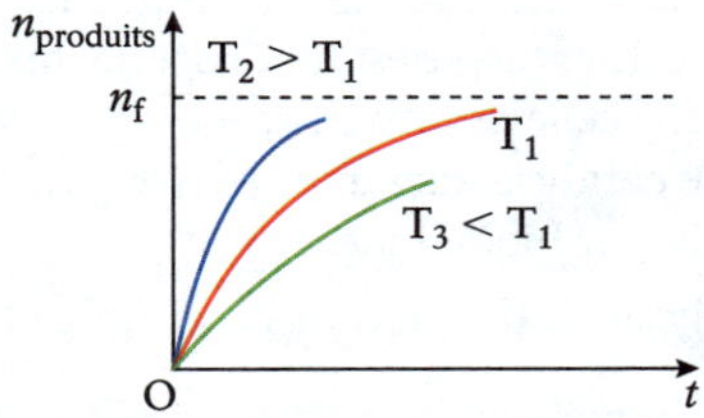

3. Influence d'un catalyseur

En présence d'un catalyseur, la vitesse de réaction augmente. Les quantités de matière des réactifs n_R diminuent plus rapidement et les quantités de matière des produits n_P augmentent plus rapidement.

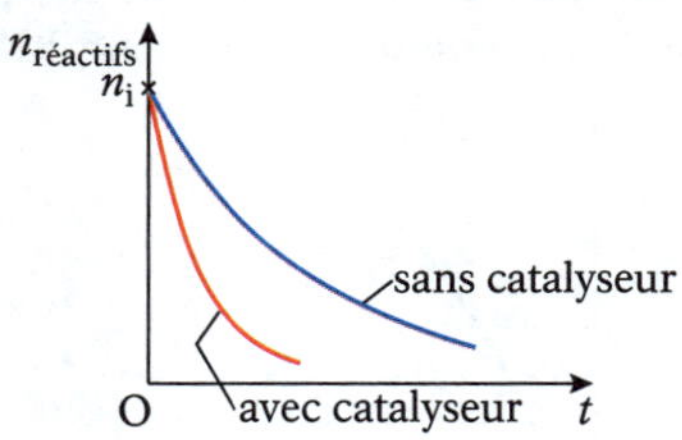

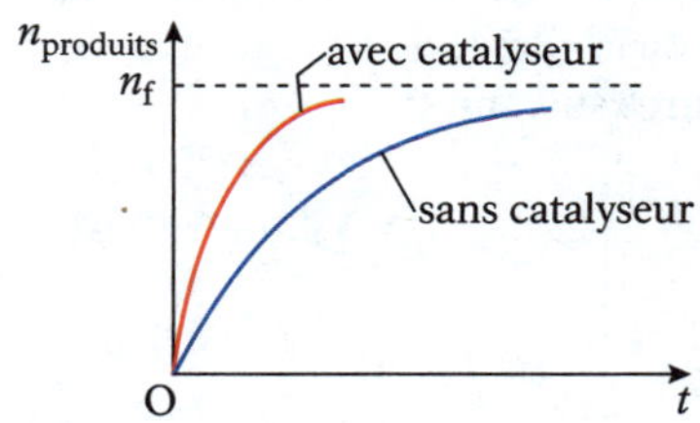

V. Durées caractéristiques d'une réaction

1. Durée de réaction t_f

C'est le moment à partir duquel la composition du système ne change plus : t_f correspond donc à l'état final de la réaction.

2. Temps de demi-réaction $t_{\frac{1}{2}}$

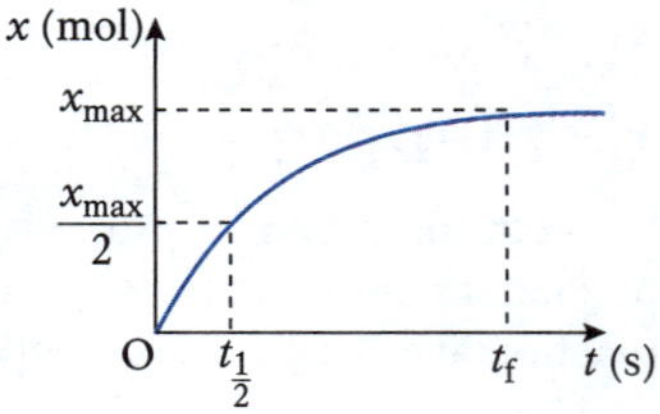

- Pour une réaction totale, le temps de demi-réaction est la durée nécessaire pour que la moitié du réactif limitant soit consommée : à $t = t_{\frac{1}{2}}$, on a $x = \frac{x_{max}}{2}$, où x est l'avancement de la réaction, et x_{max} l'avancement maximal de la réaction totale.

- C'est aussi la durée nécessaire pour que la moitié d'un produit soit produite.

VI. Suivi temporel d'une transformation

- L'objectif d'un suivi temporel est de pouvoir accéder à l'évolution au cours du temps de la quantité de matière n_R d'un réactif, de la quantité de matière n_P d'un produit ou de l'avancement x de transformation.
- Il existe deux types de méthodes :
• les méthodes physiques, qui consistent à mesurer une grandeur physique (pression P, pH, absorbance A,...) ;
• les méthodes chimiques, qui s'appuient sur des dosages (voir chapitre 13).

POST BAC

Les vitesses de réaction

> Voir les exercices 5, 6, 7 et 8.

1. Vitesses de formation et de disparition

- La **vitesse instantanée de formation d'un produit P** est définie par $V_P = \frac{dn_P}{dt}$.
- La **vitesse instantanée de disparition d'un réactif R** est définie par $V_R = -\frac{dn_R}{dt}$.
- Le signe « moins » est introduit de manière à ce que cette vitesse de disparition soit positive.
- Ces vitesses s'expriment en moles par seconde ($mol \cdot s^{-1}$).
- Dans le cas particulier des réactions ayant lieu à volume constant, on préférera utiliser les concentrations des espèces plutôt que leurs quantités de matière.
- On définit alors la **vitesse volumique instantanée de formation d'un produit P** par $v_P = \frac{d[P]}{dt}$ et la **vitesse volumique instantanée de disparition d'un réactif R** par $v_R = -\frac{d[R]}{dt}$.

Ces vitesses s'expriment en $mol \cdot L^{-1} \cdot s^{-1}$.

2. Vitesse spécifique (ou globale) volumique de réaction chimique

L'évolution d'un système chimique est caratérisée par l'avancement x. On définit une vitesse intantanée molaire et volumique v indépendante du choix du réactif ou du produit par $v = \frac{1}{V}\frac{dx}{dt}$.

C'est la **vitesse spécifique (ou globale) volumique de réaction chimique**. Ici, V représente le volume du sytème chimique à la date t. Cette vitesse s'exprime en $mol \cdot L^{-1} \cdot s^{-1}$.

3. Relations entre les différentes vitesses

On considère un sytème chimique de volume V constant dans lequel se produit une réaction d'équation : $a\mathrm{A} + b\mathrm{B} \rightleftharpoons c\mathrm{C} + d\mathrm{D}$.

Entre les différentes vitesses présentées, on peut écrire les relations suivantes :

$$\frac{V_\mathrm{A}}{a} = \frac{V_\mathrm{B}}{b} = \frac{V_\mathrm{C}}{c} = \frac{V_\mathrm{D}}{d} \text{ et } v = \frac{v_\mathrm{A}}{a} = \frac{v_\mathrm{B}}{b} = \frac{v_\mathrm{C}}{c} = \frac{v_\mathrm{D}}{d}$$

Remarque On peut aussi définir et travailler avec des vitesses moyennes (voir les exercices 5 et 6).

MÉTHODES ET STRATÉGIES

1 Trouver le réactif limitant et la valeur de x_{max}

> Voir les exercices 1, 5 et 7 mettant en œuvre cette méthode.

Méthode

> **Étape 1 :** On dresse le tableau d'avancement de la transformation en supposant la réaction totale ($x_f = x_{max}$ à l'état final de la transformation).

> **Étape 2 :** Pour chaque réactif, on fait l'hypothèse qu'il est le réactif limitant. On en déduit une valeur de x_{max} pour chacun d'eux.

> **Étape 3 :** On compare les différentes valeurs des x_{max} obtenues : la valeur de x_{max} la plus faible est celle du réactif limitant.

Exemple

Dans un bécher, on mélange initialement 0,075 mol d'ions Fe^{2+} et 0,020 mol d'ions permanganates MnO_4^-. Il se produit la réaction d'équation suivante :

$$5Fe^{2+} + MnO_4^- + 8H_3O^+_{(aq)} \rightleftharpoons 5Fe^{3+} + Mn^{2+} + 12H_2O$$

où les ions H_3O^+ sont en large excès.
Quelle est la valeur de x_{max} ? Quel est le réactif limitant (Fe^{2+} ou MnO_4^-) ?

Application

> **Étape 1 :** En supposant la réaction totale, on a le tableau d'avancement suivant :

Équation de la réaction		$5Fe^{2+}$ +	MnO_4^- +	$8H_3O^+_{(aq)}$ →	$5Fe^{3+}$ +	Mn^{2+} +	$12H_2O$
État	Avancement (mol)	Quantité de matière (mol)					
Initial	0	0,075	0,020	Excès	0	0	Excès/ solvant
Final	0	$0{,}075 - 5x_{max}$	$0{,}020 - 5x_{max}$	Excès	$5x$	x	Excès/ solvant

> **Étape 2 :**

Si Fe^{2+} est limitant : $0{,}075 - 5x_{max1} = 0 \Leftrightarrow x_{max1} = \dfrac{0{,}075}{5} = 0{,}015$ mol .

Si MnO_4^- est limitant : $0{,}020 - x_{max2} = 0 \Leftrightarrow x_{max2} = 0{,}020$ mol .

> **Étape 3 :** On a $x_{max1} < x_{max2}$. On en déduit que $x_{max} = x_{max_1} = 0{,}015$ mol et que le réactif limitant est l'ion Fe^{2+}.

2 Écrire la demi-équation électronique d'un couple d'oxydoréduction en milieu acide

> Voir les exercices 1, 4, 5, 6 et 7 mettant en œuvre cette méthode.

Méthode

> **Étape 1 :** On écrit l'équation sous la forme **oxydant** $_{\text{(à gauche)}}$ $\rightleftharpoons$ **réducteur** $_{\text{(à droite)}}$.

> **Étape 2 :** On équilibre les éléments autres que H et O.

> **Étape 3 :** On équilibre l'élément O en utilisant des molécules H_2O.

> **Étape 4 :** On équilibre l'élément H en utilisant des ions $H^+_{(aq)}$.

Remarque $H^+_{(aq)}$ est une écriture simplifiée de l'ion oxonium H_3O^+.

> **Étape 5 :** On équilibre les charges en utilisant des électrons e^-.

> **Étape 6 :** On ajoute de part et d'autre de la demi-équation autant de molécules H_2O qu'il y a d'ions $H^+_{(aq)}$.

Remarque L'ion H_3O^+ apparaît car $H^+_{(aq)} + H_2O$ donne H_3O^+.

Exemple

Écrire la demi-équation électronique du couple MnO_4^-/Mn^{2+} en mileu acide.

Application

> **Étape 1 :** On a $MnO_4^- \rightleftharpoons Mn^{2+}$.

> **Étape 2 :** L'élément Mn est déjà équilibré.

> **Étape 3 :** On ajoute 4 H_2O à droite : $MnO_4^- \rightleftharpoons Mn^{2+} + 4\,H_2O$

> **Étape 4 :** On ajoute 8 $H^+_{(aq)}$ à gauche : $MnO_4^- + 8\,H^+_{(aq)} \rightleftharpoons Mn^{2+} + 4\,H_2O$

> **Étape 5 :** On ajoute 5 e^- à gauche : $MnO_4^- + 8\,H^+_{(aq)} + 5\,e^- \rightleftharpoons Mn^{2+} + 4\,H_2O$

> **Étape 6 :** On ajoute 8 H_2O à droite et à gauche. Il apparaît 8 H_3O^+ à gauche :

$$MnO_4^- + 8\,H_3O^+_{(aq)} + 5\,e^- \rightleftharpoons Mn^{2+} + 12\,H_2O$$

3 Écrire l'équation d'une réaction d'oxydoréduction en milieu acide

> Voir les exercices 1, 4, 5, 6 et 7 mettant en œuvre cette méthode.

Méthode

> **Étape 1 :** On écrit l'équation de la réaction d'oxydation du réducteur mis en jeu en milieu acide.

Remarque On procède par analogie avec la méthode 2. Seule l'étape 1 est modifiée puisqu'on commence par **réducteur** $\rightleftharpoons$ **oxydant** (conjugué) .

> **Étape 2 :** On écrit l'équation de la réaction de réduction de l'oxydant mis en jeu en milieu acide. On suit les étapes décrites dans la méthode 2.

> **Étape 3 :** On additionne les deux équations précédentes en faisant en sorte de faire disparaître les électrons e^- du bilan.

Exemple

Écrire l'équation de la réaction d'oxydoréduction entre l'ion MnO_4^- et l'ion Fe^{2+}.
Les couples mis en jeu sont MnO_4^-/Mn^{2+} et Fe^{3+}/Fe^{2+}.

Application

> **Étape 1 :** Le réducteur mis en jeu est Fe^{2+}. L'équation de son oxydation est :

$$Fe^{2+} \rightleftharpoons Fe^{3+} + e^-$$

> **Étape 2 :** L'oxydant mis en jeu est MnO_4^-. L'équation de sa réduction est :

$$MnO_4^- + 8\,H_3O^+_{(aq)} + 5\,e^- \rightleftharpoons Mn^{2+} + 12\,H_2O$$

> **Étape 3 :** Pour pouvoir additionner les deux équations en éliminant les électrons, on doit multiplier la première équation par 5. On obtient après addition des réactifs (à gauche) et des produits (à droite) le bilan suivant :

$$5Fe^{2+} + MnO_4^- + 8H_3O^+_{(aq)} \rightleftharpoons 5Fe^{3+} + Mn^{2+} + 12H_2O$$

4 Déterminer graphiquement une vitesse spécifique (ou globale) de réaction

> Voir les exercices 5, 6, 7 et 8 mettant en œuvre cette méthode.

Méthode

> **Étape 1 :** On trace la droite tangente à la courbe d'évolution de l'avancement x au cours du temps à la date étudiée.

> **Étape 2 :** On détermine la pente de cette tangente à l'aide du graphique.

> **Étape 3 :** On sait que, graphiquement, la valeur de $\frac{dx}{dt}$ à la date t est la pente de la tangente à la courbe à la date t .

On effectue donc le calcul suivant : $v = \frac{1}{V}\frac{dx}{dt} = \frac{\text{pente de la tangente}}{V}$.

Exemple

On a obtenu la courbe d'évolution de x au cours du temps ci-dessous. Déterminer la valeur de la vitesse globale volumique $v(t_1)$ à la date t_1.

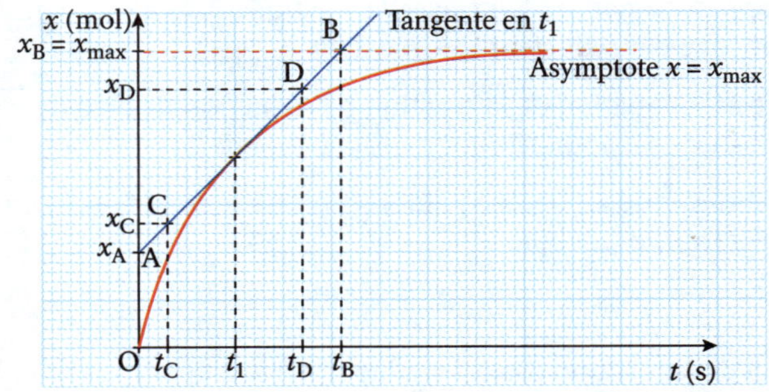

Application

> Étape 1 : On trace la tangente à la courbe d'évolution de x à la date t_1. On peut aussi tracer, si possible, l'asymptote horizontale d'équation $x = x_{max}$.

> Étape 2 : On détermine la pente de la tangente à la courbe. On a deux possibilités :
- soit on exploite les points A et B dont les coordonnées sont simples à obtenir ;
- soit on exploite deux points quelconques C et D de la tangente.

Par lecture graphique on obtient les valeurs de x_A, $x_B = x_{max}$, x_C, x_D, $t_A = 0$, t_B, t_C et t_D.

> Étape 3 : On calcule alors $v(t_1)$:

$$v(t_1) = \frac{1}{V}\frac{dx}{dt} = \frac{1}{V}\frac{(x_B - x_A)}{(t_B - t_A)} = \frac{1}{V}\frac{(x_{max} - x_A)}{t_B}$$

ou

$$v(t_1) = \frac{1}{V}\frac{dx}{dt} = \frac{1}{V}\frac{(x_D - x_C)}{(t_D - t_C)}.$$

Remarque Par analogie, on peut appliquer cette méthode pour calculer graphiquement les autres vitesses présentées dans le cours (V_P, V_R, v_P et v_R).

SUJETS DE TYPE BAC

1 Réaction entre les ions dichromates et l'acide oxalique

15 min

Un exercice classique et complet pour s'entraîner à écrire des réactions d'oxydo-réduction et à utliser un tableau d'avancement (composition du système à une date donnée, détermination de x_{max} et du réactif limitant).

> Voir les méthodes et stratégies 1, 2 et 3.

À 25 °C, une solution contenant des ions dichromates $Cr_2O_7^{2-}$ et de l'acide oxalique $H_2C_2O_4$ évolue lentement. Le tableau ci-dessous traduit l'évolution d'un système contenant initialement 10,0 mmol d'ions dichromates et 50,0 mmol d'acide oxalique.

t(min)	0	2,5	5	10	15	20	25	30
$n_{Cr_2O_7^{2-}}$(mmol)	10,0	9,00	8,30	7,05	6,15	5,4	4,9	4,4

1. Établir l'équation de la réaction d'oxydoréduction qui se produit en milieu acide. Représenter le tableau d'avancement correspondant.

Remarque Les ions H_3O^+ et H_2O sont en large excès.

2. Exprimer l'avancement $x(t)$ en fonction de $n_{Cr_2O_7^{2-}}(t)$.

3. En déduire la composition du mélange réactionnel pour t = 15 min.

Remarque On ne s'occupera pas de H_3O^+ ni de H_2O.

4. Déterminer le réactif limitant ainsi que la valeur de x_{max}.

Données : couples d'oxydoréduction $Cr_2O_7^{2-}/Cr^{3+}$ et $CO_2/H_2C_2O_4$.

2 Facteurs cinétiques et interprétation de résultats expérimentaux

20 min

Dans cet exercice de réflexion, on effectue une analyse qualitative de résultats graphiques expérimentaux. On étudie et vérifie l'influence des facteurs cinétiques.

> Voir les parties du cours II, III et IV.

On s'intéresse à la cinétique de la réaction d'oxydation de l'ion iodure I^- par l'ion peroxodisulfate $S_2O_8^{2-}$:

$$S_2O_8^{2-} + 2\,I^- \rightleftharpoons 2\,SO_4^{2-} + I_2$$

Première partie

On réalise quatre expériences correspondant aux conditions suivantes :

1. Température : θ = 32 °C ;
2. Température : θ = 23 °C ;
3. Température : θ = 15 °C ;
4. Température : θ = 32 °C en présence d'ions Fe^{3+} et Fe^{2+}.

Dans chacune de ces expériences, la concentration initiale en ions I^- vaut $[I^-]_i = 2 \times 10^{-2}$ mol·L^{-1}.
Les courbes de l'évolution temporelle de la concentration en ions peroxodisulfates sont reportées sur la figure ci-contre.

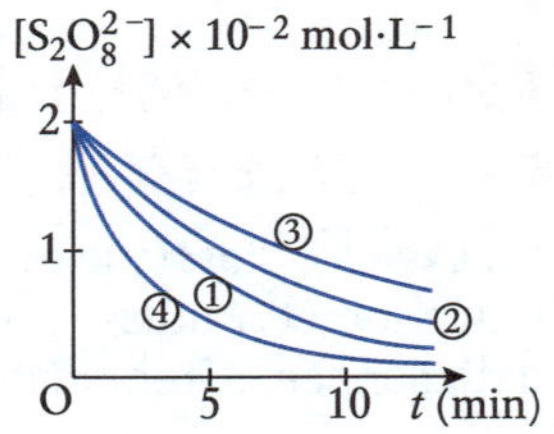

1. Quelle est la concentration initiale en ions peroxodisulfates dans chacune de ces expériences ?

2. Quels facteurs influençant la vitesse d'une réaction chimique sont mis en évidence par les quatre expériences ? Dans quel sens agissent ces facteurs ?

3. Lors de l'établissement des courbes de chacune des expériences ci-dessus, les mesures ont été réalisées en plongeant les échantillons à analyser dans un bain d'eau glacée. Jusitifier cette opération.

Deuxième partie

On étudie maintenant trois mélanges réactionnels :

- α : $[I^-]_i = 2C_0$; $[S_2O_8{}^{2-}]_i = C_0$; $\theta = 25$ °C ;
- β : $[I^-]_i = 4\,C_0$; $[S_2O_8{}^{2-}]_i = C_0$; $\theta = 50$ °C ;
- γ : $[I^-]_i = 4\,C_0$; $[S_2O_8{}^{2-}]_i = C_0$; $\theta = 25$ °C.

Les graphiques (a), (b) et (c) ci-contre présentent l'évolution au cours du temps de la concentration en diiode I_2 pour les mélanges α, β et γ.

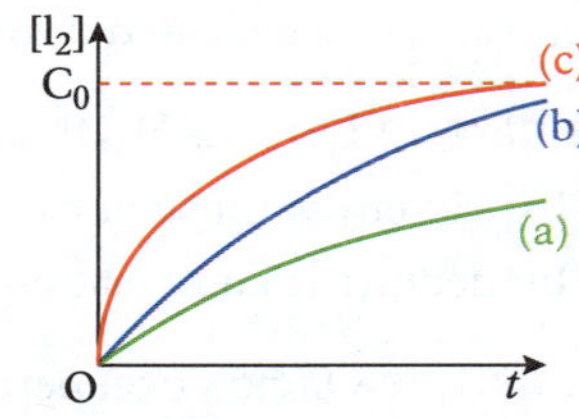

4. Quels facteurs cinétiques peut-on mettre en évidence à travers cette étude ?

5. Associer à chaque graphique son expérience.

3 De l'air pour l'exploration spatiale

20 min

Cet exercice est un cas concret d'étude cinétique à partir de mesures de pression. C'est l'occasion de revoir l'équation des gaz parfaits et de faire un tour du côté des sciences appliquées.

> Voir les parties du cours IV, V et VI.

La réaction de décomposition de l'oxyde de diazote N_2O a pour équation :

$$N_2O \rightleftharpoons N_2 + \frac{1}{2} O_2$$

Elle a été proposée pour obtenir une atmosphère convenable dans les capsules spatiales. Elle conduit à une atmosphère constituée à 67 % de $N_{2(g)}$ et 33 % de $O_{2(g)}$ (proportions proches de celles de l'atmosphère terrestre).

Sa cinétique a été étudiée en introduisant dans un récipient de volume V constant, préalablement vidé, une quantité (notée a) d'oxyde de diazote, et en mesurant à température constante la pression totale $p(t)$ à l'intérieur de l'enceinte en fonction du temps :

t (min)	0	12	25	45	90
$p(t)$ (kPa)	100,0	106,3	112,0	119,5	131,4
$x(t)$					

1. Représenter le tableau d'avancement correspondant. Exprimer la quantité totale de matière gazeuse n_g à un instant t en fonction de a et de $x(t)$.

2. En appliquant l'équation des gaz parfaits à l'instant initial ($t = 0$ et $p = p(0)$) et à l'instant t (t et $p = p(t)$), établir l'expression suivante pour $x(t)$: $x(t) = \left(p(t) - p(0)\right)\dfrac{2V}{RT}$.

3. Sachant que $V = 3{,}00$ L et que $\theta = 600$ °C, montrer que l'on peut exprimer numériquement $x(t)$ en fonction de $p(t)$ de la manière suivante :
$x(t) = \left(p(t) - 100 \times 10^3\right) \times 8{,}27 \times 10^{-7}$.

4. Compléter la dernière ligne du tableau de valeurs. En déduire un encadrement de la valeur de $t_{\frac{1}{2}}$.

Données : l'équation de gaz parfaits s'écrit $pV = nRT$ avec p en pascals (Pa), V en mètres cubes (m^3), n en moles (mol), R en USI et T en kelvins (K). On prendra $R = 8{,}31$ USI.

4 Étude spectrophotométrique de la réaction du diiode avec le zinc

20 min

Autre exercice concret et complet, basé sur l'utilisation d'une nouvelle méthode physique (la mesure de l'absorbance A) pour effectuer une étude cinétique. C'est l'occasion de revoir la loi de Beer-Lambert et de tester sa maîtrise dans l'écriture d'équations d'oxydoréduction et la détermination d'un temps de demi-réaction.

> Voir les parties du cours IV, V et VI, ainsi que les méthodes et stratégies 2 et 3.

On plonge une lame de zinc dans une solution de diiode de volume $V = 200$ mL.

1. Le zinc appartient au couple Zn^{2+}/Zn et le diiode au couple I_2/I^-. Établir l'équation de la réaction d'oxydoréduction qui se produit quand on met en présence le zinc et le diiode.

Remarque On suppose que Zn est en excès.

2. Dans une expérience préliminaire, on étalonne un spectrophotomètre avec des solutions étalons de diiode de concentrations connues. Les résultats de l'absorbance A des solutions sont regroupés dans le tableau ci-dessous.

$c = [I_2]$ ($mol \cdot L^{-1}$)	$2{,}0 \times 10^{-4}$	$5{,}0 \times 10^{-4}$	$8{,}0 \times 10^{-4}$	$1{,}0 \times 10^{-3}$	$1{,}2 \times 10^{-3}$
A	0,22	0,55	0,88	1,10	1,32

a. Tracer la représentation graphique $A = f(c)$.

Échelle : 1 cm pour $1{,}0 \times 10^{-4}$ $mol \cdot L^{-1}$ et 1 cm pour 0,10 unité de A.

b. Quelle loi l'allure de la courbe permet-elle de vérifier ?

c. Trouver l'équation de la courbe obtenue.

3. Pour étudier la cinétique de la réaction :
• on prélève (aux dates t indiquées dans le tableau ci-après) $V_{mélange}$ **= 5,0 mL** du mélange réactionnel que l'on place dans une fiole jaugée de volume $V_{dilué}$ **= 100 mL** ;
• on ajoute de l'eau glacée dans la fiole jusqu'au trait de jauge et on agite ;
• on remplit ensuite une cuve du spectrophotomètre avec une partie de cette solution diluée et on la place dans l'appareil de mesure.
On mesure l'absorbance A de la solution diluée.

t (s)	0	30	60	100	600	1 400
A	1,2	0,88	0,77	0,67	0,24	0,080
$c_{diluée} = [I_2]_{dilué}$ (mol·L^{-1})						
$c_{mélange} = [I_2]_{mélange}$ (mol·L^{-1})						
n_{I_2} (mol)						

a. Déterminer pour chaque valeur de t du tableau la concentration en diiode $c_{diluée}$ dans la solution diluée. Remplir alors la troisième ligne du tableau.

b. En déduire la concentration $c_{mélange}$ en diiode dans le mélange réactionnel à chaque instant t. Remplir alors la quatrième ligne du tableau.

Remarque On suppose que le volume V reste constant.

c. En déduire les valeurs de n_{I_2} dans le mélange réactionnel. Remplir alors la dernière ligne du tableau.

d. Évaluer la valeur de $t_{\frac{1}{2}}$.

SUJETS D'APPROFONDISSEMENT

5 Étude cinétique de la réaction de l'acide chlorhydrique avec le zinc

30 min

Cet exercice permet de tester sa capacité à élaborer un graphique de synthèse de la cinétique d'une réaction. Pour y arriver, il faut maîtriser l'écriture d'équations de réactions d'oxydoréduction, l'analyse de la composition d'un système à une date donnée, la détermination de x_{max}, du réactif limitant et du temps de demi-réaction.

> Voir les parties du cours IV, V et le complément POST BAC, ainsi que les méthodes et stratégies 1, 2 et 4.

On verse V **= 200 mL** d'acide chlorhydrique ($H_3O^+ + Cl^-$) de concentration en soluté apporté c **= 1,0 mol·L^{-1}** sur de la poudre de zinc de masse m = 4,9 g.

1. Établir l'équation de la réaction supposée totale. Qu'observe-t-on expérimentalement ?

2. Déterminer la composition du système :

a. à $t = 0$;

b. à $t \to \infty$;

c. à $t = t_{\frac{1}{2}}$.

3. Dans les conditions de l'expérience, le volume molaire vaut $V_m = 24\ \text{L·mol}^{-1}$. Déterminer le volume de dihydrogène final.

4. La courbe ci-contre donne l'allure de la quantité de matière en dihydrogène n_{H2} dégagée en fonction du temps.

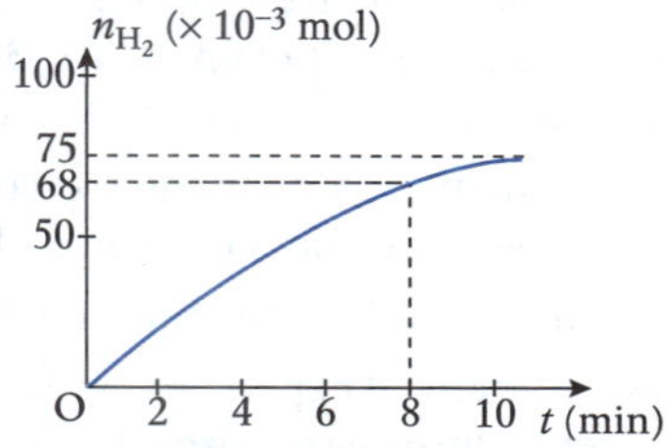

a. Donner le volume de dihydrogène dégagé à $t = 0$ min et à $t = 8$ min.

b. Évaluer la valeur de $t_{\frac{1}{2}}$.

c. Tracer l'allure des quantités de matière n_{Zn} et $n_{H_3O^+}$ en respectant le $t_{\frac{1}{2}}$.

Données : couples d'oxydoréduction Zn^{2+}/Zn et H_3O^+/H_2 ; $M_{Zn} = 65{,}4\ \text{g·mol}^{-1}$.

POST BAC

6 Décomposition de l'eau oxygénée

30 min

Un excellent exercice pour s'entraîner à calculer des vitesses de disparition (vitesse moyenne et vitesse instantanée) à partir de données expérimentales. Il permet également de revoir les notions incontournables de facteurs cinétiques, de tableau d'avancement et de temps de demi-réaction.

> Voir les parties du cours II, IV, V et le complément POST BAC, ainsi que les méthodes et stratégies 2, 3 et 4.

La décomposition du peroxyde d'hydrogène en solution aqueuse (aussi appelé eau oxygénée), de formule brute H_2O_2, conduit à la formation de dioxygène et de dihydrogène. La réaction a lieu à température constante et en présence d'un catalyseur. On suppose que le volume de la solution reste constant pendant la durée de la réaction.
La température est $\theta = 15\ °C$. On considère une solution S de peroxyde d'hydrogène de volume $V = 500$ mL et de concentration initiale $[H_2O_2] = 0{,}080\ \text{mol·L}^{-1}$. On recueille le dioxygène formé dans une éprouvette et on mesure son volume à pression constante. On note les résultats toutes les 5 minutes. On obtient le tableau suivant :

t (min)	0	5	10	15	20	25	30	35	40
V_{O_2} (mL)	0	72	138	192	228	252	270	288	300
$[H_2O_2]$ (mol·L^{-1})									

1. Écrire l'équation de la réaction (supposée totale) de décomposition du peroxyde d'hydrogène.

2. Compléter la dernière ligne du tableau ci-dessus. Le volume molaire des gaz dans les conditions de l'expérience est $V_m = 24\ \text{L·mol}^{-1}$.

3. Tracer le graphe de la concentration en peroxyde d'hydrogène en fonction du temps.

4. Définition et calculs des vitesses volumiques moyennes.

a. Définir la vitesse volumique moyenne de disparition d'un réactif.

b. Calculer la vitesse volumique moyenne de disparition du peroxyde d'hydrogène entre les instants $t = 20$ min et $t = 30$ min.

c. En déduire la vitesse volumique moyenne de formation du dioxygène O_2.

5. Calculs des vitesses instantanées.

a. Calculer la vitesse volumique instantanée de disparition du peroxyde d'hydrogène aux instants $t = 20$ min et $t = 30$ min. Comparer ces résultats à celui obtenu à la question **4**. Quel encadrement peut-on donner ?

b. Comment évolue la vitesse volumique instantanée de disparition du peroxyde d'hydrogène au cours du temps ? Proposer une interprétation.

6. Évaluer la valeur du temps de demi-réaction pour la réaction étudiée.

7. On reprend l'expérience précédente, avec cette fois une température $\theta' = 40$ °C. Tracer l'allure de la courbe de la concentration en peroxyde d'hydrogène sur le graphe précédent.

POST BAC

7 Suivi cinétique de la réaction du peroxyde d'hydrogène avec les ions iodures

30 min

Un exercice « deux en un » dans lequel on utilise deux méthodes de suivi temporel d'une réaction : une méthode physique et une méthode chimique. Il conviendra de faire preuve d'une grande maîtrise d'analyse des données expérimentales et d'un sens aigu de la déduction.

> Voir les parties du cours II, IV, V, VI et le complément POST BAC, ainsi que les méthodes et stratégies 1, 2, 3 et 4.

On se propose d'étudier la cinétique de la transformation lente de décomposition de l'eau oxygénée H_2O_2 par les ions iodures I^- en présence d'acide sulfurique. Cette transformation est supposée totale. Les couples d'oxydoréduction mis en jeu sont H_2O_2/H_2O et I_2/I^-.

1. Établir l'équation de la réaction étudiée.
Remarque Cette équation sera notée [1].
Données : le système (noté S) étudié dans la suite du problème (parties A et B) est fabriqué à la date $t = 0$ s par le mélange de :
- $V_1 = 20{,}0$ mL d'une solution d'iodure de potassium $(K^+ + I^-)$ de concentration $C_1 = 0{,}100$ mol·L^{-1} en I^- et acidifiée avec de l'acide sulfurique en excès ;
- $V_2 = 2{,}00$ mL d'eau oxygénée de concentration $C_2 = 0{,}100$ mol·L^{-1} en H_2O_2 ;
- $V_3 = 8{,}00$ mL d'eau.

A. Suivi spectrophotométrique

La solution de diiode formée étant colorée, la transformation peut être suivie par spectrophotométrie. On remplit une cuve spectrophotométrique et on relève les valeurs de l'absorbance A au cours du temps. On détermine alors, grâce à la loi de Beer-Lambert, la concentration en diiode formé. On obtient le tableau de résultats suivant :

t(s)	0	126	434	682	930	1 178	1 420	$+\infty$
$[I_2](\times 10^{-3} mol \cdot L^{-1})$	0,00	1,74	4,06	5,16	5,84	6,26	6,53	

2. Le mélange initial de réactifs est-il stœchiométrique ?

Remarque On ne tiendra pas compte des ions H_3O^+ en excès.

3. Construire (en utilisant les données littérales) le tableau d'avancement qui décrit l'évolution du système et dans lequel apparaissent C_1, C_2, V_1, V_2, $x(t)$ et x_f.

4. En déduire la valeur de l'avancement maximal x_{max} et la nature du réactif limitant.

5. Compléter la dernière colonne du tableau de résultats.

La courbe ci-dessous représente les variations de l'avancement x de la transformation en fonction du temps t.

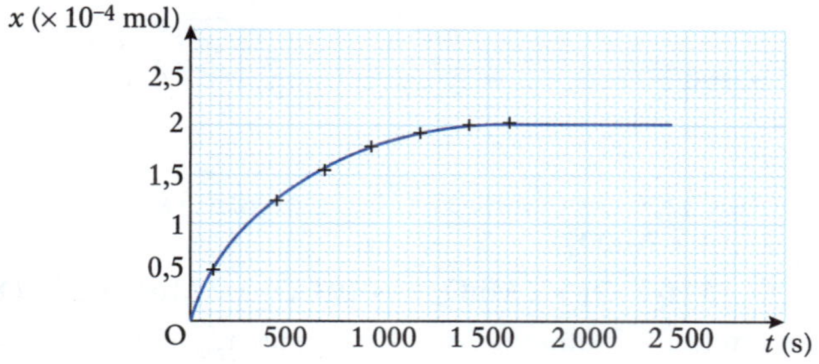

6. Définir, puis calculer, la vitesse volumique globale de réaction $v_{(1000)}$ (exprimée en $mol \cdot L^{-1} \cdot s^{-1}$) à l'instant $t = 1\,000$ s.

7. a. Comment varie la vitesse volumique de réaction au cours du temps ? Justifier à l'aide de la courbe ci-dessus.

b. Quel facteur cinétique est responsable de cette variation ? Justifier.

8. Définir le temps de demi-réaction. Évaluer graphiquement sa valeur.

B. Étude partielle du protocole

Pour suivre l'évolution du système chimique S, on peut s'appuyer sur la réaction du diiode I_2 formé avec une solution de thiosulfate de potassium $(2\,K^+ + S_2O_3^{2-})$.
Les couples mis en jeu sont I_2/I^- et $S_4O_6^{2-}/S_2O_3^{2-}$.

9. Établir l'équation de la réaction évoquée ci-dessus.

Remarque Cette équation sera notée [2]. Elle est totale et rapide.

On procède de la façon suivante :
• au système chimique S, décrit dans les données, on ajoute initialement (à $t = 0$ s) $V_4 = 0{,}500$ mL d'une solution S_4 de thiosulfate de potassium $(2\,K^+ + S_2O_3^{2-})$ de concentration molaire en $S_2O_3^{2-}$ $C_4 = 1{,}0$ mol · L^{-1} et aussi un peu d'empois d'amidon ;
• après une durée Δt_1, il apparaît une coloration bleue ;
immédiatement, on ajoute à nouveau $V_4 = 0{,}500$ mL de solution S_4. La coloration bleue disparaît ;
• et après une durée Δt_2, la coloration bleue réapparaît ;
• on répète l'opération un certain nombre de fois. On dispose alors de différentes valeurs de Δt.

10. a. Quelle est la signification de l'apparition de la coloration bleue ?

b. Pourquoi n'apparaît-elle qu'au bout d'une certaine durée Δt (et pas instantanément) ?

Remarque Utiliser les équations [1] et [2].

11. Expliquer pourquoi $\Delta t_2 > \Delta t_1$ ou pourquoi la valeur de Δt ne cesse d'augmenter ?
Données : l'empois d'amidon forme une espèce bleu foncé avec le diiode.

POST BAC

8 Autocalyse de la réaction entre l'acide oxalique et les ions permanganates

20 min

Cet exercice vous permet de retrouver tous les résultats du cours concernant l'autocatalyse. Une démarche indispensable pour tester sa maîtrise de la cinétique d'une réaction à partir de données expérimentales.

> Voir la partie du cours III et le complément POST BAC, ainsi que la méthode et stratégie 4.

On étudie la cinétique chimique de la réaction entre l'acide oxalique $H_2C_2O_4$ et les ions permanganates MnO_4^- :

$$5\,H_2C_2O_4 + 2\,MnO_4^- \rightarrow 10\,CO_2 + 2\,Mn^{2+} + 8\,H_2O$$

La solution étudiée est obtenue en mélangeant rapidement à $t = 0$ s un volume $V_1 = 20\ \text{mL}$ d'une solution de permanganate de potassium de concentration $c_1 = 5{,}0 \times 10^{-3}\ \text{mol·L}^{-1}$ et un volume $V_2 = 30\ \text{mL}$ d'une solution d'acide oxalique de concentration $c_2 = 0{,}050\ \text{mol·L}^{-1}$.

Une étude expérimentale effectuée à température constante permet d'obtenir le tableau de résultats suivant :

t(s)	0	20	40	60	70	80	90	100	120	180
$[MnO_4^-]$ mmol·L^{-1}		2,00	1,92	1,68	1,40	1,00	0,59	0,35	0,15	0,00

1. Compléter le tableau pour $t = 0$ s.

2. À partir de la relation entre les vitesses volumiques de formation et de disparition, établir le relation entre $[Mn^{2+}]$ et $[MnO_4^-]$. En déduire la courbe représentant la concentration en ions manganèse en fonction du temps.

3. En déduire l'allure de la courbe de $v_{Mn^{2+}}$ en fonction du temps. On précisera en particulier le maximum de cette courbe en estimant la vitesse instantanée de formation des ions manganèse à $t = 80\ \text{s}$. Comment peut-on interpréter le résultat obtenu ?

CORRIGÉS

1 Réaction entre les ions dichromates et l'acide oxalique

1. Oxydation du réducteur $H_2C_2O_4$: $(\mathbf{H_2C_2O_4 + 2\,H_2O \rightleftharpoons 2\,CO_2 + 2\,H_3O^+ + 2\,e^-}) \times 3$
Réduction de l'oxydant : $Cr_2O_7^{2-}$: $\mathbf{Cr_2O_7^{2-} + 14\,H_3O^+ + 6\,e^- \rightleftharpoons 2\,Cr^{3+} + 21\,H_2O}$
Bilan : $\mathbf{Cr_2O_7^{2-} + 3\,H_2C_2O_4 + + 8\,H_3O^+ \rightleftharpoons 2\,Cr^{3+} + 6\,CO_2 + 15\,H_2O}$
On construit alors le tableau d'avancement suivant :

Équation		$Cr_2O_7^{2-}$ +	$3\,H_2C_2O_4$	$+8\,H_3O^+ \rightleftharpoons 2\,Cr^{3+} + 6\,CO_2 + 15\,H_2O$			
État	Avancement (mol)	Quantité de matière (mol)					
Initial	x	$10{,}0 \times 10^{-3}$	$50{,}0 \times 10^{-3}$	Excès	0	0	Excès
Final	x_f	$10{,}0 \times 10^{-3} - x_f$	$50{,}0 \times 10^{-3} - 3x_f$	Excès	$2\,x$	$6\,x$	Excès

2. D'après le tableau, on a :
$n_{Cr_2O_7^{2-}}(t) = 10{,}0 \times 10^{-3} - x(t)$ soit $x(t) = 10{,}0 \times 10^{-3} - n_{Cr_2O_7^{2-}}(t)$.
3. À $t = 15$ min, on a $n_{Cr_2O_7^{2-}}(t) = 6{,}15 \times 10^{-3}$ mol.
On en déduit que $x(t) = 3{,}85 \times 10^{-3}$ **mol**.
D'où $n_{H_2C_2O_4}(t) = 50{,}0 \times 10^{-3} - 3x(t) = 38{,}45 \times 10^{-3}$ mol ;
$n_{Cr^{3+}}(t) = 2x(t) = 7{,}70 \times 10^{-3}$ mol et $n_{CO_2}(t) = 6x(t) = 23{,}1 \times 10^{-3}$ mol.

4. Si $Cr_2O_7^{2-}$ est limitant, alors $10{,}0 \times 10^{-3} - x_{max1} = 0$
soit $x_{max1} = 10{,}0 \times 10^{-3}$ **mol.**
Si $H_2C_2O_4$ est limitant, alors $50{,}0 \times 10^{-3} - 3x_{max2} = 0$
soit $x_{max2} = \dfrac{50{,}0 \times 10^{-3}}{3} = 16{,}7 \times 10^{-3}$ **mol.**
Puisque $x_{max1} < x_{max2}$ alors $x_{max} = x_{max1} = 10{,}0 \times 10^{-3}$ **mol** et le réactif limitant est donc $Cr_2O_7^{2-}$.

2 Facteurs cinétiques et interprétation de résultats expérimentaux

Première partie

1. On lit graphiquement que $[S_2O_8^{2-}] = 2 \times 10^{-2}$ mol·L^{-1}.

2. Ces expériences mettent en évidence l'influence de la température. En effet, à mesure que la température diminue (de l'expérience 1 à l'expérience 3), on observe que la diminution de la concentration en ions $S_2O_8^{2-}$ est de moins en moins rapide. Cela confirme qu'une diminution de température diminue la vitesse de réaction.
L'expérience 4 se distingue de l'expérience 1 par la présence de Fe^{3+} et de Fe^{2+}. Les courbes montrent que la présence de ces espèces augmente la vitesse de réaction car la concentration en ions $S_2O_8^{2-}$ diminue plus vite dans l'expérience 4 (avec Fe^{2+} et Fe^{3+}) que dans l'expérience 1. Les ions Fe^{2+} et Fe^{3+} n'apparaissent pas dans l'équation de la réaction : on peut supposer que ce sont des catalyseurs. L'expérience confirme que la présence de ce type d'espèces augmente la vitesse de réaction.

3. On a plongé des échantillons dans un bain d'eau glacée pour diminuer fortement leur température, donc pour diminuer très sensiblement la vitesse de réaction. L'objectif de cette opération est de figer le système pour pouvoir analyser sa composition sans qu'elle ait le temps de changer.

Deuxième partie

4. Les expériences α et γ sont effectuées à la même température $\theta = 25\,°C$ et ne diffèrent que par la concentration initiale en ions iodures. Ces expériences permettent donc d'étudier l'influence de la concentration initiale en ions iodures $[I^-]_i$.
Les expériences β et γ mettent en jeu des systèmes identiques et ne diffèrent que par la température à laquelle elles sont réalisées. Ces expériences permettent donc d'étudier l'influence de la température θ.

5. Dans l'expérience γ, la concentration en ions iodures est le double de celle de l'expérience α ; l'évolution du système est donc plus rapide pour γ que pour α. Le graphique associé à α est en dessous de celui associé à γ.
Dans l'expérience β, la température est plus élevée que celle de l'expérience γ ; l'évolution du système est donc plus rapide pour β que pour γ. Le graphique associé à γ est donc en dessous de celui associé à β.
En conclusion, il convient d'associer : le graphique (a) à l'expérience α, le graphique (b) à l'expérience γ et le graphique (c) à l'expérience β.

3 De l'air pour l'exploration spatiale

1. On construit le tableau d'avancement suivant :

Équation		N_2O ⇌	N_2 +	$\frac{1}{2}O_2$	n_g
État	Avancement (mol)	Quantité de matière (mol)			
Initial	0	a	0	0	a
En cours	$x(t)$	$a - x(t)$	$x(t)$	$\frac{1}{2}x(t)$	$a + \frac{1}{2}x(t)$
Final	x_f	$a - x_f$	x_f	$\frac{1}{2}x_f$	$a + \frac{1}{2}x_f$

À l'instant t, on a $n_g = a + \frac{1}{2}x(t)$.

2. L'équation des gaz parfaits s'écrit $pV = n_gRT$.
À $t = 0$, on a $p(0)V = n_g(0)RT$ soit $p(0)V = aRT$.
À l'instant t, on a $p(t)V = n_g(t)RT$ soit $p(t)V = \left(a + \frac{1}{2}x(t)\right)RT$.

D'où $\dfrac{p(0)V}{p(t)V} = \dfrac{aRT}{\left(a + \frac{1}{2}x(t)\right)RT}$ soit $\dfrac{p(0)}{p(t)} = \dfrac{a}{\left(a + \frac{1}{2}x(t)\right)}$;

ou encore $p(0)\left(a + \frac{1}{2}x(t)\right) = p(t)a$ soit $p(0)a - p(t)a = -\frac{1}{2}p(0)x(t)$;

d'où $x(t) = \dfrac{(p(t) - p(0)) \times 2a}{p(0)}$.

Penser à utiliser la formule des gaz parfaits pour identifier la partie manquante de l'expression à retrouver.

Or $p(0)V = aRT \Leftrightarrow \frac{V}{RT} = \frac{a}{p(0)}$.

On en déduit donc que $x(t) = \left(p(t) - p(0)\right) \times \frac{2V}{RT}$.

3. $p(0) = 100{,}0 \times 10^3\,\text{Pa}$ et $\frac{2V}{RT} = \frac{2 \times 3{,}00 \times 10^{-3}}{8{,}31 \times (273{,}15 + 600)} = 8{,}27 \times 10^{-7}$.

Le volume s'exprime en m^3 dans l'équation des gaz parfaits : $1\,m^3 = 1\,000\,L$ et $1\,L = 10^{-3}\,m^3$.
Pour convertir une température en kelvins, on utilise la formule : T (en K) = T (en °C) + 273,15.

On a donc bien $x(t) = \left(p(t) - 100 \times 10^3\right) \times 8{,}27 \times 10^{-7}$.

4. Après applications numériques on obtient :

t (min)	0	12	25	45	90
$x(t)$	0	$5{,}21 \times 10^{-3}$	$9{,}92 \times 10^{-3}$	$1{,}61 \times 10^{-2}$	$2{,}60 \times 10^{-2}$

D'après le tableau d'avancement,

$x_{max} = a = \frac{p(0)V}{RT} = \frac{100 \times 10^3 \times 3{,}00 \times 10^{-3}}{8{,}31 \times (273{,}15 + 600)} = 4{,}13 \times 10^{-2}\,\text{mol}$.

À $t = t_{\frac{1}{2}}$, $x = \frac{x_{max}}{2} = 2{,}07 \times 10^{-2}\,\text{mol}$. On peut donc dire que $45\,\text{min} < t_{\frac{1}{2}} < 90\,\text{min}$.

4 Étude spectrophotométrique de la réaction du diiode avec le zinc

1. Oxydation du réducteur Zn : $Zn \rightleftharpoons Zn^{2+} + 2\,e^-$.
Réduction de l'oxydant I_2 : $I_2 + 2\,e^- \rightleftharpoons 2I^-$.
Bilan : $Zn + I_2 \rightleftharpoons Zn^{2+} + 2\,I^-$.

2. a.

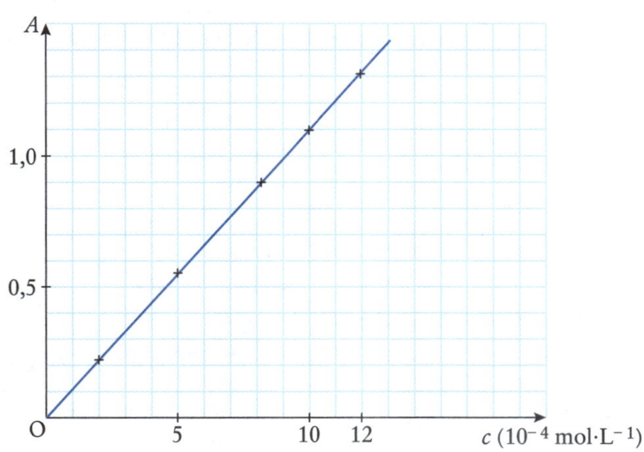

b. On obtient une droite qui passe par l'origine. L'absorbance A est donc proportionnelle à la concentration c. On vérifie ainsi la loi de Beer-Lambert : $A = k \times c$.

c. On choisit un point M de coordonnées $\left(c = 8{,}0 \times 10^{-4}\,\text{mol·L}^{-1}\text{ et } A = 0{,}88\right)$ sur la droite ;

on a ainsi $A_M = k \times c_M \Leftrightarrow k = \dfrac{A_M}{c_M} = \dfrac{0{,}88}{8{,}0 \times 10^{-4}} = 1{,}1 \times 10^3\,\text{L·mol}^{-1}$;

donc $A = 1{,}1 \times 10^3 c \Leftrightarrow c = \dfrac{A}{1{,}1 \times 10^3}$.

3. a. On utilise la loi $c_{\text{diluée}} = \dfrac{A}{1{,}1 \times 10^3}$. On peut alors compléter le tableau (voir ci-dessous).

b. On a effectué une dilution d'un facteur 20 pour obtenir la solution diluée.
En effet, $V_{\text{prélevé}} = V_{\text{mélange}} = 5$ mL et $V_{\text{final}} = V_{\text{dilué}} = 100$ mL ;
le facteur de dilution est donc $\dfrac{V_{\text{final}}}{V_{\text{prélevé}}} = \dfrac{V_{\text{dilué}}}{V_{\text{mélange}}} = \dfrac{100}{5{,}0} = 20$.
On en déduit que $c_{\text{mélange}} = 20 \times c_{\text{diluée}}$. On peut alors compléter le tableau (voir ci-dessous).

c. $n_{I_2} = c_{\text{mélange}} \times V$ avec $V = 200\text{ mL}$. On peut alors compléter le tableau (voir ci-dessous).

d. On a $n_{I_2}(t) = n_{iI_2} - x(t)$.
Le diiode est le réactif limitant (Zn est en excès), donc $x_{max} = n_{iI_2} = 4{,}4 \times 10^{-3}\,\text{mol}$.
À $t = t_{\frac{1}{2}}$, on a $x = \dfrac{x_{max}}{2} = 2{,}2 \times 10^{-2}\,\text{mol}$
et $n_{I_2} = n_{iI_2} - \dfrac{x_{max}}{2} = 4{,}4 \times 10^{-3} - 2{,}2 \times 10^{-3} = 2{,}2 \times 10^{-3}\,\text{mol}$.
On peut alors donner l'encadrement suivant : $100\,\text{min} < t_{\frac{1}{2}} < 600\,\text{min}$.

t (s)	0	30	60	100	600	1 400
A	1,2	0,88	0,77	0,67	0,24	0,080
$c_{\text{diluée}} = [I_2]_{\text{dilué}}$ (mol·L^{-1})	$1{,}1 \times 10^{-3}$	$8{,}0 \times 10^{-4}$	$7{,}0 \times 10^{-4}$	$6{,}1 \times 10^{-4}$	$2{,}2 \times 10^{-4}$	$7{,}3 \times 10^{-5}$
$c_{\text{mélange}} = [I_2]_{\text{mélange}}$ (mol·L^{-1})	$2{,}2 \times 10^{-2}$	$1{,}6 \times 10^{-2}$	$1{,}4 \times 10^{-2}$	$1{,}2 \times 10^{-2}$	$4{,}4 \times 10^{-3}$	$1{,}5 \times 10^{-3}$
n_{I_2} (mol)	$4{,}4 \times 10^{-3}$	$3{,}2 \times 10^{-3}$	$2{,}8 \times 10^{-3}$	$2{,}4 \times 10^{-3}$	$8{,}7 \times 10^{-4}$	$2{,}9 \times 10^{-4}$

5 Étude cinétique de la réaction de l'acide chlorhydrique avec le zinc

1. Oxydation du réducteur Zn : $Zn \rightleftharpoons Zn^{2+} + 2\,e^-$.
Réduction de l'oxydant H_3O^+ : $2\,H_3O^+ + 2\,e^- \rightleftharpoons H_2 + 2\,H_2O$.
Bilan : $Zn + 2\,H_3O^+ \rightarrow Zn^{2+} + H_2 + 2\,H_2O$.
On observe expérimentalement une effervescence qui caractérise le dégagement de H_2 et la disparition progressive du zinc (en défaut).

2. On construit le tableau d'avancement suivant :

Équation		Zn	$+ \ 2H_3O^+$	$\rightarrow Zn^{2+}$	$+ \ H_2$	$+ \ 2H_2O$
État	Avancement (mol)	Quantité de matière (mol)				
Initial	x	n_{iZn}	$n_{iH_3O^+}$	0	0	Excès/Solvant
Final	x_{max}	$n_{iZn} - x_{max}$	$n_{iH_3O^+} - 2x_{max}$	x_{max}	x_{max}	Excès/Solvant

L'eau (H_2O) joue le rôle de solvant. Elle est supposée en large excès.

a. À $t = 0$, $n_{Zn} = \dfrac{m_{Zn}}{M_{Zn}} = \dfrac{4,9}{65,5} = 7,5 \times 10^{-2}$ mol ;

$n_{H_3O^+} = c \times V = 1,0 \times 0,200 = 0,20$ mol et $n_{Zn^{2+}} = n_{H_2} = 0$ mol.

b. On détermine d'abord la valeur de x_{max} et le réactif limitant.

Si Zn est le réactif limitant : $n_{iZn} - x_{max1} = 0 \Leftrightarrow x_{max1} = n_{iZn} = 7,5 \times 10^{-2}$ mol.

Si H_3O^+ est le réactif limitant : $n_{iH_3O^+} - 2x_{max2} = 0 \Leftrightarrow x_{max2} = \dfrac{n_{iH_3O^+}}{2} = 0,10$ mol.

On a donc $x_{max2} > x_{max1}$. Le réactif limitant est Zn et $x_{max} = x_{max1} = 7,5 \times 10^{-2}$ mol.

À $t \rightarrow \infty$, $x = x_{max}$ (la réaction est totale). D'où $n_{Zn} = 0$ mol (c'est le réactif limitant),

$n_{H_3O^+} = n_{iH_3O^+} - 2x_{max} = 0,20 - 2 \times 7,5 \times 10^{-2} = 5,0 \times 10^{-2}$ mol

et $n_{Zn^{2+}} = n_{H_2} = x_{max} = 7,5 \times 10^{-2}$ mol.

c. À $t = t_{\frac{1}{2}}$, $x = \dfrac{x_{max}}{2}$, $n_{Zn} = n_{iZn} - \dfrac{x_{max}}{2} = 7,5 \times 10^{-2} - \dfrac{7,5 \times 10^{-2}}{2} = 3,7 \times 10^{-2}$ mol,

$n_{H_3O^+} = n_{iH_3O^+} - 2\dfrac{x_{max}}{2} = n_{iH_3O^+} - x_{max} = 0,20 - 7,5 \times 10^{-2} = 0,13$ mol

et $n_{Zn^{2+}} = n_{H_2} = \dfrac{x_{max}}{2} = 3,7 \times 10^{-2}$ mol.

3. $V_m = \dfrac{V}{n} = \dfrac{V_{H_2}}{n_{H_2}} \Leftrightarrow V_{H_2} = n_{H_2} \times V_m$. À $t \rightarrow \infty$, on a $V_{H_2} = 7,5 \times 10^{-2} \times 24 = 1,8$ L.

4. a. Par lecture graphique, on a :

- à $t = 0$, $n_{H_2} = 0$ mol et $V_{H_2} = 0$ L ;
- à $t = 8$ min, $n_{H_2} = 68 \times 10^{-3}$ mol et $V_{H_2} = 68 \times 10^{-3} \times 24 = 1,6$ L.

b. À $t = t_{\frac{1}{2}}$, $n_{H_2} = 3,7 \times 10^{-2}$ mol $= 37 \times 10^{-3}$ mol.

On obtient graphiquement $t_{\frac{1}{2}} \approx 4$ min.

c.

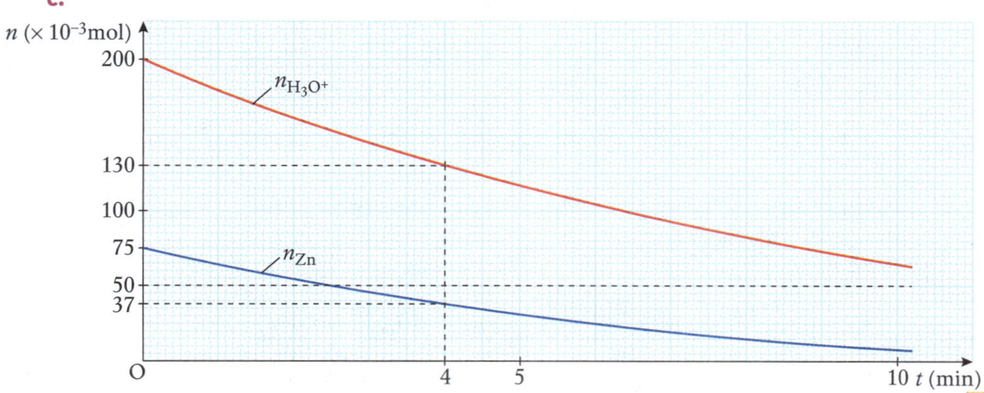

6 Décomposition de l'eau oxygénée

1. $2\,H_2O_2 \rightarrow 2\,H_2O + O_2$

2. On a le tableau d'avancement suivant :

Équation		$2\,H_2O_2$	→ $2\,H_2O$	+ O_2
État	Avancement (mol)	Quantité de matière (mol)		
Initial	0	$n_{iH_2O_2}$	Excès/Solvant	0
En cours	x	$n_{iH_2O_2} - 2x$	//	x
Final	$x_f = x_{max}$	$n_{iH_2O_2} - 2x_{max}$	//	$2x_{max}$

On a $[H_2O_2] = \dfrac{n_{H_2O_2}}{V} = \dfrac{n_{iH_2O_2} - 2x}{V} = [H_2O_2]_i - \dfrac{2x}{V}$ et $x = n_{O_2} = \dfrac{V_{O_2}}{V_m}$.

D'où $[H_2O_2] = [H_2O_2]_i - \dfrac{\dfrac{2 \times V_{O_2}}{V_m}}{V} = [H_2O_2]_i - \dfrac{2 \times V_{O_2}}{V_m \times V}$, les volumes étant exprimés en L.

On peut alors compléter le tableau de mesures :

t (min)	0	5	10	15	20	25	30	35	40
$[H_2O_2]$ ($mol{\cdot}L^{-1}$)	0,080	0,068	0,57	0,048	0,042	0,038	0,035	0,032	0,030

3.

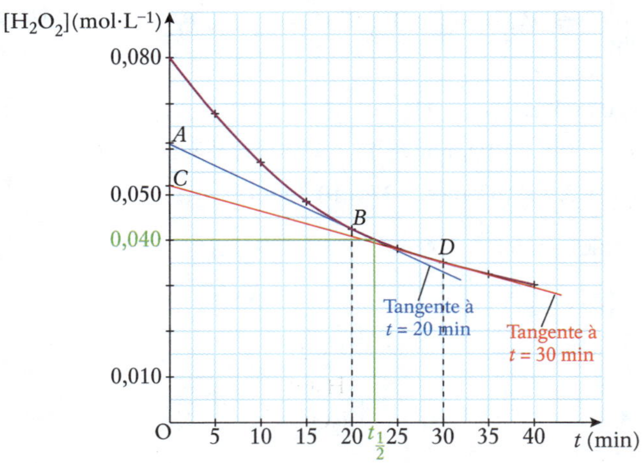

4. a. Par analogie avec la définition de la vitesse volumique instantanée, on a :
$v_{moy(réactif)} = -\dfrac{\Delta[\text{réactif}]}{\Delta t}$.

b. $v_{moy\,H_2O_2} = -\dfrac{[H_2O_2]_{30\,min} - [H_2O_2]_{20\,min}}{10} = -\dfrac{(0{,}035 - 0{,}042)}{10}$
$= 7{,}0 \times 10^{-4}\,mol{\cdot}L^{-1}{\cdot}min^{-1} = 1{,}2 \times 10^{-5}\,mol{\cdot}L^{-1}{\cdot}s^{-1}$

5. a. $v_{(20\ \text{min})\text{H}_2\text{O}_2} = -\dfrac{\text{d}[\text{H}_2\text{O}_2]}{\text{d}t}(20\ \text{min}) = -\left(\dfrac{[\text{H}_2\text{O}_2]_\text{B} - [\text{H}_2\text{O}_2]_\text{A}}{t_\text{B} - t_\text{A}}\right) = -\left(\dfrac{0{,}042 - 0{,}062}{20 - 0}\right)$

$= 1{,}0 \times 10^{-3}\ \text{mol·L}^{-1}\text{·min}^{-1} = 1{,}7 \times 10^{-5}\ \text{mol·L}^{-1}\text{·s}^{-1}$

$v_{(30\ \text{min})\text{H}_2\text{O}_2} = -\dfrac{\text{d}[\text{H}_2\text{O}_2]}{\text{d}t}(30\ \text{min}) = -\left(\dfrac{[\text{H}_2\text{O}_2]_\text{D} - [\text{H}_2\text{O}_2]_\text{C}}{t_\text{D} - t_\text{C}}\right) = -\left(\dfrac{0{,}035 - 0{,}052}{30 - 0}\right)$

$= 5{,}7 \times 10^{-4}\ \text{mol·L}^{-1}\text{·min}^{-1} = 9{,}4 \times 10^{-6}\ \text{mol·L}^{-1}\text{·s}^{-1}$

On observe que : $v_{(30\ \text{min})\text{H}_2\text{O}_2} < v_{\text{moy}\,\text{H}_2\text{O}_2} < v_{(20\,\text{min})\text{H}_2\text{O}_2}$

b. La vitesse volumique instantanée de disparition du peroxyde d'hydrogène décroît au cours du temps. Une interprétation possible consiste à dire, puisque le réactif se raréfie dans le milieu réactionnel, la concentration en H_2O_2 qui est un facteur cinétique diminue. La vitesse volumique instantanée de disparition diminue donc avec le temps.

c. D'après le cours, on a $\dfrac{v_{\text{moy}\,\text{H}_2\text{O}_2}}{2} = \dfrac{v_{\text{moy}\,\text{O}_2}}{1}$;

soit $v_{\text{moy}\,\text{O}_2} = \dfrac{v_{\text{moy}\,\text{H}_2\text{O}_2}}{2} = 3{,}5 \times 10^{-4}\ \text{mol·L}^{-1}\text{·min}^{-1} = 5{,}8 \times 10^{-6}\ \text{mol·L}^{-1}\text{·s}^{-1}$.

6. Le temps de demi-réaction est le temps au bout duquel la concentration du réactif a diminué de moitié. Ici, c'est le temps au bout duquel la concentration en peroxyde d'hydrogène vaut $[\text{H}_2\text{O}_2] = 0{,}040\ \text{mol·L}^{-1}$.
On lit sur le graphique que cela se produit au temps $t_{\frac{1}{2}} \approx 22\,\text{min}$.

7. La température est plus élevée que précédemment, donc la réaction a lieu plus rapidement. La concentration en H_2O_2 décroît donc plus rapidement. On en déduit le graphe de la figure ci-contre.
La courbe (1) représente les résultats de l'expérience précédente, et la courbe (2) ceux de la nouvelle expérience à la température $\theta = 40\ °\text{C}$.

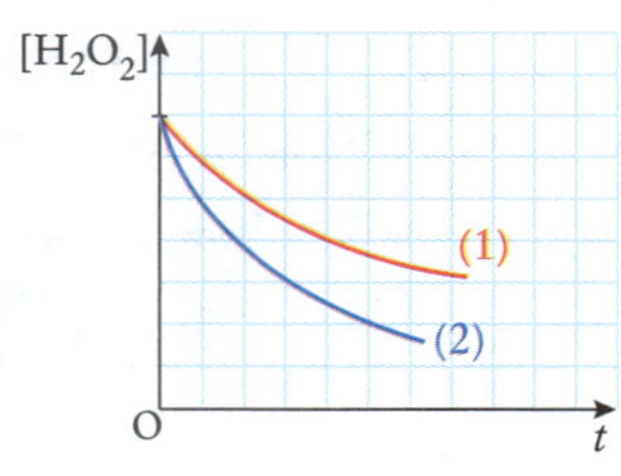

POST BAC

7 Suivi cinétique de la réaction du peroxyde d'hydrogène avec les ions iodures

Partie A

1. Oxydation du réducteur I^- : $2\,I^- \rightarrow I_2 + 2\,e^-$.
Réduction de l'oxydant H_2O_2 : $H_2O_2 + 2\,H_3O^+ + 2\,e^- \rightarrow 4\,H_2O$.
Bilan : $2\,I^- + H_2O_2 + 2\,H_3O^+ \rightarrow I_2 + 4\,H_2O$ [1]

2. Un mélange est stœchiométrique lorsque les quantités de matière respectent les proportions stœchiométriques. Il faut donc vérifier si $\dfrac{n_{\text{iI}^-}}{2} = \dfrac{n_{\text{iH}_2\text{O}_2}}{1}$:

$\dfrac{n_{\text{iI}^-}}{2} = \dfrac{C_1 \times V_1}{2} = \dfrac{0{,}100 \times 20{,}0 \times 10^{-3}}{2} = 1{,}00 \times 10^{-4}\,\text{mol}$;

$\dfrac{n_{\text{iH}_2\text{O}_2}}{1} = \dfrac{C_2 \times V_2}{1} = 0{,}100 \times 2{,}00 \times 10^{-3} = 2{,}00 \times 10^{-4}\,\text{mol}.$

Puisque $\frac{n_{iI^-}}{2} \neq \frac{n_{iH_2O_2}}{1}$, le mélange n'est pas stœchiométrique.

Pour une réaction totale, lorsque le mélange est stœchiométrique tous les réactifs ont totalement disparu à l'état final. Dans le cas contraire, au moins un réactif est en excès.

3. On a le tableau d'avancement suivant :

Équation		$2\,I^-$ +	H_2O_2 +	$2\,H_3O^+$ →	I_2 +	$4\,H_2O$
État	Avancement (mol)	Quantité de matière (mol)				
Initial	0	$C_1 \times V_1$	$C_2 \times V_2$	Excès	0	Excès/ Solvant
En cours	$x(t)$	$C_1 \times V_1 - 2x(t)$	$C_2 \times V_2 - x(t)$	Excès	$x(t)$	Excès/ Solvant
Final	x_f	$C_1 \times V_1 - 2x_f$	$C_2 \times V_2 - x_f$	Excès	x_f	Excès/ Solvant

4. Si I^- est le réactif limitant, on a $C_1 \times V_1 - 2x_{max1} = 0$

soit $x_{max1} = \frac{C_1 \times V_1}{2} = 1{,}00 \times 10^{-3}\,\text{mol}$.

Si H_2O_2 est le réactif limitant, on a $C_2 \times V_2 - x_{max2} = 0$

soit $x_{max2} = C_2 \times V_2 = 2{,}00 \times 10^{-4}\,\text{mol}$.

On a $x_{max1} > x_{max2}$, donc le réactif limitant est H_2O_2 ;
par conséquent $x_{max} = x_{max2} = 2{,}00 \times 10^{-4}\,\text{mol}$.

5. $[I_2] = \frac{n_{I_2}}{V}$ d'où $[I_2]_\infty = \frac{n_{fI_2}}{V} = \frac{x_{max}}{V} = \frac{2{,}00 \times 10^{-4}}{30{,}0 \times 10^{-3}} = 6{,}67 \times 10^{-3}\,\text{mol}$.

6. Par définition, $v_{(1000)} = \frac{1}{V} \times \frac{dx}{dt}(1000)$.

D'où $v_{(1000)} = \frac{1}{V} \times \frac{x_B - x_A}{t_B - t_A} = \frac{1}{30{,}0 \times 10^{-3}} \times \frac{2{,}0 \times 10^{-4} - 1{,}2 \times 10^{-4}}{1\,350 - 0}$
$= 5{,}9 \times 10^{-8}\,\text{mol·L}^{-1}\text{·s}^{-1}$.

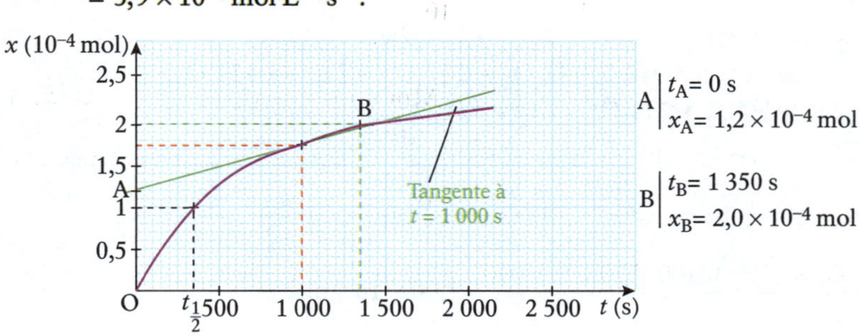

7. a. On sait que $v = \frac{1}{V} \times \frac{dx}{dt} = \frac{1}{V} \times$ (pente de la tangente à la courbe d'évolution de x).
Or on observe que la pente de la tangente à la courbe d'évolution de x diminue au cours du temps. On en déduit donc que v diminue au cours du temps.

b. C'est la concentration en réactifs qui est responsable de cette variation. Les réactifs réagissent et disparaissent progressivement. La concentration des réactifs diminue donc au cours du temps. C'est pourquoi la vitesse diminue.

8. À $t = t_{\frac{1}{2}}$, on a $x = \frac{x_{max}}{2}$; soit $x = \frac{2{,}00 \times 10^{-4}}{2} = 1{,}00 \times 10^{-4}$ mol.

On obtient graphiquement $t_{\frac{1}{2}} \approx 300$ s.

Partie B

9. Oxydation du réducteur $S_2O_3^{2-}$: $2\,S_2O_3^{2-} \rightarrow S_4O_6^{2-} + 2\,e^-$.
Réduction de l'oxydant I_2 : $I_2 + 2\,e^- \rightarrow 2\,I^-$.
Bilan : $I_2 + 2\,S_2O_3^{2-} \rightarrow 2\,I^- + S_4O_6^{2-}$ [2]

10. a. Le diiode formé par la réaction [1] réagit selon la réaction [2] tant qu'il reste des ions $S_2O_3^{2-}$. Lorsque ces ions ont totalement réagi, le diode formé par [1] peut être au contact de l'empois d'amidon, ce qui explique la formation de la coloration bleue.

b. La coloration bleue n'apparaît qu'au bout d'une certaine durée car la réaction [1] est une réaction lente, le diiode qui réagit avec les ions thiosulfates se forme donc progressivement. La disparition des ions thiosulfates se fait donc aussi progressivement.

11. Pour faire disparaître les ions $S_2O_3^{2-}$ ajoutés, il faut une certaine quantité fixée de I_2. Cette quantité est formée par la réaction [1]. Cette réaction est lente, et de plus en plus lente. En effet, la concentration des réactifs de la réaction [1] diminue au cours du temps et donc la vitesse de cette réaction diminue progressivement. Il faudra donc de plus en plus de temps pour former la quantité de I_2 nécessaire à la disparition des ions $S_2O_3^{2-}$ ajoutés. C'est pourquoi $\Delta t_2 > \Delta t_1$.

POST BAC

8 Autocalyse de la réaction entre l'acide oxalique et les ions permanganates

1. La concentration en ions permanganates de la solution initiale est :

$$[MnO_4^-] = \frac{c_1 \times V_1}{V_1 + V_2} = \frac{5{,}0 \times 10^{-3} \times 20 \times 10^{-3}}{20 \times 10^{-3} + 30 \times 10^{-3}} = 2{,}0 \times 10^{-3}\,\text{mol}\cdot\text{L}^{-1}.$$

2. D'après l'équation de la réaction, on a :

$$\frac{v_{Mn^{2+}}}{2} = \frac{v_{MnO_4^-}}{2} \Leftrightarrow \frac{1}{2}\frac{d[Mn^{2+}]}{dt} = -\frac{1}{2}\frac{d[MnO_4^-]}{dt} \text{ soit } \frac{d[Mn^{2+}]}{dt} = -\frac{d[MnO_4^-]}{dt}.$$

On en déduit : $\frac{d[Mn^{2+}]}{dt} + \frac{d[MnO_4^-]}{dt} = 0 \Leftrightarrow \frac{d([Mn^{2+}] + [MnO_4^-])}{dt} = 0$.

Quand la dérivée d'une grandeur est nulle, cela signifie que la grandeur est une constante. Cette constante correspond à la valeur de la grandeur à l'état intial.

Soit $\left[Mn^{2+}\right]+\left[MnO_4^-\right] = cte = \left[Mn^{2+}\right]_i + \left[MnO_4^-\right]_i = 0 + 2{,}0 \times 10^{-3}\ mol{\cdot}L^{-1}$.
Donc $\left[Mn^{2+}\right] = 2{,}0 \times 10^{-3} - \left[MnO_4^-\right]$ (en $mol{\cdot}L^{-1}$).

On en déduit le tableau de valeurs des concentrations des ions manganèse en fonction du temps :

t(s)	0	20	40	60	70	80	90	100	120	180
$\left[Mn^{2+}\right]$ ($mmol{\cdot}L^{-1}$)	0	0	0,08	0,032	0,60	1,00	1,41	1,65	1,85	2,00

On en déduit la courbe d'évolution suivante :

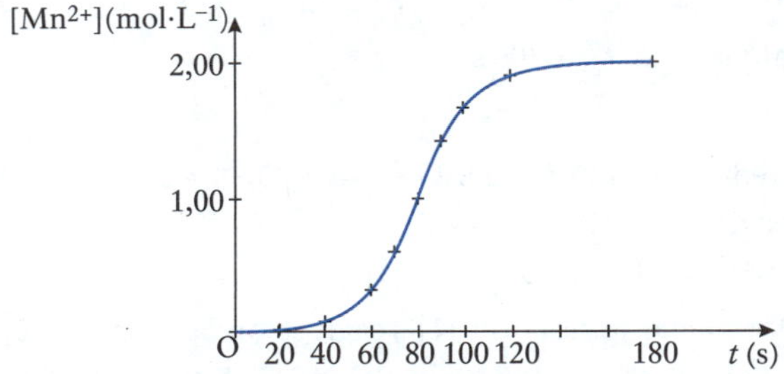

3. La vitesse volumique de formation des ions manganèse est définie par :

$$v_{Mn^{2+}} = \frac{d\left[Mn^{2+}\right]}{dt}.$$

La courbe de la vitesse est donc celle de la dérivée de la fonction représentée précédemment. Elle a l'allure suivante :

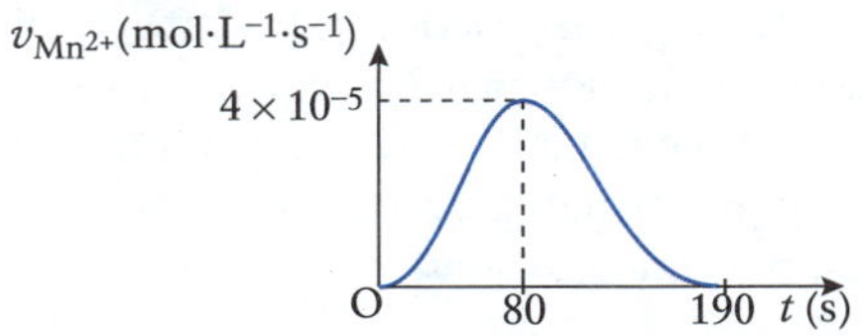

On estime la vitesse maximum en évaluant la vitesse de formation au temps $t = 80$ s par la formule approchée :

$$v_{Mn^{2+}}(t = 80s) = \frac{\left[Mn^{2+}\right]_{(t=90)} - \left[Mn^{2+}\right]_{(t=70)}}{(90-70)} = \frac{1{,}41 \times 10^{-3} - 0{,}60 \times 10^{-3}}{20}$$

soit $v_{Mn^{2+}}(t = 80s) \approx 4{,}0 \times 10^{-5}\ mol{\cdot}L^{-1}$.

On observe que les courbes ont l'allure caractéristique d'une réaction autocatalytique. Des produits de la réaction susceptibles d'être le catalyseur, à savoir CO_2 et Mn^{2+}, seul Mn^{2+} reste en solution. Ce sont donc les ions manganèse qui (auto)catalysent la réaction.

L'autocatalyse met en défaut la règle générale selon laquelle la vitesse diminue progressivement au cours du temps.

CHAPITRE 9

Représentation spatiale et transformation des molécules organiques

COURS

MÉTHODES ET STRATÉGIES

SUJETS DE TYPE BAC

SUJETS D'APPROFONDISSEMENT

CORRIGÉS

COURS

Représentation spatiale et transformation des molécules organiques

Des molécules organiques isomères possèdent la même formule brute mais n'ont pas les mêmes formules planes ou n'ont pas les mêmes représentations spatiales. Ces notions d'isomérie plane ou de stéréoisomérie permettent d'étudier la géométrie des molécules, qui joue un rôle important pour comprendre et prévoir les mécanismes réactionnels des molécules.

I. Représentation des molécules organiques

1. Les formules planes

Une molécule organique peut être représentée sur une feuille de papier par ses formules **développée, semi-développée** et **topologique**.

Exemple Formules développée a), semi-dévelopée b) et topologique c) de la butanone :

a) 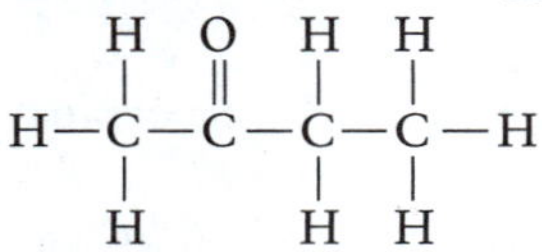

b) 

c) 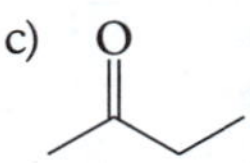

2. La réprésentation de Cram

- La feuille de papier est un espace à deux dimensions alors qu'une molécule est, le plus souvent, un « objet » tridimensionnel. Plusieurs conventions permettent de représenter une molécule dans l'espace, dont la **représentation de Cram**.
- Les **conventions de Cram** sont les suivantes :

• liaison dans le plan de la feuille : —
• liaison en avant du plan de la feuille : ◄
• liaison en arrière du plan de la feuille : ⋯⋯

Convention de Cram pour les liaisons d'un atome de carbone (C)

II. Isomérie de constitution (ou isomérie plane)

Il est souvent possible de proposer plusieurs formules planes correspondant à une formule brute donnée. Ces formules sont celles d'**isomères de constitution**. On distingue différents cas.

1. Les isomères de chaîne

Les isomères de chaîne sont des isomères de constitution ne différant que par l'enchaînement des atomes de carbone.

Exemple Le pentane (a) et le 2-méthylbutane (b) de formule brute C_5H_{12} :

a) $CH_3—CH_2—CH_2—CH_2—CH_3$ b) $CH_3—CH(CH_3)—CH_2—CH_3$

2. Les isomères de position

Les isomères de position sont des isomères de constitution qui ont la même chaîne carbonée, mais qui diffèrent par l'implantation le long de la chaîne d'un même groupe fonctionnel.

Exemple Le but-1-ène (a) et le but-2-ène (b) de formule brute C_4H_8 :

a) $CH_3{=}CH—CH_2—CH_3$ b) $CH_3—CH{=}CH—CH_3$

3. Les isomères de fonction

Les isomères de fonction sont des isomères de constitution qui diffèrent par la nature du groupe fonctionnel présent dans leur molécule.

Exemple Le butan-1-ol (a) et l'oxyde de diéthyle (b) de formule brute $C_4H_{10}O$:

a) $CH_3—CH_2—CH_2—CH_2—OH$ b) $CH_3—CH_2—O—CH_2—CH_3$

4. Propriétés physiques et chimiques des isomères de constitution

Dans tous les cas, les isomères de contitution correspondent à des corps purs différents : ils ont donc des **propriétés physiques et chimiques différentes**.

III. Stéréoisomérie

1. Les stéréoisomères de conformation et de configuration

- Deux molécules sont **stéréoisomères** lorsqu'elles correspondent à la même formule plane, mais ne sont pas superposables car leurs atomes n'ont pas la même disposition dans l'espace. Il existe deux types de stéréoisomères : les stéréoisomères **de conformation** et les stéréoisomères **de configuration**.
- On passe d'un stéréoisomère de conformation à un autre par rotation autour d'une liaison simple.

Exemple

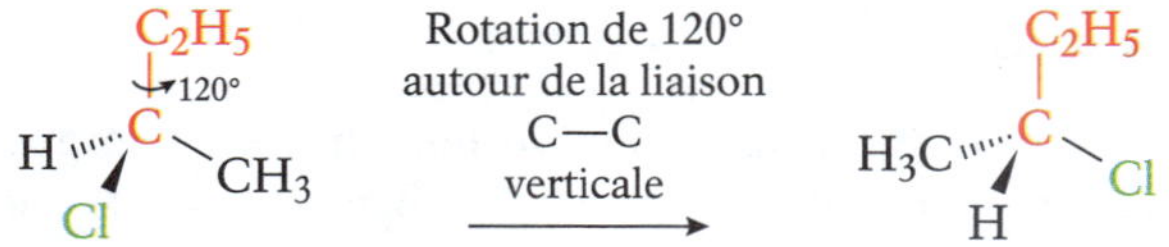

- Par contre, pour passer d'un stéréoisomère de configuration à un autre, il est nécessaire de casser et de reformer des liaisons chimiques.

Exemple

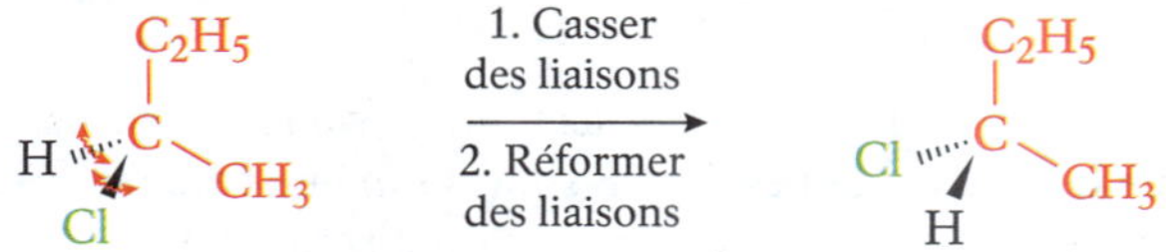

2. Les énantiomères

- Un **atome de carbone asymétrique** est un atome de carbone lié à quatre atomes ou groupes d'atomes, tous différents. On le repère habituellement par un **astérisque** *.

Exemple L'atome de carbone portant le groupe hydroxyle dans le butan-2-ol est asymétrique :

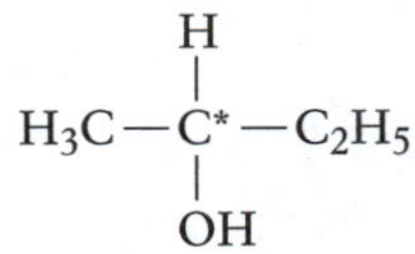

- L'**énantiomérie** est la relation existant entre deux stéréoisomères de configuration, images l'un de l'autre dans un miroir et non superposables. Les stéréoisomères correspondants sont appelés **énantiomères**.

Exemple Le butan-2-ol peut exister sous deux configurations qui sont images l'une de l'autre à travers un miroir :

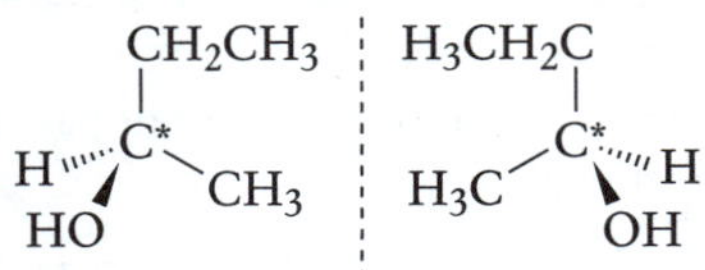

A Plan du miroir B

A et B sont des énantiomères.

- La **chiralité** (prononcer « kiralité ») désigne la propriété d'un objet de ne pas être superposable à son image dans un miroir (par exemple, nos mains ou les molécules des énantiomères sont chirales).
- Un **mélange racémique** est un mélange en quantités égales de deux énantiomères.
- Les énantiomères présentent le plus souvent des propriétés physiques et chimiques identiques. En revanche, les propriétés biologiques et pharmacologiques sont presque toujours différentes.

Exemple Les deux énantiomères de la carvone ont une odeur différente :

Odeur de cumin Odeur de menthe

3. La stéréoisomérie Z/E

- Lorsque, de part et d'autre de la double liaison d'un composé de formule **AHC = CHB**, les atomes ou groupes d'atomes A et B ne sont pas des atomes d'hydrogène H, il existe deux stéréoisomères de configuration appelés **Z** et **E** :

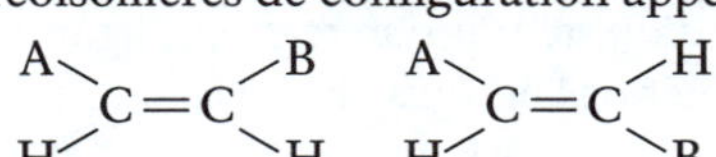

(Z) (E)

Z et E sont les premières lettres de mots allemands *zusammen* (ensemble) et *entgegen* (en face). Lorsque les deux groupes A et B sont du même côté de l'axe de la double liaison c'est l'isomère Z ; dans le cas contraire c'est l'isomère E.

- À température ordinaire, la rotation autour d'une double liaison **C = C** est bloquée. En conséquence, l'isomère Z et l'isomère E sont deux corps purs distincts que l'on peut isoler, et dont les propriétés physiques, chimiques et biologiques peuvent être très différentes.

4. La diastéréoisomérie

- Deux diastéréoisomères sont deux stéréoisomères non énantiomères. L'isomérie Z/E est un exemple de diastéréoisomérie. En effet, les stéréoisomères Z et E d'une même molécule sont des diastéroisomères car ils ne sont pas images l'un de l'autre dans un miroir plan.

Exemple Le but-2-ène :

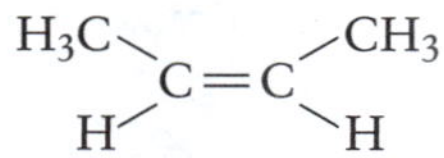
(Z) but-2-ène

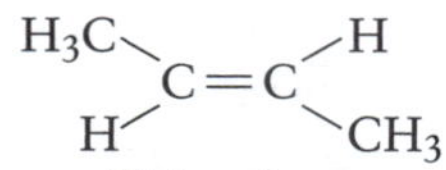
(E) but-2-ène

- Les diastéréoisomères présentent des propriétés physiques et chimiques différentes.

IV. Les principales catégories de réactions en chimie organique

Pour classer les très nombreuses réactions en chimie organique, on compare les réactifs et les produits. On distingue essentiellement trois catégories de réaction : la **substitution**, l'**addition** et l'**élimintation**.

1. La substitution

Une molécule subit une réaction de substitution si l'un de ses atomes ou groupes d'atomes est remplacé par un autre atome ou groupe d'atomes.

Exemple $CH_3{-}CH_2{-}Cl + HO{-}H \longrightarrow CH_3{-}CH_2{-}OH + HCl$

Chloroéthane + Eau ⟶ Éthanol + Chlorure d'hydrogène

2. L'addition

Une réaction d'addition met en jeu au moins deux réactifs et conduit à un produit de réaction contenant tous les atomes des réactifs mis en jeu.

Exemple $CH_3{-}C(H){=}O + H_2 \longrightarrow CH_3{-}CH_2{-}OH$

Éthanal + Dihydrogène ⟶ Éthanol

3. L'élimination

Dans une réaction d'élimination, des atomes ou des groupes d'atomes (portés par des atomes adjacents le plus souvent) sont éliminés.

Exemple $CH_3{-}CH(H){-}O{-}H \longrightarrow CH_3{-}C(H){=}O + H_2$

Éthanol ⟶ Éthanal + Dihydrogène

V. Aspect microscopique des transformations

Les équations des réactions chimiques n'indiquent pas, en général, comment les réactifs interagissent à l'échelle microscopique.

C'est en étudiant l'**interaction** entre les **sites donneur et accepteur de doublets d'électrons** que l'on peut interpréter les étapes d'un **mécanisme réactionnel.**

1. Les sites donneurs de doublets d'électrons

Un atome porteur de doublets non liants, un atome porteur d'une charge électrique négative (entière ou partielle) et une liaison multiple constituent des **sites donneurs de doublets d'électrons.**

Exemples

- L'ion hydroxyde $H{-}\underline{\overline{O}}|^{\ominus}$ possède un site donneur de doublets d'électrons localisé sur l'atome d'oxygène. Le doublet d'électrons susceptible d'être donné est l'un des trois doublets non liants.
- L'éthène 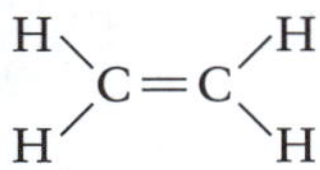 possède un site donneur de doublets d'électrons localisé entre les deux atomes de carbone. Le doublet d'électrons susceptible d'être donné est l'un des deux doublets de la double liaison.

Remarque Un site donneur de doublets d'électrons est aussi appelé **site nucléophile.**

2. Les sites accepteurs de doublets d'électrons

Un atome porteur d'une charge électrique positive (entière ou partielle) constitue un site accepteur de doublets d'électrons.

Exemples

- L'ion hydrogène H^+ est un site accepteur de doublets.
- Le méthanal 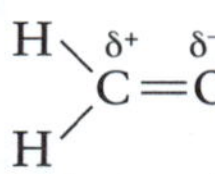 possède un site accepteur de doublets d'électrons localisé sur l'atome de carbone, du fait de la polarisation de la liaison C=O.

Remarque Un site accepteur de doublets d'électrons est aussi appelé **site électrophile.**

3. Interaction entre les sites donneurs et accepteurs de doublets d'électrons

Chaque étape (formation et/ou rupture de liaisons) d'un mécanisme réactionnel est la conséquence du déplacement d'un ou de plusieurs doublet(s) d'électrons. Ce déplacement est réprésenté par le modèle de la **flèche courbe**. La flèche part du doublet d'électrons d'un site donneur de doublets et pointe vers un site accepteur de doublets.

Exemple Dans l'étape ci-dessous, la **flèche courbe 1** modélise l'interaction entre le doublet non liant de l'ion hydrure H^- (site donneur) et pointe vers l'atome de carbone porteur d'une charge partielle positive (site accepteur) :

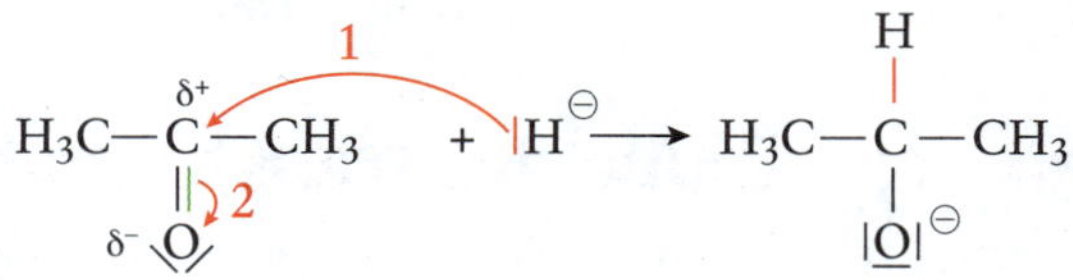

Il y a formation d'une liaison C—H, qui déclenche simultanément le déplacement du doublet liant entre C et O vers l'atome d'oxygène (déplacement représenté par **la flèche courbe 2**). En effet, l'arrivée d'une flèche sur un atome déclenche souvent le départ d'une autre flèche afin d'éviter l'apparition de charges défavorables sur cet atome et pour que celui-ci respecte la règle de l'octet (ou du duet).

POST BAC

Configurations R et S du carbone asymétrique et isomérie Z/E

> Voir l'exercice 7.

1. La règle de Cahn-Ingold-Prelog

Selon la règle de Cahn-Ingold-Prelog, pour caractériser et définir de manière univoque chacune des deux configurations d'un carbone asymétrique on procède en deux temps.

- **Premier temps :** on classe les quatre substituants du carbone asymétrique. Le critère utilisé est le **numéro atomique** ***Z*** de l'atome qui, dans le substituant, est directement lié au carbone asymétrique ; l'ordre du classement correspond aux valeurs décroissantes de Z.

Remarques

• Si deux substituants identiques sont liés au carbone asymétrique par un atome du même élément, on les départage en considérant les atomes qui se présentent pour chacun d'eux en deuxième poistion puis, si nécessaire, en troisième, quatrième,... position.
• Une double (ou triple) liaison est considérée comme l'équivalent de deux (ou trois) liaisons simples avec deux (ou trois) atomes du même élément (dans C=O, C est considéré comme lié à deux oxygènes, et O est considéré comme lié à deux carbones).

Exemple Les chiffres entre parenthèses indiquent le rang des classements des substituants du carbone asymétrique, lui-même désigné par un astérisque * :

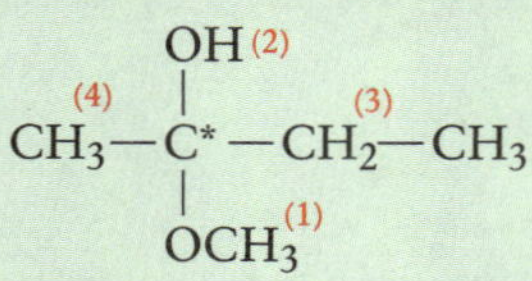

O (Z = 8) a priorité sur C (Z = 6). Ensuite **–OH** et –OCH_3 d'une part, **–CH_3** et **–CH_2 – CH_3** d'autre part, sont départagés par la nature des atomes situés en deuxième position (dans les deux cas, il y a priorité de C sur H).

- **Second temps :** on regarde la molécule dans l'axe de la liaison qui unit le carbone asymétrique au substituant classé dernier (4e rang), par le côté opposé à ce dernier. Puis on examine si dans ces conditions les trois autres substituants, pris dans l'ordre décroissant des priorités, se présentent au regard dans le sens des aiguilles d'une montre ou dans le sens inverse.

Dans le premier cas, la configuration est dite « **R** » (de *rectus*, « droit ») ; dans le second cas, elle est dite « **S** » (de *sinister*, « gauche »).

Exemple Les quatre substituants du carbone asymétrique de l'acide lactique, de formule $CH_3–C^*H(OH)–COOH$, se classent selon la règle précédemment définie de la façon suivante : 1) **–OH**, 2) **–COOH**, 3) **$–CH_3$** et 4) **–H**.
L'application de la procédure indiquée conduit aux résultats suivants :

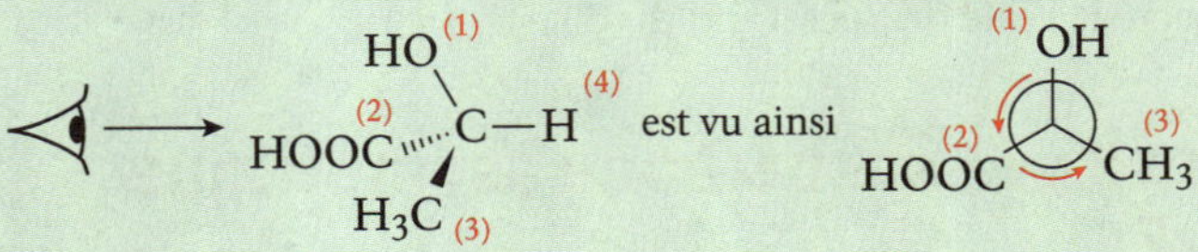

configuration S

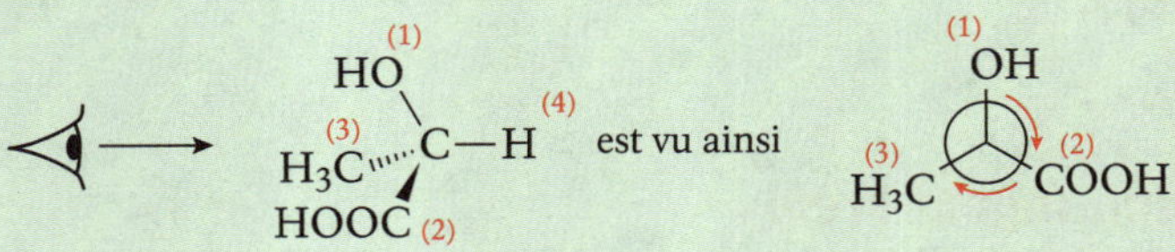

configuration R

2. Application à l'isomérie Z/E

- Soit une molécule du type **(1)(2)C=C(1′)(2′)** où **(1)**, **(2)**, **(1′)** et **(2′)** sont quatre atomes ou groupes d'atomes.
On classe selon la règle de Cahn-Ingold-Prelog les deux atomes ou groupes d'atomes sur chaque atome de carbone : **(1)** et **(1′)** sont les groupes prioritaires respectivement sur **(2)** et **(2′)**.

- On examine ensuite dans quelle disposition relative se trouvent les deux atomes ou groupes d'atomes prioritaires de chaque atome de carbone. S'ils sont du même côté de l'axe de la liaison C=C, il s'agit de l'isomère **Z**. S'ils sont de part et d'autres de cet axe, il s'agit de l'isomère **E**.

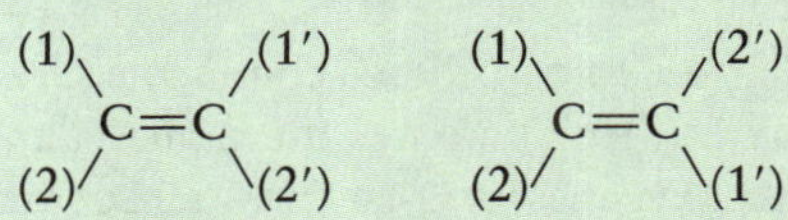

Isomère Z　　　Isomère E

MÉTHODES ET STRATÉGIES

1 Représenter la formule topologique d'une molécule à partir de sa formule semi-développée

> Voir les exercices 1, 2, 3 et 5 mettant en œuvre cette méthode.

Méthode

> Étape 1 : On réécrit la formule sans faire figurer les atomes d'hydrogène H liés aux atomes de carbone C. Les atomes, autres que les atomes C, et les atomes H liés à ces atomes, sont représentés. On met ainsi en évidence l'enchaînement des atomes C.

> Étape 2 : On obtient la formule topologique en réécrivant la formule précédente en symbolisant les atomes C par une ligne brisée.

Exemple

Représenter la formule topologique du 2-méthylpropan-1-ol de formule semi-développée $CH_3-\underset{\displaystyle CH_3}{\underset{|}{CH}}-CH_2-OH$.

Application

> Étape 1 : On obtient la représentation suivante : $C-\underset{\displaystyle C}{\underset{|}{C}}-C-OH$.

> Étape 2 : Soit la formule topologique suivante : 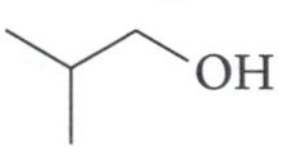 ou 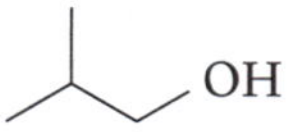 .

2 Représenter la formule semi-développée d'une molécule à partir de sa formule topologique

> Voir l'exercice 4 mettant en œuvre cette méthode.

Méthode

> Étape 1 : On ajoute d'abord, dans la formule topologique, des atomes de carbone C à chaque extrémité libre et à chaque endroit où la ligne se brise.

> Étape 2 : On écrit la formule semi-développée en associant autant d'atomes d'hydrogène H que possible aux atomes de carbone C ajoutés.

Remarque Un atome de carbone C ne peut être engagé que dans quatre liaisons.

Exemple

Représenter la formule semi-développée de la molécule qui possède la formule topologique suivante :

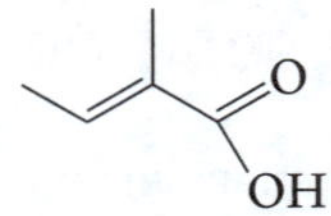

Application

> **Étape 1 :** On obtient : 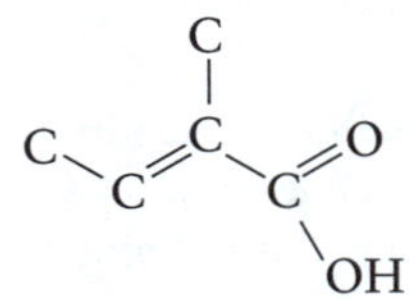

> **Étape 2 :** Soit la formule semi-développée suivante : 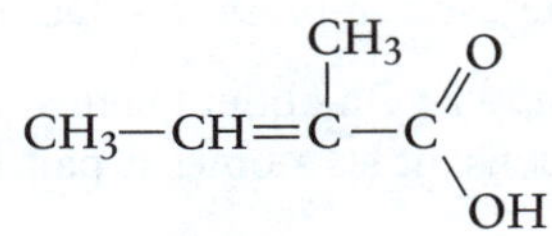

3 Déterminer la relation d'isomérie entre deux molécules différentes de même formule brute

> Voir l'exercice 1 mettant en œuvre cette méthode.

Méthode

Le document ci-dessous propose une démarche qui permet de distinguer les différents cas d'isomérie que l'on peut rencontrer. A et B sont deux molécules isomères.

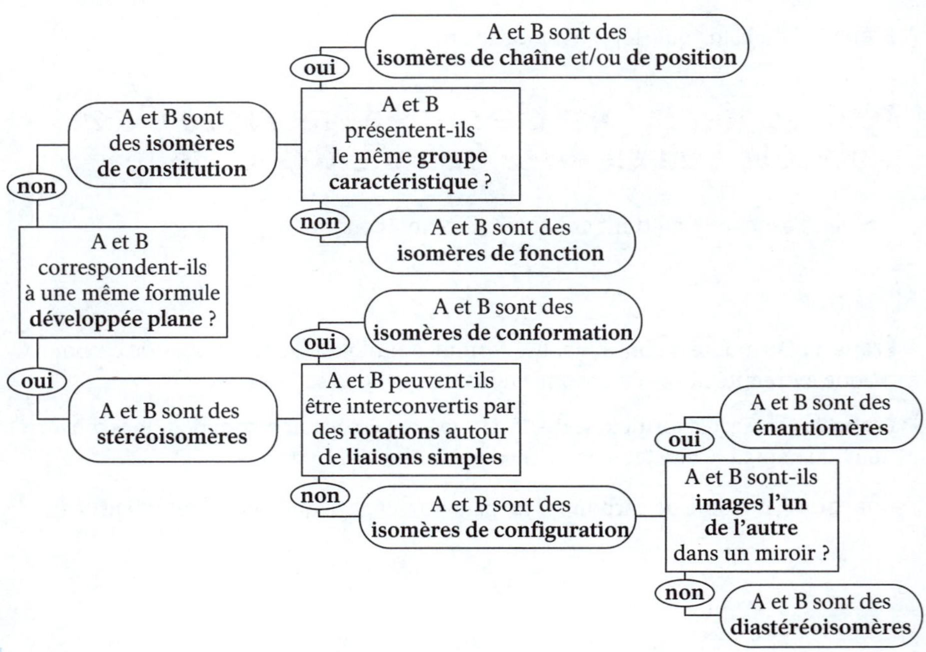

> Étape 1 : On se pose la première question : « A et B correspondent-ils à une même formule développée plane ? ». Si la réponse est oui, A et B sont des stéréoisomères. Si la réponse est non, A et B sont des isomères de constitution.

> Étape 2 : Selon la réponse (oui ou non) précédente, on se pose la question suivante :
• si la réponse est oui : « A et B peuvent-ils être interconvertis par des rotations autour de liaisons simples ? »;
• si la réponse est non : « A et B présentent-ils le même groupe caratéristique ? ».

> Étapes suivantes : Selon la réponse, on atteint une nouvelle étape avec une conclusion ou une nouvelle question qui conduit à une nouvelle étape. On continue jusqu'à atteindre une conclusion.

Exemple

Quelle relation d'isomérie existe-t-il entre les deux molécules différentes de même formule brute $C_4H_6O_2$ ci-dessous ?

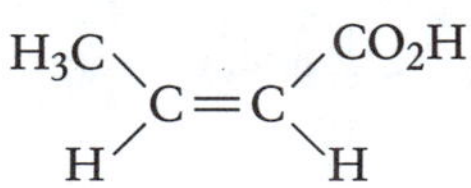

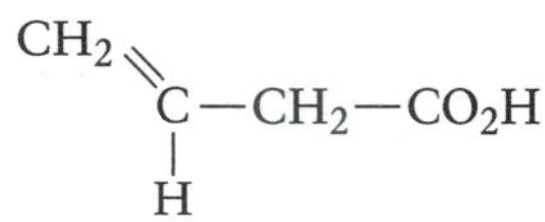

Application

> Étape 1 : Correspondent-elles à une même formule développée plane ? La réponse est non. Les deux molécules sont donc des isomères de constitution.

> Étape 2 : Puisque la réponse à la question précédente est non, on se pose la question suivante : les deux molécules présentent-elles le même groupe caractéristique ? La réponse est oui. Les deux molécules sont des acides carboxyliques et présentent une double liaison C=C. On en conclut que les deux molécules sont des isomères de position, l'enchaînement des atomes de carbone étant identique.

4 Représenter une molécule en projection de Newman

> Voir les exercices 2 et 6 mettant en œuvre cette méthode.

La projection de Newman est utilisée pour montrer la dispostion relative des liaisons formées par deux atomes de carbone adjacents dans une liaison $C_1 - C_2$.

Méthode

> Étape 1 : On donne la représentation de Cram de la molécule de manière à ce que la liaison $C_1 - C_2$ étudiée soit horizontale et dans le plan de la feuille.

> Étape 2 : On imagine qu'on regarde la molécule en plaçant son œil dans l'axe de la liaison $C_1 - C_2$.

> Étape 3 : On projette alors ce qui est observé sur un plan perpendiculaire à l'axe d'observation placé derrière la molécule. Le carbone C_1 est représenté par un cercle qui cache le carbone C_2 dont on voit seulement dépasser les liaisons représentées plus courtes pour suggérer leur plus grand éloignement.

> Étape 4 : La projection de Newman est obtenue en repésentant sur la feuille la projection obtenue à l'étape précédente.

Exemple

Représenter la molécule d'éthane $H_3C - CH_3$ en projection de Newman.

Application

> Étapes 1, 2 et 3 :

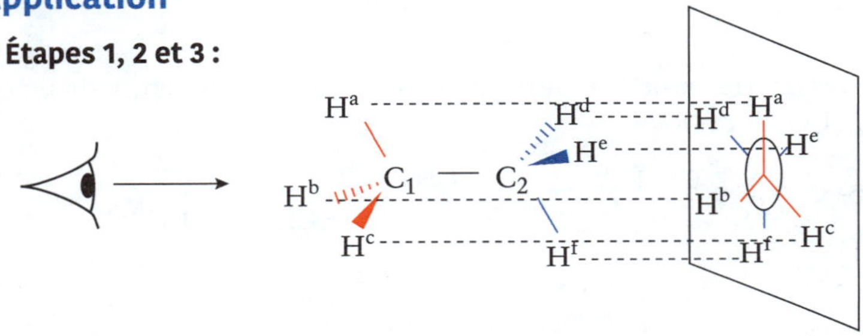

> Étape 4 : Soit la représentation de Newman suivante :

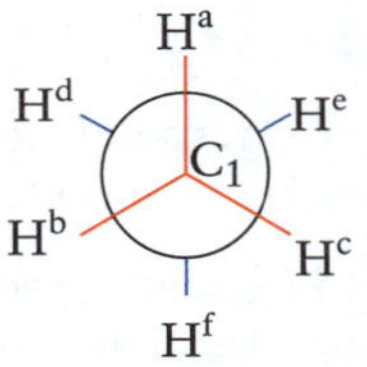

Remarque Cette représentation, dite **décalée**, est la plus stable de la molécule d'éthane car les doublets d'électrons des liaisons C – H exercent le moins d'interaction électrique possible les uns sur les autres ; si les liaisons C – H des atomes de carbone C_1 et C_2 sont alignées, la représentation est dite **éclipsée** et elle est beaucoup moins stable.

5 Repérer les sites donneur et accepteur de doublets d'électrons liés à la polarisation d'une liaison

> Voir les exercices 3 et 4 mettant en œuvre cette méthode.

Méthode

> Étape 1 : Il faut d'abord identifier la polarisation de la liaison. On compare les électronégativités des atomes engagés dans la liaison ; si elles sont assez différentes (écart supérieur à 0,4), on peut affirmer que la liaison est polarisée.

> Étape 2 : On attribue ensuite des charges partielles à chaque atome en tenant compte des électronégativités : l'atome le plus électronégatif porte une charge partielle négative δ^- ; l'atome le moins électronégatif porte une charge partielle positive δ^+.

> Étape 3 : On conclut : l'atome porteur de la charge partielle positive δ^+ constitue a priori un site accepteur de doublets d'électrons alors que l'atome porteur de la charge partielle négative δ^- constitue a prori un site donneur.

Exemple

Soit les deux liaisons suivantes : C – H et C – Cl. Ces liaisons sont-elles polarisées ? Si oui, repérer les sites donneurs et accepteurs de doublets d'électrons.
Données : électronégativités des atomes H : 2,2 ; C : 2,5 et Cl : 3,2.

Application

> Étape 1 : Pour la liaison C – H : électronégativité de C > électronégativité de H. On prévoit que la liaison est polarisée. Cependant, la différence d'électronégativité est faible. C'est pourquoi cette liaison est en général considérée comme non polarisée.
Pour la liaison C – Cl : électronégativité de Cl > électronégativité de C. On prévoit que la liaison est polarisée, la différence d'électronégativité étant relativement importante.

> Étape 2 : Pour la liaison C – Cl, on obtient la disposition suivante des charges partielles : $C^{\delta+} - Cl^{\delta-}$.

> Étape 3 : Dans la liaison C – Cl, l'atome C constitue donc un site accepteur de doublet d'électrons et l'atome Cl constitue le site donneur de doublet d'électrons.

SUJETS DE TYPE BAC

1 Quel type d'isomérie plane est mis en jeu ?

30 min

Un excellent exercice pour s'entraîner à l'écriture de formules topologiques et pour tester sa méthode à la détermination des différents types d'isomérie plane.

> Voir les méthodes et stratégies 1 et 3, ainsi que la partie II du cours.

On dispose de la liste de molécules suivante :

A
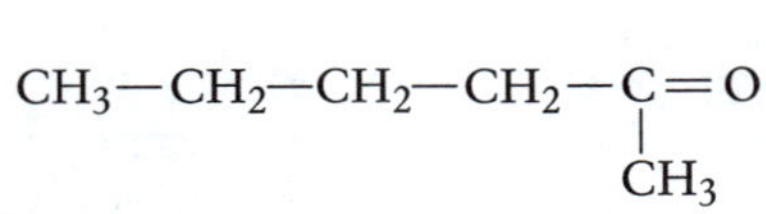

B
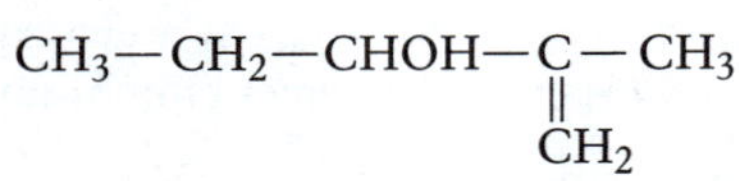

C
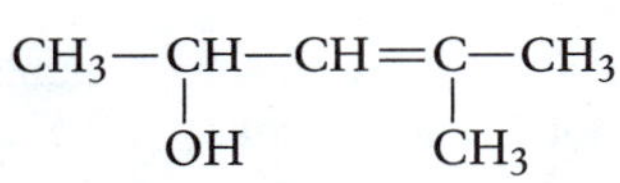

D
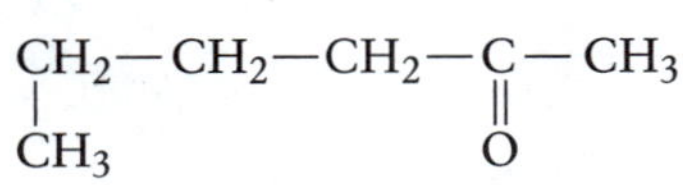

E
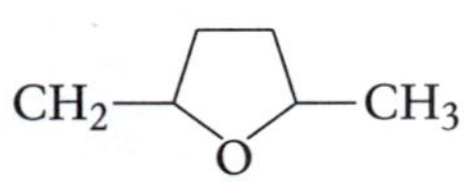

F
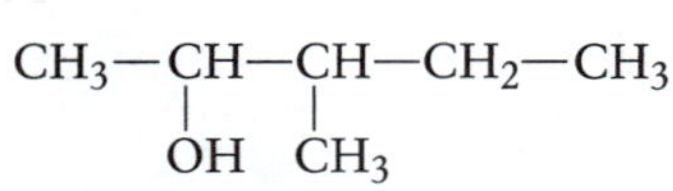

G
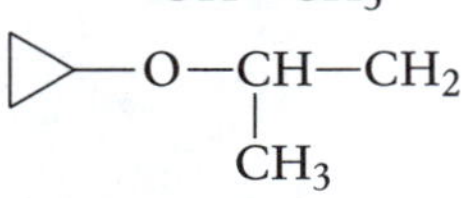

H
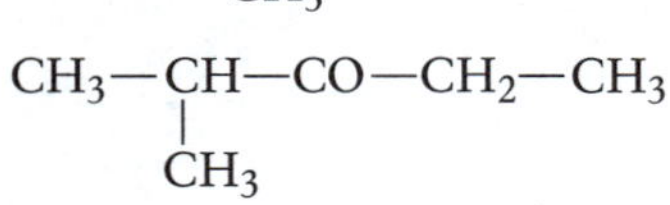

I
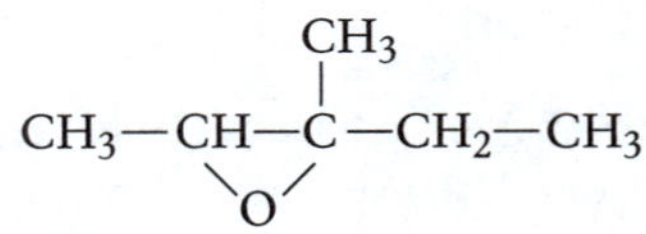

J
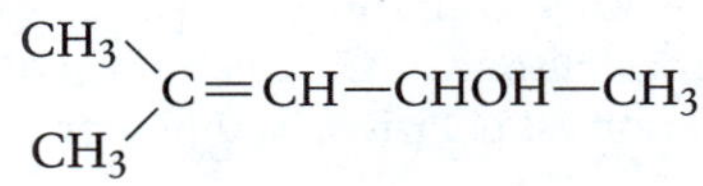

K
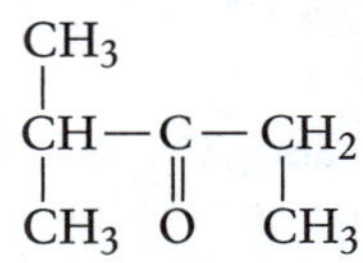

L
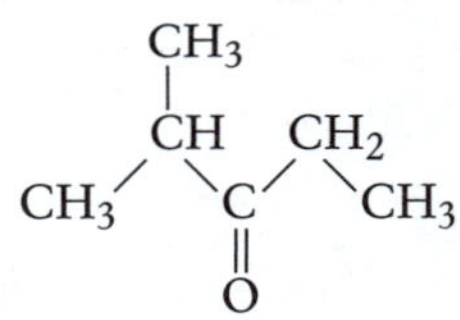

M
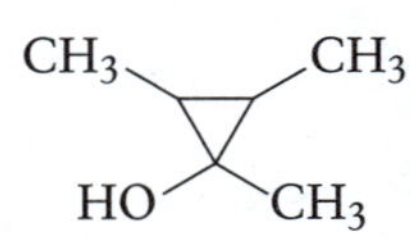

N
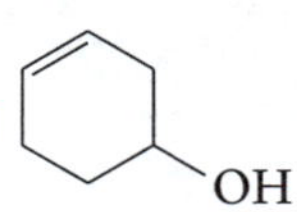

O
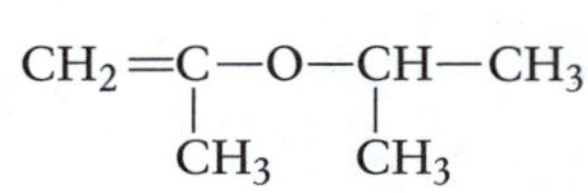

1. Écrire la formule topologique de toutes ces molécules.

2. Deux structures représentées par des formules développées planes peuvent être :
- identiques ;
- différentes et isomères de chaîne et/ou de position ;
- différentes et isomères de fonction ;
- différentes et non isomères ;

Dans lequel de ces quatre cas se trouvent les molécules suivantes :
H et I ; C et M ; B et J ; C et J ; A et D ; A et K ; C et F ; J et O ; E et N ; H, K et L ; D et O ; G et O.

2 Stéréochimie de quelques oses

20 min

Cet exercice sur les sucres permet de vérifier l'acquisition des notions élémentaires sur les représentions spatiales et sur la stéréochimie des molécules organiques.

> Voir les méthodes et stratégies 1 et 4, ainsi que les parties I, II et III du cours.

On appelle oses un groupe de molécules organiques appartenant à la famille des glucides ; les oses sont aussi appelés hydrates de carbone du fait de leur formule générale $C_n(H_2O)_n$.

1. Le plus simple des oses est le 2,3-dihydroxypropanal (ou glycéraldéhyde).

a. Donner ses formules semi-développée et topologique sachant que le préfixe hydroxy correspond au substituant $-OH$.

b. Cette molécule est-elle chirale ? Justifier la réponse.

c. Si oui, représenter les deux énantiomères de cette molécule.

2. Le nom officiel du sucre utilisé en cuisine est le saccharose. Celui-ci s'hydrolyse en milieu acide en fructose et en glucose. Les formules de ces deux oses sont :
fructose : $HO-CH_2-CHOH-CHOH-CHOH-CO-CH_2OH$
glucose : $HO-CH_2-CHOH-CHOH-CHOH-CHOH-CHO$

a. Donner les formules brutes et topologiques de ces deux oses.

b. L'hydrolyse du saccharose peut s'écrire : $\text{Saccharose} + H_2O \rightarrow \text{Glucose} + \text{Fructose}$. Déterminer la formule brute du saccharose.

c. Les molécules de glucose et de fructose possèdent-elles des carbones asymétriques ? Lesquels ?

3. On numérote de (1) à (6) les atomes de carbone de la molécule de glucose de la façon suivante : $HOC_{(1)}H_2-C_{(2)}HOH-C_{(3)}HOH-C_{(4)}HOH-C_{(5)}HOH-C_{(6)}HO$. En utilisant la représentation de Newman, représenter la molécule de glucose vue par un observateur placé le long de l'axe $C_{(1)}-C_{(2)}$ dans la conformation la plus stable, c'est-à-dire décalée.

La conformation la plus stable est obtenue lorsque les groupes les plus volumineux de chaque atome de carbone (C) sont les plus éloignés possibles.

3 À la découverte d'un alcène inconnu

30 min

L'intérêt de cet exercice est de mettre en relation les notions de mécanisme réactionnel et de géométrie des molécules. Comprendre et savoir résoudre ce type d'exercice est fondamental pour tout étudiant en chimie organique.

> Voir les méthodes et stratégies 1 et 5, ainsi que les parties III, IV et V du cours.

Un hydrocarbure de formule C_xH_y possède une masse molaire $M = 70\ g{\cdot}mol^{-1}$ et une composition en masse de 85,7 % de carbone et 14,3 % d'hydrogène.

1. a. Déterminer la formule brute de cet hydrocarbure.
b. En déduire les formules semi-développée et topologique possibles sachant que cet hydrocarbure est un alcène.

2. Cet alcène ne possède pas de ramifications et son hydratation conduit à un alcool de formule brute $C_5H_{12}O$ possédant un carbone asymétrique selon la réaction d'équation :

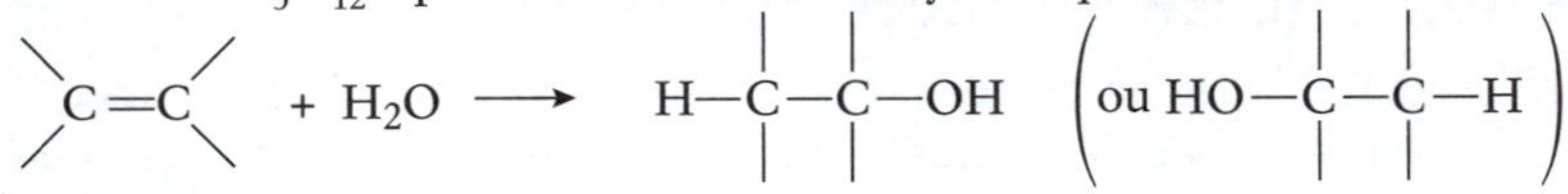

a. À quelle catégorie appartient cette réaction ?
b. Déterminer la formule développée de l'alcool obtenu.
c. Donner son nom et sa classe.
d. Représenter les deux énantiomères qui lui correspondent.

3. Au cours de l'hydratation de l'alcène, il peut également se former un autre alcool, le pentan-3-ol. Justifier que cette remarque permet de déterminer la formule de l'alcène dont on donnera le nom.

4. Le mécanisme de l'hydratation de l'alcène possède plusieurs étapes. La première étape peut être modélisée par l'équation suivante :

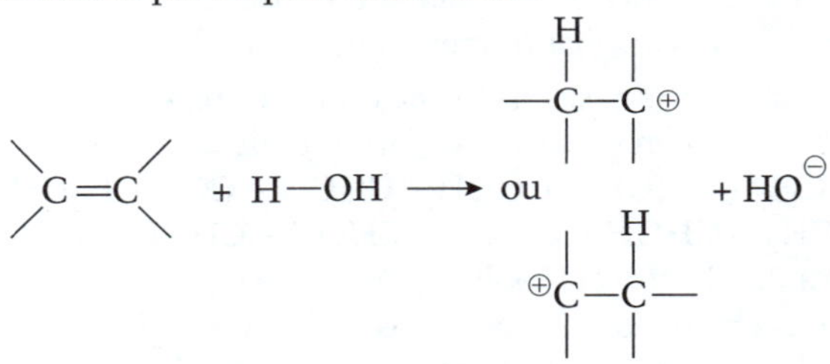

Cette étape du mécanisme s'explique par l'interaction entre un site donneur de doublets d'électrons de l'alcène et un site accepteur de doublets d'électrons de la molécule d'eau.
a. Repérer la position de ces deux sites dans l'équation de la première étape. Justifier.
b. Modéliser l'interaction entre les deux sites par une flèche courbe.

5. La deuxième étape de la transformation qui permet d'obtenir les alcools possibles est modélisée par une interaction entre un site donneur et un site accepteur de doublets d'électrons. Repérer ces sites et modéliser l'interaction par une flèche courbe.
Données : masses molaires atomiques : $M_H = 1$ g·mol^{-1} et $M_C = 12$ g·mol^{-1} ; électronégativités des atomes d'hydrogène H : 2,2 et d'oxygène O : 3,4.

4 Étude d'un solvant « vert » : le lactate d'éthyle

45 min

Cet exercice très complet constitue un sujet idéal de baccalauréat car il aborde à la fois les notions fondamentales de stéréochimie, mais aussi des notions d'analyse spectrale (chapitre III) et de cinétique chimique (chapitre VIII).

> Voir les méthodes et stratégies 2 et 5, ainsi que les parties III, IV et V du cours.

DOC. 1 Le lactate d'éthyle

Le lactate d'éthyle est un produit que plusieurs industries, comme la pharmacie ou l'électronique, utilisent déjà en remplacement de solvants à base de pétrole. Beaucoup moins polluant, ce solvant est un bon candidat pour remplacer 80 % des solvants organiques.

L'acide lactique est transformé en lactate d'éthyle par réaction d'estérification avec l'éthanol.

Partie 1 – Étude de l'acide lactique

L'acide lactique a pour formule topologique 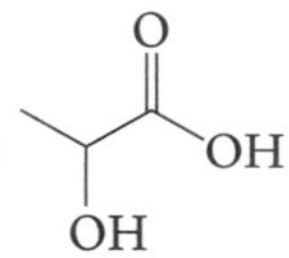 .

1. Donner la formule semi-développée de cette espèce.

2. Entourer sur la représentation précédente les groupes caractéristiques présents dans la molécule et les nommer.

3. Justifier la chiralité de la molécule d'acide lactique et représenter ses stéréoisomères. Préciser le type de stéréoisomérie mis en jeu.

4. Parmi les spectres infrarouges (IR) proposés ci-après choisir, en justifiant, celui correspondant à l'acide lactique.

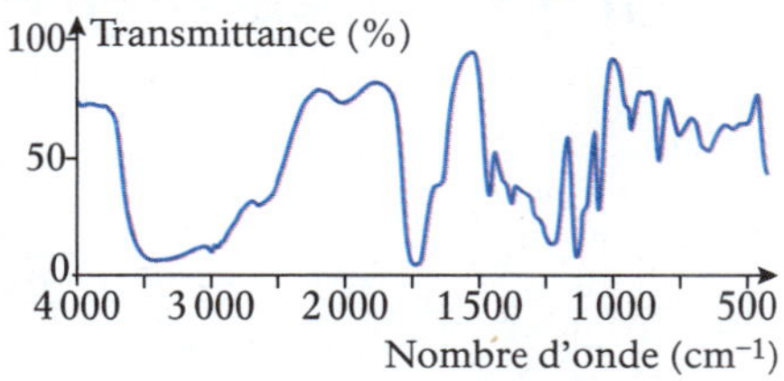

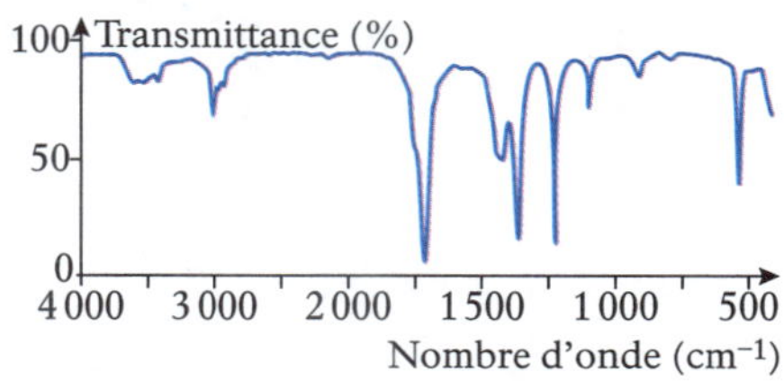

5. Prévoir, en justifiant la réponse, le nombre de signaux présents dans le spectre RMN de l'acide lactique ainsi que leur multiplicité.

Partie 2 – Étude de la synthèse du lactate d'éthyle

6. Le lactate d'éthyle a pour formule topologique 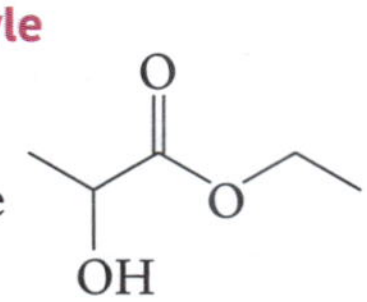 .

Écrire l'équation de la réaction de sa synthèse décrite dans le document 1 en utilisant des formules semi-développées, et déterminer la formule et le nom du deuxième produit de la synthèse.

7. À quelle grande catégorie de réactions appartient la réaction de synthèse du lactate d'éthyle ?

8. Lors d'une synthèse industrielle, on utilise une masse m_1 = 4,30 kg d'acide lactique et m_2 = 10,0 kg d'éthanol. La masse de lactate d'éthyle alors synthétisée est égale à m = 4,80 kg. Déterminer le rendement r de la synthèse.

9. Pour caractériser le produit obtenu, on réalise son spectre IR. Comment peut-on vérifier que la réaction a bien eu lieu, grâce au spectre obtenu et reproduit ci-après ?

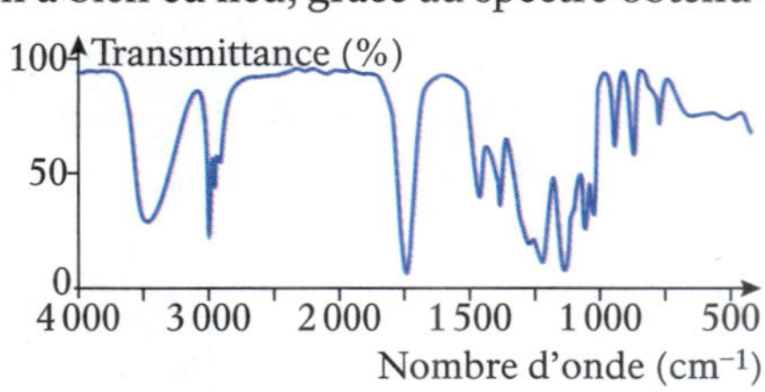

10. Le mécanisme de la réaction de synthèse du lactate d'éthyle est décrit dans le document 2 ci-après.

DOC. 2 **Mécanisme de la réaction d'estérification**

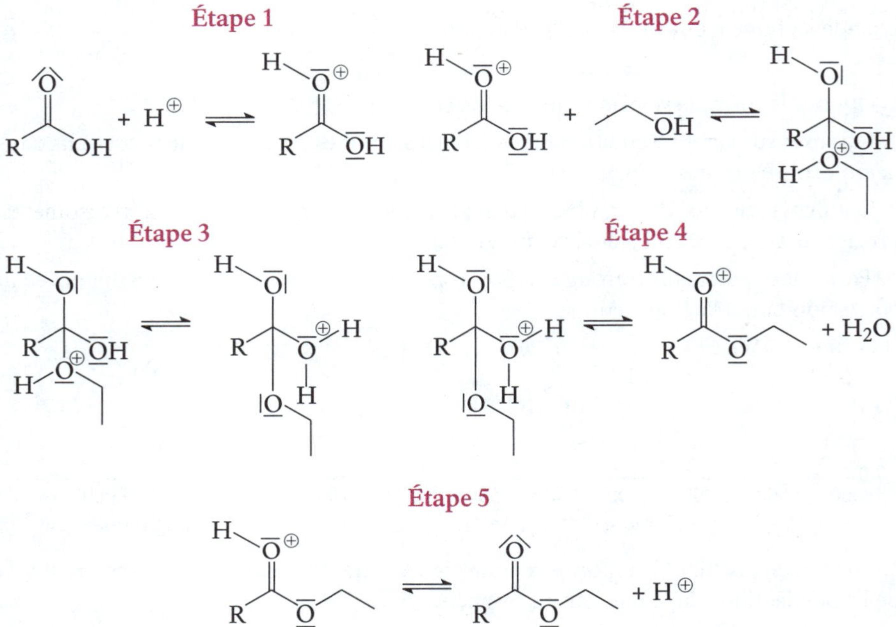

Pour les étapes 2 et 4 du mécanisme de la synthèse du lactate d'éthyle :

a. préciser à quelle grande catégorie de réactions appartient chacune d'elle ;

b. repérer les sites donneurs et accepteurs mis en jeu ;

c. symboliser, à l'aide de flèches courbes, les modifications de liaisons observées.

11. Modéliser par des flèches courbes les mouvements de doublets d'électrons qui se produisent aux étapes 1, 3 et 5.

12. Quel peut être le rôle des ions H^+ lors de l'estérification étudiée ?

Données :

• Bandes d'absorption en spectroscopie IR :

Liaison	C–C	C=O	O–H (acide carboxylique)	C–H	O–H (alcool)
Nombre d'onde (cm^{-1})	1 000 – 1 250	1 700 – 1 800	2 500 – 3 200	2 800 – 3 000	3 200 – 3 700

• Masses molaires atomiques ($g \cdot mol^{-1}$) : H : 1,00 ; C : 12,0 et O : 16,0.

• Rendement d'une synthèse : $r = \dfrac{m_{\text{produit souhaité obtenu expérimentalement}}}{m_{\text{produit souhaité obtenu si la réaction est totale}}}$.

• Électronégativités : H : 2,2 ; C : 2,5 et O : 3,4.

SUJETS D'APPROFONDISSEMENT

5 Quand l'isomérie Z/E voit double et que les carbones asymétriques s'en mêlent

20 min

Cet exercice propose un prolongement aux notions de base sur la stéréoisomérie Z/E. La présence de doubles liaisons et de carbones asymétriques démultiplient le nombre de configurations possibles, alors vigilance...

> Voir la méthode et stratégie 1, ainsi que les parties du cours I et III.

PARTIE 1

1. Considérons les espèces chimiques **A, B, C, D** suivantes :
A = 1,2-dichloroéthène (ou 1,2-dichloroéthylène) : CHCl═CHCl ;
B = 1,1-dichloroéthène (1,1-dichloroéthylène) : $CCl_2{=}CH_2$;
C = 6-méthylhepta-2,4-diène : $CH_3{-}CH{=}CH{-}CH{=}CH{-}CH(CH_3)_2$;
D = 6-méthylhepta-1,4-diène : $CH_2{=}CH{-}CH_2{-}CH{=}CH{-}CH(CH_3)_2$.
Quelles sont celles qui peuvent présenter l'isomérie Z/E ? Combien de configurations différentes chacune d'elles peut-elle adopter ? Représenter ces différentes configurations par leurs formules topologiques.

PARTIE 2

L'α-ionome possède une odeur de violette et d'iris. Sa formule semi-développée est la suivante :

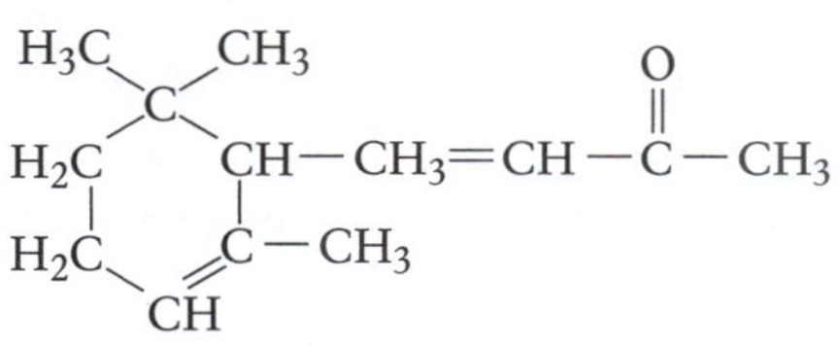

2. Quels sont les groupes fonctionnels présents dans cette molécule ?

3. Repérer les éventuels atomes de carbone asymétriques. Cette molécule peut-elle présenter l'isomérie Z/E ? Sous combien de configurations cette molécule peut-elle exister ?

4. En présence de platine, le dihydrogène s'additionne sur les doubles liaisons C═C et C═O de l'α-ionome. Écrire la formule topologique du composé obtenu et répondre aux mêmes questions qu'au **3**.

6 À la recherche de trios d'énantiomères et de diastéréoisomères

20 min

Cet exercice exige une parfaite maîtrise des notions d'énantiomérie et de diastéréoisomérie, ainsi que des représentations de Newman. C'est un excellent exercice de visualisation de molécules dans l'espace.

> Voir la méthode et stratégie 4, ainsi que la partie III du cours.

Les neuf molécules (de **A** à **I**) ci-dessous sont identiques trois à trois ; deux des groupes de molécules identiques sont énantiomères l'un à l'autre, le troisième est diastéréoisomère des deux premiers.

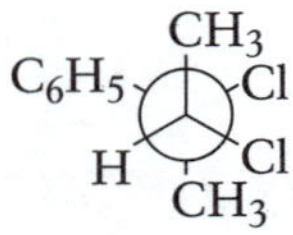

A

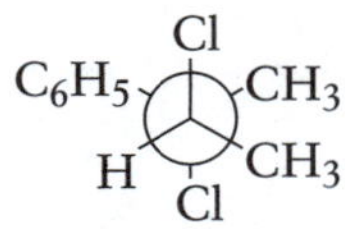

B

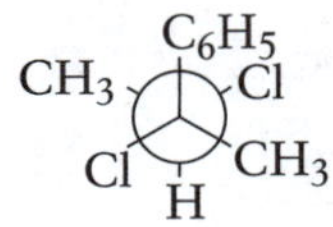

C

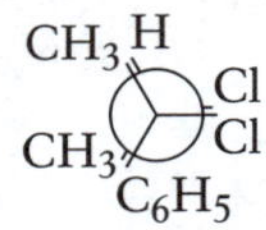

D

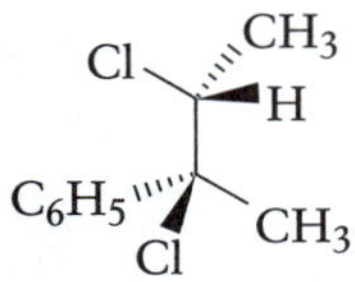

E

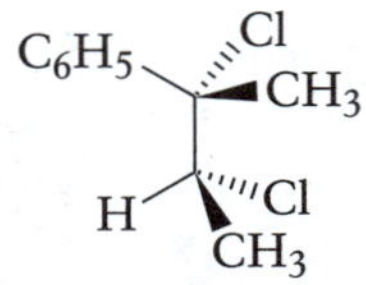

F

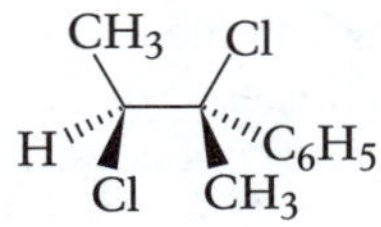

G

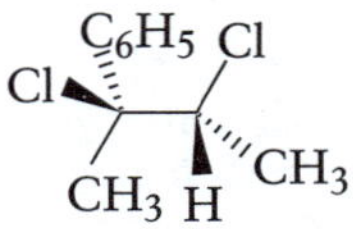

H

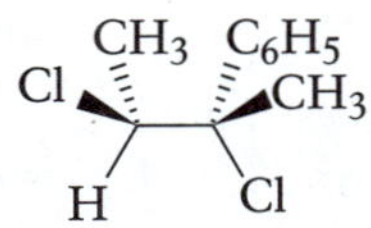

I

Compléter le schéma ci-dessous en y portant la désignation de ces molécules.

{ … ≡ … ≡ …
↑
énantiomères } ← diastéréoisomères → … ≡ … ≡ …
↓
… ≡ … ≡ … }

POST BAC

7 Quelles sont les appellations convenables ?

45 min

Cet exercice classique de l'enseignement supérieur permet de vous entraîner à appliquer les règles de Cahn-Ingold-Prelog, qui interviennent dans de nombreuses situations.

> Voir le complément POST BAC du cours.

La configuration d'une molécule peut être caractérisée par les appellations **R**, **S**, $\mathbf{R_{(1)}R_{(2)}}$, $\mathbf{S_{(1)}S_{(2)}}$, $\mathbf{R_{(1)}S_{(2)}}$, , $\mathbf{S_{(1)}R_{(2)}}$, **Z** et/ou **E**.

Parmi ces appellations, quelles sont celles qui permettent de caractériser la configuration des molécules suivantes :

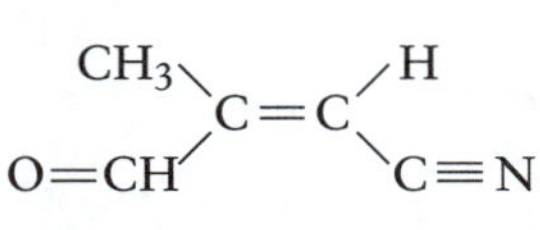

A

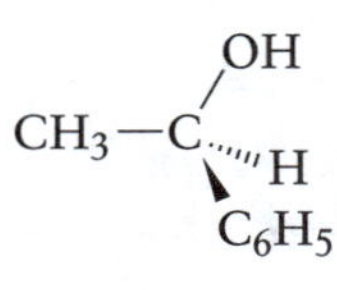

B

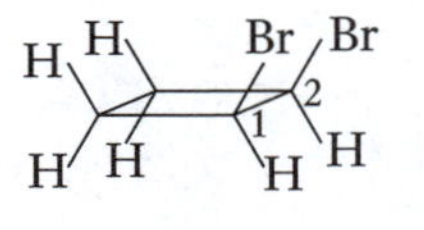

C

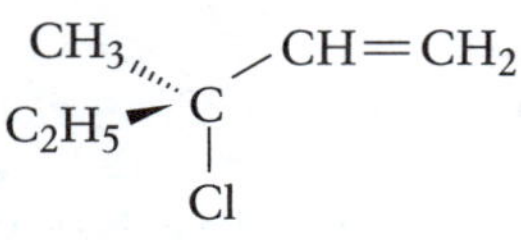

D

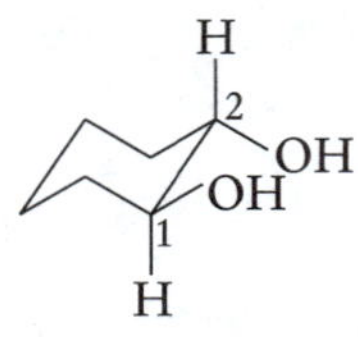

E

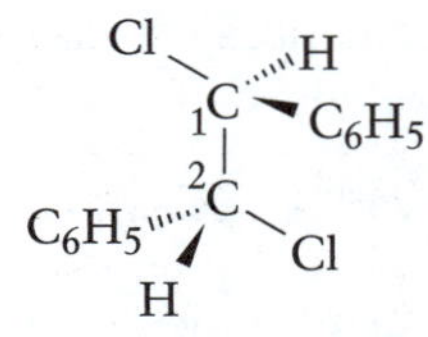

F

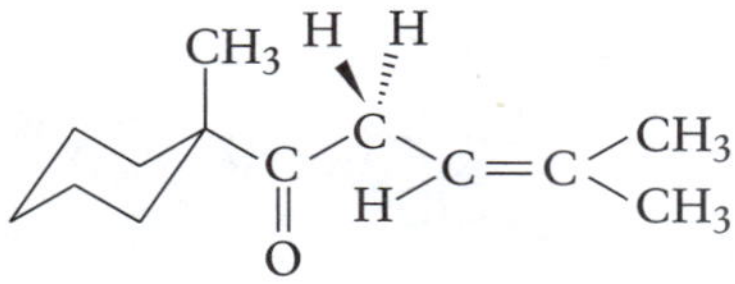

G

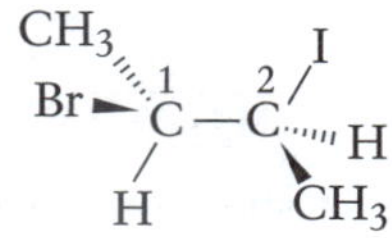

H

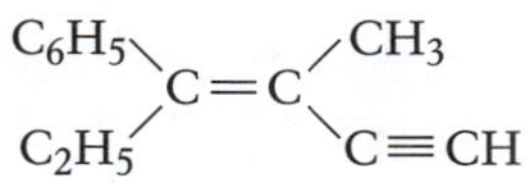

I

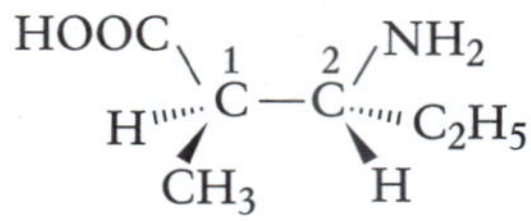

J

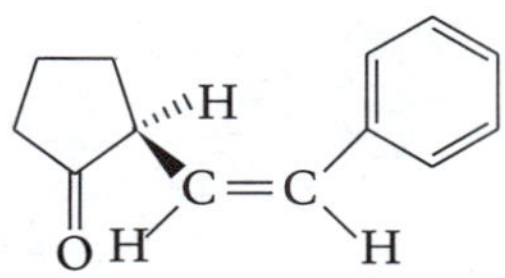

K

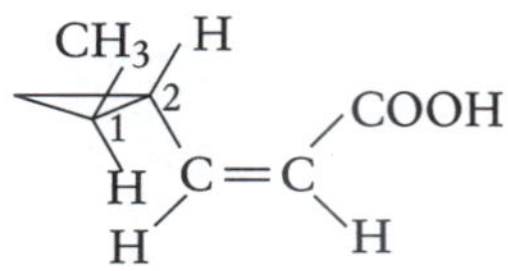

L

Remarque Il se peut que plusieurs appellations s'appliquent à la même molécule. Il se peut aussi qu'aucune ne s'applique à une molécule.

Données : $\mathbf{R}_{(1)}\mathbf{R}_{(2)}$, $\mathbf{S}_{(1)}\mathbf{S}_{(2)}$, $\mathbf{S}_{(1)}\mathbf{R}_{(2)}$ et $\mathbf{S}_{(1)}\mathbf{S}_{(2)}$ désignent des configurations de molécules comportant deux carbones asymétriques, respectivement indicés (1) et (2) ; masses molaires : $M(\mathrm{I}) > M(\mathrm{Br}) > M(\mathrm{Cl}) > M(\mathrm{O}) > M(\mathrm{N}) > M(\mathrm{C}) > M(\mathrm{H})$.

CORRIGÉS

1 Quel type d'isomérie plane est mis en jeu ?

1. Les formules topologiques sont les suivantes :

A 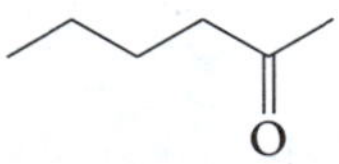

B 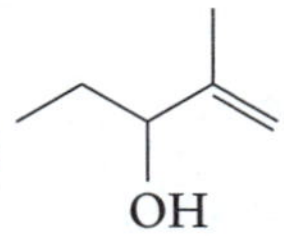

C 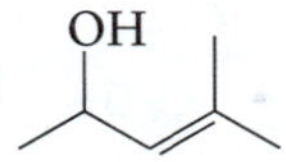

D 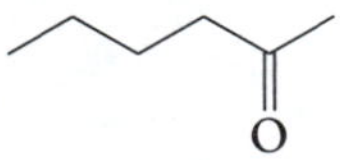

E 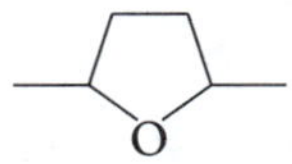

F 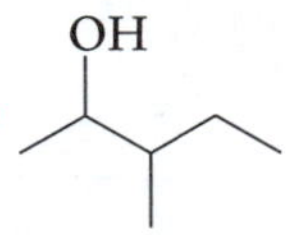

G 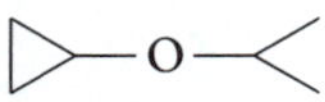

H 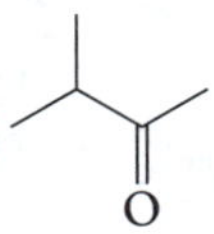

I 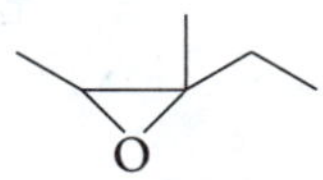

J 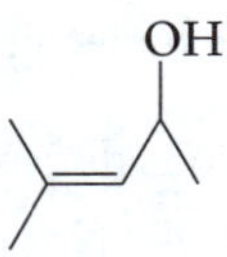

K 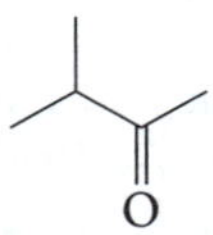

L 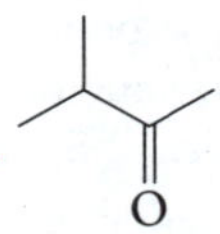

M 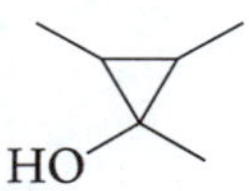

N 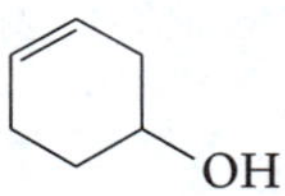

O 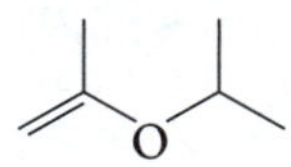

2. Sont identiques : A et D ; H, K et L ; C et J.
Sont isomères de chaîne et/ou de position : A et K ; B et J.
Sont isomères de fonction : H et I ; C et M ; G et O ; D et O ; J et O.
Sont différents et non isomères : E et N ; C et F.
Exemples de justification :

• Cas A et K : correspondent-ils à une même formule développée plane ? Non. Ce sont donc des isomères de constitution. Présentent-ils le même groupe caractéristique ? Oui, le groupe carbonyle des cétones. A et K sont des isomères de chaîne et de position.

• Cas H et I : correspondent-ils à une même formule développée plane ? Non. Ce sont donc des isomères de constitution. Présentent-ils le même groupe caractéristique ? Non. Donc H et I sont des isomères de fonction.

• Cas E et N : E et N ont pour formules brutes respectives $C_6H_{12}O$ et $C_6H_{10}O$. Ils sont donc différents et non isomères.

2 Stéréochimie de quelques oses

1. a. Les formules semi-développée et topologique sont :

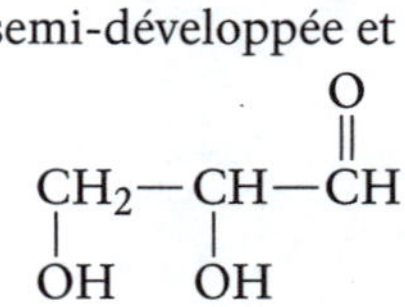

et

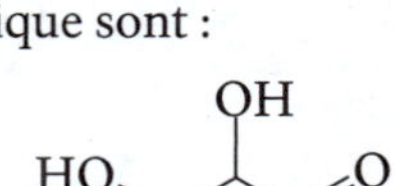

b. Oui, cette molécule est chirale puisqu'elle contient un atome de carbone asymétrique. Il s'agit de l'atome de carbone (C) numéro 2, situé au milieu de la chaîne carbonée.

c. Les deux énantiomères sont : 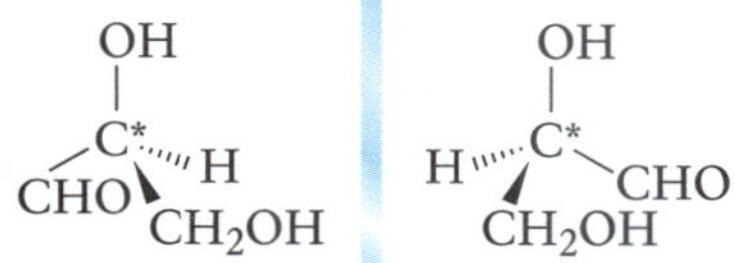

2. a. Formules brute et topologique du fuctose : $C_6H_{12}O_6$ et 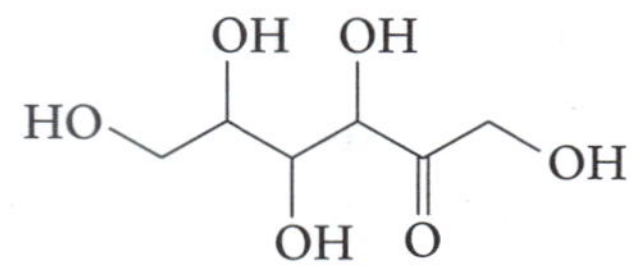

Formules brute et topologique du glucose : $C_6H_{12}O_6$ et 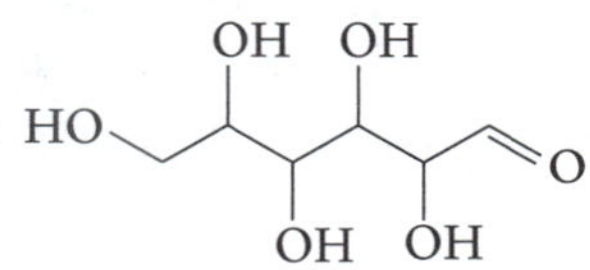

b. La formule brute du saccaharose $C_xH_yO_z$ est telle que :

$$C_xH_yO_z + H_2O \rightarrow 2\ C_6H_{12}O_6.$$

On en déduit que $x = 2 \times 6 = 12$; $y + 2 = 2 \times 12$, soit $y = 2 \times 12 - 2 = 22$; $z + 1 = 2 \times 6$, soit $z = 2 \times 6 - 1 = 11$. La formule du saccharose est donc $C_{12}H_{22}O_{11}$.

c. Oui, les molécules de glucose et de fructose possèdent des carbones assymétriques C*.
Pour le fructose : HO–CH_2–C*HOH–C*HOH–C*HOH–CO–CH_2OH.
Pour le glucose : HO–CH_2–C*HOH–C*HOH–C*HOH–C*HOH–CHO

3. Selon l'axe C_1–C_2, la formule du glucose est : 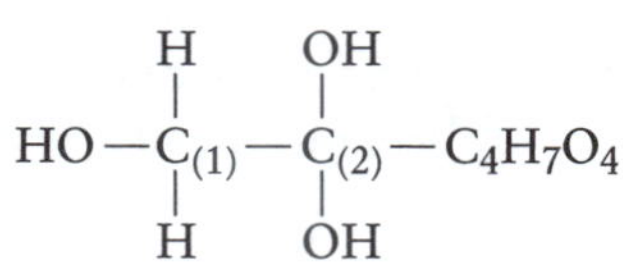

On obtient la réprésentation de Newman suivante : 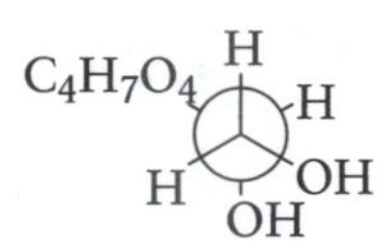

3 À la découverte d'un alcène inconnu

1. a. Considérons une mole d'hydrocarbure. La masse de cette mole vaut 70 g et correspond à M. Cette mole contient une masse $m(\text{C}) = 70 \times \frac{85,7}{100} = 60$ g de carbone et une masse $m(\text{H}) = 70 \times \frac{14,3}{100} = 10$ g d'hydrogène. Ces deux masses correspondent respectivement aux quantités de matières $n(\text{C}) = \frac{60}{12} = 5$ mol et $n(\text{H}) = \frac{10}{1} = 10$ mol.
Ainsi, une mole de C_xH_y contient 5 moles de carbone et 10 moles d'hydrogène. La formule brute de l'hydrocarbure est donc C_5H_{10}.

b. Les formules semi-développées et topologiques possibles sont :

A $CH_2{=}CH{-}CH_2{-}CH_2{-}CH_3$ et 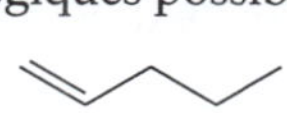

B $CH_3{-}CH{=}CH{-}CH_2{-}CH_3$ et 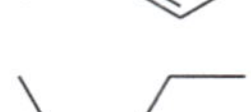 (Z) ou  (E)

C $CH_2=C-CH_2-CH_3$
$\quad\quad\;\; |$
$\quad\quad CH_3$
et 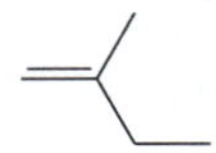

D $CH_3-C=CH-CH_3$
$\quad\quad\;\; |$
$\quad\quad CH_3$
et 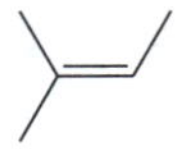

E $CH_3-CH-CH=CH_2$
$\quad\quad\;\; |$
$\quad\quad CH_3$
et 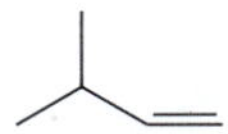

2. a. C'est une réaction d'addition.

b. Cet alcène ne possède pas de ramifications : les composés C, D et E ne conviennent donc pas. De plus, l'alcool possède un atome de carbone asymétrique. L'alcool de formule semi-développée $CH_3-\overset{*}{C}H(OH)-CH_2-CH_2-CH_3$ convient.

c. C'est le pentan-2-ol qui est un alcool de classe 2 (ou secondaire).

d. Comme il possède un atome de carbone asymétrique, il est chiral. Les deux énantiomères ont pour représentations spatiales :

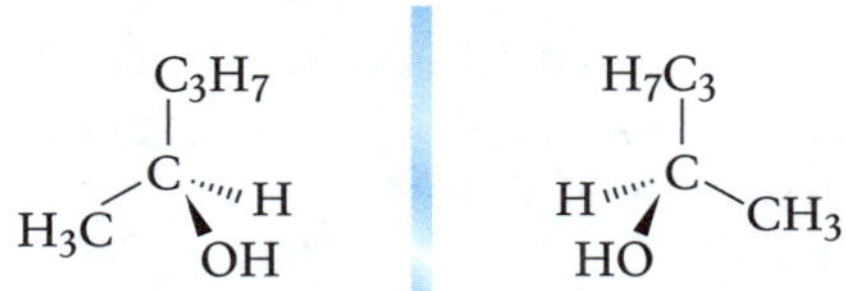

3. Le groupe hydroxyle –OH peut se fixer sur l'un ou l'autre des atomes de carbone pour donner le pentan-3-ol ou le pentan-2-ol :

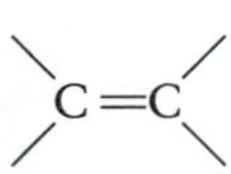 $+ H_2O \longrightarrow$ $CH_3-CH_2-CH(OH)-CH_2-CH_3$ ou $CH_3-CH(OH)-CH_2-CH_2-CH_3$

L'alcène ne peut être que le pent-2-ène de formule B correspondant aux deux stéréoisomères Z et E.

4. a. Le site donneur est un site riche en électrons. Dans un alcène, ce site correspond à la zone de la double liaison (une des deux liaisons correspond au doublet d'électrons donné).
Le site accepteur d'électrons est un site pauvre en électrons. Dans la molécule d'eau, il correspond à l'un des atomes d'hydrogène. En effet, l'hydrogène est porteur d'une charge partielle positive δ^+ puisque la liaison **O – H** est polarisée (l'atome d'oxygène est plus électronégatif que l'atome d'hydrogène).

b. Une flèche courbe 1 relie le site donneur au site accepteur.

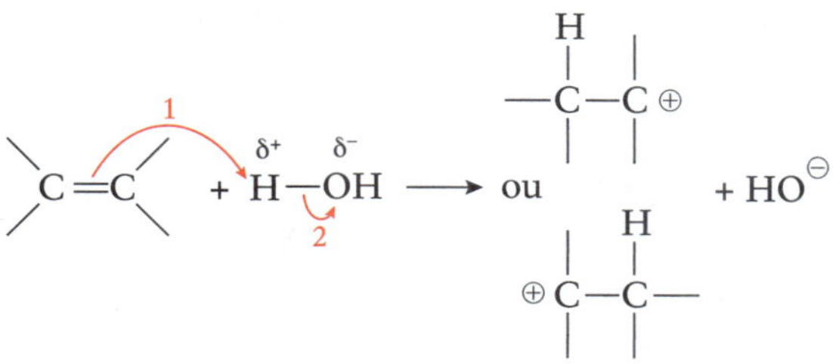

Il y a formation d'une liaison C–H, qui déclenche simultanément le déplacement du doublet liant entre H et O vers l'atome d'oxygène (déplacement représenté par la flèche courbe 2). En effet, l'arrivée de la flèche sur l'atome H déclenche le départ d'une autre flèche afin d'éviter l'apparition de charges défavorables sur cet atome et pour que celui-ci respecte la règle du duet.

5. Le site accepteur correspond à l'atome de carbone chargé positivement. Le site donneur correspond, quant à lui, à l'atome d'oxygène porteur d'une charge négative. On en déduit l'étape 2 suivante :

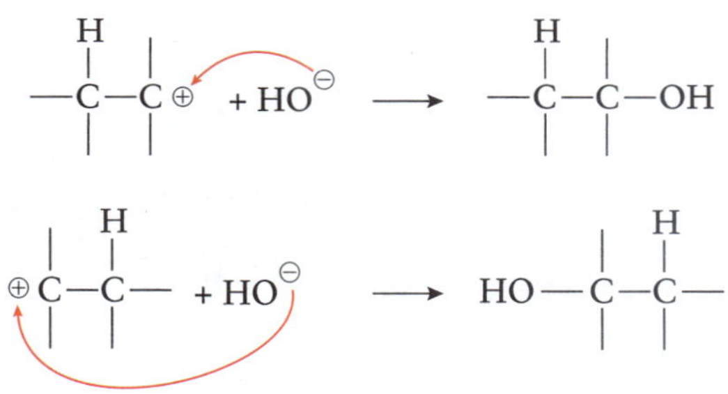

Ce mécanisme rend compte de la possibilité d'obtenir deux alcools.

4 Étude d'un solvant « vert » : le lactate d'éthyle

1. La formule semi-développée de l'acide lactique s'écrit : 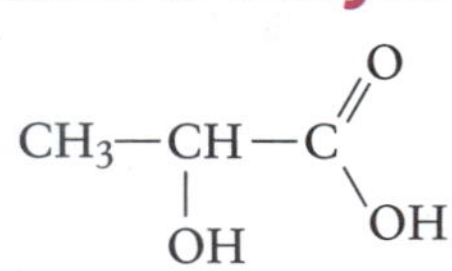

2. 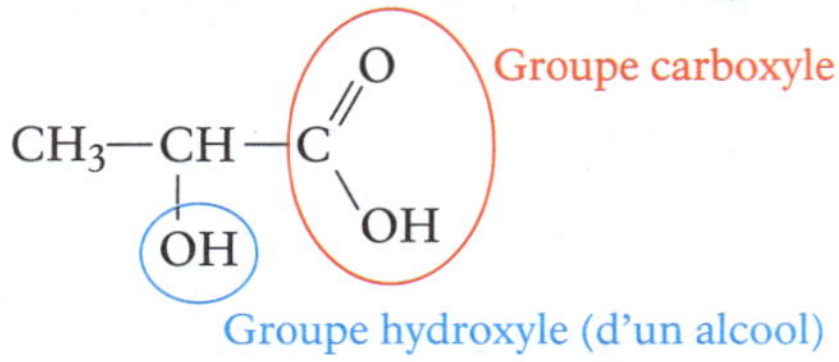

Le groupe hydroxyle correspond à une fonction alcool car l'atome de carbone qui le porte est engagé dans quatre liaisons simples (c'est donc un carbone tétragonal).

3. La molécule d'acide lactique est chirale car elle renferme un atome de carbone asy-

métrique : 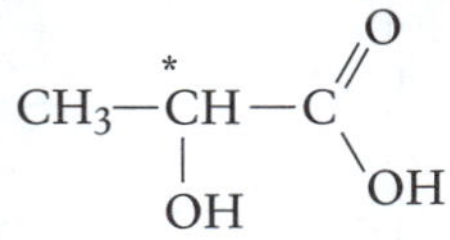

Les deux stéréoisomères sont les suivants : 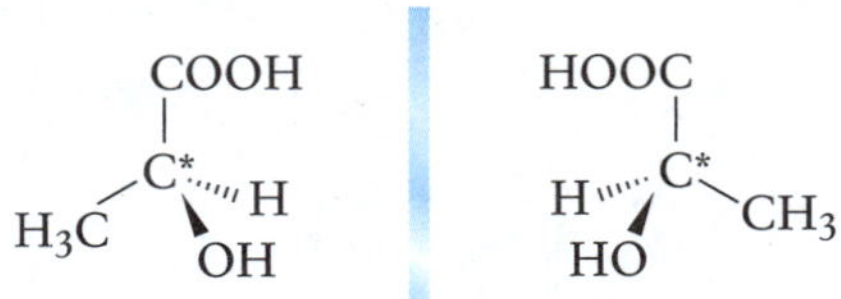

Le type de stéréoisomérie mis en jeu est l'énantiomérie.

4. Le spectre A correspond à l'acide lactique car on observe deux bandes caractéristiques des liaisons présentes dans la molécule : la bande de la liaison C=O (1 700 – 1 800 cm^{-1}) et une bande très large qui correspond au recouvrement des bandes des liaisons **O–H**$_{\text{acide carboxylique}}$ (2 500 – 3 200 cm^{-1}) et **O–H**$_{\text{alcool}}$ (3 200 – 3 700 cm^{-1}).

5. Le spectre de RMN de l'acide lactique doit posséder quatre signaux puisque la molécule renferme quatre groupes de protons équivalents (a, b, c et d) :

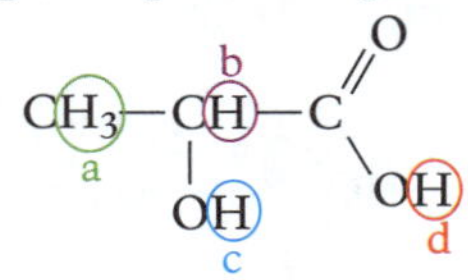

Le signal des atomes d'hydrogène a est un doublet (1 H_{voisin} + 1 = 2) ; le signal de l'atome d'hydrogène b est un quadruplet (3 H_{voisins} + 1 = 4) ; et les signaux des atomes d'hydrogène c et d sont des singulets (0 H_{voisin} + 1 = 1).

6. L'équation de la réaction est :

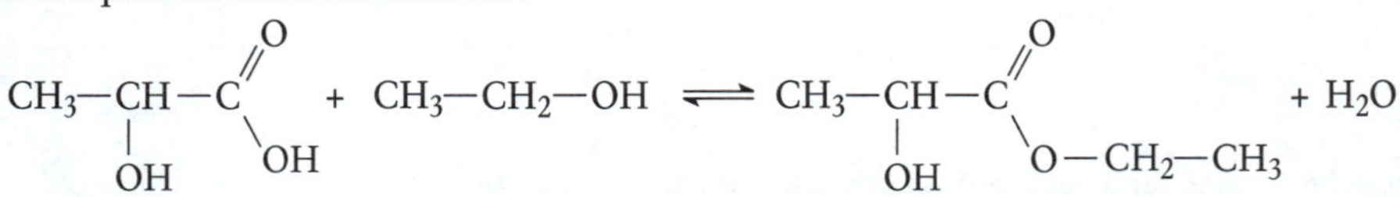

Acide lactique — Éthanol — Lactate d'éthyle — Eau

Le second produit de la réaction est l'eau de formule **H_2O**.

7. Il s'agit d'une réaction de substitution. En effet, l'atome d'hydrogène H du groupe carboxyle de l'acide lactique est remplacé par un groupe éthyle – CH_2 – CH_3 issu de l'éthanol.

8. L'évolution de la réaction de synthèse, supposée totale, peut être décrite par le tableau d'avancement suivant :

Équation		CH_3-CH(OH)-COOH	+ CH_3-CH_2-OH	→ CH_3-CH(OH)-COO-CH_2-CH_3	+ H_2O
État du système	Avancement (mol)	Quantité de matière (mol)			
Initial	0	$n_1 = \dfrac{4{,}30 \times 10^3}{(3 \times 12{,}0 + 6 \times 1{,}00 + 3 \times 16{,}0)}$ = 47,8 mol	$n_2 = \dfrac{10{,}0 \times 10^3}{(2 \times 12{,}0 + 6 \times 1{,}00 + 16{,}0)}$ = 217 mol	0	0
Final	x_{max}	47,8 – x_{max}	217 – x_{max}	x_{max}	x_{max}

Le réactif limitant est l'acide lactique et $x_{max} = 47{,}8$ mol. On en déduit la masse de lactate d'éthyle obtenue si la réaction est totale :

$m_{max} = n_{max} \times M_{\text{lactate d'éthyle}} = x_{max} \times M_{\text{lactate d'éthyle}}$

$= 47{,}8 \times (5 \times 12{,}0 + 10 \times 1{,}00 + 3 \times 16{,}0) = 5{,}64 \times 10^3$ g.

Soit un rendement $\boldsymbol{r} = \dfrac{\mathbf{4{,}80 \times 10^3}}{\mathbf{5{,}64 \times 10^3}} = \mathbf{0{,}851 = 85{,}1\ \%}$.

9. Dans le spectre IR du produit obtenu, on observe la présence des bandes d'absorption des liaisons caractéristiques de la molécule de lactate d'éthyle :
C═O (**1 700–1 800 cm^{-1}**) et O–H$_{\text{alcool}}$ (**3 200–3 700 cm^{-1}**).

10. a. L'étape 2 correspond à une addition et l'étape 4 à une élimination.

b. et **c.**

Étape 2

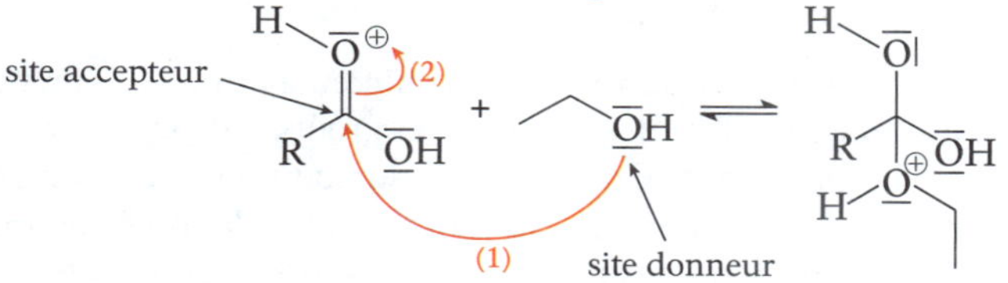

Étape 4

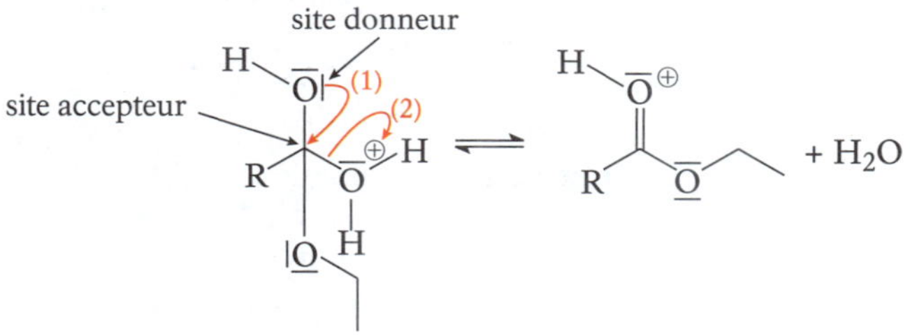

Les deux sites donneurs correspondent à des doublets non-liants d'atomes d'oxygène. Les sites accepteurs correspondent à des atomes de carbone porteurs de charges partielles positives car ils sont engagés dans des liaisons avec des atomes d'oxygène plus électronégatifs. Les flèches (1) correspondent aux interactions entre les sites donneur et accepteur de doublets d'électrons. Les mouvements des doublets qui correspondent aux flèches (1) déclenchent les départs de doublets d'électrons (modélisés par des flèches (2)) afin d'éviter l'apparition de charges défavorables sur ces atomes et pour qu'ils puissent respecter la règle de l'octet.

11.

Étape 1

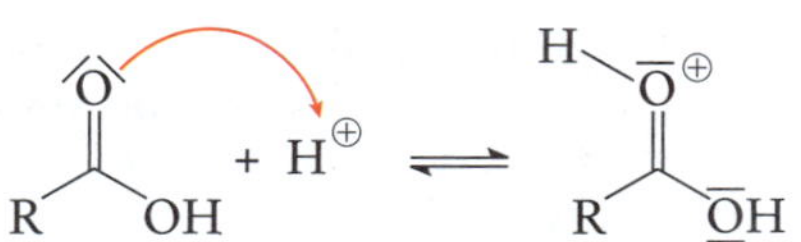

Étape 3

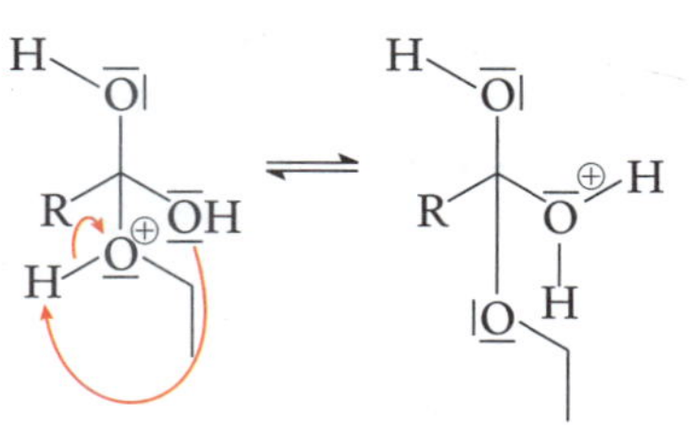

Étape 5

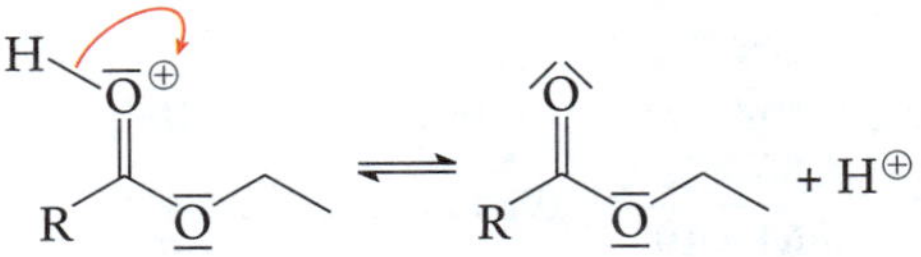

12. Les ions H^+ participent au mécanisme réactionnel sans être modifiés. En effet, ils sont consommés à l'étape 1, mais ils sont à nouveau produits à l'étape 5. On peut donc supposer qu'ils jouent le rôle de catalyseur de la réaction.

5 Quand l'isomérie Z/E voit double et que les carbones asymétriques s'en mêlent

1. On dispose des formules semi-dévoppées des différentes espèces. Il faut examiner s'il est possible de disposer de différentes manières les groupes liés aux atomes de carbone engagés dans une double liaison. On notera que lorsqu'un de ces atomes porte deux groupes identiques, la permutation de ces groupes laisse la molécule inchangée : la double liaison C═C correspondante ne peut donc pas présenter la stéréoisomérie Z/E.
A : Le 1,2-dichloroéthène CHCl═CHCl, qui comporte une double liaison pouvant présenter la stéréoisomérie Z/E, existe sous deux configurations :

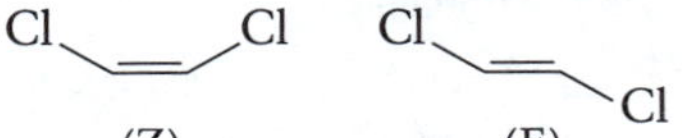

(Z) (E)

B : Le 1,1-dichloroéthène ne présente pas d'isomérie Z/E ; il existe sous une seule congifuration :

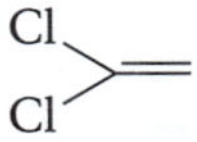

C : Le 6-méthylhepta-2,4-diène comporte deux doubles liaisons pouvant présenter l'isomérie Z/E ; il existe donc sous $2^2 = 4$ configurations différentes :

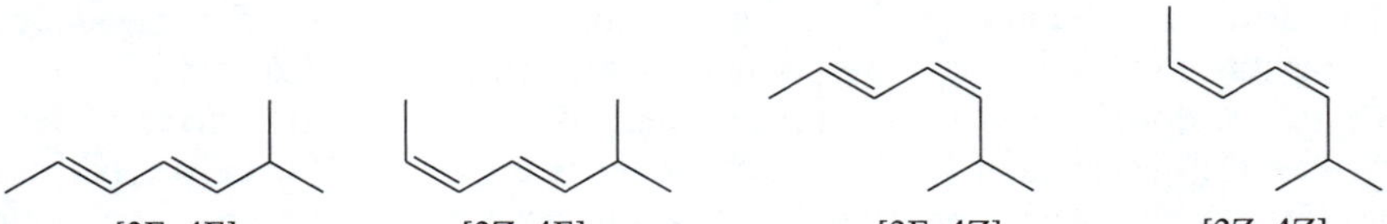

[2E, 4E] [2Z, 4E] [2E, 4Z] [2Z, 4Z]

Les nombres 2 et 4 désignent les indices des positions des doubles liaisons C═C concernées.

D : Le 6-méthylhepta-1,4-diène comporte deux doubles liaisons ; mais seule la liaison reliant les atomes de carbone 4 et 5 peut présenter l'isomérie Z/E ; il existe donc sous deux configurations :

[4E] [4Z]

2. L'α-ionome présente deux liaisons C═C (caractéristiques des alcènes) et une liaison C═O (caractéristique des cétones). On dit que c'est une cétone insaturée.

En chimie organique, lorsque la chaîne carbonée n'est constituée que de liaisons simples, on dit qu'elle est saturée. Si elle comporte des liaisons multiples carbone-carbone, on dit qu'elle est insaturée.

3. La molécule d'α-ionome présente un seul atome de carbone asymétrique (noté par un astérisque), celui qui est commun au cycle et à la chaîne latérale :

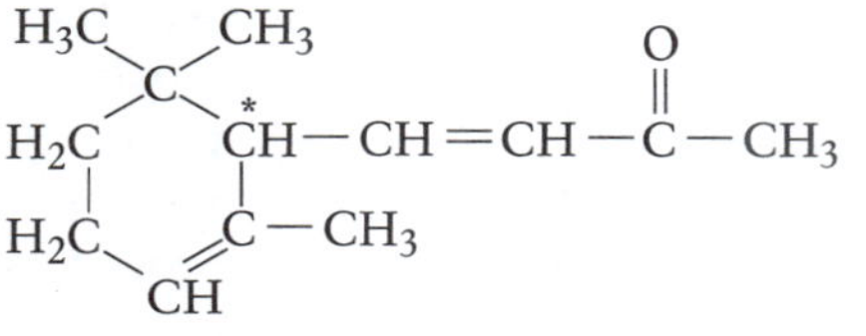

La double liaison C═C du cycle ne peut exister que dans une seule configuration, la géométrie du cycle étant figée. Seule la double liaison C═C en dehors du cycle peut présenter l'isomérie Z/E.
Pour chaque configuration du C*, il existe deux configuations de double liaison C═C. L'α-ionome existe donc sous quatre configurations différentes.

4. L'addition du dihydrogène sur chaque double liaison conduit à la disparition des insaturations de la chaîne. Un atome H vient se fixer sur chaque atome engagé dans la double liaison. La formule topologique du produit obtenu est donc :

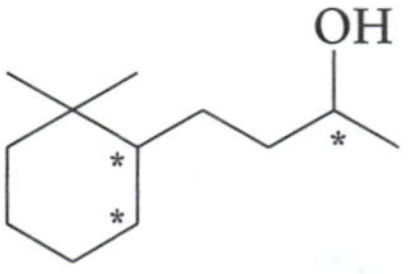

La molécule ne comporte plus de doubles liaisons C═C : elle ne peut donc pas présenter d'isomérie Z/E. Elle comporte maintenant trois atomes de carbone asymétriques et peut donc exister sous $2^3 = 8$ configurations différentes.

6 À la recherche de trios d'énantiomères et de diastéréoisomères

On peut préalablement se rappeler que :
• deux molécules sont identiques si on peut les superposer entièrement (après rotation(s) autour de certaines liaisons si besoin) ;
• deux énantiomères sont entièrement images l'un de l'autre dans un miroir ;
• deux diastéréoisomères ne sont pas images l'un de l'autre dans un miroir ;
• une molécule diastéréoisomère de l'une des deux molécules d'un couple d'énantiomères est diastéréoisomère des deux molécules du couple.
On observe que les molécules A, D et G sont identiques :

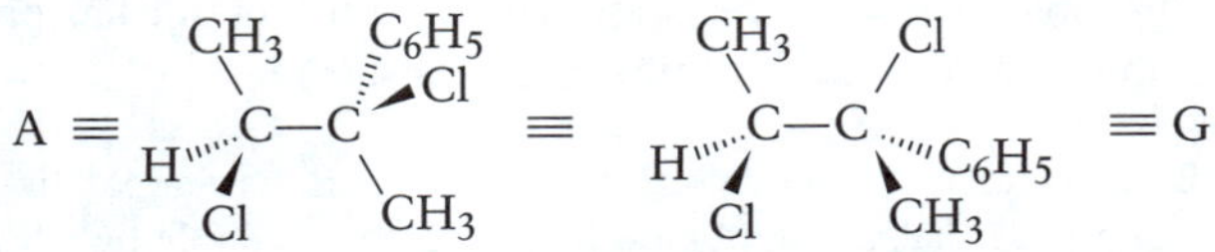

et

Après rotation autour
de la liaison C — C

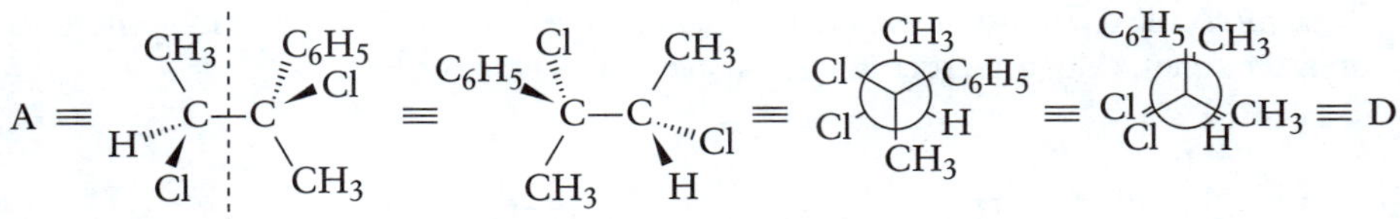

Axe Δ — Après rotation autour de l'axe Δ — En représentation de Newman

De la même manière, on observe que B, E et H sont identiques et que C, F et I le sont aussi. Par ailleurs, on observe que A et B sont énantiomères :

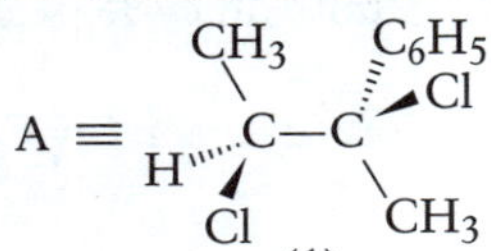

(1)

et

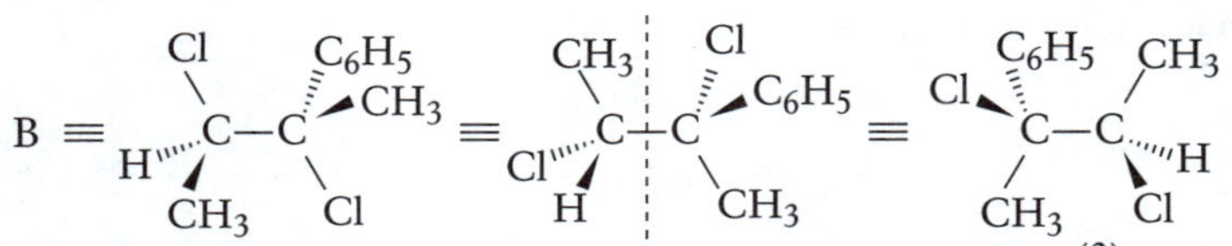

(2)

Axe Δ
après rotation autour
de la liaison C — C

Après rotation
autour de l'axe Δ

Les molécules (1) et (2) sont bien entièrement images l'une de l'autre dans un miroir. On en déduit que A, D et G sont énantiomères de B, E et H.
On observe également que I et G sont diastéréoisomères :

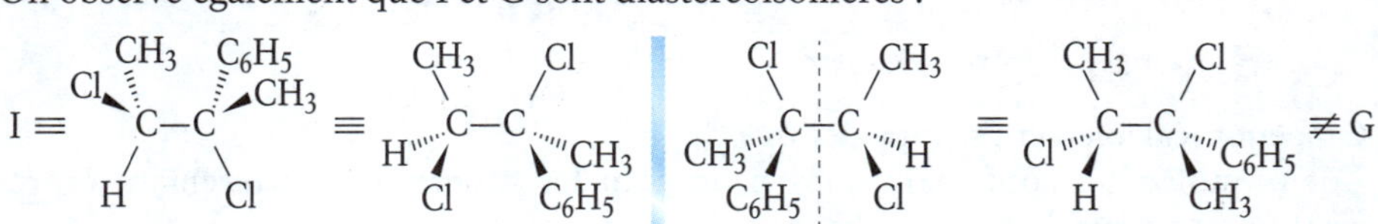

Axe Δ

Après rotation
autour de l'axe Δ

I et G sont des molécules stéréoisomères et non énantiomères : elles sont diastéréoisomères. On en déduit que C, F et I sont diastéréoisomères de A, D et G, ainsi que de B, E et H.

En conclusion : { A ≡ D ≡ G ↕ énantiomères ↕ B ≡ E ≡ H } ← diastéréoisomères → C ≡ F ≡ I

POST BAC

7 Quelles sont les appellations convenables ?

A : chaque atome de carbone doublement lié porte deux atomes ou groupes d'atomes différents : il peut donc exister deux stéréoisomères **Z** et **E** de cette molécule. Les deux groupes prioritaires sont CH═O et C≡N, et ils sont du même côté de l'axe formé par la double liaison. L'appellation adaptée est donc **Z**.

B : le carbone central est asymétrique puisqu'il porte quatres atomes ou groupes d'atomes différents. Le classement de ces groupes donne l'ordre de priorité décroissant suivant : **OH** , $\mathbf{C_6H_5}$, $\mathbf{CH_3}$ et H ; la configuration du carbone est **R**. L'appellation adaptée est donc **R**.

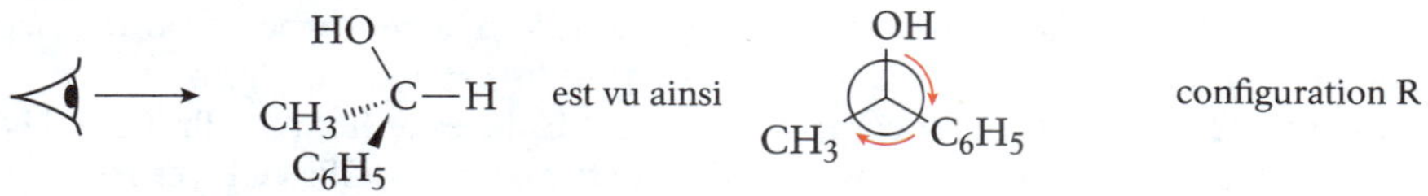

C : les carbones (1) et (2) sont asymétriques et portent les mêmes substituants. Le carbone (1) est de configuration **S** et le carbone (2) de configuration **R** (ordre décroissant de priorité : **Br**, **CHBr**, $\mathbf{CH_2}$ et H). L'appellation adaptée est donc $\mathbf{S_{(1)}R_{(2)}}$.

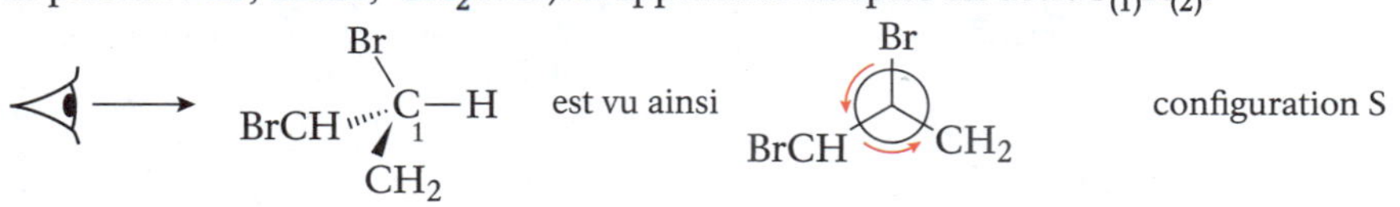

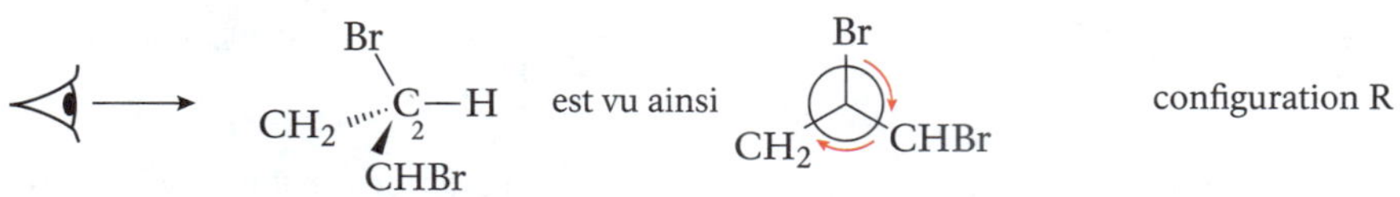

D : l'atome de carbone C lié à l'atome de chlore Cl est asymétrique. Le classement de ses groupes donne l'ordre de priorité décroissant suivant : **Cl**, $\mathbf{CH = CH_2}$, $\mathbf{C_2H_5}$ et $\mathbf{CH_3}$; la configuration du carbone est **S**. L'appellation adaptée est donc **S**.

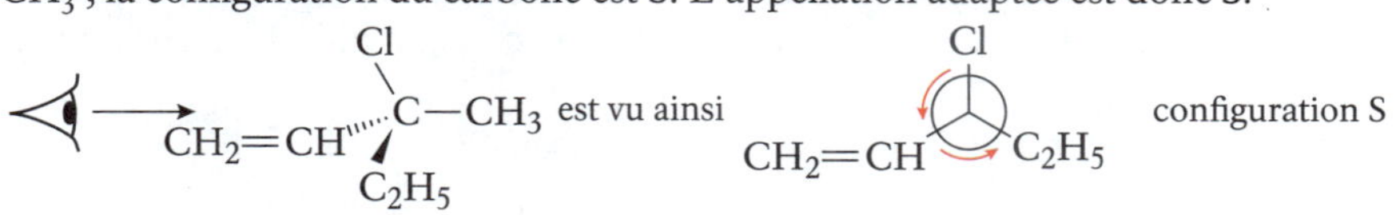

E : cette molécule possède deux carbones asymétriques $\mathbf{C_1}$ et $\mathbf{C_2}$ portant des substituants identiques (ordre décroissant de priorité : **OH**, **CHOH**, $\mathbf{CH_2}$ et H) ; tous les deux sont dans la configuration **S** . L'appellation adaptée est donc $\mathbf{S_{(1)}S_{(2)}}$.

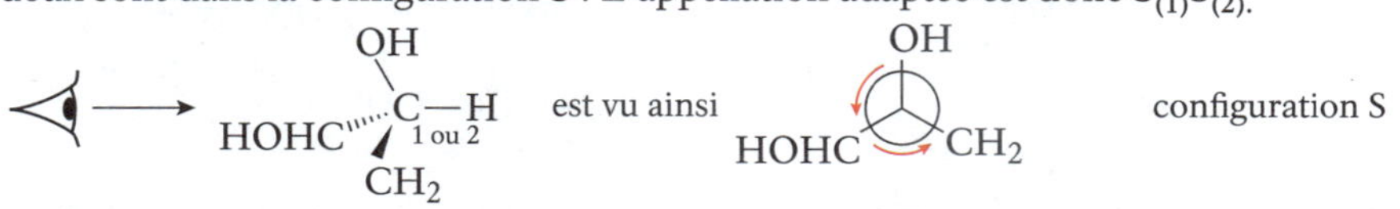

F : cette molécule possède deux carbones asymétriques $\mathbf{C_1}$ et $\mathbf{C_2}$ portant les mêmes substituants (ordre décroissant de priorité : **Cl**, **CCl**, $\mathbf{C_6H_5}$ et H) ; $\mathbf{C_1}$ et $\mathbf{C_2}$ sont dans des configurations opposées : $\mathbf{S_{(1)}}$ et $\mathbf{R_{(2)}}$. L'appellation adaptée est donc $\mathbf{S_{(1)}R_{(2)}}$.

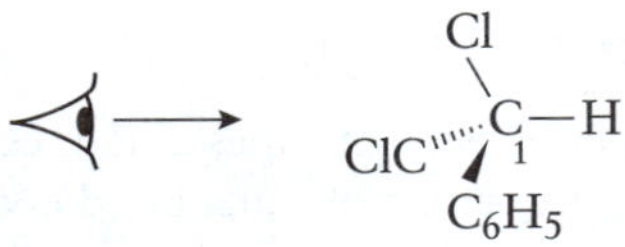

est vu ainsi
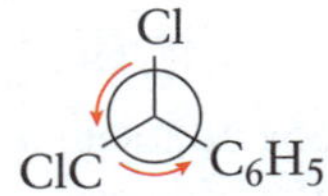

configuration S

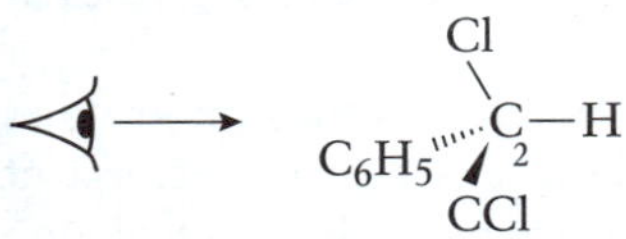

est vu ainsi
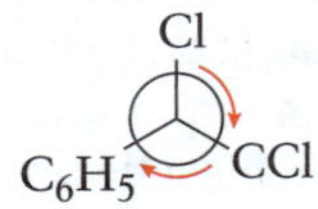

configuration R

G : cette molécule ne contient pas de carbone asymétrique, et sa double liaison ne peut donner lieu à deux configurations différentes puisque l'un de ses carbones porte deux substituants identiques (CH_3). Aucune appelation ne lui est donc applicable.

H : les deux carbones C_1 (ordre décroissant de priorité des substituants : **Br, CI, CH_3** et H) et C_2 (ordre décroissant de priorité des substituants : **I, CBr, CH_3** et H) sont asymétriques, et tous les deux sont dans la configuration **S**. L'appellation adaptée est donc $\mathbf{S_{(1)}S_{(2)}}$.

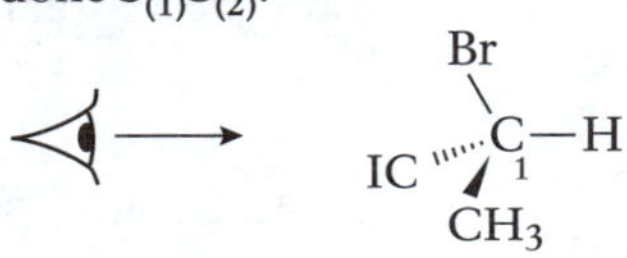

est vu ainsi
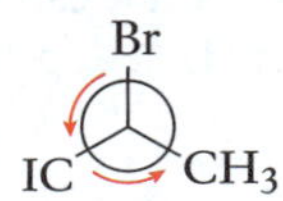

configuration S

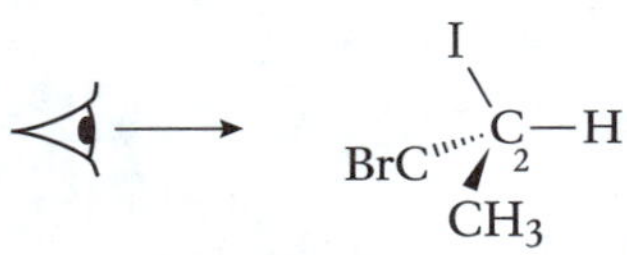

est vu ainsi

configuration S

I : l'appellation adaptée pour la configuration est **E**. En effet, les groupes prioritaires (C_6H_5 et C ≡ CH) ne sont pas du même côté de la double liaison.

J : les deux carbones C_1 (ordre décroissant de priorité des substituants : **COOH, CNH_2, CH_3** et H) et C_2 (ordre décroissant de priorité des substituants : **CNH_2, CCOOH, C_2H_5** et H) sont asymétriques, et tous les deux sont dans la configuration **R**. L'appellation adaptée est donc $\mathbf{R_{(1)}R_{(2)}}$.

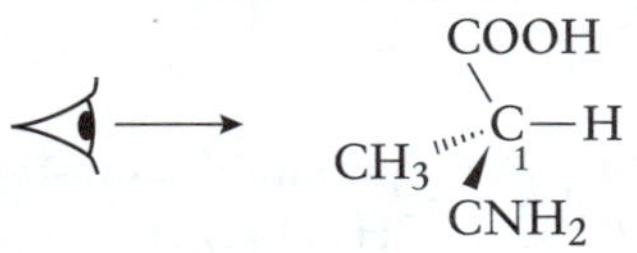

est vu ainsi
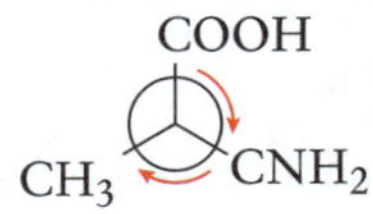

configuration R

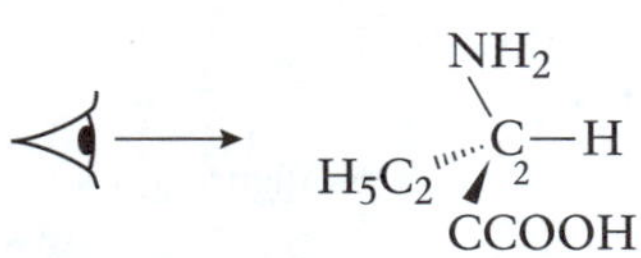

est vu ainsi
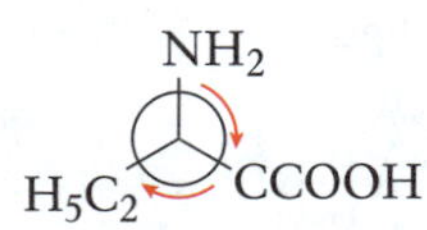

configuration R

K : la molécule possède un carbone asymétrique (celui du cycle à 5 atomes de carbone portant la chaîne latérale). L'ordre décroissant de priorité des substituants est : **C = O, CH = C, CH_2** et H. On en déduit que ce carbone asymétrique est dans la configuration **S.**

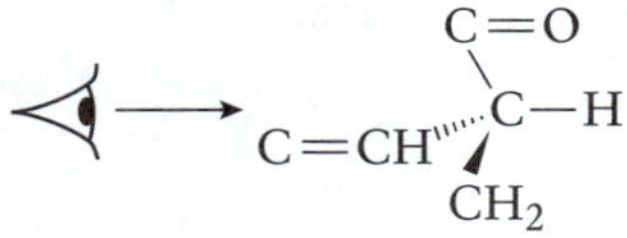

est vu ainsi
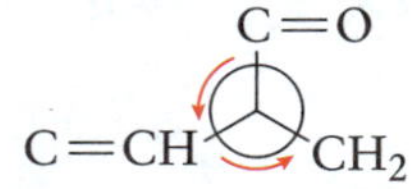

configuration S

Par ailleurs, la double liaison est dans la configuration **Z**. **K** peut donc être désigné par **S** et **Z**.

L : les carbones asymétriques C_1 (ordre décroissant de priorité des substituants : $CH\langle^{C}_{C}$, $C-CH_2$, CH_3 et H) et C_2 (ordre décroissant de priorité des substituants : $CH=CH-COOH$, $CH(CH_3)-CH_2$, CH_2-C et H) sont tous les deux dans la configuration **S**.

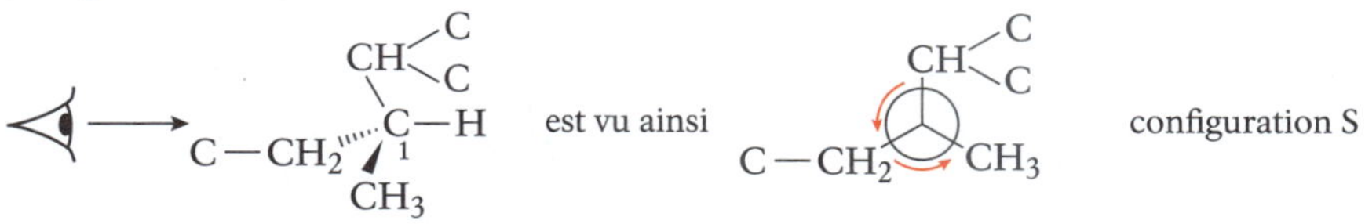

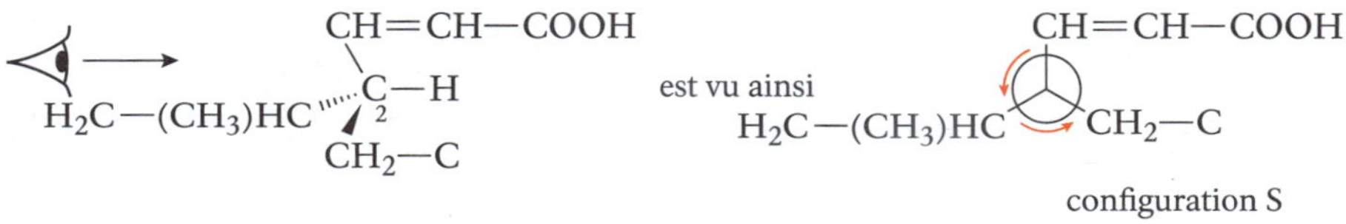

En outre, la double liaison est dans la configuration **Z** (les deux H se trouvent du même côté de la double liaison). **L** peut donc être désigné par $S_{(1)}S_{(2)}$ et **Z**.

CHAPITRE 10

Réactions acido-basiques

COURS

MÉTHODES ET STRATÉGIES

SUJETS DE TYPE BAC

SUJETS D'APPROFONDISSEMENT

CORRIGÉS

COURS

Réactions acido-basiques

Les substances acides et basiques font partie de notre quotidien : boissons acides, produits ménagers basiques... À quoi correspond le pH ? Comment définit-on un acide et une base ? Comment s'écrit une réaction entre un acide et une base ? Qu'est-ce qu'une solution tampon et à quoi sert-elle ?

I. Le pH

- En 1909, le chimiste danois Søren Sørensen introduit une nouvelle grandeur pour caractériser les propriétés acido-basiques d'une solution : le **potentiel hydrogène** ou **pH**.
- Par définition, le pH (sans unité) est lié à la concentration en ions oxonium H_3O^+ (en $mol \cdot L^{-1}$) présents dans la solution aqueuse par la relation :

$$pH = -\log [H_3O^+]$$

- Cette relation peut également s'écrire :

$$[H_3O^+] = 10^{-pH}$$

Exemples

- Si $[H_3O^+] = 1\ mol \cdot L^{-1}$, alors $pH = 0$.
- Si $[H_3O^+] = 10^{-14}\ mol \cdot L^{-1}$, alors $pH = 14$.

II. La théorie de Brönsted

1. Nature du modèle

- Une réaction acido-basique est modélisée par un transfert de protons (H^+) entre un acide et une base.

Un **acide** est une espèce capable de **céder un (ou plusieurs) proton(s) H^+.**
Une **base** est une espèce capable de **capter un (ou plusieurs) proton(s) H^+.**

Bilan Une réaction acido-basique est un transfert de protons d'un acide vers une base.

2. Équation d'une réaction acido-basique

- Un couple **couple acide-base,** noté AH/A^-, est constitué de deux espèces conjuguées qui échangent un proton selon la demi-équation acido-basique (ou protonique) suivante :

$$\text{acide} \rightleftharpoons \text{base} + H^+ \quad \text{ou} \quad AH \rightleftharpoons A^- + H^+$$

Exemple Couple CH_3COOH/CH_3COO^- et $CH_3COOH \rightleftharpoons CH_3COO^- + H^+$

- Une réaction acido-basique met en jeu un acide (acide1 d'un couple acide1/base1) et une base (base2 d'un autre couple acide2/base2). L'équation de la réaction est :

$$\text{acide1} + \text{base2} \rightleftharpoons \text{base1}_{(\text{base conjuguée de l'acide1})} + \text{acide2}_{(\text{acide conjugué de la base2})}$$

III. Acides et bases faibles

1. Définitions

- Un acide (ou une base) est dit(e) **faible** lorsque sa **réaction avec l'eau n'est pas totale.**

Exemples

L'ion ammonium NH_4^+ est un acide faible : $NH_4^+ + H_2O \rightleftharpoons NH_3 + H_3O^+$.

L'ion éthanoate CH_3COO^- est une base faible : $CH_3COO^- + H_2O \rightleftharpoons CH_3COOH + HO^-$.

2. Constante d'acidité et classification des couples acide/base

- La constante d'acidité K_a d'un couple AH/A^- est la constante d'équilibre associée à la réaction de dissociation de l'acide AH dans l'eau, d'équation $AH + H_2O \rightleftharpoons A^- + H_3O^+$.
Elle s'écrit :

$$K_a = \frac{[A^-] \times [H_3O^+]}{[AH]} = cte$$

- La valeur de K_a est une caractéristique du couple qui ne dépend que de la température.

Exemple Pour le couple CH_3COOH/CH_3COO^-, on a :

$$CH_3COOH + H_2O \rightleftharpoons CH_3COO^- + H_3O^+$$

et $K_a = \dfrac{[CH_3COO^-] \times [H_3O^+]}{[CH_3COOH]} = 1{,}58 \times 10^{-5}$

- On définit également le **pK_a** d'un couple acide/base comme suit :

$$pK_a = -\log K_a \Leftrightarrow K_a = 10^{-pK_a}$$

Exemple Échelles de K_a et de pK_a :

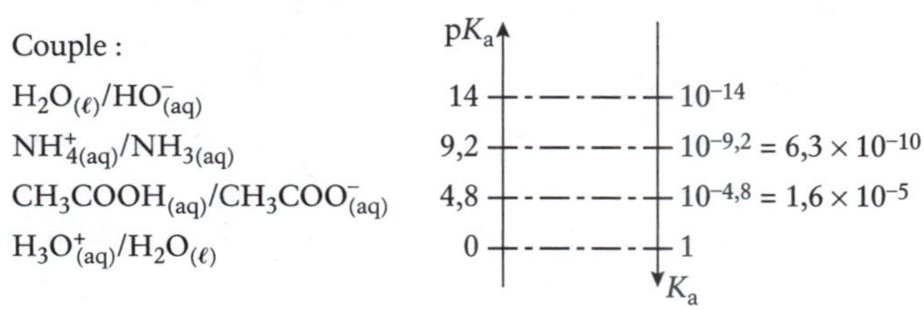

- En solution aqueuse, à 25 °C, le pK_a des couples acide/base est compris entre 0 et 14.
Plus le pK_a d'un acide est faible, plus cet acide est fort. Plus le pK_a d'une base est élevé, plus cette base est forte. Ainsi, plus un acide est fort, plus sa base conjuguée est faible et plus une base est forte, plus son acide conjugué est faible.

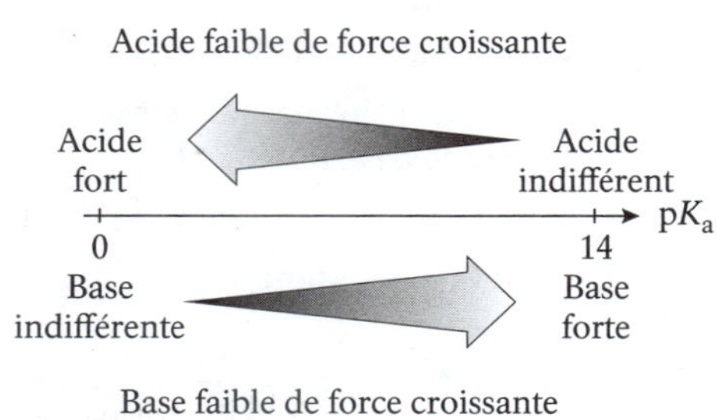

3. Relation pH-pK_a

- Pour un couple $AH_{(aq)}/A^-_{(aq)}$:

$$pK_a = -\log K_a = -\log\left(\frac{[A^-]\times[H_3O^+]}{[AH]}\right) \quad \text{et} \quad pH = pK_a + \log\left(\frac{[A^-]}{[AH]}\right)$$

• Si $pH_{solution} > pK_a$ alors $[A^-] > [AH]$ et la base prédomine.
• Si $pH_{solution} < pK_a$, alors $[A^-] < [AH]$ et l'acide prédomine.
• Si $pH_{solution} = pK_a$ alors $[A^-] = [AH]$.

- Il est possible de récapituler les résultats de l'exploitation précédente par un **diagramme de prédominance** :

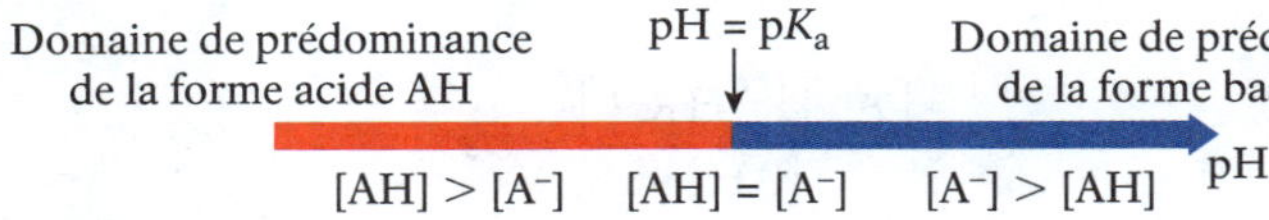

4. Cas particulier de l'autoprotolyse de l'eau

- Il s'agit de la réaction acido-basique de l'eau avec elle-même. Les couples mis en jeu sont : H_2O/HO^- et H_3O^+/H_2O. Son équation s'écrit :

$$H_2O + H_2O \rightleftharpoons HO^- + H_3O^+ \quad \text{ou} \quad 2H_2O \rightleftharpoons HO^- + H_3O^+$$

Cette réaction est inévitable. Elle se produit dans tous les systèmes qui contiennent de l'eau (eau pure et solutions aqueuses).

- On définit alors le **produit ionique de l'eau K_e** (à 25 °C) :

$$K_e = [H_3O^+]\times[HO^-] = cte = 1{,}0\times10^{-14} \quad \text{et} \quad pK_e = -\log K_e = 14{,}0$$

IV. Acides et bases forts

1. Solution d'acide fort et pH

- Un acide est dit fort lorsque sa **réaction avec l'eau est totale**. La solution obtenue est une solution d'acide fort.
- Dans une solution d'acide fort, $[H_3O^+] = c$ = concentration en soluté apporté.
- On en déduit l'expression du pH de la solution : $pH = -\log[H_3O^+] = -\log c$.

2. Solution de base forte et pH

- Une base est dite forte lorsque sa **réaction avec l'eau est totale**. La solution obtenue est une solution de base forte.
- Dans une solution de base forte, $[HO^-] = c$ = concentration en soluté apporté.
- On en déduit l'expression du pH de la solution :

$$pH = -\log[H_3O^+] = -\log\left(\frac{K_e}{[HO^-]}\right) = -\log K_e + \log c = -\log 10^{-14} + \log c = 14 + \log c$$

V. Solutions tampons

1. Définition

- Une solution tampon est une solution dont la composition est telle que son pH varie peu par ajout de petites quantités d'acide (ou de base) ou par dilution (ajout d'eau).

2. Applications

- Au laboratoire : on utilise des solutions tampons pour étalonner un pH-mètre.
- En biologie : les transformations biochimiques qui se déroulent dans les organismes vivants ne s'effectuent de façon optimale que pour un domaine de pH très étroit. Il est donc nécessaire que le pH des liquides biologiques soit « tamponné », c'est-à-dire ne varie que très peu au cours des transformations chimiques qui s'y déroulent. Par exemple le sang artériel est « tamponné » à un pH de 7,4.

Voir le chapitre 16 d'enseignement de spécialité sur l'eau.

POST BAC

Calcul du pH d'une solution d'acide faible

> Voir les exercices 6 et 9

- On dispose d'une solution aqueuse de volume V et de concentration c en acide faible apporté. Dans la solution, il se produit la réaction équilibrée d'équation :

$$AH + H_2O \rightleftharpoons A^- + H_3O^+$$

- L'évolution du système peut être décrite par un **tableau d'avancement** :

Équation		AH	$+ H_2O$	$\rightleftharpoons A^-$	$+ H_3O^+$
État du système	Avancement (mol)	Quantité de matière (mol)			
Initial	0	$n_i = c \times V$	Excès/ Solvant	0	0
Final (équilibre)	x_f	$n_f = c \times V - x_f$	//	x_f	x_f

À l'état final d'équilibre, on a :

$$[A^-] = [H_3O^+] = \frac{n_{f(H_3O^+)}}{V} = \frac{x_f}{V} \text{ et } [AH] = \frac{n_{f(AH)}}{V} = \frac{c \times V - x_f}{V} = c - \frac{x_f}{V} = c - [H_3O^+].$$

Or $K_a = \dfrac{[A^-] \times [H_3O^+]}{[AH]}$, d'où $K_a = \dfrac{[H_3O^+]^2}{c - [H_3O^+]}$.

On en déduit que $[H_3O^+]^2 + K_a \times [H_3O^+] - K_a \times c = 0$.

On résout cette équation du second degré : le discriminant est $\Delta = K_a{}^2 + 4K_a \times c$ avec $\Delta > 0$ et $\sqrt{\Delta} > K_a$.

Les deux solutions sont $[H_3O^+]_1 = \dfrac{-K_a + \sqrt{\Delta}}{2} > 0$ et $[H_3O^+]_2 = \dfrac{-K_a - \sqrt{\Delta}}{2} < 0$.

Conclusion : $[H_3O^+] = [H_3O^+]_1 = \dfrac{-K_a + \sqrt{\Delta}}{2}$. On peut alors calculer la valeur du pH.

Complément Dans ce raisonnement, on néglige la réaction d'autoprotolyse de l'eau. Cette approximation est valable tant que la solution est suffisament loin de la neutralité acido-basique, c'est-à-dire tant que pH < 6,5 (pour une solution d'acide faible) et tant que pH > 7,5 (pour une solution de base faible).

Remarques

On peut obtenir le pH d'une solution de base faible par un raisonnement analogue (voir l'exercice 9).

Dans le cas d'acides et de bases particulièrement faibles, on peut obtenir des expressions du pH simplifiées (voir l'exercice 9).

MÉTHODES ET STRATÉGIES

1 Déterminer le pH d'un mélange de deux solutions d'acide et de base forts

> Voir les exercices 3 et 7 mettant en œuvre cette méthode.

Méthode

> **Étape 1 :** On précise la nature des solutions mises en jeu pour déterminer la réaction qui se produit au cours du mélange. On écrit ensuite l'équation de la réaction acide-base, supposée totale, qui se produit entre H_3O^+ et HO^-.

> **Étape 2 :** On détermine la concentration en ions H_3O^+ à l'état final de la réaction. On peut, pour cela, construire un tableau d'avancement. On en déduit le pH du mélange.

Exemple

On mélange $V_1 = 100$ mL d'une solution S_1 d'acide chlorhydrique de concentration en soluté apporté $C_1 = 5{,}00 \times 10^{-2}$ mol·L^{-1} et $V_2 = 100$ mL d'une solution S_2 d'hydroxyde de sodium de concentration en soluté apporté $C_2 = 1{,}00 \times 10^{-2}$ mol·L^{-1}.
Donnée : les ions Cl^- et Na^+ sont des ions spectateurs.

Application

> **Étape 1 :** S_1 est une solution d'acide chlorhydrique qui contient les ions H_3O^+ et Cl^-. S_2 est une solution d'hydroxyde de sodium qui contient les ions Na^+ et HO^-.
La réaction acide-base, supposée totale, qui se produit est :

$$H_3O^+ + HO^- \rightarrow 2\,H_2O$$

> **Étape 2 :** On construit un tableau d'avancement.

Équation		H_3O^+ +	HO^- →	$2\,H_2O$
État du système	Avancement (mol)	Quantité de matière (mol)		
Initial	0	$n_i = C_1 \times V_1$	$n_i = C_2 \times V_2$	Excès/Solvant
Final (réaction totale)	x_{max}	$C_1 \times V_1 - x_{max}$	$C_2 \times V_2 - x_{max}$	Excès/Solvant

On cherche x_{max} :
• si H_3O^+ est le réactif limitant, alors $C_1 \times V_1 - x_{max1} = 0$;
soit $x_{max1} = C_1 \times V_1 = 5{,}00 \times 10^{-2} \times 0{,}100 = 5{,}00 \times 10^{-3}$ mol ;
• si HO^- est le réactif limitant, alors $C_2 \times V_2 - x_{max2} = 0$;
soit $x_{max2} = C_2 \times V_2 = 1{,}00 \times 10^{-2} \times 0{,}100 = 1{,}00 \times 10^{-3}$ mol.
Puisque $x_{max2} < x_{max1}$, $x_{max} = x_{max2} = 1{,}00 \times 10^{-3}$ mol.
On en déduit la quantité de matière finale d'ions H_3O^+ dans le mélange :
$n_{(H_3O^+)} = C_1 \times V_1 - x_{max} = 5{,}00 \times 10^{-2} \times 0{,}100 - 1{,}00 \times 10^{-3} = 4{,}00 \times 10^{-3}$ mol.

On calcule ensuite la concentration finale en ions H_3O^+ dans le mélange :

$$[H_3O^+] = \frac{n_{(H_3O^+)}}{V_{\text{mélange}}} = \frac{n_{(H_3O^+)}}{V_1 + V_2} = \frac{4{,}00 \times 10^{-3}}{0{,}100 + 0{,}100} = 2{,}00 \times 10^{-2}\ \text{mol}\cdot\text{L}^{-1}.$$

On peut enfin calculer le pH du mélange :

$$\text{pH} = -\log[H_3O^+] = -\log(2{,}00 \times 10^{-2}) = 1{,}70.$$

2 Calculer le taux d'avancement final d'une réaction acide-base pour déterminer si la réaction est totale

> Voir les exercices 4 et 8 mettant en œuvre cette méthode.

Méthode

Pour savoir si une réaction est totale, on peut calculer le taux d'avancement final τ de la réaction.

> **Étape 1 :** On détermine, à partir des données, la valeur x_f de l'avancement à l'état final de la transformation. On utilise les données qui concernent l'état final (le pH par exemple, dans le cas d'une réaction acide-base).

> **Étape 2 :** On détermine, à partir des données concernant l'état initial de la transformation, la valeur x_{max} de l'avancement maximal de la réaction supposée totale.

> **Étape 3 :** On calcule la valeur du taux d'avancement final : $\tau = \frac{x_f}{x_{max}}$.

Si $\tau = 1 = 100$ %, la réaction est totale.
Si $\tau < 1$ (< 100 %), la réaction n'est pas totale. Elle est équilibrée, limitée ou partielle.

Exemple

Soit une solution d'acide méthanoïque (HCOOH) de concentration en soluté apporté $c = 0{,}10$ mol·L^{-1} et de volume $V = 0{,}200$ L. Le pH de cette solution est de 2,4. La réaction d'équation $HCOOH + H_2O \xrightarrow{?} HCOO^- + H_3O^+$ qui se produit dans la solution entre l'acide métahoïque ajouté et l'eau est-elle totale ?

Application

> **Étape 1 :** On détermine la valeur de x_f à l'aide de la valeur du pH et en construisant un tableau d'avancement.

Équation		$HCOOH$	+ HO	$\xrightarrow{?}$ $HCOO^-$ +	H_3O^+
État du système	Avancement (mol)	Quantité de matière (mol)			
Initial	0	$n_i = c \times V$	Excès/Solvant	0	0
Final	x_f	$n_f = c \times V - x_f$	Excès/Solvant	x_f	x_f

On déduit du tableau d'avancement que $[H_3O^+] = \frac{n_{f(H_3O^+)}}{V} = \frac{x_f}{V} = 10^{-pH}$;
d'où $x_f = 10^{-pH} \times V = 10^{-2,4} \times 0,200 = 8,0 \times 10^{-4}$ mol.

> Étape 2 : On détermine la valeur de x_{max} à l'aide du tableau d'avancement en supposant la réaction totale, soit $c \times V - x_{max} = 0$;
donc $x_{max} = c \times V = 0,10 \times 0,200 = 2,0 \times 10^{-2}$ mol.

> Étape 3 : On calcule enfin la valeur du taux d'avancement final :
$\tau = \frac{8,0 \times 10^{-4}}{2,0 \times 10^{-2}} = 0,040 = 4,0\ \%$. On en conclut que la réaction n'est pas totale.

Remarque L'acide méthanoïque est donc un acide faible.

3 Prévoir la réaction prépondérante et calculer sa constante d'équilibre

> Voir les exercices 5 et 8 mettant en œuvre cette méthode.

Méthode

Lorsqu'on mélange différentes espèces acido-basiques dans une même solution, c'est l'acide le plus fort qui réagit avec la base la plus forte. On dit que cette réaction est la réaction prépondérante.
La constante d'équilibre K de la réaction prépondérante est égale au quotient du produit des concentrations des produits sur le produit des concentrations des réactifs.

> Étape 1 : On reporte les différents couples acide-base présents dans la solution sur un axe des pK_a et on encadre les espèces introduites. On applique ensuite la règle de « l'acide le plus fort réagit avec la base la plus forte ». Cette règle est aussi appelée « règle du gamma ».
Rappel L'acide le plus fort est celui dont le pK_a a la valeur la plus faible. La base la plus forte est celle dont le pK_a a la valeur la plus forte.

> Étape 2 : On exprime la contante K de la réaction prépondérante.

Remarques
• L'eau sera ici le solvant (en excès). L'écriture $[H_2O]$ n'a donc aucun sens. C'est pourquoi l'eau n'apparaîtra pas dans l'écriture de K.

• Il est souvent utile de multiplier numérateur et dénominateur par $[H_3O^+]$ de manière à faire apparaître les constantes d'acidité K_a.

• On peut retenir en outre que :
– si $K > 10^4$, alors on peut considérer la réaction prépondérante comme totale ;
– si $K < 10^{-4}$, alors on peut considérer que les réactifs de la réaction prépondérante ne sont pratiquement pas consommés.

Exemple

Dans un bécher de 100 mL d'eau distillée, on dissout 0,001 mol de méthanoate de méthylammonium. Prévoir quelle est l'équation de la réaction prépondérante. Puis, déterminer la valeur de la constante de cette réaction. Conclure.

Données : pK_a des couples suivants :

• acide méthanoïque/ion méthanoate HCO_2H/HCO_2^- : 3,8 ;

• ion méthylammonium/méthylamine $CH_3NH_3^+/CH_3NH_2$: 10,6 ;

• couples de l'eau : H_3O^+/H_2O : 0 et H_2O/HO^- : 14.

Application

> Étape 1 : On reporte sur un diagramme les pK_a des couples des espèces présentes dans la solution. On encadre les espèces introduites initialement.

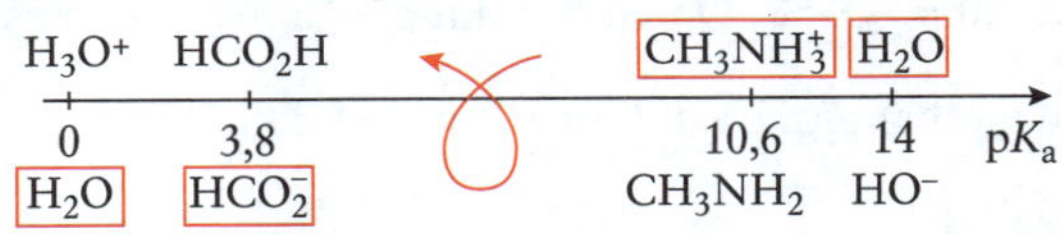

En appliquant la « règle du gamma », on obtient l'équation de la réaction prépondérante : $CH_3NH_3^+ + HCO_2^- \rightleftharpoons CH_3NH_2 + HCO_2H$.

> Étape 2 : La constante d'équilibre de cette réaction est :

$$K = \frac{[CH_3NH_2]\times[HCO_2H]}{[CH_3NH_3^+]\times[HCO_2^-]} = \frac{[CH_3NH_2]\times[HCO_2H]}{[CH_3NH_3^+]\times[HCO_2^-]}\times\frac{[H_3O^+]}{[H_3O^+]}$$

$$K = \frac{[CH_3NH_2]\times[H_3O^+]}{[CH_3NH_3^+]}\times\frac{[HCO_2H]}{[HCO_2^-]\times[H_3O^+]}$$

$$K = \frac{K_a(CH_3NH_3^+/CH_3NH_2)}{K_a(HCO_2H/HCO_2^-)} = \frac{10^{-pK_a(CH_3NH_3^+/CH_3NH_2)}}{10^{-pK_a(HCO_2H/HCO_2^-)}}$$

$$K = \frac{10^{-10,6}}{10^{-3,8}} = 1,6\times10^{-7}.$$

On peut donc considérer que les réactifs ne sont pratiquement pas consommés $(K < 10^{-4})$.

SUJETS DE TYPE BAC

1 Classement de solutions selon leur pH

20 min

Cet exercice permet de voir si vous avez parfaitement compris la nature d'une solution acide, basique et neutre. Il vous faudra également maîtriser les échelles de pH et de pK_a pour classer les différentes solutions proposées.

> Voir les parties du cours I, II, III et IV et les méthodes et stratégies 1 et 2.

On dispose des solutions suivantes ayant toutes la même concentration $c = 0{,}10 \text{ mol·L}^{-1}$.
A : solution d'acide benzoïque ($C_6H_5CO_2H$) ;
B : solution d'acide chlorhydrique ;
C : solution d'ammoniac (NH_3) ;
D : solution de chlorure de sodium ($Na^+ + Cl^-$) ;
E : solution de benzoate de sodium ($Na^+ + C_6H_5COO^-$) ;
F : solution de chlorure d'ammonium ($NH_4^+ + Cl^-$) ;
G : solution d'hydroxyde de sodium (ou de soude).

1. On fabrique des solutions d'acide chlorhydrique et de soude en dissolvant respectivement dans de l'eau pure du chlorure d'hydrogène gazeux (HCl) et de l'hydroxyde de sodium (NaOH) solide. En déduire les formules de ces deux solutions qui rendent compte des ions qu'elles contiennent sachant que les deux dissolutions sont totales.

2. a. Quel(les) est(sont) parmi la(les) solution(s) proposée(s) celle(s) qui est(sont) acide(s). Justifier.

b. Quel(les) est(sont) parmi la(les) solution(s) proposée(s) celle(s) qui est(sont) basique(s). Justifier.

c. Quel(les) est(sont) parmi la(les) solution(s) proposée(s) celle(s) qui est(sont) neutre(s). Justifier.

3. En comparant la force des acides et des bases contenus dans les solutions, effectuer un classement des solutions selon leur pH.
Données : couples acido-basiques $C_6H_5CO_2H/C_6H_5CO_2^-$ de $pK_a = 4{,}2$; NH_4^+/NH_3 de $pK_a = 9{,}2$; H_3O^+/H_2O de $pK_a = 0$ et H_2O/HO^- de $pK_a = 14$.
Les ions Na^+ et Cl^- sont indifférents (ou spectateurs).

2 Étude d'une solution basique

30 min

Cet exercice classique de baccalauréat permet de balayer une bonne partie des connaissances essentielles du cours. Son intérêt principal est de retrouver la relation pH-pK_a.

> Voir les parties I, II et III du cours et la méthode et stratégie 2.

1. Écrire l'équation de la réaction entre l'ammoniac NH_3 et l'eau.

2. Le pH de la solution vaut 10,6. En déduire les valeurs des concentrations, à l'état d'équilibre, des espèces (autres que H_2O) mises en jeu dans l'équation.

3. NH_3 est-il une base faible ou une base forte ?

4. Rappeler la définition de la constante d'acidité K_a du couple auquel NH_3 appartient.

5. En utilisant les résultats de la question **2**, déterminer la valeur de K_a. En déduire la valeur du pK_a du couple.

6. On considère maintenant une autre solution de NH_3 dont le pH est 11,2.

a. Quelle est l'espèce prédominante ?

b. Établir la relation qui donne le pH en fonction du pK_a pour le couple NH_4^+/NH_3.

c. En déduire la valeur du rapport $\frac{[NH_3]}{[NH_4^+]}$ dans la solution considérée.

Données : concentration en NH_3 apporté $C = 1{,}10 \times 10^{-2}\,\text{mol·L}^{-1}$ et volume de solution noté V ; produit ionique de l'eau : $K_e = 1{,}00 \times 10^{-14}$; couple acide-base : NH_4^+/NH_3.

3 Mélange d'une solution d'acide fort et d'une solution de base forte

30 min

Cet exercice permet de tester ses capacités à bien traduire un énoncé en équations. Il constitue une application approfondie de la méthode et stratégie 1 et demande une attention particulière dans sa résolution mathématique.

> Voir les parties I et IV du cours, ainsi que la méthode et stratégie 1.

1. Écrire l'équation de la réaction supposée totale de dissolution du chlorure d'hydrogène (de formule HCl) dans l'eau. Que peut-on dire de la solution obtenue ?

2. Quel volume de chlorure d'hydrogène (à 25 °C) faut-il dissoudre dans l'eau pour obtenir un litre de solution de concentration en soluté apporté $c = 0{,}0100\,\text{mol·L}^{-1}$?

3. On prélève 30,0 mL de la solution acide précédente et on complète à 250 mL avec de l'eau pure. Quel est le pH de la solution obtenue ?

4. Quelle masse de soude solide faut-il dissoudre dans l'eau pour obtenir 300 mL de solution de pH = 12,0 ?

5. Comment varie le pH de la solution précédente si on la dilue d'un facteur 100 ?

6. À 10,0 mL de la solution de la question **2**, on ajoute 25,0 mL de la solution de la question **4**. Quel est le pH de la solution obtenue ?

Données : $M_{NaOH} = 40{,}0\,\text{g·mol}^{-1}$; volume molaire des gaz à 25 °C :
$V_m = 24{,}0\,\text{L·mol}^{-1}$; produit ionique de l'eau : $K_e = 1{,}00 \times 10^{-14}$.

4 Étude d'une solution d'acide inconnu

30 min

Voici un exemple d'un nouveau type d'exercice qui tend à se développer au baccalauréat : la résolution de problème en s'appuyant sur ses connaissances et sur des documents. Son intérêt est de faire appel à de nombreuses compétences : extraire et exploiter les informations, mobiliser ses connaissances, raisonner, réaliser des calculs et communiquer son raisonnement. Et tout cela sans calculatrice !

> Voir les parties I, II, III et IV du cours, ainsi que la méthode et stratégie 2.

On dispose au laboratoire d'un flacon présentant les informations suivantes :

DOC. 1 Étiquette du flacon
- Acide
- Concentration en acide apporté : $C = 1{,}0 \times 10^{-2}\,\text{mol·L}^{-1}$.
- pH de la solution : pH = 4,0.
- Volume de la solution : inconnu.

DOC. 2 pK_a de quelques couples acide/base

Couple acide/base	pK_a
Phénol/ion phénolate : $C_6H_5OH/C_6H_5O^-$	10
Ion hydroxylammonium/hydroxylamine : NH_3OH^+/NH_2OH	6,0
Acide fluorhydrique/ion fluorure : HF/F^-	3,2
Acide salicylique/ion salicylate : $C_6H_4OHCOOH/C_6H_4OHCOO^-$	3,0

Des élèves de Terminale S souhaitent résoudre le problème suivant : « L'acide contenu dans le flacon est-il fort ou faible ? Quel est son nom ? »
Proposer et mettre en œuvre une démarche pour les aider à résoudre ce problème.
Donnée : aide au calcul : $10^{-2} - 10^{-4} \approx 10^{-2}$.

SUJETS D'APPROFONDISSEMENT

5 Préparation d'un mélange de solutions

20 min

Un exercice très complet sur un mélange entre un acide fort et une base faible, qui demande une certaine finesse dans sa résolution.

> Voir les parties I, II, III et IV du cours, ainsi que la méthode et stratégie 3.

On souhaite préparer un volume $V = 1{,}00$ L de solution aqueuse de pH = 4,80 en introduisant une masse m d'éthanoate de sodium CH_3COONa solide, dans 1,00 litre de solution d'acide chlorhydrique de concentration $c = 1{,}00 \times 10^{-2}\,\text{mol·L}^{-1}$, sans variation de volume.

1. Quelle est l'équation de la réaction acido-basique prépondérante, supposée totale, qui se produit au cours du mélange ?

2. Déterminer la valeur de la constante d'équilibre K de cette réaction. Justifier que cette réaction peut être considérée comme totale.

3. Déterminer la valeur de la masse m introduite.
Données : masse molaire de l'éthanoate de sodium : $M = 82{,}0\,\text{g·mol}^{-1}$; pK_a à 25 °C des couples mis en jeu : $pK_a(CH_3COOH/CH_3COO^-) = 4{,}80$; $pK_a(H_3O^+/H_2O) = 0$ et $pK_a(H_2O/HO^-) = 14$; les ions Na^+ et Cl^- sont spectateurs.

6 Polyacide et mélange

20 min

Un exercice original sur la force d'un diacide, qui sera dilué puis mélangé à un autre acide pour mieux tester vos capacités de déduction.

> Voir les parties I, II et IV du cours, ainsi que la méthode et stratégie 3.

L'acide peroxodisulfite $H_2S_2O_8$ est un diacide fort. On prépare une solution S_1 en dissolvant de l'acide peroxodisulfite dans de l'eau pure. La concentration en soluté apporté de la solution préparée est $c_1 = 5{,}0 \times 10^{-3}\,\text{mol·L}^{-1}$.

1. a. Écrire l'équation de la réaction acide-base supposée totale qui se produit au cours de la préparation de la solution, sachant qu'il se forme l'ion peroxodisulfate $S_2O_8^{2-}$.

b. Calculer le pH de la solution S_1.

c. Calculer les concentrations de toutes les espèces ioniques présentes dans S_1.

2. On transvase 50 mL de la solution S_1 dans une fiole jaugée de 1,0 L et on complète avec de l'eau distillée. On obtient une solution S_2. Quel est son pH ?

3. On mélange maintenant $V_2 = 100$ mL de solution S_2 et $V_3 = 400$ mL d'une solution S_3 d'acide chlorhydrique de pH = 1,5. Quelle est la valeur du pH du mélange obtenu ?

Donnée : produit ionique de l'eau $K_e = 1{,}0 \times 10^{-14}$.

7 Étude du couple acide benzoïque/ion benzoate

45 min

L'étude d'un couple acide-base est un exercice incontournable dans une vie d'étudiant : définir la force de l'acide, trouver les réactions prépondérantes à l'aide de la « règle du gamma », exploiter le taux d'avancement final d'une réaction, etc.

> Voir les parties I, II et III du cours, ainsi que les méthodes et stratégies 2 et 3.

On étudie le couple acide benzoïque/ion benzoate $C_6H_5COOH/C_6H_5COO^-$, dont le pK_a vaut 4,20.

1. On mesure à l'aide d'un pH-mètre le pH d'une solution S_1 d'acide benzoïque de concentration $c_1 = 1{,}00 \times 10^{-2}\,\text{mol·L}^{-1}$. On trouve pH = 3,10. En déduire que l'acide benzoïque est un acide faible.

2. On mesure dans un second temps le pH d'une solution S_2 de benzoate de sodium ($Na^+ + C_6H_5COO^-$) de concentration $c_2 = 1{,}00 \times 10^{-2}\,\text{mol·L}^{-1}$. On obtient pH = 8,10. En déduire que l'ion benzoate est une base faible.

3. On mélange $V_1 = 20{,}0$ mL de solution S_1 et $V = 1{,}90$ mL d'une solution S de soude de concentration $c = 0{,}100\,\text{mol·L}^{-1}$. Le pH de la solution prend alors la valeur 5,48. Quelle espèce du couple prédomine dans la solution obtenue ?

4. Déterminer l'équation de la réaction prépondérante qui se produit au cours du mélange.

5. Vérifier que la réaction prépondérante est totale en déterminant la valeur du taux d'avancement final τ.

6. Calculer la valeur de la constante d'équilibre K de la réaction prépondérante. Est-ce en accord avec la réponse à la question précédente ?

7. On mélange maintenant $V_1 = 25$ mL de solution S_1 et $V_2 = 50$ mL de solution S_2. Déterminer l'équation de la réaction prépondérante qui se produit et sa constante de réaction.

8. Déterminer le pH de la solution.
Données : produit ionique de l'eau $K_e = 1{,}00 \times 10^{-14}$; pK_a $(H_3O^+/H_2O) = 0$ et pK_a $(H_2O/HO^-) = 14$.

POST BAC

8 Influence de la température sur le pH

20 min

On s'intéresse d'abord au produit ionique de l'eau et on étudie l'influence de la température sur sa valeur. On calcul le pH d'une solution comme on pourrait le faire dans l'enseignement supérieur sans approximation. Mais au lieu de travailler comme on le fait toujours à 25 °C, on étudie des solutions à 50 °C.

> Voir les parties I, II, III du cours et le complément POST BAC.

On étudie l'eau pure et une solution d'acide 2,4-diméthylbenzoïque à $\theta = 50$ °C.

1. a. Quel est le pH de l'eau pure à 50 °C ?

b. Que peut-on dire du pH d'une solution de chlorure de sodium à 50 °C ?

c. Une solution S telle que $[H_3O^+] = 10 \times [HO^-]$ est-elle acide, neutre ou basique ?

2. À 50 °C, on prépare 250 mL de solution aqueuse en introduisant une masse $m = 3{,}50$ g d'acide 2,4-diméthylbenzoïque dans de l'eau pure. Quel est le pH de la solution obtenue ?
Données : acide 2,4-diméthylbenzoïque noté HA et de formule brute $C_9H_{10}O_2$;
$K_e = 5{,}50 \times 10^{-14}$ (à 50 °C) et $pK_a(HA/A^-) = 4{,}19$ (à 50 °C) ; les ions Na^+ et Cl^- sont spectateurs.

POST BAC

9 Calculs de pH de solutions d'acides et de bases faibles

45 min

Cet exercice de niveau post bac requiert une excellente maîtrise des formules relatives aux acides et aux bases faibles, dans le cadre de solutions assez éloignées de la neutralité pour lesquelles l'autoprotolyse de l'eau peut être négligée. Sa résolution demande également une certaince aisance mathématique.

> Voir les parties I, II, III du cours et le complément POST BAC.

On souhaite établir les formules qui permettent de calculer rapidement le pH de solutions d'acides et de bases faibles lorsque les acides et les bases concernés sont particulièrement peu dissociés.
On s'intéresse aux solutions suivantes :
A : solution d'ammoniac NH_3 de concentration $c = 1{,}0 \times 10^{-2}$ mol·L^{-1} ;
B : solution d'acide éthanoïque CH_3COOH de concentration $c = 1{,}0 \times 10^{-2}$ mol·L^{-1} ;
C : solution d'ammonium NH_4^+ de concentration $c = 4{,}0 \times 10^{-2}$ mol·L^{-1}.

1. Expliquer comment il est possible de calculer le pH de la solution de base faible NH_3 (voir le complément de cours POST BAC).

2. On suppose qu'un acide HA est faiblement dissocié dans l'eau lorsque la concentration finale de sa base conjuguée est telle que $\left[A^-\right] < \frac{c}{10}$. Dans ce cas on supposera que x_f est négligeable devant n_{iHA} (soit $x_f \ll n_{iHA}$) et que donc $n_{fHA} = n_{iHA} = c \times V$ (soit $[HA]_f = [HA]_i = c$).

a. En reprenant les résultats du complément POST BAC, montrer qu'on peut calculer le pH de cette solution en utilisant la formule $pH = \frac{1}{2}(pK_a - \log c)$.

b. En déduire le pH des solutions **B** et **C** en faisant l'hypothèse que les acides sont faiblement dissociés.

c. Les valeurs de pH obtenues sont-elles en accord avec l'hypothèse d'un acide faiblement dissocié ?

3. a. Par analogie avec l'étude des acides faiblement dissociés, montrer que l'expression du pH d'une base faible faiblement dissociée est $pH = 7 + \frac{1}{2}(pK_a + \log c)$.

b. En déduire la valeur du pH de la solution A. Commenter.

Données : produit ionique de l'eau $K_e = 1{,}00 \times 10^{-14}$; $pK_a(NH_4^+/NH_3) = 9{,}2$ et $pK_a(CH_3COOH/CH_3COO^-) = 4{,}8$.

On vérifiera que les solutions sont suffisamment loin de la neutralité acido-basique pour que la réaction d'autoprotolyse de l'eau soit négligeable $(pH < 6{,}5 \text{ ou } pH > 7{,}5)$.

CORRIGÉS

1 Classement de solutions selon leur pH

1. Quand on fabrique la solution d'acide chlorhydrique, il se produit la réaction totale d'équation : $HCl + H_2O \rightarrow H_3O^+ + Cl^-$. On peut donc dire que la formule de la solution d'acide chlorhydrique est ($H_3O^+ + Cl^-$).
Quand on fabrique la solution de soude, il se produit la réaction totale d'équation : $NaOH \rightarrow Na^+ + HO^-$. On peut donc dire que la formule de la solution de soude est ($Na^+ + HO^-$).

> Il faut absolument connaître la nature de ces deux solutions très classiques.

2. Une solution est obtenue par dissolution d'un soluté dans de l'eau pure.
L'eau pure est neutre ($pH = 7$, $K_e = [H_3O^+] \times [HO^-] = 10^{-14} = cte$, $[H_3O^+] = [HO^-] = 10^{-7} mol \cdot L^{-1}$).

a. Une solution acide résulte de la mise en solution d'un acide.
La solution obtenue est acide car son pH devient inférieur à 7, c'est-à-dire que $[H_3O^+]$ devient supérieure à $10^{-7} mol \cdot L^{-1}$ et $[HO^-]$ devient inférieure à $10^{-7} mol \cdot L^{-1}$.
Il faut pour cela que la dissolution du soluté s'accompagne d'une formation d'ions H_3O^+ supplémentaires dans la solution. C'est le cas des solutions A, B et F.
A : $C_6H_5COOH + H_2O \rightleftharpoons C_6H_5COO^- + H_3O^+$
B : voir la question **1**.
F : $NH_4^+ + H_2O \rightleftharpoons NH_3 + H_3O^+$

b. Une solution basique résulte de la mise en solution d'une base.
La solution obtenue est basique car son pH devient supérieur à 7, c'est-à-dire que $[H_3O^+]$ devient inférieure à $10^{-7} mol \cdot L^{-1}$ et $[HO^-]$ devient supérieure à $10^{-7} mol \cdot L^{-1}$.
Il faut pour cela que la dissolution du soluté s'accompagne d'une formation d'ions HO^- supplémentaires dans la solution. C'est le cas des solutions C, E et G.
C : $NH_3 + H_2O \rightleftharpoons NH_4^+ + HO^-$
E : $C_6H_5COO^- + H_2O \rightleftharpoons C_6H_5COOH + HO^-$
G : voir la question **1**.

> On retiendra qu'un acide est une espèce qui dans l'eau conduit à la production d'ions H_3O^+ et qu'une base est une espèce qui dans l'eau conduit à la production d'ions HO^-.

c. La solution D est neutre. La dissolution de NaCl ($NaCl \rightarrow Na^+ + Cl^-$) n'apporte ni ions H_3O^+, ni ions HO^- supplémentaires dans la solution.
On a donc $pH_D = pH_{eau\ pure} = 7$.

3. Cas des solutions acides $(pH < 7)$: la solution B est une solution d'acide fort. C'est elle qui a le pH le plus faible : $pH_B < pH_A$ et pH_F .

> Pour départager les solutions A et F, on se souviendra que l'acide le plus fort est celui dont le pK_a a la valeur la plus faible.

Les solutions A et F sont des solutions d'acides faibles de même concentration. C_6H_5COOH est un acide plus fort que NH_4^+ $\left(pK_a(C_6H_5COOH/C_6H_5COO^-) < pK_a(NH_4^+/NH_3)\right)$. C'est donc un acide plus dissocié dans l'eau et sa dissolution donne plus d'ions H_3O^+.

Ainsi, $pH_A < pH_F$.

• Cas des solutions basiques $(pH > 7)$: la solution G est une solution de base forte. C'est elle qui a le pH le plus élevé : $pH_G > pH_C$ et pH_E.

Pour départager les solutions C et E, on se souviendra que la base la plus forte est celle dont le pK_a a la valeur la plus forte.

Les solutions C et E sont des solutions de bases faibles de même concentration.
NH_3 est une base plus forte que $C_6H_5COO^-$:
$pK_a(NH_4^+/NH_3) > pK_a(C_6H_5COOH/C_6H_5COO^-)$
C'est donc une base plus dissociée dans l'eau et sa dissolution donne plus d'ions HO^-.
Ainsi, $pH_C > pH_E$.
Conclusion : $pH_B < pH_A < pH_F < pH_D < pH_E < pH_C < pH_G$.

2 Étude d'une solution basique

1. NH_3 est une base. Elle réagit avec l'eau qui se comporte alors comme un acide (couples mis en jeu : NH_4^+/NH_3 et H_2O/HO^-), soit $NH_3 + H_2O \rightleftharpoons NH_4^+ + HO^-$.

2. On construit le tableau d'avancement suivant :

Équation		NH_3 +	H_2O $\rightleftharpoons$	NH_4^+ +	HO^-
État du système	Avancement (mol)	Quantité de matière (mol)			
Initial	0	$n_i = C \times V$	Excès/Solvant	0	0
Final (équilibre)	x_f	$C \times V - x_f$	//	x_f	x_f

L'eau étant le solvant dans la solution aqueuse, elle apparaît donc toujours « en excès » dans le tableau d'avancement.

Le pH permet d'accéder à la concentration en ions H_3O^+ :
$pH = 10{,}6$, d'où $[H_3O^+] = 10^{-10{,}6} = 2{,}51 \times 10^{-11}$ mol·L^{-1}.
À l'aide du produit ionique de l'eau, on obtient la concentration en ions HO^- :

$$K_e = [H_3O^+] \times [HO^-] \Leftrightarrow [HO^-] = \frac{K_e}{[H_3O^+]} = \frac{1{,}00 \times 10^{-14}}{2{,}51 \times 10^{-11}} = 3{,}98 \times 10^{-4} \text{ mol·L}^{-1}$$

C'est par l'intermédire de K_e qu'on accède à la concentration des ions HO^- à partir d'une mesure du pH.

D'après le tableau d'avancement, on obtient la concentration en ions NH_4^+ :

$$[NH_4^+] = \frac{x_f}{V} = [HO^-] = 3{,}98 \times 10^{-4} \text{ mol·L}^{-1}.$$

On en déduit la concentration $[NH_3]$ à l'état final :

$$[NH_3] = \frac{C \times V - x_f}{V} = C - \frac{x_f}{V} = C - [HO^-] = 1{,}10 \times 10^{-2} - 3{,}98 \times 10^{-4} = 1{,}06 \times 10^{-2} \text{ mol·L}^{-1}.$$

Attention : $[NH_3]$ à l'état final n'est plus la concentration en soluté apporté *C*.

3. Pour déterminer si NH_3 est une base forte ou une base faible, on doit savoir si sa réaction avec l'eau est totale ou non. Pour cela, on détermine la valeur du taux d'avancement τ :

$$\tau = \frac{x_f}{x_{max}} = \frac{\frac{x_f}{V}}{\frac{x_{max}}{V}} = \frac{\frac{x_f}{V}}{\frac{C \times V}{V}} = \frac{\frac{x_f}{V}}{C} = \frac{3,98 \times 10^{-4}}{1,10 \times 10^{-2}} = 0,0362 = 3,62\ \%.$$

Penser à diviser (ou multiplier) le numérateur et le dénominateur d'une fraction par une même grandeur pour faire apparaître des données connues.

Conclusion : $\tau < 100\ \%$, donc NH_3 est une base faible qui ne réagit pas totalement avec l'eau.

4. Pour le couple NH_4^+/NH_3, le K_a est une constante liée à l'équation de la réaction de l'acide du couple NH_4^+ avec l'eau. L'équation de la réaction s'écrit :

$$NH_4^+ + H_2O \rightleftharpoons NH_3 + H_3O^+ \text{ et } K_a = \frac{[NH_3] \times [H_3O^+]}{[NH_4^+]}$$

5. À partir des résultats de la question **2**, on trouve :

$$K_a = \frac{1,06 \times 10^{-2} \times 2,51 \times 10^{-11}}{3,98 \times 10^{-4}} = 6,69 \times 10^{-10}.$$

On en déduit le pK_a du couple : $pK_a = -\log K_a = -\log(6,69 \times 10^{-10}) = 9,17$.

6. a. L'espèce qui prédomine est la forme basique du couple puisque pH > pK_a. C'est donc NH_3 qui prédomine dans la solution étudiée.

b. On a $K_a = \dfrac{[NH_3] \times [H_3O^+]}{[NH_4^+]}$;

d'où $pK_a = -\log K_a = -\log\left(\dfrac{[NH_3] \times [H_3O^+]}{[NH_4^+]}\right) = -\log\left(\dfrac{[NH_3]}{[NH_4^+]} \times [H_3O^+]\right)$;

Rappel : $\log(a \times b) = \log a + \log b$.

soit $pK_a = -\log\dfrac{[NH_3]}{[NH_4^+]} - \log[H_3O^+] = -\log\dfrac{[NH_3]}{[NH_4^+]} + pH$;

Rappel : $pH = -\log[H_3O^+]$.

donc $pH = pK_a + \log\dfrac{[NH_3]}{[NH_4^+]}$.

c. On en déduit que $\log\dfrac{[NH_3]}{[NH_4^+]} = pH - pK_a$

soit $\dfrac{[NH_3]}{[NH_4^+]} = 10^{(pH - pK_a)} = 10^{(11,2 - 9,17)} = 107$.

3 Mélange de deux solutions

1. L'équation de la réaction s'écrit : $\mathbf{HCl + H_2O \rightarrow H_3O^+ + Cl^-}$. La solution obtenue est une solution d'acide fort.

2. On veut réaliser une solution de volume V = 1,00 L et de concentration en soluté apporté c = 0,0100 mol·L^{-1}. Il faut donc dissoudre $\mathbf{n_{HCl} = c \times V = 0{,}0100\ mol}$.

Il est important de connaître l'expression du volume molaire :
$V_m = \frac{V}{n} = \frac{\text{volume (en L)}}{\text{quantité de matière (en mol)}}$, qui s'exprime en L·mol^{-1}.

Par définition $V_m = \frac{V_{HCl}}{n_{HCl}} \Leftrightarrow V_{HCl} = n_{HCl} \times V_m = 0{,}0100 \times 24{,}0 = 0{,}240\ \text{L}$.

Il faut donc dissoudre 0,240 L de gaz.

3. On calcule dans un premier temps la concentration en ions H_3O^+ de la solution :

$$[H_3O^+] = \frac{n_{H_3O^+_{\text{apporté}}}}{V_{\text{solution}}} = \frac{c \times V_{\text{apporté}}}{V_{\text{solution}}} = \frac{0{,}0100 \times 30{,}0 \times 10^{-3}}{0{,}250} = 1{,}20 \times 10^{-3}\ \text{mol·L}^{-1}.$$

On en déduit le pH : $\mathbf{pH = -\log[H_3O^+] = -\log(1{,}20 \times 10^{-3}) = 2{,}92}$.

4. Pour une solution de base forte, on sait que $\mathbf{pH = 14 + \log c}$, soit $\mathbf{\log c = pH - 14}$.

Propriété de calcul : si $\log a = b$, alors $a = 10^b$.

D'où $c = 10^{(\text{pH}-14)} = 10^{(12{,}0-14)} = 1{,}00 \times 10^{-2}\ \text{mol·L}^{-1}$.

Or $c = \frac{n}{V} = \frac{\frac{m}{M}}{V}$, donc $m = c \times V \times M = 1{,}00 \times 10^{-2} \times 0{,}300 \times 40{,}0 = 0{,}120\ \text{g}$.

Il faut donc dissoudre 120 mg de soude solide pour fabriquer la solution.

5. $\mathbf{pH = 14 + \log\left(\frac{c}{100}\right) = 14 + \log\left(\frac{1{,}00 \times 10^{-2}}{100}\right) = 10{,}0}$. Le pH diminue de 2 unités.

6. Les deux solutions mélangées contiennent respectivement les ions H_3O^+ et Cl^- (pour la solution acide), Na^+ et HO^- (pour la solution basique). Les ions Na^+ et Cl^- sont des ions spectateurs. La réaction acide-base, supposée totale, qui se produit est donc $\mathbf{H_3O^+ + HO^- \rightarrow 2H_2O}$. Soit le tableau d'avancement suivant :

Équation		H_3O^+ +	HO^-	$\rightarrow 2\,H_2O$
État du système	Avancement (mol)	Quantité de matière (mol)		
Initial	0	$n_i = 0{,}0100 \times 10{,}0 \times 10^{-3} = 1{,}00 \times 10^{-4}$ mol	$n_i = 0{,}0100 \times 25{,}0 \times 10^{-3} = 2{,}50 \times 10^{-4}$ mol	Excès/ Solvant
Final (réaction totale)	x_{max}	$1{,}00 \times 10^{-4} - x_{max}$	$2{,}50 \times 10^{-4} - x_{max}$	Excès/ Solvant

On en déduit que $\mathbf{x_{max} = 1{,}00 \times 10^{-4}\ mol}$ et que H_3O^+ est le réactif limitant ;

soit $\mathbf{n_{f\,HO^-} = 2{,}50 \times 10^{-4} - 1{,}00 \times 10^{-4} = 1{,}50 \times 10^{-4}\ mol}$;

d'où $\left[HO^-\right] = \frac{n_{fHO^-}}{V_{mélange}} = \frac{1,50 \times 10^{-4}}{(10,0 + 25,0) \times 10^{-3}} = 4,29 \times 10^{-3}\,mol \cdot L^{-1}$;

or $\left[H_3O^+\right] = \frac{K_e}{\left[HO^-\right]} = \frac{1,0 \times 10^{-14}}{4,29 \times 10^{-3}} = 2,33 \times 10^{-12}\,mol \cdot L^{-1}$;

donc $pH = -\log\left(2,33 \times 10^{-12}\right) = 11,6$. Le pH du mélange est de 11,6.

4 Étude d'une solution d'acide inconnu (sans calulatrice)

Première étape : la réaction de l'acide avec l'eau est-elle totale ?
L'acide HA réagit avec l'eau selon l'équation : $HA + H_2O \rightleftharpoons A^- + H_3O^+$.
On établit le tableau d'avancement qui décrit la réaction :

Équation		HA	+ H_2O	$\rightleftharpoons$ A^-	+ H_3O^+
État du système	Avancement (mol)	Quantité de matière (mol)			
Initial	0	$n_i = C \times V$	Excès/Solvant	0	0
Final	x_f	$C \times V - x_f$	Excès/Solvant	x_f	x_f

D'après le tableau d'avancement, on a $x_f = n_{fH_3O^+} = \left[H_3O^+\right] \times V$ et $x_{max} = C \times V$;

d'où $\tau = \frac{x_f}{x_{max}} = \frac{\left[H_3O^+\right] \times V}{C \times V} = \frac{\left[H_3O^+\right]}{C} = \frac{10^{-pH}}{C} = \frac{10^{-4,0}}{1,0 \times 10^{-2}} = 1,0 \times 10^{-2} = 1,0\,\%$.

La réaction de l'acide avec l'eau n'est donc pas totale.

La connaissance de la valeur de V n'est pas nécessaire pour obtenir τ.

Deuxième étape : détermination du pK_a du couple de HA.

Par définition : $K_a = \frac{\left[A^-\right] \times \left[H_3O^+\right]}{[HA]}$; or, d'après le tableau d'avancement, on a :

$\left[A^-\right] = \left[H_3O^+\right] = \frac{x_f}{V}$ et $[HA] = \frac{n_{fHA}}{V} = \frac{C \times V - x_f}{V} = C - \frac{x_f}{V} = C - \left[H_3O^+\right]$;

donc $K_a = \frac{\left[H_3O^+\right] \times \left[H_3O^+\right]}{C - \left[H_3O^+\right]} = \frac{\left(10^{-pH}\right)^2}{C - 10^{-pH}} = \frac{\left(10^{-4,0}\right)^2}{10^{-2} - 10^{-4}} = \frac{10^{-8}}{10^{-2}} = 10^{-6}$.

Conclusion : l'acide est un acide faible puisque sa réaction avec l'eau n'est pas totale.
Cet acide est l'ion hydroxylammonium puisque $pK_a = -\log K_a = 6,0$.

5 Préparation d'un mélange de solutions

1. Les espèces acido-basiques mises en présence initialement dans le mélange sont : H_2O (le solvant), les ions H_3O^+ (apportés par la solution d'acide chlorhydrique) et les ions CH_3COO^- (apportés par CH_3COONa).

On peut construire le diagramme suivant :

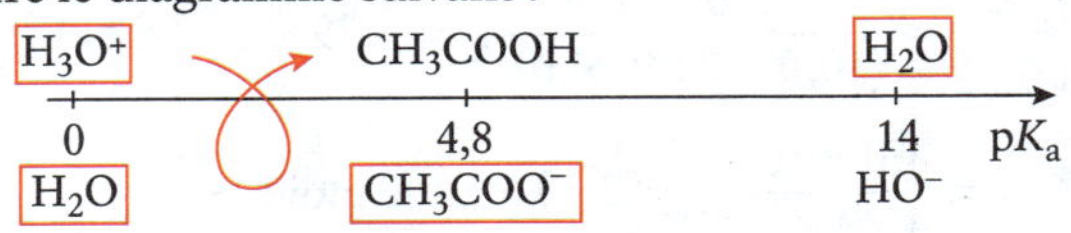

L'acide le plus fort présent est l'ion H_3O^+ et la base la plus forte apportée est l'ion CH_3COO^-. D'après la « règle du gamma », l'équation de la réaction prépondérante qui se produit s'écrit : $CH_3COO^- + H_3O^+ \rightleftharpoons CH_3COOH + H_2O$.

2.

$$K = \frac{[CH_3COOH]}{[CH_3COO^-] \times [H_3O^+]} = \frac{1}{K_a(CH_3COOH/CH_3COO^-)} = \frac{1}{10^{-pK_a}} = \frac{1}{10^{-4,80}} = 6,31 \times 10^4$$

On peut donc considérer que cette réaction est totale puisque $K > 10^4$.

3. On remarque que le pH de la solution obtenue est égal au pK_a du couple CH_3COOH/CH_3COO^-.

Or on sait que $pH = pK_a + \log\left(\frac{[CH_3COO^-]}{[CH_3COOH]}\right)$.

Dans le mélange préparé, on a donc à l'état final :
$[CH_3COOH] = [CH_3COO^-]$ ou $n_{CH_3COOH} = n_{CH_3COO^-}$ (car il n'y a pas de variation de volume).
On peut construire le tableau d'avancement relatif à la réaction prépondérante :

Équation		CH_3COO^- +	H_3O^+	$\rightleftharpoons$ CH_3COO^- +	H_2O
État du système	Avancement (mol)	Quantité de matière (mol)			
Initial	0	$n_i = n = \frac{m}{M}$	$n_i = c \times V$	0	Excès/ Solvant
Final (réaction totale)	x_{max}	$n - x_{max}$	$c \times V - x_{max}$	x_{max}	Excès/ Solvant

Puisque $n_{CH_3COOH} = n_{CH_3COO^-}$ alors $n - x_{max} = x_{max}$ soit $n = 2\,x_{max}$.

De plus, $[H_3O^+] = 10^{-pH} = \frac{n_{f\,H_3O^+}}{V} = \frac{c \times V - x_{max}}{V} = c - x_{max}$ (avec $V = 1{,}00$ L) ;

d'où $x_{max} = c - 10^{-pH}$ et $n = 2(c - 10^{-pH}) = 2 \times (1{,}00 \times 10^{-2} - 10^{-4{,}8}) = 0{,}0200$ mol.
Donc $m = n \times M = 0{,}0200 \times 82{,}0 = 1{,}64$ g.
Il faut dissoudre 1,64 g d'éthanoate de sodium solide pour fabriquer la solution souhaitée.

6 Polyacide et mélange

1. a. L'équation de la réaction est : $H_2S_2O_8 + 2\,H_2O \rightarrow 2\,H_3O^+ + S_2O_8^{2-}$.
Le diacide fort dissout est capable de libérer deux protons H^+ et de conduire à la formation de deux ions H_3O^+ en réagissant totalement avec deux molécules d'eau.

b. On construit un tableau d'avancement :

Équation		$H_2S_2O_8$	$+ 2\,H_2O \rightarrow$	$2\,H_3O^+$	$+ \quad S_2O_8^{2-}$
État du système	Avancement (mol)	Quantité de matière (mol)			
Initial	0	$n_i = c_1 \times V$	Excès/ Solvant	0	0
Final (réaction totale)	x_{max}	$c_1 \times V - x_{max} = 0$ soit $x_{max} = c_1 \times V$	//	$2x_{max} = 2c_1 \times V$	$x_{max} = c_1 \times V$

On en déduit le pH de la solution :

$$pH = -\log\left[H_3O^+\right] = -\log\left(\frac{n_{fH_3O^+}}{V}\right) = -\log\left(\frac{2\,c_1 \times V}{V}\right)$$
$$= -\log(2\,c_1) = -\log\left(2 \times 5{,}0 \times 10^{-3}\right) = 2{,}0.$$

c. $\left[H_3O^+\right] = 10^{-pH} = 10^{-2{,}0} = 1{,}0 \times 10^{-2}\ mol{\cdot}L^{-1}$;

$\left[S_2O_8^{2-}\right] = \dfrac{n_{fS_2O_8^{2-}}}{V} = \dfrac{c_1 \times V}{V} = c_1 = 5{,}0 \times 10^{-3}\ mol{\cdot}L^{-1}$ et

$\left[HO^-\right] = \dfrac{K_e}{\left[H_3O^+\right]} = \dfrac{1{,}0 \times 10^{-14}}{1{,}0 \times 10^{-2}} = 1{,}0 \times 10^{-12}\ mol{\cdot}L^{-1}$.

2. On effectue une dilution de la solution S_1 d'un facteur $\dfrac{1{,}0}{50 \times 10^{-3}} = 20$.

On en déduit le pH de la solution S_2 : $pH = -\log\left(\dfrac{\left[H_3O^+\right]_{S_1}}{20}\right) = -\log\left(\dfrac{1{,}0 \times 10^{-2}}{20}\right) = 3{,}3$.

3. Le pH du mélange est :

$$pH_{mélange} = -\log\left(\left[H_3O^+\right]_{mélange}\right) = -\log\left(\frac{n_{H_3O^+}\text{apporté par } S_2 + n_{H_3O^+}\text{apporté par } S_3}{V_{mélange}}\right)$$
$$= -\log\left(\frac{\left[H_3O^+\right]_{S_2} \times V_2 + \left[H_3O^+\right]_{S_3} \times V_3}{V_2 + V_3}\right)$$
$$= -\log\left(\frac{10^{-3{,}3} \times 0{,}100 + 10^{-1{,}5} \times 0{,}400}{0{,}500}\right) = 1{,}6$$

7 Étude du couple acide benzoïque/ion benzoate

1. Dans une solution d'acide benzoïque, il se produit la réaction d'équation :

$$C_6H_5COOH + H_2O \rightleftharpoons C_6H_5COO^- + H_3O^+$$

Soit le tableau d'avancement associé à la transformation (V est un volume quelconque) :

Équation		$C_6H_5COOH +$	H_2O	$\rightleftharpoons C_6H_5COO^- +$	H_3O^+
État du système	Avancemcent (mol)	Quantité de matière (mol)			
Initial	0	$n_i = c_1 \times V$	Solvant/Excès	0	0
Final	x_f	$c_1 \times V - x_f$	Solvant/Excès	x_f	x_f

Méthode 1 : calcul de τ.

On a $x_f = n_{fH_3O^+} = [H_3O^-] \times V = 10^{-pH}$ et $x_{max} = c_1 \times V$;

soit $\tau = \dfrac{x_f}{x_{max}} = \dfrac{10^{-pH} \times V}{c_1 \times V} = \dfrac{10^{-pH}}{c_1} = \dfrac{10^{-3,10}}{1,00 \times 10^{-2}} = 0,0794 = 7,94\,\%$.

La réaction n'est donc pas totale. L'acide benzoïque est un acide faible.

Méthode 2 : comparaison de pH.

Si l'acide benzoïque est un acide fort, alors la réaction est totale et $pH = -\log c_1 = -\log(1,00 \times 10^{-2}) = 2,00$. Or le pH de la solution est supérieur à 2,00. La solution est moins acide que si la réaction était totale. L'acide benzoïque est donc un acide faible.

2. Dans une solution d'ions benzoates, il se produit la réaction d'équation :

$$C_6H_5COO^- + H_2O \rightleftharpoons C_6H_5COOH + HO^-$$

Soit le tableau d'avancement associé à la transformation :

Équation		$C_6H_5COO^-$	+ H_2O	$\rightleftharpoons$ C_6H_5COOH	+ HO^-
État du système	Avancement (mol)	Quantité de matière (mol)			
Initial	0	$n_i = c_2 \times V$	Solvant/Excès	0	0
Final	x_f	$c_2 \times V - x_f$	Solvant/Excès	x_f	x_f

Méthode 1 : calcul de τ.

On a $x_f = n_{fHO^-} = [HO^-] \times V = \dfrac{K_e}{[H_3O^+]} \times V = \dfrac{K_e}{10^{-pH}} \times V$ et $x_{max} = c_2 \times V$;

soit $\tau = \dfrac{x_f}{x_{max}} = \dfrac{\dfrac{K_e}{10^{-pH}} \times V}{c_2 \times V} = \dfrac{\dfrac{K_e}{10^{-pH}}}{c_2} = \dfrac{\dfrac{1,00 \times 10^{-14}}{10^{-8,10}}}{1,00 \times 10^{-2}} = 1,26 \times 10^{-4} = 0,0126\,\%$

La réaction n'est donc pas totale. L'ion benzoate est une base faible.

Méthode 2 : comparaison de pH.

Si l'ion benzoate est une base forte, alors la réaction est totale et on a :

$pH = 14 + \log c_2 = 14 + \log(1,00 \times 10^{-2}) = 12,0$. Or, le pH de la solution est inférieur à 12. La solution est moins basique que si la réaction était totale. L'ion benzoate est donc une base faible.

3. $pH > pK_a$. L'espèce du couple qui prédomine est donc l'ion benzoate $C_6H_5COO^-$.

4. Les différentes espèces introduites initialement dans les solutions S_1 et S sont représentées et encadrées sur la figure ci-dessous.

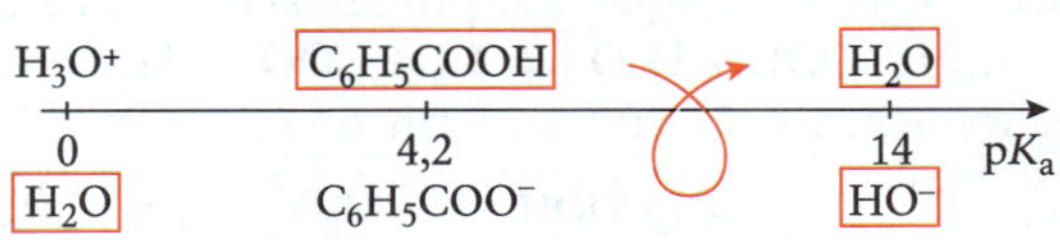

La « règle du gamma » permet de dire que la réaction prépondérante est celle qui fait réagir l'acide le plus fort (C_6H_5COOH) et la base la plus forte (HO^-) pour donner respectivement leurs base et acide conjugués selon la réaction d'équation :

$$C_6H_5COOH + HO^- \rightleftharpoons C_6H_5COO^- + H_2O$$

5. On construit le tableau d'avancement suivant :

Équation		C_6H_5COOH +	HO^-	$\rightleftharpoons$ $C_6H_5COO^-$ +	H_2O
État du système	Avancement (mol)	Quantité de matière (mol)			
Initial	0	$n_i = c_1 \times V_1$ $= 2{,}00 \times 10^{-4}$	$n_i = c \times V$ $= 1{,}90 \times 10^{-4}$	0	Solvant/ Excès
Final	x_f	$2{,}00 \times 10^{-4} - x_f$	$1{,}90 \times 10^{-4} - x_f$	x_f	Solvant/ Excès

Calcul de x_f : $n_{f\,HO^-} = 1{,}90 \times 10^{-4} - x_f$ soit $x_f = 1{,}90 \times 10^{-4} - n_{f\,HO^-}$

avec $n_{f\,HO^-} = [HO^-]_f \times V_{mélange} = \dfrac{K_e}{[H_3O^+]} \times (V_1 + V) = \dfrac{K_e}{10^{-pH}} \times (V_1 + V)$.

Donc $x_f = 1{,}90 \times 10^{-4} - \dfrac{K_e}{10^{-pH}} \times (V_1 + V) = 1{,}90 \times 10^{-4} - \dfrac{1{,}00 \times 10^{-14}}{10^{-5{,}48}} \times 21{,}9 \times 10^{-3}$

$= 1{,}90 \times 10^{-4} - 6{,}61 \times 10^{-11} \approx 1{,}90 \times 10^{-4}$ mol

Calcul de x_{max} : d'après le tableau d'avancement HO^- est le réactif limitant et

$x_{max} = 1{,}90 \times 10^{-4}$ mol ; d'où $x_f = x_{max}$ et $\tau = \dfrac{x_f}{x_{max}} = 1{,}00 = 100\ \%$.

La réaction est bien totale.

6. $$K = \frac{[C_6H_5COO^-]}{[C_6H_5COOH] \times [HO^-]} = \frac{[C_6H_5COO^-]}{[C_6H_5COOH] \times [HO^-]} \times \frac{[H_3O^+]}{[H_3O^+]}$$

$$= \frac{[C_6H_5COO^-] \times [H_3O^+]}{[C_6H_5COOH]} \times \frac{1}{[HO^-] \times [H_3O^+]}$$

$$= \frac{K_a(C_6H_5COOH / C_6H_5COO^-)}{K_e} = \frac{10^{-4{,}2}}{10^{-14}} = 6{,}31 \times 10^{9}.$$

On a $K \gg 10^4$, donc on prévoit une réaction totale. C'est conforme aux résultats de la question précédente.
L'indroduction de $[H_3O^+]$ au numérateur et au dénominateur permet de faire apparaître K_a et K_e dans l'expression de la constante d'équilibre.

7. On peut représenter l'échelle de pK_a ci-dessous :

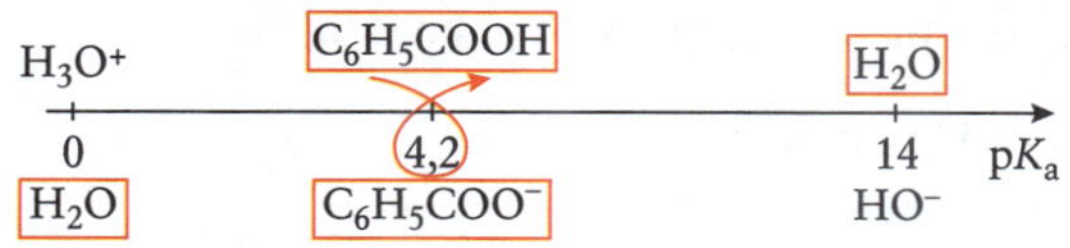

La « règle du gamma » indique que la réaction prépondérante a pour équation :

$$C_6H_5COOH + C_6H_5COO^- \rightleftharpoons C_6H_5COO^- + C_6H_5COOH$$

D'où $K = \dfrac{[C_6H_5COO^-] \times [C_6H_5COOH]}{[C_6H_5COOH] \times [C_6H_5COO^-]} = 1$.

8. D'après l'équation, on voit que les réactifs et les produits sont identiques. La réaction ne change donc pas les quantités de matière apportées en ions benzoates et en acide benzoïque. On peut dès lors utiliser la formule suivante pour déterminer le pH :

$$pH = pK_a + \log\left(\frac{[C_6H_5COO^-]_{mélange}}{[C_6H_5COOH]_{mélange}}\right) = pK_a + \log\left(\frac{\frac{c_1 \times V_1}{V_{mélange}}}{\frac{c_2 \times V_2}{V_{mélange}}}\right) = pK_a + \log\left(\frac{V_1}{V_2}\right)$$

On simplifie l'expression puisque $c_1 = c_2$.

On a donc $pH = 4{,}20 + \log\left(\frac{20{,}0}{50{,}0}\right) = 3{,}80$.

POST BAC

8 Influence de la température sur le pH

1. a. Dans l'eau pure, il ne se produit que la réaction d'autoprotolyse de l'eau :

$$2\,H_2O \rightleftharpoons HO^- + H_3O^+$$

On a donc dans l'eau pure $[H_3O^+] = [HO^-]$.

Or $K_e = [H_3O^+] \times [HO^-] = 5{,}50 \times 10^{-14}$ (à 50 °C). On en déduit que :

$[H_3O^+]^2 = 5{,}50 \times 10^{-14}$ soit $[H_3O^+] = \sqrt{5{,}50 \times 10^{-14}} = 2{,}35 \times 10^{-7}\ mol \cdot L^{-1}$.

Le pH de l'eau pure à 50 °C est donc $pH = -\log(2{,}35 \times 10^{-7}) = 6{,}63$.

Cette valeur est celle du pH d'une solution neutre à 50 °C.

b. Une solution de chlorure de sodium est en fait une solution d'eau salée. Les ions Na^+ et Cl^- étant spectateurs, cette solution a donc le même comportement acido-basique que l'eau pure et donc le même pH, c'est-à-dire 6,63.

c. La solution S contient plus d'ions oxonium H_3O^+ que d'ions hydroxydes HO^- : c'est donc nécessairement une solution acide et son pH est forcément inférieur à 6,63 (pH d'une solution neutre à cette température).

Remarque On peut calculer le pH de la solution S précisément.

On a $[HO^-] = \frac{[H_3O^+]}{10}$ et $K_e = [H_3O^+] \times [HO^-] = [H_3O^+] \times \frac{[H_3O^+]}{10} = \frac{[H_3O^+]^2}{10}$;

d'où $[H_3O^+]^2 = 10 \times K_e = 10 \times 5{,}50 \times 10^{-14} = 5{,}50 \times 10^{-13}$;

soit $[H_3O^+] = \sqrt{5{,}50 \times 10^{-13}} = 7{,}42 \times 10^{-7}\ mol \cdot L^{-1}$

et $pH = -\log(7{,}42 \times 10^{-7}) = 6{,}13$.

2. La concentration c en acide apporté est :

$$c = \frac{n}{V} = \frac{\frac{m}{M}}{V} = \frac{\frac{3{,}50}{(9 \times 12{,}0 + +10 \times 1{,}0 + 2 \times 16{,}0)}}{0{,}250} = 9{,}33 \times 10^{-2}\ mol \cdot L^{-1}.$$

Au moment de la préparation de la solution, il se produit la réaction acido-basique d'équation : $HA + H_2O \rightleftharpoons A^- + H_3O^+$.

L'évolution du système peut être décrite par le tableau d'avancement suivant :

Équation		HA	$+ \; H_2O$	$\rightleftharpoons \; A^-$	$+ \; H_3O^+$
État du système	Avancement (mol)	Quantité de matière (mol)			
Initial	0	$n_i = c \times V$	Excès/Solvant	0	0
Final (équilibre)	x_f	$c \times V - x_f$	//	x_f	x_f

À l'état final d'équilibre, on a $[H_3O^+] = \dfrac{n_{f(H_3O^+)}}{V} = \dfrac{x_f}{V}$, $[A^-] = [H_3O^+]$

et $[HA] = \dfrac{c \times V - x_f}{V} = c - \dfrac{x_f}{V} = c - [H_3O^+]$.

Or $K_a = \dfrac{[A^-] \times [H_3O^+]}{[HA]}$, soit $K_a = \dfrac{[H_3O^+]^2}{c - [H_3O^+]}$

On en déduit que $[H_3O^+]^2 + K_a \times [H_3O^+] - K_a \times c = 0$.

Rappel : $K_a = 10^{-pK_a}$.

Soit : $[H_3O^+]^2 + 6{,}46 \times 10^{-5} \times [H_3O^+] - 6{,}02 \times 10^{-6} = 0$

On calcule le discriminant : $\Delta = (6{,}46 \times 10^{-5})^2 - 4 \times 1 \times (-6{,}02 \times 10^{-6}) = 2{,}41 \times 10^{-5}$.

Les deux solutions sont :

$$[H_3O^+]_1 = \frac{-6{,}46 \times 10^{-5} + \sqrt{2{,}41 \times 10^{-5}}}{2} = 2{,}42 \times 10^{-3}\,\text{mol·L}^{-1} \;;$$

$$[H_3O^+]_2 = \frac{-6{,}46 \times 10^{-5} - \sqrt{2{,}41 \times 10^{-5}}}{2} = -2{,}49 \times 10^{-3}\,\text{mol·L}^{-1}.$$

On en déduit que $[H_3O^+] = [H_3O^+]_1 = 2{,}42 \times 10^{-3}\,\text{mol·L}^{-1}$

et $pH = -\log(2{,}42 \times 10^{-3}) = 2{,}62$.

POST BAC

9 Calculs de pH de solutions d'acides et de bases faibles

1. En solution aqueuse, NH_3 réagit avec l'eau selon la réaction d'équation :

$$NH_3 + H_2O \rightleftharpoons NH_4^+ + HO^-$$

On construit le tableau d'avancement suivant (V est un volume quelconque) :

Équation		NH_3	$+ \; H_2O$	$\rightleftharpoons \; NH_4^+$	$+ \; HO^-$
État du système	Avancement (mol)	Quantité de matière (mol)			
Initial	0	$n_i = c \times V$	Excès/Solvant	0	0
Final	x_f	$c \times V - x_f$	Excès/Solvant	x_f	x_f

Par définition : $pH = -\log[H_3O^+] = -\log\left(\dfrac{K_e}{[HO^-]}\right) = pK_e + \log[HO^-]$.

Sur le modèle de $pK_a = -\log K_a$, on a également $pK_e = -\log K_e$.

À l'équilibre, on a $[HO^-] = [NH_4^+] = \dfrac{x_f}{V}$

et $[NH_3] = \dfrac{c \times V - x_f}{V} = c - \dfrac{x_f}{V} = c - [HO^-]$;

or $K_a = \dfrac{[NH_3] \times [H_3O^+]}{[NH_4^+]} = \dfrac{(c - [HO^-]) \times \left(\dfrac{K_e}{[HO^-]}\right)}{[HO^-]} = \dfrac{K_e \times (c - [HO^-])}{[HO^-]^2}$.

soit $K_a \times [HO^-]^2 + K_e \times [HO^-] - K_e \times c = 0$.

Le discriminant est $\Delta = K_e^2 + 4\,K_a \times K_e \times c > 0$ avec forcément $\sqrt{\Delta} > K_e$ puisque $\Delta > K_e^2$.

On en déduit la racine positive du polynôme :

$$[HO^-] = \frac{-K_e + \sqrt{\Delta}}{2\,K_a} = \frac{-K_e + \sqrt{K_e^2 + 4\,K_a \times K_e \times c}}{2\,K_a}$$

et $\text{pH} = -\log[H_3O^+] = -\log\dfrac{K_e}{[HO^-]} = -\log K_e + \log[HO^-]$

$$= \text{p}K_e + \log\left(\frac{-K_e + \sqrt{K_e^2 + 4\,K_a \times K_e \times c}}{2\,K_a}\right)$$

2. a. Dans la solution, il se produit la réaction équilibrée d'équation :

$$HA + H_2O \rightleftharpoons A^- + H_3O^+$$

Dans le cas d'un acide faiblement dissocié, on a le tableau d'avancement suivant :

Équation		HA	+ H_2O	$\rightleftharpoons$ A^-	+ H_3O^+
État du système	Avancement (mol)	Quantité de matière (mol)			
Initial	0	$n_i = c \times V$	Excès/Solvant	0	0
Final (équilibre)	$x_f \ll n_i$	$c \times V - x_f = c \times V$	//	x_f	x_f

Une espèce est peu dissociée lorsqu'à l'état final moins de 10 % de cette espèce a disparu. On peut alors négliger la modification de sa quantité de matière ou de sa concentration au cours de la transformation.

À l'état final d'équilibre, on a $[A^-] = [H_3O^+] = \dfrac{x_f}{V}$ et $[HA] = \dfrac{c \times V}{V} = c$;

d'où $K_a = \dfrac{[A^-] \times [H_3O^+]}{[HA]} = \dfrac{[H_3O^+]^2}{c}$

On en déduit que $[H_3O^+]^2 = K_a \times c$, soit $[H_3O^+] = \sqrt{K_a \times c}$.

Ainsi $\text{pH} = -\log[H_3O^+] = -\log\left(\sqrt{K_a \times c}\right) = -\log(K_a \times c)^{\frac{1}{2}} = \dfrac{1}{2}(-\log K_a - \log c)$

$= \dfrac{1}{2}(\text{p}K_a - \log c)$

Rappel de mathématiques : $\log\left(\sqrt{a \times b}\right) = \log(a \times b)^{\frac{1}{2}} = \dfrac{1}{2}(\log a + \log b)$.

b. $pH_B = \frac{1}{2}\left(4{,}8 - \log\left(1{,}0 \times 10^{-2}\right)\right) = 3{,}4$ et $pH_C = \frac{1}{2}\left(9{,}2 - \log\left(4{,}0 \times 10^{-2}\right)\right) = 5{,}3$.
On a $pH < 6{,}5$. On vérifie bien que l'autoprotolyse de l'eau est négligeable.

c. Si l 'acide est faiblement dissocié, on considère que $\left[A^-\right]_f < \frac{c}{10}$

et $[HA]_f = [HA]_i = c$; alors $\left[A^-\right]_f < \frac{[HA]_f}{10}$ soit $\frac{\left[A^-\right]_f}{[HA]_f} < \frac{1}{10}$,

donc $\log\left(\frac{\left[A^-\right]_f}{[HA]_f}\right) < -1$.

Dans ce cas, on doit vérifier que $pH = pK_a + \log\left(\frac{\left[A^-\right]_f}{[HA]_f}\right) < pK_a - 1$.

Les valeurs de pH obtenues sont bien en accord avec l'hypothèse selon laquelle les acides des solutions **B** et **C** sont faiblement dissociés, puisque l'on vérifie dans chaque cas $pH < pK_a - 1$.

Il faut valider l'hypothèse selon laquelle moins de 10 % de l'acide a disparu. La valeur du pH obtenue doit être cohérente avec cette hypothèse.

3. a. Dans la solution **A**, si la base est faiblement dissociée, on a $\left[NH_4^+\right]_f < \frac{c}{10}$.

On considérera alors que $x_f \ll n_{iNH_3}$ et donc que $n_{fNH_3} = c \times V$ (soit $\left[NH_3\right]_f = c$).
On obtient dans ces conditions le tableau d'avancement suivant :

Équation		NH_3 +	H_2O ⇌	NH_4^+ +	HO^-
État du système	Avancement (mol)	Quantité de matière (mol)			
Initial	0	$n_i = c \times V$	Excès/Solvant	0	0
Final	$x_f \ll n_{iNH_3}$	$c \times V$	Excès/Solvant	x_f	x_f

Par définition : $pH = -\log\left[H_3O^+\right] = -\log\left(\frac{K_e}{\left[HO^-\right]}\right) = pK_e + \log\left[HO^-\right]$.

À l'état final (équilibre), on a $\left[HO^-\right] = \left[NH_4^+\right] = \frac{x_f}{V}$ et $\left[NH_3\right] = \frac{c \times V}{V} = c$.

Alors $K_a = \frac{\left[NH_3\right] \times \left[H_3O^+\right]}{\left[NH_4^+\right]} = \frac{c \times \frac{K_e}{\left[HO^-\right]}}{\left[HO^-\right]} = \frac{K_e \times c}{\left[HO^-\right]^2}$.

On en déduit que $\left[HO^-\right]^2 = \frac{K_e \times c}{K_a}$, soit $\left[HO^-\right] = \sqrt{\frac{K_e \times c}{K_a}}$.

D'où $pH = -\log\left[H_3O^+\right] = -\log\frac{K_e}{\left[HO^-\right]} = pK_e + \log\left[HO^-\right] = pK_e + \log\left(\sqrt{\frac{K_e \times c}{K_a}}\right)$

$= pK_e + \frac{1}{2}\log K_e + \frac{1}{2}\log c - \frac{1}{2}\log K_a$

On obtient ainsi :

$$pH = pK_e - \frac{1}{2}pK_e + \frac{1}{2}\log c - \frac{1}{2}pK_a = \frac{1}{2}pK_e + \frac{1}{2}(pK_a + \log c) = 7 + \frac{1}{2}(pK_a + \log c).$$

b. $pH_A = 7 + \frac{1}{2}(9{,}2 + \log(1{,}0 \times 10^{-2})) = 10{,}6$.

Si la base est faiblement dissociée, on a $[NH_4^+]_f < \frac{c}{10}$ et $[NH_3]_f = [NH_3]_i = c$.

Alors $[NH_4^+]_f < \frac{[NH_3]_f}{10}$ soit $\frac{[NH_3]_f}{[NH_4^+]_f} > 10$ donc $\log\left(\frac{[NH_3]_f}{[NH_4^+]_f}\right) > 1$.

Dans ce cas, le pH est tel que $pH = pK_a + \log\left(\frac{[NH_3]_f}{[NH_4^+]_f}\right) > pK_a + 1$.

Cette condition est vérifiée pour la solution A qui contient donc bien une base faiblement dissociée. De plus, on a $pH > 7{,}5$, ce qui confirme que l'autoprotolyse de l'eau est négligeable.

CHAPITRE 11

Énergie interne et premier principe de la thermodynamique

COURS

MÉTHODES ET STRATÉGIES

SUJETS DE TYPE BAC

SUJETS D'APPROFONDISSEMENT

CORRIGÉS

COURS

Énergie interne et premier principe de la thermodynamique

Les systèmes macroscopiques, c'est-à-dire dont les dimensions sont à notre échelle, échangent de l'énergie sous différentes formes avec l'extérieur. La thermodynamique est la partie des sciences qui s'occupe de modéliser ces transferts d'énergie et de prévoir l'évolution de leur énergie.

I. Énergie interne d'un système macroscopique

Les **variables d'état** sont des grandeurs physiques mesurables qui permettent de définir totalement l'état d'un système macroscopique. On en dénombre quatre :

• la **quantité de matière** n : elle s'exprime **en moles (mol)** et correspond au nombre de moles de particules contenues dans le système. Elle est reliée au nombre total N de particules du système par la relation suivante :

$$n = \frac{N}{N_A}$$

n en moles (mol)
$N_A = 6{,}02 \times 10^{23}\ \text{mol}^{-1}$ (nombre d'Avogadro)

• la **température** T : elle s'exprime **en kelvins (K)**. La température est une fonction croissante de la vitesse moyenne d'agitation désordonnée des particules. Pour un gaz parfait monoatomique (tel que les gaz nobles) de masse molaire M, on a une relation simple entre la vitesse moyenne v et la température T :

$$T = \frac{M \times v^2}{3 \times R}$$

T en kelvins (K)
M en kilogrammes par mole ($\text{kg}\cdot\text{mol}^{-1}$)
v en mètres par seconde ($\text{m}\cdot\text{s}^{-1}$)
R, constante des gaz parfaits ($R = 8{,}31\ \text{J}\cdot\text{K}^{-1}$)

• la **pression** P : elle s'exprime **en pascals (Pa)** et correspond à la force par unité de surface exercée par le système sur les parois le séparant de l'extérieur. Cette pression est la résultante des chocs des particules exercés sur la surface de la paroi contenant le système :

$$P = \frac{F}{S}$$

P en pascals (Pa)
F en newtons (N)
S en mètres carrés (m^2)

• le **volume** V : il s'exprime **en mètres cubes (m^3)** et correspond à la place occupée dans l'espace par le système.

L'énergie interne d'un système U est égale à la somme des énergies que possède un système au niveau microscopique : l'énergie potentielle microscopique E_{pm} et l'énergie cinétique microscopique E_{cm} :

$$U = E_{pm} + E_{cm}$$

U, E_{pm}, E_{cm} en joules (J)

• l'énergie cinétique microscopique E_{cm} correspond à l'agitation thermique des particules, c'est-à-dire à leur mouvement désordonné ;
• l'énergie potentielle microscopique E_{pm} est due aux interactions entre les particules du système.

II. Les transferts d'énergie thermique

1. Les types de transferts thermiques

On distingue trois types de transferts thermiques entre un système et l'extérieur :
• la **conduction thermique :** elle s'effectue entre deux corps en contact qui possèdent des températures différentes. Le transfert s'effectue de proche en proche grâce aux chocs incessants des molécules du matériau qui relient les deux corps ;
• la **convection thermique :** elle s'effectue grâce à un mouvement de matière dans les fluides, qui se déplace des régions les plus chaudes vers les régions les plus froides ;
• le **rayonnement thermique :** il s'effectue sans contact, même dans le vide, porté par des rayonnements électromagnétiques (de longueurs d'onde comprises entre 0,1 μm et 100 μm).

L'énergie thermique est toujours transférée du corps à la température la plus élevée vers le corps à la température la plus basse.

2. La capacité thermique d'un corps

La **capacité thermique** C d'un corps mesure l'énergie thermique reçue par le corps lorsque celui-ci augmente sa température d'un degré. Elle a pour unité le joule par kelvin ($J \cdot K^{-1}$).

L'énergie thermique Q reçue par un corps de capacité thermique C, lorsque celui-ci passe d'une température T_1 à une température T_2, a pour expression :

$$Q = C \times (T_2 - T_1)$$

Q en joules (J)
C en joules par kelvin ($J \cdot K^{-1}$)
T_1, T_2 en kelvins (K)

Remarque Si la température du corps augmente ($T_1 < T_2$), alors $Q > 0$; tandis que si la température du corps diminue ($T_1 > T_2$), alors $Q < 0$.

3. Transfert thermique entre deux corps à des températures différentes

On considère une paroi plane de surface S et d'épaisseur L, dont les deux faces sont à des températures différentes, notées T_1 et T_2 :

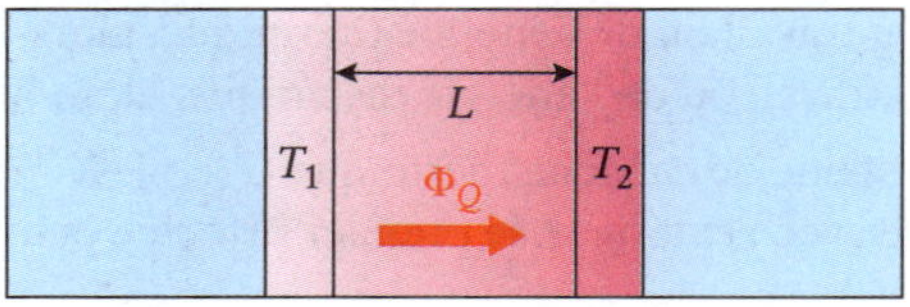

Le **flux thermique** Φ_Q est égal à l'énergie thermique traversant la paroi par seconde, de la face de température T_1 vers la face de température T_2. Il a pour unité le **watt (W)** et a pour expression :

$$\Phi_Q = \lambda \times S \times \frac{(T_1 - T_2)}{L}$$

Φ_Q en watts (W)
S en mètres carrés (m^2)
T_1, T_2 en kelvins (K)
L en mètres (m)
λ en watts par mètre par kelvin ($W \cdot m^{-1} \cdot K^{-1}$)

λ est appelée **conductivité thermique** et est caractéristique du matériau constituant la paroi.

Remarque Le flux thermique n'aura pas le même signe en fonction des valeurs relatives des températures des deux surfaces : si $T_1 > T_2$ alors $\Phi_Q > 0$ et si $T_1 < T_2$ alors $\Phi_Q < 0$.

- Un phénomène est dit **irréversible** si on ne peut pas assister au phénomène inverse. Le transfert d'énergie thermique d'un corps chaud vers un corps froid est un exemple de phénomène irréversible.
- La résistance thermique R_{TH} d'une paroi représente la capacité de celle-ci à s'opposer au passage d'un flux thermique entre les deux faces qui sont à des températures différentes :

$$R_{TH} = \frac{(T_1 - T_2)}{\Phi_Q} = \frac{L}{\lambda \times S}$$

R_{TH} en kelvins par watt ($K \cdot W^{-1}$)
T_1, T_2 en kelvins (K)
Φ_Q en watts (W)
L en mètres (m)
S en mètres carrés (m^2)
λ en watts par mètre par kelvin ($W \cdot m^{-1} \cdot K^{-1}$)

R_{TH} est toujours compté positivement.

III. Bilan d'énergie d'un système macroscopique

1. Le premier principe de la thermodynamique

- Considérons un système au repos qui échange de l'énergie avec l'extérieur. Ces échanges s'effectuent sous deux formes : le travail W des forces extérieures appliquées au système et l'énergie thermique Q qui est transférée entre le système et l'extérieur. La variation de son énergie interne U a alors pour expression :

$$\Delta U = W + Q$$

ΔU, W, Q en joules (J)

- Le travail et le transfert thermique étant comptés par rapport au système, ceci entraîne la **convention algébrique** suivante :
  - si le système reçoit du travail ou de l'énergie thermique, alors W et Q sont positifs ;
  - si le système cède du travail ou de l'énergie thermique, alors W et Q sont négatifs.
- Dans le cas où le système de capacité thermique C (en $J \cdot K^{-1}$) échange uniquement de l'énergie thermique avec l'extérieur, le premier principe peut s'écrire :

$\Delta U = C \times \Delta T$	ΔU en joules (J) C en joules par kelvin ($J{\cdot}K^{-1}$) ΔT en kelvins (K)

Remarque ΔT représente la variation de température du système entre son état final à la température T_2 et son état initial à la température T_1 : $\Delta T = T_2 - T_1$.

2. Travail d'une force de pression

- Le travail W correspond au travail des forces de pression qui s'exercent sur les parois délimitant le système. Si l'on considère un système dont le volume passe d'une valeur V_1 à une valeur V_2 sous l'effet d'une pression extérieure uniforme et constante P_{ext}, le travail de la force de pression exercée sur le système a pour expression :

$W = -P_{ext} \times (V_2 - V_1) = -P_{ext} \times \Delta V$	W en joules (J) P en pascals (Pa) V en mètres cubes (m^3)

Remarque En fonction des valeurs relatives du volume initial V_1 et du volume final V_2, le travail n'aura pas le même signe : si $V_1 > V_2$ alors $W > 0$ et si $V_1 < V_2$ alors $W < 0$.

- Point de vocabulaire :

Une transformation qui s'effectue à **pression extérieure constante** est dite **monobare**.
Une transformation qui s'effectue à **volume constant** est dite **isochore**.

POST BAC

I. La calorimétrie

> Voir l'exercice 4.

- La calorimétrie s'intéresse à la mesure des quantités de chaleur, effectuée à l'aide d'un appareil appelé le **calorimètre** : le modèle le plus connu, appelé calorimètre de Berthelot, consiste en un vase métallique contenant une masse m d'eau connue ; ce vase est lui-même placé à l'intérieur d'un système calorifugé qui permet de limiter au maximum les échanges thermiques avec l'extérieur :

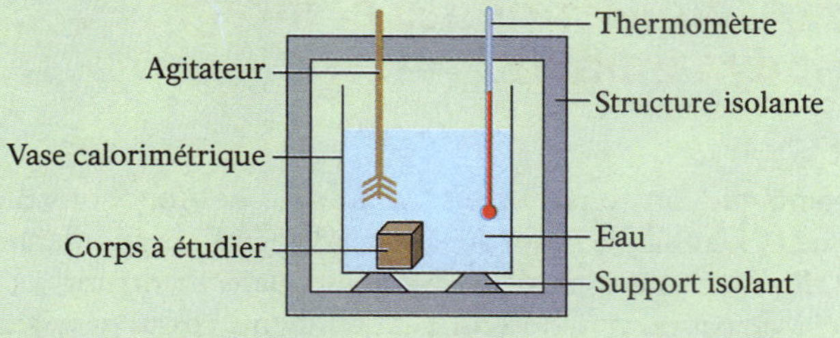

- **La fonction enthalpie,** notée H, est une fonction d'état définie par la relation :

$$H = U + P \times V$$

Au cours d'une transformation quelconque monobare, la variation de H peut s'écrire :
$\Delta H = \Delta U + P_{ext} \times \Delta V$
avec $\Delta U = W + Q = -P_{ext} \times \Delta V + Q$ (d'après le premier principe)
soit $\Delta H = -P_{ext} \times \Delta V + Q + P_{ext} \times \Delta V \Leftrightarrow \Delta H = Q$.

Dans une transformation monobare, la variation d'enthalpie est égale à la quantité de chaleur reçue par le système.

- La **chaleur massique à pression constante** c_P d'un corps est égale à l'énergie thermique reçue par une unité de masse de ce corps lorsque celui-ci voit sa température augmenter d'un degré lors d'une transformation monobare. Elle a pour unité le joule par kelvin par kilogramme ($J \cdot K^{-1} \cdot kg^{-1}$).

La capacité thermique d'un corps de masse m et de chaleur massique c_P peut alors s'exprimer par :

$$C = m \times c_P$$

- **Détermination expérimentale d'une chaleur massique par la méthode des mélanges**

On réalise l'expérience qui consiste à plonger un corps solide de masse m_c et de température T_c dans un calorimètre contenant une masse m_e d'eau à la température T_e. On mesure alors la température du « mélange » lorsqu'elle s'est stabilisée : T_M.

On note μ la masse d'eau qui aurait la même capacité thermique que le vase calorimétrique et ses accessoires (μ est appelée la « valeur en eau » du calorimètre) et c_{eau} la chaleur massique de l'eau dans les conditions de l'expérience ($c_{eau} \approx 4{,}18 \times 10^3\,J \cdot K^{-1} \cdot kg^{-1}$).

On considère que le système est constitué par le calorimètre, ses accessoires, l'eau et le corps. Si l'isolation thermique est totale, l'expérience se déroulant à pression constante (celle de l'atmosphère), l'enthalpie du système doit rester constante car aucun échange de chaleur Q n'est effectué avec l'extérieur : $\Delta H = Q \Leftrightarrow \Delta H = 0$.

On peut exprimer les variations d'enthalpie du calorimètre et du corps séparément :

$\Delta H_{calorimètre} = (\mu + m_{eau}) \times c_{eau} \times (T_M - T_e)$;

$\Delta H_{corps} = m_c \times c_{corps} \times (T_M - T_c)$ où c_{corps} est la chaleur massique inconnue du corps.

On obtient donc :

$$\Delta H = 0 \Leftrightarrow \Delta H_{corps} + \Delta H_{calorimètre} = 0$$

$$\Leftrightarrow m_c \times c_{corps} \times (T_M - T_c) + (\mu + m_{eau}) \times c_{eau} \times (T_M - T_e) = 0$$

soit : $$c_{corps} = \frac{(\mu + m_{eau}) \times c_{eau} \times (T_e - T_M)}{m_c \times (T_M - T_c)}.$$

II. Dérivées, différentielles et intégrales en thermodynamique

> Voir l'exercice 4.

En thermodynamique, on se retrouve souvent avec des fonctions d'état telles que l'énergie interne U, l'enthalpie H qui dépendent de plusieurs grandeurs à la fois (P, T, V…) : ce sont des fonctions à plusieurs variables. Dans de nombreux problèmes on doit faire appel à de petites variations de ces grandeurs, ce qui nécessite de connaître la notion de différentielle. La dérivation de ces fonctions et leur intégration sont également incontournables dans les exercices de thermodynamique.

a. Fonctions d'état

La description physique d'un système macroscopique nécessite la connaissance d'un certain nombre de paramètres appelés variables d'état : température T, volume V, pression P… On appelle fonction d'état une grandeur dépendant des variables d'état :

ces fonctions, telles que l'énergie interne U ou l'enthalpie H, sont des fonctions à plusieurs variables.
On appelle variables d'état indépendantes les paramètres physiques qui sont nécessaires et suffisants pour décrire le système : l'état macroscopique d'un système est bien défini si on connaît la valeur numérique de toutes les variables d'état indépendantes.

b. Dérivation d'une fonction d'état

Soit une fonction à plusieurs variables $f(x,y,z) = 3 \times x^2 + \dfrac{1}{y} - 2 \times x \times z$.

On définit les trois dérivées partielles de cette fonction f :

$$\frac{\partial f}{\partial x} = 6 \times x - 2 \times z \ ; \ \frac{\partial f}{\partial y} = \frac{-1}{y^2} \ ; \ \frac{\partial f}{\partial z} = -2 \times x.$$

On considère maintenant l'énergie interne U qui dépend de deux variables d'état : T et V.

On peut alors associer deux dérivées partielles à $U(T, V)$: $\left(\dfrac{\partial U}{\partial T}\right)_V$ et $\left(\dfrac{\partial U}{\partial V}\right)_T$.

c. Notion de différentielle

Soit une fonction $f(x)$ à une variable. On lui associe une différentielle df définie par $\mathrm{d}f = \dfrac{\mathrm{d}f}{\mathrm{d}x} \times \mathrm{d}x$ où $\dfrac{\mathrm{d}f}{\mathrm{d}x}$ est la dérivée de f par rapport à x.

Soit une fonction $f(x,y,z)$ à plusieurs variables. On lui associe une différentielle $\mathrm{d}f$ définie par $\mathrm{d}f = \dfrac{\partial f}{\partial x} \times \mathrm{d}x + \dfrac{\partial f}{\partial y} \times \mathrm{d}y + \dfrac{\partial f}{\partial z} \times \mathrm{d}z$ où $\dfrac{\partial f}{\partial x}, \dfrac{\partial f}{\partial y}, \dfrac{\partial f}{\partial z}$ sont les dérivées partielles de f par rapport à x, y, z.

On considère maintenant l'énergie interne U qui dépend de deux variables d'état : T et V.

On peut alors lui associer la différentielle dU :

$$\mathrm{d}U = \left(\frac{\partial U}{\partial T}\right)_V \times \mathrm{d}T + \left(\frac{\partial U}{\partial V}\right)_T \times \mathrm{d}V.$$

d. Intégration d'une fonction d'état

Quelques intégrales à connaître :

$$\int_a^b x^n \,\mathrm{d}x = \left[\frac{x^{n+1}}{n+1}\right]_a^b \text{ pour } n \geqslant 0 \ ; \ \int_a^b \frac{1}{x}\,\mathrm{d}x = [\ln(x)]_a^b \ .$$

Pour l'énergie interne U qui dépend des deux variables d'état T et V :

$$\Delta U = U_B - U_A = \int_a^b \mathrm{d}U = \int_a^b \left(\frac{\partial U}{\partial T}\right)_V \times \mathrm{d}T + \left(\frac{\partial U}{\partial V}\right)_T \times \mathrm{d}V$$

$$= \int_{T_a}^{T_b} \left(\frac{\partial U}{\partial T}\right)_V \times \mathrm{d}T + \int_{V_a}^{V_b} \left(\frac{\partial U}{\partial V}\right)_T \times \mathrm{d}V.$$

MÉTHODES ET STRATÉGIES

1 Effectuer un bilan d'énergie

> Voir les exercices 1, 2, 3 et 4 mettant en œuvre cette méthode.

Méthode

Pour établir un bilan d'énergie, il faut respecter scrupuleusement les étapes suivantes :

> **Étape 1 :** Définir le système macroscopique qui est étudié. Cela peut être un gaz enfermé dans un récipient, un liquide se déplaçant dans un tuyau, un solide… Tout ce qui n'appartient pas au système constitue « l'extérieur ».

> **Étape 2 :** Trouver les différents modes de transfert d'énergie entre le système et l'extérieur. Cela peut être le travail des forces de pression (noté W), un transfert thermique par conduction, convection ou rayonnement (noté Q).

> **Étape 3 :** Assigner un signe à chaque transfert : si le système reçoit de l'énergie, le transfert sera comptabilisé positivement ; si le système perd de l'énergie, le transfert sera comptabilisé négativement.

> **Étape 4 :** Appliquer le premier principe de la thermodynamique : $\boldsymbol{\Delta U = W + Q}$.

Exemple

On réalise une expérience dans laquelle un gaz se trouve enfermé dans un récipient muni d'un piston. Une des parois du récipient est en contact avec un thermostat à la température fixe T_1. Le gaz occupe initialement un volume V_0 et sa température est égale à T_0. Toutes les parois du récipient (y compris le piston) sont calorifugées, à l'exception de celle en contact avec le thermostat. À la fin de l'expérience le volume du gaz est égal à V_1 et sa température est celle du thermostat, soit T_1. Pendant toute l'expérience, la pression extérieure est constante et égale à la pression atmosphérique P_{atm}.
Le système étudié est le gaz.

1. Identifier les différents modes de transfert d'énergie et préciser le type du transfert thermique en action.

2. Dans quel sens s'effectue le transfert thermique si la température du thermostat est supérieure à la température initiale du gaz ? En déduire le signe de Q.

3. Au cours de l'expérience, le volume du gaz augmente : quel sera le signe du travail des forces de pression W ?

4. Exprimer la variation d'énergie interne du système. On notera C_{gaz} la capacité thermique du gaz.
Calculer cette variation d'énergie interne.

Données : $V_0 = 1{,}5$ L ; $V_1 = 2{,}0$ L ; $T_0 = 20$ °C ; $T_1 = 25$ °C ; $C_{gaz} = 3{,}0\ \text{J·K}^{-1}$; $P_{atm} = 1{,}0 \times 10^5$ Pa.

Application

> **Étape 1 :** Les différents modes de transfert d'énergie sont d'une part le travail des forces de pression sur le gaz par l'intermédiaire du piston, et d'autre part le transfert

thermique entre le thermostat et le gaz. Ce transfert thermique est un transfert par conduction.

> **Étape 2 :** Le transfert thermique s'effectue du thermostat vers le gaz. On en déduit que le transfert thermique Q est positif.

> **Étape 3 :** Si au cours de l'expérience le volume du gaz augmente, alors le travail des forces de pression W est négatif.

> **Étape 4 :** On applique le premier principe :
$\Delta U = W + Q = -P_{\text{atm}} \times (V_1 - V_0) + C_{\text{gaz}} \times (T_1 - T_0)$.
Application numérique :
$\Delta U = -1{,}0 \times 10^5 \times (2{,}0 - 1{,}5) \times 10^{-3} + 3{,}0 \times (25{,}0 - 20{,}0) = -35\ \text{J}$.

SUJETS DE TYPE BAC

1 L'isolation thermique d'une habitation

90 min

Un exercice classique des épreuves actuelles, dont la résolution requiert une bonne analyse et exploitation des documents, ainsi qu'une parfaite maîtrise des notions essentielles du chapitre (résistance thermique, flux thermique, bilan d'énergie).

> Voir la méthode et stratégie 1.

La réduction de la consommation d'énergie est aujourd'hui un des enjeux majeurs en France. Les logements représentant près de 43 % de cette consommation, des efforts ont été réalisés depuis plus de dix ans pour améliorer à la fois l'isolation des vieux bâtiments et pour construire de nouvelles habitations plus économes en énergie.

DOC. 1 Le béton cellulaire, une alternative pour une bonne isolation ?

Le béton cellulaire est un matériau de construction destiné au gros œuvre, c'est-à-dire toutes les structures devant supporter de fortes contraintes de la part du bâtiment. On le fabrique à partir de matières premières naturelles, telles que l'eau, le sable, le ciment, la poudre d'aluminium et l'air. Actuellement près d'un demi-million de maisons individuelles sont construites chaque année avec ce matériau en Europe, principalement en Europe du Nord.

L'intérêt de ce matériau est d'être un excellent isolant thermique : c'est un matériau dit à isolation répartie et qui ne nécessite pas d'ajouter un autre matériau d'isolation complémentaire. En effet, en volume, l'air représente la majeure partie du matériau et il possède d'excellentes qualités d'isolation thermique : avec 1 mètre cube de matière première (sable, eau, ciment et poudre d'aluminium), on fabrique 5 mètres cubes de béton cellulaire, soit un bloc composé de 20 % de matière et 80 % d'air. Actuellement, on peut fabriquer du béton cellulaire avec une conductivité thermique pouvant aller jusqu'à 0,09 $W \cdot m^{-1} \cdot K^{-1}$. Ce matériau est très utilisé dans les pays d'Europe du Nord mais a du mal à s'imposer en Europe du Sud où l'isolation des habitations se fait par l'intérieur : pose de plaques de laine de verre, doublage par un mur de briques… Ce type d'isolation est beaucoup moins efficace car près de 40 % des pertes en énergie se font par l'intermédiaire de ponts thermiques qui sont les jonctions des murs extérieurs, des murs et des planchers…

DOC. 2 Conductivité thermique λ de quelques matériaux à température ambiante

Matériau	Béton	Bois	Cuivre	Fer	Laine de verre	Verre
λ ($W \cdot m^{-1} \cdot K^{-1}$)	1	0,1	400	80	0,04	1

La conductivité de l'air est égale à 0,025 $W \cdot m^{-1} \cdot K^{-1}$.

Partie 1 – Bilan énergétique d'une habitation

On réalise la figure ci-dessous qui schématise les principaux transferts thermiques d'une habitation durant la période d'hiver :

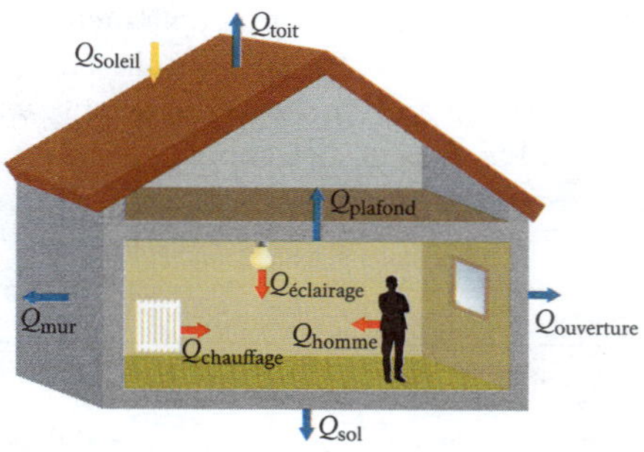

1. On prend comme système l'habitation toute entière.

a. Exprimer le transfert thermique Q_H associé à ce système.

b. Préciser les signes de chaque membre de Q_H.

c. Sachant que le transfert thermique solaire ne dépasse pas 20 % de la valeur absolue de la somme des autres transferts, prévoir comment va varier l'énergie interne U_H de l'habitation.

2. En été, la température moyenne de l'air extérieur est supérieure à celle de l'habitation, qui est elle-même supérieure à celle du sol. Préciser de nouveau les signes de chaque membre de Q_H.

3. On prend maintenant comme système l'air contenu dans la pièce de l'habitation en hiver.

a. Exprimer le transfert thermique Q_A associé à ce système.

b. Préciser les signes de chaque membre de Q_A.

c. Exprimer la variation d'énergie interne ΔU_A du système.

4. La variation d'énergie interne du système de la question précédente peut s'écrire également sous la forme : $\Delta U_A = m_A \times c_{PA} \times (T_2 - T_1)$, où m_A est la masse de l'air contenu dans la pièce en kilogrammes, c_{PA} la chaleur massique de l'air (égale à $c_{PA} \approx 1{,}00 \times 10^3\ \text{J·K}^{-1}\text{·kg}^{-1}$), T_2 la température finale et T_1 la température initiale.

a. Calculer la masse m_A sachant que l'air, de masse volumique égale à 1,29 g·L^{-1}, se trouve dans une pièce de surface S = 50,0 m^2 et de hauteur de plafond H = 2,50 m.

b. La capacité thermique du système est égale à $C_A \approx 1{,}61 \times 10^5\ \text{J·K}^{-1}$. Retrouver la valeur de la masse m_A de l'air par un autre calcul.

c. Exprimer le transfert thermique que doit fournir le chauffage $Q_{chauffage}$ si l'on désire maintenir la température de la pièce constante au cours du temps.

5. On prend comme système la toiture de l'habitation.

a. Exprimer le transfert thermique Q_T associé à ce système.

b. Trouver la relation mathématique entre les membres de Q_T si la température de la toiture reste constante.

Partie 2 – L'intérêt du double vitrage

Le double vitrage est composé d'un système de deux vitres de mêmes dimensions séparées par une couche d'air : ceci permet d'améliorer l'isolation thermique des habitations. Pour mettre en évidence l'intérêt d'un tel dispositif, on réalise une expérience en mettant en contact une des faces vitrées avec une surface thermostatée (dont la température est constante et peut être fixée manuellement) de température T_0, et en mesurant la température T_1 de la seconde face vitrée qui est au contact de l'air ambiant. On reproduit la même expérience en remplaçant le double vitrage par une vitre de même épaisseur e que le double vitrage. Les expériences sont réalisées sur la même durée Δt de sorte que le transfert thermique Q à travers les deux systèmes soit le même. On obtient les résultats suivants, pour une épaisseur e égale à 30 mm.

Expérience 1 (double vitrage)	$T_0 = 5{,}0°C$	$T_1 = 20{,}0°C$
Expérience 2 (simple vitrage)	$T_0 = 5{,}0°C$	$T_1 = 18{,}5°C$

Le flux thermique Φ_Q traversant les systèmes est égal à 1 500 W.

1. Exprimer la résistance thermique R_{TH} en fonction des températures T_0 et T_1 ainsi que du flux thermique Φ_Q. Sans calcul, montrer pourquoi la résistance thermique du double vitrage est supérieure à celle du vitrage simple.

2. Calculer les résistances thermiques de chacun des systèmes.

3. L'expérience a duré 35 min. Trouver la valeur du transfert thermique Q à travers chacun des sytèmes.

4. La surface vitrée S est égale à 3,33 m^2. Trouver la conductivité thermique λ_V du verre.

5. On réalise une série d'expérience en remplaçant l'air par d'autres gaz (qui sont les gaz rares, représentant moins de 1 % de l'atmosphère en volume) dans le double vitrage et on obtient les résultats suivants :

Expérience 1 (air)	$T_0 = 5°C$	$T_1 = 20{,}0°C$
Expérience 2 (argon)	$T_0 = 5°C$	$T_1 = 20{,}9°C$
Expérience 3 (krypton)	$T_0 = 5°C$	$T_1 = 20{,}5°C$

Est-il avantageux de remplacer l'air par un autre gaz ? Quel inconvénient cela peut-il avoir ?

Partie 3 – Laine de verre ou béton cellulaire ?

En exploitant les documents, rédiger en une dizaine de lignes une étude comparée de l'utilisation de la laine de verre et du béton cellulaire.

2 La science au service du vêtement

90 min

Un excellent exercice pour tester sa maîtrise des principales formules du cours ainsi que sa capacité à extraire les informations utiles de documents. Il permet également de revoir la notion importante d'incertitudes sur les mesures.

> Voir la méthode et stratégie 1, ainsi que l'annexe sur les calculs d'incertitudes de mesure.

DOC. 1 L'isolation thermique par les vêtements

Un vêtement destiné à être porté en hiver doit répondre à trois critères : protéger du froid, de l'humidité et couper le vent. Pour ce faire, l'idéal est de porter sur soi trois couches de vêtements :

• une première couche extérieure constituée par un textile imperméable à maillage fin afin d'être également coupe-vent ;
• une seconde couche intermédiaire, plus épaisse, piégeant de l'air et permettant d'éviter le contact entre la peau et la couche extérieure ;
• une troisième couche, près du corps, destiné à évacuer la transpiration.
Les trois couches d'air entre la peau et les vêtements jouent aussi un rôle d'isolation.

DOC. 2 La mesure d'une résistance thermique

Pour mesurer la résistance thermique d'un matériau, on place celui-ci entre deux plaques d'aluminium dont la résistance thermique est négligeable devant celle du matériau. La première plaque est maintenue grâce à un bain thermostaté à une température T_1 inférieure à la température ambiante (typiquement inférieure à 10 °C), tandis que la seconde plaque est maintenue à la température ambiante T_2 (environ 20 °C) grâce à un dispositif électrique tel qu'un conducteur ohmique chauffant. La puissance perdue par effet Joule par le conducteur permet de maintenir constante la température T_2.
Le flux thermique Φ_Q traversant le matériau s'identifiant avec la puissance cédée P par le conducteur ohmique par effet Joule, on peut ainsi calculer la résistance thermique du matériau : $R_{TH} = \dfrac{|T_2 - T_1|}{\Phi_Q} = \dfrac{|T_2 - T_1|}{P}$.

Partie 1 – Les couches d'un vêtement

L'air est un excellent isolant thermique mais a le désavantage d'être très mobile, ce qui entraîne un transfert rapide de l'énergie thermique des zones chaudes (à l'intérieur du vêtement) vers les zones froides situées à l'extérieur du vêtement.

1. Quel est le mode de transfert thermique auquel il est fait allusion ?

2. On a répertorié dans le tableau suivant les résistances thermiques de quelques matériaux souples destinés à la fabrication des vêtements. La surface S est prise égale à 1,00 m^2 et l'épaisseur e à 4,0 mm.

Matériau	Coton	Cuir	Laine	Nylon
R_{TH} (K·W^{-1})	0,098	0,022	0,100	0,016
Propriétés	Long à sécher	Perméable	Long à sécher	Imperméable et coupe-vent

a. Citer le matériau que l'on peut utiliser pour la fabrication de vêtements d'hiver.

b. Calculer les conductivités thermiques de la laine et du nylon, puis les comparer. Ce résultat pouvait-il être prévisible sans même faire le calcul ?

c. Proposer la composition d'un vêtement d'hiver qui permette à la fois d'affronter la pluie et le vent.

d. Sachant que les résistances thermiques sont additives, calculer la résistance thermique d'un vêtement constitué d'une couche extérieure de nylon d'épaisseur e_1 égale à 2,0 mm associée à une couche intérieure de laine d'épaisseur e_2 égale à 5,0 mm. La surface S_V totale du vêtement est égale à 2,5 m^2.

3. Dans l'industrie du vêtement, on utilise pour caractériser l'isolation thermique d'un vêtement une unité appelée le clo. On définit donc une grandeur notée R_{ITH}, appelée isolation thermique et exprimée en clo.

Vêtement (de surface 2,0 m^2)	Tenue d'été	Tenue de ski	Équipement polaire léger	Duvet polaire
R_{ITH} (clo)	0,4	2,0	3,0	8,0

Par définition on a 1 clo = 0,155 W·m^2·K^{-1}. On montre que l'isolation thermique d'un vêtement de surface S (en m^2), d'épaisseur e (en m) et composé d'un matériau de conductivité thermique λ (en W·m^{-1}·K^{-1}) peut s'exprimer par $R = e \times \lambda \times S$.

a. Montrer qu'un textile en coton de surface S = 100 m^2 et d'épaisseur e égale à 3,8 cm, possède une isolation thermique R de 1,0 clo. On donne la conductivité thermique du coton : λ = 0,0408 W·m^{-1}·K^{-1}.

b. Pourrait-on, en pratique, réaliser des vêtements de ski de surface égale à 2,0 m^2 répondant aux normes d'isolation thermique uniquement en laine ?

4. La température d'équilibre T_{eq} correspond à la température extérieure pour laquelle un corps vêtu d'un vêtement d'isolation thermique R donnée, est en équilibre thermique avec son environnement. On la calcule en tenant compte à la fois de la puissance thermique rayonnée P_r par le corps humain par mètre carré de surface (en W·m^{-2}) et de l'isolation thermique R (en clo).

La formule empirique de cette température d'équilibre a pour expression : $T_{eq} = 31 - 0{,}155 \times P_r \times R$.

On donne quelques valeurs estimées de P_r :

État	Sommeil	Repos	Marche lente	Marche rapide
P_r (W·m^{-2})	48	60	120	180

a. Calculer la température d'équilibre pour un promeneur en été.

b. Calculer la température d'équilibre pour un explorateur dormant dans un duvet polaire.

c. Expliquer pourquoi l'isolation thermique de l'équipement léger polaire est plus petite que celle du duvet polaire.

Partie 2 – Mesurer une résistance thermique

Un fabricant de vêtements désire comparer les qualités d'isolation thermique de divers feutres (étoffe faite d'un mélange de poils d'animaux agglomérés et compressés) destinés à être découpés pour réaliser des manteaux d'hiver. Il confie à un laboratoire de mesures le soin de lui donner le feutre le plus performant. Le protocole de l'expérience se fait selon les recommandations du document 2. La température T_1 est fixée à 9,0 °C et la température T_2 à 21,0 °C. Un appareil de mesure lui donne une mesure directe du flux thermique Φ_Q qui traverse l'ensemble constitué par les plaques d'aluminium et le matériau. Les résultats pour les trois types de feutres testés sont consignés dans le tableau suivant :

Type de feutre	Feutre 1	Feutre 2	Feutre 3
Φ_Q (W)	2,18	3,43	1,60

1. Calculer les résistances thermiques de chaque échantillon de feutre et indiquer celui qui est le plus performant du point de vue isolation thermique.

2. Le constructeur de l'appareil de mesure indique que les plaques d'aluminium ont une résistance thermique égale à $2{,}8 \times 10^{-2}$ K·W^{-1}.

a. Vérifier que la resistance thermique des plaques d'aluminium est bien négligeable vis-à-vis des résistances thermiques des matériaux testés.

b. Pour quelle raison ces plaques doivent-elles avoir une résistance thermique négligeable ?

3. La mesure du flux thermique a pour incertitude $U(\Phi_Q) = 0{,}02\,\text{W}$, tandis que celle sur les températures est égale à $U(T) = 0{,}1\,°\text{C}$.

a. Trouver un encadrement du flux thermique mesuré pour le feutre 3.

b. L'incertitude sur la mesure de l'écart de température $\Delta T = T_2 - T_1$ a pour expression : $U(\Delta T) = \sqrt{(U(T_1))^2 + (U(T_2))^2}$.
Calculer cette incertitude, puis donner un encadrement de ΔT.

c. L'expression de l'incertitude sur la mesure de la résistance thermique est la suivante :

$$U(R_{TH}) = R_{TH} \times \sqrt{\left(\frac{U(\ \ T)}{T}\right)^2 + \left(\frac{U(\Phi_Q)}{\Phi_Q}\right)^2}$$

Calculer cette incertitude pour le feutre 3, puis donner un encadrement de cette résistance thermique.

4. L'expérience a été réalisée en empilant entre les deux plaques d'aluminium 100 plaques de feutre d'épaisseur *e*.

a. Calculer la résistance thermique d'une seule plaque de feutre.

b. Justifier le fait que l'expérience ne pouvait être réalisée qu'avec une seule plaque de feutre.

c. Trouver quelle pourrait être la source d'une surévaluation de la résistance thermique de l'empilement.

SUJETS D'APPROFONDISSEMENT

3 Bilan et transfert d'énergie dans un moteur

90 min

Cet exercice permet de revoir la notion de bilan d'énergie à travers l'étude énergétique d'un moteur et d'introduire la notion importante de rendement. Il permet aussi de tester sa capacité à manipuler et à exploiter des formules littérales extraites de documents.

> Voir les méthodes et stratégies 1 et 2.

Le moteur à explosion à quatre temps est le moteur thermique le plus couramment utilisé dans l'industrie automobile pour équiper les véhicules. Nous allons étudier son fonctionnement et déterminer son rendement.

DOC. 1 Les quatre temps du moteur à explosion

Le fonctionnement d'un moteur à explosion se fait en quatre étapes appelées « temps » : l'admission, la compression, l'explosion-détente et enfin l'échappement.

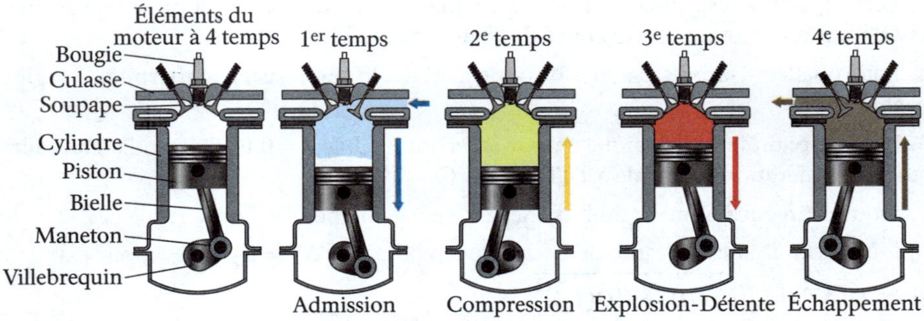

1er temps : le piston partant du « point mort haut » descend progressivement grâce au mouvement du vilebrequin, en aspirant le mélange air-carburant qui passe par la soupape d'admission (à droite), la soupape d'échappement (à gauche) étant fermée. Lorsque le piston arrive au « point mort bas », qui correspond à la fin de sa course, la soupape d'admission se ferme ;

2e temps : le piston remonte en comprimant le mélange air-carburant. Les deux soupapes sont fermées ;

3e temps : une étincelle (générée par une bougie) provoque l'explosion du mélange. Sous l'effet de celle-ci, le piston est renvoyé jusqu'à son point mort bas ;

4e temps : le piston partant du point mort bas, remonte progressivement en chassant les produits de la combustion qui passent par la soupape d'échappement (à gauche), la soupape d'admission (à droite) étant fermée.

DOC. 2 Adiabatique ou isotherme ?

Une transformation est dite **isotherme** si au cours de celle-ci la température T du système reste constante. Pour un gaz contenant n moles, subissant une variation de volume entre un volume initial V_1 et un volume final V_2, le travail des forces de pression a pour expression :

$$W = n \times R \times T \times \ln\left(\frac{V_1}{V_2}\right)$$

W en joules (J) ; n en moles (mol) ; T en kelvins (K) ; V en mètres cubes (m^3) ; R, constante des gaz parfaits : $R = 8{,}314\ J{\cdot}mol^{-1}{\cdot}K^{-1}$.

Une transformation est dite **adiabatique** si au cours de celle-ci le système n'échange aucune énergie thermique avec l'extérieur : le transfert thermique Q est nul. Pour un gaz contenant n moles, subissant une variation de volume et de pression entre initialement V_1 et P_1 puis finalement V_2 et P_2, le travail des forces de pression a pour expression :

$$W = \frac{P_2 \times V_2 - P_1 \times V_1}{\gamma - 1}$$

W en joules (J) ; V en mètres cubes (m^3) ; P en pascals (Pa) ; γ, constante sans unité caractéristique du mélange gazeux ($\gamma \approx$ **1,4** pour l'air).

DOC. 3 Le diagramme de Clapeyron

Il s'agit d'un graphique où on porte le volume V d'un système en abscisse et sa pression P en ordonnée. En fonction des transformations subies par le système qui est un gaz de quantité n connue, on représentera celles-ci par des courbes particulières :

- transformation isobare (pression constante) : portion de droite horizontale ;
- transformation isochore (volume constant) : portion de droite verticale ;
- transformation isotherme (température constante) : portion d'hyperbole.

Partie 1 – Exploitation du diagramme de Clapeyron du moteur à quatre temps

On donne le diagramme de Clapeyron des états du gaz choisi comme système, lors du fonctionnement du moteur à quatre temps. Le point M_0 représente l'état initial (volume V_0 pour le piston au point mort haut, pression P_0 égale à la pression atmosphérique). Lors du premier temps, le mélange aspiré atteint un volume V_1 (piston au point mort bas), et est représenté par le point M_1.

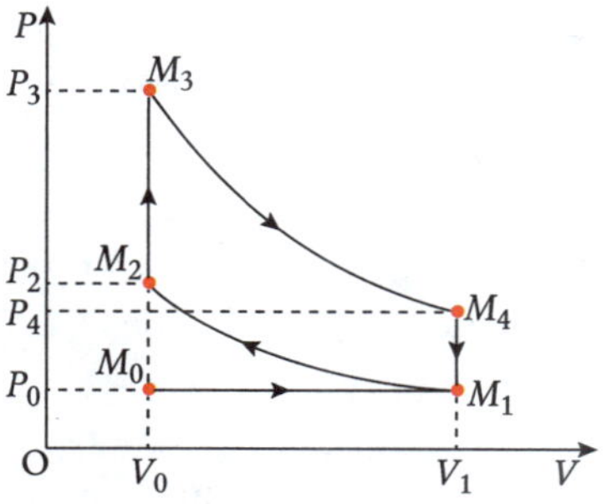

1. Le 1er temps correspond au trajet M_0M_1. Comment varient la pression et le volume au cours du 1er temps ?

2. Le 2e temps correspond au trajet M_1M_2.

a. Comment varient la pression et le volume au cours du 2e temps ?

b. Exprimer le travail des forces de pression sachant qu'au cours de ce 2e temps la température du système reste constante : $T_1 = T_2$.

c. Exprimer la variation d'énergie interne U au cours de ce 2e temps.

d. Comment varie-t-elle ? On précise que la fonction $\ln(x)$ est définie sur $[0 ; +\infty[$, qu'elle est positive pour $x > 1$ et négative pour $x < 1$.

3. Le 3e temps est représenté par les trajets M_2M_3 et M_3M_4.

a. Comment varient la pression et le volume au cours de ce 3e temps ?

b. Sur le trajet M_2M_3 la température augmente brusquement sous l'effet de la combustion des gaz en passant de la valeur T_2 à la valeur T_3. Exprimer le transfert thermique Q associé comme s'il s'agissait d'un transfert venant de l'extérieur. On notera $C_{\text{système}}$ la capacité thermique du système.

c. Sur le trajet M_3M_4 la transformation est adiabatique. Exprimer le travail des forces de pression sur ce trajet.

d. Exprimer la variation d'énergie interne U sur le 3e temps.

4. Le 4e temps est représenté par les trajets M_4M_1 et M_1M_0.

a. Comment varient la pression et le volume au cours de ce 4e temps ?

b. Sur le trajet M_4M_1 la température diminue brusquement jusqu'à sa valeur initiale, passant de T_4 à T_1. Exprimer la variation d'énergie interne U sur ce trajet.

c. Le gaz est ensuite refoulé sur le trajet M_1M_0. Exprimer le travail des forces de pression associé. Quel est son signe ?

Partie 2 – Le rendement du moteur

Sur le cycle ($M_1M_2M_3M_4M_1$) le système a fourni un travail W à l'extérieur. Sur ce même cycle, le système a été le lieu de deux transferts thermiques, Q_1 (au cours du 3e temps) et Q_2 (au cours du 4e temps) :

$Q_1 = C_{système} \times (T_3 - T_2)$ et $Q_2 = C_{système} \times (T_1 - T_4)$ avec $T_3 > T_2$ et $T_1 < T_4$.

1. Quels sont les signes de chaque transfert thermique ? Au cours de quel temps le système reçoit-il de l'énergie thermique ?

2. Le rendement r du moteur est défini par la relation suivante : $r = -\frac{W}{Q_1}$.

a. Exprimer la variation d'énergie interne U sur le cycle.

b. Sachant que le système décrivant un cycle revient à la fin dans son état initial, quelle est la variation d'énergie interne du système au cours de ce cycle ?

c. Exprimer le rendement du moteur en fonction de Q_1 et de Q_2.

d. Exprimer le rendement du moteur en fonction des températures T_1, T_2, T_3 et T_4.

e. Sachant qu'un rendement est toujours inférieur ou égal à 1, vérifier que la formule trouvée est cohérente. Quelle condition sur les différences de température doit-on avoir pour que ce rendement reste positif ?

POST BAC

4 Détermination de la chaleur massique d'un corps

60 min

La détermination des chaleurs massiques a été l'un des grands chantiers scientifiques du XIXe siècle. La méthode expérimentale utilisée est encore d'actualité et constitue une manipulation incontournable dans le supérieur.

> Voir les méthodes et stratégies 1 et 2, ainsi que le supplément de cours POST BAC.

On place dans un calorimètre de Berthelot une masse m_e d'eau. On note T_0 la température initiale du calorimètre et de l'eau contenue. Un corps solide de masse connue est sorti d'une étuve à la température T_1 et est rapidement placé dans le calorimètre. On mesure la température T_2 obtenue au bout d'un certain temps, qui est égale à la température commune du calorimètre, de l'eau et du corps solide.

Partie 1 – La méthode des mélanges

1. Pour calculer la valeur en eau µ du calorimètre qui est égale à la masse d'eau ayant la même capacité thermique que le calorimètre, on ajoute dans le calorimètre initialement vide à la température T_0 une masse M d'eau chaude à la température T_3. On mesure la température T_4 obtenue au bout d'un certain temps.
On rappelle que la chaleur massique de l'eau est : $c_{Peau} = 4{,}18 \times 10^3\ J{\cdot}kg^{-1}{\cdot}K^{-1}$.

a. Exprimer les variations d'enthalpie H_{eau} de l'eau et H_{calo} du calorimètre. On posera pour la capacité thermique du calorimètre : $C_{calo} = \mu \times c_{Peau}$.

b. Exprimer l'équation calorimétrique en supposant que l'isolation thermique est parfaite.

c. Trouver l'expression de µ puis la calculer.
Données : $M = 200$ g ; $T_0 = 20$ °C ; $T_3 = 40$ °C ; $T_4 = 25$ °C.

2. L'expérience est réalisée avec un cube de cuivre de masse m_{Cu} égale à 300 g plongé dans une masse d'eau m_e égale à 250 g placée dans le calorimètre. On a les valeurs suivantes : $T_0 = 15{,}0$ °C ; $T_1 = 89{,}0$ °C ; $T_2 = 17{,}3$ °C.
Calculer la chaleur massique c_{PCu} du cuivre.

Partie 2 – La règle de Dulong et Petit

Pour différents solides, qui sont des corps purs, on mesure la chaleur massique c_P. Les résultats sont consignés dans le tableau ci-dessous.

Corps	Al	Ag	Cu	Fe	Pb	Sb
M (g·mol^{-1})	27,0	108,0	63,5	55,8	207,0	122,0
c_P (×10^2 J·kg^{-1}·K^{-1})	9,2	2,3	3,9	4,5	1,2	2,1

La règle de Dulong et Petit est issue de l'expérience et stipule que, pour les températures ordinaires de l'ordre de 20 °C, on a : $\boldsymbol{M \times c_P \approx 25\ \text{J·mol}^{-1}\text{·K}^{-1}}$.

1. Montrer que les solides suivent la règle de Dulong et Petit.

2. Pour le carbone pur (diamant, M = 12,0 g·mol^{-1}), on trouve : c_P = 710 J·kg^{-1}·K^{-1}.

a. La règle de Dulong et Petit est-elle encore valable pour les éléments « légers » de masse molaire inférieure à 20 g·mol^{-1} ?

b. La chaleur massique c_P dépend de la température : c'est une fonction croissante de la température. On représente sur le graphique ci-dessous l'évolution du produit ($M \times c_P$) en fonction de la température. Trouver une explication à la conclusion du **2. a**.

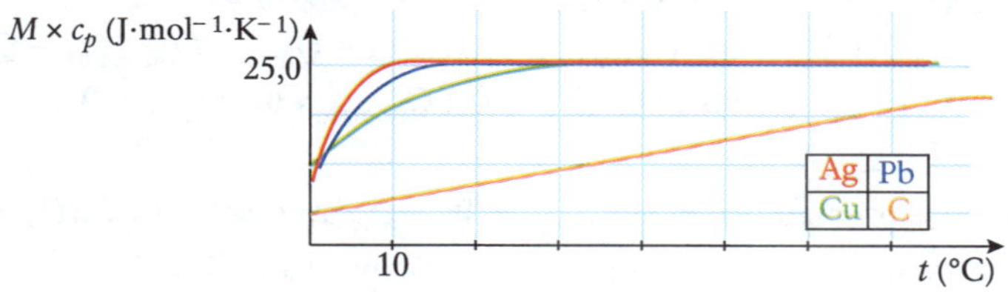

Partie 3 – Le cas des gaz

La chaleur massique d'un gaz c_P peut être repésentée par une formule du type : $\boldsymbol{c_P = a + b \times T + c \times T^2}$.

On donne les valeurs des coefficients pour quelques gaz, c_P étant en J·kg^{-1}·K^{-1} et T en K :

Gaz	a	b	c
Dihydrogène	14,6	$-4,2 \times 10^{-4}$	$1,0 \times 10^{-6}$
Dioxygène	0,80	$4,1 \times 10^{-4}$	$-1,2 \times 10^{-7}$
Vapeur d'eau	1,69	$5,4 \times 10^{-4}$	$6,7 \times 10^{-7}$

1. Quel est le gaz pour lequel on est sûr que la chaleur massique est une fonction croissante de la température ?

2. Exprimer la chaleur massique moyenne entre T_1 et T_2 : $\overline{c_P} = \dfrac{\int_{T_1}^{T_2} c_P(T) \times \mathrm{d}T}{(T_2 - T_1)}$.

3. Calculer cette chaleur massique moyenne entre 290 K et 300 K, puis entre 630 K et 640 K pour la vapeur d'eau.

CORRIGÉS

1 L'isolation thermique d'une habitation

Partie 1

1. a. $Q_H = Q_{toit} + Q_{Soleil} + Q_{mur} + Q_{ouverture} + Q_{sol}$.

b. $Q_{toit} < 0$; $Q_{Soleil} > 0$; $Q_{mur} < 0$; $Q_{ouverture} < 0$; $Q_{sol} < 0$.

Le transfert thermique est négatif si le système perd de l'énergie et est positif dans le cas contraire.

c. Si le transfert thermique solaire ne dépasse pas 20 % de la valeur absolue de la somme des autres transferts, alors Q_H est négatif. On en déduit que l'énergie interne U_H de l'habitation va diminuer car d'après le premier principe : $\Delta U_H = Q_H$ **car** $W = 0$ donc $\Delta U_H < 0$.

2. On sait que le transfert thermique entre deux corps s'effectue toujours du corps le plus chaud vers le corps le plus froid. On en déduit les signes suivants :
$Q_{toit} > 0$; $Q_{Soleil} > 0$; $Q_{mur} > 0$; $Q_{ouverture} > 0$; $Q_{sol} < 0$.

3. a. $Q_A = Q_{plafond} + Q_{chauffage} + Q_{éclairage} + Q_{homme} + Q_{mur} + Q_{ouverture} + Q_{sol}$.

b. $Q_{plafond} < 0$; $Q_{chauffage} > 0$; $Q_{éclairage} > 0$; $Q_{homme} > 0$; $Q_{mur} < 0$;
$Q_{ouverture} < 0$; $Q_{sol} < 0$.

c. On applique le premier principe : $\Delta U_A = W + Q_A$ **avec** $W = 0 \Rightarrow \Delta U_A = Q_A$.

4. a. La pièce est un pavé dont le volume a pour expression : $V = S \times H$.
La masse m_A a pour expression :
$m_A = \rho_{air} \times V = \rho_{air} \times S \times H = 1{,}29 \times 10^3 \times 2{,}50 \times 50{,}0 = 1{,}61 \times 10^5 \text{ g} = 161 \text{ kg}$.

Penser à convertir la masse volumique en $g \cdot m^{-3}$: $1 \text{ g} \cdot L^{-1} = 10^3 \text{ g} \cdot m^{-3} = 1 \text{ kg} \cdot m^{-3}$.

b. La capacité thermique C_A peut s'écrire : $C_A = m_A \times c_{pA}$.

On en déduit la masse : $m_A = \dfrac{C_A}{c_{pA}} = \dfrac{1{,}61 \times 10^5}{1{,}00 \times 10^3} = 1{,}61 \times 10^2 \text{ kg} = 161 \text{ kg}$.

c. Si la température reste constante, alors $T_2 = T_1$. D'après l'expression de la variation d'énergie interne du système, ceci implique que : $\Delta U_A = 0$.
Sachant que $\Delta U_A = Q_A$, on en déduit la relation suivante :
$0 = Q_{plafond} + Q_{chauffage} + Q_{éclairage} + Q_{homme} + Q_{mur} + Q_{ouverture} + Q_{sol}$;
soit $Q_{chauffage} = -(Q_{plafond} + Q_{éclairage} + Q_{homme} + Q_{mur} + Q_{ouverture} + Q_{sol})$.

5. a. $Q_T = Q_{plafond} + Q_{Soleil} + Q_{toit}$

b. Si la température de la toiture reste constante, alors :
$Q_T = 0 \Leftrightarrow Q_{plafond} + Q_{Soleil} + Q_{toit} = 0$.

Partie 2

1. On a : $R_{TH} = \dfrac{|T_0 - T_1|}{\Phi_Q}$.

On constate que $|T_0 - T_1|$ est plus grand dans l'expérience 1 que dans l'expérience 2.

Le flux thermique Φ_Q étant constant, on en déduit que la résistance thermique du double vitrage (expérience 1) est supérieure à celle du simple vitrage (expérience 2).

2. Pour le double vitrage : $R_{TH} = \dfrac{|5,0 - 20,0|}{1\,500} = 1,00 \times 10^{-2}\ \text{K·W}^{-1}$.

Pour le simple vitrage : $R_{TH} = \dfrac{|5,0 - 18,5|}{1500} = 9,00 \times 10^{-3}\ \text{K·W}^{-1}$.

Une variation de température en kelvins ou en degrés Celsius a la même valeur.

3. $Q = \Phi_Q \times \Delta t = 1500 \times 35 \times 60 = 3,150 \times 10^6$ J.

La durée est en secondes : 1 min = 60 s.

4. On utilise la formule : $\Phi_Q = \lambda_V \times S \times \dfrac{(T_1 - T_0)}{e} \Leftrightarrow \lambda_V = \dfrac{\Phi_Q \times e}{S \times (T_1 - T_0)}$

On prend les valeurs de l'expérience 2 : $e = 30$ mm ; $T_0 = 5,0$ °C ; $T_1 = 18,5$ °C ; $\Phi_Q = 1\,500$ W ; $S = 3,33$ m^2.

Application numérique : $\lambda_V = \dfrac{1500 \times 30 \times 10^{-3}}{3,33 \times (18,5 - 5,0)} = 1,0\ \text{W·m}^{-1}\text{·K}^{-1}$.

5. Oui, il est avantageux de remplacer l'air par un autre gaz, car on constate que l'écart en température $|T_0 - T_1|$ est plus grand pour les deux gaz que pour l'air, ce qui implique que la résistance thermique sera supérieure. L'inconvénient sera la difficulté d'isoler ces gaz et d'en obtenir des quantités suffisantes : ceci entraînera des surcoûts de fabrication.

Partie 3

Le béton cellulaire et la laine de verre ont un point commun, celui d'être des isolants thermiques. Leurs conductivités thermiques sont très faibles : 0,09 W·m^{-1}·K^{-1} pour le béton cellulaire et 0,04 W·m^{-1}·K^{-1} pour la laine de verre. La conductivité thermique de la laine de verre est deux fois plus petite que celle du béton cellulaire, ce qui la rend plus efficace en termes d'isolation thermique.

Néanmoins, l'avantage du béton cellulaire est d'être à la fois un matériau de construction et un matériau à isolation répartie. Son utilisation pour fabriquer une maison ne nécessite pas d'avoir une isolation supplémentaire. De plus, il s'avère que les principales pertes sont dues aux ponts thermiques qui correspondent aux jonctions : l'utilisation de la laine de verre ne supprime pas ces jonctions entre matériaux différents, alors que le béton cellulaire supprime celle entre l'isolant et le mur.

En conclusion, l'utilisation du béton cellulaire constitue l'avenir en termes d'isolation thermique d'une habitation.

2 La science au service du vêtement

Partie 1

1. Le mode de transfert thermique auquel il est fait allusion est la convection.

2. a. Le nylon est le matériau que l'on peut utiliser pour la fabrication de vêtements d'hiver car il permet à la fois de se protéger des intempéries et du vent, et possède de bonnes qualités en termes d'isolation thermique.

b. On a : $R_{TH} = \dfrac{|T_2 - T_1|}{\Phi_Q} = \dfrac{e}{\lambda \times S} \Leftrightarrow \lambda = \dfrac{e}{R_{TH} \times S}$;

d'où : $\lambda_{nylon} = \dfrac{e}{R_{TH} \times S} = \dfrac{4{,}0 \times 10^{-3}}{0{,}016 \times 1{,}00} = 0{,}25\ \text{W·K}^{-1}\text{·m}^{-1}$;

$\lambda_{laine} = \dfrac{4{,}0 \times 10^{-3}}{0{,}100 \times 1{,}00} = 0{,}040\ \text{W·K}^{-1}\text{·m}^{-1}$.

On constate que $\lambda_{nylon} > \lambda_{laine}$. Ce résultat était prévisible sans même faire le calcul, car e et S étant constants, la conductivité thermique est une fonction décroissante de R_{TH}.

c. Un vêtement d'hiver qui permet à la fois d'affronter la pluie et le vent est constitué de deux couches : une couche externe faite de nylon faisant office de coupe-vent et de coupe-pluie (car imperméable) et d'une couche interne en laine qui fait office d'isolant thermique.

d. $R_{TH}(\text{vêtement}) = R_{TH}(\text{nylon}) + R_{TH}(\text{laine}) = \dfrac{e_1}{\lambda_{nylon} \times S_V} + \dfrac{e_2}{\lambda_{laine} \times S_V}$

soit $R_{TH}(\text{vêtement}) = \dfrac{2{,}0 \times 10^{-3}}{0{,}25 \times 2{,}5} + \dfrac{5{,}0 \times 10^{-3}}{0{,}040 \times 2{,}5} = 0{,}053\ \text{K·W}^{-1}$.

3. a. *Application numérique :*

$R = e \times \lambda \times S = 3{,}8 \times 10^{-2} \times 0{,}0408 \times 100 = 0{,}16\ \text{W·m}^2\text{·K}^{-1} \Leftrightarrow \dfrac{0{,}16}{0{,}155} \approx 1{,}0\ \text{clo}$.

Penser à convertir e en mètres : 1 cm = 10^{-2} m.

b. Calcul de l'épaisseur d'un vêtement en laine ayant une isolation thermique égale à 2,0 clo pour une surface de 2,0 m^2 :

$R = e \times \lambda \times S \Leftrightarrow e = \dfrac{R}{\lambda \times S} = \dfrac{2{,}0 \times 0{,}155}{0{,}0408 \times 2{,}0} = 3{,}8\ \text{m}$.

Penser à convertir R pour le calcul : 1 clo = 0,155 W·m^2·K^{-1}.

Il est donc impossible de réaliser des vêtements de ski répondant aux normes d'isolation thermique uniquement en laine.

4. a. En été, un promeneur porte un vêtement d'isolation thermique égale à 0,4 clo, et a une puissance thermique rayonnée P_r = 120 W·m^{-2} équivalente à une marche lente, d'où : $T_{eq} = 31 - 0{,}155 \times 120 \times 0{,}4 \approx 24\ °\text{C}$.

b. Un explorateur dormant dans un duvet d'isolation thermique égale à 8,0 clo a une puissance thermique rayonnée P_r = 48 W·m^{-2} ;
d'où : $T_{eq} = 31 - 0{,}155 \times 48 \times 8{,}0 \approx -29\ °\text{C}$.

c. L'isolation thermique de l'équipement léger polaire est plus faible que celle du duvet polaire, car dans le premier cas, la personne est en mouvement et sa puissance thermique rayonnée P_r est supérieure à celle de la personne endormie : cela nécessite donc un équipement moins isolant.

Partie 2

1. On applique la formule $R_{TH} = \frac{|T_2 - T_1|}{\Phi_Q}$;

soit $R_{TH1} = \frac{|21{,}0 - 9{,}0|}{2{,}18} = 5{,}5\ K{\cdot}W^{-1}$; $R_{TH2} = 3{,}5\ K{\cdot}W^{-1}$; $R_{TH3} = 7{,}5\ K{\cdot}W^{-1}$.

Le feutre 3 est le plus performant d'un point de vue isolation thermique.

2. a. $\frac{R_{TH2}}{R_{TH\text{-plaques}}} = \frac{3{,}5}{2{,}8 \times 10^{-2}} = 125$ soit $R_{TH3} > R_{TH1} > R_{TH2} \gg R_{TH\text{-plaques}}$.

Les résistances thermiques des plaques d'aluminium sont bien négligeables vis-à-vis des résistances thermiques des matériaux testés.

b. Les plaques doivent avoir une résistance thermique négligeable car les résistances thermiques étant additives, la mesure ne nous donnerait pas uniquement la valeur de la résistance thermique du matériau testé, mais la somme de celle-ci et de celles des plaques.

3. La mesure du flux thermique a pour incertitude $U(\Phi_Q) = 0{,}02\ W$, tandis que celle sur les températures est égale à $U(T) = 0{,}1\ °C$.

a. $\Phi_Q - U(\Phi_Q) \leqslant \Phi_Q \leqslant \Phi_Q + U(\Phi_Q) \Rightarrow 1{,}58\ W \leqslant \Phi_Q \leqslant 1{,}62\ W$.

b. $U(\Delta T) = \sqrt{(U(T_1))^2 + (U(T_2))^2} = \sqrt{0{,}1^2 + 0{,}1^2} \approx 0{,}1\ °C$.

Pour $\Delta T = 12$ °C, on a l'encadrement :

$\Delta T - U(\Delta T) \leqslant \Delta T \leqslant \Delta T + U(\Delta T) \Rightarrow 11{,}9\ °C \leqslant \Delta T \leqslant 12{,}1\ °C$.

c. $U(R_{TH}) = 7{,}5 \times \sqrt{\left(\frac{0{,}1}{12}\right)^2 + \left(\frac{0{,}02}{1{,}60}\right)^2} = 0{,}1\ W{\cdot}K^{-1}$

soit $7{,}4\ W{\cdot}K^{-1} \leqslant R_{TH} \leqslant 7{,}6\ W{\cdot}K^{-1}$.

4. a. Les résistances thermiques étant additives :

$R_{TH3} = 100 \times R_{TH\text{-feutre}} \Leftrightarrow R_{TH\text{-feutre}} = \frac{R_{TH3}}{100} = 0{,}075\ W{\cdot}K^{-1}$.

b. Comparaison des résistances thermiques des plaques d'aluminium avec celle d'une seule plaque de feutre : $\frac{R_{TH\text{-feutre}}}{R_{TH\text{-plaques}}} = \frac{0{,}075}{2{,}8 \times 10^{-2}} \approx 2{,}7$.

On ne peut plus négliger les résistances thermiques des plaques d'aluminium.

c. L'origine d'une surévaluation de la résistance thermique de l'empilement pourrait être due à la mesure de la résistance thermique de l'air entre chaques plaques, ce qui nécessite donc de bien les compresser avant toute mesure.

3 Bilan et transfert d'énergie dans un moteur

Partie 1

1. Au cours du 1er temps, la pression est constante et le volume augmente ($V_0 < V_1$).

2. a. Au cours du 2e temps (trajet M_1M_2), la pression augmente ($P_0 < P_2$) et le volume diminue ($V_1 > V_0$).

b. Au cours de ce 2e temps, la température du système reste constante : $T_1 = T_2$. Il s'agit donc d'une transformation isotherme, où le volume passe de V_1 à V_0 ; donc : $W = n \times R \times T \times \ln\left(\frac{V_1}{V_0}\right)$.

c. D'après le premier principe : $\Delta U = W + Q$;
or $Q = 0$ car la transformation est isotherme : $Q = C_{gaz} \times \Delta T$ avec $\Delta T = 0$.
Donc : $\Delta U = W = n \times R \times T \times \ln\left(\frac{V_1}{V_0}\right)$.

d. Sachant que $V_1 > V_0$, on en déduit que $\ln\left(\frac{V_1}{V_0}\right) > 0$, donc U augmente car ΔU est positive.

3. a. Au cours du 3e temps (trajets M_2M_3 et M_3M_4), la pression diminue ($P_2 > P_4$) et le volume augmente ($V_0 < V_1$).

b. $Q = C_{\text{système}} \times \Delta T$ avec $\Delta T = T_3 - T_2$.

c. $W = \frac{P_4 \times V_1 - P_3 \times V_0}{\gamma - 1}$.

d. D'après le premier principe :

$$\Delta U = W + Q \Leftrightarrow \Delta U = \frac{P_4 \times V_1 - P_3 \times V_0}{\gamma - 1} + C_{\text{système}} \times (T_3 - T_2).$$

4. a. Au cours du 4e temps (trajets M_4M_1 et M_1M_0), la pression diminue ($P_4 > P_0$) et le volume diminue ($V_1 > V_0$).

b. $\Delta U = W + Q$; or $W = 0$ car le volume reste constant, d'où $\Delta U = C_{\text{système}} \times (T_1 - T_4)$.

c. Le travail s'effectue à pression P_0 constante : $W = -P_0 \times \Delta V = -P_0 \times (V_0 - V_1)$.
Sachant que $V_1 > V_0$, on en déduit que W sera positif.

Partie 2

1. Q_1 est positif tandis que Q_2 est négatif. Le système reçoit de l'énergie thermique au cours du 3e temps.

2. a. Expression de la variation d'énergie interne ΔU sur le cycle : $\Delta U = W + Q_1 + Q_2$.

b. La variation d'énergie interne du système au cours de ce cycle doit être nulle : on réalise la différence entre deux valeurs égales de U car correspondant au même état.

c. On a : $\Delta U = W + Q_1 + Q_2 \Rightarrow 0 = W + Q_1 + Q_2 \Rightarrow -W = Q_1 + Q_2$.

Le rendement a donc pour expression : $r = -\frac{W}{Q_1} = \frac{Q_1 + Q_2}{Q_1} = 1 + \frac{Q_2}{Q_1}$.

d. $r = 1 + \frac{Q_2}{Q_1} \Leftrightarrow r = 1 + \frac{C_{\text{système}} \times (T_1 - T_4)}{C_{\text{système}} \times (T_3 - T_2)} = 1 + \frac{(T_1 - T_4)}{(T_3 - T_2)}$.

e. On sait que $T_3 > T_2$ et $T_1 < T_4 \Rightarrow (T_3 - T_2) > 0$ et $(T_1 - T_4) < 0$

d'où $\frac{(T_1 - T_4)}{(T_3 - T_2)} < 0$.

Par conséquent, r est bien inférieur à 1, ce qui est cohérent.

Pour que r reste positif, il faudrait que $\left|\frac{(T_1 - T_4)}{(T_3 - T_2)}\right| \leqslant 1$.

POST BAC

4 Détermination de la chaleur massique d'un corps

Partie 1

1. a. $\Delta H_{calo} = C_{calo} \times (T_4 - T_0) = \mu \times c_{Peau} \times (T_4 - T_0)$ et $\Delta H_{eau} = M \times c_{Peau} \times (T_4 - T_3)$.

b. Si l'isolation thermique est parfaite, l'équation calorimétrique a pour expression :
$\Delta H = \Delta H_{calo} + \Delta H_{eau} = Q = 0$ soit $\mu \times c_{Peau} \times (T_4 - T_0) + M \times c_{Peau} \times (T_4 - T_3) = 0$.

c. On a :

$$\mu \times c_{Peau} \times (T_4 - T_0) + M \times c_{Peau} \times (T_4 - T_3) = 0$$

$$\mu = -\frac{M \times c_{Peau} \times (T_4 - T_3)}{c_{Peau} \times (T_4 - T_0)} = -\frac{M \times (T_4 - T_3)}{(T_4 - T_0)}$$

Application numérique : $\mu = -\frac{0{,}200 \times (25 - 40)}{(25 - 20)} = 0{,}600 \text{ kg} = 600 \text{ g}$.

2. L'équation calorimétrique a pour expression :
$\Delta H = Q \Rightarrow \Delta H_{calo} + \Delta H_{eau} + \Delta H_{cuivre} = Q$
or $Q = 0 \Rightarrow \Delta H_{calo} + \Delta H_{eau} + \Delta H_{cuivre} = 0$
soit $\mu \times c_{Peau} \times (T_2 - T_0) + m_e \times c_{Peau} \times (T_2 - T_0) + m_{Cu} \times c_{PCu} \times (T_2 - T_1) = 0$.
On isole c_{PCu} :

$$\mu \times c_{Peau} \times (T_2 - T_0) + m_e \times c_{Peau} \times (T_2 - T_0) + m_{Cu} \times c_{PCu} \times (T_2 - T_1) = 0$$

soit $c_{PCu} = -\frac{(\mu + m_e) \times c_{Peau} \times (T_2 - T_0)}{m_{Cu} \times (T_2 - T_1)}$.

Application numérique :

$$c_{PCu} = -\frac{(0{,}600 + 0{,}250) \times 4{,}18 \times 10^3 \times (17{,}3 - 15{,}0)}{0{,}300 \times (17{,}3 - 89{,}0)} = 380 \text{ J·K}^{-1}\text{·kg}^{-1}.$$

Partie 2

1. Les solides suivent bien la règle de Dulong et Petit d'après les résultats du tableau :

Corps	Al	Ag	Cu	Fe	Pb	Sb
$M \times c_P$ (J·mol^{-1}·K^{-1})	25	25	25	25	25	26

Penser à convertir la masse molaire en kg·mol^{-1} : 1 g·mol^{-1} = 10^{-3} kg·mol^{-1}.

2. a. Pour le carbone, on a : $M \times c_P \approx 8{,}5$ J·mol^{-1}·K^{-1}.
Le carbone, qui est un élément « léger », ne suit pas la règle de Dulong et Petit.

b. Le produit $M \times c_P$ augmente plus vite avec la température pour les éléments plus lourds tels que Ag, Pb ou Cu que pour les éléments plus légers tels que C. À température ambiante (20 °C) ce produit est déjà de l'ordre de 25 pour les éléments plus lourds, tandis que cette valeur ne sera atteinte pour les éléments plus légers qu'à des températures plus élevées.

Partie 3

1. Le gaz pour lequel on est sûr que la chaleur massique est une fonction croissante de la température est celui dont les coefficients b et c sont positifs : il s'agit de la vapeur d'eau.

2. La chaleur massique moyenne entre les températures T_1 et T_2 a pour expression :

$$\overline{c_P} = \frac{\int_{T_1}^{T_2}(a + b \times T + c \times T^2) \times \mathrm{d}T}{T_2 - T_1}$$

$$= \frac{1}{T_2 - T_1} \times \left(\int_{T_1}^{T_2} a \times \mathrm{d}T + \int_{T_1}^{T_2} b \times T \times \mathrm{d}T + \int_{T_1}^{T_2} c \times T^2 \times \mathrm{d}T \right)$$

$$= \frac{1}{T_2 - T_1} \times \left(a \times [T]_{T_1}^{T_2} + b \times \left[\frac{T^2}{2}\right]_{T_1}^{T_2} + c \times \left[\frac{T^3}{3}\right]_{T_1}^{T_2} \right)$$

soit $\overline{c_P} = \frac{1}{T_2 - T_1} \times \left(a \times (T_2 - T_1) + b \times \left(\frac{T_2^2}{2} - \frac{T_1^2}{2}\right) + c \times \left(\frac{T_2^3}{3} - \frac{T_1^3}{3}\right)\right)$

3. Calcul de $\overline{c_P}$ entre 290 K et 300 K :

$$\overline{c_P} = \frac{1}{300 - 290} \times \left(1{,}69 \times (300 - 290) + 5{,}4 \times 10^{-4} \times \left(\frac{300^2}{2} - \frac{290^2}{2}\right) + 6{,}7 \times 10^{-7} \times \left(\frac{300^3}{3} - \frac{290^3}{3}\right)\right)$$

soit $\overline{c_P} = 1{,}9\ \mathrm{J{\cdot}kg^{-1}{\cdot}K^{-1}}$.

Calcul de $\overline{c_P}$ entre 630 K et 640 K :

$$\overline{c_P} = \frac{1}{640 - 630} \times \left(1{,}69 \times (640 - 630) + 5{,}4 \times 10^{-4} \times \left(\frac{640^2}{2} - \frac{630^2}{2}\right) + 6{,}7 \times 10^{-7} \times \left(\frac{640^3}{3} - \frac{630^3}{3}\right)\right)$$

soit $\overline{c_P} = 2{,}3\ \mathrm{J{\cdot}kg^{-1}{\cdot}K^{-1}}$.

CHAPITRE 12

Introduction à la mécanique quantique

COURS

MÉTHODES ET STRATÉGIES

SUJETS DE TYPE BAC

SUJETS D'APPROFONDISSEMENT

CORRIGÉS

Introduction à la mécanique quantique

La mécanique quantique est la branche de la physique qui décrit la manière dont se comportent les objets microscopiques tels que les molécules, les atomes ou les particules élémentaires. Développée pendant la première moitié du XXe siècle, elle a complètement révolutionné la manière de voir le monde des physiciens.

I. Naissance de la mécanique quantique

1. L'effet photoélectrique selon Einstein

- À la fin du XIXe siècle, on ne parvenait pas à expliquer l'émission d'un corps noir et l'effet photoélectrique. Pour ce dernier phénomène, on constatait qu'une plaque de zinc reliée à un électroscope et chargée négativement se déchargeait lorsqu'on l'éclairait avec une lumière ultraviolette.

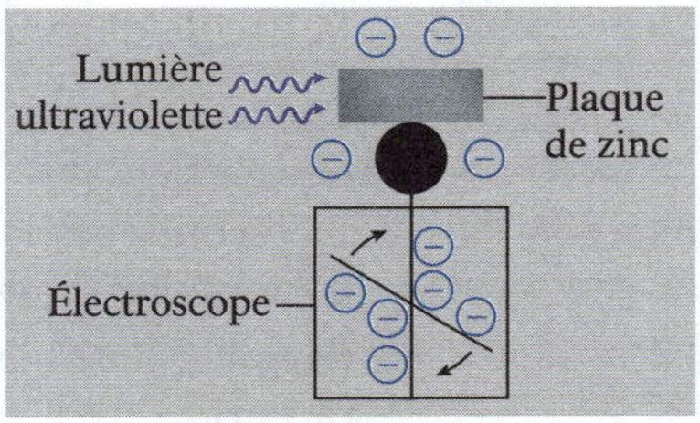

DOC. 1 Décharge d'une plaque de zinc sous l'effet photoélectrique. Les branches de l'électroscope se rapprochent.

- En 1905, Einstein interprète cet effet photoélectrique comme le résultat d'une interaction entre la lumière et les électrons : si un « grain de lumière », appelé **photon**, rencontre un électron avec une énergie suffisante, celui-ci est alors éjecté de la plaque de zinc (d'où la décharge de la plaque de zinc).

- Chaque photon possède une énergie correspondant au quantum de Planck :

$$E = h\nu \quad \text{ou } E = h \times \frac{c}{\lambda}$$

E, énergie du photon (en J)
ν, fréquence du rayonnement (en Hz)
λ, longueur d'onde (en m)
c, vitesse de la lumière (en $m \cdot s^{-1}$)
h, constante de Planck : $h = 6{,}626 \times 10^{-34}$ J·s

L'hypothèse d'Einstein est confirmée expérimentalement en 1924 par Arthur Compton.

2. Spectre d'émission et d'absorption des atomes

- L'énergie minimale d'un atome correspond à son état fondamental. Les niveaux d'énergie supérieurs sont des états excités. L'énergie du photon émis ou absorbé correspondra à la différence d'énergie suivante :

$$|E_n - E_m| = h\nu_{nm} = \frac{hc}{\lambda_{nm}}$$

ν_{nm}, fréquence du photon émis ou absorbé (en Hz)
λ_{nm}, longueur d'onde du photon émis ou absorbé (en m)
E_n, niveau d'énergie n (en J) ;
E_m, niveau d'énergie m (en J)
h, constante de Planck (en J·s)
c, célérité de la lumière dans le vide (en $m \cdot s^{-1}$)

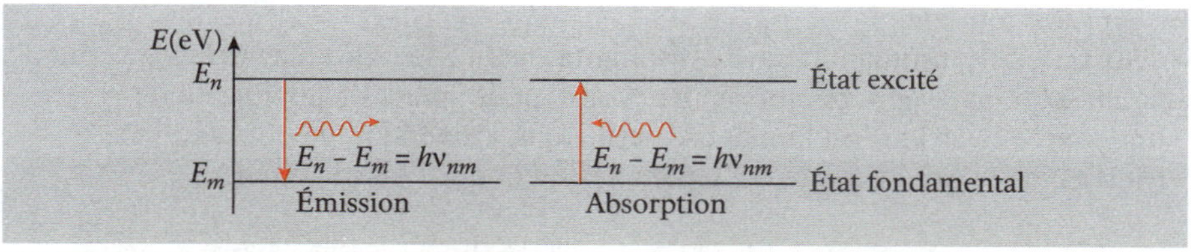

DOC. 2 Émission et absorption d'un photon entre deux niveaux d'énergie.

- L'émission ou l'absorption d'un photon se fait à des énergies bien précises : les transitions observées sont caractéristiques de l'atome étudié.

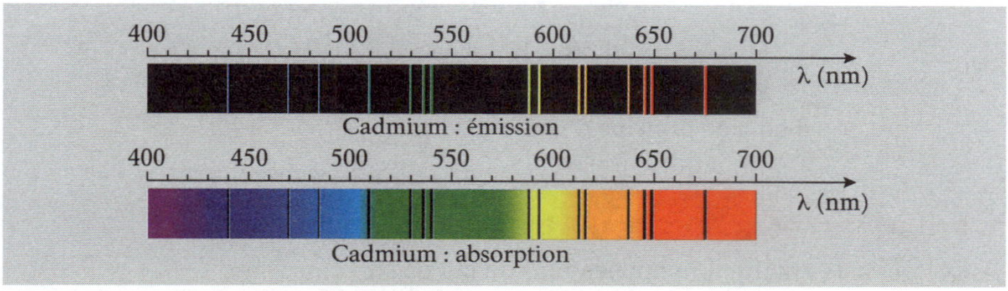

DOC. 3 Spectre d'émission et d'absorption du cadmium. On observe une correspondance entre les radiations émises et absorbées.

II. Les lasers

1. Principe de fonctionnement des lasers

- LASER signifie *Light Amplification by Stimulated Emission of Radiation* : amplification de lumière par émission stimulée de rayonnement (cette dernière ayant été prévue par Einstein).

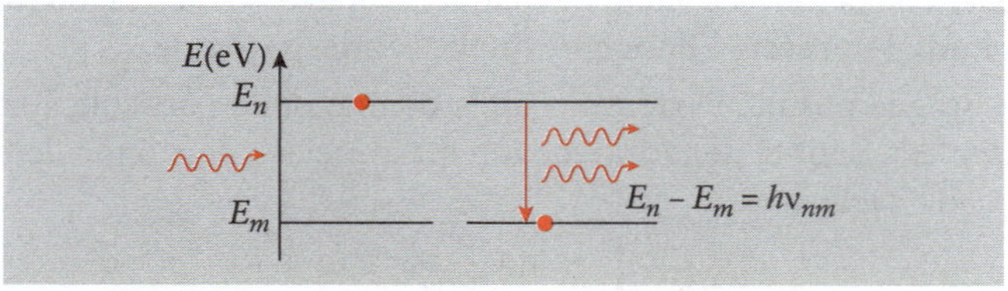

DOC. 4 Principe de l'émission stimulée.

- Lors d'une émission stimulée, le photon émis et le photon incident ont la **même fréquence**, la **même direction** et un **déphasage nul**.

- Un laser contient :
• deux miroirs constituant la **cavité résonante** ; la longueur de la cavité L doit vérifier la relation $2L = k\lambda$ (avec k, nombre entier positif) pour qu'il y ait amplification ;
• une source électrique ou lumineuse permettant l'**inversion de population** ;
• le cristal ou le gaz au centre contenant l'élément que l'on va exciter.

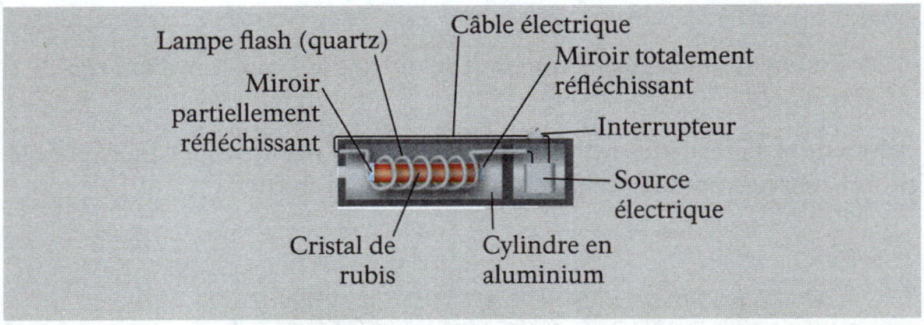

DOC. 5 Schéma de principe d'un laser.

2. Propriétés et applications du laser

- Le laser a de nombreuses applications du fait de ses propriétés :
• un faisceau très directif ;
• une lumière quasi monochromatique ;
• un faisceau lumineux cohérent.

- Les lasers sont des **sources lumineuses très intenses**, l'énergie est concentrée dans un faisceau de lumière très étroit.

III. Dualité onde-corpuscule

1. Dualité onde-corpuscule de la matière

- Le photon est un bon modèle pour décrire l'interaction lumière-matière. Cependant, les interférences ou la diffraction ne s'expliquent qu'avec le modèle ondulatoire de la lumière. **La lumière présente donc une dualité onde-particule.**

- Louis de Broglie postule l'extension de la dualité onde-particule à la matière. À toute particule de quantité de mouvement p est associée une « onde de matière » de longueur d'onde λ telle que :

$$p = \frac{h}{\lambda}$$

p en $kg \cdot m \cdot s^{-1}$
λ en m
h, constante de Planck

Cette relation permet de distinguer le domaine quantique du domaine macroscopique (voir la méthode et stratégie 2).

2. Vérification expérimentale

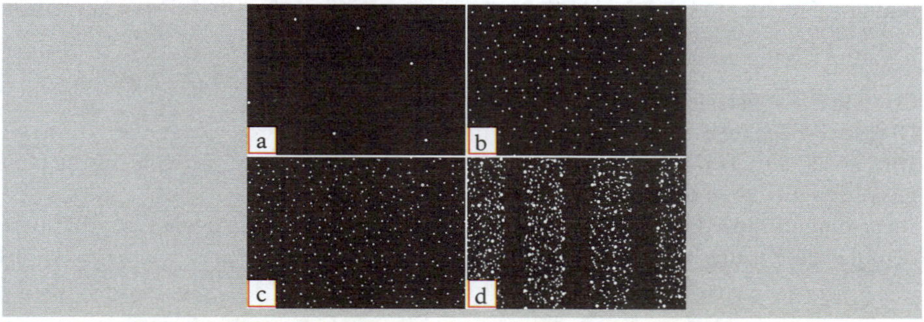

DOC. 6 Expérience des fentes d'Young. On fait passer des photons à travers deux fentes parallèles et on place un écran derrière dont la surface sensible permet de repérer les points d'impact des photons. La figure d'interfranges se construit au fur et à mesure que le nombre de photons augmente.

À partir du document 6, on déduit que :
- la position de l'impact des photons sur l'écran est **imprévisible** ;
- il est impossible de savoir par quelle fente est passé le photon ;
- la figure d'interférences apparaît lorsque l'on augmente le nombre de photons.

Les franges brillantes (d) sont des zones où la probabilité de présence du photon est maximale.

POST BAC

I. Fonction d'onde et relation d'incertitude d'Heisenberg

> Voir les exercices 10 et 11.

1. Fonction d'onde

L'état quantique d'une particule est caractérisé par une fonction d'onde notée $\Psi(\vec{x},t)$.
On se place dans une seule dimension pour simplifier le problème.
Cette fonction permet de déterminer la probabilité de présence de la particule. La probabilité de trouver la particule dans un volume infini vaut 1 :

$$\int_{-\infty}^{+\infty} C \times |\Psi(\vec{x},t)|^2 \, dx = 1$$

où C est une constante de normalisation.

2. Relation d'incertitude d'Heisenberg

- La relation d'incertitude d'Heisenberg peut s'écrire :

$\Delta p \cdot \Delta x \geqslant \hbar$	Δp, incertitude sur la quantité de mouvement Δx, incertitude sur la position de la particule $\hbar = \dfrac{h}{2\pi}$

Il ne faut pas interpréter Δp ou Δx comme une erreur de mesure, mais bien comme un résultat propre à la mécanique quantique.

- Cette inégalité a des conséquences importantes : si on considère par exemple une onde parfaitement monochromatique de longueur d'onde λ_0, en utilisant la relation de Broglie, on obtient $p_0 = \dfrac{h}{\lambda_0}$.

Comme λ_0 est parfaitement définie, p_0 l'est également : $\Delta p_0 = 0$.
D'après l'inégalité d'Heisenberg, on en déduit que $\Delta x \to \infty$.
Par conséquent, si on détermine précisément l'impulsion de la particule, on ne peut pas savoir où elle se trouve.
Inversement, si on détermine parfaitement la position d'une particule ($\Delta x = 0$), on ne peut pas déterminer son impulsion ($\Delta p \to \infty$).

II. Cas d'une particule libre confinée dans un puits de potentiel

- On considère le cas de la figure ci-contre. La particule se trouve nécessairement dans l'intervalle $0 \leqslant x \leqslant L$. On peut décrire la particule à l'aide de sa fonction d'onde.

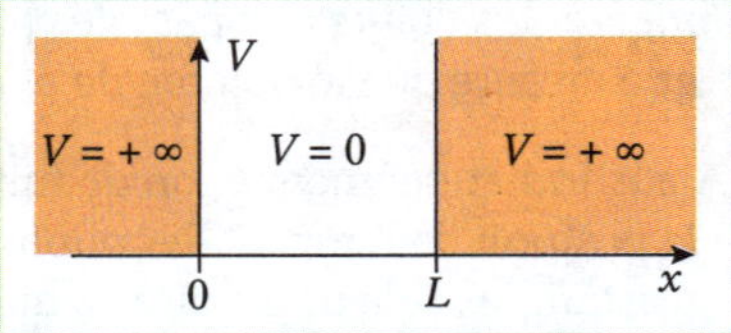

Les solutions sont de la même forme que celle d'une onde s'établissant sur une corde tendue entre deux points fixes :

$$\Psi(x) = A \times \sin\left(\frac{2\pi}{\lambda} \times x\right) + B \times \cos\left(\frac{2\pi}{\lambda} \times x\right)$$

Les conditions aux bords nous donnent :

- $\psi(x = 0) = 0$; ceci implique que $B = 0$;
- $\psi(x = L) = 0$; ceci implique que $\sin\left(\dfrac{2\pi}{\lambda} \times L\right) = 0 \Leftrightarrow \dfrac{2\pi}{\lambda} \times L = n\pi \Leftrightarrow \dfrac{2\pi}{\lambda} = \dfrac{n\pi}{L}$

soit $\lambda = \dfrac{2L}{n}$.

Les longueurs d'onde de la particule ne peuvent prendre que des valeurs bien particulières.

- L'énergie de la particule vaut $E = \dfrac{p^2}{2m}$; or $p = \dfrac{h}{\lambda}$ d'après la relation de Broglie ; donc l'énergie de la particule est également quantifiée : $E = \dfrac{n^2h^2}{8mL^2}$.

- Pour déterminer A, on utilise le fait que la particule se trouve forcément entre 0 et L : $\int_0^L |\Psi(\vec{x},t)|^2 \, \mathrm{d}x = 1$;

soit $\int_0^L A^2 \times \sin^2\left(\dfrac{n\pi}{L} \times x\right) \mathrm{d}x = 1$; on en déduit $A = \sqrt{\dfrac{2}{L}}$.

On obtient les résultats finaux : $\Psi(x) = \sqrt{\dfrac{2}{L}} \times \sin\left(\dfrac{n\pi}{L} \times x\right)$ et $E = \dfrac{n^2h^2}{8mL^2}$.

MÉTHODES ET STRATÉGIES

1 Déterminer la longueur d'onde émise ou absorbée lors d'une transition électronique

> Voir les exercices 3, 4 et 5 mettant en œuvre cette méthode.

Méthode

> Étape 1 : Repérer sur le diagramme, si c'est possible, le niveau d'ionisation (état où l'atome perd complètement son électron), et le niveau fondamental de l'atome (niveau de plus basse énergie). Les autres niveaux correspondent aux états excités.

> Étape 2 : Représenter la transition par une flèche ascendante si le photon est absorbé, et par une flèche descendante si le photon est émis.

> Étape 3 : Calculer l'énergie mise en jeu lors de cette transition. Pour cela, faire la différence en valeur absolue des deux niveaux d'énergie considérés.

> Étape 4 : À partir de la valeur précédente, déterminer la longueur d'onde associée :

$$E = \frac{hc}{\lambda} \Leftrightarrow \lambda = \frac{hc}{E}$$

Exemple

On considère le diagramme d'énergie simplifié de l'atome de lithium :

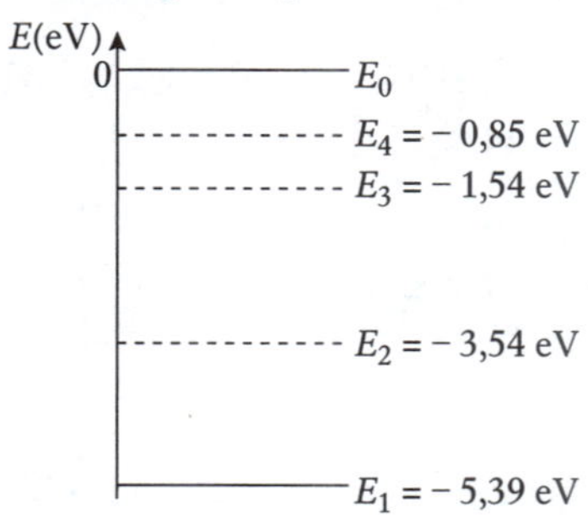

Lorsqu'un photon est absorbé, l'électron passe de son niveau fondamental à l'énergie E_3.
Dans d'autres conditions expérimentales, un électron émet un photon lorsqu'il passe du niveau E_2 à son niveau fondamental.
Représenter ces transitions énergétiques sur le diagramme simplifié du lithium et déterminer les longueurs d'onde des photons émis et absorbé.
Données : $1\ \text{eV} = 1{,}60 \times 10^{-19}$ J ; $h = 6{,}63 \times 10^{-34}$ J·s.

Application

> Étape 1 : L'énergie E_0 correspond à l'ionisation de l'atome de lithium et l'énergie E_1 à son niveau fondamental.

> Étape 2 : Le premier photon est absorbé : on le représente par une flèche (bleue) ascendante du niveau fondamental au niveau excité E_3. Le deuxième photon est émis :

on le représente par une flèche (rouge) descendante du niveau excité E_2 au niveau fondamental. On obtient le diagramme ci-dessous :

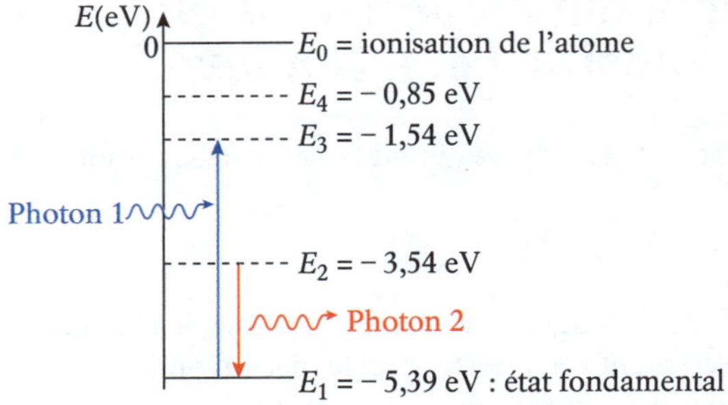

> Étape 3 : La première transition correspond à une énergie $\Delta E = 5{,}39 - 1{,}54 = 3{,}85$ eV. La deuxième à : $\Delta E = 5{,}39 - 3{,}54 = 1{,}85$ eV.

> Étape 4 : On effectue l'application numérique de la relation $\lambda = \dfrac{hc}{\Delta E}$.

Pour le photon absorbé : $\lambda = \dfrac{6{,}63 \times 10^{-34} \times 3{,}00 \times 10^{8}}{3{,}85 \times 1{,}60 \times 10^{-19}} = 323 \text{ nm}$.

Ce photon appartient au domaine des ultraviolets.

Pour le photon émis : $\lambda = \dfrac{6{,}63 \times 10^{-34} \times 3{,}00 \times 10^{8}}{1{,}85 \times 1{,}60 \times 10^{-19}} = 672 \text{ nm}$.

Ce photon appartient au domaine du visible (radiation rouge).

2 Savoir si un objet appartient au domaine de la mécanique quantique

> Voir les exercices 2, 9 et 10 mettant en œuvre cette méthode.

Méthode

> Étape 1 : Déterminer la quantité de mouvement de l'objet d'étude : $p = mv$.

> Étape 2 : En déduire la longueur d'onde associée à cet objet en appliquant la relation de Louis de Broglie : $p = \dfrac{h}{\lambda} \Leftrightarrow \lambda = \dfrac{h}{p}$.

> Étape 3 : Comparer cette longueur d'onde aux dimensions D de l'objet :
- si $\lambda << D$: l'objet appartient au domaine de la mécanique classique ;
- si $\lambda > D$ ou du même ordre de grandeur que l'objet : l'objet doit être traité d'un point de vue quantique ; la mécanique classique ne s'applique plus dans ce cas.

Exemple

On considère un grain de poussière ayant une vitesse de 1 mm·s^{-1}, une masse de 10^{-15} kg et un diamètre de 1 µm.

On considère également un neutron thermique à $T = 298$ K ($m_n = 1{,}67 \times 10^{-27}$ kg). Les dimensions du neutron sont de l'ordre du femtomètre (1 fm = 10^{-15} m). L'énergie cinétique d'un objet thermique vaut :

$$E_c = \frac{3}{2} k_B T \quad \text{avec } k_B = \frac{R}{N_A} = \frac{8{,}314}{6{,}02 \times 10^{23}} = 1{,}38 \times 10^{-23} \text{ J·K}^{-1}.$$

Ces objets obéissent-ils à la mécanique quantique ?

Application

> Étape 1 : Pour le grain de poussière, la quantité de mouvement vaut :
$p = mv = 10^{-15} \times 1 \times 10^{-3} = 10^{-18}$ kg·m·s^{-1}.
Pour le neutron thermique (non relativiste), l'énergie cinétique vaut :

$$E_c = \frac{1}{2} m_n v^2 \quad \text{soit } E_c = \frac{p^2}{2m_n} = \frac{3}{2} k_B T.$$

On en déduit que : $p = \sqrt{3 k_B T m_n}$

Soit $p = \sqrt{3 \times 1{,}38 \times 10^{-23} \times 298 \times 1{,}38 \times 10^{-23}} = 2{,}63 \times 10^{-24}$ kg · m · s^{-1}.

> Étape 2 : Pour le grain de poussière : $\lambda = \dfrac{6{,}63 \times 10^{-34}}{10^{-18}} \approx 10^{-15}$ m.

Pour le neutron thermique : $\lambda = \dfrac{6{,}63 \times 10^{-34}}{2{,}63 \times 10^{-24}} \approx 10^{-10}$ m.

> Étape 3 : Pour le grain de poussière, la longueur d'onde associée est négligeable par rapport aux dimensions de l'objet ($\lambda << D$) : il obéit donc à la mécanique classique. Pour le neutron thermique, la longueur d'onde associée est bien supérieure aux dimensions de l'objet ($\lambda >> D$) : il doit être décrit par la mécanique quantique.

SUJETS DE TYPE BAC

1 Les dangers d'un laser

20 min

Cet exercice permet de comprendre pourquoi les lasers sont des sources lumineuses dangereuses. C'est l'occasion également de découvrir de nouvelles grandeurs comme la puissance surfacique.

> Voir la partie II du cours sur les lasers.

On ne doit jamais regarder directement une source laser car on risque d'endommager sa rétine. On trouve souvent le pictogramme représenté ci-contre à côté d'une source laser.

Pourtant, si on regarde la puissance émise par la source laser, on constate qu'elle est très faible au regard d'une source lumineuse classique : $P = 2{,}0$ mW pour un laser He-Ne et $P = 11$ W pour une lampe basse consommation.

On suppose que :

• les mesures s'effectuent à 1,0 m de la source lumineuse ;

• le diamètre du faisceau est $D = 0{,}40$ mm et qu'il ne diverge pas ;

• la lampe émet sa lumière de manière sphérique ; la surface d'une sphère est $S = 4\pi r^2$ avec r le rayon de la sphère.

1. Comment expliquer le fait qu'un laser soit plus dangereux qu'une source de lumière classique ? Quelle grandeur doit-on calculer pour lever cette ambiguïté ?

2. Déterminer pour chacune des sources la grandeur évoquée à la question précédente.

3. Comparer ces deux grandeurs puis conclure.

2 Le domaine de la mécanique quantique

20 min

Cet exercice permet de définir la frontière entre la mécanique classique et la mécanique quantique. Il est indispensable de connaître les domaines de validité d'une théorie pour éviter des résultats aberrants.

> Voir la méthode et stratégie 2, ainsi que le chapitre 4 sur la quantité de mouvement.

Parmi ces objets, lequel/lesquels obéit/obéissent à la mécanique quantique ? Justifier votre réponse.

Un proton accéléré à une vitesse $v = 3{,}0 \times 10^4$ m·s^{-1}.

Une molécule de dioxygène soumise à une agitation thermique ($\theta = 25$ °C).

Un moustique évoluant à une vitesse $v = 1{,}0$ m·s^{-1}.

Données :

• Masses : proton $m_p = 1{,}67 \times 10^{-27}$ kg ; molécule de dioxygène $m_{O_2} = 5{,}32 \times 10^{-23}$ g ; moustique $m = 2$ mg.

• Dimensions : proton $D_p \approx 1$ fm ; dioxygène $D_{O_2} \approx 0{,}1$ nm ; moustique $D \approx 3$ mm.

• Pour un objet thermique, l'énergie cinétique vaut : $E_c = \frac{3}{2} k_B T$ avec $k_B = 1{,}38 \times 10^{-23}$ J·K^{-1}.

• À 0 °C, $T = 273$ K.

3 Les raies de l'atome d'hydrogène

30 min

Cet exercice est une application concrète de l'interaction matière-rayonnement. Il pose les éléments de base (diagramme énergétique, transition électronique...) avant d'aborder la relation de Bohr de façon plus complète dans l'exercice 7.

> Voir la méthode et stratégie 1 et l'exercice 8.

Dans le modèle de Bohr, l'énergie (en eV) d'un électron dans l'atome d'hydrogène a pour expression : $E_n = -\frac{13,6}{n^2}$.

Le diagramme énergétique de l'atome d'hydrogène est donné ci-dessous :

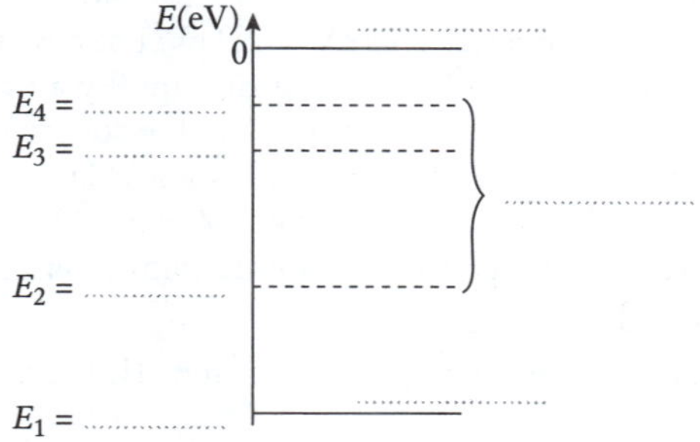

Données : $h = 6{,}63 \times 10^{-34}$ J·s ; 1 eV = $1{,}60 \times 10^{-19}$ J ; $c = 3{,}00 \times 10^{8}$ m·s^{-1}.

1. À quoi l'énergie E_1 ($n = 1$) correspond-elle dans ce modèle ? À quoi les autres valeurs d'énergie correspondent-elles ?

2. Calculer les énergies des niveaux $n = 2$, $n = 3$, $n = 4$. Compléter le diagramme énergétique ci-dessus.

3. On considère la transition électronique du niveau $n = 4$ au niveau $n = 2$.

a. Représenter par une flèche cette transition électronique sur le diagramme ci-dessus.

b. Le photon sera-t-il émis ou absorbé ?

c. Calculer la longueur d'onde du photon considéré.

d. À quel domaine de longueurs d'onde ce photon appartient-il ?

4. a. Quelle énergie doit-on fournir à l'électron pour ioniser complètement l'atome d'hydrogène ?

b. Quelle doit être la longueur d'onde du photon pour arracher l'électron de l'atome d'hydrogène ?

c. Représenter par une flèche cette transition électronique sur le diagramme ci-dessus.

4 Laser à rubis

30 min

Cet exercice permet de vérifier sa maîtrise du fonctionnement d'un laser, notamment des notions de pompage et d'émission stimulée.

> Voir la méthode et stratégie 1.

Le rubis est une pierre précieuse composée essentiellement d'alumine (Al_2O_3) avec des ions chrome III (Cr^{3+}) lui donnant sa couleur rouge. Le rubis a été utilisé dans la construction des premiers lasers.

On souhaite étudier le diagramme énergétique des ions Cr^{3+} contenus dans un laser utilisant un rubis.

Pour simplifier le problème, on considère que deux transitions sont possibles à partir de l'état fondamental du chrome III : 1,79 eV et 2,2 eV. Pour avoir un effet laser, il faut qu'il y ait une inversion de population, c'est-à-dire qu'il y ait davantage d'électrons dans les états excités que dans l'état fondamental. Une source électrique ou optique permet de réaliser un pompage : les électrons sont amenés de l'état fondamental à l'état excité de 2,2 eV au-dessus de l'état fondamental. L'état à 1,79 eV correspond à un état métastable, c'est-à-dire que les électrons y restent relativement longtemps ($t \approx 3$ ms).

Donnée : $h = 6{,}63 \times 10^{-34}$ J·s.

1. Représenter le diagramme énergétique du chrome III. Préciser l'état fondamental et l'état métastable.

2. Représenter les populations d'électrons par des petites sphères sur chaque état.

3. Représenter par des flèches les transitions électroniques qui ont lieu dans le laser. Préciser la transition correspondant au pompage et celle correspondant à l'émission stimulée.

4. Pourquoi l'émission stimulée est-elle importante pour obtenir un faisceau laser ?

5. Quelle est la longueur d'onde émise par un laser à rubis ? Quelle est sa couleur ?

5 Détermination de la concentration en dioxyde de soufre dans l'air d'une grande agglomération

20 min

Cet exercice constitue un exemple concret de l'utilisation d'un analyseur de fluorescence.

Il répond également aux exigences du nouveau programme, puisqu'il permet de s'entraîner à l'analyse et à l'exploitation de données.

> Voir la méthode et stratégie 1.

On se propose d'étudier dans cet exercice l'une des méthodes permettant de déterminer la concentration en dioxyde de soufre dans l'air : la fluorescence ultraviolette (UV). On donne ci-après le schéma simplifié d'un analyseur de fluorescence ultraviolette :

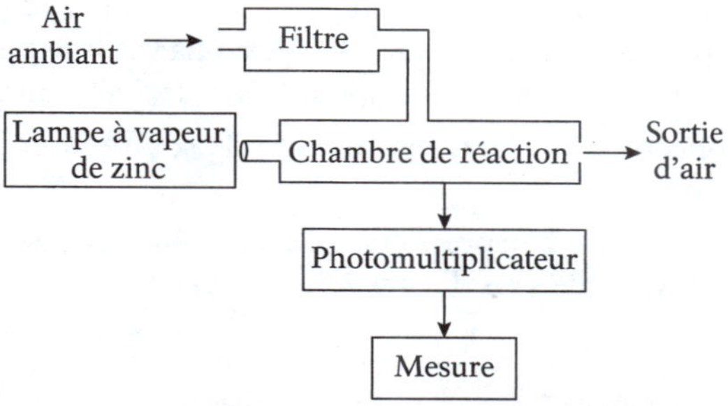

Dans l'air ambiant, les molécules de dioxyde de soufre SO_2 sont dans un état d'énergie « fondamental » stable E_0. L'air ambiant est aspiré par un analyseur, filtré pour éliminer les éléments « parasites » pour la mesure, puis envoyé dans une chambre de réaction dans laquelle il est soumis à un rayonnement ultraviolet dont la longueur d'onde est $\lambda_1 = 214$ nm et provenant d'une lampe à vapeur de zinc (voir schéma). Les molécules de dioxyde de soufre de l'air sont ainsi portées dans un état d'énergie E_1. Cet état étant instable, le dioxyde de soufre de l'air se désexcite alors très rapidement et se retrouve dans un état d'énergie E_2 différent de E_0 en émettant un rayonnement UV de longueur d'onde λ_2 supérieure à celle du rayonnement d'excitation. Le rayonnement UV est reçu par un photomultiplicateur qui donne alors une tension de sortie U_S proportionnelle à la concentration en dioxyde de soufre présent dans la chambre de réaction.

Données : $h = 6{,}63 \times 10^{-34}$ J·s ; 1 eV = $1{,}60 \times 10^{-19}$ J ;
1 ppbv (partie par milliard en volume) = 2,66 μg·m^{-3} pour le dioxyde de soufre.

1. Compléter le diagramme simplifié des niveaux d'énergie de la molécule de dioxyde de soufre, représenté ci-dessous en indiquant les états d'énergie E_0, E_1 et E_2. Indiquer également l'état fondamental.

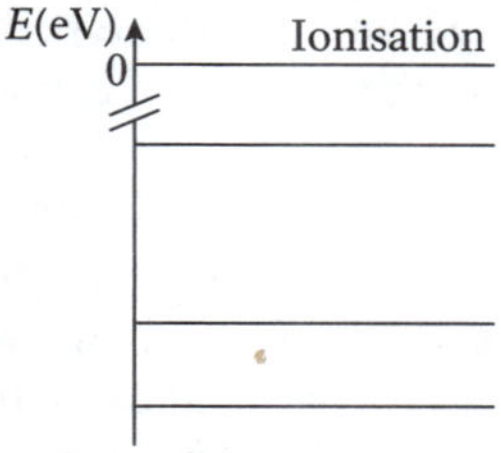

2. Étude de la transition entre les états d'énergie E_0 et E_1.

a. Cette transition correspond-elle à une émission ou à une absorption de lumière ? Justifier la réponse.

b. Représenter sur le diagramme cette transition par une flèche notée 1.

c. Donner l'expression littérale de l'énergie ΔE_1 correspondant à la transition en fonction des données. La calculer en électronvolts (eV).

3. Étude de la transition entre les états d'énergie E_1 et E_2. Au cours de cette transition, les molécules échangent avec l'extérieur une quantité d'énergie $\Delta E_2 = 3{,}65$ eV.

a. Représenter sur le diagramme cette transition par une flèche notée 2.

b. Déterminer la longueur d'onde de la radiation émise λ_2 (en nm). Cette radiation est-elle bien dans le domaine de l'ultraviolet ? Justifier la réponse.

4. L'appareil est étalonné à l'aide d'un échantillon de concentration en dioxyde de soufre de 100 ppbv (partie par milliard en volume). La tension à la sortie du photomultiplicateur est $U_0 = 0{,}50$ V. On effectue une mesure pour l'air d'une ville, on trouve $U_1 = 0{,}15$ V.

a. Déterminer la concentration $[SO_2]$ en dioxyde de soufre pour l'air de la grande agglomération en ppbv.

b. La limite admise pour une personne étant de 50 $\mu g \cdot m^{-3}$ de gaz, l'air de la grande agglomération est-il respirable sans danger ?

SUJETS D'APPROFONDISSEMENT

6 Application des lasers : la télémétrie

40 min

Cet exercice traite d'une application concrète des lasers : la télémétrie, utilisée notamment pour mesurer la distance Terre-Lune. Un exercice très complet qui permet à la fois de tester ses connaissances sur les lasers et de s'entraîner à l'exploitation de données.

> Voir la partie II du cours sur les lasers.

La station Cerga située près de Grasse permet de mesurer par télémétrie laser la distance Terre-Lune. Des réflecteurs ont été déposés sur le sol de la Lune lors des missions américaines Apollo et soviétiques Luna. Un faisceau laser émis depuis la Terre est réfléchi sur la Lune grâce aux réflecteurs. Ces réflecteurs ont une surface d'environ 1 m^2.
Les lasers utilisés émettent dans l'infrarouge ($\lambda = 1\,064$ nm) et dans le vert ($\lambda = 532$ nm), par impulsion d'environ 300 ps (picosecondes). L'énergie par tir est de 200 mJ par laser. La précision du temps mesuré entre la date de départ et celle de retour est de 7 ps. La dispersion du laser empêche une bonne précision de la mesure, qui est au départ de 150 ps. Cependant, en effectuant une centaine d'allers-retours, on atteint une précision de 15 à 30 ps.
Le laser a un diamètre initial correspondant à celui du télescope, soit 1,5 m. Si l'atmosphère terrestre ne venait pas perturber le faisceau, la tache sur la Lune aurait un diamètre de 1,3 km. En réalité, cette dernière a un diamètre de 10 à 14 km, ce phénomène étant dû à des distorsions provoquées par l'atmosphère.
Données : distance Terre-Lune $d_{\text{T-L}} = 384 \times 10^3$ km ; $c = 2{,}998 \times 10^8$ $m \cdot s^{-1}$.

On admet que la puissance est donnée par la relation : $P = \dfrac{\Delta E}{\Delta t}$.

1. Quelle précision peut-on atteindre pour la mesure de la distance Terre-Lune par cette méthode ?

2. Calculer la divergence du laser en l'absence d'atmosphère terrestre, c'est-à-dire l'angle que forme le faisceau par rapport à sa direction normale. Justifier son emploi pour réaliser la mesure de la distance Terre-Lune.

3. Quel est l'intérêt d'utiliser un laser à impulsion au lieu d'un laser classique ?

4. Calculer la puissance du laser utilisé au Cerga.

5. Déterminer le nombre de photons contenus dans un tir du laser vert.

6. Déterminer la proportion de photons qui atteignent le réflecteur à la surface de la Lune.

7 Détermination expérimentale de la constante de Planck

60 min

Cet exercice très complet autour de la découverte et des interprétations de l'effet photoélectrique répond parfaitement aux exigences du nouveau programme, puisqu'il permet à la fois de revoir des notions d'autres chapitres et de s'entraîner à l'analyse et à l'exploitation de documents.

> Voir le chapitre 6.

DOC. 1 La découverte de l'effet photoélectrique

En 1887, au cours de ses expériences sur les ondes électromagnétiques, Heinrich Hertz constata que les étincelles étaient plus ou moins longues selon que le hublot était en verre ou en quartz. Ces étincelles étaient une conséquence des électrons arrachés au hublot en verre ou en quartz. Hertz remarqua également que les étincelles étaient plus longues si la pièce était éclairée par la combustion du magnésium et plus courtes si la pièce était placée dans l'obscurité. Il établit que ce rallongement des étincelles était provoqué par le rayonnement ultraviolet émis par la combustion du magnésium.

DOC. 2 Les expériences de Lenard

Philipp Lenard reprit l'expérience de Hertz en 1902 et voulut déterminer l'énergie cinétique des électrons émis. Pour cela, il plaça une plaque chargée négativement pour repousser les électrons. Seuls les électrons ayant une énergie cinétique suffisante pouvaient atteindre la plaque, le but étant qu'ils atteignent la plaque avec une vitesse nulle. Il constata que **la tension pour arrêter les électrons était indépendante de l'intensité lumineuse, mais que cette tension dépendait fortement de la longueur d'onde de la lumière.** Le métal s'oxydant rapidement, les mesures de Lenard ne furent pas assez précises pour établir une relation entre la fréquence de la lumière et la tension pour arrêter les électrons.

DOC. 3 La théorie corpusculaire

Albert Einstein établit la théorie selon laquelle une lumière de fréquence ν se comporte comme si elle était formée de corpuscules portant une énergie E. Il interpréta alors l'effet photoélectrique comme suit : l'électron ne peut quitter l'atome que s'il reçoit une énergie suffisante appelée énergie d'ionisation $E_{\text{ionisation}}$. Au-delà de cette énergie, l'électron est éjecté avec une énergie cinétique notée E_c.

De son côté Robert Millikan, doutant de la théorie d'Einstein, reprit l'expérience de Lenard mais en mesurant les tensions d'arrêt de plusieurs métaux alcalins. De 1914 à 1916, il publia une série d'articles et donna une estimation de la constante de Planck $h = 6{,}56 \times 10^{-34}$ J·s. Ces expériences validèrent la théorie d'Einstein et valurent à Millikan le prix Nobel de physique en 1923. Einstein l'avait déjà reçu pour sa part en 1921, pour ses travaux sur l'effet photoélectrique.

DOC. 4 Principe de l'effet photoélectrique

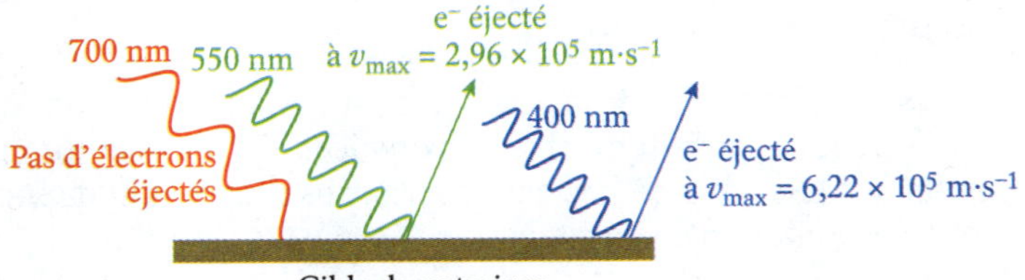

Cible de potasium

Données : $h = 6{,}63 \times 10^{-34}$ J.s ; $m_e = 9{,}11 \times 10^{-31}$ kg ; $c = 3{,}00 \times 10^8$ m·s^{-1} ; 1 eV $= 1{,}60 \times 10^{-19}$ J.

1. Rappeler la relation de Planck reliant l'énergie d'un photon et sa fréquence.

2. Déterminer l'énergie (en eV) de chacun des photons du document 4.

3. Dans le document 4, pourquoi le photon de longueur d'onde 700 nm ne peut-il pas éjecter l'électron du potassium ?

4. Expliquer alors le constat expérimental de Lenard (phrase en gras du document 2).

5. Donner également une interprétation physique aux deux phénomènes observés par Hertz dans le document 1 (influence du matériau du hublot et du rayonnement ultraviolet).

6. Déterminer l'énergie cinétique (en eV) des électrons éjectés dans le document 4. Montrer que ces résultats permettent de retrouver l'énergie d'ionisation du potassium.

7. À partir du théorème de l'énergie cinétique, établir une relation entre la tension de la plaque et l'énergie cinétique pour que les électrons arrivent avec une vitesse nulle sur la plaque. Déterminer alors la tension à fournir pour chacun des électrons.
On néglige la force de gravitation et on suppose que l'élément ionisé est à un potentiel nul ($V_A = 0$ V).

8. On reproduit l'expérience de Millikan pour différentes fréquences de lumière et on obtient le graphique ci-dessous, avec en abscisse la fréquence de la lumière émise et en ordonnée l'énergie cinétique des électrons mesurée. Montrer que l'exploitation de ce graphique permet de retrouver l'énergie d'ionisation de l'élément et la valeur de la constante de Planck.

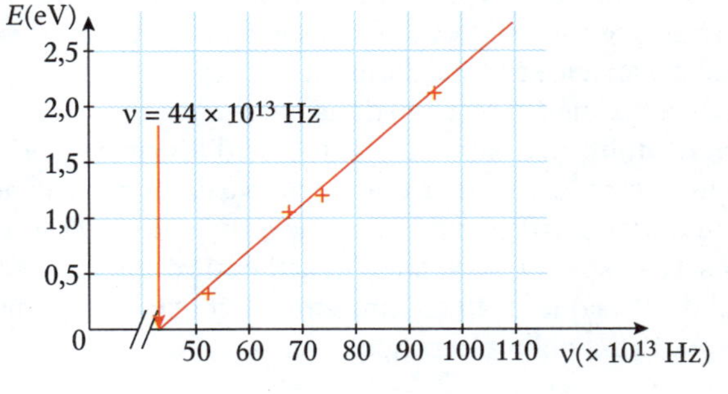

8 Le modèle de Bohr de l'atome d'hydrogène

50 min

Un excellent exercice pour comprendre et retrouver la démarche scientifique de Niels Bohr qui l'a mené à la quantification de l'énergie. Cet exercice permet également de vérifier les différents points du programme traitant d'énergie.

> Voir la méthode et stratégie 1, ainsi que le chapitre 6.

On considère l'atome d'hydrogène. Celui-ci est constitué d'un proton de charge positive et d'un électron de charge négative. Selon le modèle de Bohr, l'atome d'hydrogène peut être représenté par un système planétaire avec le noyau (constitué d'un seul proton) au centre jouant le rôle du Soleil. L'électron « gravite » alors autour du noyau.

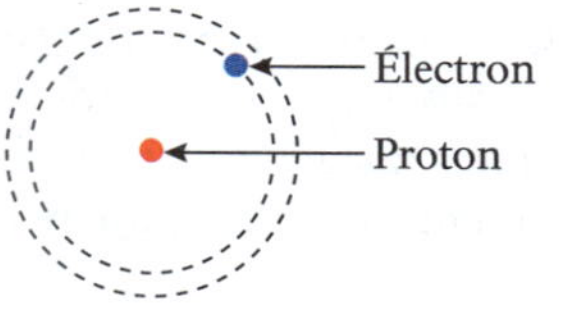

On suppose que l'électron n'est soumis qu'à la force électrostatique dont on rappelle l'expression : $F = \dfrac{ke^2}{r^2}$.

Données :

- masse de l'électron : $m_e = 9{,}11 \times 10^{-31}$ kg ;
- charge élémentaire : $q_p = -q_e = 1{,}6 \times 10^{-9}$ C ;
- constante électrostatique : $k = 9{,}0 \times 10^9$ (unité SI) ;
- $1 \text{ eV} = 1{,}60 \times 10^{-19}$ J ;
- l'électron chargé placé dans le champ électrique du proton possède une énergie potentielle électrique dont l'expression est : $E_p = -\dfrac{ke^2}{r}$.

1. Quelle est la caractéristique du mouvement de l'électron dans le modèle de Bohr ? En appliquant la deuxième loi de Newton, déduire une expression du carré de la vitesse en fonction de k, e, r et m.

2. En déduire l'expression de l'énergie cinétique E_c de l'électron.

3. Quelle est l'expression de l'énergie mécanique E_m ? Cette énergie est-elle quantifiée ?

4. À partir de l'observation du spectre de raies, Bohr considère que les électrons ne peuvent prendre que certaines valeurs d'énergie. Il établit un modèle similaire au Système solaire où le rayon des orbites ne peut prendre que des valeurs bien particulières. Il suppose la relation suivante : $mvr = n\dfrac{h}{2\pi}$ avec n entier naturel.

a. Élever au carré la relation de Bohr et remplacer la vitesse v par son expression trouvée dans la question **1**. En déduire une expression du rayon.

b. Pour $n = 1$, quel est le rayon de l'orbite de l'électron dans son état fondamental (rayon de Bohr) ?

c. Remplacer le rayon r par son expression déduite de la question **3** et donner l'expression de l'énergie mécanique E_m en fonction de k, e, m, h et n.

d. Calculer l'énergie E_1 correspondant au niveau $n = 1$ en eV, puis exprimer l'énergie E_n de l'atome correspondant à un niveau n quelconque.

POST BAC

9 L'expérience des trous d'Young : une illustration de l'incertitude d'Heisenberg

30 min

Un exercice de niveau universitaire fondamental autour de la célèbre relation d'incertitude d'Heisenberg, trop souvent mal interprétée.

> Voir le complément de cours POST BAC, ainsi que le chapitre 2.

On considère l'expérience des fentes d'Young que l'on représente par un schéma vu de dessus. On note x la position d'un point sur l'écran, a la distance entre les deux fentes et d la distance entre les fentes et l'écran. On suppose que la figure d'interférences est obtenue de telle manière que $d >> a$.

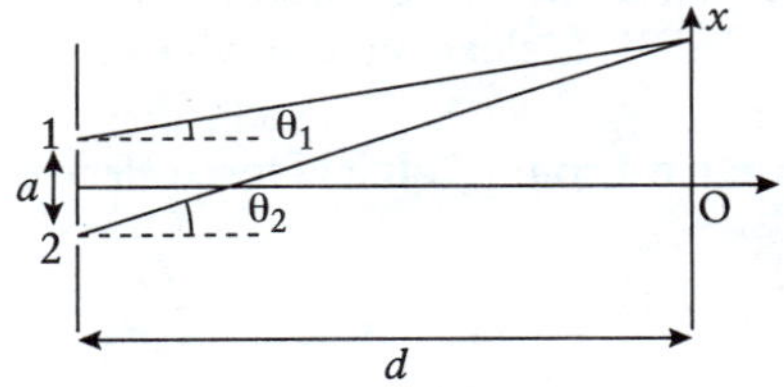

On suppose que l'on peut envoyer les photons un par un. On note p_1 la quantité de mouvement projeté sur l'écran lorsque le photon passe par la fente 1 et p_2 celle lorsque le photon passe par la fente 2.

1. Exprimer p_1 et p_2 en fonction de θ_1 ou θ_2 et de la quantité de mouvement du photon p.

2. En faisant l'approximation des petits angles, exprimer θ_1 et θ_2 en fonction de x, a et d.

3. Appliquer la relation de de Broglie, puis exprimer la différence en valeur absolue entre p_1 et p_2.

4. Pour connaître la fente par laquelle est passé le photon, il faut déterminer l'incertitude sur la position Δx. On supposera pour la suite que $\Delta p << |p_1 - p_2|$.
En appliquant la relation d'Heisenberg, exprimer l'incertitude minimale Δx que l'on peut obtenir sur l'écran. Comparer avec l'expression de l'interfrange puis conclure.
On assimilera $\hbar$ à h pour simplifier l'écriture finale.

POST BAC

10 Particule confinée dans un puits de potentiel

40 min

Cet exercice incontournable de mécanique quantique permet de déterminer l'expression de l'énergie et les longueurs d'onde d'une particule confinée dans un puits de potentiel.

> Voir le complément de cours POST BAC.

On considère un électron de masse m_e confiné dans un puits de potentiel entre 0 et $+L$ selon le schéma ci-après. On suppose que la particule vérifie la fonction d'onde suivante : $\psi(x) = A \sin\left(\frac{2\pi}{\lambda}x\right)$.

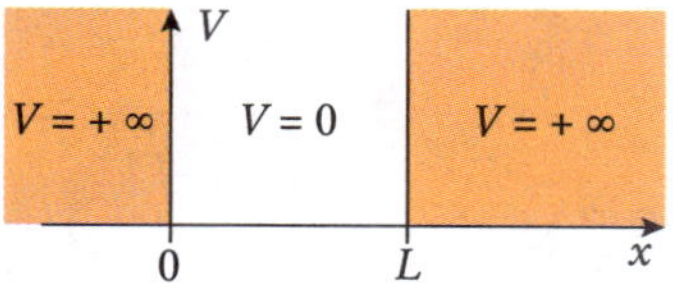

Données :
$h = 6{,}63 \times 10^{-34}$ J·s ; $m_e = 9{,}11 \times 10^{-31}$ kg ; $m_p = 1{,}67 \times 10^{-27}$ kg ; 1 eV = $1{,}60 \times 10^{-19}$ J.

L'expression de l'énergie cinétique est $E = \dfrac{p^2}{2m}$.

1. Avec les conditions aux bords, déterminer les valeurs possibles pour λ.

2. Déterminer une relation entre λ et E, puis entre E et L.

3. Déterminer une expression littérale de l'écart d'énergie entre les niveaux $n = 1$ et $n = 2$.

4. En appliquant la relation précédente, déterminer l'ordre de grandeur entre les niveaux d'énergie $n = 1$ et $n = 2$ dans le cas :
- d'un électron confiné dans un puits de potentiel supposé infini de la taille d'un atome ($L \approx 10^{-10}$ m) ;
- d'un proton confiné dans un puits de potentiel supposé infini de la taille d'un noyau ($L \approx 10^{-15}$ m).

Conclure.

CORRIGÉS

1 Les dangers d'un laser

1. Le laser est plus dangereux car la source est concentrée spatialement, contrairement à une source classique. Pour lever l'ambiguïté il faut calculer la puissance surfacique.

2. Pour le laser : $P_S = \dfrac{P}{\dfrac{\pi D^2}{4}} \Leftrightarrow P_S = \dfrac{2{,}0 \times 10^{-3}}{\dfrac{\pi \times \left(0{,}40 \times 10^{-3}\right)^2}{4}} = 1{,}6 \times 10^4 \text{ W·m}^{-2}$.

La surface du laser est celle d'un cercle, soit $\pi r^2 = \pi\left(\dfrac{D}{2}\right)^2 = \dfrac{\pi D^2}{4}$.

Pour la lampe basse consommation : $P_S = \dfrac{P}{4\pi r^2} \Leftrightarrow P_S = \dfrac{11}{4\pi \times 1{,}0^2} = 0{,}86 \text{ W·m}^{-2}$.

3. Calculons le rapport de ces deux grandeurs : $\dfrac{1{,}6 \times 10^4}{0{,}86} \approx 10^4$.

Un laser est donc 10 000 fois plus intense qu'une source classique. C'est pourquoi il faut bien respecter les règles de sécurité lorsque l'on manipule des lasers.

Une comparaison en physique implique souvent un rapport (une division) et très rarement une soustraction.

2 Le domaine de la mécanique quantique

Pour le proton : $\lambda = \dfrac{h}{p} = \dfrac{h}{mv} \Leftrightarrow \lambda = \dfrac{6{,}63 \times 10^{-34}}{1{,}67 \times 10^{-27} \times 3{,}0 \times 10^4} = 1{,}3 \times 10^{-11}$ m.

Or $1{,}3 \times 10^{-11} > 10^{-15}$ m, soit $\lambda > D$: le proton obéit aux lois de la mécanique quantique.

Pour la molécule de dioxygène : $E_c = \dfrac{p^2}{2m} = \dfrac{3}{2}k_B T \Leftrightarrow p = \sqrt{3mk_B T}$;

d'où $\lambda = \dfrac{h}{p} = \dfrac{h}{\sqrt{3mk_B T}} = \dfrac{6{,}63 \times 10^{-34}}{\sqrt{3 \times 1{,}38 \times 10^{-23} \times 5{,}32 \times 10^{-26} \times 298}} = 2{,}6 \times 10^{-11}$ m.

On a $\lambda \approx D$. La molécule peut être décrite de manière quantique. On atteint la limite du domaine quantique.

Pour le moustique : $\lambda = \dfrac{h}{p} = \dfrac{h}{mv} \Leftrightarrow \lambda = \dfrac{6{,}63 \times 10^{-34}}{2 \times 10^{-6} \times 1{,}0} = 3{,}3 \times 10^{-28}$ m.

On a $\lambda << D$: le moustique obéit à la mécanique classique (newtonienne).

3 Les raies de l'atome d'hydrogène

1. L'énergie E_1 correspond à l'état fondamental de l'atome d'hydrogène ; les autres valeurs d'énergie correspondent à des états excités.

2. Pour $n = 2$: $E_2 = -\dfrac{13{,}6}{2^2} = -3{,}40$ eV.

De même : $E_3 = -\dfrac{13{,}6}{3^2} = -1{,}51$ eV et $E_4 = -\dfrac{13{,}6}{4^2} = -0{,}85$ eV.

Les transitions énergétiques sont souvent exprimées en électronvolts (eV), unité plus commode que les joules (J).

3. a. Voir le diagramme simplifié ci-dessous (flèche bleue).

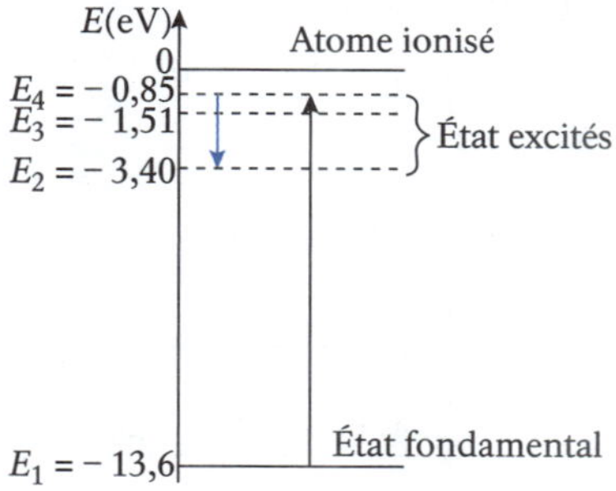

b. Le photon sera émis.

c. On a $E = \frac{hc}{\lambda} \Leftrightarrow \lambda = \frac{hc}{E}$; soit $\lambda = \frac{6{,}63 \times 10^{-34} \times 3{,}00 \times 10^{8}}{(3{,}40 - 0{,}85) \times 1{,}60 \times 10^{-19}} = 487$ nm.

d. Le photon appartient au domaine du visible (couleur bleue).

4. a. On doit fournir une énergie de 13,6 eV à l'électron pour ioniser l'atome d'hydrogène.

b. En raisonnant de la même manière qu'à la question **3. c**, on trouve :

$$\lambda = \frac{hc}{E} \Leftrightarrow \lambda = \frac{6{,}63 \times 10^{-34} \times 3{,}00 \times 10^{8}}{13{,}6 \times 1{,}60 \times 10^{-19}} = 91{,}4 \text{ nm}.$$

c. Voir le diagramme simplifié ci-dessus (flèche noire).

4 Le laser à rubis

1. et **2.** Voir le schéma ci-contre.
Il y a davantage d'électrons dans les états excités que dans l'état fondamental (inversion de population).

3. Voir schéma ci-contre.

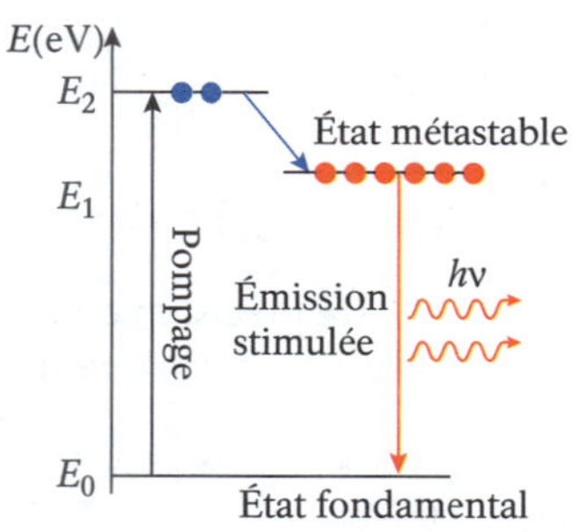

4. Les photons produits par émission stimulée ont :
- même direction : un faisceau laser a une faible divergence ;
- même longueur d'onde et même phase : les ondes sont constructives, le faisceau est amplifié entre les deux miroirs.

5. Longueur d'onde émise par ce laser à rubis :

$$\lambda = \frac{hc}{E} \Leftrightarrow \lambda = \frac{6{,}63 \times 10^{-34} \times 3{,}00 \times 10^{8}}{1{,}79 \times 1{,}60 \times 10^{-19}} = 694 \text{ nm}.$$

Ce laser émet donc une radiation rouge.

Il existe des lasers ayant quatre niveaux d'énergie (comme le YAG) : le pompage des électrons est dans ce cas plus facile.

5 Détermination de la concentration en dioxyde de soufre dans l'air d'une grande agglomération

1. Voir le diagramme énergétique ci-dessous :

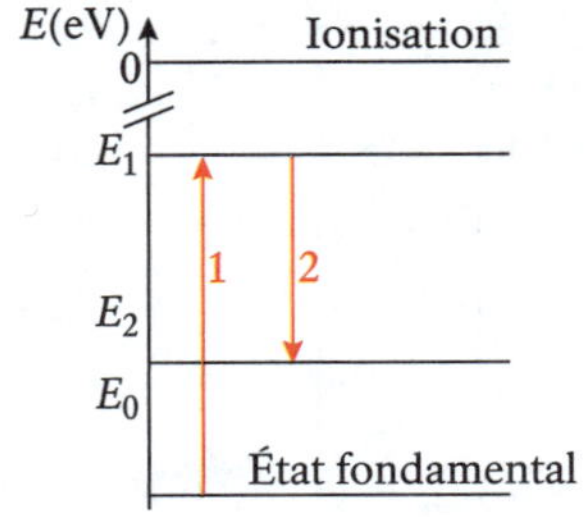

2. a. C'est une absorption car l'électron gagne de l'énergie en absorbant le photon.

b. Voir le diagramme énergétique ci-dessus (flèche 1).

c. Transition 1 : $\Delta E_1 = E_1 - E_0 = \frac{hc}{\lambda_1} \Leftrightarrow \Delta E_1 = \frac{6,63 \times 10^{-34} \times 3,00 \times 10^8}{214 \times 10^{-9} \times 1,60 \times 10^{-19}} = 5,81 \text{ eV}$.

L'énergie de la transition est de 5,81 eV.

3. a. Voir le diagramme énergétique ci-dessus.

b. Transition 2 : $\Delta E_2 = \frac{hc}{\lambda_2} \Leftrightarrow \lambda_2 = \frac{hc}{\Delta E_2}$ soit $\lambda_2 = \frac{6,63 \times 10^{-34} \times 3,00 \times 10^8}{3,65 \times 1,60 \times 10^{-19}} = 341 \text{ nm}$.

Cette radiation appartient au domaine des ultraviolets car $\lambda_2 < 400$ nm.

4. a. En effectuant une proportionnalité, on obtient : $[SO_2] = \frac{0,15 \times 100}{0,50} = 30 \text{ ppbv}$.

La concentration du dioxyde de soufre est de 30 ppbv.

b. $[SO_2] = 30 \times 2,66 = 80\ \mu g \cdot m^{-3}$. La concentration en dioxyde de soufre est supérieure à la norme autorisée : $[SO_2] > 50\ \mu g \cdot m^{-3}$. L'air de l'agglomération n'est pas respirable sans danger.

6 Applications des lasers : la télémétrie

1. La meilleure précision est de 15 ps, soit $15 \times 10^{-12} \times 2,998 \times 10^8 = 4,5 \times 10^{-3}$ m.
On peut mesurer la distance Terre-Lune avec une précision de l'ordre du millimètre !

Ce genre de mesure a permis de montrer que la Lune s'éloigne de la Terre de quelques centimètres par an.

2. Afin de mieux comprendre la situation, on peut réaliser un schéma.

Vu la faible divergence du laser, l'approximation des angles petits donne : $\tan \theta \approx \theta$.

On prend 0,65 km pour le rayon moyen de la tache sur la Lune et 0,75 m pour le rayon initial. On obtient : $\theta = \dfrac{0{,}65 - 7{,}5 \times 10^{-4}}{384\,000} = 1{,}7 \times 10^{-6}$ rad.

On peut convertir en degrés : $\theta = \dfrac{1{,}7 \times 10^{-6} \times 360}{2} = 9{,}7 \times 10^{-5}$ **degré** ;

ou encore θ = 0,35″ (1 seconde d'arc = $\dfrac{1}{3\,600}$ degré). Le laser est donc un faisceau peu divergent ; c'est la source de lumière la moins divergente.

3. Par rapport à un laser classique, le laser à impulsion permet de capter l'écho du signal sans être perturbé par le signal émis. De plus, le fait d'avoir une impulsion très brève permet d'augmenter la précision de la mesure.

4. La puissance de ce laser est : $P = \dfrac{\Delta E}{\Delta t} \Leftrightarrow P = \dfrac{200 \times 10^{-3}}{300 \times 10^{-12}} = 6{,}7 \times 10^{8}$ W soit $6{,}7 \times 10^{2}$ MW.

5. Chaque photon porte une énergie $E = \dfrac{hc}{\lambda}$. Sachant que l'énergie d'un tir est de 200 mJ, on a : $N_{\text{photons}} = \dfrac{200 \times 10^{-3}}{\dfrac{hc}{\lambda}} = \dfrac{200 \times 10^{-3} \times 532 \times 10^{-9}}{6{,}63 \times 10^{-34} \times 3{,}00 \times 10^{8}} = 5{,}35 \times 10^{17}$.

Il y a environ $5{,}35 \times 10^{17}$ photons dans un tir.

6. La surface de la tache sur la Lune a pour expression : $S = \pi r^2$. En prenant 6 km comme rayon moyen de la tache et 1 m² pour la surface d'un réflecteur, on obtient :

$$\frac{1}{\pi r^2} = \frac{1}{\pi\left(6{,}0 \times 10^{3}\right)^2} = 8{,}8 \times 10^{-9}.$$

Seul 1 photon sur 100 millions de photons émis par le laser atteint le réflecteur.

7 Détermination expérimentale de la constante de Planck

1. L'énergie d'un photon est liée à sa fréquence par la relation : $E = h\nu$ où h est la constante de Planck.

2. On a la relation $E = \dfrac{hc}{\lambda}$.

Ne pas oublier d'exprimer les résultats en électronvolts : 1 eV = $1{,}60 \times 10^{-19}$ J.

Pour le photon de 700 nm : $E_{700} = \dfrac{6{,}63 \times 10^{-34} \times 3{,}00 \times 10^{8}}{700 \times 10^{-9} \times 1{,}60 \times 10^{-19}} = 1{,}78$ eV.

Pour le photon de 550 nm : $E_{550} = \dfrac{6{,}63 \times 10^{-34} \times 3{,}00 \times 10^{8}}{550 \times 10^{-9} \times 1{,}60 \times 10^{-19}} = 2{,}26$ eV.

Pour le photon de 400 nm : $E_{400} = \dfrac{6{,}63 \times 10^{-34} \times 3{,}00 \times 10^{8}}{400 \times 10^{-9} \times 1{,}60 \times 10^{-19}} = 3{,}11$ eV.

3. Le photon de 700 nm est celui qui a la plus basse énergie ; il n'a donc pas une énergie suffisante pour éjecter l'électron du potassium.

4. Lorsque l'on augmente l'intensité lumineuse, on n'augmente pas l'énergie des photons mais uniquement leur nombre. En diminuant la longueur d'onde, on augmente l'énergie des photons (voir relation à la question **2**) qui peuvent alors ioniser un atome.

5. Chaque matériau a sa propre énergie d'ionisation. Si on change de matériau, on change l'énergie d'ionisation et donc le nombre d'électrons éjectés. De plus, la combustion du magnésium apporte un rayonnement de basse longueur d'onde ($\lambda < 400$ nm), donc des photons de haute énergie. Ces photons peuvent alors ioniser plus facilement le quartz ou le verre et donc éjecter davantage d'électrons produisant des étincelles plus grandes.

6. D'après les vitesses données dans le document 4, on peut supposer les électrons non relativistes et appliquer la relation $E_c = \frac{1}{2}mv^2$.

Pour l'électron éjecté par le photon de 550 nm :

$$E_c = \frac{9{,}11 \times 10^{-31} \times (2{,}96 \times 10^5)^2}{2 \times 1{,}60 \times 10^{-19}} = 0{,}24 \text{ eV}.$$

Pour l'électron éjecté par le photon de 400 nm :

$$E_c = \frac{9{,}11 \times 10^{-31} \times (6{,}22 \times 10^5)^2}{2 \times 1{,}60 \times 10^{-19}} = 1{,}10 \text{ eV}.$$

La différence d'énergie entre le photon éjecté et l'énergie cinétique de l'électron correspond à l'énergie d'ionisation du potassium :

$E_{ionisation} = E_{photon} - E_c$ soit $E_{ionisation} = 3{,}11 - 1{,}10 = 2{,}01$ eV.

On trouve une valeur similaire si on utilise les valeurs du photon de 550 nm.

7. Le système est l'électron et le référentiel est terrestre supposé galiléen.

On obtient la relation suivante : $\Delta E_c = \Sigma W_{A \to B}(\vec{F}_{ext})$

soit $E_c(B) - E_c(A) = -e(V_A - V_B)$.

L'énergie cinétique des électrons à l'arrivée est nulle : $E_c(B) = 0$; par conséquent : $E_c(A) = -e \times V_B$.

Il est plus simple dans ce cas d'utiliser l'électronvolt (eV) comme unité :

- pour arrêter un électron d'énergie 0,24 eV, il faut imposer une tension $U = -0{,}24$ V ;
- de même, il faut imposer une tension de $-1{,}10$ V pour arrêter un électron d'énergie 1,10 eV.

8. L'exploitation graphique nous permet de trouver une droite dont le coefficient directeur est proportionnel à la constante de Planck. En effet, d'après les relations établies :

$E_c = E_{photon} - E_{ionisation}$ soit $E_c = h\nu - E_{ionisation}$.

De plus, lorsque $E_c = 0$, on obtient l'énergie d'ionisation : $E_{ionisation} = h\nu$.

D'après le graphe : $E_{ionisation} = \frac{6{,}63 \times 10^{-34} \times 44 \times 10^{13}}{1{,}60 \times 10^{-19}} = 1{,}8$ eV.

Pour déterminer h, on prend deux points de la droite :

$$h = \frac{(1{,}5 - 0) \times 1{,}60 \times 10^{-19}}{(80 - 44) \times 10^{13}} = 6{,}6 \times 10^{-34} \text{ J·s}.$$

Il faut toujours prendre deux points appartenant à la droite pour calculer le coefficient directeur et non des points expérimentaux.

Au début du XXe siècle, Millikan avait trouvé une valeur de $6{,}56 \times 10^{-34}$ J·s pour la constante de Planck, soit un écart de 1 % seulement avec la valeur actuelle.

8 Le modèle de Bohr de l'atome d'hydrogène

1. Le mouvement de l'électron dans le modèle de Bohr est circulaire. Le système est l'électron, le référentiel est terrestre supposé galiléen.

Bilan des forces : $\vec{F}_E = \dfrac{ke^2}{r^2}\vec{n}$ où $\vec{n}$ est un vecteur centripète.

En appliquant la deuxième loi de Newton, on obtient : $m\vec{a} = \dfrac{ke^2}{r^2}\vec{n}$.

Or, dans le cas d'un mouvement circulaire, l'accélération a pour expression :

$\vec{a} = \dfrac{v^2}{r}\vec{n} \Leftrightarrow m\dfrac{v^2}{r}\vec{n} = \dfrac{ke^2}{r^2}\vec{n}$.

Après simplification, on obtient : $v^2 = \dfrac{ke^2}{mr}$.

2. On suppose que l'électron est non relativiste : $E_c = \dfrac{1}{2}mv^2 = \dfrac{ke^2}{2r}$.

3. $E_m = E_c + E_p$ soit $E_m = \dfrac{ke^2}{2r} - \dfrac{ke^2}{r} = -\dfrac{ke^2}{2r}$.

L'énergie mécanique n'est pas quantifiée dans ce cas, puisque r peut prendre toutes les valeurs possibles.

Cette énergie est négative car l'électron est lié au noyau.

4. a. En élevant au carré la relation de Bohr, on obtient : $v^2 = \dfrac{n^2h^2}{4\pi^2m^2r^2}$.

D'après l'expression de la vitesse trouvée à la question **1**, on a :

$\dfrac{ke^2}{mr} = \dfrac{n^2h^2}{4\pi^2m^2r^2} \Leftrightarrow r = \dfrac{n^2h^2}{4\pi^2mke^2}$.

b. Il s'agit d'une application numérique de la relation précédente :

$$r = \frac{(6{,}63 \times 10^{-34})^2}{4\pi^2 \times 9{,}11 \times 10^{-31} \times 9{,}0 \times 10^9 \times (1{,}60 \times 10^{-19})^2} = 53 \text{ pm}.$$

Ce résultat est en accord avec les valeurs expérimentales de l'atome d'hydrogène.

c. En utilisant l'expression de la question **3** : $r = -\dfrac{ke^2}{2E}$.

On en déduit : $-\dfrac{ke^2}{2E} = \dfrac{n^2h^2}{4\pi^2mke^2} \Leftrightarrow E = -\dfrac{2\pi^2mk^2e^4}{n^2h^2}$.

d. *Application numérique :*

$$E_1 = -\frac{2\pi^2 \times 9{,}11 \times 10^{-31} \times (9{,}0 \times 10^9)^2 \times (1{,}60 \times 10^{-19})^4}{4\pi^2 (6{,}63 \times 10^{-34})^2 \times 1{,}60 \times 10^{-19}} = -13{,}6 \text{ eV}.$$

Pour n quelconque, on obtient : $E_n = -\dfrac{13{,}6}{n^2}$.

On retrouve ainsi l'expression donnée dans l'exercice 3.

En introduisant un nombre entier n, Bohr quantifie ainsi l'énergie, d'où le terme de mécanique quantique.

POST BAC

9 L'expérience des trous d'Young : une illustration de l'incertitude d'Heisenberg

1. On a $p_1 = p \times \sin\theta_1$ et $p_2 = p \times \sin\theta_2$.

2. L'approximation des petits angles nous permet d'écrire :

$$\tan\theta_1 \approx \theta_1 \approx \frac{x - \frac{a}{2}}{d} \text{ et } \tan\theta_2 \approx \theta_2 \approx \frac{x + \frac{a}{2}}{d}.$$

3. D'après la relation de Louis de Broglie, on a $p = \frac{h}{\lambda}$;

or $\Delta p = p_2 - p_1 = p\left(\frac{x + \frac{a}{2}}{d} - \frac{x - \frac{a}{2}}{d}\right) = p\frac{a}{d}$; d'où $\Delta p \approx \frac{ha}{\lambda d}$.

4. La relation d'incertitude d'Heisenberg permet alors de déterminer l'incertitude sur Δx :

$\Delta x \cdot \Delta p \geqslant \hbar \Leftrightarrow \Delta x \geqslant \frac{h}{\Delta p}$ soit $\Delta x \geqslant \frac{\lambda d}{a}$.

L'incertitude de position du photon est supérieure à celle de l'interfrange des trous d'Young (terme de droite). On ne peut donc pas décrire la figure d'interférences uniquement avec une approche quantique, il faut aussi une description ondulatoire. On retrouve bien les deux aspects corpusculaire et ondulatoire que traduit l'expérience des trous d'Young.

POST BAC

10 Particule confinée dans un puits de potentiel

1. On a : $\psi(L) = A \times \sin\left(\frac{2\pi}{\lambda}L\right) = 0 \Leftrightarrow \frac{2\pi}{\lambda}L = n\pi$.

2. En appliquant successivement la relation de Louis de Broglie et la relation donnée, on obtient : $E = \frac{p^2}{2m} = \frac{h^2}{2m\lambda^2}$.

En reprenant λ dans l'expression de la question précédente, on obtient : $E = \frac{h^2 n^2}{8mL^2}$.

3. Pour $n = 1$, on a $E_1 = \frac{h^2}{8mL^2}$.

Pour $n = 2$, on a $E_2 = \frac{4h^2}{8mL^2}$.

La différence entre les deux énergies donne : $E_2 - E_1 = \frac{3h^2}{8mL^2}$.

Pour l'électron : $E_2 - E_1 = \frac{3 \times (6{,}63 \times 10^{-34})^2}{8 \times 9{,}11 \times 10^{-31} \times (10^{-10})^2 \times 1{,}60 \times 10^{-19}} \approx 10^2$ eV.

Pour le proton : $E_2 - E_1 = \frac{3 \times (6{,}63 \times 10^{-34})^2}{8 \times 1{,}67 \times 10^{-27} \times (10^{-15})^2 \times 1{,}60 \times 10^{-19}} \approx 1$ GeV.

Rappel : l'ordre de grandeur est la puissance de 10 qui se rapproche le plus du nombre.

Les valeurs obtenues donnent un ordre de grandeur des transitions énergétiques s'effectuant pour un électron et pour un proton.
On constate que ces transitions demandent des énergies beaucoup plus importantes pour les nucléons. C'est bien ce que l'on observe lorsque l'on compare les énergies mises en jeu lors de réactions nucléaires par rapport aux réactions chimiques.

Agir
Défis du XXIe siècle

CHAPITRE 13

Contrôle qualité par dosage

COURS

MÉTHODES ET STRATÉGIES

SUJETS DE TYPE BAC

SUJETS D'APPROFONDISSEMENT

CORRIGÉS

COURS

Contrôle qualité par dosage

L'objectif d'un dosage est de déterminer la concentration inconnue d'une espèce chimique dans une solution. Il existe deux types de méthodes de dosage : les méthodes non destructives, qui ne conduisent pas à la disparition de l'espèce chimique dosée ; et les méthodes destructives, qui conduisent à la disparition totale de l'espèce dosée.

I. Les dosages par étalonnage

1. Principe

Cette méthode permet de déterminer la concentration d'une espèce chimique en solution à partir d'une **courbe d'étalonnage** préalablement tracée.
La grandeur physique exploitée est choisie de manière à ce qu'il existe une relation de proportionnalité entre cette grandeur et la concentration de l'espèce chimique en solution. Sur la courbe d'étalonnage, on reporte la valeur de la grandeur physique mesurée (l'absorbance A ou la conductivité σ) sur l'ordonnée du graphique. On lit ensuite la valeur de la concentration recherchée en abscisse :

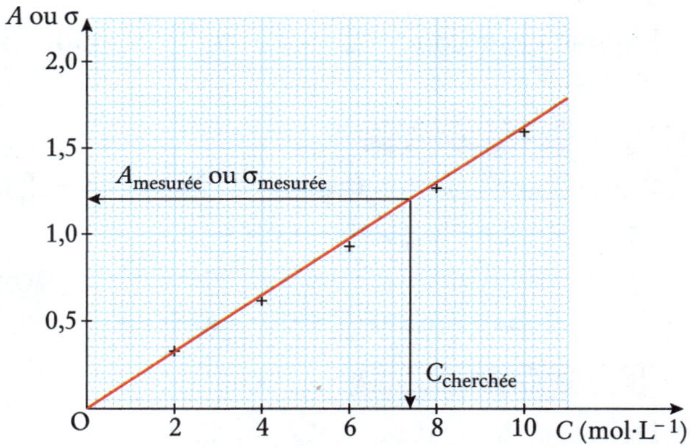

2. Dosages spectrophotométriques

- L'**absorbance** A d'une solution est une grandeur physique qui mesure la capacité d'une espèce chimique en solution à absorber une radiation lumineuse de longueur d'onde λ.
- La **loi de Beer-Lambert** relie l'absorbance à la concentration :

$A = \varepsilon_\lambda \times l \times C$	A, absorbance de la solution (sans unité) l, longueur de la solution traversée par la lumière (en cm) C, concentration de l'espèce chimique considérée (en $mol{\cdot}L^{-1}$) ε_λ, coefficient d'extinction molaire (en $L{\cdot}mol^{-1}{\cdot}cm^{-1}$) dépendant de la nature de l'espèce chimique et de la longeur d'onde

Remarques

• En général on choisit la longueur d'onde λ de la radiation que l'espèce chimique dans la solution absorbe le plus. Cette longueur d'onde est souvent notée λ_{max}.

• La loi de Beer-Lambert reste valable uniquement pour de faibles concentrations ($C < 10^{-2}$ mol·L^{-1}) et pour une gamme de concentrations assez peu étendue ($C_{max} \leqslant 10 \times C_{min}$).

3. Dosages conductimétriques

▬ La **conductivité** σ d'une solution dépend de la nature des ions qu'elle contient, de leurs concentrations et de la température. Dans le cas d'une solution qui contient des ions de formule X_i, on peut écrire :

$$\sigma = \sum_i \lambda_{X_i} \times [X_i]$$

σ, conductivité de la solution en siemens par mètre (S·m^{-1})
λ_{X_i}, conductivité molaire ionique de l'ion de formule X_i en siemens mètres carrés par mole (S·m^2·mol^{-1})
$[X_i]$, concentration de l'ion X_i en moles par mètre cube (mol·m^{-3})

Chaque ion est caractéristé par une valeur de conductivité molaire ionique :

Ion	Conductivité molaire ionique (S·m^2·mol^{-1}) à 25 °C
H_3O^+	$349{,}8 \times 10^{-4}$
HO^-	$198{,}6 \times 10^{-4}$

▬ On peut établir que la conductivité d'une solution de concentation en soluté apporté C est donnée par la **loi de Kohlrausch** :

$$\sigma = k \times C$$

σ, conductivité en S·m^{-1}
C, concentration en mol·L^{-1}
k, coefficient de proportionnalité (en S·L·m^{-1}·mol^{-1}) entre σ et C.

Remarque La loi de Kohlrausch reste valable uniquement pour de faibles concentrations ($C < 10^{-2}$ mol·L^{-1}) et pour une gamme de concentrations assez peu étendue ($C_{max} \leqslant 10 \times C_{min}$).

II. Les dosages par réaction chimique

1. Principe

On utilise une réaction chimique qui se produit entre l'espèce chimique à doser (appelée **réactif titré**) et une autre espèce espèce judicieusement choisie (appelée **réactif titrant**). Cette réaction est appelée **réaction de dosage**. Elle doit être **rapide, totale** et **unique** (le réactif titrant ajouté ne doit réagir qu'avec le réactif titré).

Lorsqu'on réalise ce type de dosage, on ajoute progressivement le réactif titrant au réactif titré et on recherche le moment particulier où on a ajouté juste ce qu'il faut de réactif tirant pour faire disparaître totalement le réactif titré dosé. Ce moment est appelé l'**équivalence** du dosage.

2. Équivalence et exploitation

- **Nature de l'équivalence**

À l'équivalence, la totalité du réactif titré dosé a disparu. Puisque la réaction de dosage est totale, on peut affirmer que la totalité du réactif titrant ajouté jusqu'à l'équivalence a aussi disparu.

On en déduit qu'à l'équivalence du dosage, les quantités de matière des réactifs (titré et titrant) ont été mises en présence en **proportions stœchiométriques.** L'écriture de ces proportions est appelée **relation à l'équivalence.** C'est elle qui permet de trouver la concentration inconnue du réactif titré.

- **Exploitation de l'équivalence**

On dose le composé A (réactif titré) par le composé B (réactif titrant). L'équation de la réaction de dosage est $a\,\mathrm{A} + b\,\mathrm{B} \rightarrow ...$

À l'équivalence, on peut écrire la relation suivante :

$$\frac{n_\mathrm{A}}{a}(\text{dosé}) = \frac{n_\mathrm{B}}{b}(\text{ajouté})$$

$n_\mathrm{A}(\textbf{dosé})$, quantité de réactif dosé (présente initialement)
$n_\mathrm{B}(\textbf{ajouté})$, quantité de réactif titrant ajoutée pour atteindre l'équivalence

Si on note C_A la concentration inconnue de A, V_A le volume connu de la solution dosée contenant A, C_B la concentration connue de B et V_BE le volume de solution de réactif titrant ajouté à l'équivalence, la relation à l'équivalence devient :

$$\frac{C_\mathrm{A} \times V_\mathrm{A}}{a} = \frac{C_\mathrm{B} \times V_\mathrm{BE}}{b} \quad \text{soit} \quad C_\mathrm{A} = \frac{a \times C_\mathrm{B} \times V_\mathrm{BE}}{b \times V_\mathrm{A}}$$

Les valeurs de a, b, C_B, V_A sont connues. Pour déterminer C_A il faut trouver expérimentalement la valeur du volume à l'équivalence V_BE.

- **Détermination expérimentale du volume à l'équivalence V_E**

Dans tous les dosages par réaction chimique, il est nécessaire de trouver le moyen de repérer l'équivalence pour accéder au volume à l'équivalence V_E.

Pour obtenir V_E, on exploite deux types de méthodes :

- les **méthodes colorimétriques** : au moment de l'équivalence, la solution dosée voit sa couleur changer. Soit le changement de couleur est dû à l'un des deux réactifs (titré et titrant), soit il est lié à l'ajout préalable d'une autre espèce. L'espèce responsable du changement de couleur exploité est appelée **indicateur de fin de réaction** ;
- les **méthodes physiques** : on mesure la valeur d'une grandeur physique (pH ou conductivité σ) dans la solution dosée. On trace la courbe d'évolution de la grandeur physique choisie en fonction du volume de réactif titrant ajouté. L'équivalence est repérée par un changement dans l'évolution du pH (**saut de pH**) ou de la conductivité σ.

POST BAC

Dosage d'un polyacide

> Voir l'exercice 7.

- Soit un **diacide** H_2A associé aux couples H_2A / HA^- et HA^- / A^{2-} de constantes d'acidité respectives $K_1 = \dfrac{[HA^-] \times [H_3O^+]}{[H_2A]}$ et $K_2 = \dfrac{[A^{2-}] \times [H_3O^+]}{[HA^-]}$.

Au cours du dosage de H_2A, deux réactions de dosage sont possibles : la réaction [1] de l'acide H_2A qui donne HA^- et la réaction [2] de l'acide HA^- qui donne A^{2-}.
On admet en général que les deux acidités sont dosées séparément (c'est-à-dire successivement) si lorsqu'on a dosé au moins 99 % de H_2A, moins de 1 % de HA^- a réagi.
On peut alors parler de **seuil de 1 %**.

- Lorsqu'au moins 99 % de H_2A a réagi selon [1] en donnant HA^-, on a :

$[H_2A] \leqslant \dfrac{1}{100}[HA^-]$ ou $\dfrac{[HA^-]}{[H_2A]} \geqslant 100$. On en déduit que $K_1 \geqslant 100[H_3O^+]$

et $-\log K_1 \leqslant -\log(100 \times [H_3O^+])$ soit $pK_1 \leqslant -\log[H_3O^+] - \log 100$.

D'où $pK_1 \leqslant pH - 2$ ou $\mathbf{pH \geqslant pK_1 + 2}$.

- Lorsque moins de 1 % de HA^- a réagi selon [2] en donnant A^{2-}, on a :

$[A^{2-}] \leqslant \dfrac{1}{100}[HA^-]$ ou $\dfrac{[A^{2-}]}{[HA^-]} \leqslant \dfrac{1}{100}$. On en déduit que $K_2 \leqslant \dfrac{1}{100}[H_3O^+]$

et $-\log K_2 \geqslant -\log\left(\dfrac{1}{100}[H_3O^+]\right)$ soit $pK_2 \geqslant -\log[H_3O^+] + \log 100$.

D'où $pK_2 \geqslant pH + 2$ ou $\mathbf{pH \leqslant pK_2 - 2}$.
Pour que les deux conditions puissent être respectées, $pH \geqslant pK_1 + 2$ et $pH \leqslant pK_2 - 2$, il faut nécessairement que $pK_2 - pK_1 \geqslant 4$ soit $\mathbf{\Delta pK_a \geqslant 4}$.
On admet communément les règles suivantes :
- si $\Delta pK_a \geqslant 4$, les acidités sont dosées séparément au cours d'un dosage pH-métrique et on obtient deux sauts de pH sans interférence ;
- si $\Delta pK_a < 4$, les acidités ne sont pas séparées au cours d'un dosage pH-métrique et on obtient un seul saut de pH ou deux sauts de pH avec des interférences.

- **Généralisation :** on peut aussi appliquer ces règles au dosage d'une dibase : deux sauts sans interférence de pH si $\Delta pKa \geqslant 4$ et un seul saut (ou deux sauts avec interférences) si $\Delta pKa < 4$.

Dans le cas des triacides (ou tribases), les différentes acidités (ou basicités) seront séparées selon les mêmes règles.

MÉTHODES ET STRATÉGIES

1 Déterminer la valeur de la conductivité σ à partir de celle de la conductance G

> Voir les exercices 1 et 5 mettant en œuvre cette méthode.

Méthode

> **Étape 1 :** Écrire la relation de proportionnalité entre la conductivité et la conductance :

$$\sigma = G \times \frac{L}{S} \quad \text{ou} \quad G = \sigma \times \frac{S}{L}$$

G, conductance d'une portion de solution en siemens (S)
σ, conductivité de la solution en siemens par mètre ($S{\cdot}m^{-1}$)
S, surface immergée des électrodes utilisées (en m^2)
L, distance qui sépare les deux électrodes (en m)

Remarque La conductance *G* d'une solution est l'inverse de sa résistance électrique *R* (exprimée en ohms Ω) soit $G = \frac{1}{R}$. On mesure la conductance d'une solution en plongeant dans cette solution une cellule conductimétrique constituée de deux électrodes parallèles de surface immergée *S* écartées d'une longueur *L*.

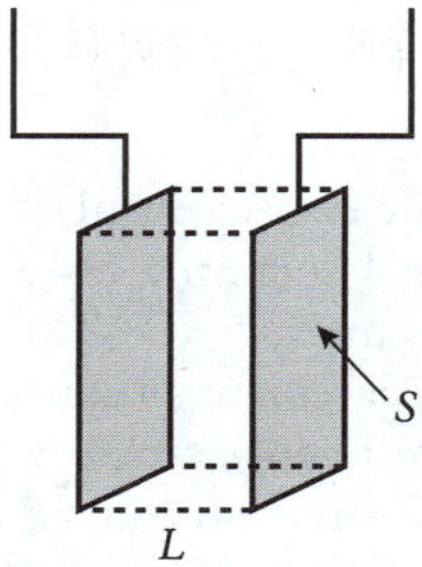

Distance entre les électrodes

On applique une tension *U* aux bornes des électrodes et on mesure l'intensité du courant qui circule. Selon la loi d'Ohm, $U = R \times I$ soit $R = \frac{U}{I}$; on en déduit que :

$$G = \frac{I}{U}$$

U, tension en volts (V)
I, intensité en ampères (A)

> **Étape 2 :** On calcule la valeur de la conductivité après avoir effectué les conversions nécessaires.

Exemple

Dans une solution, on plonge une cellule conductimétrique dont les électrodes ont pour surface $S = 4{,}0\ cm^2$ et sont écartées de $L = 15$ mm. On mesure une conductance $G = 3{,}7$ mS. Quelle est la valeur de la conductivité σ de la solution étudiée ?

Application

> **Étape 1 :** On a $\sigma = G \times \frac{L}{S}$.

> **Étape 2 :** $G = 3{,}7\ \text{mS} = 3{,}7 \times 10^{-3}\ \text{S}$, $S = 4{,}0\ \text{cm}^2 = 4{,}0 \times 10^{-4}\text{m}^2$ et $L = 15\ \text{mm} = 15 \times 10^{-3}\text{m}$. On a donc $\sigma = 3{,}7 \times 10^{-3} \times \frac{15 \times 10^{-3}}{4{,}0 \times 10^{-4}} = 0{,}14\ \text{S·m}^{-1}$.

Remarque Attention aux conversions $\text{cm}^2 \leftrightarrow \text{m}^2$:
$1\ \text{cm}^2 = 1\ \text{cm} \times 1\ \text{cm} = 10^{-2}\text{m} \times 10^{-2}\text{m} = 10^{-4}\text{m}^2$;
$1\ \text{m}^2 = 1\ \text{m} \times 1\ \text{m} = 10^2\text{cm} \times 10^2\text{cm} = 10^4\text{cm}^2$.

2 Choisir un indicateur coloré acido-basique et prévoir le changement de couleur observé à l'équivalence

> Voir les exercices 4 et 5 mettant en œuvre cette méthode.

Méthode

> **Étape 1 :** Pour choisir l'indicateur coloré adapté à un dosage colorimétrique, il faut tenir compte de la règle suivante : la valeur du pH à l'équivalence (pH_E) doit appartenir à la zone de virage (ou teinte sensible) de l'indicateur.

> **Étape 2 :** Pour prévoir le changement de couleur au moment de l'équivalence, il faut mettre en relation l'évolution du pH au cours du dosage et les couleurs des teintes (acide ou basique) de l'indicateur.
Dans le cas du dosage d'un acide par une base, le pH augmente au cours dosage : on observera donc le changement de couleur d'une teinte acide vers une teinte basique.
Dans le cas du dosage d'une base par un acide, le pH diminue au cours dosage : on observera donc le changement de couleur d'une teinte basique vers une teinte acide.

Exemple

Une solution d'hydroxyde de sodium $(Na^+ + HO^-)$ est dosée par une solution d'acide chlorhydrique $(H_3O^+ + Cl^-)$. Le pH à l'équivalence est $\text{pH}_E = 7$. On dispose de trois indicateurs dont les teintes sont données dans le tableau ci-dessous.
Choisir l'indicateur coloré adapté à ce dosage et indiquer comment on repère l'équivalence.

Indicateur	Teinte acide	Zone de virage Teinte sensible	Teinte basique
Hélianthine	Rouge	3,1 Orange 3,4	Jaune
Bleu de bromothymol	Jaune	6,0 Vert 7,6	Bleu
Phénolphtaléine	Incolore	8,2 Rose 10	Rouge violacé

Application

> Étape 1 : L'indicateur coloré adapté est le bleu de bromothymol, car la valeur de pH_E appartient à sa zone de virage $6 \leqslant pH_E \leqslant 7,6$.

> Étape 2 : Il s'agit du dosage d'une base (HO^-) par un acide (H_3O^+). Au cours du dosage le pH diminue. À l'équivalence, la solution dosée passe du bleu (teinte basique) au jaune (teinte acide).

3 Déterminer la valeur de V_E à l'aide de la méthode des tangentes

> Voir les exercices 4 et 5 mettant en œuvre cette méthode.

Méthode

> Étape 1 : Tracer deux tangentes à la courbe de dosage $pH = f(V_{\text{réactif titrant}})$, parallèles entre elles et situées avant et après le saut du pH. Pour cela, on trace une tangente à la courbe en un point A (virage avant le saut de pH). Cette tangente doit être penchée d'environ 45°. Puis, on trace une parallèle à cette droite passant en un point B (virage après le saut de pH) et également tangente à la courbe de dosage.

> Étape 2 : Tracer deux segments perpendiculaires aux deux tangentes de part et d'autre du saut de pH.

> Étape 3 : Tracer la droite passant par le milieu des deux segments. Son intersection avec la courbe $pH = f(V_{\text{réactif titrant}})$ détermine le point équivalent E de coordonnées $(V_E\,;pH_E)$.

Exemple

On dose un acide par une base. On obtient la courbe de dosage suivante :

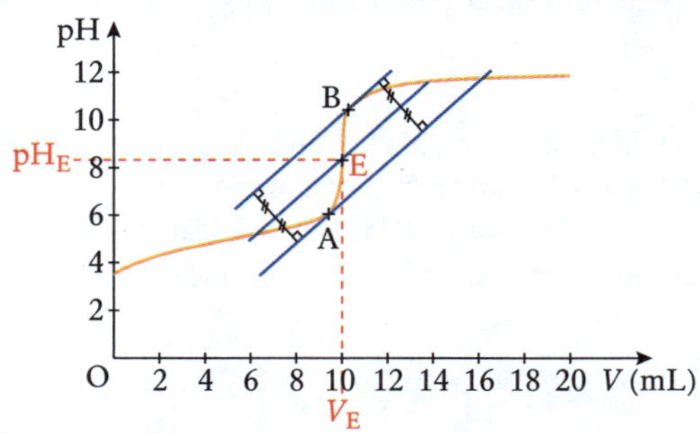

Déterminer la valeur du volume à l'équivalence V_E à l'aide de la méthode des tangentes.

Application

> Étapes 1 et 2 : Voir la courbe.

> Étape 3 : Le point équivalent E a pour coordonnées $(V_E = 10\text{ mL}\,;pH_E = 8,2)$.

4 Déterminer la valeur de V_E à l'aide de la courbe dérivée du pH

> Voir les exercices 4, 5 et 7 mettant en œuvre cette méthode.

Méthode

> **Étape 1 :** À partir des résultats expérimentaux, un logiciel de traitement de données permet de tracer la courbe de la dérivée $\frac{\text{dpH}}{\text{d}V_{\text{réactif titrant}}} = f\left(V_{\text{réactif titrant}}\right)$.

> **Étape 2 :** On lit graphiquement la valeur de V_E sachant que l'équivalence du dosage correspond à l'extremum de la courbe dérivée. C'est un maximum dans le cas du dosage d'un acide par une base et un minimum dans le cas du dosage d'une base par un acide.

Exemple

On réalise le dosage d'un acide par une base en effectuant un suivi pH-métrique. On obtient les résultats expérimentaux suivants :

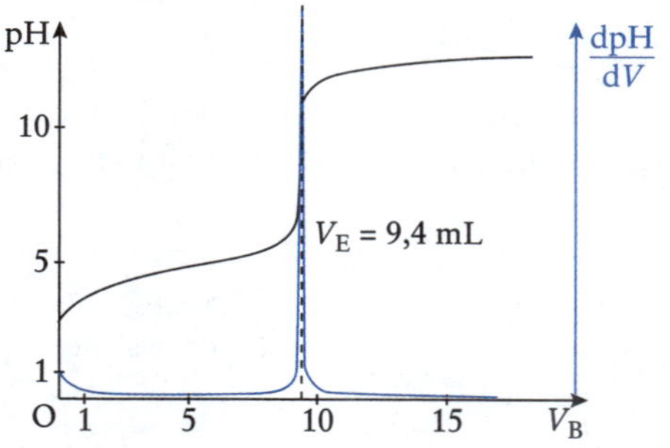

Déterminer la valeur du volume à l'équivalence V_E.

Application

> **Étape 1 :** On trace la courbe dérivée $\frac{\text{dpH}}{\text{d}V_B} = f\left(V_B\right)$; voir résultats expérimentaux.

> **Étape 2 :** Puisqu'il s'agit du dosage d'un acide par une base, le graphe présente un maximum pour une abscisse égale à V_E. Le point d'intersection entre la droite verticale passant par le maximum et l'axe des abscisses permet d'obtenir V_E = 9,4 mL.

5 Exploiter une courbe d'évolution de la conductivité pour trouver V_E

> Voir l'exercice 6 mettant en œuvre cette méthode.

Méthode

> **Étape 1 :** Sur le graphique expérimental avec σ en ordonnée et $V_{\text{réactif titrant}}$ en abscisse, on repère le moment de la « rupture » (changement d'évolution remarquable) dans l'évolution de σ. Cette « rupture » correspond au moment de l'équivalence du dosage.

> **Étape 2 :** On trace ensuite les deux droites qui correspondent respectivement à l'évolution de σ « avant l'équivalence » et « après l'équivalence ». L'intersection de ces deux droites est le point équivalent E. L'abscisse de ce point donne la valeur du volume à l'équivalence V_E.

Remarque On obtient deux droites (les évolutions de σ sont linéarisables) lorsqu'au cours du dosage la dilution de la solution dosée est négligeable. On néglige généralement la dilution tant que le volume ajouté reste inférieur à 10 % du volume initial.

Exemple

Au cours d'un dosage conductimétrique, on obtient le graphe suivant où sont positionnés les points expérimentaux d'abscisse V (volume de réactif titrant ajouté) et d'ordonnée σ.

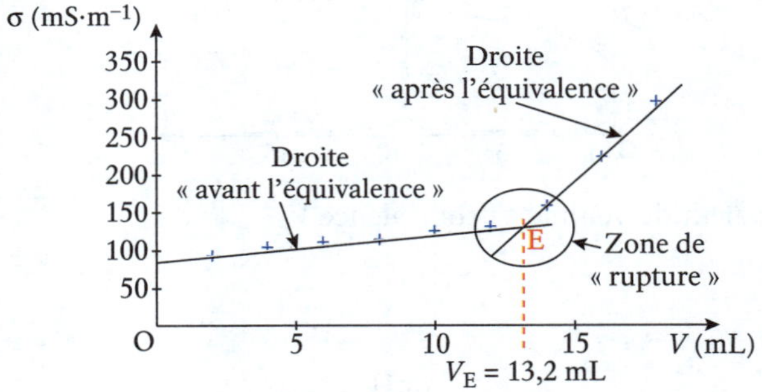

Déterminer la valeur du volume équivalent V_E de ce dosage.

Application

> **Étape 1 :** Voir la courbe expérimentale.

> **Étape 2 :** Voir la courbe expérimentale. À l'intersection des deux droites, on lit V_E **= 13,2 mL**.

SUJETS DE TYPE BAC

1 Étude d'une solution traitant la carence en calcium

20 min

Voici un excellent exercice d'application de dosage conductimétrique. C'est aussi l'occasion d'établir la loi de Kohlraush et de manipuler les différentes grandeurs de la conductimétrie.

> Voir la méthode et stratégie 1, ainsi que la partie I.3 du cours.

La carence en élément calcium, appelée hypocalcémie, peut être traitée par injection intraveineuse d'une solution de chlorure de calcium $(Ca^{2+} + 2\,Cl^-)$. On souhaite déterminer la concentration C_0 en chlorure de calcium contenue dans une ampoule de 10,0 mL. Le contenu de l'ampoule est dilué 100 fois. La mesure de la conductivité de la solution S obtenue est $\sigma_S = 1{,}23\ mS{\cdot}cm^{-1}$. On mesure également la conductivité de différentes solutions étalons en chlorure de calcium.
Les résultats sont rassemblés dans le tableau ci-dessous :

C (mmol·L^{-1})	1,0	2,5	5,0	7,5	10
σ (mS·cm^{-1})	0,27	0,68	1,33	2,0	2,7

1. Établir la relation (appelée loi de Kohlrausch) entre la conductivité σ et la concentration C en soluté apporté d'une solution de chlorure de calcium.

2. Tracer la courbe $\sigma = f(C)$. La loi de Kohlrausch est-elle vérifiée ?

3. En déduire la valeur de la concentration C_0.

4. a. Quelle serait la valeur de la conductance G_0 mesurée dans une solution correspondant au contenu d'une ampoule à l'aide d'une cellule conductimétrique de dimensions $S = 1{,}4\ cm^2$ et $L = 9{,}0\ mm$?

b. Quelle serait alors la valeur de l'intensité I du courant mesuré si une tension $U = 2{,}0$ V était appliquée aux bornes de cette cellule conductimétrique dans la même solution ?

2 Vérification de la potabilité d'une eau

20 min

Cet exercice d'application concrète de la loi de Beer-Lambert permet également au passage de comprendre le fonctionnement d'un spectrophotomètre, appareil de mesure largement utilisé en laboratoire.

> Voir la partie I.2 du cours.

L'aluminium est le troisième constituant de l'écorce terrestre après l'oxygène et le silicium. L'homme est exposé à l'aluminium d'origine naturelle par contact direct avec le sol, l'air et l'ingestion d'aliments provenant de la terre et d'eau de source. Par ailleurs, c'est un métal utilisé dans de nombreux domaines (industrie du bâtiment, transports, agroalimentaire, emballage, pharmacie, chirurgie, cosmétologie, traitement des eaux d'alimentation). Longtemps considéré comme sans danger pour l'homme, du fait notamment de sa très faible absorption par l'organisme, de nombreuses études montrent à présent que l'aluminium peut être toxique. Les normes actuelles tolèrent une concentration maximale en aluminium de $7{,}4\ \mu mol{\cdot}L^{-1}$ pour l'eau potable. Le but de cet exercice est d'exploiter une analyse par spectrophotométrie afin de s'assurer qu'un échantillon d'eau vérifie ce critère.

1. Préparation de la solution S_0

On prépare 1,00 L d'une solution mère de concentration $8{,}15\ mmol{\cdot}L^{-1}$ en aluminium à partir de chlorure d'aluminium hexahydraté ($AlCl_3, 6\ H_2O$) solide qui libère des ions aluminium III (Al^{3+}) lors de sa dissolution en solution aqueuse.
On en prélève un volume qui est dilué 100 fois afin d'obtenir 100 mL d'une solution S_0.

a. Quel est le volume de solution mère à prélever pour préparer la solution S_0 ?

b. Retrouver qu'il faut peser 1,97 g de chlorure d'aluminium hexahydraté de masse molaire $M = 241{,}5\ g{\cdot}mol^{-1}$ pour préparer un litre de solution à une concentration de $8{,}15\ mmol{\cdot}L^{-1}$ en aluminium.

2. Préparation de la gamme d'étalons

On fait réagir les ions aluminium III, contenus dans une solution incolore, avec un colorant appelé aluminon présent en large excès. Une nouvelle espèce chimique colorée est ainsi obtenue par une transformation chimique supposée totale.
Quatre solutions sont préparées de la façon suivante : on place dans une fiole jaugée de 50,0 mL, 5 mL d'une solution d'aluminon, 20 mL d'une solution tampon permettant de maintenir le pH à 4,8, un certain volume de solution S_0 (précisé dans le tableau ci-après) et on complète jusqu'au trait de jauge avec de l'eau distillée. Après homogénéisation et un temps d'attente de 15 minutes, les échantillons sont analysés au spectrophotomètre.

a. Quelle doit être la particularité de la longueur d'onde choisie lors du réglage du spectrophotomètre ?

b. Quel rôle joue la solution S_1 dans le réglage du spectrophotomètre (voir le tableau de mesures ci-dessous) ?

Solution	Volume de S_0 (mL)	Concentration molaire en aluminium ($mmol{\cdot}L^{-1}$)	Absorbance mesurée
S_1	0	0	0
S_2	3,0	$0{,}48 \times 10^{-2}$	0,037
S_3	12,0		0,15
S_4	20,0	$3{,}3 \times 10^{-2}$	0,25

c. Retrouver la valeur manquante de la concentration molaire en aluminium de la solution S_3.

3. Dosage de la teneur en aluminium de l'échantillon

a. Tracer le graphe représentant l'évolution de l'absorbance en fonction de la concentration molaire en aluminium. Commenter l'allure de la courbe obtenue.

b. L'absorbance d'un échantillon d'eau donne une valeur de 0,12. Cette eau respecte-t-elle le critère de potabilité pour l'aluminium ?

3 Analyse d'un antiseptique du commerce : la bétadine

30 min

Conformément aux exigences du nouveau programme, voici un excellent exercice d'entraînement à l'analyse et à l'exploitation de documents. C'est aussi l'occasion d'étudier un dosage « iodométrique », un classique incontournable !

> Voir la partie II.2 du cours.

DOC. 1 La bétadine

La bétadine est un antiseptique. Un antiseptique est un produit ou un procédé permettant par oxydation, au niveau des tissus vivants, d'éliminer les micro-organismes ou d'inactiver les virus. Le principe actif de la bétadine est le diiode I_2.

DOC. 2 Une bétadine du commerce

L'étiquette de la bétadine du commerce précise :

- Bétadine 10 %
- Polyvidone iodée : 10 g pour 100 mL

Remarque On peut montrer qu'elle contient 1,1 g de diiode pour 100 mL.

DOC. 3 La polyvidone iodée, une source de diiode

La molécule de polyvidone est un polymère dont le motif est :

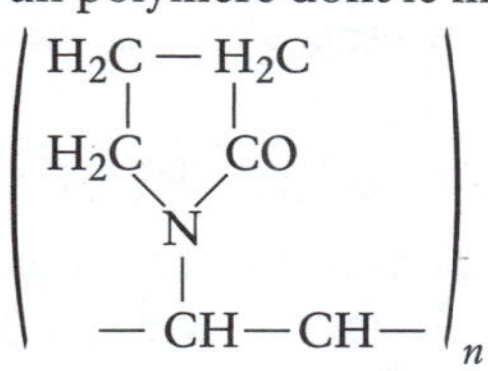

En fait, les molécules de diiode forment un complexe avec la molécule de polyvidone comme indiqué ci-dessous :

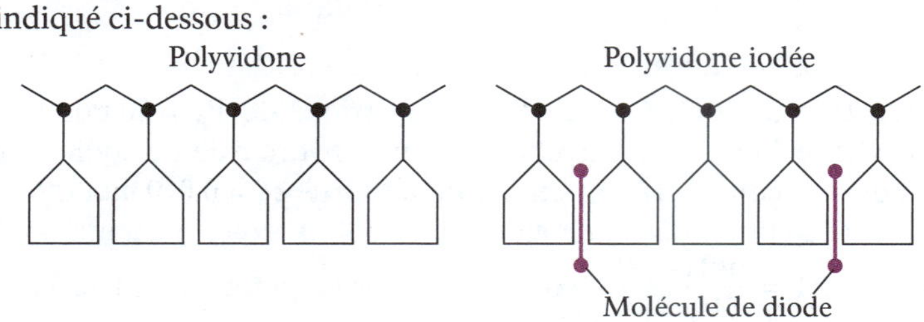

Au fur à mesure de son utilisation, la polyvidone libère les molécules de diiode.
En moyenne, il y a $n = 19$ motifs dans la molécule de polyvidone pour 1 molécule de diiode.

DOC. 4 Protocole de dosage du diiode dans la bétadine

Première étape : on dilue la bétadine d'un facteur 10 et on obtient $V_1 = 20{,}0$ mL de bétadine diluée.

Deuxième étape : on dose le diiode présent dans le volume V_1 de bétadine diluée par une solution de thiosulfate de sodium $(2Na^+ + S_2O_3^{2-})$ de concentration $C_2 = 1{,}5 \times 10^{-2}$ mol·L^{-1}. Le volume à l'équivalence est $V_{2E} = 11{,}3$ mL.
On ajoute initialement de l'amidon à la solution dosée.

1. Problème

À l'aide de vos connaissances et des documents fournis, résoudre le problème suivant : la teneur en diiode de la bétadine du commerce étudiée est-elle validée par le dosage réalisé ?

2. Protocole du dosage

a. *Dilution :* choisir dans la liste donnée ci-dessous le matériel nécessaire à la réalisation de la dilution évoquée dans le document 4. Justifier ce choix.

Fiole jaugée	20,0 mL	50,0 mL	100,0 mL
Éprouvette graduée	25 mL	50 mL	100 mL
Pipette jaugée	2,0 mL	10,0 mL	25,0 mL
Bécher	20 mL	100 mL	250 mL

b. *Repérage de l'équivalence :* expliquer comment l'équivalence du dosage du document 4 est repérée.

3. Montrer qu'une teneur en polyvidone iodée de 10 g pour 100 mL correspond bien à une teneur en diiode de 1,1 g pour 100 mL.

Données : masses molaires $M(\text{H}) = 1{,}0 \text{ g·mol}^{-1}$, $M(\text{C}) = 12 \text{ g·mol}^{-1}$, $M(\text{N}) = 14 \text{ g·mol}^{-1}$, $M(\text{O}) = 16 \text{ g·mol}^{-1}$ et $M(\text{I}_2) = 254 \text{ g·mol}^{-1}$;

couples d'oxydoréduction mis en jeu : $S_4O_6^{2-} / S_2O_3^{2-}$ et I_2 / I^-.

L'amidon forme avec le diiode une espèce colorée bleue.

4 Étude d'une solution d'acide salicylique

30 min

Cet exercice très complet permet de tester ses connaissances sur les méthodes de repérage de l'équivalence du dosage d'un acide par une base.

> Voir les méthodes et stratégies 2, 3 et 4, ainsi que la partie II du cours.

Partie A – Dosage d'une solution d'acide salicylique

Le graphique 1 est le résultat du dosage pH-métrique de $V_A = 20 \text{ mL}$ de solution d'acide salicylique (noté HA) par une solution d'hydroxyde de sodium (ou solution de soude) de concentration en soluté apporté $c_B = 0{,}010 \text{ mol·L}^{-1}$. On note V_B le volume de solution de soude ajouté. Les points expérimentaux, ainsi que la courbe dérivée $\text{pH}' = \dfrac{\text{dpH}}{\text{d}V_B}$, sont représentés sur le graphique 1 ci-dessous.

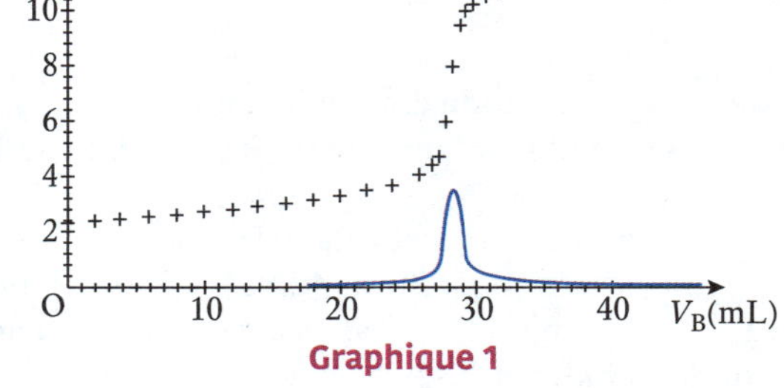

Graphique 1

1. Écrire l'équation de la réaction de dosage.

2. Déterminer la valeur du volume équivalent V_{BE}.

3. En déduire la concentration molaire c_A, puis la concentration massique c_{mA} en acide salicylique apporté dans la solution étudiée.

4. On peut repérer l'équivalence du dosage en utilisant un indicateur coloré.

a. Parmi les indicateurs colorés ci-dessous, choisir celui qui convient.

Indicateur coloré	Teinte acide	Zone de virage	Teinte basique
Rouge de méthyle	Rouge	4,4-6,2	Jaune
Bleu de bromythymol	Jaune	6,0-7,6	Bleu
Rouge de crésol	Jaune	7,2-8,8	Rouge

b. Quel changement de couleur permet de repérer l'équivalence ?

Partie B – Simulation du dosage d'une solution d'acide salicylique

On simule le dosage de V_A **= 20,0 mL** de solution d'acide salicylique à **0,0100 mol·L⁻¹** par une solution de soude (ou hydroxyde de sodium).
Le logiciel de simulation utilisé a permis la représentation simultanée :
• des variations du pH en fonction du volume de soude versé au cours du dosage (courbe 1) ;
• des variations des concentrations molaires (en 10^{-3} mol·L^{-1}) de l'acide **HA** et de sa base conjuguée A^- (courbes 2 et 3) en fonction du volume V_B de soude versé.
On a obtenu le graphique 2 ci-dessous (l'échelle des concentrations est à gauche, celle des pH à droite).

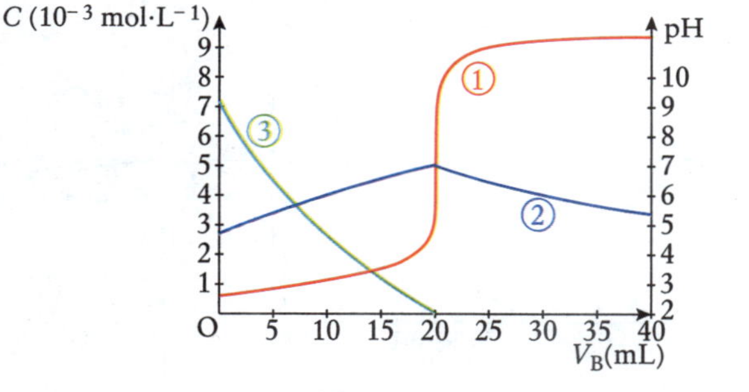

Graphique 2

5. a. Justifier que l'espèce qui correspond à la courbe 3 est HA.

b. Justifier l'allure de la courbe 2.

6. a. À quelle condition sur les concentrations des espèces $[HA]$ et $[A^-]$ a-t-on pH = pK_a ?

b. À partir des courbes du graphique 2, déduire la valeur du pK_a du couple de l'acide salicylique.

Données : masse molaire M_{HA} **= 138 g·mol⁻¹** ; pK_a (HA/A^-) = 3,0.

SUJETS D'APPROFONDISSEMENT

5 Dosage et étude d'une solution d'ammoniac

30 min

Cet exercice est complémentaire de l'exercice précédent. Il met en œuvre la plupart des méthodes de repérage de l'équivalence du dosage d'une base par un acide. Il permet également de déterminer une valeur de pH à partir d'une mesure conductimétrique.

> Voir les méthodes et stratégies 2, 3 et 4, ainsi que les parties I.3 et II du cours.

Une solution commerciale S_0 d'ammoniac peut être utilisée, après dilution, comme produit nettoyant (éviers, lavabos,...) ou comme produit détachant (moquette, tapis,...). On se propose d'étudier une solution diluée d'ammoniac ($NH_{3(aq)}$), notée S. Cette solution est 100 fois plus diluée que la solution commerciale S_0.

Partie A – Préparation de la solution diluée S

1. Faire la liste de la verrerie de précision nécessaire à la réalisation d'un volume $V = 1{,}00$ L de S à partir de S_0.

Partie B – Titrage de la solution diluée S

La solution S est titrée par une solution d'acide chlorhydrique de concentration $C_a = 0{,}0157\ \text{mol·L}^{-1}$. Dans $V_S = 20$ mL de la solution S, on verse progressivement la solution d'acide chlorhydrique et on mesure après chaque ajout le pH du mélange. On peut alors tracer la courbe d'évolution du pH à l'aide d'un logiciel approprié. On trace aussi la courbe d'évolution de la dérivée du pH : $\text{pH}' = \dfrac{\text{dpH}}{\text{d}Va}$. On obtient l'ensemble de courbes suivantes :

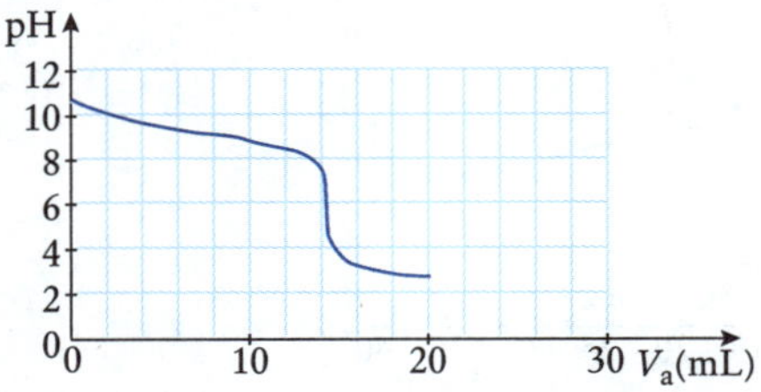

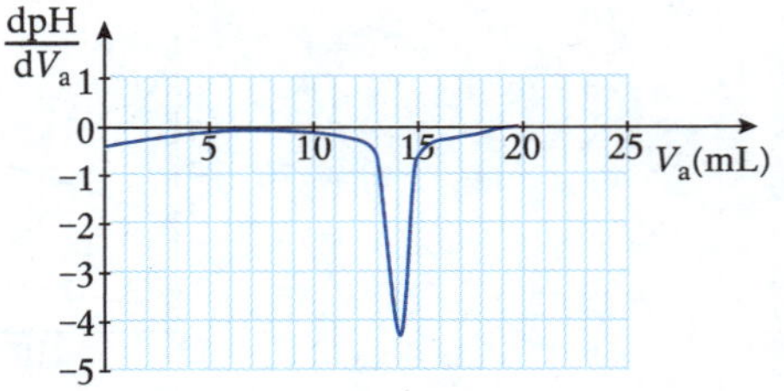

2. Écrire l'équation de la réaction de dosage de la solution diluée d'ammoniac S.

3. a. À partir des données expérimentales, déterminer le volume à l'équivalence V_{aE} du titrage.

b. En déduire la valeur de la concentration C_S de la solution diluée S et celle de la concentration C_0 de la solution S_0.

4. Parmi les indicateurs colorés du tableau suivant, déterminer celui qu'il faut ajouter à la solution pour procéder le plus efficacement possible au dosage précédent par une méthode colorimétrique. Justifier ce choix. Quel changement de couleur observe-t-on alors autour de l'équivalence ?

Indicateur coloré	Teinte acide	Zone de virage	Teinte basique
Bleu de bromophénol	Jaune	3,0-4,6	Bleu/Violet
Rouge de méthyle	Rouge	4,2-6,2	Jaune
Rouge de crésol	Jaune	7,2-8,8	Rouge

Partie C – Étude conductimétrique de la solution S

5. La valeur de la conductance de la solution diluée S mesurée avec une cellule conductimétrique de dimensions $S = 2{,}0 \text{ cm}^2$ et $L = 1{,}0 \text{ cm}$ est $G = 1{,}73 \text{ mS}$.

a. En déduire la valeur commune de la concentration (en mol·L^{-1}) des ions NH_4^+ et HO^- dans la solution S.

b. En déduire la valeur du pH de la solution S. Commenter.
Données : produit ionique de l'eau : $K_e = [H_3O^+] \times [OH^-] = 1{,}0 \times 10^{-14}$;
couples acide/base mis en jeu : H_3O^+ / H_2O $(pK_{a1} = 0)$; NH_4^+ / NH_3 $(pK_{a2} = 9{,}2)$ et H_2O / HO^- $(pK_{a3} = 14)$; conductivités molaires ioniques (en $\text{S·m}^2\text{·mol}^{-1}$) : $\lambda_{HO^-} = 199 \times 10^{-4}$ et $\lambda_{NH_4^+} = 7{,}34 \times 10^{-4}$.

6 Analyse d'un lait de vache

30 min

Voici un excellent exercice de mise en pratique de ses connaissances sur les dosages conductimétriques *via* l'interprétation qualitative et quantitative d'une courbe de conductimétrie.

> Voir la méthode et stratégie 5, ainsi que la partie II du cours.

Une inflammation des mamelles des vaches rend le lait impropre à la consommation. Or, cette inflammation se traduit par une augmentation de la concentration en ions sodium Na^+ et chlorures Cl^-. Une mesure de la conductivité du lait, après la traite, permet de déterminer sa concentration en ions chlorures et donc de vérifier s'il est consommable.
Pour réaliser ce titrage, un lait frais est dilué 5 fois. Soit S_1 la solution de lait diluée et C_1 sa concentration en ions chlorures. On verse $V_1 = 10{,}0$ mL de S_1 dans un bécher et on y ajoute environ 250 mL d'eau distillée. On mélange, puis on plonge dans le bécher une sonde conductimétrique. Initialement et après chaque ajout, millilitre par millilitre, d'une solution S_2 de nitrate d'argent $(Ag^+ + NO_3^-)$ de concentration $C_2 = 5{,}00 \times 10^{-3} \text{ mol·L}^{-1}$, on mesure la conductivité σ de la solution et on obtient la courbe suivante :

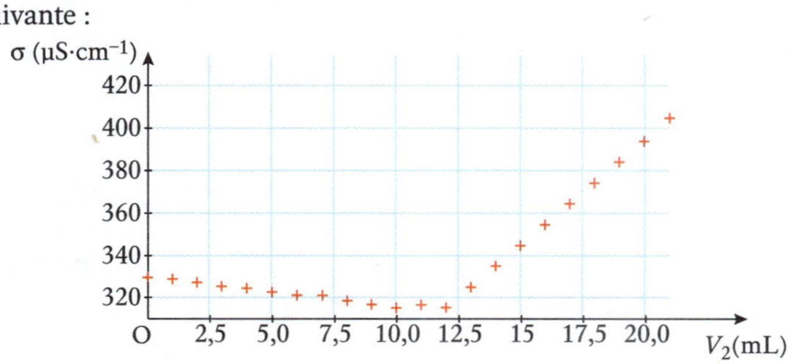

La réaction, rapide, met en jeu les ions chlorures et les ions argent selon l'équation :

$Ag^+ + Cl^- \rightarrow AgCl_{(s)}$ (précipité blanc d'AgCl)

1. Pourquoi la conductivité initiale de la solution S_1 n'est-elle pas nulle ?

2. Pourquoi ajoute-t-on un volume d'environ 250 mL d'eau distillée dans le bécher ?

3. Déterminer graphiquement la valeur du volume V_E de solution de nitrate d'argent versé à l'équivalence.

4. a. Établir que la conductivité dans la solution dosée, en un point du dosage **avant l'équivalence**, s'écrit : $\sigma = \sigma_0 + \lambda_1 \times \frac{C_1 \times V_1}{V_{tot}} + (\lambda_2 - \lambda_1) \times \frac{C_2 \times V_2}{V_{tot}}$ où σ_0 est la conductivité de l'ensemble des ions spectateurs initialement présents dans le lait, V_2 est le volume de solution de nitrate d'argent ajouté et V_{tot} est le volume total de la solution dosée au point considéré.

b. En utilisant cette relation, justifier l'allure de l'évolution de la conductivité observée avant l'équivalence.

5. Justifier qualitativement (sans calcul) l'évolution de la conductivité après l'équivalence.

6. D'après les résultats obtenus, le lait analysé est-il consommable ?

Données : $M_{Cl} = 35{,}5\ g{\cdot}mol^{-1}$; $\lambda_1 = \lambda_{Cl^-} = 76{,}3 \times 10^{-4}\ S{\cdot}m^2{\cdot}mol^{-1}$;
$\lambda_2 = \lambda_{NO_3^-} = 71{,}4 \times 10^{-4}\ S{\cdot}m^2{\cdot}mol^{-1}$; $\lambda_3 = \lambda_{Ag^+} = 61{,}9 \times 10^{-4}\ S{\cdot}m^2{\cdot}mol^{-1}$.

Un lait est consommable si la concentration en ions chlorures est comprise entre 0,8 et 1,2 $g{\cdot}L^{-1}$.

POST BAC

7 La boisson au cola contient-elle trop d'acide ?

30 min

Dans cet exercice, on étudie le dosage d'un polyacide : l'acide phosphorique contenu dans une boisson au cola. C'est l'occasion de tester ses connaissances sur les dosages par réaction chimique, ainsi que ses capacités de déduction.

> Voir la méthode et stratégie 4, ainsi que la partie II du cours et le complément POST BAC.

On dose $V = 10$ mL d'une boisson au cola, additionnée de 20 mL d'eau distillée, par une solution de soude à $C_1 = 0{,}010\ mol{\cdot}L^{-1}$ afin de déterminer la concentration en acide phosphorique. Le dosage est suivi par pH-métrie ; les résultats obtenus permettent de tracer le graphe ci-dessous :

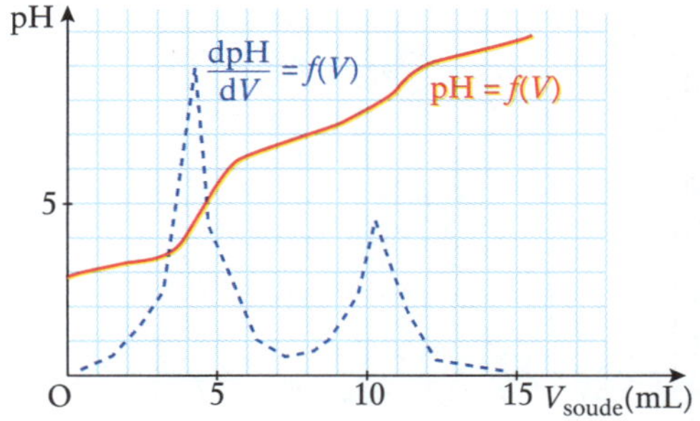

1. La boisson au cola contient du dioxyde de carbone dissous qu'il faut éliminer avant de faire le dosage.

a. Pourquoi faut-il éliminer le dioxyde de carbone dissous ?

b. Quel type de montage faut-il utiliser pour réaliser cette opération ? Schématiser ce montage.

2. On s'intéresse à l'acide phosphorique.

a. Sa formule brute est H_3PO_4 . Justifier qu'il s'agit d'un triacide.

b. Placer les formes prédominantes de cet acide sur un axe gradué en pH.

3. Combien de sauts de pH devrait-on observer *a priori* sur le graphe $pH = f(V_{soude})$?

4. On observe en réalité que deux sauts de pH qui correspondent aux deux premières acidités de l'acide phosphorique (H_3PO_4 et $H_2PO_4^-$). En effet, la dernière acidité de l'acide phosphorique HPO_4^{2-} ne conduit pas à un troisième saut de pH car sa réaction avec HO^- n'est pas totale.

a. Écrire l'équation de la réaction de dosage de la troisième acidité de l'acide phosphorique.

b. Calculer la valeur de sa constante d'équilibre K. Commenter.

5. a. Déterminer, sur le graphe, les volumes qui correspondent aux deux sauts de pH, soit V_1 et V_2.

b. Quelle relation devrait-il exister entre V_1 et V_2 si l'acide phosphorique était le seul acide présent initialement dans la boisson ?

c. Expliquer l'écart observé sachant que le dioxyde de carbone n'a pas été totalement éliminé (justifier que CO_2, H_2O restant et $H_2PO_4^-$ sont dosés simultanément).

6. La législation impose une limite à la concentration en acide phosphorique dans ce type de boisson. Elle doit rester inférieure à $0{,}60\ g{\cdot}L^{-1}$. La boisson étudiée est-elle conforme à la législation ?

7. Entre V_1 et V_2, la soude réagit simultanément avec le CO_2, H_2O restant et $H_2PO_4^-$. En déduire la concentration massique en dioxyde de carbone encore présent dans la boisson dosée.

Données :

• produit ionique de l'eau : $K_e = 1{,}0 \times 10^{-14}$;

• pour l'acide phosphorique : $H_3PO_4 / H_2PO_4^-$ ($pK_{a1} = 2{,}1$) ;

$H_2PO_4^- / HPO_4^{2-}$ ($pK_{a2} = 7{,}2$) ; HPO_4^- / PO_4^{3-} ($pK_{a3} = 12{,}4$) ;

$M_{H_3PO_4} = 98\ g{\cdot}mol^{-1}$;

• pour le dioxyde de carbone : $CO_2, H_2O / HCO_3^-$ ($pK_{a1} = 6{,}4$) ;

HCO_3^- / CO_3^{2-} ($pK_{a2} = 10{,}3$) ; $M_{CO_2} = 44\ g{\cdot}mol^{-1}$.

CORRIGÉS

1 Étude d'une solution traitant la carence en calcium

1. La conductivité σ d'une solution contenant des ions Ca^{2+} et Cl^- est donnée par la relation $\sigma = \lambda_{Ca^{2+}} \times [Ca^{2+}] + \lambda_{Cl^-} \times [Cl^-]$.
En outre, on peut montrer que dans une solution de chlorure de calcium de concentration en soluté apporté C et de volume V, on a $[Ca^{2+}] = C$ et $[Cl^-] = 2C$. On peut utiliser, pour cela, un tableau d'avancement :

Équation		$CaCl_{2(s)}$ →	$Ca^{2+}_{(aq)}$ +	$2\ Cl^-_{(aq)}$
État du système	Avancement (mol)	Quantité de matière (mol)		
Initial	0	$n_i = C \times V$	0	0
Final (réaction totale)	$x_f = x_{max}$	$n_f = C \times V - x_{max} = 0$	$x_{max} = C \times V$	$2x_{max} = 2C \times V$

On en déduit que $[Ca^{2+}] = \dfrac{n_{f\,Ca^{2+}}}{V} = \dfrac{C \times V}{V} = C$ et $[Cl^-] = \dfrac{n_{f\,Cl^-}}{V} = \dfrac{2C \times V}{V} = 2C$.

On obtient donc que $\sigma = \lambda_{Ca^{2+}} \times C + \lambda_{Cl^-} \times 2C = (\lambda_{Ca^{2+}} + 2\lambda_{Cl^-}) \times C$.

D'où $\sigma = k \times C$ avec $k = cte$, ce qui correspond à la loi de Kohlrausch.

2. On obtient la représentation graphique suivante :

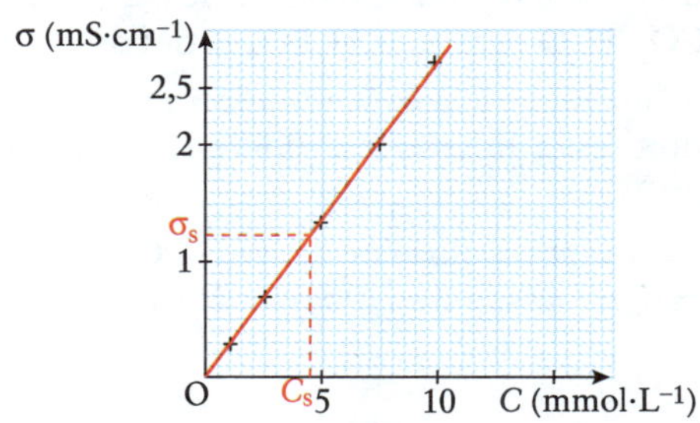

La loi de Kohrausch est bien vérifiée puisque la courbe obtenue est une droite qui passe par l'origine, ce qui signifie que les deux grandeurs σ et C sont proportionnelles.

3. Pour $\sigma_S = 1{,}23\ mS \cdot cm^{-1}$, on trouve par lecture graphique $C_S = 4{,}5\ mmol \cdot L^{-1}$; d'où $C_0 = 100 \times C_S = 0{,}45\ mol \cdot L^{-1}$.

4. a. $G_0 = \sigma_0 \times \dfrac{S}{L}$ avec $\sigma_0 = 100 \times \sigma_S$

et $\sigma_S = 1{,}23\ mS \cdot cm^{-1} = 1{,}23 \times 10^{-3}\ S \cdot cm^{-1} = 1{,}23 \times 10^{-1}\ S \cdot m^{-1}$;

soit $G_0 = 100 \times 1{,}23 \times 10^{-1} \times \dfrac{1{,}4 \times 10^{-4}}{9{,}0 \times 10^{-3}} = 1{,}9 \times 10^{-1}\ S$.

Ne pas oublier de convertir les dimensions de la cellule conductimétrique :
$1{,}4\ cm^2 = 1{,}4 \times 10^{-4}\ m^2$ et $9{,}0\ mm = 9{,}0 \times 10^{-3}\ m$.

b. $G_0 = \dfrac{1}{R_0} = \dfrac{1}{\frac{U}{I}} = \dfrac{I}{U} \Leftrightarrow I = G_0 \times U$

soit $I = G_0 \times U = 1{,}9 \times 10^{-1} \times 2{,}0 = 3{,}8 \times 10^{-1}\,\text{A} = 0{,}38\ \text{A}$.

2 Vérification de la potabilité d'une eau

1. a. On effectue une dilution au 100e. Il faut donc prélever un volume de solution mère 100 fois inférieur à celui de la solution fille obtenue. Or on obtient 100 mL de solution fille, donc il faut prélever 1,0 mL de solution mère.

b. $C = \dfrac{n}{V} = \dfrac{\frac{m}{M}}{V} = \dfrac{m}{V \times M}$ soit $m = C \times V \times M = 8{,}15 \times 10^{-3} \times 1 \times 241{,}5 = 1{,}97\ \text{g}$.

2. a. On choisit en général la longueur d'onde de la radiation qui est la plus absorbée par la solution étudiée (notée λ_{max}).

b. La solution S_1 sert de « blanc ». Ne contenant pas l'espèce qui absorbe la longueur d'onde choisie, elle permet d'étalonner l'appareil qui doit afficher 0 pour cette solution.

c. $C_{manquante} = \dfrac{n}{V} = \dfrac{C_{S_0} \times V_{S_0\,apporté}}{V_{solution}} = \dfrac{8{,}15 \times 10^{-5} \times 12{,}0 \times 10^{-3}}{50{,}0 \times 10^{-3}}$

$= 1{,}96 \times 10^{-5}\ \text{mol·L}^{-1} = 1{,}96 \times 10^{-2}\ \text{mmol·L}^{-1}$.

3. a. On obtient la représentation graphique suivante :

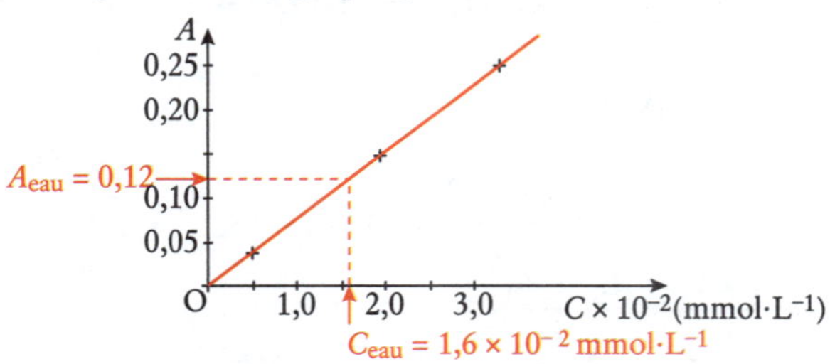

Les points forment une droite qui passe par l'origine. Les deux grandeurs A et C sont donc proportionnelles ($A = k \times C$ avec $k = cte$) comme le prévoit la loi de Beer-Lambert.

b. Par lecture graphique, on trouve :
$C_{eau} = 1{,}6 \times 10^{-2}\ \text{mmol·L}^{-1} = 1{,}6 \times 10^{-5}\text{mol·L}^{-1} = 16\ \mu\text{mol·L}^{-1}$.
On peut donc en conclure que l'eau étudiée ne respecte pas le critère de potabilité pour l'aluminium puisque $C_{eau} > 7{,}4\ \mu\text{mol·L}^{-1}$.

La relation entre la concentration molaire C et la concentration massique C_m est à connaître par cœur : $C_m = C \times M$. On peut aussi analyser les unités pour la retrouver : $\dfrac{g}{L} = \dfrac{\text{mol}}{L} \times \dfrac{g}{\text{mol}}$.

3 Analyse d'un antiseptique du commerce : la bétadine

1. Il est utile de faire un schéma légendé du dispositif de dosage.

Faire le schéma du montage permet de repérer les données utiles (formules des espèces, concentrations et volumes) et de les mettre en relation.

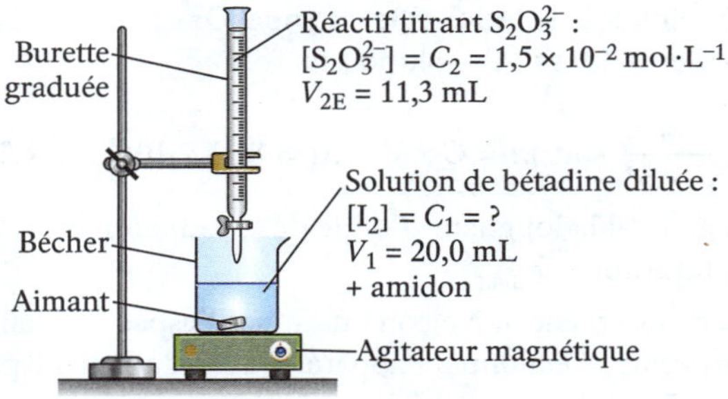

Il faut ensuite écrire l'équation de la réaction de dosage entre le réactif titré (le diiode I_2) et le réactif titrant (l'ion thiosulfate $S_2O_3^{2-}$). Il s'agit d'une réaction d'oxydoréduction mettant en jeu les couples $S_4O_6^{2-} / S_2O_3^{2-}$ et I_2 / I^-.

Oxydation du réducteur $S_2O_3^{2-}$: $2\,S_2O_3^{2-} \rightleftharpoons S_4O_6^{2-} + 2\,e^-$.

Réduction de l'oxydant I_2 : $I_2 + 2\,e^- \rightleftharpoons 2\,I^-$.

Bilan : $2\,S_2O_3^{2-} + I_2 \rightleftharpoons S_4O_6^{2-} + 2\,I^-$.

À l'équivalence, les réactifs (titré et titrant) sont mis en présence en proportions stœchiométriques : $\dfrac{nI_2}{1}(\text{dosé}) = \dfrac{nS_2O_3^{2-}}{2}(\text{ajouté})$.

On en déduit que $\dfrac{C_1 \times V_1}{1} = \dfrac{C_2 \times V_{2E}}{2}$

soit $C_1 = \dfrac{C_2 \times V_{2E}}{2V_1} = \dfrac{1,5 \times 10^{-2} \times 11,3 \times 10^{-3}}{2 \times 20,0 \times 10^{-3}} = 4,2 \times 10^{-3}\ \text{mol·L}^{-1}$.

Or la solution commerciale est 10 fois plus concentrée. Sa concentration C vaut donc $4,2 \times 10^{-2}\ \text{mol·L}^{-1}$. On en déduit que la concentration massique de la solution commerciale étudiée est $C_m = C \times M_{I_2} = 4,2 \times 10^{-3} \times 254 = 11\ \text{g·L}^{-1}$.

Conclusion : la teneur en diiode de la bétadine du commerce étudiée est bien validée par le dosage ($11\ \text{g·L}^{-1}$ équivaut à 1,1 g pour 100 mL).

2. a. Lorsqu'on réalise une dilution, il est préférable d'utiliser le matériel le plus précis possible. Il faut donc utiliser une fiole jaugée pour contenir la solution fille obtenue et une pipette jaugée pour prélever le volume nécessaire de solution mère.

La solution fille obtenue a un volume de 20,0 mL. On choisit donc la fiole jaugée de 20,0 mL. Le facteur de dilution valant 10, on prélèvera 2,0 mL de solution mère en utilisant une pipette jaugée de 2,0 mL.

Il faut retenir que lors d'une dilution, on a : $\dfrac{V_{\text{fiole}}}{V_{\text{pipette}}} = \dfrac{V_{\text{solution fille}}}{V_{\text{solution mère prélevé}}}$ = facteur de dilution.

b. On a ajouté préalablement de l'amidon dans la solution dosée. Cette espèce forme en présence du diiode dosé une espèce colorée bleue. Au cours du dosage, le diiode réagit progressivement avec l'ion thiosulfate ajouté et disparaît. À l'équivalence, tout le diiode initialement présent a réagi. L'espèce qu'il forme avec l'amidon disparaît donc aussi. C'est la disparition de la couleur bleue qui permet de repérer l'équivalence du dosage.

3. Il faut montrer que 10 g de polyvidone iodée contient 1,1 g de diiode, c'est-à-dire que la polyvidone iodée contient 11 % en masse de diiode.
Il y a une molécule de diiode pour 19 motifs de polyvidone. La masse d'une mole de cet ensemble (molécule de I_2 + 19 motifs de polyvidone) correspond à la masse molaire $M = M_{I_2} + 19 \times M_{motif} = M_{I_2} + 19 \times (6 \times M_C + 8 \times M_H + M_O + M_N)$;
soit $M = 254 + 19 \times (6 \times 12 + 8 \times 1{,}0 + 16 + 14) = 2{,}3 \times 10^3$ g·mol^{-1}.

Le pourcentage de diiode dans cet ensemble est donc $\dfrac{M_{I_2}}{M} = \dfrac{254}{2{,}3 \times 10^3} = 0{,}11 = 11\,\%$.

On a ainsi montré qu'une teneur en polyvidone iodée de 10 g pour 100 mL correspond bien à une teneur en diiode de 1,1 g pour 100 mL.

4 Étude d'une solution d'acide salicylique

1. L'acide HA réagit avec les ions hydroxydes HO^- apportés par la solution de soude (ou hydroxyde de sodium). La réaction de dosage est une réaction acide-base d'équation : $HA + HO^- \rightarrow A^- + H_2O$.

2. Pour trouver le volume à l'équivalence, deux méthodes sont possibles ici :
• la méthode de la courbe dérivée : dans le cas d'un dosage d'un acide par une base, la valeur de la dérivée du pH passe par un maximum à l'équivalence. On lit sur le graphique $28\ \text{mL} < V_{BE} < 29\ \text{mL}$. On prend $V_{BE} = 28$ mL ;
• la méthode des tangentes : on trouve les coordonnées du point équivalent $E(V_{BE} = 28\ \text{mL} ; pH_E = 7{,}2)$.

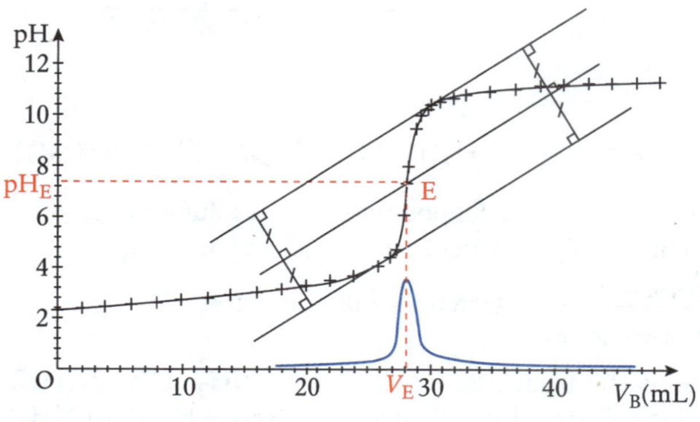

3. À l'équivalence, les réactifs (titré et titrant) sont mis en présence en proportions stœchiométriques, d'où $\dfrac{n_{HA}}{1}$(dosé) $= \dfrac{n_{HO^-}}{1}$(ajouté) soit $\dfrac{c_A \times V_A}{1} = \dfrac{c_B \times V_{BE}}{1}$;

donc $c_A = \dfrac{c_B \times V_{BE}}{V_A} = \dfrac{0{,}010 \times 28 \times 10^{-3}}{20 \times 10^{-3}} = 1{,}4 \times 10^{-2}$ mol·L^{-1}.

On en déduit que $c_{mA} = c_A \times M_{HA} = 1{,}4 \times 10^{-2} \times 138 = 1{,}9$ g·L^{-1}.

4. a. On choisira le bleu de bromothymol dont la zone de virage contient la valeur de $pH_E (= 7{,}2)$.

b. Il s'agit d'un dosage d'acide par une base. Au cours du dosage, le pH augmente. L'indicateur coloré passe de sa teinte acide à sa teinte basique. À l'équivalence, la solution dosée passe du jaune au bleu.

5. a. Au cours du dosage de HA, celui-ci réagit et disparaît à l'équivalence : c'est ce que montre la courbe 3 qui décroît progressivement et atteint l'axe des abscisses pour $V_b = 20$ mL.

b. Au cours du dosage, jusqu'à l'équivalence, A^- est produit par la réaction de dosage. Sa concentration augmente. Après l'équivalence, lorsque $V_b > 20$ mL, A^- n'est plus formé et on continue d'ajouter la solution titrante, ce qui a pour effet d'augmenter le volume de la solution dosée : A^- subit donc une dilution et sa concentration diminue.

6. a. $pH = pK_a + \log\frac{[A^-]}{[HA]}$. On en déduit que $pH = pK_a$ lorsque $\log\frac{[A^-]}{[HA]} = 0$, c'est-à-dire lorsque $[A^-] = [HA]$.

b. Graphiquement $[A^-] = [HA]$ correspond au point I d'intersection des courbes 2 et 3. On en déduit le volume V_b correspondant et on lit sur la courbe 1 le pH associé. La valeur trouvée est la valeur du pK_a, soit $pH = pK_a = 3$. Ce résultat est conforme aux données.

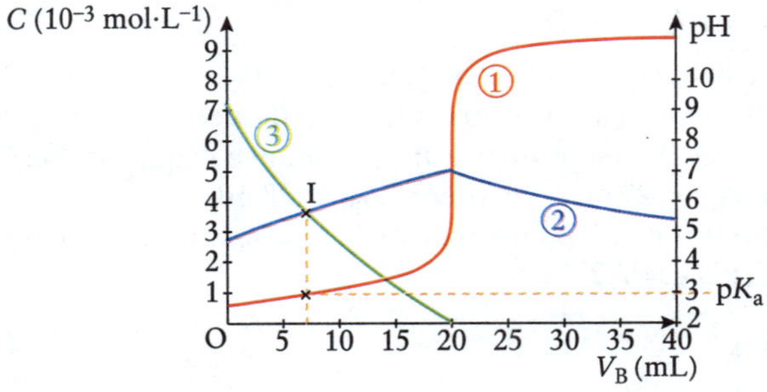

5 Dosage et étude d'une solution d'ammoniac

1. Il faut une fiole jaugée de 1,00 L pour contenir la solution fille.
Par ailleurs, il faut une pipette jaugée de 10,0 mL car on sait que :

$$\frac{V_{\text{fiole}}}{V_{\text{pipette}}} = \frac{V_{\text{solution fille}}}{V_{\text{solution mère prélevé}}} = \text{facteur de dilution} = 100.$$

2. Il s'agit d'une réaction acide-base entre la base NH_3 et l'acide H_3O^+ (apporté par la solution d'acide chlorhydrique) d'équation : $NH_3 + H_3O^+ \rightarrow NH_4^+ + H_2O$.

Une solution d'acide chorhydrique a pour formule $(H_3O^+ + Cl^-)$. En outre, la concentration en ions H_3O^+ est égale à la concentration en soluté apporté de la solution.

3. a. Pour trouver le volume à l'équivalence, deux méthodes sont possibles :
• la méthode de la courbe dérivée : dans le cas d'un dosage d'une base par un acide, la dérivée du pH passe par un minimum à l'équivalence. On lit sur le graphique $V_{aE} = 14\ mL$.
• la méthode des tangentes : on trouve les coordonnées du point équivalent $E(V_{aE} = 14\ mL ; pH_E = 6)$.

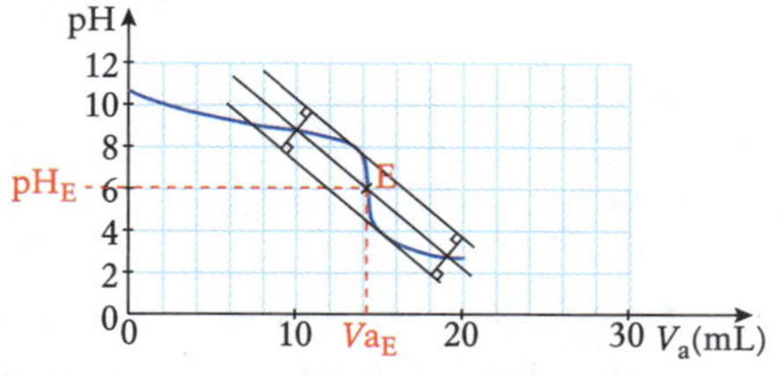

Évolution du pH

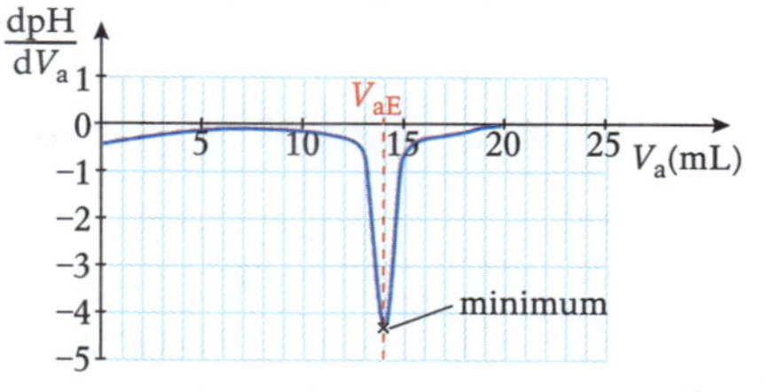

Évolution de $\frac{dpH}{dV_a}$

b. À l'équivalence, les réactifs (titré et titrant) sont mis en présence en proportions stœchiométriques : $\frac{n_{NH_3}}{1}(\text{dosé}) = \frac{n_{H_3O^+}}{1}(\text{ajouté})$ soit $\frac{C_S \times V_S}{1} = \frac{C_a \times V_{aE}}{1}$

d'où $C_S = \frac{C_a \times V_{aE}}{V_S} = \frac{0{,}0157 \times 14 \times 10^{-3}}{20 \times 10^{-3}} = 1{,}1 \times 10^{-2}\ mol{\cdot}L^{-1}$.

On en déduit que $C_0 = C_S \times 100 = 1{,}1\ mol{\cdot}L^{-1}$.

4. On choisit le rouge de méthyle dont la zone de virage contient la valeur de $pH_E\ (= 6)$. Au cours du dosage le pH diminue. L'indicateur passe de sa teinte basique à sa teinte acide. La solution passe donc du jaune au rouge à l'équivalence.

5. a. On a $\sigma = \sum_i \lambda_{X_i} \times [X_i] = \lambda_{NH_4^+} \times [NH_4^+] + \lambda_{HO^-} \times [HO^-]$

avec $[NH_4^+] = [HO^-] = [\text{ion}]$.

On en déduit que $\sigma = \lambda_{NH_4^+} \times [\text{ion}] + \lambda_{HO^-} \times [\text{ion}] = (\lambda_{NH_4^+} + \lambda_{HO^-}) \times [\text{ion}]$

soit $[\text{ion}] = \frac{\sigma}{(\lambda_{NH_4^+} + \lambda_{HO^-})}$.

Or $\sigma = G \times \frac{L}{S} = 1{,}73 \times 10^{-3} \times \frac{1{,}0 \times 10^{-2}}{2{,}0 \times 10^{-4}} = 8{,}6 \times 10^{-2}\ S$;

d'où $[\text{ion}] = \frac{\sigma}{(\lambda_{NH_4^+} + \lambda_{HO^-})} = \frac{8{,}6 \times 10^{-2}}{(7{,}34 \times 10^{-4} + 199 \times 10^{-4})} = 4{,}2\ mol{\cdot}m^{-3}$.

On obtient la concentration des ions en $mol{\cdot}m^{-3}$. Pour obtenir la concentration en $mol{\cdot}L^{-1}$, il faut effectuer une conversion sachant que $1\ mol{\cdot}m^{-3} = 10^{-3}\ mol{\cdot}L^{-1}$ ou $1\ mol{\cdot}L^{-1} = 10^3\ mol{\cdot}m^{-3}$.

On en déduit que $[\text{ion}] = [NH_4^+] = [HO^-] = 4{,}2 \times 10^{-3}\ mol{\cdot}L^{-1}$.

b. $\text{pH} = -\log[H_3O^+] = -\log\dfrac{K_e}{[HO^-]} = -\log\left(\dfrac{1{,}0 \times 10^{-14}}{4{,}2 \times 10^{-3}}\right) = 11{,}6$.

Cette valeur est en accord avec la valeur du pH intial de la solution lue sur la courbe de dosage.

On peut donc accéder à la valeur du pH en utilisant un conductimètre à la place d'un pH-mètre.

6 Analyse d'un lait de vache

1. La conductivité n'est pas nulle car la solution contient initialement des ions (des ions chlorures Cl^- entre autres).

2. On ajoute de l'eau distillée pour diminuer l'influence de la dilution de la solution dosée. Au début du dosage $V_{\text{solution dosée}} = V_{\text{tot}} = 10 + 250 = 260\ \text{mL}$. Lorsque que le dosage est achevé, $V_{\text{solution dosée}} = V_{\text{tot}} = 10 + 250 + 20 = 280\ \text{mL}$. La variation du volume est de 20 mL : elle est inférieure à 10 % du volume initial et respecte donc le critère qui permet de la négliger. On peut ainsi considérer que le volume total de solution dosée V_{tot} est constant.

3. L'équivalence est repérée par la « rupture » de l'évolution de la conductivité. On lit : $V_E = 12$ mL.

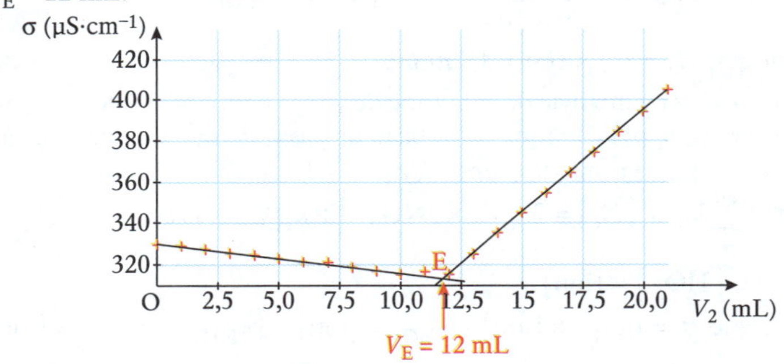

4. a. La conductivité de la solution dosée a pour expression : $\sigma = \sum_i \lambda_{X_i} \times [X_i]$.

La solution dosée contient des ions Cl^-, des ions NO_3^- (ces derniers sont apportés avec les ions Ag^+ par la solution de nitrate d'argent) et des ions spectateurs initialement présents dans la solution dosée. Avant l'équivalence, il n'y a pas d'ions Ag^+ dans la solution dosée puisqu'ils réagissent totalement avec les ions Cl^-.

Ainsi dans la solution dosée avant l'équivalence, on a :

$\sigma = \lambda_{Cl^-} \times [Cl^-] + \lambda_{NO_3^-} \times [NO_3^-] + \sum(\lambda_{\text{ion spectacteur}} \times [\text{ion spectateur}])$.

Puisque la dilution est négligeable, la conductivité des ions spectateurs ne change pas au cours du dosage : on la note σ_0 (comme indiqué dans l'énoncé) et la relation précédente peut alors s'écrire : $\sigma = \lambda_{Cl^-} \times [Cl^-] + \lambda_{NO_3^-} \times [NO_3^-] + \sigma_0$.

Dans la solution dosée avant l'équivalence, on a : $[NO_3^-] = \dfrac{n_{NO_3^-(\text{ajouté})}}{V_{\text{tot}}} = \dfrac{C_2 \times V_2}{V_{\text{tot}}}$

et $[Cl^-] = \dfrac{n_{Cl^-(\text{restant})}}{V_{\text{tot}}} = \dfrac{n_{iCl^-} - n_{Cl^-(\text{ayant réagi avec } Ag^+)}}{V_{\text{tot}}} = \dfrac{n_{iCl^-} - n_{Ag^+(\text{ajouté})}}{V_{\text{tot}}}$

$= \dfrac{C_1 \times V_1 - C_2 \times V_2}{V_{\text{tot}}}$

On obtient ainsi $\sigma = \lambda_1 \times \frac{C_1 \times V_1 - C_2 \times V_2}{V_{tot}} + \lambda_2 \times \frac{C_2 \times V_2}{V_{tot}} + \sigma_0$

soit $\sigma = \sigma_0 + \lambda_1 \times \frac{C_1 \times V_1}{V_{tot}} + (\lambda_2 - \lambda_1) \times \frac{C_2 \times V_2}{V_{tot}}$.

b. σ_0 et $\lambda_1 \times \frac{C_1 \times V_1}{V_{tot}}$ sont des constantes positives. $\lambda_2 < \lambda_1$ donc $(\lambda_2 - \lambda_1) \times \frac{C_2}{V_{tot}}$ est une constante négative. Ainsi la courbe $\sigma = f(V_2)$ a une équation de la forme $\sigma = a - b \times V_2$ où $a = \sigma_0 + \lambda_1 \times \frac{C_1 \times V_1}{V_{tot}}$ et $b = (\lambda_2 - \lambda_1) \times \frac{C_2}{V_{tot}}$ sont des constantes positives. Avant l'équivalence, l'évolution de σ est donc donnée par une droite décroissante : la conductivité σ diminue.

5. Après l'équivalence, la solution contient les ions spectateurs initiaux, des ions NO_3^- qui continuent à être ajoutés et des ions Ag^+ qui sont ajoutés en excès (l'équivalence du dosage est dépassée et les ions Cl^- ont totalement disparu). Globalement la quantité d'ions dans la solution dosée augmente, c'est pourquoi la conductivité augmente après l'équivalence.

6. À l'équivalence, les réactifs (titré et titrant) sont mis en présence en proportions stœchiométriques :

$\frac{n_{Cl^-}}{1}(\text{dosé}) = \frac{n_{Ag^+}}{1}(\text{ajouté})$ soit $\frac{C_1 \times V_1}{1} = \frac{C_2 \times V_E}{1}$;

d'où $C_1 = \frac{5{,}00 \times 10^{-3} \times 12 \times 10^{-3}}{10 \times 10^{-3}} = 6{,}0 \times 10^{-3}\,\text{mol}\cdot\text{L}^{-1}$.

On en déduit la concentration massique en ions chlorures dans le lait :

$C_m = 5 \times C_1 \times M_{Cl} = 5 \times 6{,}0 \times 10^{-3} \times 35{,}5 = 1{,}1\,\text{g}\cdot\text{L}^{-1}$.

Conclusion : le lait est consommable puisque $0{,}8 < C_m < 1{,}2$.

POST BAC

7 La boisson au cola contient-elle trop d'acide ?

1. a. On cherche à doser l'acide phosphorique. Le dioxyde de carbone en solution se comporte comme un acide : l'acide carbonique de formule $CO_2{,}H_2O$ (ou H_2CO_3). Il doit donc être éliminé pour ne pas parasiter les résultats du dosage.

b. On utilise un montage de chauffage à reflux :

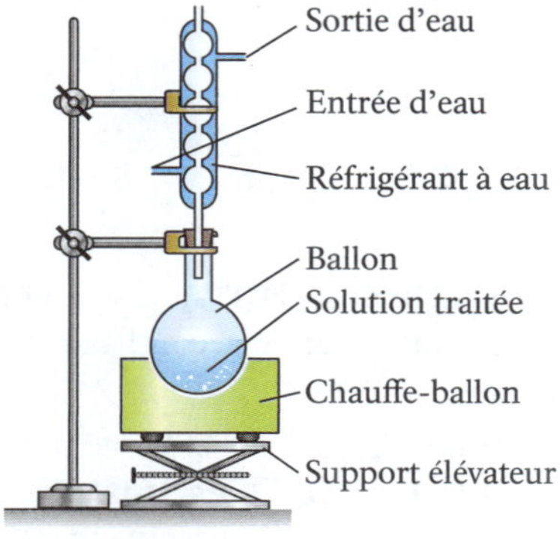

2. a. C'est un triacide car il est susceptible de libérer trois protons H^+ :

$$H_3PO_4 \rightleftharpoons PO_4^{3-} + 3\,H^+$$

b. Le diagramme de prédominance est le suivant :

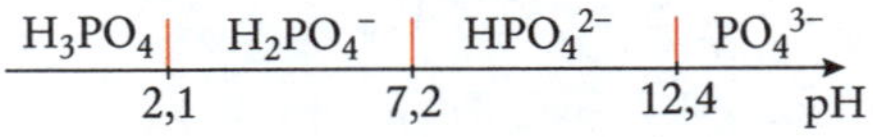

3. On devrait observer *a priori* trois sauts de pH successifs, puisque les trois valeurs de pK_a sont séparées d'au moins quatre unités de pH : un saut de pH pour le dosage de H_3PO_4, un saut de pH pour le dosage de $H_2PO_4^-$ et un dernier saut de pH pour le dosage de HPO_4^{2-}.

4. a. La réaction de dosage de la troisième acidité a pour équation :

$$HPO_4^{2-} + HO^- \rightleftharpoons PO_4^{3-} + H_2O\,.$$

b. $$K = \frac{[PO_4^{3-}]}{[HPO_4^{2-}]\times[HO^-]} = \frac{[PO_4^{3-}]}{[HPO_4^{2-}]\times[HO^-]} \times \frac{[H_3O^+]}{[H_3O^+]}$$

$$= \frac{[PO_4^{3-}]\times[H_3O^+]}{[HPO_4^{2-}]} \times \frac{1}{[H_3O^+]\times[HO^-]} = \frac{K_{a3}}{K_e}$$

soit $K = \dfrac{K_{a3}}{K_e} = \dfrac{10^{-pK_{a3}}}{K_e} = \dfrac{10^{-12,4}}{1,0\times10^{-14}} = 40$.

On a donc $K \ll 10^4$. La réaction dedosage de HPO_4^{2-} n'est effectivement pas totale. C'est pourquoi on n'observe pas le troisième saut de pH théoriquement prévu.

Le dosage d'un acide (ou d'une base) ne peut conduire à l'observation d'un saut de pH que si la réaction de dosage est totale.

5. a. Ces deux volumes correspondent aux passages par un maximum de la courbe d'évolution de la dérivée du pH. On lit sur le graphique : $V_1 = 4,3$ mL et $V_2 = 10,3$ mL.

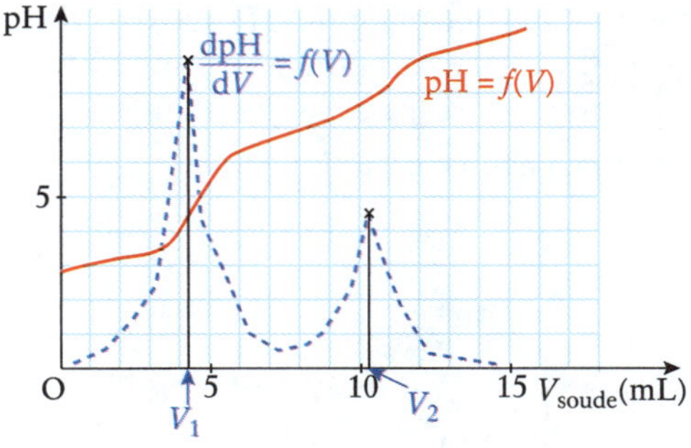

b. On devrait avoir $V_2 = 2\times V_1$. On dose H_3PO_4 jusqu'au premier saut de pH ; et *a priori*, on dose $H_2PO_4^-$ du premier saut au second saut de pH. Les deux quantités dosées devraient être les mêmes.

c. En réalité $V_2 > 2\times V_1$, car entre le premier et le second saut de pH deux espèces acides sont dosées : $H_2PO_4^-$ et CO_2,H_2O. Et ces deux espèces sont dosées simultanément car leurs valeurs de pK_a sont proches (respectivement 7,2 et 6,4).

6. On dose l'acide phosphorique jusqu'au premier saut de pH. L'équation de la réaction de dosage est : $H_3PO_4 + HO^- \rightarrow H_2PO_4^- + H_2O$.
À l'équivalence, les réactifs (titré et titrant) sont mis en présence en proportions stœchiométriques : $\frac{n_{H_3PO_4}}{1}(\text{dosé}) = \frac{n_{HO^-}}{1}(\text{ajouté})$ soit $\frac{C \times V}{1} = \frac{C_1 \times V_1}{1}$

d'où $C = \frac{C_1 \times V_1}{V} = \frac{0{,}010 \times 4{,}3 \times 10^{-3}}{10 \times 10^{-3}} = 4{,}3 \times 10^{-3}\,\text{mol·L}^{-1}$.

On en déduit que dans la boisson au cola étudiée, la concentration massique en H_3PO_4 est : $C_m = C \times M_{H_3PO_4} = 4{,}3 \times 10^{-3} \times 98 = 0{,}42\ \text{g·L}^{-1}$.

Conclusion : la boisson est conforme à la législation puisque $C_m < 0{,}60\ \text{g·L}^{-1}$.

7. S'il ne restait pas de dioxyde de carbone dans la boisson, on aurait $V_2 = 2 \times V_1 = 8{,}6$ mL. Il faudrait en effet autant de soude pour doser $H_2PO_4^-$ que pour doser H_3PO_4 ($H_2PO_4^-$ est formé selon les proportions stœchiométriques de la réaction de dosage de H_3PO_4).

L'écart observé résulte du dosage simultané du dioxyde de carbone dissout (CO_2, H_2O) selon la réaction de dosage d'équation : $CO_2,H_2O + HO^- \rightarrow HCO_3^- + H_2O$.
Le volume de soude nécessaire est :
$V_3 = V_2\,(\text{observé}) - V_2\,(\text{attendu}) = 10{,}3 - 8{,}6 = 1{,}7$ mL.

À l'équivalence, les réactifs (titré et titrant) sont mis en présence en proportions stœchiométriques : $\frac{n_{CO_2,H_2O}}{1}(\text{dosé}) = \frac{n_{HO^-}}{1}(\text{ajouté})$ soit $\frac{C' \times V}{1} = \frac{C_1 \times V_3}{1}$;

d'où $C' = [CO_2, H_2O] = [CO_2] = \frac{C_1 \times V_3}{V} = \frac{0{,}010 \times 1{,}7 \times 10^{-3}}{10 \times 10^{-3}} = 1{,}7 \times 10^{-3}\,\text{mol·L}^{-1}$.

On en déduit que dans la boisson au cola étudiée, la concentration massique en CO_2 est : $C'_m = C' \times M_{CO_2} = 1{,}7 \times 10^{-3} \times 44 = 0{,}075\ \text{g·L}^{-1} = 75\ \text{mg·L}^{-1}$.

CHAPITRE 14

Les synthèses organiques

COURS

MÉTHODES ET STRATÉGIES

SUJETS DE TYPE BAC

SUJETS D'APPROFONDISSEMENT

CORRIGÉS

COURS

Les synthèses organiques

Les synthèses organiques constituent l'un des principaux piliers de l'industrie chimique. En effet, elles interviennent notamment dans la fabrication des matières plastiques et des médicaments. Les défis du chimiste organicien consistent à trouver les meilleures conditions expérimentales et les meilleurs choix de réactifs pour réaliser les synthèses.

I. Protocole de synthèse organique

1. Identification des réactifs, du solvant, du catalyseur, des produits

Une **synthèse** correspond à l'élaboration d'une molécule organique par une **transformation chimique**. On la modélise par une **équation** dans laquelle peuvent apparaître les conditions expérimentales en plus des réactifs et des produits :

$$\text{Réactifs} \xrightarrow[\text{catalyseurs}]{P,\, T,\ \text{solvants}} \text{Produits}$$

2. Les conditions expérimentales

- Les éléments importants du protocole sont :
• la température : elle permet de diminuer le temps de synthèse (facteur cinétique) sans détruire les composés ;
• la durée pour transformer le maximum de composés ;
• le solvant pour la mise en contact des réactifs. Il doit ne pas être trop nocif pour les expérimentateurs et l'environnement.

- Lors des synthèses organiques, on utilise souvent un **montage de chauffage à reflux** (voir ci-dessous) : le chauffe-ballon permet de chauffer le mélange réactionnel et le réfrigérant évite la perte des réactifs en recondensant les vapeurs.

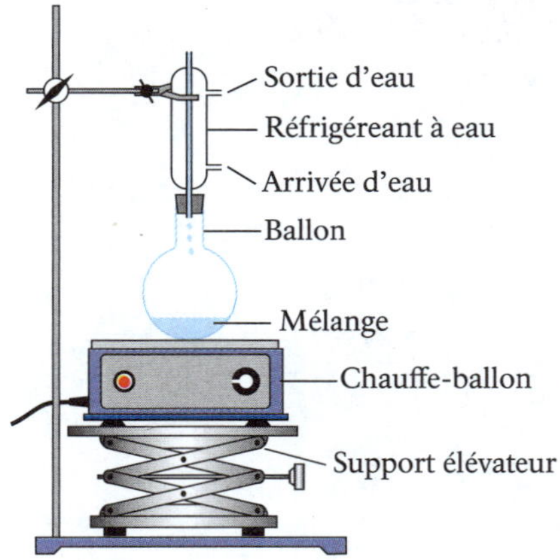

- Le produit synthétisé peut représenter une toute petite fraction du mélange réactionnel. On peut l'isoler par plusieurs méthodes :
• la **filtration** ou **filtration sur Büchner** pour récupérer un solide ;
• l'**extraction liquide-liquide** grâce à une ampoule à décanter pour récupérer un composé dissous.

3. Purification et analyse du produit

- Pour éliminer les impuretés contenues dans le produit, on peut utiliser :
• la **chromatographie sur colonne** ;
• la **distillation** ;
• la **recristallisation** : le produit est dissout à nouveau dans un solvant chaud. Lorsque le solvant refroidit, le produit recristallise en laissant les impuretés dissoutes dans le solvant.

- Pour caractériser le produit, on peut utiliser :
• la **chromatographie sur couche mince**, en mesurant le rapport frontal ;
• le **banc Kofler**, en mesurant la température de fusion ;
• la **spectroscopie UV-visible** et **infrarouge** ;
• la **spectroscopie RMN**.

4. Rendement

- Le rendement est défini par la relation suivante :

$$\eta = \frac{\text{masse de produit obtenue}}{\text{masse de produit théorique}} = \frac{n_{exp}}{n_{max}} = \frac{m_{exp}}{m_{max}}$$

- Le rendement n'est jamais de 100 % :
• la transformation n'est pas totale ;
• il y a des pertes de produits lors des différents lavages et des filtrations ;
• la recristallisation est rarement totale.

II. Chimie pour le développement durable

L'un des buts actuels de la chimie est de respecter davantage notre environnement (principe de la chimie durable). Ainsi, l'industrie chimique doit :
• **minimiser les rejets de dioxyde de carbone (CO_2)**, gaz à effet de serre ;
• **copier la nature** avec des procédés à plus basse température ;
• **choisir des solvants non toxiques** ;
• **recycler** les matières et les sous-produits issus des synthèses ;
• **limiter,** voire éviter **les produits indésirables** dans une synthèse (économie d'atomes).

III. Sélectivité en chimie organique

1. Réactifs chimiosélectifs

- Un **composé polyfonctionnel** est un composé possédant plusieurs groupes caractéristiques. Par exemple, le para-aminophénol est un composé polyfonctionnel :

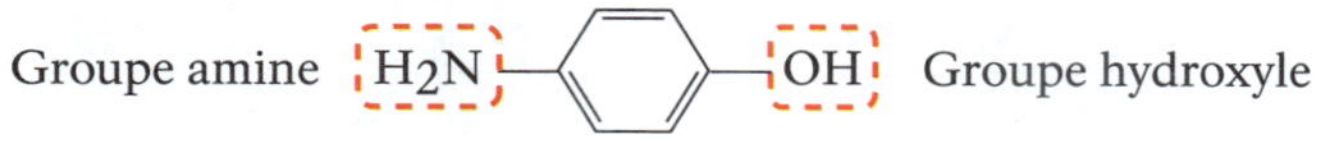

Un composé polyfonctionnel est un réactif **chimiosélectif** lorsqu'un seul de ses groupes caractéristiques réagit lors d'une synthèse.

2. Protection de fonction

Lorsque le composé polyfonctionnel n'est pas chimiosélectif, il faut protéger le groupe qui ne doit pas réagir.

Exemples

• Pour protéger la fonction acide carboxylique, on utilise les esters :

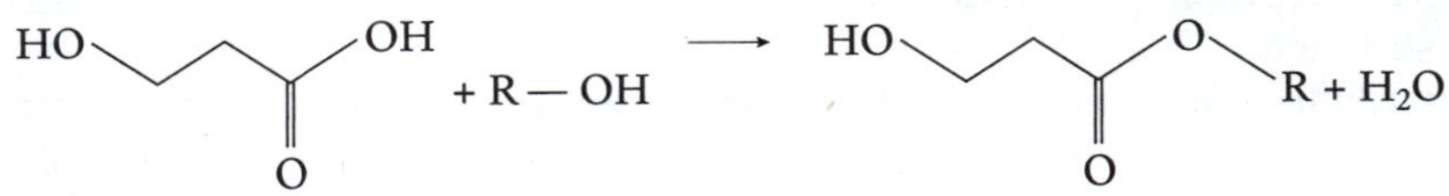

• Pour protéger les composés carbonylés (C = O), on utilise les cétals :

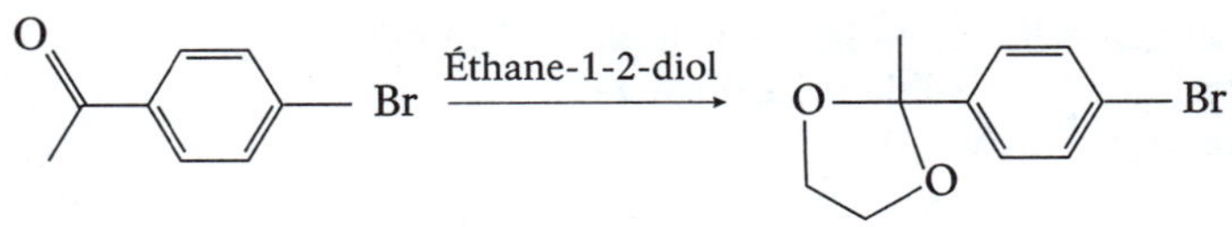

• Pour protéger la fonction alcool (–OH), on utilise les éthers-oxydes :

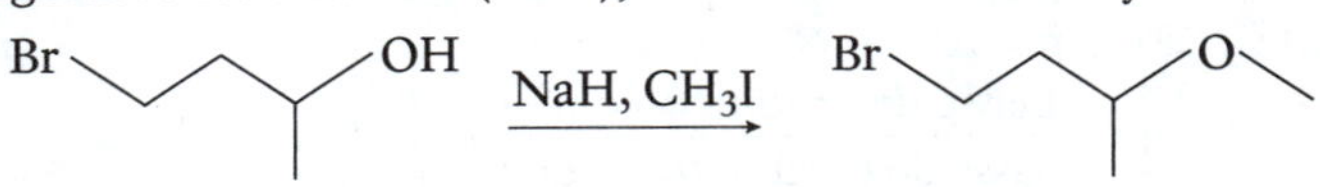

À la fin de la synthèse, les fonctions protégées peuvent être régénérées par la transformation inverse des nouvelles fonctions. Toutefois, les inconvénients de cette protection sont la diminution du rendement et une consommation plus importante de réactifs.

POST BAC

Activation des alcools

> Voir les exercices 6 et 7.

Lors d'une synthèse organique, on cherche à activer certains groupes caractéristiques de manière à améliorer le rendement de la réaction. On étudie ici uniquement l'activation des alcools, c'est-à-dire qu'on cherche à augmenter leur réactivité.
La liaison C — O dans la fonction alcool est polarisée : $^{+\delta}C - O^{-\delta}$. On peut donc soit activer le caractère nucléophile de la liaison (on renforce les charges négatives sur l'atome d'oxygène) ou le caractère électrophile (on renforce les charges positives sur l'atome de carbone).

1. Activation nucléophile des alcools

La **nucléophilie** est une grandeur thermodynamique qui traduit l'affinité d'un site riche en électrons à réagir avec un groupe pauvre en électrons.
La basicité est un exemple de nucléophilie puisqu'elle traduit l'affinité d'un site riche en électrons à réagir avec un proton solvaté.

- L'activation nucléophile consiste à transformer l'alcool en ion alcoolate ($R-O^-$). On peut utiliser par exemple le sodium Na à l'état solide :

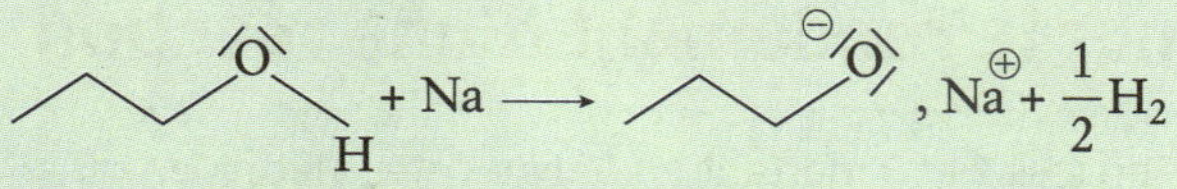

ou une base très forte comme l'amidure de sodium :

$$R-OH + \mathbf{NH_2^-} \longrightarrow NH_3 + R-O^-$$

Cette activation nucléophile permet par exemple de synthétiser des éthers-oxydes par substitution nucléophile (synthèse de Williamson) :

$$R-O^- + R'-X \longrightarrow R-O-R' + X^-$$

où X est un élément appartenant à la famille des alcanes.

2. Activation électrophile des alcools

- À l'inverse, l'**électrophilie** est une grandeur thermodynamique qui traduit l'affinité d'un site pauvre en électrons à réagir avec un groupe riche en électrons.
- L'activation électrophile consiste à transformer l'alcool en ion alkyloxonium ($R-OH_2^+$).

Synthèse d'un halogénoalcane à partir d'un alcool

L'équation globale de cette réaction est la suivante :

$$R-OH + H-X \longrightarrow R-X + H_2O$$

La première étape de cette réaction de substitution est la formation de l'ion $R-OH_2^+$:

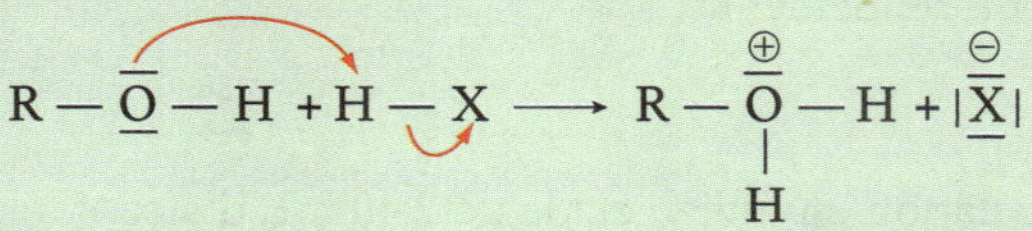

Pour les alcools secondaires ou tertiaires, la réaction est rapide. La substitution est plus difficile dans le cas des alcools primaires.

Déshydratation avec chauffage

La déshydratation intramoléculaire d'un alcool est possible avec un chauffage important et en présence d'un acide fort tel que l'acide sulfurique :

$$R_1-C(R_2)(H)-C(R_3)(OH)-R_4 \xrightarrow[\text{Chauffage}]{H_2SO_4} (R_2)(R_1)C=C(R_3)(R_4) + H_2O$$

Il peut se former plusieurs alcènes lors d'une déshydratation :

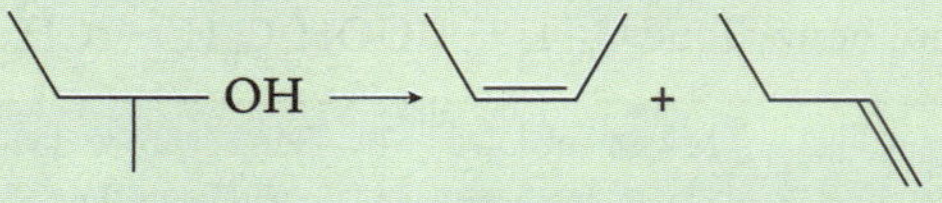

Majoritaire Minoritaire

L'alcène majoritaire qui se forme est celui qui est le plus substitué (règle de Zaïtsev).

MÉTHODES ET STRATÉGIES

1 Déterminer le rendement d'une réaction

> Voir les exercices 2 et 3 mettant en œuvre cette méthode.

Méthode

> **Étape 1 :** Écrire l'équation-bilan de la réaction.

> **Étape 2 :** Déterminer les quantités de matière de chacun des réactifs.

> **Étape 3 :** À partir de l'équation-bilan, déterminer le réactif limitant en calculant l'avancement maximal.

> **Étape 4 :** À partir de l'avancement maximal, calculer la quantité de matière maximale de produit que l'on peut former.

> **Étape 5 :** À partir des résultats expérimentaux, déterminer la quantité de matière du produit synthétisé.

> **Étape 6 :** Déterminer le rendement de la réaction à partir de la relation :

$$\eta = \frac{n_{exp}(\text{produit obtenu})}{n_{max}(\text{produit théorique})}$$

Discuter la valeur du rendement.

Exemple

On réalise une oxydation en milieu acide de 2,40 mL d'alcool benzylique par 4,50 g de permanganate de potassium. Les ions $H^{+}_{(aq)}$ sont introduits en large excès. Après filtration sur Büchner, lavage et séchage, on mesure une masse de 1,12 g d'acide benzoïque. Déterminer le rendement de cette transformation.

Données : formules topologiques de l'alcool benzylique

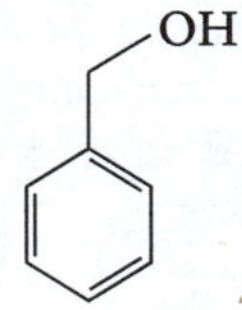

et de l'acide benzoïque

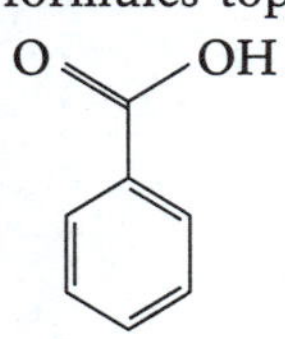

; couples redox : ion permanganate/manganèse MnO_4^-/Mn^{2+}, acide benzoïque/alcool benzylique $C_6H_5-COOH/C_6H_5-CH_2-OH$.

Nom	Masse molaire (M)	Température de fusion (T_f)	Densité (ρ)
Alcool benzylique	108,0 g·mol^{-1}	– 15,3 °C	1,05
Acide benzoïque	122,0 g·mol^{-1}	122 °C	–
Permanganate de potassium	158,0 g·mol^{-1}	50 °C	–

Application

> **Étape 1 :** ($4\ MnO^-_{4(aq)} + 8\ H^+_{(aq)} + 5\ e^- = 4\ Mn2^+_{(aq)} + 4\ H_2O_{(l)}$) × 4
($C_6H_5 — CH_2 — OH + H_2O_{(l)} = C_6H_5 — COOH + 4\ H^+_{(aq)} + 4\ e^-$) × 5

$4\ MnO^-_{4(aq)} + 32\ H^+_{(aq)} + 5\ C_6H_5 — CH_2 — OH + 5\ H_2O_{(l)}$
$\rightarrow 4\ Mn^{2+}_{(aq)} + 16\ H_2O_{(l)} + 5\ C_6H_5 — COOH + 20\ H^+_{(aq)}$

Après simplification par $H_2O_{(l)}$ et $H^+_{(aq)}$, on obtient :
$4\ MnO^-_{4(aq)} + 12\ H^+_{(aq)} + 5\ C_6H_5 — CH_2 — OH \rightarrow 4\ Mn^{2+}_{(aq)} + 11\ H_2O_{(l)} + 5\ C_6H_5 — COOH$

> **Étape 2 :** L'alcool benzylique étant un liquide, on a :

$$n_{(\text{alcool benzylique})} = \frac{\rho \times V}{M} = \frac{1{,}05 \times 2{,}40}{108} = 2{,}33 \times 10^{-2}\ \text{mol}.$$

Le permanganate de potassium est introduit à l'état solide :

$$n_{(MnO_4^-)} = \frac{m}{M} = \frac{4{,}5}{158} = 2{,}85 \times 10^{-2}\ \text{mol}.$$

> **Étape 3 :** Pour déterminer le réactif limitant, on construit un tableau d'avancement. Par souci de clarté, on indique par R le radical benzénique ($R = C_6H_5–$).

Équation	$4\ MnO^-_{4(aq)}$	$+ 12\ H^+_{(aq)}$ +	$5\ R-CH_2-OH$	$\rightarrow 4\ Mn^{2+}_{(aq)}$ +	$11\ H_2O_{(\ell)}$ +	$5\ R-COOH$
État	Quantité de matière (mol)					
État initial	$2{,}85 \times 10^{-2}$	Excès	$2{,}33 \times 10^{-2}$	0	Excès	0
État intermédiaire	$2{,}85 \times 10^{-2} - 4x$	Excès	$2{,}33 \times 10^{-2} - 5x$	$4x$	Excès	$5x$
État final (réaction totale)	$2{,}85 \times 10^{-2} - 4x_{max}$	Excès	$2{,}33 \times 10^{-2} - 5x_{max}$	$4x_{max}$	Excès	$5x_{max}$

Si l'ion permanganate $MnO^-_{4(aq)}$ est le réactif limitant :

$$x_{max} = \frac{2{,}85 \times 10^{-2}}{4} = 7{,}13 \times 10^{-3}\ \text{mol}.$$

Si l'alcool benzylique $C_6H_5–COOH$ est le réactif limitant :

$$x_{max} = \frac{2{,}33 \times 10^{-2}}{5} = 4{,}66 \times 10^{-3}\ \text{mol}.$$

Le réactif limitant est celui pour lequel x_{max} est minimal : l'alcool benzylique est donc le réactif limitant et $x_{max} = 4{,}66 \times 10^{-3}$ mol.

> **Étape 4 :** La quantité maximale d'acide benzoïque que l'on peut former se détermine à partir de l'avancement maximal :
$n_{(R — COOH)} = 5x_{max} = 5 \times 4{,}66 \times 10^{-3} = 2{,}33 \times 10^{-2}$ mol.

La quantité maximale d'acide benzoïque que l'on peut former correspond à la quantité de matière de l'alcool benzylique, mais ce n'est pas toujours le cas. Il faut donc bien respecter les méthodes indiquées ici.

> **Étape 5 :** Le composé que l'on obtient est un solide :

$$n_{(R-COOH)max} = \frac{m}{M} = \frac{1{,}12}{122} = 9{,}18 \times 10^{-3}\ \text{mol}.$$

> Étape 6 : On peut calculer le rendement de la réaction :

$$\eta = \frac{n_{exp}(\text{produit obtenu})}{n_{max}(\text{produit théorique})} = \frac{9{,}18 \times 10^{-3}}{2{,}33 \times 10^{-2}} = 39\ \%$$

Le rendement obtenu pour une synthèse chimique est satisfaisant. On n'obtient pas un rendement de 100 %, car la réaction ne s'est pas déroulée entièrement. De plus, il y a eu des pertes de produits au moment des différents lavages et filtrations.

2 Reconnaître les étapes de protection et de déprotection lors d'une synthèse

> Voir l'exercice 5 mettant en œuvre cette méthode.

Méthode

> Étape 1 : Identifier les groupes caractéristiques de la molécule de départ.

> Étape 2 : Identifier les groupes caractéristiques de la molécule finale et les comparer à la molécule de départ. Les groupes communs entre la molécule de départ et la molécule finale sont ceux qui sont susceptibles d'être protégés au cours de l'étape de synthèse.

> Étape 3 : Si le groupe commun entre la molécule de départ et la molécule d'arrivée est modifié, alors cette étape correspond à une étape de protection de fonction. L'étape de déprotection correspond au moment où ce groupe est régénéré.

Exemple

On souhaite réaliser la formation de l'acide 3-chloro-propanoïque à partir de l'acide 3-hydroxy-propanoïque. Les étapes de synthèse suivantes sont représentées ci-dessous :

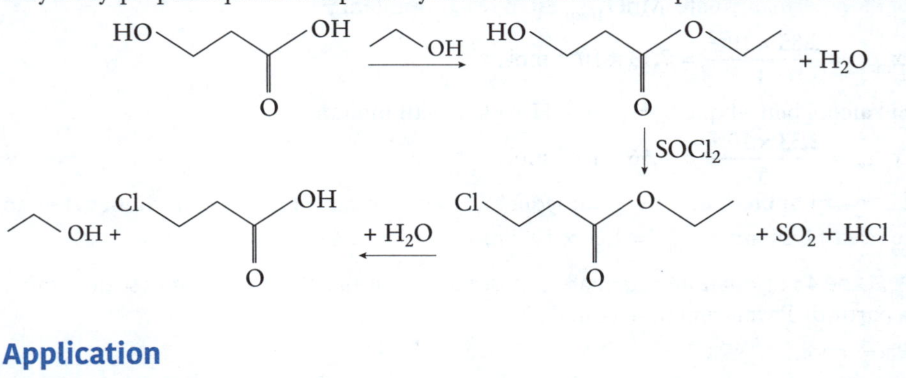

Application

> Étape 1 : Pour la molécule de départ (acide 3-hydroxy-propanoïque), les groupes caractéristiques sont les groupes hydroxyle (–OH) et carboxyle (–COOH) :

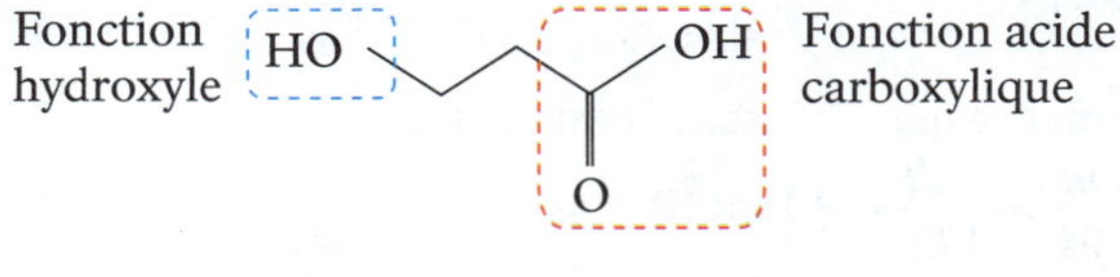

Pour la molécule finale (acide 3-chloro-propanoïque), les groupes caractéristiques sont les groupes alcane (–Cl) et carboxyle (–COOH) :

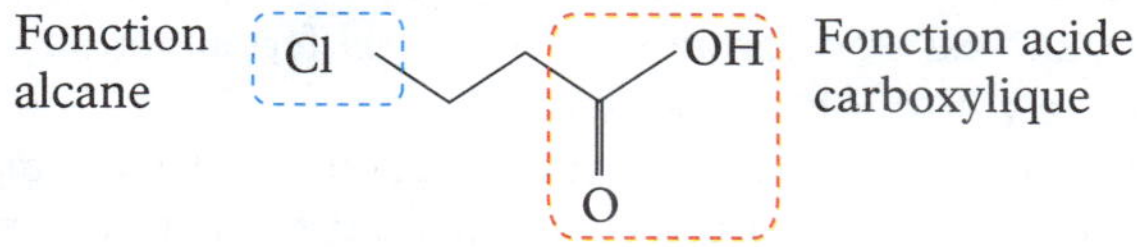

> Étape 2 : En comparant les deux molécules, on s'aperçoit que la fonction hydroxyle est substituée par un alcane. Elles ont un groupe caractéristique commun : la fonction acide carboxylique (–**COOH**).

> Étape 3 : C'est donc la fonction acide carboxylique qui est protégée puis déprotégée. La première étape de la synthèse correspond à une protection : la fonction acide carboxylique est transformée en ester :

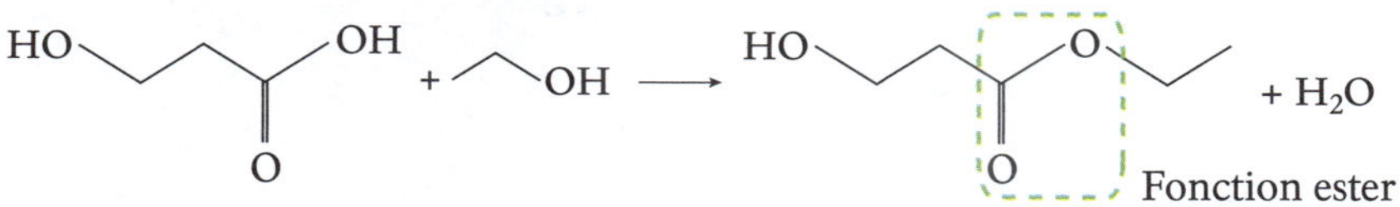

La dernière étape correspond à la déprotection : la fonction ester est retransformée en acide carboxylique :

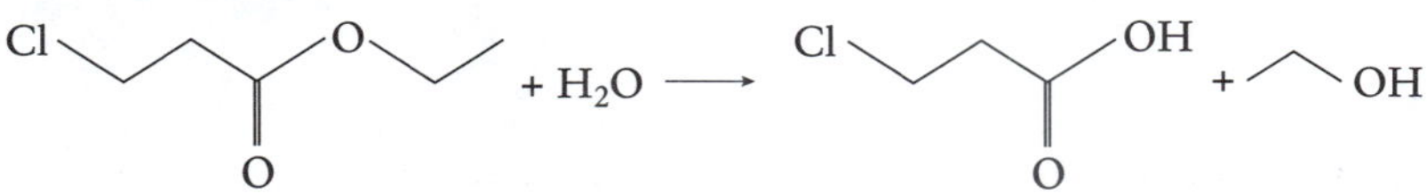

Comme évoqué dans le cours, on se souviendra que la fonction alcool est souvent protégée avec une fonction éther, la fonction carbonyle avec une fonction cétal et la fonction acide carboxylique avec une fonction ester.

3 Interpréter un chromatogramme

> Voir l'exercice 2 mettant en œuvre cette méthode.

Méthode

> Étape 1 : Repérer la ligne de dépôt et le front du solvant.

> Étape 2 : Pour chacun des dépôts, trouver le nombre de taches formées après élution, celui-ci correspond au nombre de composés constituant le dépôt.

> Étape 3 : Repérer les taches au même niveau que les produits de référence afin d'identifier les constituants dans chaque dépôt. Conclure.

> Étape 4 : Calculer, si cela est demandé, le rapport frontal R_f (sans unité) : $R_f = \frac{h}{H}$, où h est la hauteur atteinte par la tache depuis la ligne de dépôt (en cm) et H la distance entre la ligne de dépôt et le front du solvant (en cm).

Exemple

Avant la mise en bouteille d'un vin, il se produit deux fermentations : la fermentation alcoolique où le sucre est transformé en alcool et la fermentation malolactique où l'acide malique est transformé en acide lactique.
Pour pouvoir mettre un vin rouge en bouteille, il faut que ces deux fermentations soient achevées. La chromatographie est une technique qui permet de connaître le degré d'avancement de la fermentation malolactique. On teste pour cela trois vins dont les résultats sont présentés ci-dessous :

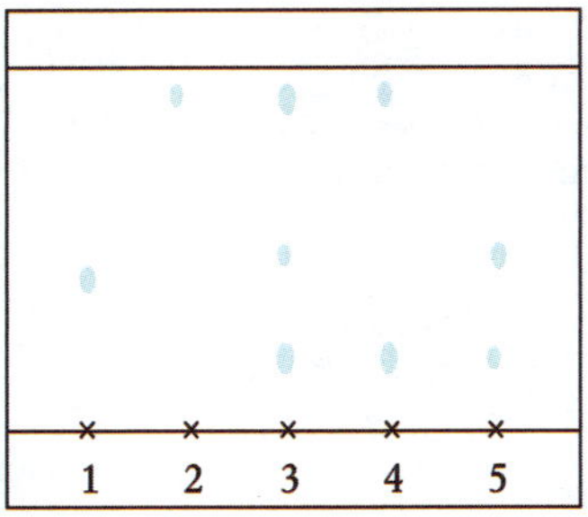

Dépôts :
1 : acide malique de référence
2 : acide lactique de référence
3 : vin A
4 : vin B
5 : vin C

Déterminer l'avancement de la fermentation malolactique pour chacun des vins et le rapport frontal de l'acide malique.

Application

> Étape 1 : Voir schéma ci-contre.

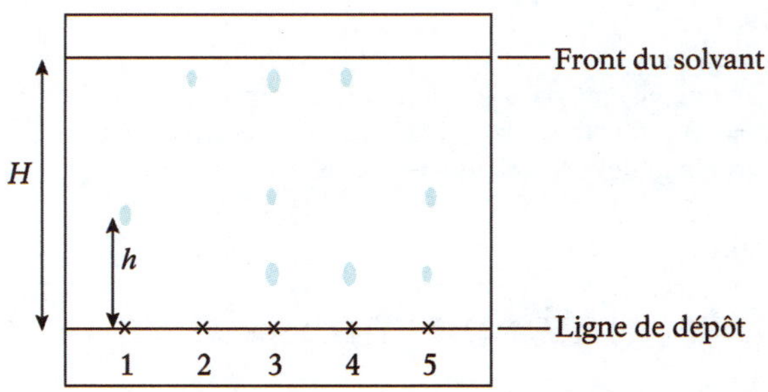

> Étape 2 : Le vin A est composé de trois constituants car on observe trois taches. De la même manière, on constate que les vins B et C ont deux composants.

> Étape 3 : On peut identifier deux des trois composés du vin A : une tache se trouve au même niveau que l'acide lactique et une autre au même niveau que l'acide malique. De la même manière, le vin B est constitué d'acide lactique et d'un autre composé inconnu. Le vin C contient de l'acide malique et un autre composé inconnu.
Le vin B est le plus avancé au niveau de la fermentation, puisqu'il n'a plus d'acide malique : sa fermentation est donc terminée. Pour le vin A, la fermentation malolactique n'est pas terminée. Pour le vin C, elle n'a pas débuté.

> Étape 4 : Le rapport frontal de l'acide malique est donc : $R_f = \frac{h}{H} = \frac{1,1}{2,7} = 0,41$.

Il faut bien mesurer la distance par rapport au milieu de la tache et non les bords.

SUJETS DE TYPE BAC

1 Économie d'atomes dans la synthèse de l'ibuprofène

40 min

Cet exercice constitue un exemple concret d'application à l'échelle industrielle des principes de la chimie verte : l'économie d'atomes.
Des rappels sur la notion de carbone asymétrique sont également abordés avec les relations de stéréoisomérie.

> Voir le chapitre 9.

DOC. 1 Économie d'atomes (EA) et masse de déchets

Afin d'évaluer le nombre d'atomes fournis par les réactifs qui se trouve dans le produit synthétisé, Barry Trost a introduit une nouvelle grandeur : l'économie d'atomes, notée EA.
À partir de la transformation chimique suivante, on peut déterminer sa valeur :

$a\,\mathrm{A} + b\,\mathrm{B} \rightarrow c\,\mathrm{C} + d\,\mathrm{D}$ où C est le produit désiré,

$$\mathrm{EA}(\%) = \frac{c\,M_\mathrm{C}}{a\,M_\mathrm{A} + b\,M_\mathrm{B}}$$ où M est la masse molaire des différents composés.

Le facteur E permet d'évaluer la masse de déchets produits lors d'une synthèse :

$$\mathrm{E}(\%) = \frac{100 - \mathrm{EA}(\%)}{\mathrm{EA}(\%)}$$

La masse de déchets se détermine de la manière suivante :

$$m_{\text{déchets}} = \mathrm{E} \times \text{masse produit désiré}$$

DOC. 2 Deux procédés pour synthétiser l'ibuprofène

L'ibuprofène est un médicament avec des propriétés analgésiques similaires à celles de l'aspirine mais avec des effets indésirables moins importants. C'est l'un des médicaments les plus vendus en France (240 tonnes en 2005).
Il existe deux procédés pour synthétiser l'ibuprofène (voir le schéma page suivante) :
- le procédé BOOTS (représenté à gauche, EA = 40 %) ;
- et le procédé BHC mis au point plus récemment (à droite, EA = 77 %).

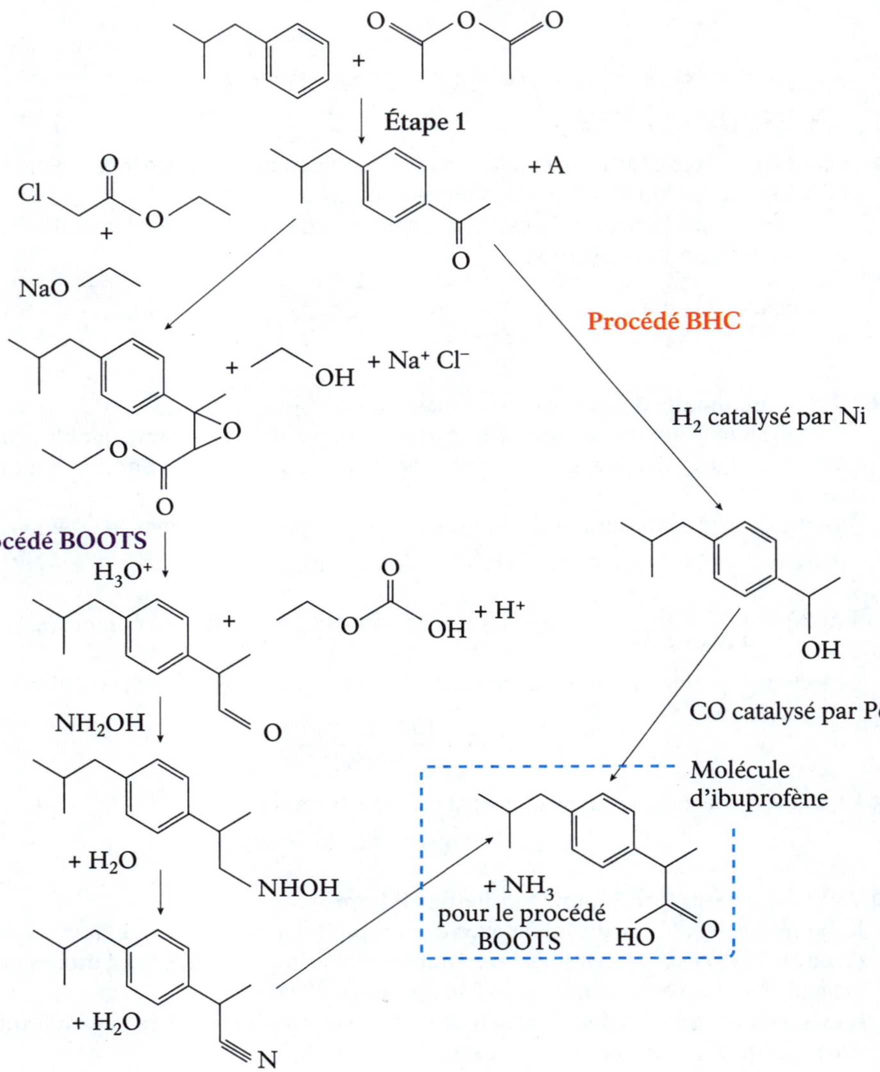

Données :

	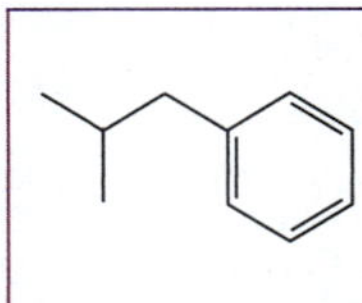	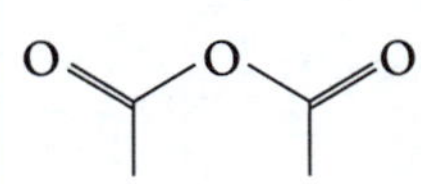	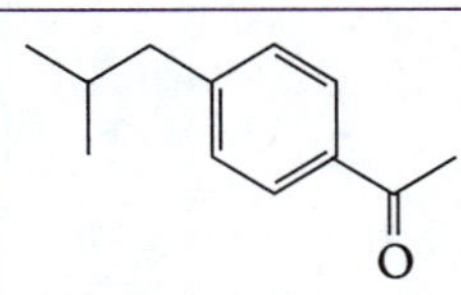
Masse molaire $(g\cdot mol^{-1})$	134,0	102,0	176,0

1. L'un des principes de la chimie verte est l'économie d'atomes. Quelle doit être la valeur de EA pour respecter ce principe ? Quel procédé de synthèse d'ibuprofène respecte le mieux les principes de la chimie durable ?

2. Identifier le(s) carbone(s) asymétrique(s) dans la molécule d'ibuprofène ? En déduire le nombre de stéréoisomères et leur relation.

3. Écrire l'équation de la réaction de l'étape 1 ? Quel acide est produit au cours de cette transformation ?

4. Déterminer la valeur de EA à l'issue de l'étape 1. Quelle remarque peut-on faire pour le procédé BHC ?

5. Après l'étape 1, quelle catégorie de réactions est utilisée dans le procédé BOOTS ? Même question pour le procédé BHC ? Ce constat permet-il d'expliquer les valeurs de EA pour chacun des procédés ?

6. Le rendement du procédé BOOTS est de $\eta = 43$ %, alors que le procédé BHC atteint 95 %. Comment expliquer ce résultat ?

7. Sachant que la masse molaire de l'ibuprofène est de 206 $g{\cdot}mol^{-1}$, déterminer pour chacun des procédés, la masse de déchets produits en un an en France. Par combien a-t-on pu diminuer la masse de déchets avec l'introduction du procédé BHC ?

2 Synthèse de l'arôme de lavande

60 min

L'intérêt de cet exercice est de pouvoir réaliser cette synthèse en classe ! Il permet également de revoir les notions importantes d'extraction et de chromatographie vues en seconde et en première.

> Voir la méthode et stratégie 1 et le chapitre 10.

Le principal constituant de l'huile essentielle de lavande est l'acétate de linalyle. Sa formule est donnée ci-dessous :

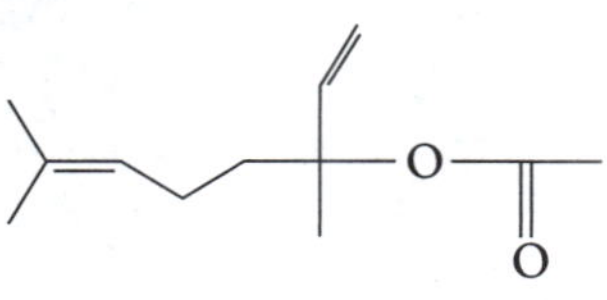

La première partie de cet exercice consiste en l'étude de cette synthèse. La seconde partie est consacrée à l'extraction de la molécule synthétisée, et la dernière partie à l'identification du produit synthétisé.

Première partie – Synthèse de l'acétate de linalyle

On introduit sous la hotte 5,0 mL d'anhydride acétique et 5,0 mL de linalol dans un ballon de 250 mL. Les formules topologiques du linalol et de l'anhydride acétique sont données ci-dessous :

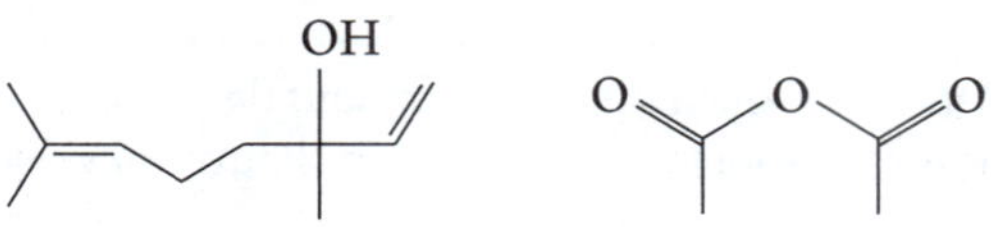

Linalol — Anhydride acétique

On met le ballon dans le chauffe-ballon et on place le réfrigérant au-dessus du ballon avec une circulation d'eau. On porte ensuite le mélange réactionnel à ébullition douce pendant 30 min environ.

Données :

Nom	État	Densité	Masse molaire ($g{\cdot}mol^{-1}$)	Pictogramme de sécurité
Linalol	Liquide	0,861	154	
Anhydride acétique	Liquide	1,08	102	  
Acétate de linalyle	Liquide	0,89	196	

L'anhydride acétique est très réactif avec l'eau.
Le linalol et l'acétate de linalyle sont peu solubles dans l'eau.
L'acide éthanoïque et l'anhydride acétique sont très solubles dans l'eau.
L'acide éthanoïque se répartit à la fois dans les phases aqueuse et organique.
Couples acide/base : $H_2O, CO_2/HCO_3^-$; HCO_3^- / CO_3^{2-} ; CH_3COOH/CH_3COO^-.

1. Comment s'appelle le montage expérimental qui permet cette synthèse ? Décrire son principe.

2. Écrire l'équation de la réaction. Quelle est la molécule qui se forme en plus de l'acétate de linalyle ?

3. Déterminer les quantités de matière de chacun des réactifs. En déduire le réactif limitant.

Deuxième partie – Extraction de l'acétate de linalyle

On verse lentement 25 mL d'eau distillée par le sommet du réfrigérant. Après avoir refroidi le ballon, on introduit 20 mL d'une solution d'hygrogénocarbonate de sodium ($Na^+_{(aq)}$, $HCO^-_{3(aq)}$). Il se produit un dégagement gazeux assez important.

Après avoir extrait la phase organique, on la sèche avec du sulfate de sodium anhydre. On mesure à l'aide d'une éprouvette graduée le volume obtenu de la phase organique.
Données :

	Eau	Eau salée	Cyclohexane	Acétate de linalyle
Densité	1	1,1	0,78	0,89
Solubilité dans l'eau			Nulle	Faible
Solubilité dans l'eau salée			Nulle	Très faible
Solubilité dans le cyclohexane	Nulle	Nulle		Importante

4. Avec quel réactif réagit l'eau que l'on ajoute en haut de la colonne à la fin de la synthèse ? Écrire l'équation se déroulant dans le ballon. Pourquoi verse-t-on lentement ?

5. Écrire l'équation lorsqu'on ajoute l'hydrogénocarbonate de sodium. Identifier le gaz qui se dégage. Quel est le but de cette opération ?

6. Écrire un protocole pour récupérer la phase organique formée seulement d'acétate de linalyle.

7. On trouve un volume de 2,0 mL d'acétate de linalyle ; déterminer le rendement de la réaction. Discuter de votre résultat.

8. Dans le cadre de la chimie durable, que peut-on faire de la phase aqueuse au niveau industriel ?

Troisième partie – Identification du produit formé

On réalise une chromatographie sur couche mince du produit extrait. L'éluant est un mélange de cyclohexane, de chloroforme et d'acétone.
On obtient le chromatogramme ci-dessous :

Dépôts :
1 : linalol
2 : acétate de linalyle de référence
3 : acétate de linalyle synthétisé

9. A-t-on a bien synthétisé l'acétate de linalyle ? Argumenter en vous appuyant sur le chromatogramme.

10. Discuter de la pureté du produit.

3 Synthèse du paracétamol

60 min

Cet exercice très complet sur l'utilisation d'un réactif spécifique lors d'une synthèse permet de tester ses connaissances des techniques expérimentales de filtration et de purification (l'identification du paracétamol sera effectuée à partir d'un spectre IR). La valeur du rendement de cette synthèse sera aussi l'occasion de discuter des critères de la chimie durable.

> Voir la méthode et stratégie 1, ainsi que le chapitre 3.

Le paracétamol a les mêmes propriétés analgésiques et antipyrétiques (il fait baisser la fièvre) que l'aspirine, mais à efficacité égale il présente moins d'effets indésirables. On étudie dans cet exercice la dernière étape de la synthèse du paracétamol.
Données :

	Para-aminophénol	Anhydride éthanoïque	Paracétamol
Masse molaire ($g \cdot mol^{-1}$)	109,0	102,0	151,0

Densité de l'anhydride éthanoïque : $d = 1{,}08$.
Température de fusion : paracétamol $T_f = 170$ °C ; para-aminophénol $T_f = 164$ °C.
pK_a : para-aminophénol ($R{-}NH_3^+$ /$R{-}NH_2$), p$K_{a1} = 5{,}5$; (CH_3COOH / CH_3COO^-), p$K_{a2} = 4{,}8$
Solubilité dans l'eau :
- para-aminophénol : 8 g·L^{-1} à 20 °C ; 33 g·L^{-1} à 60 °C et 80 g·L^{-1} à 100 °C ;
- paracétamol : 10 g·L^{-1} à 20 °C ; 250 g·L^{-1} à 100 °C ;
- anhydride éthanoïque : solubilité dans l'eau élevée.

Première partie – Étude de la dernière étape de synthèse du paracétamol

La transformation chimique utilisée est l'acétylation du para-aminophénol, qui peut être modélisée par la réaction chimique d'équation suivante :

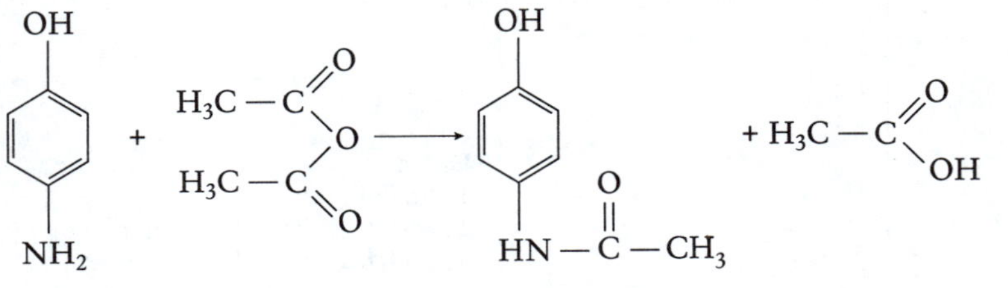

Para-aminophénol — Anhydride éthanoïque — Paracétamol — Acide éthanoïque

Pour dissoudre le para-aminophnéol, on introduit dans un erlenmeyer 10,9 g de para-aminophénol, 100 mL d'eau et 7,0 mL environ d'acide éthanoïque pur. On adapte un réfrigérant à eau puis on place l'ensemble dans un bain-marie (à 80 °C environ), avec une agitation magnétique (voir le schéma ci-dessous).

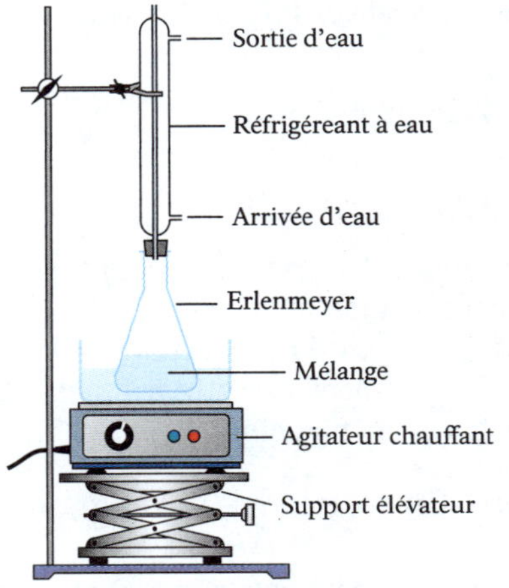

Une fois la dissolution réalisée, on refroidit le ballon sous un filet d'eau froide. On ajoute en trois à quatre fois 14 mL d'anhydride éthanoïque. En refroidissant à nouveau, on voit apparaître les cristaux de paracétamol que l'on filtre sur Büchner.

1. L'anhydride éthanoïque appartient à la famille des anhydrides. Identifier le groupe caractéristique de cette famille.

2. Identifier les groupes caractéristiques du paracétamol.

3. Quel est le rôle de l'acide éthanoïque lors de la dissolution du para-aminophénol ?

4. Pourquoi utilise-t-on un bain-marie et non un chauffe-ballon lors de cette synthèse ?

5. Pourquoi le para-aminophénol est-il un réactif spécifique dans cette synthèse ?

6. Déterminer les quantités de matière de chacun des réactifs.

Deuxième partie – Purification du paracétamol par recristallisation

On transvase les cristaux dans un erlenmeyer contenant les 40 cm^3 d'eau à l'ébullition. Une fois la dissolution du paracétamol effectuée, on place l'ensemble dans un bain d'eau glacée : le paracétamol recristallise. Les cristaux sont filtrés sur Büchner. On sèche les cristaux avec du papier absorbant et on mesure la masse de paracétamol obtenue : $m = 9{,}88$ g.

7. Expliquer le principe de la recristallisation.

8. À l'aide des données, quelle est la nature des impuretés susceptibles d'être éliminées lors de la purification ?

9. Déterminer le rendement de cette synthèse et discuter de sa valeur.

Troisième partie – Identification du paracétamol par spectroscopie IR

Après avoir séché les cristaux dans une étuve, on réalise le spectre IR de la molécule synthétisée.

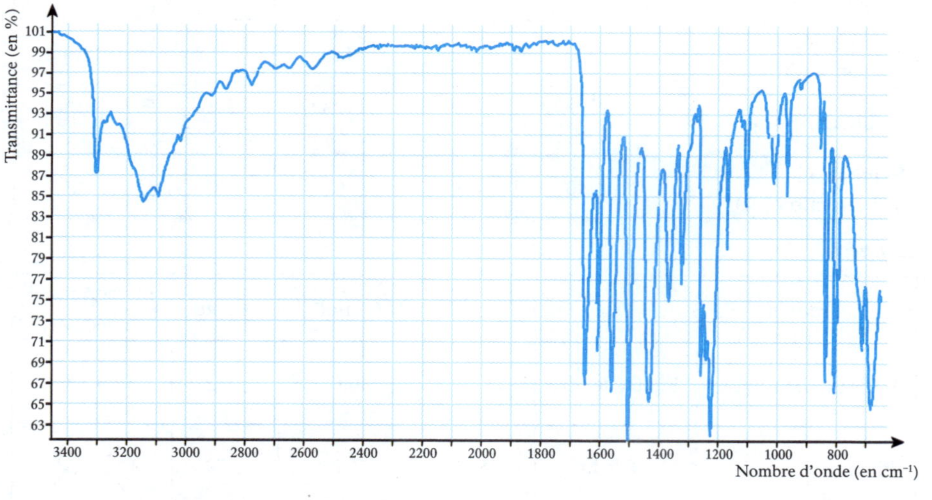

10. En s'aidant des tables de spectroscopie IR, montrer que l'on a bien synthétisé le paracétamol.

4 Choix d'un protocole

30 min

Cet exercice d'application concrète permet de tester sa capacité à déterminer le meilleur protocole possible pour la synthèse d'un ester. C'est également l'occasion de revoir l'influence des facteurs cinétiques (chapitre 8) et l'utilisation d'un spectre RMN (chapitre 3) pour identifier le produit de synthèse.

> Voir les chapitres 3 et 8.

Les esters ont souvent une odeur agréable et on les retrouve notamment dans les arômes naturels des fruits. On les emploie également et de manière industrielle dans les arômes de synthèse et en parfumerie.
On souhaite réaliser la synthèse d'un ester, le méthanoate d'éthyle, qui a une odeur de rhum et partiellement de framboise. Le moyen le plus simple est d'utiliser la réaction d'estérification selon l'équation :

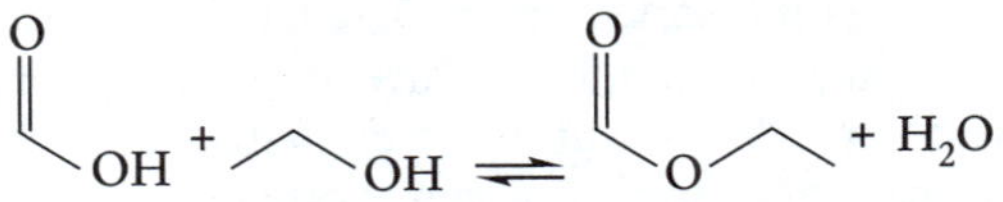

Le problème est que cette réaction n'est pas totale et qu'elle est lente. Afin d'améliorer le rendement, on se propose d'étudier plusieurs protocoles de manière à choisir le meilleur possible tant au niveau du coût que du rendement obtenu.
Différents modes opératoires sont présentés dans le tableau ci-dessous, les rendements sont indiqués au bout d'une heure de synthèse :

Protocole n°	1	2	3	4	5
Température (°C)	20	80	80	80	80
Volume initial d'acide méthanoïque (mL)	7,5	7,5	7,5	7,5	7,5
Volume initial d'éthanol (mL)	11,6	11,6	11,6	23,2	11,6
Catalyseur	H_2SO_4 à 95 %	–	H_2SO_4 à 95 %	H_2SO_4 à 95 %	APTS
Rendement de la réaction (%)	40	35	67	85	70

Données :

Produit	Prix	$T_{\text{ébullition}}$ à P_{atm}	M (g·mol^{-1})	Densité	Pictogramme de sécurité
Acide méthanoïque	14,90 € le litre	78 °C	46,0	1,22	
Éthanol	6,0 € le litre	118 °C	46,0	0,79	 
Méthanoate d'éthyle	-	54 °C	74,0	0,92	
APTS	7,0 € les 100 g		172,2	-	
H_2SO_4 à 95 %	13,60 € pour 2,5 L		98,1	1,83	 

Le catalyseur est introduit en général en faible quantité. Dans toutes les expériences, la quantité de catalyseur ne dépasse pas le centième de la quantité de réactif limitant.
L'APTS (acide paratoluène sulfonique) de p$K_a \approx 0,2$ se présente sous la forme d'un solide.

L'éthanol, l'acide éthanoïque, l'éthanoate d'éthyle et l'eau ne forment qu'une seule phase.

1. Déterminer le réactif limitant pour chaque protocole.

2. Expliquer pourquoi les protocoles 1 et 2 ont un faible rendement.

3. Donner l'avantage et l'inconvénient du protocole 4.

4. Choisir, en justifiant, le mode opératoire qui peut convenir pour la synthèse de ce produit.

5. Évaluer le coût d'une synthèse de cet ester si on souhaite en préparer 1 000 L.

6. Une fois séparé des autres réactifs, on vérifie que notre produit a bien été synthétisé grâce à une analyse RMN. On obtient le spectre ci-dessous :

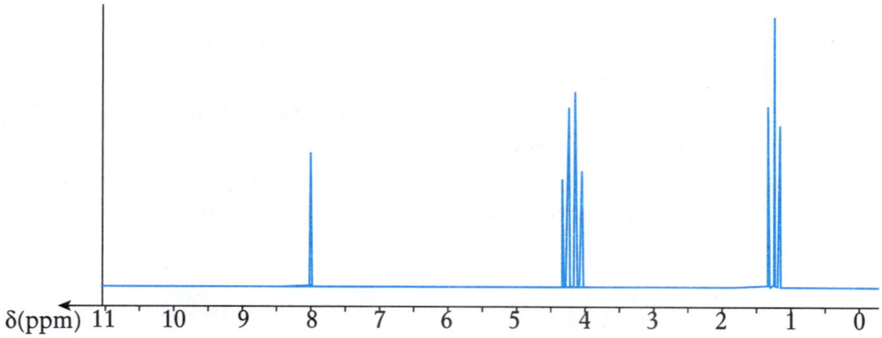

En s'aidant des tables de RMN, montrer que ce spectre correspond bien au méthanoate d'éthyle.

SUJETS D'APPROFONDISSEMENT

5 Stabilité chimique des sucres

25 min

Un excellent exercice pour comprendre les réactions de protection et de déprotection qui contribuent à la stabilité des sucres. L'occasion également de tester ses connaissances sur la notion fondamentale de carbones asymétriques.

> Voir la méthode et stratégie 2, ainsi que le chapitre 9.

Le glucose ($C_6H_{12}O_6$) appartient à la famille des sucres. En solution aqueuse, il existe sous plusieurs formes : en chaîne ouverte (0,003 %), mais aussi sous forme hémiacétal (> 99 %) cyclique à 6 atomes (voir ci-après).

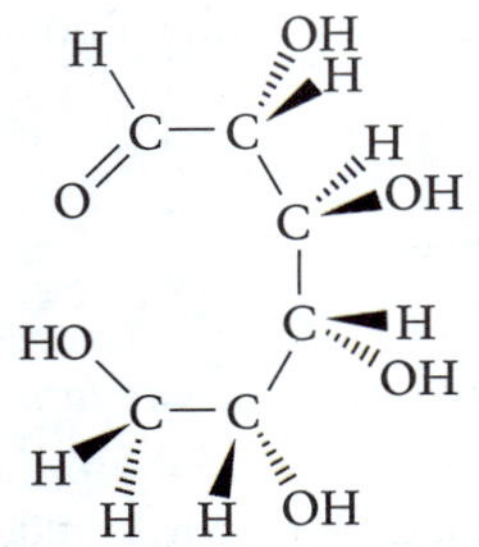

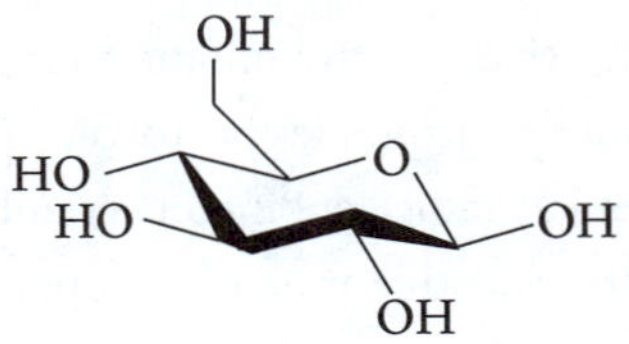

Données : électronégativités $\chi(C) = 2{,}5$ et $\chi(O) = 3{,}5$.

1. Identifier les carbones asymétriques du glucose. Combien a-t-il de stéréoisomères différents ?

2. Représenter l'énantiomère de la molécule à chaîne ouverte.

3. Proposer un mécanisme expliquant l'hémiacétalisation du sucre.

4. Proposer une explication au fait que le glucose est une molécule relativement stable, alors que l'éthanal est très réactif et inflammable.

5. Le saccharose représenté ci-dessous s'hydrolyse facilement en deux composés : le glucose et le fructose. La molécule de saccharose est stable en milieu basique.

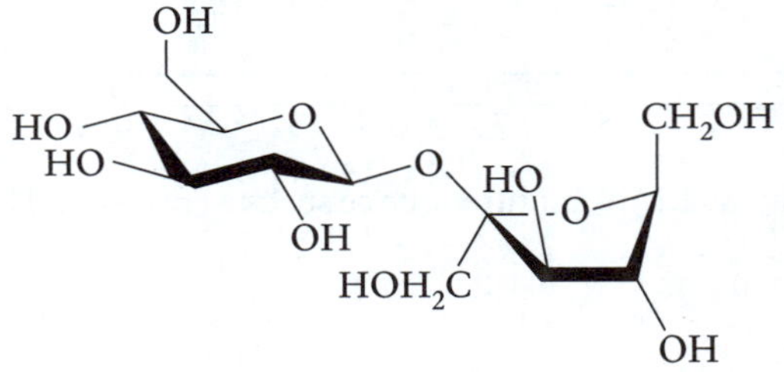

a. Déterminer la formule en chaîne ouverte du fructose. Que peut-on dire par rapport au glucose ?

b. Pourquoi le saccharose est-il une molécule stable ?

POST BAC

6 Synthèse de l'aspirine

40 min

Cet exercice retrace la synthèse complète d'une molécule incontournable : l'aspirine. Un cas pratique qui permet également d'aborder les notions d'activation nucléophile et de mécanisme réactionnel.

> Voir le complément de cours POST BAC, ainsi que le chapitre 9.

La chimie de synthèse permet d'obtenir les mêmes molécules que l'on trouve dans la nature, mais souvent la molécule obtenue par synthèse coûte beaucoup moins cher que la molécule obtenue par extraction. Le phénol est une molécule qui sert de base dans la synthèse de plusieurs composés (eugénol présent dans le clou de girofle, acide salicylique, phénolphtaléine…).

Données : constante acido-basique du couple phénol/phénolate Ph–OH/Ph–O$^-$: pK_a = 9,95 ; électronégativité du carbone $\chi(C) = 2{,}5$ et de l'oxygène $\chi(O) = 3{,}5$.

Formules topologiques :

Phénol	Acide salicylique	Acide acétylsalicylique (aspirine)	Anhydride acétique
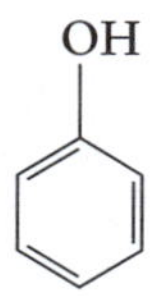	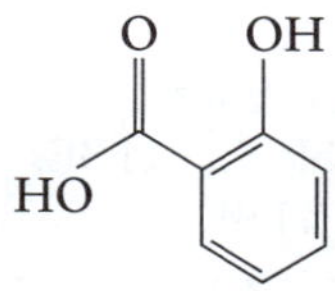	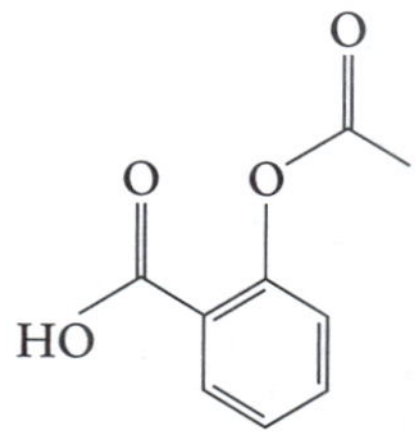	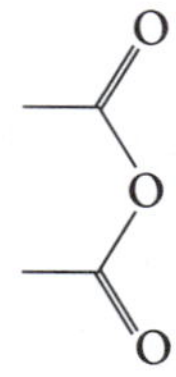

L'activation nucléophile du phénol est beaucoup plus facile que pour les autres alcools. En effet, la charge négative de l'ion phénolate se répartit sur la molécule :

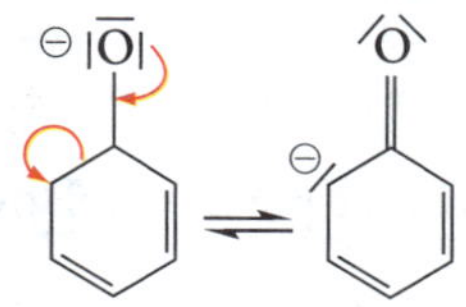

1. Écrire la réaction de formation de l'ion phénolate qui se produit lorsqu'on ajoute une base forte ($Na^+_{(aq)}$, $HO^-_{(aq)}$) sur le phénol.

2. Le mécanisme ci-dessus, montre qu'il y a plusieurs sites nucléophiles activés pour l'ion phénolate. En poursuivant le mécanisme, trouver les autres formes que peut prendre l'ion phénolate.

3. Combien de sites nucléophiles sont ainsi activés ? Les représenter par une charge partielle δ^-.

4. La synthèse de l'acide salicylique se fait à partir de dioxyde de carbone.

a. Représenter les charges partielles de la molécule de dioxyde de carbone.

b. Proposer un mécanisme réactionnel pour la synthèse de l'acide salicylique. Ne pas oublier d'ajouter des ions H^+ à la fin du mécanisme pour que la molécule redevienne neutre.

5. Quel autre produit apparaît lors de cette synthèse ?

6. Pourquoi cette synthèse est-elle intéressante du point de vue de la chimie durable ?

7. La molécule d'aspirine est synthétisée à partir d'acide salicylique et d'anhydride acétique. Écrire l'équation de la réaction.

POST BAC

7 Synthèse du MTBE

40 min

Cet exercice vous place devant un cas concret d'étude électrophile d'un alcool. Il permet de tester votre maîtrise de l'ensemble des étapes d'une synthèse (étude de mécanismes réactionnels, choix de la meilleure voie de synthèse).

> Voir le complément de cours POST BAC, ainsi que le chapitre 9.

L'indice d'octane d'un carburant rend compte de sa capacité à être comprimé sans exploser. L'indice 0 est affecté à l'heptane linéaire, l'indice 100 à l'isooctane. Le MTBE (méthyltertiobutyléther) ou oxyde de méthyle et de tert-butyle est un agent antidétonant qui améliore l'indice d'octane des carburants. Sa formule est donnée ci-dessous :

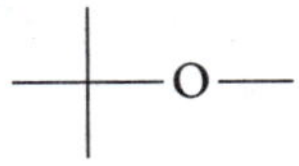

L'un des produits de base pour synthétiser le MTBE est le ter-butanol. Le but de cet exercice est d'étudier l'une des voies de synthèse possible du MTBE.
Données : formules topologiques du ter-butanol et du MTBE.

Ter-butanol	MTBE
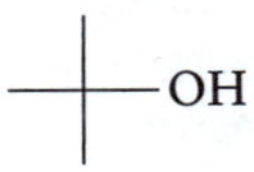	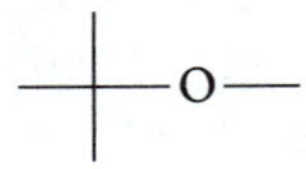

Le ter-butanol réagit facilement car il forme en présence d'acide sulfurique un carbocation (carbone possédant une charge positive) relativement stable : 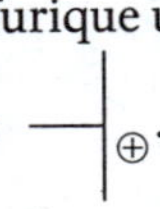.

1. Donner le nom du ter-butanol dans la nomenclature officielle. À quelle classe d'alcools appartient-il ?

2. Donner l'étape d'activation électrophile de cet alcool par l'acide sulfurique, puis expliquer la formation du carbocation.

3. Lorsqu'on chauffe le ter-butanol, toujours en présence d'acide sulfurique, il peut se former des composés A et B de formules brutes respectives $C_8H_{18}O$ et C_4H_8. La molécule B décolore l'eau de brome.

a. Donner un mécanisme réactionnel pour la formation du composé A.

b. Même question pour le composé B. Nommer ce composé.

4. Pour former le MTBE, on chauffe un mélange en quantités égales de méthanol et de ter-butanol en présence d'acide sulfurique concentré.

a. Proposer un mécanisme pour la formation du MTBE.

b. Pourquoi cette méthode de synthèse n'est-elle pas intéressante ?

CORRIGÉS

1 Économie d'atomes dans la synthèse de l'ibuprofène

1. Pour respecter la chimie verte, la valeur de EA doit être de 100 %, et à défaut être la plus grande possible. Ainsi, le procédé BHC respecte le mieux les principes de la chimie durable.

2. Il y a un seul carbone asymétrique dans la molécule d'ibuprofène (représenté par *). On obtient alors 2 stéréoisomères de configuration qui sont énantiomères entre eux :

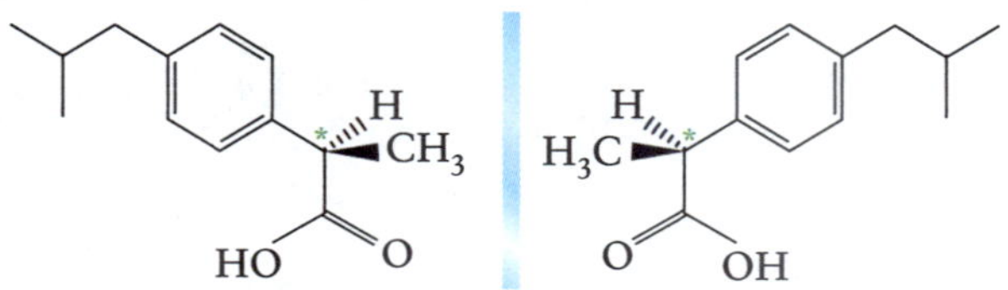

> Des énantiomères sont des molécules isomères, images l'une de l'autre dans un miroir, mais non superposables même en effectuant une rotation de la molécule.

3. L'acide produit au cours de l'étape 1 est l'acide éthanoïque :

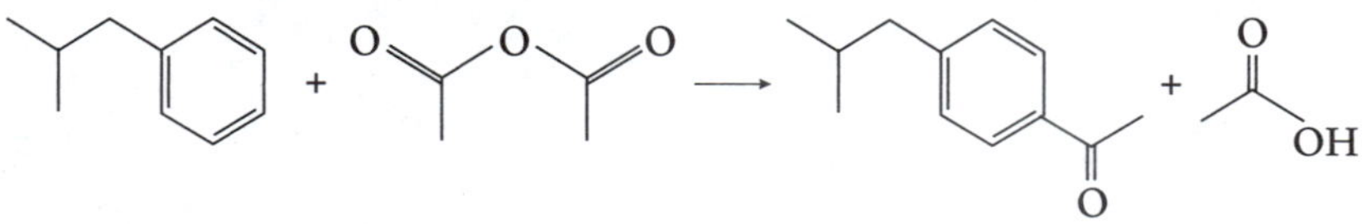

4. En utilisant les données et le document 1, on a $EA(\%) = \dfrac{176}{134 + 102} = 75\ \%$.

$EA < EA_{final}$, donc les étapes suivantes font remonter légèrement la valeur de EA.

5. Dans le procédé BOOTS, on a plutôt des réactions de substitution ; alors que dans le procédé BHC, on a des réactions d'addition. Ce constat permet d'expliquer les valeurs de EA puisque des réactions de substitution vont donner des produits indésirables, donc diminuer la valeur de EA. Les réactions d'addition quant à elles ne produisent aucun produit supplémentaire, donc ne font pas diminuer la valeur de EA (voire l'augmente légèrement).

> Il faut donc privilégier les réactions d'addition si on veut faire de la chimie durable.

6. Le rendement du procédé BOOTS est plus faible à cause de la multiplication du nombre d'étapes (6 contre 3 pour le procédé BHC). En effet, on peut imaginer un rendement moyen de 87 % pour chacune des étapes dans le procédé BOOTS : $\eta = (0,87)^6 \approx 43\ \%$.

> Si $a < 1$ alors $a^2 < a$, $a^3 < a$, … ainsi a^x est une fonction décroissante pour $x > 1$.

7. Déterminons le facteur E pour le procédé BHC :

$$E(\%) = \frac{100 - EA(\%)}{EA(\%)} = \frac{100 - 77}{77} = 29\ \%.$$

On en déduit la masse de déchets : $m_{déchets} = 0{,}29 \times 240 = 69{,}6$ tonnes.

De même, pour le procédé BOOTS, on a $E(\%) = \frac{100 - EA(\%)}{EA(\%)} = \frac{100 - 40}{40} = 150\ \%$.

On en déduit la masse de déchets : $m_{déchets} = 1{,}5 \times 240 = 360$ tonnes.

Le procédé BHC permet donc de réduire de $\frac{360}{69{,}6} = 5{,}2$ fois la masse de déchets produits.

Dans l'absolu, l'acide éthanoïque produit à la réaction 1 est réutilisable pour d'autres applications : dans ce cas, le procédé BHC ne produit aucun déchet.

2 Synthèse de l'arôme de lavande

Première partie

1. Le montage expérimental est le montage de chauffage à reflux. Le chauffe-ballon permet de chauffer le mélange réactionnel afin d'augmenter la vitesse de réaction (la température est un facteur cinétique). Le réfrigérant évite la perte des réactifs en condensant les vapeurs.

2.

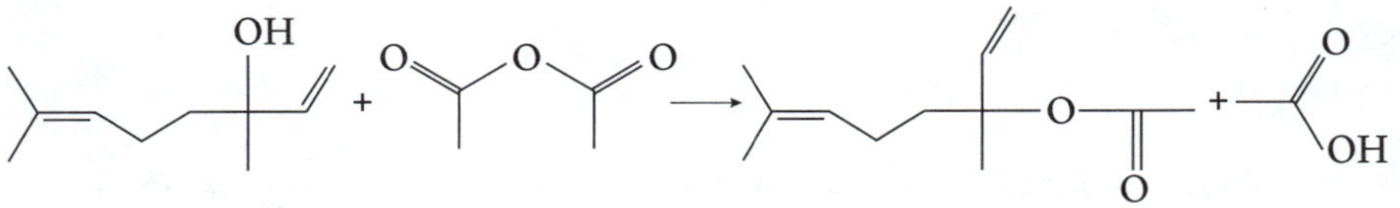

La molécule qui se forme en plus de l'acétate de linalyle est l'acide éthanoïque.

3. L'anhydride acétique et le linalol sont à l'état liquide. On a donc :

$$n_{(\text{anhydride acétique})} = \frac{\rho \times V}{M} = \frac{1{,}08 \times 5{,}0}{102} = 5{,}3 \times 10^{-2}\ \text{mol}\ ;$$

$$n_{(\text{linalol})} = \frac{\rho \times V}{M} = \frac{0{,}861 \times 5{,}0}{154} = 2{,}8 \times 10^{-2}\ \text{mol}.$$

On peut faire un tableau d'avancement pour déterminer le réactif limitant :

Équation	Linalol +	anhydride acétique →	acétate de linalyle +	acide éthanoïque
État	Quantité de matière (mol)			
Initial	$2{,}8 \times 10^{-2}$	$5{,}3 \times 10^{-2}$	0	0
Final (si réaction totale	$2{,}8 \times 10^{-2} - x_{max}$	$5{,}3 \times 10^{-2} - x_{max}$	x_{max}	x_{max}

Si le linalol est limitant : $x_{max} = 2{,}8 \times 10^{-2}$ mol.
Si l'anhydride acétique est limitant : $x_{max} = 5{,}3 \times 10^{-2}$ mol.
On en déduit que le réactif limitant est le linalol et que $x_{max} = 2{,}8 \times 10^{-2}$ mol.

Deuxième partie

4. L'eau permet d'éliminer le réactif en excès : l'anhydride acétique.

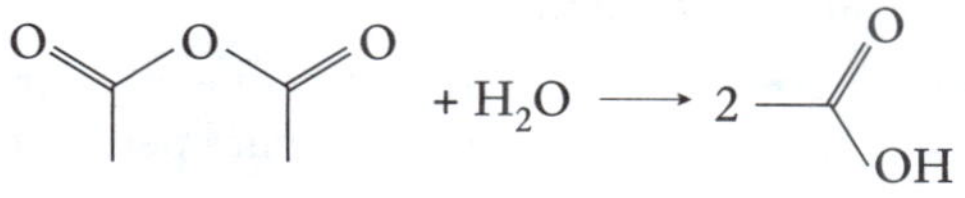

La réaction étant exothermique, on verse l'eau lentement de manière à éviter une ébullition à l'intérieur du ballon.

> Lorsqu'on manipule l'anhydride acétique, il est nécessaire d'avoir une verrerie parfaitement sèche.

5. On a : $HCO_3^- + CH_3COOH \rightarrow H_2O_{(l)} + CO_{2(g)} + CH_3COO^-{}_{(aq)}$.
Le but de cette opération est d'éliminer l'excès d'acidité.

> Expérimentalement, on retourne à un milieu quasi neutre lorsqu'il n'y a plus de dégagement gazeux si on ajoute de l'hydrogénocarbonate de sodium.

6. On peut récupérer l'huile essentielle de lavande grâce au cyclohexane (solvant extracteur). L'emploi du cyclohexane se justifie puisque l'huile essentielle est très soluble dans ce dernier. On ajoute dans le ballon du chlorure de sodium de manière à diminuer la solubilité de l'acétate de linalyle dans l'eau.
On verse le mélange dans une ampoule à décanter pour effectuer l'extraction. On agite et on dégaze. On élimine la phase aqueuse (phase inférieure), et on récupère la phase organique (phase supérieure) qui contient alors le cyclohexane et l'huile essentielle de lavande. Le sulfate de sodium anhydre permet d'éliminer les traces d'eau pouvant rester.

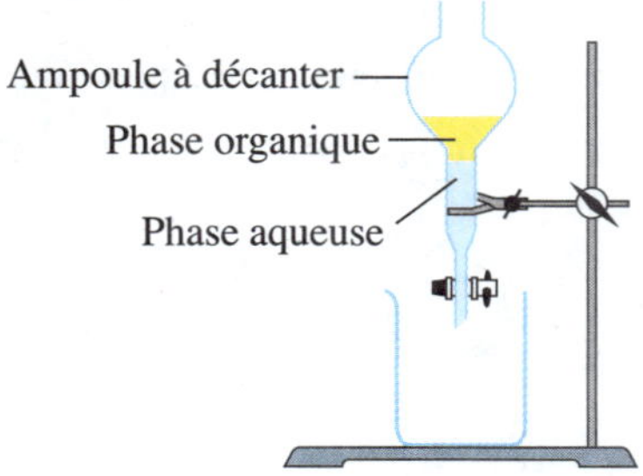

> La phase ayant la plus faible densité est la phase supérieure, celle ayant la plus grande densité la phase inférieure.

7. D'après le tableau d'avancement de la question **3** :
$n_{\text{max(acétate de linalyle)}} = x_{\text{max}} = 2{,}8 \times 10^{-2}$ mol.
On peut déterminer la quantité d'acétate de linalyle obtenue expérimentalement :

$$n_{\text{(acétate de linalyle)}} = \frac{\rho \times V}{M} = \frac{0{,}89 \times 2{,}0}{196} = 9{,}1 \times 10^{-3} \text{ mol}.$$

On en déduit le rendement de cette synthèse :

$$\eta = \frac{n_{exp}(\text{produit obtenu})}{n_{max}(\text{produit théorique})} = \frac{9{,}1 \times 10^{-3}}{2{,}8 \times 10^{-2}} = 33\ \%.$$

Ce rendement est correct pour une synthèse. On peut expliquer cette valeur en supposant que la réaction n'a pas été totale, qu'il y a eu des pertes au moment des transvasements et de l'extraction.

8. La phase aqueuse ne contient que de l'acide acétique qui peut être récupéré pour d'autres applications : synthèse en chimie organique, solvant ou fabrication de polymères...

Troisième partie

9. On a bien synthétisé l'acétate de linalyle, car on obtient sur le chromatogramme une tache au même niveau que l'acétate de linalyle de référence.

10. En revanche, on voit que ce produit n'est pas parfaitement pur : il contient également des traces de linalol.

3 Synthèse du paracétamol

Première partie

1. et **2.** La fonction anhydride d'acide est caractérisée par la réunion de deux fonctions acides carboxyliques :

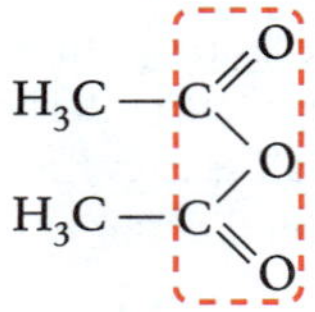

Le paracétamol possède deux groupes caractéristiques : amide et alcool.

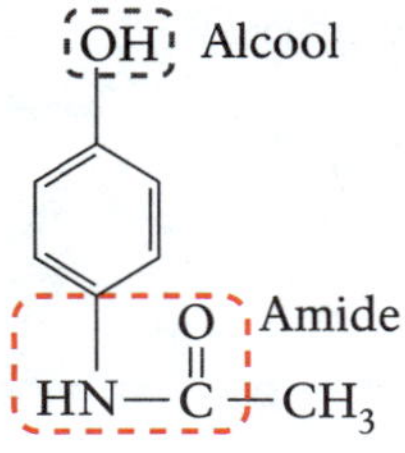

3. L'acide éthanoïque améliore la dissolution du para-aminophénol en le transformant en ion $R-NH_3^+$.

L'acide éthanoïque étant un acide faible, il n'altère pas le para-aminophénol. Les acides forts ($H^+ + Cl^-$; $2H^+ + SO_4^{2-}$ ...) provoqueraient des réactions plus exothermiques qui endommageraient la molécule.

4. La température dans le chauffe-ballon risque d'être trop élevée et de détruire la molécule de para-aminophénol. Le bain-marie assure un chauffage plus doux.

5. Le para-aminophénol est un réactif sélectif car l'anhydride éthanoïque ne réagit qu'avec la fonction amine ($-NH_2$).

Si le para-aminophénol n'était pas un réactif spécifique, il y aurait eu une réaction parasite donnant la formation d'un ester :

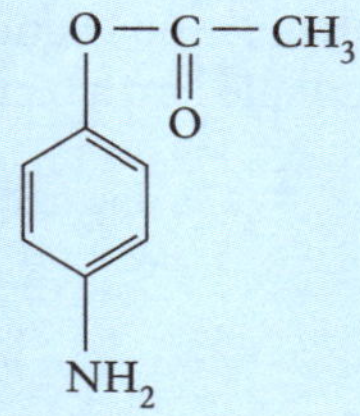

6. L'anhydride éthanoïque étant un liquide et le para-aminophénol un solide, on a :

$$n_{(\text{anhydride éthanoïque})} = \frac{\rho \times V}{M} = \frac{1{,}08 \times 14}{102} = 1{,}5 \times 10^{-1} \text{ mol}.$$

$$n_{(\text{para-aminophénol})} = \frac{m}{M} = \frac{10{,}9}{109} = 1{,}00 \times 10^{-1} \text{ mol}.$$

Deuxième partie

7. Le produit est dissout dans un solvant chaud. Lorsque le solvant refroidit, le produit redevient à l'état solide (recristallisation), laissant les impuretés dissoutes dans le solvant.

8. Les impuretés susceptibles d'être éliminées sont le para-aminophénol qui n'a pas réagi lors de la synthèse.

9. On peut faire un tableau d'avancement pour déterminer le réactif limitant :

Équation	Para-aminophénol +	anhydride éthanoïque	→ paracétamol +	acide éthanoïque
État	Quantité de matière (mol)			
Initial	$1{,}00 \times 10^{-1}$	$1{,}5 \times 10^{-1}$	0	0
Final (si réaction totale)	$1{,}00 \times 10^{-1} - x_{max}$	$1{,}5 \times 10^{-1} - x_{max}$	x_{max}	x_{max}

Si le para-aminophénol est limitant : $x_{max} = 1{,}00 \times 10^{-1}$ mol.
Si l'anhydride éthanoïque est limitant : $x_{max} = 1{,}5 \times 10^{-1}$ mol.
On en déduit que le réactif limitant est le para-aminophénol, soit :
$x_{max} = 1{,}00 \times 10^{-1}$ mol.
D'après le tableau d'avancement : $n_{max(\text{paracétamol})} = x_{max} = 1{,}00 \times 10^{-1}$ mol.
D'où la quantité de paracétamol obtenue expérimentalement :

$$n_{(\text{paracétamol})} = \frac{m}{M} = \frac{9{,}88}{151} = 6{,}54 \times 10^{-2} \text{ mol}.$$

On en déduit le rendement de cette synthèse :

$$\eta = \frac{n_{exp}(\text{produit obtenu})}{n_{max}(\text{produit théorique})} = \frac{6{,}54 \times 10^{-2}}{1{,}00 \times 10^{-1}} = 65{,}4\ \%.$$

Ce rendement est un peu trop élevé ; on peut penser que le produit n'est pas totalement sec.

Troisième partie

10. On constate qu'il y a un chevauchement de la bande –OH de 3 000 à 3 400 cm^{-1} avec la bande –NH à 3 300 cm^{-1}. On a en outre une bande vers 1 600 cm^{-1}, caractéristique de la liaison C=O. Ce spectre montre que l'on a bien synthétisé le paracétamol.

Pour les amides, on observe la liaison C = O à une fréquence plus basse que dans le cas des aldéhydes et des cétones.

4 Choix d'un protocole

1. Pour les protocoles 1, 2, 3 et 5, la quantité de matière d'éthanol est :

$$n_{(\text{éthanol})} = \frac{\rho \times V}{M} = \frac{0{,}79 \times 11{,}6}{46} = 2{,}0 \times 10^{-1} \text{ mol}.$$

Pour le protocole 4, la quantité de matière d'éthanol est :

$$n_{(\text{éthanol})} = \frac{\rho \times V}{M} = \frac{0{,}79 \times 23{,}2}{46} = 4{,}0 \times 10^{-1} \text{ mol}.$$

Pour tous les protocoles, la quantité d'acide méthanoïque est la même :

$$n_{(\text{acide méthanoïque})} = \frac{\rho \times V}{M} = \frac{1{,}22 \times 7{,}5}{46} = 2{,}0 \times 10^{-1} \text{ mol}.$$

Pour les protocoles 1, 2, 3 et 5, les quantités de matière sont les mêmes et les coefficients stœchiométriques sont égaux à 1. On en déduit que les mélanges sont en proportions stœchiométriques.
Pour le protocole 4, l'acide méthanoïque est le réactif limitant.

2. La faible température par rapport aux autres protocoles explique le faible rendement de la réaction *via* le protocole 1. La température est en effet un facteur cinétique.
Le faible rendement *via* le protocole 2 est dû à l'absence de catalyseur.

3. L'avantage du protocole 4 est qu'en augmentant la quantité initiale d'éthanol, on augmente le rendement de la réaction. Cependant, on utilise davantage de produits, ce qui est en désaccord avec les principes de la chimie durable.

4. D'après les réponses aux questions précédentes, on peut éliminer les protocoles 1, 2 et 4. On élimine également le protocole 5 en raison du prix trop élevé du catalyseur APTS :

$m_{APTS} = 1{,}8 \times 10^2 \times 172{,}2 = 31\,000$ g, soit un coût de $\frac{31\,000 \times 7}{100} = 2\,170$ € ;

or, avec H_2SO_4 on a : $m_{H_2SO_4} = 1{,}8 \times 10^2 \times 98{,}1 = 18\,000$ g ;

soit un coût de : $\frac{18\,000 \times 13{,}60}{2{,}5 \times 10^3} = 96$ €. Par conséquent, on privilégie le protocole 3.

5. On détermine la quantité d'ester formé :

$$n_{\text{ester}} = \frac{\rho \times V}{M} = \frac{0{,}92 \times 1\,000 \times 10^3}{74{,}0} = 1{,}2 \times 10^4 \text{ mol}.$$

On sait que le rendement est de 67 % ; il faut donc prévoir $\frac{1{,}2 \times 10^4}{0{,}67} = 1{,}8 \times 10^4$ mol d'éthanol et d'acide méthanoïque.

L'énoncé stipule que la quantité de catalyseur ne dépasse pas le centième de la quantité de réactif limitant.

On en déduit la quantité d'acide sulfurique à prévoir : $\frac{1,8 \times 10^4}{100} = 1,8 \times 10^2$ mol .

On peut ainsi déterminer les volumes à prévoir pour le catalyseur et les réactifs :

• pour l'éthanol : $V = \frac{n \times M}{\rho} = \frac{1,8 \times 10^4 \times 46}{0,79} = 1,0 \times 10^6$ mL $= 1,0 \times 10^3$ L ;

• pour l'acide méthanoïque :

$$V = \frac{n \times M}{\rho} = \frac{1,8 \times 10^4 \times 46}{1,22} = 6,8 \times 10^5 \text{ mL} = 6,8 \times 10^2 \text{ L} ;$$

• pour l'acide sulfurique : $V = \frac{n \times M}{\rho \times 0,95} = \frac{1,8 \times 10^2 \times 98,1}{1,83 \times 0,95} = 1,02 \times 10^4$ mL $= 10,2$ L.

On détermine le coût de cette synthèse :

$$1,0 \times 10^3 \times 6,0 + 6,8 \times 10^2 \times 14,9 + \frac{10,2}{2,5} \times 13,6 \approx 16\ 000 \text{ €}.$$

6. Déterminons les protons équivalents et la multiplicité de chaque signal dans la molécule de méthanoate d'éthyle :

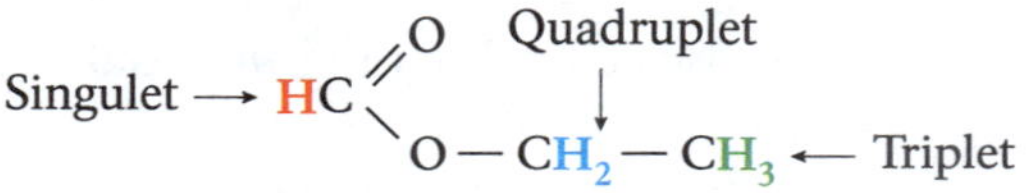

Cette molécule est en accord avec ce que l'on observe sur le spectre. De plus, le signal du groupement $-CH_2$ est à 4,2 ppm, ce qui correspond bien aux tables de RMN (le signal devait être compris entre 3,7 et 4,8 ppm). De même pour le groupement $-CH_3$, il y a un signal à 1,2 ppm, en accord avec les tables qui indiquent un signal devant apparaître entre 0,8 et 1,2 ppm. Le proton H de la fonction ester apparaît vers 8 ppm, car ce proton est moins déblindé qu'une fonction aldéhyde (R—CH=O), qui se situe normalement vers 9,5-9,6 ppm.

Ce spectre montre que l'on a bien synthétisé le méthanoate d'éthyle.

5 Stabilité chimique des sucres

1. Le glucose possède 4 carbones asymétriques ; il a donc $2^4 = 16$ stéréoisomères différents. Les carbones asymétriques sont repérés par un astérisque (voir la question **2**).

> Un atome de carbone asymétrique est un carbone tétraédrique qui possède quatre substituants de natures différentes.

2. Représentation de l'énantiomère du glucose à chaîne ouverte (molécule de droite) :

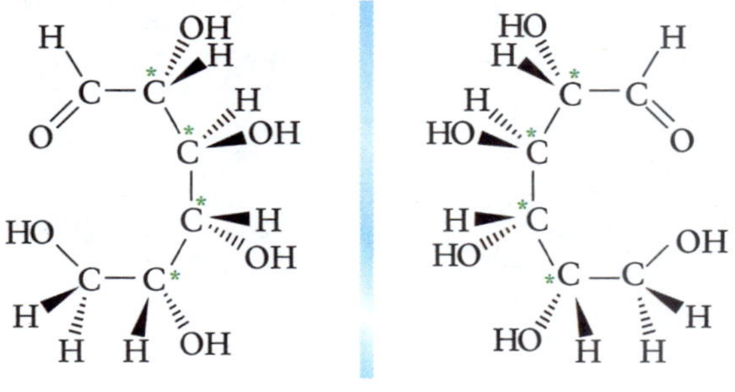

Des énantiomères sont des molécules isomères, images l'une de l'autre dans un miroir, mais non superposables même en effectuant une rotation de la molécule.

3. La formation de l'hémiacétal s'explique de la façon suivante : fermeture du cycle entre l'oxygène porté par le carbone 1 et le carbone 5, transfert d'un groupe –OH du carbone 5 vers le carbone 1.

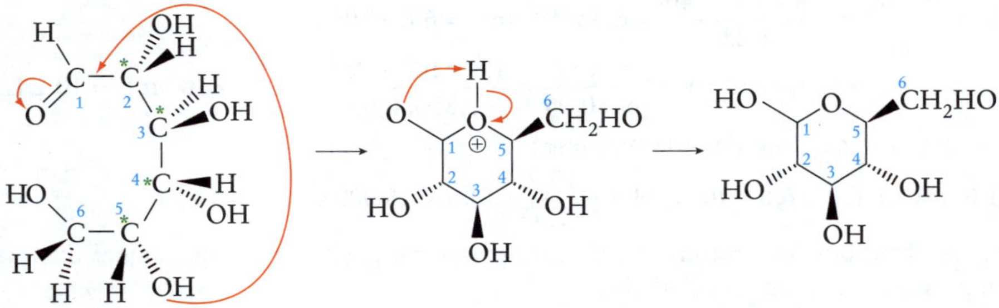

4. 99 % des molécules de glucose existent sous la forme hémiacétal ; la fonction aldéhyde est ainsi protégée, ce qui n'est pas le cas de l'éthanal.

5. a. Sous la forme hémiacétal, le fructose a pour formule :

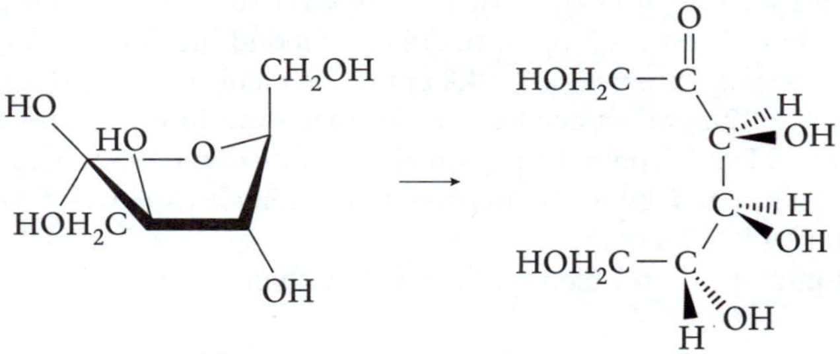

Le fructose est une molécule isomère du glucose.

b. De la même manière que pour la molécule de glucose, les fonctions aldéhydes sont protégées, ce qui explique la stabilité du saccharose.

POST BAC

6 Synthèse de l'aspirine

1. C'est une réaction acido-basique : Ph — OH + HO^- ⟶ Ph — O^- + H_2O.

2.

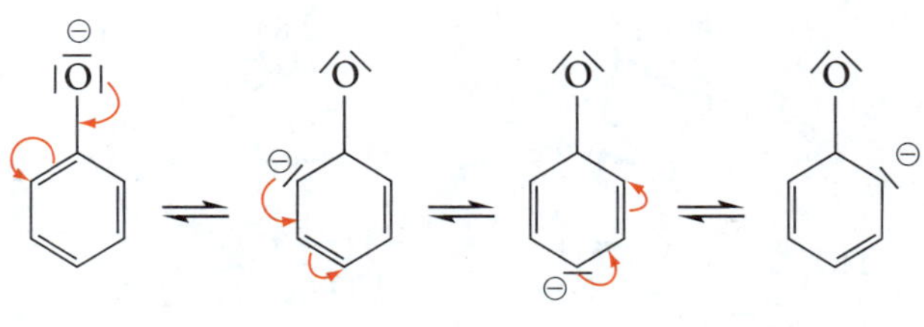

3. On peut donc représenter la molécule avec les sites nucléophiles activés suivants :

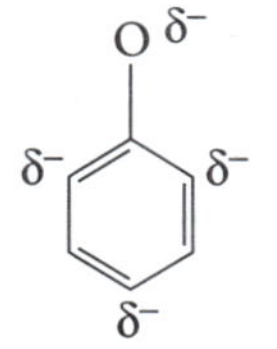

4. a. Pour la molécule de dioxyde de carbone, on a : $\overset{\delta-}{O}=\overset{2\delta+}{C}=\overset{\delta-}{O}$

b. On obtient le mécanisme suivant :

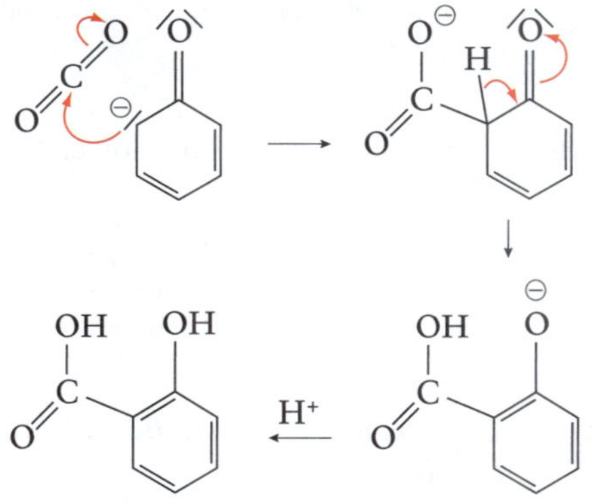

5. Un autre site nucléophile peut être activé pendant cette synthèse, conduisant au composé suivant :

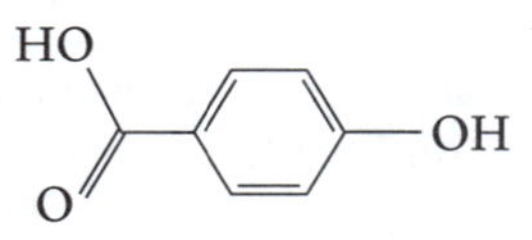

6. Cette synthèse permet une revalorisation du CO_2 qui est un gaz à effet de serre.

7. Équation de la synthèse de l'aspirine à partir d'acide salicylique et d'anhydride acétique :

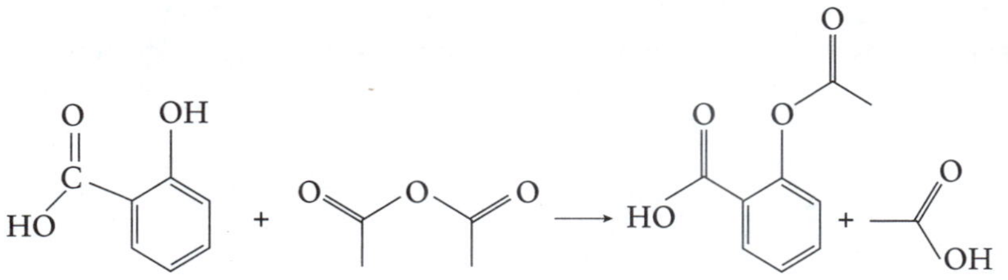

POST BAC

7 Synthèse du MTBE

1. Dans la nomenclature officielle, le ter-butanol se nomme 2-méthylpropan-2-ol. C'est un alcool tertiaire.

2. Le carbocation se forme selon le mécanisme suivant :

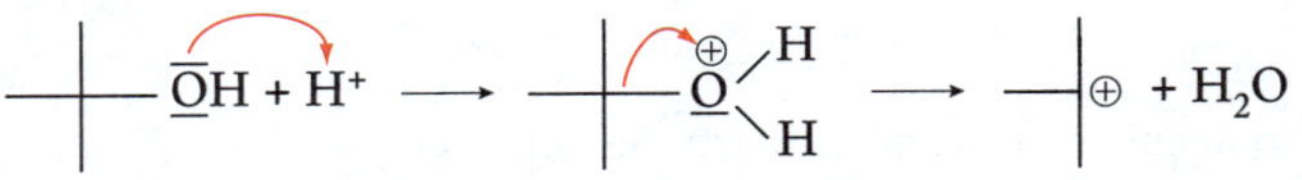

Ce carbocation est stable à cause de ses ramifications. Les carbocations linéaires (sans ramifications) sont beaucoup moins stables.

3. a. Le composé A résulte de l'association du carbocation et du ter-butanol. Il se forme un éther-oxyde :

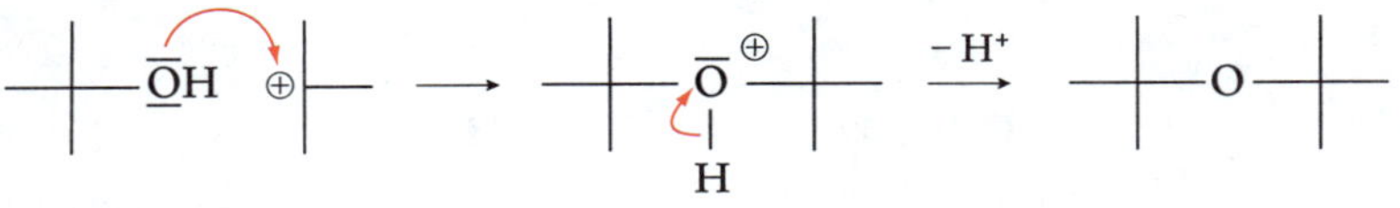

b. Le composé B est un alcène qui se forme à partir du carbocation :

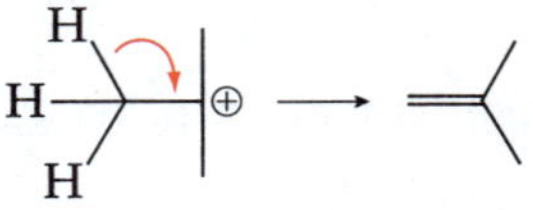

4. a. En reprenant ce qui a été établi aux questions précédentes, on peut proposer le mécanisme suivant de formation du MTBE :

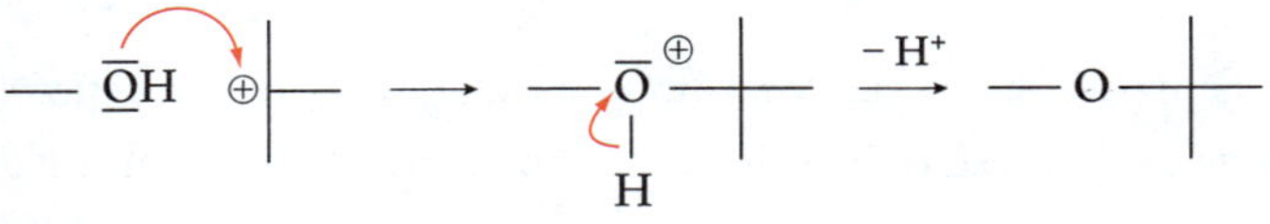

b. Cette synthèse n'est pas intéressante ; il y a en effet des réactions parasites qui produisent d'autres molécules (composés A, B) par rapport au produit attendu.

CHAPITRE 15

Transmission et stockage de l'information

COURS

MÉTHODES ET STRATÉGIES

SUJETS DE TYPE BAC

SUJETS D'APPROFONDISSEMENT

CORRIGÉS

Transmission et stockage de l'information

Ce début du XXIe siècle, à travers la téléphonie mobile, Internet et les réseaux de radiodiffusion, est l'ère de l'information. Comment celle-ci est-elle transmise de la source qui l'émet au destinataire qui la reçoit et l'utilise ?

I. La transmission de l'information

- Le transfert d'informations d'une source à une destination s'effectue à travers une **chaîne de transmission de l'information** :

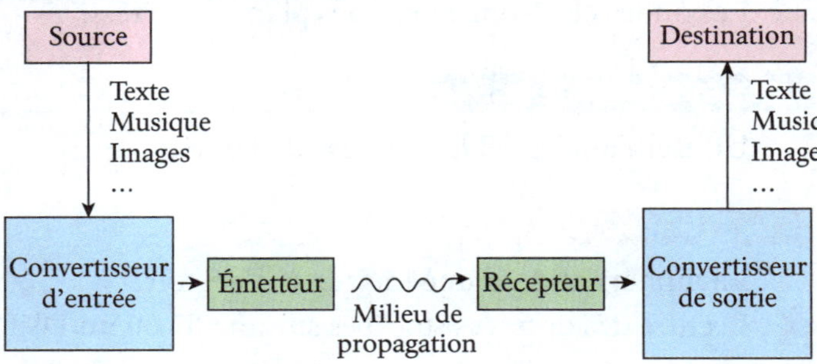

• la **source** fournit l'information ;
• le **convertisseur d'entrée** convertit l'information de sa forme initiale en une forme analogique ou numérique appelée **signal** ;
• l'émetteur conditionne le signal afin de l'envoyer ;
• le **canal** est le milieu physique dans lequel se propage le signal (câble ou atmosphère) ;
• le **récepteur** reçoit et traite le signal reçu du canal afin de retrouver l'information ;
• le **convertisseur de sortie** redonne à l'information sa forme physique initiale ;
• la **destination** reçoit l'information.

- L'**affaiblissement du signal** correspond à la perte en puissance du signal au cours de sa transmission : le signal reçu sera plus faible que le signal émis.

Pour une ligne de transmission de longueur L, la puissance transportée diminue selon la formule :

$$P_R = P_E \times e^{-a \times L}$$

P_E et P_R, puissances émise et reçue du signal (en W)
L, longueur de la ligne (en m)
a, coefficient d'atténuation linéaire (en m^{-1})

L'**atténuation** A, exprimée en **décibels par kilomètre ($dB \cdot km^{-1}$)**, a pour expression :

$$A = \frac{10}{L} \times \log\left(\frac{P_E}{P_R}\right)$$

L en kilomètres (km)
P_E et P_R en watts (W)

Exemple Si sur une distance de 1 km, la puissance reçue P_R est deux fois plus faible que celle émise P_E, l'atténuation A est égale à 3 $dB \cdot km^{-1}$.

II. Images numériques et codage

- Une **image numérique** est décomposée en petits carrés appelés **pixels,** qui représentent le plus petit élément constitutif d'une image numérique.
- La **définition** est égale au **nombre total de pixels** constituant l'image.
- La **résolution** représente le **nombre de pixels par unité de longueur** (pixels par pouce ou PPP).

Remarque Le pouce est l'unité de longueur anglo-saxonne (1 pouce = 2,54 cm).

- La **pixellisation** correspond au phénomène où les pixels deviennent visibles à l'œil nu sur l'image à cause d'une résolution trop basse ou d'un grossissement excessif d'un détail d'une photo.
- Le **codage** d'une image numérique se fait **en langage binaire** : chaque pixel correspond à une série de **bits,** qui correspondent soit à sa couleur (pour les images en couleur), soit à son intensité lumineuse (pour les images en niveaux de gris). Le **bit** (binary digit) est la plus petite unité d'information ; elle peut prendre deux valeurs possibles : **0 ou 1**.

Exemple Avec deux bits, on peut décrire $2^2 = 4$ états différents :

00	01	10	11

Généralisation : avec ***n*** **bits**, on peut décrire $\mathbf{2^n}$ états différents.
Un **octet** est une unité d'information qui regroupe **8 bits** et permet donc de décrire **256** états différents ($256 = 2^8$). On peut par exemple stocker une lettre ou un chiffre dans un octet.
Codage d'une image en niveaux de gris : on code l'intensité lumineuse de chaque pixel sur **1 octet** : il existe alors **256 niveaux de gris** différents, le blanc correspondant à la valeur 255 et le noir à la valeur 0.
Codage d'une image en couleurs 24 bits : on code chaque couleur primaire (rouge, vert, bleu ou RVB) sur 1 octet : il y a **256 teintes possibles** pour chaque couleur. Chaque pixel est donc codé sur **3 octets** (un pour chacune des couleurs primaires) ce qui correspond à 24 bits. Le nombre de couleurs différentes possibles avec un tel codage dépasse les 16 millions.
Une image numérique est représentée par :
• **un tableau de nombres pour une image en niveau de gris ;**
• **trois tableaux de nombres** (un pour chaque couleur primaire) **pour une image couleur 24 bits.**

III. Conversion d'un signal analogique en un signal numérique

- Un **signal analogique** peut prendre toutes les valeurs possibles dans un intervalle donné. La valeur associée au signal analogique est une grandeur continue.
- Un **signal numérique** ne peut prendre que des valeurs bien définies et en nombre limité. En informatique, les valeurs possibles sont 0 et 1.

La représentation graphique d'un signal analogique est une courbe, tandis que celle d'un signal numérique est un histogramme.

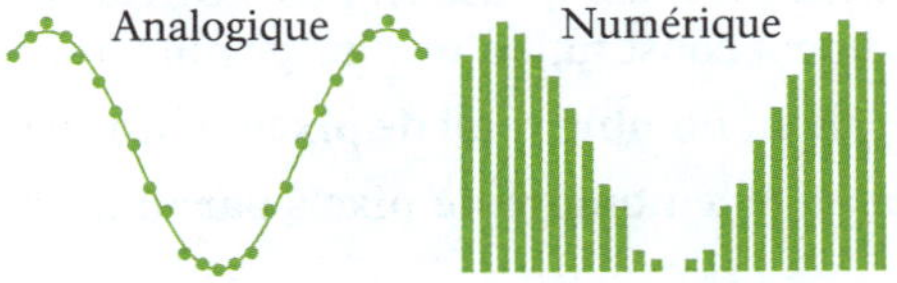

- La **numérisation** consiste en la transformation d'un signal analogique en un signal numérique. Elle s'effectue en deux étapes :

• *étape 1 :* l'**échantillonnage.**

On enregistre périodiquement (à des intervalles de temps réguliers T) la valeur du signal analogique.

La **fréquence d'échantillonage** représente le nombre de points relevés pendant une seconde ; elle est égale à l'inverse de l'intervalle de temps T entre deux prises d'échantillon :

$$f_{\text{échantillonage}} = \frac{1}{T}$$

$f_{\text{échantillonage}}$ en hertz (Hz)
T en secondes (s)

Le signal numérique sera d'autant plus fidèle à l'original que la fréquence d'échantillonnage sera grande.

• *étape 2 :* la **quantification.**

On convertit la grandeur mesurée de chaque échantillon en langage binaire sur 4, 8, 10, 16 bits ou plus. La qualité du signal est d'autant plus grande que le nombre de bits sur lequel on code les valeurs est grand.

- Un **convertisseur analogique-numérique (CAN)** est un appareil permettant de transformer en valeurs numériques un signal analogique.

IV. Stockage optique des informations

- Les disques optiques (CD, DVD, BD) sont des supports sur lesquels peuvent être stockés de l'information sonore, des images ou des films.

- Sur leurs surfaces sont gravées des pistes qui contiennent l'information en code binaire : des alvéoles alignées selon une spirale représentent des séries de 1 et de 0. Le passage d'une position basse à une position haute (ou inversement) correspond à un 1, tandis que l'absence de changement de position correspond à un 0.

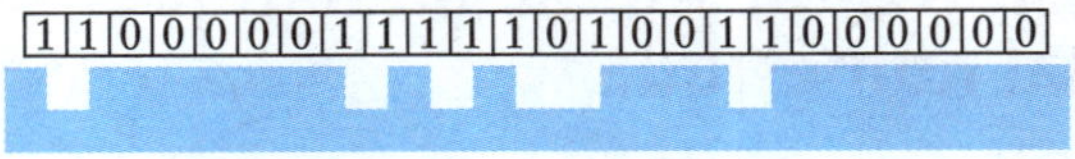

POST BAC

Les ondes électromagnétiques planes progressives

Les ondes radios, la lumière, les infrarouges sont des ondes électromagnétiques utilisées aujourd'hui pour transporter l'information que ce soit à travers les airs ou dans les fibres optiques. Le modèle de l'onde plane progressive électromagnétique est un modèle tout à fait adapté pour les représenter.

1. Les champs électrique et magnétique

L'onde électromagnétique est composé par un champ électrique $\vec{E}$ et un champ magnétique $\vec{B}$ qui sont perpendiculaires entre eux et se trouvent tous les deux inclus dans un plan orthogonal à la direction de propagation : c'est le plan d'onde.
On définit le vecteur d'onde $\vec{k}$ qui est dirigé suivant la direction de propagation de l'onde ; sa norme, appelée le nombre d'onde k, est exprimée en m^{-1} ; et la pulsation ω de l'onde est exprimée en s^{-1}.
Pour une onde plane progressive se déplaçant selon l'axe (Ox), dans le sens des x croissants, les deux champs ont pour expression mathématique :

$\vec{E} = E_0 \times \cos(kx - \omega t) \times \vec{e}_y$

$\vec{B} = B_0 \times \cos(kx - \omega t) \times \vec{e}_z$

$\vec{k} = k \times \vec{e}_x$.

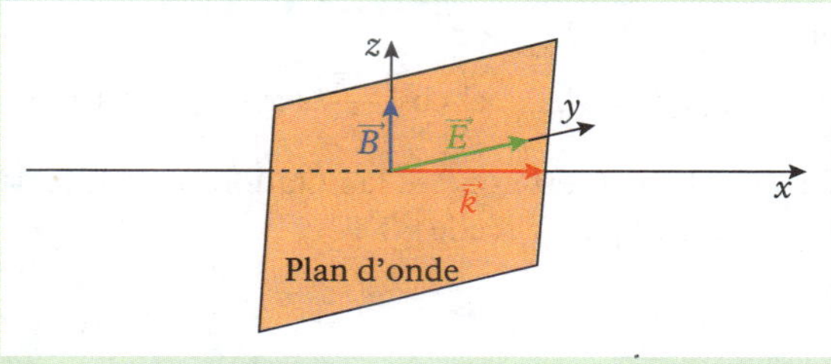

Le nombre d'onde k et la pulsation ω caractérisent la double périodicité de l'onde électromagnétique. Elles sont liées aux périodes temporelle et spatiale par les relations :

$$k = \frac{2\pi}{\lambda} \quad \text{et} \quad \omega = \frac{2\pi}{T}$$

Ces grandeurs sont aussi liées à la vitesse c de l'onde électromagnétique : $c = \frac{\lambda}{T} = \frac{\omega}{k}$.

2. La propagation de l'énergie

On définit un vecteur appelé vecteur de Poynting $\vec{R}$ qui indique le sens dans lequel se propage l'énergie. Sa norme R est égale à la densité de puissance électromagnétique (en $W \cdot m^{-2}$) portée par l'onde :

$$\vec{R} = \frac{E \times B}{\mu_0} \times \vec{e}_x = R \times \vec{e}_x$$

avec $R = \frac{E_0 \times \cos(kx - \omega t) \times B_0 \times \cos(kx - \omega t)}{\mu_0} = \frac{E_0 \times B_0 \times \cos^2(kx - \omega t)}{\mu_0}$;

μ_0 est une constante appelée perméabilité dans le vide : $\mu_0 = 1{,}26 \times 10^{-6}\ m \cdot kg \cdot s^{-2} \cdot A^{-2}$.

POST BAC

Notation complexe pour modéliser les ondes

En électromagnétisme, la notation complexe est importante car elle permet de simplifier notablement un certain nombre de calculs impliquant les représentations des ondes électromagnétiques planes et sinusoïdales.

1. Expression d'une onde sinusoïdale

Une onde plane progressive sinusoïdale se déplaçant selon l'axe (Ox) dans le sens positif, a pour expression :

$$f(x,t) = A_{max} \times \cos\left(\frac{2\pi}{\lambda} \times x - \frac{2\pi}{T} \times t + \Phi\right)$$

A_{max}, amplitude de l'onde
λ, sa longueur d'onde
T, sa période
Φ, sa phase à l'origine

On peut aussi écrire :

$f(x,t) = \text{Re}(\overline{f})$

avec $\overline{f}(x,t) = A_{max} \times e^{i\left(\frac{2\pi}{\lambda}\times x - \frac{2\pi}{T}\times t + \Phi\right)}$

soit $\overline{f}(x,t) = A_{max} \times \left(\cos\left(\frac{2\pi}{\lambda} \times x - \frac{2\pi}{T} \times t + \Phi\right) + i \times \sin\left(\frac{2\pi}{\lambda} \times x - \frac{2\pi}{T} \times t + \Phi\right)\right)$

La grandeur $\overline{f}$ est appelée la notation complexe de l'onde sinusoïdale et $\text{Re}(\overline{f})$ correspond à sa partie réelle.

2. Dérivation de l'expression complexe d'une onde sinusoïdale

La fonction $f(x, t)$ étant à deux variables, on définit les deux dérivées partielles de cette fonction f (voir le complément de cours POST BAC du chapitre 11) :

$$\frac{\partial \overline{f}}{\partial x} = i \times \frac{2\pi}{\lambda} \times \overline{f} \; ; \; \frac{\partial \overline{f}}{\partial t} = -i \times \frac{2\pi}{T} \times \overline{f}$$

MÉTHODES ET STRATÉGIES

1 Utiliser l'analyse et la synthèse de Fourier

> Voir les exercices 1, 3 et 4 mettant en œuvre cette méthode.

Méthode

Pour réaliser l'analyse d'un signal périodique $F(t)$, il faut respecter les étapes suivantes :

> **Étape 1 :** Trouver la fréquence f du signal.

Première méthode : à partir de l'enregistrement du signal en fonction du temps, on mesure sa période T, puis on calcule sa fréquence grâce à la formule : $f = \frac{1}{T}$ (f en hertz et T en secondes).

Seconde méthode : à partir du spectre en fréquences du signal, on identifie la fréquence du signal comme étant la plus petite de celles apparaissant dans le spectre.

Remarque On appelle le **spectre en fréquences** d'un signal, un diagramme en bâtons dont les abscisses coïncident avec l'ensemble des fréquences des harmoniques du signal et les amplitudes de chaque harmonique sont proportionnelles aux hauteurs.

> **Étape 2 :** Trouver les fréquences des harmoniques composant le signal.

À partir du spectre en fréquences du signal, on identifie les fréquences supérieures à f qui sont celles des harmoniques du signal.

Remarque Au XVIIe siècle, le mathématicien Joseph Fourier montre que toute fonction périodique de fréquence f peut être décomposée en une somme de fonctions sinusoïdales de fréquences f, $2f$, $3f$... Chaque composante sinusoïdale est appelée **harmonique**. La composante de plus petite fréquence f_1 est appelée **fondamental** et correspond à la fréquence f du son. Les fréquences f_n des harmoniques sont des multiples de la fréquence f_1 du fondamental : $f_n = n \times f_1$.

> **Étape 3 :** Trouver les amplitudes associées à chaque harmonique présent (POST BAC).

On les calcule grâce à la décomposition en série de Fourier de la fonction $F(t)$ donnée par :

$$F(t) = \frac{a_0}{2} + \sum_{n=1}^{\infty}\left(a_n \times \cos\left(n \times \frac{2\pi}{T} \times t\right) + b_n \times \sin\left(n \times \frac{2\pi}{T} \times t\right)\right)$$

avec $a_n = \frac{2}{T} \times \int_{-T/2}^{T/2} f(t) \times \cos\left(n \times \frac{2\pi}{T} \times x\right) \mathrm{d}t$

et $b_n = \frac{2}{T} \times \int_{-T/2}^{T/2} f(t) \times \sin\left(n \times \frac{2\pi}{T} \times x\right) \mathrm{d}t$.

Remarque Théorème de Fourier (POST BAC) : une fonction $f(x)$ de la variable réelle x, de période 2π, peut se décomposer en une série de Fourier sous la forme :

$$f(x) = \frac{a_0}{2} + \sum_{n=1}^{\infty}\left(a_n \times \cos(nx) + b_n \times \sin(nx)\right).$$

Les coefficients a_n et b_n se calculent par les expressions :

$$a_n = \frac{1}{\pi} \times \int_{-\pi}^{\pi} f(x) \times \cos(nx)\,\mathrm{d}x \quad \text{et} \quad b_n = \frac{1}{\pi} \times \int_{-\pi}^{\pi} f(x) \times \sin(nx)\,\mathrm{d}x .$$

Ce théorème se généralise aux fonctions $F(t)$ de période T.

Exemple

On réalise le spectre en fréquences d'un signal carré de période égale à 1 seconde. On obtient le résultat ci-dessous :

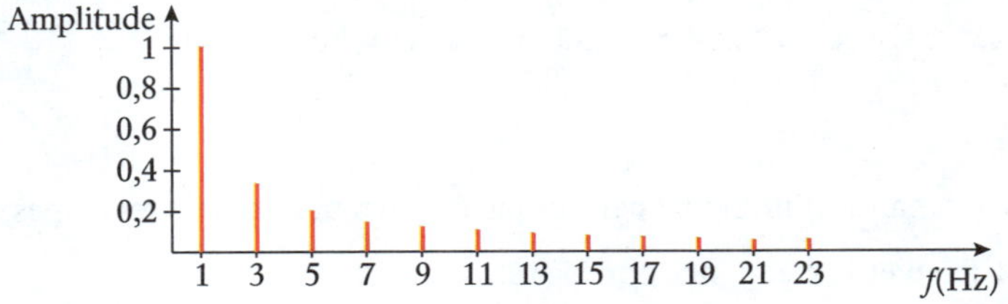

1. Trouver la fréquence du fondamental.
2. Quelle est la particularité des harmoniques présents ?
3. La décomposition en série de Fourier de ce signal est la suivante :

$$F(x) = \frac{4}{\pi} \times \sin(2\pi \times t) + \frac{4}{3\pi} \times \sin(6\pi \times t) + \frac{4}{5\pi} \times \sin(10\pi \times t) + ... + \frac{4}{(2p+1) \times \pi} \times \sin(2\pi \times (2p+1) \times t) + ...$$

a. Retrouver la valeur de la période T du signal.
b. Retrouver les valeurs des fréquences des deux harmoniques suivant le fondamental.
4. Trouver les coefficients a_1, b_1, a_3 et b_3, puis comparer b_1 et b_3. Ceci est-il cohérent avec le spectre en fréquences ?

Application

1. La fréquence du fondamental se calcule à partir de la période :

$$f_1 = \frac{1}{T} = \frac{1}{1{,}00} = 1{,}00 \text{ Hz}.$$

2. On observe que seuls les harmoniques correspondant à des multiples impairs de la fréquence du fondamental sont présents dans le spectre.
3. a. D'après la décomposition de Fourier de $F(t)$, on doit avoir :

$$F(t) = \frac{a_0}{2} + \sum_{n=1}^{\infty}\left(a_n \times \cos\left(n \times \frac{2\pi}{T} \times t\right) + b_n \times \sin\left(n \times \frac{2\pi}{T} \times t\right)\right).$$

Par identification du premier terme de la décomposition proposée avec celui de la décomposition générale, on a : $b_1 \times \sin\left(1 \times \frac{2\pi}{T} \times t\right) = \frac{4}{\pi} \times \sin(2\pi \times t)$.

Ce qui nous donne : $\frac{2\pi}{T} = 2\pi \Leftrightarrow T = 1{,}00 \text{ s}$.

On retrouve bien la période du signal.
b. D'après la décomposition de Fourier de $F(t)$, on a :

$$F(t) = \frac{a_0}{2} + \sum_{n=1}^{\infty}\left(a_n \times \cos(n \times \frac{2\pi}{T} \times t) + b_n \times \sin(n \times \frac{2\pi}{T} \times t)\right).$$

Sachant que $f_n = n \times f$ et que $f = \frac{1}{T}$, on en déduit que $f_n = n \times \frac{1}{T}$.

On peut donc écrire : $F(t) = \frac{a_0}{2} + \sum_{n=1}^{\infty}(a_n \times \cos(f_n \times 2\pi \times t) + b_n \times \sin(f_n \times 2\pi \times t))$

Par identification des deuxième et troisième termes de la décomposition proposée avec celui de la décomposition générale, on a :

$$\sin(6\pi \times t) = \sin(f_n \times 2\pi \times t) \Rightarrow 6\pi = f_n \times 2\pi \Leftrightarrow f_n = \frac{6\pi}{2\pi} = 3 \text{ Hz}.$$

$$\sin(10\pi \times t) = \sin(f_n \times 2\pi \times t) \Rightarrow 10\pi = f_n \times 2\pi \Leftrightarrow f_n = \frac{10\pi}{2\pi} = 5 \text{ Hz}.$$

On retrouve bien les fréquences des harmoniques du signal.

4. On trouve ces coefficients par identification avec la décomposition de Fourier :

$$a_1 = 0 \;;\; b_1 = \frac{4}{\pi} \;;\; a_3 = 0 \;;\; b_3 = \frac{4}{3\pi}.$$

On constate que b_1 est trois fois plus grand que b_3, ce qui est en accord avec le spectre donné puisque la hauteur de la barre associée au fondamental (≈ 1) est environ trois fois supérieure à celle de l'harmonique suivant ($\approx 0{,}3$).

SUJETS DE TYPE BAC

1 La numérisation d'une image ou d'un son

Un exercice très complet, basé sur l'exploitation de documents, permettant de tester ses connaissances sur les différentes étapes de la conversion analogique-numérique, ainsi que sur les caractéristiques d'une image numérique.

> Voir la méthode et stratégie 1.

Le développement des technologies numériques ont permis une véritable révolution tant dans le monde de l'image que dans celui du son. Les appareils photographiques, les écrans plats, les MP3, les smartphones… permettent d'enregistrer puis de restituer des images ou des sons numériques.

DOC. 1 Le codage d'une image en couleurs

Le codage RVB 24 bits est aujourd'hui le codage le plus utilisé. L'image numérique est divisée en pixels qui sont chacun composés de trois sous-pixels codés chacun sur un octet. Un octet est constitué de huit bits, chaque bit ne pouvant prendre que deux valeurs : 0 ou 1. Chaque sous-pixel correspond à une des couleurs primaires de la synthèse additive : rouge, vert ou bleu. Chaque couleur peut être décomposée en 256 nuances différentes, ce qui donne au total plus de 16 millions de couleurs.

Exemples de codages de quelques couleurs en RVB :

Couleur										
R	0	120	40	249	229	94	0	0	255	255
V	0	120	230	53	247	231	255	0	0	255
B	0	150	45	217	55	228	0	255	0	255

DOC. 2 Les caractéristiques d'une image numérique

Une image est caractérisée par deux grandeurs : sa **définition** qui est égale au nombre de pixels qui la constitue et sa **taille** qui correspond à l'espace occupé par son codage et qui s'exprime en octets : taille = définition × nombre d'octets.

Les multiples de l'octet en informatique sont basés sur les puissances de 2 et non de 10 :

Nom et symbole	Kibioctet (Kio)	Mébioctet (Mio)	Gibioctet (Gio)
Valeur en octets	2^{10}	2^{20}	2^{30}

DOC. 3 Les caractéristiques d'un convertisseur analogique-numérique (CAN)

• La période d'échantillonage T_e est égale à la durée séparant deux mesures consécutives effectuées. Cette période peut aller de la seconde jusqu'à la microseconde. Plus cette période est faible, plus la qualité du signal restitué sera grande.

• La plage de mesure P_M correspond à l'intervalle en tension sur lequel le CAN peut travailler. Cette plage de mesure est définie par le choix du calibre du CAN : −10V/+10V, −5V/+5V…

• La résolution r est égale à la plus petite variation en tension que peut détecter un CAN. Elle se calcule à partir du nombre de bits n du convertisseur et de la plage de mesure P_M du convertisseur : $r = \frac{P_M}{2^n}$. Plus cette résolution est petite, plus le signal numérisé sera fidèle au signal analogique.

DOC. 4 Le théorème de Shannon-Nyquist

Ce théorème stipule que pour pouvoir numériser correctement un signal, il faut que la fréquence d'échantillonnage soit égale ou supérieure au double de la plus grande des fréquences du signal analogique que l'on échantillonne.

Partie 1 – Enregistrement du son d'un instrument

Une note jouée par un instrument de musique est convertie par un CAN.

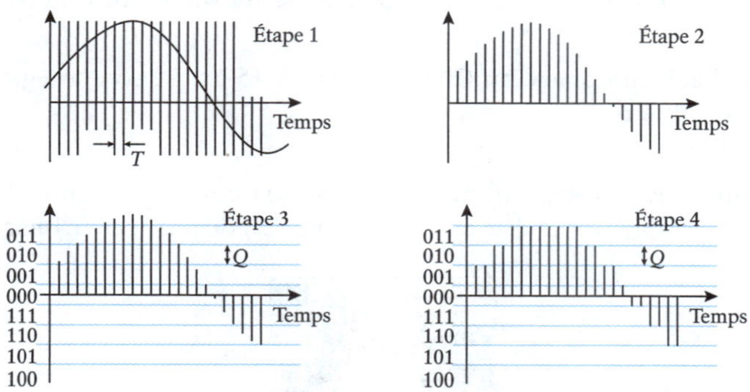

1. Que représentent les grandeurs T et Q ?

2. Entre les étapes 1 et 4, identifier le signal analogique et le signal numérique.

3. Comment se nomme le passage de l'étape 1 à l'étape 2 ?

4. La mesure de T donne $T = 200$ µs. Calculer la fréquence d'échantillonage.

5. La numérisation ci-dessus a été réalisée avec un convertisseur 3 bits, sur un calibre −10 V/+10 V.

a. Calculer la plage de mesure du convertisseur.

b. Calculer la résolution du convertisseur.

c. Le constructeur propose 4 calibres différents pour le convertisseur :
−10 V/+10 V ; −8,0 V/+8,0 V ; −5,0 V/+5,0 V ; −2,5 V/+2,5 V.
Avec quel calibre obtiendrait-on la numérisation la plus fidèle au son analogique de départ ?

6. Le son enregistré présente une tension U_{max} égale à 6,2 V. Quel calibre doit-on utiliser ?

7. La qualité d'enregistrement étant mauvaise, on décide d'acheter un nouveau convertisseur permettant de mesurer des tensions variant entre 0 V et 10 V, avec une résolution de 20 mV.

a. Un premier convertisseur est trouvé avec les caractéristiques suivantes :
• calibres : −12 V/+12 V ; −8,0 V/+8,0 V ; −5,0 V/+5,0 V ;
• CAN : 8 bits.
Ce convertisseur convient-il ?

b. Trouver le nombre de bits minimal pour que le convertisseur réponde aux besoins.

8. On enregistre un son dont on réalise ensuite le spectre en fréquences :

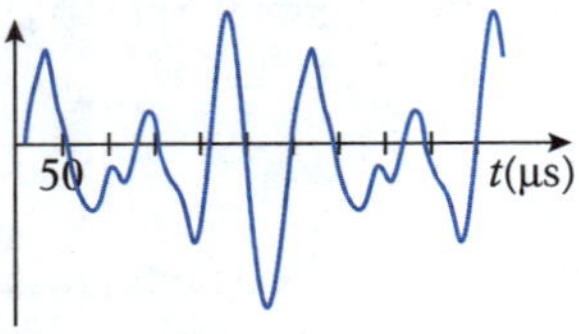

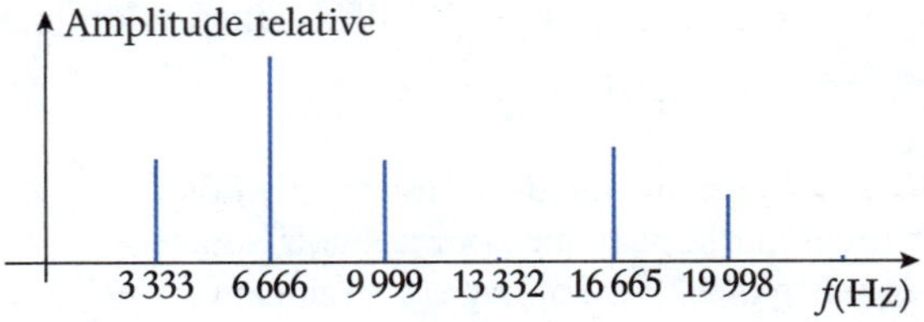

a. S'agit-il d'un son pur ou complexe ?

b. Quelle est la valeur de la fréquence du fondamental ?

c. Quelle relation existe-t-il entre les fréquences des harmoniques et celle du fondamental ?

d. La période d'échantillonage du CAN est égale à 15 µs. Le son enregistré sera-t-il correctement restitué ?

Partie 2 – Étude d'une image numérique

Une photographie est réalisée par un appareil photo numérique dont la définition est 2 500 × 2 000. Le codage est réalisé en RVB 24 bits. Un détail de cette image est donné ci-dessous.

1. Expliquer ce que représente la définition 2 500 × 2 000, puis la calculer.

2. Calculer la taille de l'image en mébioctets.

3. Quelle est la taille d'un pixel pour un tel codage ?

4. Trouver les tableaux de nombres codant l'image précédente.

5. La résolution d'une image représente le nombre de pixels par unité de longueur. L'unité de longueur choisie est le pouce (1 pouce = 2,54 cm). La résolution s'exprime donc en pixels par pouce ou PPP. Notre photographie a comme dimensions 12,5 cm sur 10 cm. Calculer sa résolution.

2 Lecture des données stockées sur un CD ou un DVD

Un exercice très intéressant qui fait le lien entre les propriétés des ondes lumineuses et le stockage numérique. Il permet également de s'entraîner aux calculs d'incertitudes de mesure, notion fondamentale en sciences physiques.

Les CD, DVD et BD *(Blu-ray Disc)* sont des unités de stockage de sons ou d'images numériques. Les signaux sont codés sous la forme de creux et de plats se succédant selon une spirale, du centre vers le bord du disque. Grâce aux progrès de la technologie, les capacités de stockage de ces unités ont été quasiment multipliées par trente en quelques années.

DOC. 1 La lecture d'un disque gravé

Le principe de la lecture est basé sur le phénomène des interférences lumineuses. Lorsque la lumière laser arrive sur un plat ou un creux, il se forme des interférences entre les faisceaux réfléchis :

- les interférences sont constructives entre deux faisceaux réfléchis sur un plat ;
- les interférences sont destructives entre deux faisceaux réfléchis pour l'un sur un plat et l'autre sur un creux.

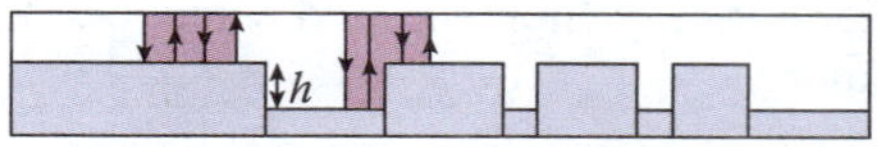

DOC. 2 La diffraction de la lumière laser par un trou

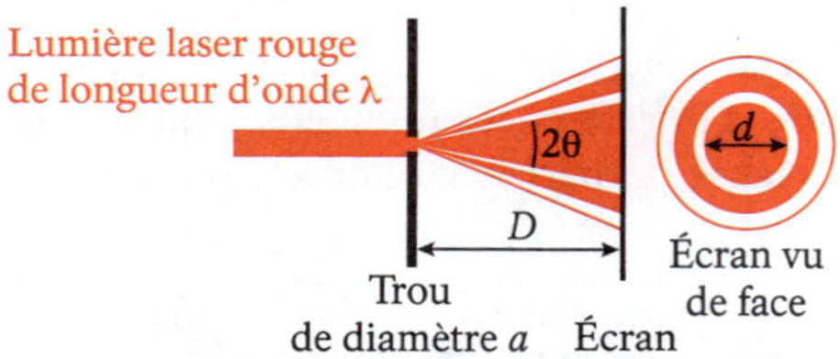

$$\theta \approx \frac{1{,}22 \times \lambda}{a} \text{ et } \theta \approx \frac{d}{2 \times D}$$

DOC. 3 Les capacités de stockage des disques

Lors de la lecture, un faisceau laser balaie la surface du disque parsemée d'une succession de creux et de plats. L'écartement *e* des lignes est un paramètre associé à chaque type de disques et est en lien avec leur capacité de stockage :

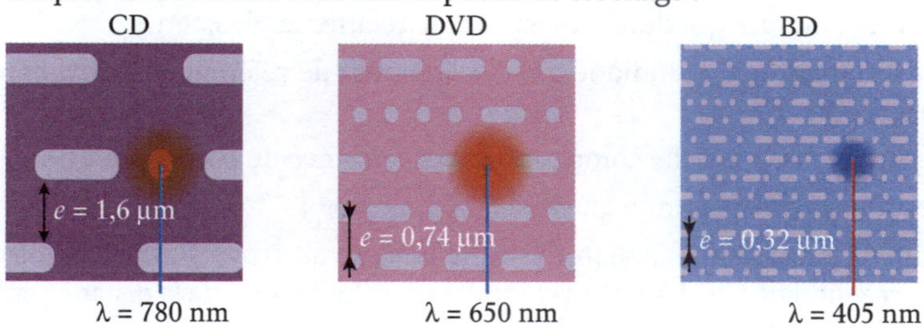

Les capacités de stockage actuelles pour les trois types de disque sont :

Type de disque	CD	DVD	BD
Capacité C	0,75 Gio	4,4 Gio	23 Gio

Partie 1 – Le principe de la lecture optique

Lorsqu'un laser balaie la piste enroulée en spirale, la succession des alvéoles et des plats correspond au codage de l'information. Une transition entre un plat et une alvéole (ou inversement) correspond à un 1 et le passage sans transition correspond à un 0. On représente ci-dessous une portion d'une telle piste.

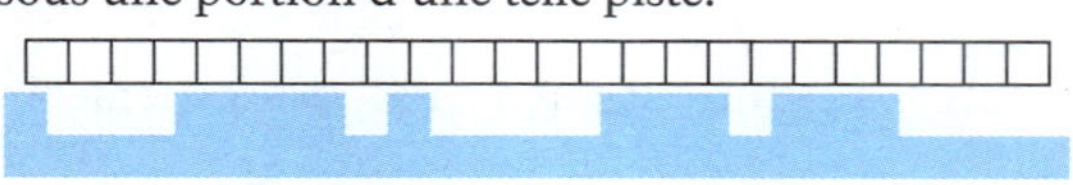

1. Coder l'information correspondant à la piste précédente.

2. Combien d'octets possède cette information ?

3. Trouver le nombre de combinaisons possibles avec les bits de cette information.

4. Trouver les valeurs possibles de la profondeur h des alvéoles en fonction de la longueur d'onde du laser utilisé.Quelle sera la plus petite profondeur possible ?

5. Trouver à quel support correspond une profondeur de 1,0125 µm.

6. Expliquer pourquoi un passage sans transition correspond à des interférences constructives.

7. Quel est le phénomène qui limite la réduction du faisceau laser ?

8. Par un calcul, montrer que ce phénomène est d'autant plus marqué que la longueur d'onde du laser est grande.

9. Expliquer ce qui a permis d'augmenter la capacité de stockage du CD au BD.

10. Comment ont évolué les grandeurs λ, e, d et C du CD au BD ?

Partie 2 – Détermination expérimentale de l'écartement *e*

On éclaire la surface d'un disque à l'aide d'un faisceau laser et on matérialise le faisceau réfléchi sur un écran. On observe une figure d'interférences lumineuses qui permet de trouver la valeur de l'écartement e. On réalise l'expérience pour les trois types de disques optiques.

Type de disque	CD	DVD	BD
e (µm)	1,60	0,74	0,32
$U(e)$ (µm)	0,01	0,01	0,01

1. Donner un encadrement de chacune des valeurs.

2. Quelle est la mesure qui donne l'incertitude relative la plus petite ?

3. Le constructeur du CD indique que l'écartement de référence e correspond à une distance égale à 1,59 µm.

a. La mesure réalisée est-elle compatible avec la donnée du constructeur ?

b. La mesure est-elle de bonne qualité ?

4. La figure d'interférences obtenue pour le BD, sur un écran situé à une distance D, est une succession de bandes noires et lumineuses. La mesure de la distance entre deux bandes lumineuses successives, appelée interfrange i, permet de trouver l'écartement e :

$$i = \frac{\lambda \times D}{e}.$$

Les paramètres de l'expérience sont : $D = (50 \pm 1)$ cm ; $\lambda = (405 \pm 5)$ nm.
La mesure de i nous donne : $i = (63 \pm 1)$ cm .

a. Trouver les incertitudes $U(\lambda)$, $U(D)$ et $U(i)$.

b. Calculer l'écartement e.

c. L'expression de l'incertitude sur la mesure de l'écartement est la suivante :

$$U(e) = e \times \sqrt{\left(\frac{U(\lambda)}{\lambda}\right)^2 + \left(\frac{U(D)}{D}\right)^2 + \left(\frac{U(i)}{i}\right)^2}.$$

Calculer sa valeur, puis donner un encadrement de cet écartement.

SUJETS D'APPROFONDISSEMENT

3 La transmission d'informations par fibres optiques

Cet exercice d'application sur les fibres optiques permet de tester sa capacité à manipuler et à exploiter des formules littérales extraites de documents, ainsi que sa capacité à effectuer des traitements mathématiques poussés.

> Voir la méthode et stratégie 1.

La transmission guidée par fibres optiques est en plein essor en ce début de XXIe siècle : avec le développement des réseaux de télécommunications et d'Internet, son utilisation s'est généralisée.

DOC. 1 Les trois types de fibres optiques

On distingue trois types de fibres :

• la fibre multimodale à saut d'indice : entre le cœur et la gaine, l'indice de réfraction varie brusquement. Des radiations émises en même temps vont avoir des durées de parcours différentes, ce qui a pour conséquence un étalement et une déformation du signal en sortie, d'autant plus important que la distance parcourue dans la fibre est grande ;

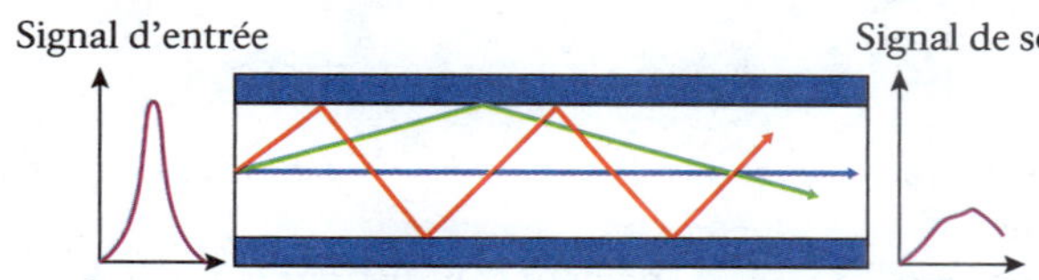

• la fibre multimodale à gradient d'indice : entre le cœur et la gaine, l'indice de réfraction varie continuement. L'étalement et la déformation du signal en sortie, sont beaucoup moins importants que pour la fibre à saut d'indice ;

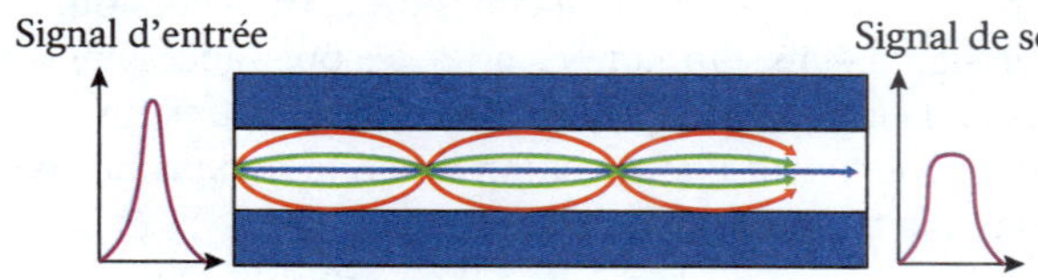

• la fibre monomodale : le diamètre du cœur étant de l'ordre de grandeur de la longueur d'onde de la radiation, celle-ci subit très peu de réflexion et se déplace quasiment selon l'axe de la fibre. Ceci permet d'avoir en sortie un signal très fidèle au signal d'entrée, sans étalement et sans déformation.

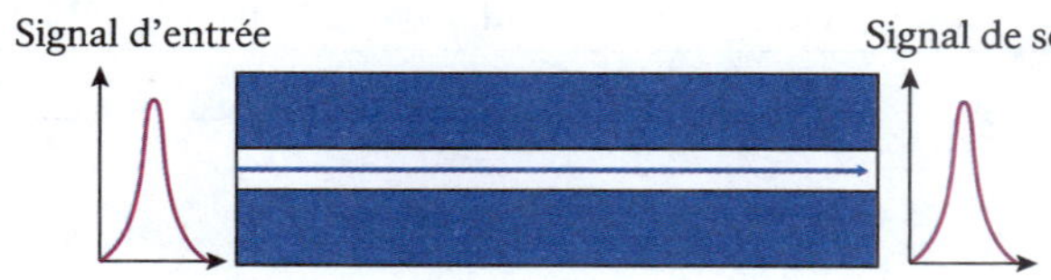

DOC. 2 Les lois de Snell-Descartes

Les lois sur la réflexion

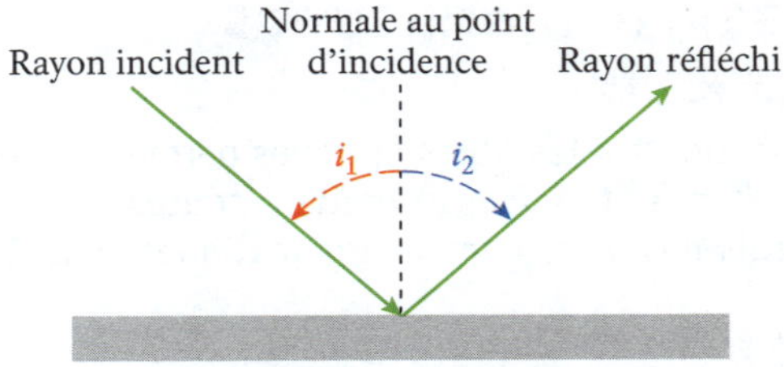

Première loi : le rayon réfléchi se trouve dans le plan d'incidence, formé par le rayon incident et la normale.
Seconde loi : les angles de réflexion et incident sont égaux : $i_1 = i_2$.

Les lois sur la réfraction

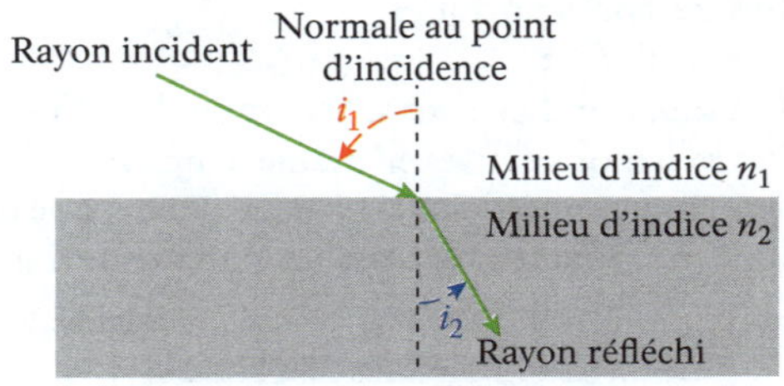

Première loi : le rayon réfracté se trouve dans le plan d'incidence, formé par le rayon incident et la normale.
Seconde loi : les angles de réfraction et incident sont liés par la relation :

$$n_1 \times \sin i_1 = n_2 \times \sin i_2$$

DOC. 3 Perte de puissance dans une fibre optique

Du fait de la perte en puissance du signal au cours de sa transmission, le signal reçu sera plus faible que le signal émis. On note P_E et P_R les puissances émise et reçue du signal en watts (W), et L la longueur de la fibre optique en mètres (m).
On définit également le coefficient d'atténuation linéique A exprimé en décibels par kilomètre ($dB \cdot km^{-1}$) par la relation suivante :

$A = \frac{10}{L} \times \log\left(\frac{P_E}{P_R}\right)$ avec L en kilomètres (km) et P_E et P_R en watts (W).

Pour une radiation de longueur d'onde égale à 1,3 µm, le coefficient d'atténuation moyen des trois types de fibre nous est donné dans le tableau suivant :

Type de fibre optique	Multimodale à saut	Multimodale à gradient	Monomodale
A ($dB \cdot km^{-1}$)	2,0	1,2	0,50

Partie 1 – Étude comparée des fibres optiques

Une fibre optique est constituée de trois parties distinctes : le cœur dans lequel se propagent les radiations lumineuses, la gaine et la protection.

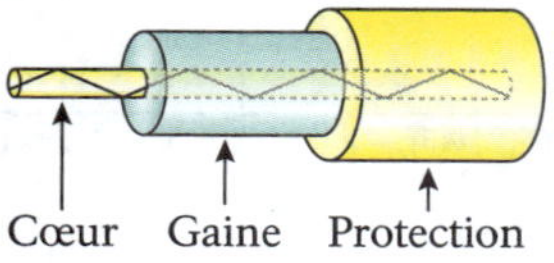

Le cœur et la gaine sont transparents, la gaine ayant un indice de réfraction inférieur à celui du cœur. La protection est en plastique. On représente en coupe les trois types de fibres :

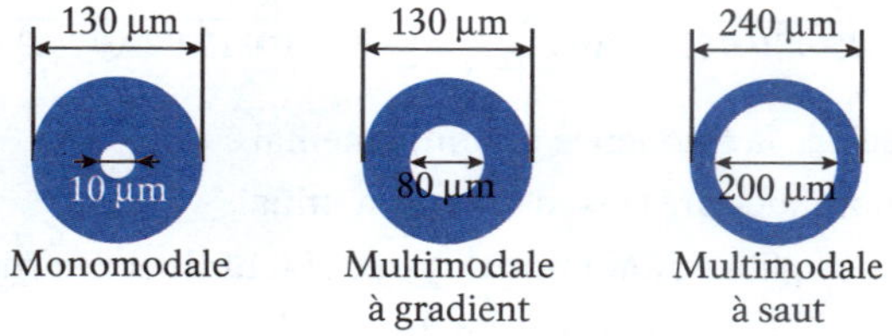

1. Comment varie le rapport du diamètre D_G de la gaine sur celui du cœur D_C lorsque l'on passe de la fibre multimodale à saut à celle à gradient puis à la fibre monomodale ?

2. On considère trois fibres optiques, chacune appartenant à un des trois types. Une radiation de longueur d'onde 1,3 µm se déplace dans le cœur de chacune d'elle.

a. À quel domaine appartient la radiation ?

b. Calculer pour chacune des fibres la distance L au bout de laquelle la puissance de sortie est égale à la moitié de la puissance d'entrée.

c. Expliquer pourquoi seule la fibre monomodale peut être utilisée pour le transport d'informations sur de longues distances.

d. Le signal doit être de nouveau amplifié lorsque la puissance atteint un niveau inférieur à 1 % de la puissance d'entrée. Déterminer la distance séparant deux systèmes d'amplification successifs le long d'une fibre monomodale.

3. On représente l'évolution de l'indice de réfraction n à l'intérieur de la fibre optique (gaine et cœur) en fonction de la distance d au centre. Attribuer à chaque représentation un type de fibre.

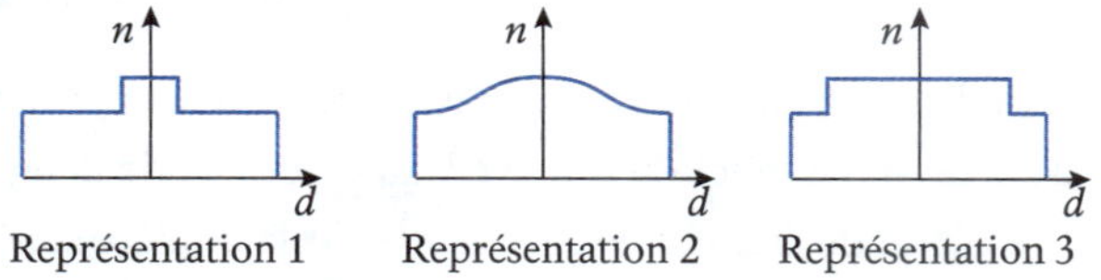

4. Un signal électromagnétique correspondant à un son numérisé est transmis par une fibre optique. On réalise le spectre en fréquences du son initial, puis ceux des sons obtenus à la sortie d'une fibre monomodale, d'une fibre multimodale à gradient et à saut.

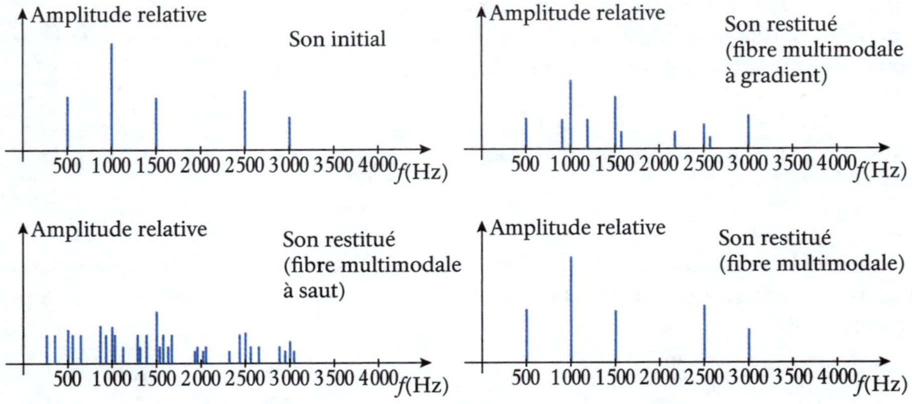

a. Quelle est la valeur de la fréquence du fondamental ?

b. Trouver les harmoniques présents dans le son initial.

c. Justifier le choix de la fibre monomodale pour obtenir le son restitué le plus fidèle.

d. À quoi peut-on attribuer la déformation du signal ?

Partie 2 – La marche d'un rayon de lumière dans une fibre optique

On considère un rayon de lumière subissant des rélexions successives dans le cœur d'une fibre optique. On note n_1 l'indice du cœur et n_2 l'indice de la gaine.

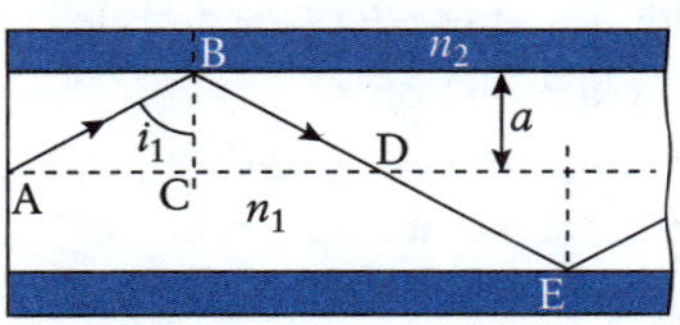

1. Montrer que dans le cas où n_2 est inférieur à n_1, il existe un angle d'incidence maximal i_{1max} au-delà duquel il n'existe pas de rayon réfracté. Ce phénomène s'appelle la réflexion totale.

2. On se place dans le cas où $n_2 = 1{,}50$ et $n_1 = 1{,}52$.

a. Calculer l'angle i_{1max}.

b. Que doit respecter l'angle i_1 pour qu'il n'y ait aucune perte dans le cœur au cours de la propagation ?

3. On s'intéresse à la distance parcourue par la lumière dans le cœur de la fibre.

a. Exprimer la distance AB en fonction du rayon du cœur a et de l'angle i_1.

b. En déduire l'expression de la distance parcourue par la lumière sur le trajet (ABD) qui correspond à une réflexion.

c. Exprimer la distance d_n parcourue par la lumière au bout de n réflexions successives.

d. Comment varie cette distance avec la valeur de l'angle i_1 ? Quelle doit être la valeur de cet angle pour que le trajet de la lumière soit le plus court possible ?

e. Trouver la durée τ qui sépare deux rayons partis en même temps et qui à la sortie ont subi n réflexions successives. On notera i_1 l'angle associé au premier rayon et i_2 l'angle associé au second rayon, avec i_1 supérieur à i_2. La vitesse de la lumière est notée v.

f. Calculer τ pour 100 000 réflexions successives. On donne : $i_1 = 85°$; $i_2 = 81°$; $a = 200\ \mu m$; $v = 1{,}97 \times 10^8\ m{\cdot}s^{-1}$.

g. Comment peut-on expliquer l'étalement du signal à la sortie d'une fibre multimodale à saut d'indice ?

POST BAC

4 La transmission d'informations par voie hertzienne

Cet exercice d'application du cours à la modulation d'un signal permet d'appréhender dans toute sa complexité les enjeux de la transmission d'informations par voie hertzienne. C'est aussi l'occasion d'appliquer la notation complexe pour modéliser les ondes.

> Voir le complément de cours POST BAC.

La voie aérienne a été pendant très longtemps le canal de communication le plus utilisé, notamment grâce aux ondes radio qui ont la propriété de pouvoir se déplacer sur de très longues distances.

Partie 1 – Propagation des ondes électromagnétiques dans l'atmosphère

Une onde électromagnétique est un phénomène périodique dans le temps et dans l'espace, qui transporte de l'énergie. Il s'agit de l'association en tout point d'un champ électrique et d'un champ magnétique qui sont perpendiculaires entre eux et perpendiculaires à la direction de propagation. Une onde électromagnétique est caractérisée par deux paramètres principaux qui sont sa fréquence et sa célérité. La fréquence est exprimée en hertz et cette unité étant très petite, on utilise en radio les multiples du hertz :

Canaux d'utilisation	MF, HF, Gonio	VHF	Radar
Valeur de la fréquence	≈ 1 kHz	≈ 1 MHz	≈ 1 GHz

La célérité est la vitesse de propagation de l'onde qui est voisine de 300 000 $km{\cdot}s^{-1}$.

On distingue quatre modes de propagation pour l'onde électromagnétique (OEM) dans l'atmosphère :

• *l'onde directe :* l'émetteur et le récepteur sont directement en vue. Les OEM de fréquences très élevées, telles que les ondes radar, se déplacent selon ce type de propagation ;

• *l'onde réfléchie :* le sol ou la mer étant des conducteurs électriques, ils constituent des réflecteurs des ondes radio. Lors de l'émission d'une onde directe, une partie de l'énergie se dirige vers le sol où elle est réfléchie, soit de manière utile en renforçant l'onde directe, soit de manière inutile en créant des interférences ;

• *les ondes de surface ou de sol :* elles suivent la courbure de la Terre et ont une grande stabilité. Cela concerne uniquement les OEM de moyennes et basses fréquences ; elles ont une portée limitée (environ 500 km) ;

• *les ondes de ciel :* ce sont des OEM qui sont réfléchies par les couches ionisées de l'atmosphère. L'onde pénétrant dans l'une de ces couches subit une réfraction ; puis en progressant dans la couche, cette réfraction peut devenir suffisante pour qu'il y ait réflexion : l'onde est renvoyée vers le sol. La portée de ces OEM est mondiale, mais il peut y avoir des interférences avec l'onde de sol.

1. Calculer l'ordre de grandeur des longueurs d'onde des OEM associées aux trois canaux d'utilisation.

2. On considère une onde directe qui est assimilable à une onde plane progressive et sinusoïdale se déplaçant selon la direction (Ox). La fonction associée à une telle onde est :

$$f(x,t) = A_{\max} \times \cos\left(\frac{2\pi}{\lambda} \times x - \frac{2\pi}{T} \times t + \Phi\right)$$

a. Définir les grandeurs $A_{\max}$, λ, T et Φ.

b. En utilisant la notation complexe de l'onde, montrer que sa fonction vérifie l'équation d'onde à condition que $v = \dfrac{\lambda}{T}$.

On donne l'équation d'onde : $\dfrac{\partial^2 f}{\partial^2 x^2} - \dfrac{1}{v^2} \times \dfrac{\partial^2 f}{\partial^2 t^2} = 0$.

3. Le vecteur champ électrique $\vec{E}$, le vecteur champ magnétique $\vec{B}$ et le vecteur d'onde $\vec{k}$ de cette OEM ont pour expression :

$\vec{E} = E_0 \times \cos(k \times x - \lambda \times t) \times \vec{e}_y$; $\vec{B} = B_0 \times \cos(kx - \omega t) \times \vec{e}_z$; $\vec{k} = k \times \vec{e}_x$.

a. Trouver l'expression de k et de ω en fonction de λ et de T.

b. On montre que les normes des trois vecteurs sont liées par la relation suivante : $B = \dfrac{k \times E}{\omega}$.

Trouver l'expression de l'amplitude du champ magnétique en fonction de celle du champ électrique et de la vitesse v de l'onde.

c. Le vecteur de Poynting, dont la norme nous donne la densité de puissance portée par l'onde, a pour expression : $\vec{R} = \dfrac{E \times B}{\mu_0} \times \vec{e}_x$.

Montrer que la valeur maximale de la norme R de ce vecteur est égale à $R_{\max} = \dfrac{E_0{}^2}{v \times \mu_0}$.

Partie 2 – Modulation d'un signal

Les principales informations à transmettre par voie hertzienne (musique, parole…) correspondent à des fréquences comprises entre 20 Hz et 20 000 Hz. Les OEM associées ont de très courtes portées et sont facilement brouillées. Il a alors été mis en application un mode de transport plus fiable où le signal à transmettre module une onde de très haute fréquence qui a la capacité de se déplacer sur de longues distances. C'est le principe de la modulation d'amplitude. Le signal modulant est l'information à transmettre, tandis que l'onde qui sert à porter ce signal est appelée onde porteuse. La fréquence F de l'onde porteuse doit être très supérieure à la fréquence f du signal à transporter.

On représente ci-dessous la tension modulée $u_{\text{mod}}(t)$ en amplitude. La fréquence F de l'onde porteuse est égale à 40 kHz.

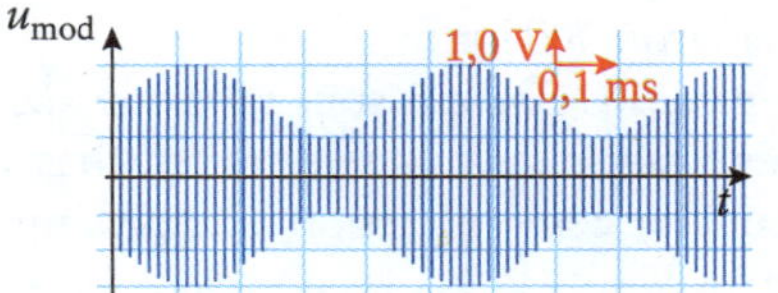

1. Montrer que la fréquence f du signal modulant respecte bien la condition énoncée dans le texte.

2. Cette tension modulée a pour expression mathématique :

$$u_{mod}(t) = 2{,}0 \times [1 + m \times \cos(2\pi \times f \times t)] \times \cos(2\pi \times F \times t)$$

u_{mod} est en volts (V), les fréquences F et f en hertz (Hz) ; le coefficient m, appelé taux de modulation, n'a pas d'unité.

a. Déterminer la valeur maximale u_{max} de la tension modulée.

b. Une bonne modulation correspond à un taux de modulation inférieur à 1. Montrer que dans notre cas, la modulation est bonne.

c. Trouver l'expression de la tension modulée sous la forme de la somme de trois cosinus. On donne la relation suivante : $\cos p \times \cos q = \frac{1}{2} \times [\cos(p+q) + \cos(p-q)]$.

3. Le spectre en fréquences de l'onde modulée en amplitude est le suivant :

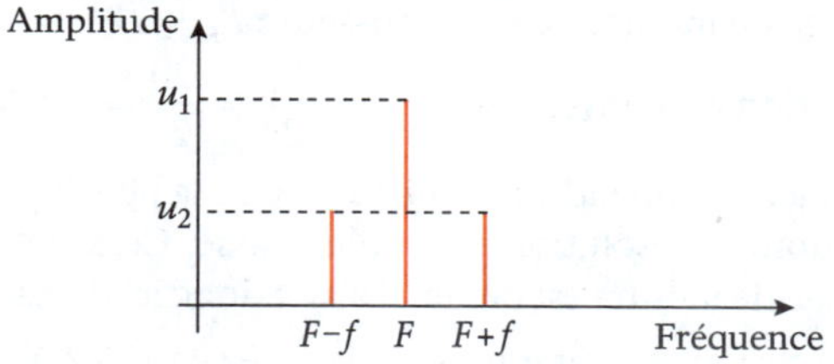

a. Montrer que ce spectre est cohérent au niveau des fréquences avec celles trouvées dans la question précédente.

b. Trouver la largeur de la bande de fréquences Δf occupée par l'onde modulée sur le spectre.

4. On note f_{max} la plus grande des fréquences transportées par une onde porteuse de fréquence F.

a. Quelle bande de fréquences occupent toutes les fréquences portées par le signal ?

b. On considère deux signaux émis par deux émetteurs différents caractérisés respectivement par $(F_1 ; f_{1max})$ et $(F_2 ; f_{2max})$. Quelle doit être la relation entre les fréquences associées à chaque signaux pour qu'il n'y ait pas un recouvrement de bandes, dans le cas où F_1 est inférieure à F_2 ?

CORRIGÉS

1 La numérisation d'une image ou d'un son

Partie 1

1. La grandeur T représente la période d'échantillonage et Q représente la résolution du CAN.

2. Le signal analogique est représenté à l'étape 1 et le signal numérique à l'étape 4.

3. Le passage de l'étape 1 à l'étape 2 s'appelle l'échantillonage.

4. Calcul de la fréquence d'échantillonage : $f_e = \frac{1}{T} = \frac{1}{200 \times 10^{-6}} = 5{,}00 \times 10^3 \text{Hz}$.

Ne pas oublier de convertir la période T en secondes : 1 µs = 10^{-6} s.

5. a. Calcul de la plage de mesure du convertisseur : $P_M = 10 - (-10) = 20$ V.

b. Calcul de la résolution du convertisseur : $r = \frac{P_M}{2^n} = \frac{20}{2^3} = 2{,}5$ V.

c. Le calibre avec lequel on obtiendrait la numérisation la plus fidèle au son analogique de départ est celui dont la résolution est la plus basse. Cette résolution est d'autant plus basse que la plage de mesure est petite. Il s'agit donc ici du calibre : −2,5 V/+2,5 V.

6. Le son enregistré présentant une tension U_{max} égale à 6,2 V, le calibre à utiliser doit permettre l'enregistrement de celle-ci, ce qui exclut les calibres −5,0 V/+5,0 V et −2,5 V/+2,5 V. On utilisera le calibre ayant la résolution la plus basse, soit le calibre −8,0 V/+8,0 V.

7. a. Calcul de la résolution correspondant au calibre −8,0 V/+8,0 V :

$P_M = 8{,}0 - (-8{,}0) = 16{,}0$ V donc $r = \frac{P_M}{2^n} = \frac{16{,}0}{2^8} = 0{,}0625 \text{ V} = 62{,}5 \text{ mV}$.

Cette résolution étant supérieure à 20 mV, le convertisseur ne peut pas convenir.

b. Calcul du nombre de bits minimal pour que le convertisseur réponde aux besoins :

On pose : $r = 20$ mV et $P_M = 16{,}0$ V : $r = \frac{P_M}{2^n} \Leftrightarrow 2^n = \frac{P_M}{r} = \frac{16{,}0}{0{,}020} = 800$.

Ne pas oublier de convertir la résolution r en volts : 1 mV = 10^{-3} V.

Or : $2^9 = 512$ et $2^{10} = 1\,024$ donc $2^9 < 800 < 2^{10}$.

On en déduit que le nombre minimal de bits doit être de 10.

8. a. Ce son est complexe car il n'est pas sinusoïdal et possède plusieurs harmoniques dans son spectre en fréquences.

b. La valeur de la fréquence du fondamental est égale à 3 333 Hz.

c. La relation entre les fréquences des harmoniques et celle du fondamental est la suivante : $f_n = n \times f_1$ avec n entier positif non nul.

d. Calcul de la fréquence d'échantillonnage : $f_e = \frac{1}{T} = \frac{1}{15 \times 10^{-6}} = 6{,}7 \times 10^4 \text{Hz}$.

La plus grande des fréquences repérées dans le spectre est égale à $f_{max} = 19\,998$ Hz.

Si on compare f_e et le double de f_{max}, on trouve que $f_e > 2 \times f_{max}$.
D'après le théorème de Shannon-Nyquist, le signal sera numérisé correctement : le son enregistré sera donc correctement restitué.

Partie 2

1. La définition 2 500 × 2 000 représente le nombre de pixels constituant l'image, soit 2 500 × 2 000 = 5 000 000 pixels (cinq millions de pixels).

2. Calcul de la taille de l'image en mébioctets, sachant que 24 bits correspondent à 3 octets :

$$\text{taille} = \text{définition} \times \text{nombre d'octets} = 5 \times 10^6 \times 3 = 1,5 \times 10^7 \text{ octets}.$$

Or 1 Mio = 2^{20} octets, soit : $\text{taille} = \dfrac{1,5 \times 10^7}{2^{20}} \approx 14 \text{ Mio}$.

3. La taille d'un pixel pour le codage 24 bits RVB est 24 bits ou 3 octets.

4. Pour trouver les tableaux de nombres codant l'image précédente, on se réfère au document 1. L'image va être représentée par trois tableaux, chacun associé à une couleur primaire : rouge, bleu ou vert.

Vert

247	230	255
255	0	231
0	255	0

Bleu

55	45	0
0	0	228
0	255	0

Rouge

229	40	0
0	255	94
0	255	0

5. Chaque pixel occupe une surface carrée s_p dont les côtés sont égaux à l_p. La surface totale S de la photographie de dimensions L sur l peut être exprimée en fonction du nombre N de pixels et de leurs surfaces : $S = N \times s_p \Leftrightarrow s_p = \dfrac{S}{N} = \dfrac{L \times l}{N}$.

Or pour chaque pixel de surface carrée s_p et de côté l_p, on a : $s_p = l_p \times l_p \Leftrightarrow l_p = \sqrt{s_p}$.

On en déduit : $l_p = \sqrt{s_p} \Leftrightarrow l_p = \sqrt{\dfrac{L \times l}{N}}$.

La résolution R_i de l'image est égale au nombre de pixels par pouce, soit :

$$R_i = \frac{2,54}{l_p} \Leftrightarrow R_i = 2,54 \times \sqrt{\frac{N}{L \times l}}.$$

Application numérique : $N = 5 \times 10^6$ pixels ; $L = 12,5$ cm et $l = 10,0$ cm ;

soit $R_i = 2,54 \times \sqrt{\dfrac{5 \times 10^6}{12,5 \times 10,0}} = 508 \text{ PPP}$.

Garder toutes les longueurs en centimètres dans le calcul.

2 Lecture des données stockées sur un CD ou un DVD

Partie 1

1. Codage :

1	0	0	1	0	0	0	1	1	1	0	0	0	1	0	0	1	1	0	0	1	0	0	0

2. On compte 24 bits ce qui représente 3 octets.

3. Le nombre de combinaisons possibles est : $2^{24} = 16\,777\,216$.

4. Les interférences devant être destructives entre des faisceaux réfléchis l'un sur un plat et l'autre sur un creux, les valeurs possibles de la profondeur h des alvéoles sont :

$h = (2n + 1) \times \dfrac{\lambda}{2}$ avec n entier positif ou nul.

La plus petite profondeur possible est $h = \dfrac{\lambda}{2}$.

5. On calcule les rapports $\dfrac{h}{\frac{\lambda}{2}} = \dfrac{2h}{\lambda}$ et on identifie celui qui est égal à un nombre impair :

Type de disque	CD (λ = 780 nm)	DVD (λ = 650 nm)	BD (λ = 405 nm)
Rapport $\dfrac{2h}{\lambda}$	2,6	3,1	5,0

Utiliser la même unité pour h et λ, en nanomètres par exemple : 1 µm = 10^3 nm.

La profondeur h = 1,0125 µm correspond au disque BD.

6. Lors d'un passage sans transition, la différence de marche entre les rayons est égale à zéro, ce qui correspond à des interférences constructives.

7. Le phénomène qui limite la réduction du faisceau laser est la diffraction.

8. On identifie les deux expressions de l'écart angulaire :

$$\theta \approx \frac{1{,}22 \times \lambda}{a} \text{ et } \theta \approx \frac{d}{2 \times D} \Rightarrow \frac{1{,}22 \times \lambda}{a} = \frac{d}{2 \times D} \Leftrightarrow d = \frac{2 \times D \times 1{,}22 \times \lambda}{a}.$$

Le diamètre d est donc une fonction croissante de λ : ce phénomène est d'autant plus marqué que la longueur d'onde du laser est grande.

9. L'utilisation de lasers de longueurs d'onde de plus en plus petites, permet de limiter le phénomène de diffraction et ainsi d'avoir des écartements e des lignes de plus en plus petits, ce qui augmente la capacité de stockage.

10. λ, e et d ont diminué tandis que C a augmenté.

Partie 2

1. L'encadrement s'effectue de la manière suivante : $e - U(e) \leqslant e \leqslant e + U(e)$.

Type de disque	CD	DVD	BD
Encadrement (µm)	$1{,}59 \leqslant e \leqslant 1{,}61$	$0{,}73 \leqslant e \leqslant 0{,}75$	$0{,}31 \leqslant e \leqslant 0{,}33$

2. L'incertitude relative r a pour expression : $r = \dfrac{U(e)}{e}$.

Type de disque	CD	DVD	BD
Incertitude relative	0,0063	0,014	0,031

La mesure qui donne l'incertitude relative la plus petite est celle concernant le CD.

3. a. La mesure réalisée est compatible avec la donnée du constructeur (1,59 µm) car cette dernière est comprise dans l'encadrement.

b. L'incertitude relative est égale à 0,0063 ce qui est inférieur à 1 %, donc la mesure est de bonne qualité.

4. a. $U(\lambda) = 5$ nm ; $U(D) = 1$ cm ; $U(i) = 1$ cm.

b. $i = \dfrac{\lambda \times D}{e} \Leftrightarrow e = \dfrac{\lambda \times D}{i} = \dfrac{405 \times 10^{-9} \times 50 \times 10^{-2}}{63 \times 10^{-2}} = 3{,}2 \times 10^{-7}\,\text{m}$.

Exprimer toutes les longueurs en mètres.

c. *Application numérique :*

$$U(e) = 3{,}2 \times 10^{-7} \times \sqrt{\left(\frac{5}{405}\right)^2 + \left(\frac{1}{50}\right)^2 + \left(\frac{1}{63}\right)^2} \approx 1 \times 10^{-8}.$$

Encadrement de cet écartement : $3{,}1 \times 10^{-7}\,\text{m} \leqslant e \leqslant 3{,}3 \times 10^{-7}\,\text{m}$.

3 La transmission d'informations par fibres optiques

Partie 1

1. Multimodale à saut : $\dfrac{D_G}{D_C} = \dfrac{240}{200} = 1{,}2$; multimodale à gradient : $\dfrac{D_G}{D_C} = \dfrac{130}{80} = 1{,}6$; monomodale : $\dfrac{D_G}{D_C} = \dfrac{130}{10} = 13$: on constate que ce rapport augmente.

2. a. La radiation appartient au domaine des infrarouges car 1,3 µm = 1 300 nm > 800 nm.

b. On applique la formule :

$$A = \frac{10}{L} \times \log\left(\frac{P_E}{P_R}\right) \Leftrightarrow L = \frac{10}{A} \times \log\left(\frac{P_E}{P_R}\right) = \frac{10}{A} \times \log(2) \text{ car } P_R = \frac{P_E}{2}.$$

On obtient :

Type de fibre optique	Multimodale à saut	Multimodale à gradient	Monomodale
A (dB·km^{-1})	2,0	1,2	0,50
L (km)	1,5	2,5	6,0

c. Seule la fibre monomodale peut être utilisée pour un transport d'informations sur de longues distances car pour les autres fibres, le signal s'atténue trop rapidement.

d. On applique la formule : $L = \dfrac{10}{A} \times \log\left(\dfrac{P_E}{P_R}\right) = \dfrac{10}{A} \times \log(100)$ car $P_R = \dfrac{P_E}{100}$.

On trouve : $L = \dfrac{10}{0{,}50} \times \log(100) = 40$ km.

3. La représentation 1 correspond à la fibre monomodale, la représentation 2 correspond à la fibre multimodale à gradient, la représentation 3 correspond à la fibre multimodale à saut.

4. a. La valeur de la fréquence du fondamental correspond à la plus petite des valeurs, soit 500 Hz.

b. On trouve quatre harmoniques présents dans le son initial, en plus du fondamental, correspondant aux fréquences suivantes :

$f_2 = 2 \times f_1 = 1\,000$ Hz ; $f_3 = 3 \times f_1 = 1\,500$ Hz ; $f_5 = 5 \times f_1 = 2\,500$ Hz ; $f_6 = 6 \times f_1 = 3\,000$ Hz.

c. Le choix de la fibre monomodale pour obtenir la restitution du son la plus fidèle s'impose car le spectre du signal à la sortie est identique à celui d'entrée, ce qui n'est pas le cas pour les autres fibres.

Partie 2

1. Dans le cas où n_2 est inférieur à n_1, on applique la deuxième loi sur la réfraction : $n_1 \times \sin i_1 = n_2 \times \sin i_2$; il n'y a plus de réfraction si $i_2 = 90°$;

d'où $n_1 \times \sin i_{1\max} = n_2 \times \sin 90 \Leftrightarrow \sin i_{1\max} = \dfrac{n_2}{n_1} \Rightarrow i_{1\max} = \text{Arcsin}\left(\dfrac{n_2}{n_1}\right)$.

2. a. *Application numérique :* $i_{1\max} = \text{Arcsin}\left(\dfrac{1{,}50}{1{,}52}\right) = 81°$.

b. L'angle i_1 doit être supérieur ou égal à 81° pour qu'il n'y ait aucune perte dans le cœur au cours de la propagation, car dans ce cas il y a réflexion totale.

3. a. On applique la formule de trigonométrie suivante dans le triangle rectangle (ABC) :

$$\cos i_1 = \frac{a}{\text{AB}} \Leftrightarrow \text{AB} = \frac{a}{\cos i_1}.$$

b. Sachant que AB = BD, la distance d parcourue par la lumière sur le trajet (ABD) a pour expression : $d = 2 \times \text{AB} = 2 \times \dfrac{a}{\cos i_1}$.

c. $d_n = n \times d = n \times 2 \times \dfrac{a}{\cos i_1}$.

d. Le cosinus étant une fonction décroissante de i_1, on en déduit que la distance d_n augmente lorsque i_1 augmente. L'angle i_1 devant être supérieur ou égal à $i_{1\max}$ pour qu'il y ait réflexion totale, on en déduit que le trajet de la lumière sera le plus court possible si $i_1 = i_{1\max}$.

e. La durée τ est égale à la différence des durées de parcours de chaque rayon. Sachant que i_1 est supérieur à i_2, la durée de parcours du premier rayon sera supérieure à celle du second car la distance parcourue par le premier rayon sera plus grande que celle du second : $\tau = t_1 - t_2 = \dfrac{d_1}{v} - \dfrac{d_2}{v} \Leftrightarrow \tau = \dfrac{2 \times n \times a}{v} \times \left(\dfrac{1}{\cos i_1} - \dfrac{1}{\cos i_2}\right)$.

f. $\tau = \dfrac{2 \times 100\,000 \times 200 \times 10^{-6}}{1{,}97 \times 10^{8}} \times \left(\dfrac{1}{\cos 85} - \dfrac{1}{\cos 81}\right) = 1{,}03 \times 10^{-6}$ s.

g. L'étalement du signal à la sortie d'une fibre multimodale à saut d'indice est dû à la différence des durées de parcours des rayons ayant des angles de réflexion initiaux différents et qui sont partis en même temps.

POST BAC

4 La transmission d'information par voie hertzienne

Partie 1

1. On applique la formule : $\lambda = \frac{c}{f}$ avec $c = 300\,000\ \text{km}\cdot\text{s}^{-1}$ et f en hertz.

On trouve : $\lambda_{MF} \approx 300\ \text{km}$; $\lambda_{VHF} \approx 300\ \text{m}$; $\lambda_{radar} \approx 0{,}3\ \text{m}$.

2. a. On considère une onde directe qui est assimilable à une onde plane progressive et sinusoïdale se déplaçant selon la direction (Ox). La fonction associée à une telle onde est :

$$f(x,t) = A_{max} \times \cos\left(\frac{2\pi}{\lambda} \times x - \frac{2\pi}{T} \times t + \Phi\right)$$

avec $A_{max,}$ l'amplitude ; λ, la longueur d'onde ; T, la période ; Φ, la phase à l'origine.

b. On calcule les dérivées secondes partielles de la notation complexe :

$$\bar{f}(x,t) = A_{max} \times e^{i\left(\frac{2\pi}{\lambda} \times x - \frac{2\pi}{T} \times t + \Phi\right)}$$

$$\frac{\partial^2 f}{\partial^2 x^2} = \frac{\partial}{\partial x}\left(\frac{\partial \bar{f}}{\partial x}\right) = \frac{\partial}{\partial x}\left(i \times \frac{2\pi}{\lambda} \times \bar{f}\right) = i \times \frac{2\pi}{\lambda} \times \frac{\partial \bar{f}}{\partial x} = i \times \frac{2\pi}{\lambda} \times i \times \frac{2\pi}{\lambda} \times \bar{f} = -\left(\frac{2\pi}{\lambda}\right)^2 \times \bar{f}\ ;$$

$$\frac{\partial^2 f}{\partial^2 t^2} = \frac{\partial}{\partial t}\left(\frac{\partial \bar{f}}{\partial t}\right) = \frac{\partial}{\partial t}\left(-i \times \frac{2\pi}{T} \times \bar{f}\right) = -i \times \frac{2\pi}{T} \times \frac{\partial \bar{f}}{\partial t} = -i \times \frac{2\pi}{T} \times -i \times \frac{2\pi}{T} \times \bar{f}$$

$$= -\left(\frac{2\pi}{T}\right)^2 \times \bar{f}.$$

Voir l'encadré du complément de cours POST BAC du chapitre 11 sur les dérivées partielles.

On remplace les dérivées secondes partielles dans l'équation d'onde :

$$\frac{\partial^2 f}{\partial^2 x^2} - \frac{1}{v^2}\frac{\partial^2 f}{\partial^2 t^2} = 0 \Leftrightarrow -\left(\frac{2\pi}{\lambda}\right)^2 \times \bar{f} - \frac{1}{v^2} \times -\left(\frac{2\pi}{T}\right)^2 \times \bar{f} = 0$$

$$\Leftrightarrow \left(-\left(\frac{1}{\lambda}\right)^2 + \frac{1}{v^2} \times \left(\frac{1}{T}\right)^2\right) \times \bar{f} = 0 \Rightarrow -\left(\frac{1}{\lambda}\right)^2 + \frac{1}{v^2} \times \left(\frac{1}{T}\right)^2 = 0 \Leftrightarrow v^2 = \left(\frac{\lambda}{T}\right)^2$$

$$\Rightarrow v = \frac{\lambda}{T}.$$

Par conséquent, si $v = \frac{\lambda}{T}$, alors f est solution de l'équation d'onde.

3. a. Par identification :

$$k \times x - \omega \times t = \frac{2\pi}{\lambda} \times x - \frac{2\pi}{T} \times t + \Phi \text{ avec } \Phi = 0 \Rightarrow k = \frac{2\pi}{\lambda} \text{ et } \omega = \frac{2\pi}{T}.$$

b. $B = \frac{k \times E}{\omega} \Leftrightarrow B_0 \times \cos(kx - \omega t) = \frac{k \times E_0 \times \cos(kx - \omega t)}{\omega} \Rightarrow B_0 = \frac{k \times E_0}{\omega}$.

Or $v = \frac{\omega}{k}$, d'où $B_0 = \frac{E_0}{v}$.

c. $R = \dfrac{E \times B}{\mu_0} = \dfrac{B_0 \times \cos(kx - \omega t) \times E_0 \times \cos(kx - \omega t)}{\mu_0}$ avec $-1 \leqslant \cos x \leqslant +1$;

soit $R_{max} = \dfrac{B_0 \times E_0}{\mu_0} = \dfrac{E_0}{v} \times \dfrac{E_0}{\mu_0} = \dfrac{E_0{}^2}{v \times \mu_0}$.

Partie 2

1. La période du signal modulant représente 4,5 divisions soit $T = 0{,}45$ ms.

On en déduit sa fréquence : $f = \dfrac{1}{T} = \dfrac{1}{0{,}45 \times 10^{-3}} = 2{,}2 \times 10^3 \text{Hz}$.

Sachant que $F = 40 \text{ kHz} = 40 \times 10^3 \text{ Hz}$, on constate que $F >> f$. La condition est donc respectée.

2. a. La valeur de u_{max} représente 3,0 divisions soit : $u_{max} = 3{,}0$ V.

b. On obtient u_{max} si les deux cosinus de l'expression de u_{mod} valent 1, soit :

$u_{mod} = u_{max} \Leftrightarrow 2{,}0 \times [1 + m \times 1] \times 1 = u_{max} \Leftrightarrow m = \dfrac{u_{max}}{2{,}0} - 1 = \dfrac{3{,}0}{2{,}0} - 1 = 0{,}5$.

Le taux de modulation est inférieur à 1, donc la modulation est bonne.

c. On a :

$$u_{mod}(t) = 2{,}0 \times [1 + m \times \cos(2\pi \times f \times t)] \times \cos(2\pi \times F \times t) = 2{,}0 \times \cos(2\pi \times F \times t) + 2{,}0 \times m \times \cos(2\pi \times f \times t) \times \cos(2\pi \times F \times t)$$

$$u_{mod}(t) = 2{,}0 \times \cos(2\pi \times F \times t) + 2{,}0 \times m \times \frac{1}{2} \times [\cos(2\pi \times (F + f) \times t) + \cos(2\pi \times (F - f) \times t)]$$

$$u_{mod}(t) = 2{,}0 \times \cos(2\pi \times F \times t) + m \times \cos(2\pi \times (F + f) \times t) + m \times \cos(2\pi \times (F - f) \times t)$$

3. a. Ce spectre est composé de trois signaux de fréquences respectives $(F - f)$, F et $(F + f)$. Les trois cosinus obtenus précédemment correspondent à des signaux de mêmes fréquences : $(F - f)$, F et $(F + f)$. Il y a bien cohérence.

b. La largeur de la bande de fréquences est : $\Delta f = f_{max} - f_{min} = (F + f) - (F - f) = 2 \times f$.

4. a. La bande de fréquences occupée est : $\Delta f = 2 \times f_{max}$.

b. Dans le cas où F_1 est inférieure à F_2, on a la condition de non recouvrement suivante : $(F_1 + f_{1max}) < (F_2 - f_{2max})$.

Enseignement de spécialité

CHAPITRE 16

L'eau

COURS

MÉTHODES ET STRATÉGIES

SUJETS DE TYPE BAC

CORRIGÉS

COURS

L'eau

L'eau est omniprésente sur Terre, que ce soit sous formes liquide (océans), solide (glace) ou gazeuse (nuages). C'est la présence d'eau liquide sur Terre qui rend notre planète si unique, car sans eau liquide la vie n'aurait pu apparaître et se développer.

I. Les enjeux et les défis de l'eau

- L'eau a une **importance biologique**, car elle est le principal constituant des tissus animaux et végétaux (environ 60 % chez l'homme). L'eau a aussi une **importance industrielle**, car elle est utilisée comme matière première dans de nombreuses réactions chimiques (réactions d'hydratation, d'hydrolyse, etc.) et comme solvant, agent de lavage, agent de réfrigération, etc.

- L'eau est un composé très abondant sur Terre : l'eau des mers et des océans recouvre près de 71 % de la surface de la Terre, mais 97 % de cette eau est salée. L'eau douce, soit environ 3 %, est au trois quarts gelée dans les glaciers et les calottes glaciaires. Au final, **l'eau disponible pour les êtres vivants représente moins de** 1 % de toute l'eau présente sur Terre. L'eau douce disponible n'est pas toujours consommable, car elle peut avoir été polluée. Il est alors indispensable de la traiter de façon à la rendre potable.

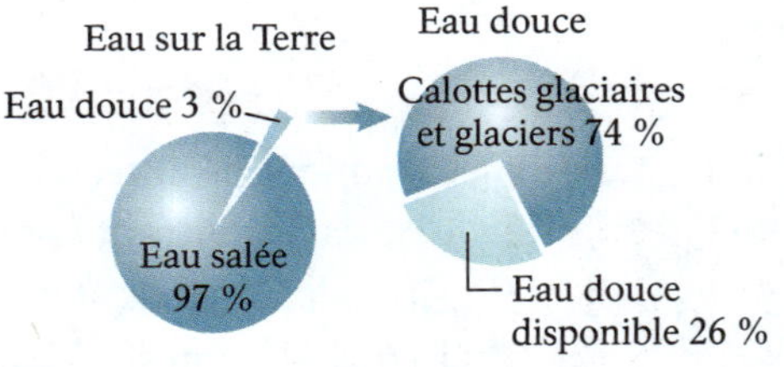

II. Les principales propriétés physiques et chimiques de l'eau

1. Structure de la molécule d'eau

- La molécule d'eau, de formule H_2O, est constituée de deux atomes d'hydrogène et d'un atome d'oxygène. L'hydrogène, de numéro atomique $Z = 1$, a pour structure électronique : ${}^{1}H \rightarrow (K)^1$.
L'oxygène, de numéro atomique $Z = 8$, a pour structure électronique : ${}^{8}O \rightarrow (K)^2(L)^6$.
Le schéma de Lewis de la molécule d'eau est donc : $H—\overline{\underline{O}}—H$.

- On peut prévoir la géométrie de la molécule d'eau en utilisant le modèle VSEPR *(Valence Shell Electron Pairs Repulsion)*. Dans ce modèle, les doublets d'électrons liants et non liants autour de chaque atome adoptent une représentation spatiale dans laquelle ils s'écartent au maximum les uns des autres de façon à minimiser leurs répulsions.
D'après le schéma de Lewis, la molécule d'eau est constituée de deux doublets liants et de deux doublets non liants. Ces quatre doublets se repoussent et se disposent de manière à réduire leur répulsion en adoptant une forme tétraédrique (voir figure).

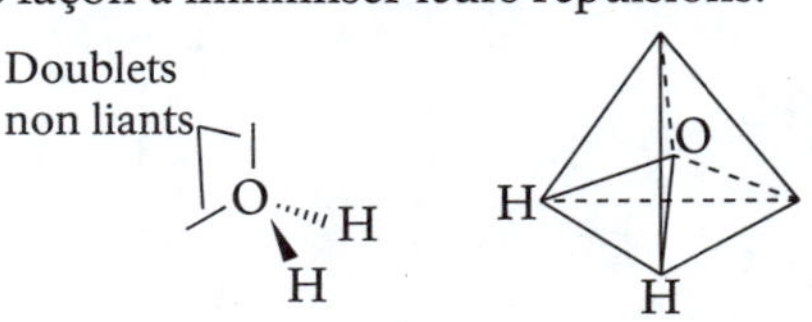

- La molécule d'eau a donc une géométrie coudée avec un angle $\widehat{HOH}$ de 104,5° et des distances interatomiques O–H voisines de 96 pm (1 pm = 1 picomètre = 10^{-12} m).

2. Polarité de la molécule d'eau

- La liaison O–H est **polarisée** car l'atome d'oxygène est bien plus électronégatif que l'atome d'hydrogène ; son moment dipolaire est μ_1 **= 1,5 D** (Debye).

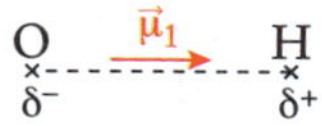

- La molécule d'eau est **polaire**, car le barycentre **G⁺** des charges partielles **δ⁺** et le barycentre **G⁻** des charges partielles négatives **δ⁻** ne coïncident pas ; son moment dipolaire est μ **= 1,85 D**.

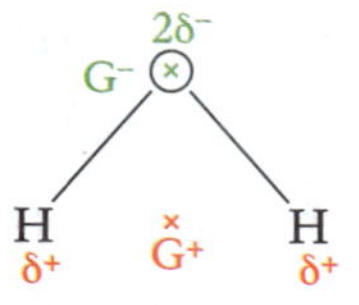

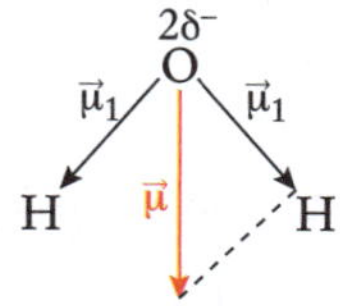

3. Existence de liaisons hydrogène en phase condensée (liquide ou solide)

- L'existence d'une liaison polarisée O–H au voisinage d'un atome |O̅ porteur de doublets non liants permet la formation de **liaisons hydrogène intermoléculaires** (voir ci-contre).

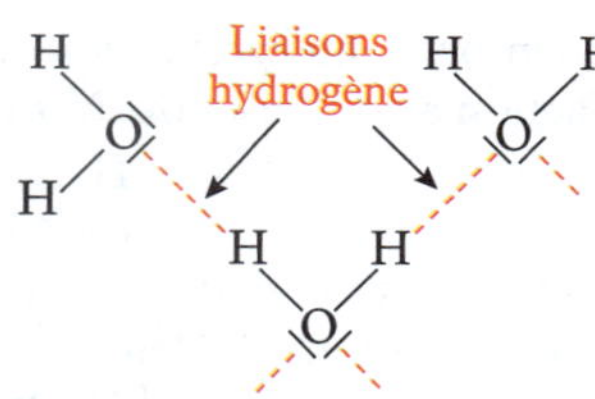

- La présence de liaisons hydrogène explique les températures anormalement élevées de changement d'état (fusion et ébullition) dans le cas de l'eau par rapport à celles des composés homologues de formule H_2X où X est un élément appartenant à la même colonne que l'oxygène, soit le soufre S, le sélénium Se et le tellure Te (voir figure).

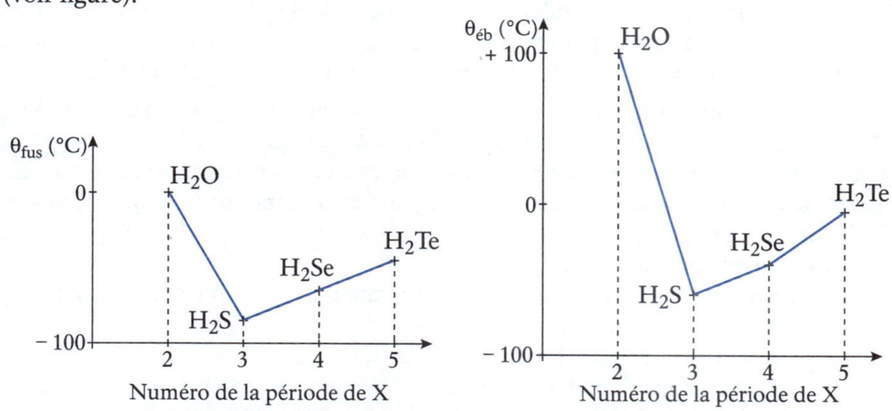

Variations des températures de fusion et d'ébullition à la pression atmosphérique des hydrures de la colonne 16 de formule H_2X.

Si l'eau ne formait pas de liaisons hydrogène, ses températures de fusion et d'ébullition seraient respectivement voisines de – 95 °C et de – 70 °C. L'eau liquide n'existerait donc pas sur Terre.

4. Conductivité de l'eau pure

- L'eau pure (après distillation et sous atmosphère inerte pour éviter les impuretés) conduit faiblement le courant ; on peut donc en déduire la présence d'ions. À 25 °C, la conductivité de l'eau pure est $\sigma_{(\text{eau pure})} = 5{,}5 \times 10^{-6}\ \text{S}\cdot\text{m}^{-1}$.
- La présence d'ions dans l'eau pure s'explique par la mobilité du proton et son affinité pour les doublets de l'oxygène. Il se produit la réaction d'**auto-ionisation de l'eau** d'équation :

$$2\,H_2O \rightleftharpoons H_3O^+ + HO^-$$

Cette réaction est très limitée, et la faible valeur de σ prouve que les ions sont présents à l'état de traces.

5. Propriétés acido-basiques de l'eau

- Selon la théorie de Brönsted, l'eau participe aux deux couples acide/base : H_3O^+/H_2O et H_2O/HO^-. L'eau est donc un **ampholyte** (ou une espèce **amphotère**), car H_2O peut jouer le rôle d'une base (couple H_3O^+/H_2O) ou d'un acide (couple H_2O/HO^-).
- On peut interpréter désormais la réaction d'auto-ionisation de l'eau comme une réaction acide-base (ou **autoprotolyse de l'eau**) :

$$\underset{\text{acide 1}}{H_2O} + \underset{\text{base 2}}{H_2O} \rightleftharpoons \underset{\text{base 1}}{HO^-} + \underset{\text{acide 2}}{H_3O^+}$$

On associe à cette réaction d'autoprotolyse de l'eau une constante d'équilibre appelée **produit ionique de l'eau** :

$$K_e = [H_3O^+] \times [HO^-]\ ;\ \text{à 25 °C, } K_e = 1{,}0 \times 10^{-14}$$

6. Propriétés redox

- L'eau participe aux deux couples redox suivants : O_2/H_2O et H_2O/H_2.

C'est donc également un ampholyte (ou une espèce amphotère) en oxydoréduction : H_2O peut être un oxydant (couple H_2O/H_2) et un réducteur (couple O_2/H_2O).

- La réaction « naturelle » (thermodynamiquement possible) pour former H_2O est celle entre O_2 et H_2 selon l'équation $O_2 + 2\,H_2 \rightleftharpoons 2\,H_2O$.

Cette réaction, dite **réaction de synthèse de l'eau**, est cinétiquement bloquée. Cependant elle peut être déclenchée ou catalysée par une flamme, une étincelle, ou du platine : elle devient alors explosive.

Cette réaction est souvent utilisée pour :
- tester la présence de dihydrogène H_2 (à l'approche d'une flamme et en présence du dioxygène O_2 de l'air, on entend une détonation) ;
- propulser des fusées (lanceur Ariane par exemple) ;
- dans les piles à combustible à base de H_2 et de O_2 (il n'y a pas d'explosion dans ce cas car H_2 et O_2 échangent des électrons sans entrer directement en contact).

- La réaction inverse de la synthèse de l'eau (**décomposition de l'eau**) d'équation $2\,H_2O \rightleftharpoons O_2 + 2\,H_2$ n'est pas « naturelle » (thermodynamiquement impossible). On peut cependant l'observer en la forçant par la technique de l'**électrolyse**.

L'électrolyse est une **réaction forcée**. Elle est réalisée par un générateur électrique qui impose un courant dans une solution ionique.

MÉTHODES ET STRATÉGIES

1 Déterminer la polarité d'une pile et le nom des électrodes à partir des équations aux électrodes

> Voir les exercices 5 et 7 mettant en œuvre cette méthode.

Méthode

> **Étape 1 :** On écrit les équations des réactions se produisant aux électrodes.

> **Étape 2 :** On identifie la réaction d'oxydation et celle de réduction pour déterminer le nom des électrodes.
L'électrode où se produit une libération d'électrons est le siège d'une réaction d'oxydation de la forme : réducteur $\rightleftharpoons$ n e$^-$ + oxydant . Cette électrode est une anode.
L'électrode où se produit une consommation d'électrons est le siège d'une réaction de réduction de la forme : oxydant + n e$^-$ $\rightleftharpoons$ réducteur. Cette électrode est une cathode.

Remarque Il existe un moyen mnémotechnique pour se rappeler le nom des électrodes :
- Oxydation Anode : les deux noms commencent par une voyelle ;
- Réduction Cathode : les deux noms commencent par une consonne.

> **Étape 3 :** Indiquer sur un schéma le sens des électrons dans le circuit extérieur et en déduire le sens du courant I sachant qu'il va dans le sens inverse de déplacement des électrons. Le pôle + de la pile correspond à l'électrode où le courant I sort de la pile. Le pôle – de la pile est l'électrode où le courant I arrive du circuit extérieur vers la pile.

Exemple

On peut schématiser le principe de fonctionnement d'une pile au méthanol lorsqu'elle débite un courant I à travers un conducteur ohmique R par le schéma ci-dessous :

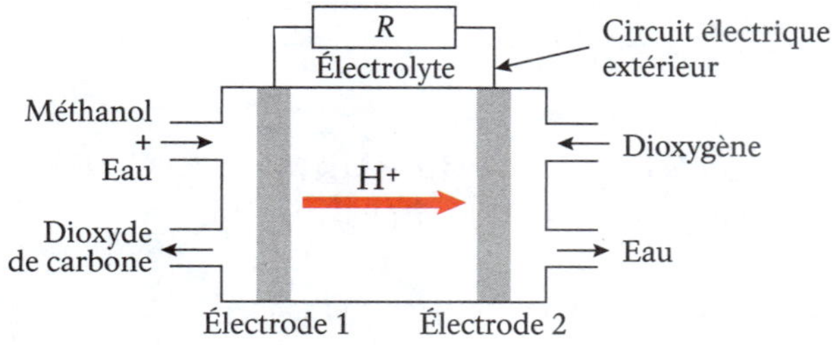

Les couples oxydant/réducteur mis en jeu sont : $CO_{2(g)}/CH_3OH_{(aq)}$ et $O_{2(g)}/H_2O_{(l)}$.
Déterminer les polarités de la pile au méthanol.

Application

> **Étape 1 :** L'équation de la réaction se produisant à l'électrode 1 est la suivante :

$$CH_3OH_{(aq)} + H_2O_{(l)} \rightleftharpoons CO_{2(g)} + 6\,e^- + 6\,H^+_{(aq)}$$

D'après le schéma fourni de la pile au méthanol, les réactifs présents à l'électrode 1 sont l'eau et le méthanol ; on les retrouve donc à gauche dans l'écriture de l'équation de la réaction.

L'équation de la réaction se produisant à l'électrode 2 est la suivante :

$$O_{2(g)} + 4\,e^- + 4\,H^+ \rightleftharpoons 2\,H_2O_{(l)}.$$

D'après le schéma fourni de la pile au méthanol, le réactif présent à l'électrode 2 est le dioxygène ; on le retrouve donc à gauche dans l'écriture de l'équation de la réaction.

> **Étape 2 :** À l'électrode 1 se produit une réaction qui libère des électrons : c'est donc une oxydation et l'électrode 1 est l'anode.

Le réactif qui subit une oxydation est un réducteur. Le méthanol est le réducteur du couple $CO_{2(g)}/CH_3OH_{(aq)}$.

À l'électrode 2 se produit une réaction qui consomme des électrons : c'est donc une réduction et l'électrode 2 est la cathode.

Le réactif qui subit une réduction est un oxydant. Le dioxygène est l'oxydant du couple $O_{2(g)}/H_2O_{(l)}$.

> **Étape 3 :** On indique sur le schéma le sens des électrons dans le circuit extérieur à la pile pour en déduire le sens du courant I et donc les polarités de la pile.

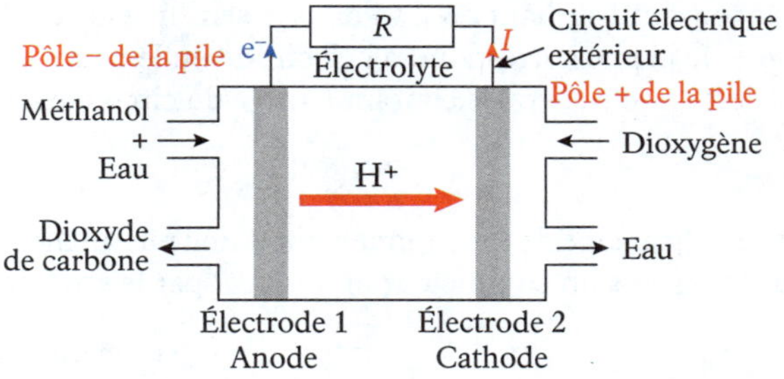

2 Déterminer les équations aux électrodes dans le cas d'une électrolyse

> Voir l'exercice 7 mettant en œuvre cette méthode.

Méthode

> **Étape 1 :** Faire figurer sur le circuit extérieur à l'électrolyseur le sens du courant I imposé par le générateur électrique et en déduire celui des électrons, sachant qu'ils circulent en sens inverse du courant.

> **Étape 2 :** Identifier l'électrode où se produit une oxydation (libération d'électrons) et l'électrode où se produit une réduction (consommation d'électrons).

> Étape 3 : Écrire les équations de la réaction d'oxydation à l'anode et de la réaction de réduction à la cathode.

Exemple

L'eau oxygénée peut être synthétisée à partir du dihydrogène gazeux et du dioxygène gazeux par une réaction dont l'équation s'écrit : $H_{2(g)} + O_{2(g)} \rightleftharpoons H_2O_{2(l)}$.

Le dihydrogène nécessaire à la synthèse de l'eau oxygénée doit être très pur. Il est obtenu par électrolyse d'une saumure, c'est-à-dire d'une solution aqueuse concentrée de chlorure de sodium $\left(Na^+_{(aq)} + Cl^-_{(aq)}\right)$. Le schéma simplifié du dispositif est représenté ci-dessous :

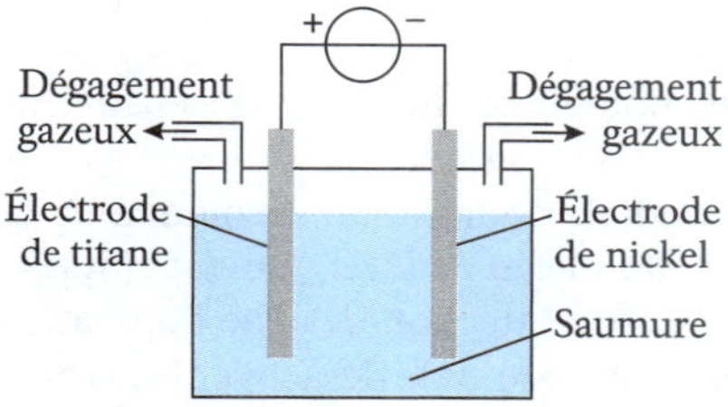

Déterminer les équations des réactions se produisant aux électrodes.

Données : les couples oxydant/réducteur mis en jeu lors de cette électrolyse sont $Cl_{2(g)}/Cl^-_{(aq)}$ et $H^+_{(aq)}/H_{2(g)}$; les ions sodium $Na^+_{(aq)}$ ne participent pas à l'électrolyse.

Application

> Étape 1 : On indique sur le circuit extérieur à l'électrolyseur le sens du courant électrique imposé par le générateur et on en déduit le sens de déplacement des électrons.

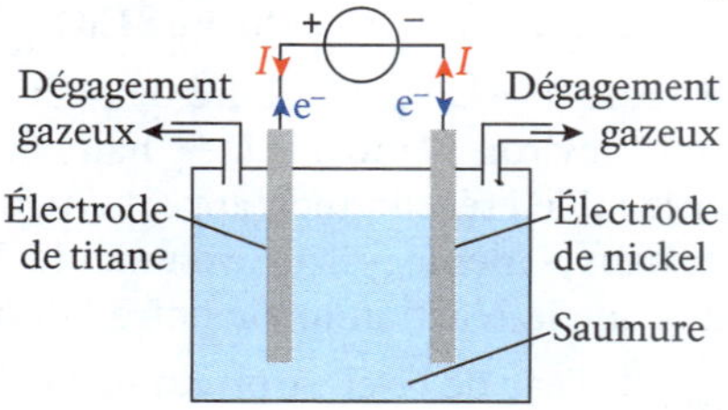

> Étape 2 : D'après la figure, l'électrode de titane est le siège d'une réaction d'oxydation, car il y a libération d'électrons, tandis que l'électrode de nickel est le siège d'une réaction de réduction (consommation d'électrons).

> Étape 3 : Initialement présents en solution, les ions chlorures $Cl^-_{(aq)}$ (réducteurs) constituent l'espèce chimique qui subit la réaction d'oxydation.

Réaction d'oxydation à l'anode : $2\,Cl^-_{(aq)} \rightleftharpoons Cl_{2(g)} + 2\,e^-$.

Initialement présents en solution, les ions hydrogène $H^+_{(aq)}$ (oxydants) constituent l'espèce chimique qui subit la réaction de réduction.

Réaction de réduction à la cathode : $2\,H^+_{(aq)} + 2\,e^- \rightleftharpoons H_{2(g)}$.

SUJETS DE TYPE BAC

1 Comment désinfecter une eau ?

Cet exercice permet de tester ses capacités à élaborer une démarche pour résoudre un problème scientifique. C'est également l'occasion de revoir les réactions d'oxydoréduction.

> Voir les méthodes et stratégies du chapitre 8, ainsi que le chapitre 13 sur le contrôle qualité par dosage.

DOC. 1 Désinfection d'une eau

Par définition, une eau est potable quand deux litres peuvent en être consommés par jour, à vie, sans conséquence pour la santé.
L'OMS (Organisation mondiale de la santé) recommande que 3,0 mg d'ions hypochlorites $ClO^-_{(aq)}$ (présents dans l'eau de Javel®) soient ajoutés par litre d'eau pour une désinfection satisfaisante. La désinfection désigne l'opération permettant d'éliminer ou de tuer les micro-organismes et/ou de désactiver les virus.

DOC. 2 L'eau de Javel®

L'eau de Javel® est une solution contenant de l'hypochlorite de sodium $\left(Na^+{}_{(aq)} + ClO^-{}_{(aq)}\right)$. Son action antibactérienne provient du pouvoir oxydant des ions hypochlorites $ClO^-{}_{(aq)}$. Même à faible concentration (0,10 mg·L^{-1} à 1,0 mg·L^{-1}), l'eau de Javel® inhibe la croissance des bactéries : cette propriété est utilisée dans le traitement de l'eau.

DOC. 3 Protocole du dosage des ions hypochlorites $ClO^-{}_{(aq)}$ de l'eau de Javel®

Dans un erlenmeyer, dissoudre $m = 2{,}0$ g de iodure de potassium $KI_{(s)}$ dans environ 50 mL d'eau distillée. Ajouter environ 10 mL d'acide éthanoïque à 1,0 mol·L^{-1}. L'acide éthanoïque sert à acidifier le milieu réactionnel (apport des ions oxonium H_3O^+).
Introduire avec précision dans l'erlenmeyer un volume de 2,0 mL d'eau de Javel®. Attendre quelques minutes que la réaction totale entre les ions iodures $I^-{}_{(aq)}$ et les ions hypochlorites $ClO^-{}_{(aq)}$ de l'eau de Javel® se produise. Les ions iodures $I^-{}_{(aq)}$ sont apportés en excès par rapport aux ions hypochlorites. Une coloration brune due à la formation d'ions triiodures $I^-_{3(aq)}$ apparaît.

Doser les ions triiodures $I^-_{3(aq)}$ formés par une solution de thiosulfate de sodium $\left(2Na^+{}_{(aq)} + S_2O_3{}^{2-}{}_{(aq)}\right)$ de concentration $0{,}100$ mol·L^{-1}. Pour faciliter le repérage de l'équivalence, on rajoute quelques gouttes d'empois d'amidon dans la solution dosée. En présence d'ions triiodures $I^-_{3(aq)}$, l'empois d'amidon prend une coloration bleu foncé, sinon il est incolore. Le changement de couleur de la solution est observé pour $V_E = 16{,}0$ mL.

DOC. 4 Quelques données

Couples d'oxydoréduction : $I^-_{3(aq)}/I^-{}_{(aq)}$; $ClO^-{}_{(aq)}/Cl^-{}_{(aq)}$ et $S_4O_6{}^{2-}{}_{(aq)}$ / $S_2O_3{}^{2-}{}_{(aq)}$.
La seule espèce colorée mise en jeu est l'ion triiodure $I^-_{3(aq)}$.
Masses molaires atomiques : $M(Cl) = 35{,}5$ g·mol^{-1} ; $M(O) = 16{,}0$ g·mol^{-1}.

Mettre en œuvre une démarche pour répondre à la question suivante : quel volume d'eau de Javel® d'un bidon du commerce doit-on ajouter pour traiter 500 litres d'eau ?

2 Une carafe filtrante pour adoucir l'eau ?

Dans l'esprit du nouveau programme, cet exercice permet de s'entraîner à élaborer une démarche pour résoudre un problème scientifique. Il permet également d'introduire la notion de titrage complexométrique et de présenter une méthode de préparation de solutions tampons.

> Voir le chapitre 10 sur les réactions acido-basiques et le chapitre 13 sur le contrôle qualité par dosage.

DOC. 1 Dureté de l'eau

La dureté de l'eau ou titre hydrotimétrique (TH) est l'indicateur de la minéralisation de l'eau. Elle est surtout due aux ions calcium et magnésium. En France, le titre hydrotimétrique (TH) s'exprime en degrés français (°f) : 1°f correspond à 10^{-4} mol·L^{-1} d'ions calcium (Ca^{2+}) et magnésium (Mg^{2+}).
Le tableau ci-après permet de caractériser la dureté d'une eau en fonction de son TH :

TH(°f)	0 à 7	7 à 15	15 à 25	25 à 42	Supérieur à 42
Eau	Très douce	Douce	Moyennement dure	Dure	Très dure

DOC. 2 Principe du dosage complexométrique par EDTA

La dureté d'une eau se détermine grâce à un titrage complexométrique par l'EDTA (acide éthylènediaminetétraacétique) en présence d'un indicateur coloré de fin de réaction et d'une solution tampon permettant de maintenir le pH de la solution entre 9 et 10.
En milieu basique, l'EDTA contient des ions Y^{4-} qui réagissent avec les ions calcium Ca^{2+} et les ions magnésium Mg^{2+} pour former des ions complexes selon les équations :
$Ca^{2+}{}_{(aq)} + Y^{4-}{}_{(aq)} \rightarrow CaY^{2-}{}_{(aq)}$ et $Mg^{2+}{}_{(aq)} + Y^{4-}{}_{(aq)} \rightarrow MgY^{2-}{}_{(aq)}$
On réalise alors deux titrages :
- un titrage d'un volume $V = 20{,}0$ mL d'eau n° 1 (eau du robinet) ;
- un titrage d'un volume $V = 20{,}0$ mL d'eau n° 2 (eau du robinet après filtration avec une carafe).

La concentration de la solution d'EDTA utilisée pour réaliser ces dosages est $C = 1{,}0 \times 10^{-2}$ mol·L^{-1}. Les résultats obtenus sont les suivants :

	Eau non filtrée (eau n°1)	Eau filtrée (eau n° 2)
Pour atteindre l'équivalence	6,7	2,2

DOC. 3 Quelques données

Masse molaire atomique du calcium : $M(Ca) =$ **40,1 g·mol^{-1}**.
Masse molaire atomique du magnésium : $M(Mg) =$ **24,3 g·mol^{-1}**.

1. Une carafe filtrante permet-elle de diminuer la dureté d'une eau ? Pour répondre à cette question, comparer la valeur de la dureté d'une eau du robinet à celle d'une eau du robinet filtrée.

2. Ce titrage complexométrique nécessite d'être effectué en milieu tamponné. Il est possible de fabriquer une solution tampon en mélangeant un acide et sa base conjuguée. À partir des solutions disponibles, proposer une méthode pour préparer 100,0 mL d'une solution tampon de pH = 9,2.
Solutions disponibles :
- solution 1 d'ammoniaque $NH_{3(aq)}$ à $C_1 = 0{,}010\ mol{\cdot}L^{-1}$;
- solution 2 de nitrate d'ammonium $(NH^{+}{}_{4(aq)} + NO^{-}_{3(aq)})$ à $C_2 = 2{,}5 \times 10^{-3}\ mol{\cdot}L^{-1}$.

Donnée : $pK_a(NH_4{}^+/NH_3) = 9{,}2$.

3 Titre alcalimétrique d'une eau minérale

Cet exercice permet de tester ses connaissances sur les dosages acido-basiques tout en s'entraînant à l'exploitation de documents.

> Voir le chapitre 10 sur les réactions acido-basiques, ainsi que le chapitre 13 sur le contrôle qualité par dosage.

DOC. 1 Le titre alcalimétrique (TA)

Le titre alcalimétrique (TA) est le volume, exprimé en millilitres, de solution d'acide chlorhydrique de concentration $C_a = 2{,}0 \times 10^{-3}\ mol{\cdot}L^{-1}$ en ions $H_3O^+{}_{(aq)}$ nécessaire pour doser les ions carbonates $CO^{2-}_{3\,(aq)}$ dans 100 mL d'eau minérale en présence de phénolphtaléine.

DOC. 1 Le titre alcalimétrique complet (TAC)

Le titre alcalimétrique complet (TAC) est le volume, exprimé en millilitres, de solution d'acide chlorhydrique de concentration $C_a = 2{,}0 \times 10^{-3}\ mol{\cdot}L^{-1}$ nécessaire pour doser les ions hydrogénocarbonates $HCO^{-}_{3\,(aq)}$ et carbonates $CO^{2-}_{3\,(aq)}$ dans 100 mL d'eau minérale en présence de vert de bromocrésol.

DOC. 3 Quelques données

Zone de virage de quelques indicateurs colorés :

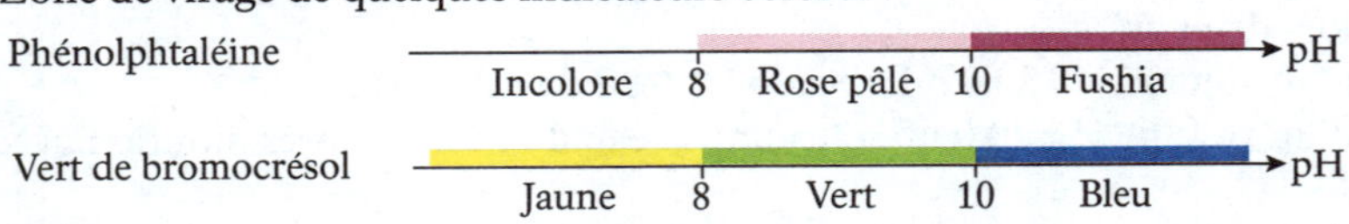

Valeurs de quelques pK_a de couples acido-basiques : $(H_3O^+/H_2O) : pK_{a1} = 0$; $(H_2O/HO^-) : pK_{a2} = 14$; $(CO_2, H_2O/HCO_3{}^-) : pK_{a3} = 6{,}3$; $(HCO_3{}^-/CO_3^{2-}) : pK_{a4} = 10{,}3$.

Masses molaires atomiques : $M(H) = 1{,}0\ g{\cdot}mol^{-1}$; $M(O) = 16{,}0\ g{\cdot}mol^{-1}$; $M(C) = 12{,}0\ g{\cdot}mol^{-1}$.

Pour effectuer le dosage alcalimétrique d'une eau minérale, on prélève $V_1 = 50{,}0\ mL$ de cette eau que l'on titre par une solution d'acide chlorhydrique de concentration $C_a = 2{,}0 \times 10^{-3}\ mol{\cdot}L^{-1}$. Un système d'acquisition permet de mesurer le pH au cours du dosage. On obtient ainsi la courbe donnant le pH en fonction du volume d'acide versé V_a et celle de sa dérivée $\dfrac{dpH}{dV_a} = f(V_a)$.

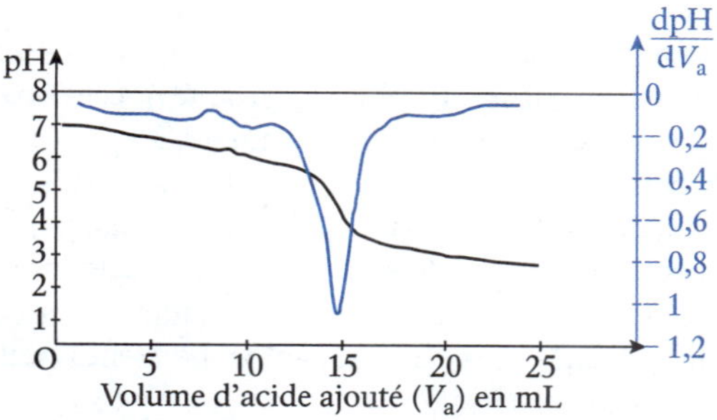

Titrage des ions hydrogénocarbonates contenus dans 50 mL d'eau minérale par l'acide chlorhydrique.

1. Établir le diagramme de prédominance des espèces carbonatées. En déduire la forme prédominante de ces espèces dans cette eau minérale.
2. Vérifier votre résultat en calculant les rapports $\frac{[HCO_3^-]}{[CO_2,H_2O]}$ et $\frac{[CO_3^{2-}]}{[HCO_3^-]}$.
3. Déterminer le TA et le TAC de cette eau minérale.
4. Quel indicateur coloré a-t-on utilisé pour réaliser ce dosage. Justifier son choix.

4 Titrage d'un pesticide

Cet excellent exercice d'application des dosages spectrophotométriques dans le domaine des ultraviolets (UV) permet également d'aborder le problème de pollution liée à l'utilisation massive de pesticides.

> Voir le chapitre 13 sur le contrôle qualité par dosage.

DOC. 1 Quelques généralités sur les pesticides

Les pesticides sont des espèces chimiques utilisés pour la croissance, la protection et la conservation des végétaux. Dès la fin de la Seconde Guerre mondiale, ces produits furent employés massivement dans le secteur agricole.

La France est le deuxième consommateur de pesticides (après les États-Unis) puisqu'elle en consomme environ 100 000 tonnes par an. L'augmentation de la consommation des dernières décennies a cependant cessé aujourd'hui pour atteindre une phase de décroissance (figure 1).

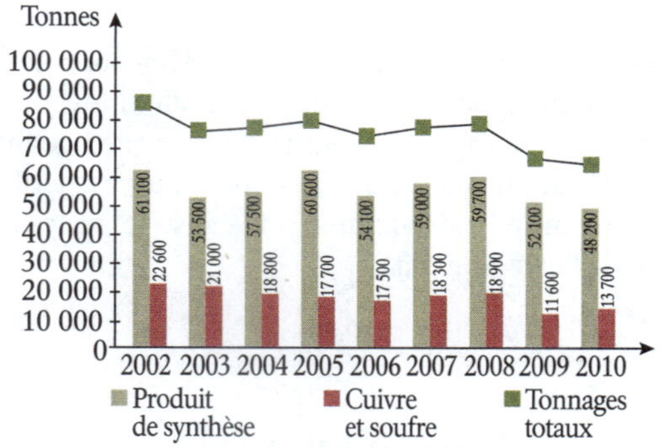

FIGURE 1 Évolution de la vente de pesticides (en tonnes) en France de 2002 à 2010 (source IUPP).

Cette diminution s'explique notamment par la prise de conscience des risques potentiels de ces espèces chimiques sur la santé et l'environnement.

Depuis les années 1990, de nombreux travaux ont montré la toxicité des pesticides. La toxicité n'est pas la même selon leur nature chimique. Dans l'ensemble, les pesticides organochlorés ont une toxicité chronique plus importante que les produits organophosphorés. Les pesticides sont, de manière exceptionnelle, responsables d'intoxications aiguës, lors d'une absorption accidentelle de grandes quantités, se manifestant par divers troubles (nerveux, digestifs, cardio-vasculaires, musculaires). Certains pesticides organochlorés peuvent entraîner des effets toxiques chroniques notamment au niveau du système nerveux central (cas de l'aldrine et du dieldrine) et du foie, voire pour certains, des effets cancérigènes (cas de l'hexachlorobenzène) pour des absorptions régulières sur de longues durées.

La pollution des eaux par les pesticides est liée à leur entraînement par le ruissellement (contamination des eaux de surface) ou par leur infiltration (contamination des eaux souterraines). Les caractéristiques physico-chimiques influant sur le transfert des pesticides jusqu'au milieu hydrique naturel sont leur solubilité dans l'eau, leur résistance à la dégradation physique et biochimique, la nature du sol, le volume et l'intensité des pluies.

De nombreux programmes européens réalisent des suivis des résidus de pesticides dans les aliments végétaux. En France, le décret numéro 2001-1220 du 22 décembre 2001 relatif aux eaux destinées à la consommation humaine (à l'exception des eaux minérales naturelles) impose une concentration maximale de $0{,}100\ \mu g \cdot L^{-1}$ pour chaque pesticide et une concentration maximale de $0{,}500\ \mu g \cdot L^{-1}$ pour le total des pesticides. L'acifluorfen est un pesticide interdit à la vente depuis décembre 2003 en France. Cependant, c'est un composé persistant qui est toujours présent notamment dans les sols et les eaux.

DOC. 2 L'acifluorfen

La formule topologique de l'acifluorfen est :

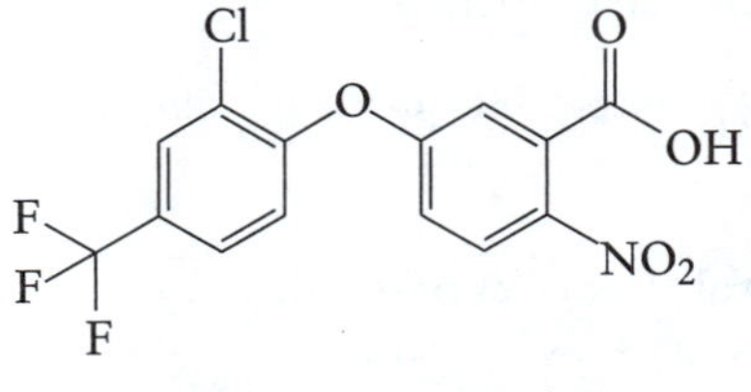

Masse molaire de l'acifluorfen : $M = 361{,}7\ g \cdot mol^{-1}$.

On se propose de déterminer la potabilité d'une eau en déterminant sa teneur en pesticides. On supposera pour simplifier que l'acifluorfen est le seul pesticide présent dans cette eau. La technique retenue pour réaliser l'analyse est la spectrophotométrie UV.

Dans un premier temps, on réalise le tracé du spectre d'absorption de l'acifluorfen dans l'eau (solvant).

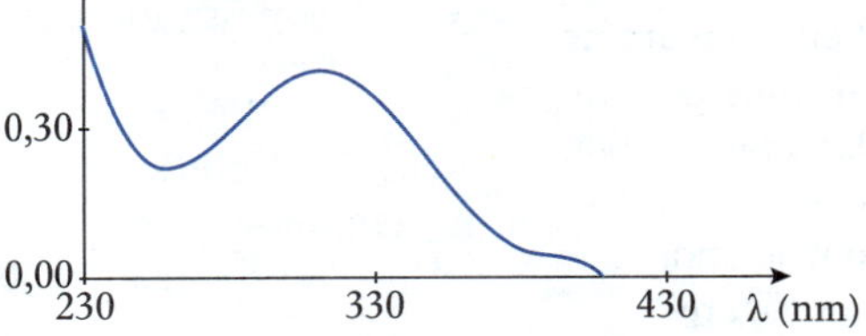

FIGURE 2 Spectre d'absorption de solutions d'acifluorfen à 0,10 mmol.L^{-1} dans l'eau avec une cuve en quartz de 1,0 cm.

1. Placer sur un axe gradué en longueurs d'onde les domaines du visible, des UV et des IR.

2. Comment se nomme l'appareil permettant de réaliser la figure 2 ?

3. On choisit de réaliser l'analyse de l'eau à une longueur d'onde de 310 nm. Justifier ce choix.

4. En raison de la concentration très faible en pesticides, l'eau ne peut être analysée directement. On réalise au préalable une série d'opérations extractives permettant de concentrer l'échantillon. À l'issue de ces opérations (non décrites ici), on obtient un extrait E en solution aqueuse dont le facteur F de concentration est de 5 000 par rapport à l'eau initiale.
Des solutions aqueuses de concentrations molaires C_A connues en acifluorfen sont ensuite préparées afin de réaliser une courbe d'étalonnage. On mesure alors leur absorbance A à 310 nm et on trace la courbe $A = f(C_A)$ (figure 3) :

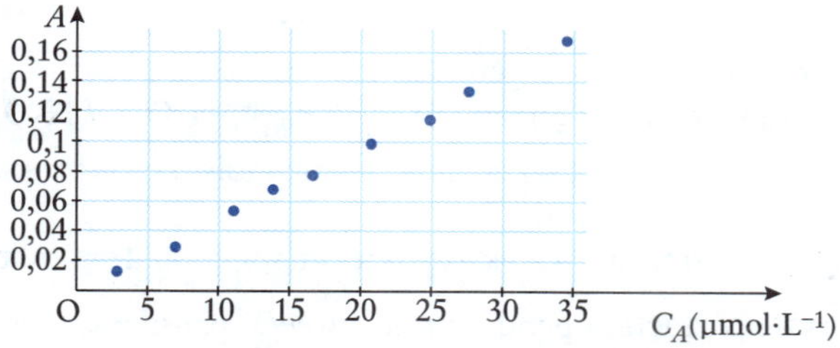

FIGURE 3 **Courbe d'étalonnage $A = f(C_A)$ à 310 nm avec une cuve en quartz de 1,0 cm**

On réalise ensuite la mesure spectrophotométrique pour l'extrait E d'eau analysée. L'appareil donne une absorbance $A = 0{,}085$.
L'eau analysée est-elle potable ?

5 La voiture à pile à hydrogène

Cet exercice sur le principe de fonctionnement des piles à combustibles constitue un sujet typique de baccalauréat car il regroupe un ensemble de connaissances fondamentales.

> Voir la méthode et stratégie 1.

Le principe des piles à combustible (PAC) a été découvert par l'électrochimiste William Grove en 1839, mais leur utilisation effective ne date que des années 1960, à l'occasion des programmes spatiaux de la NASA. En effet, ces piles alimentaient en électricité les ordinateurs de bord des vaisseaux Gemini et Apollo et fournissaient l'eau de consommation.
Le principe de fonctionnement est simple : une cellule électrochimique est composée de deux électrodes séparées par un électrolyte. Elle est alimentée en dihydrogène et en dioxygène en continu.

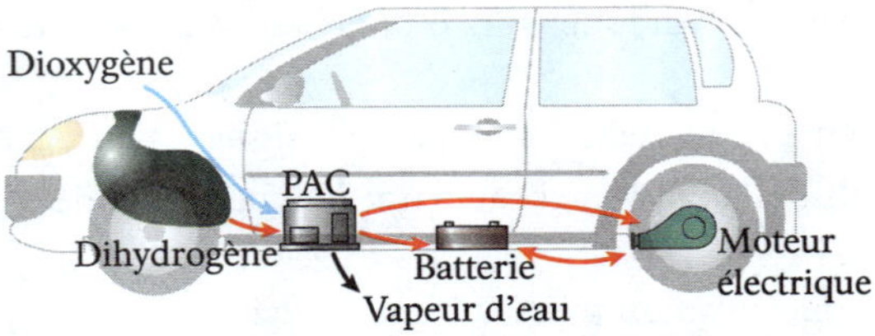

Schéma de voiture avec une pile à hydrogène

Pour les constructeurs automobiles, les véhicules à pile à hydrogène ont un grand potentiel pour aider à lutter contre les émissions de dioxyde de carbone et pour réduire notre dépendance aux hydrocarbures. Les piles à combustible modernes utilisent une membrane protonique solide comme électrolyte d'échange, avec un catalyseur de platine de chaque côté. De nombreux efforts sont en cours pour réduire les coûts, augmenter la fiabilité et améliorer la compacité des piles à combustible.

Données :

• masse molaire atomique de l'hydrogène : $M(\text{H}) = 1{,}0\ \text{g·mol}^{-1}$;

• couples oxydant/ réducteur mis en jeu : $H^+_{(aq)}/H_{2(g)}$ et $O_{2(g)}/H_2O_{(l)}$;

• charge électrique correspondant à l'échange d'une mole d'électrons aux électrodes : $Q_m = 96{,}5\ \text{kC}$;

• l'intensité du courant électrique peut s'exprimer en fonction de la charge électrique Q échangée au cours de la réaction pendant une durée Δt par la relation : $I = \dfrac{Q}{\Delta t}$;

• la pile à combustible étudiée est constituée de 100 cellules ;

• loi des gaz parfaits :

$$PV = nRT$$

P, pression du gaz en pascals (Pa)
V, volume du gaz en mètres cubes (m^3)
n, quantité de matière de gaz en moles (mol)
R, constante des gaz parfaits : $R = 8{,}314$ (SI)
T, température du gaz en kelvins (K)

• conversion des degrés Celsius en kelvins : $T(\text{K}) = \theta(°\text{C}) + 273$.

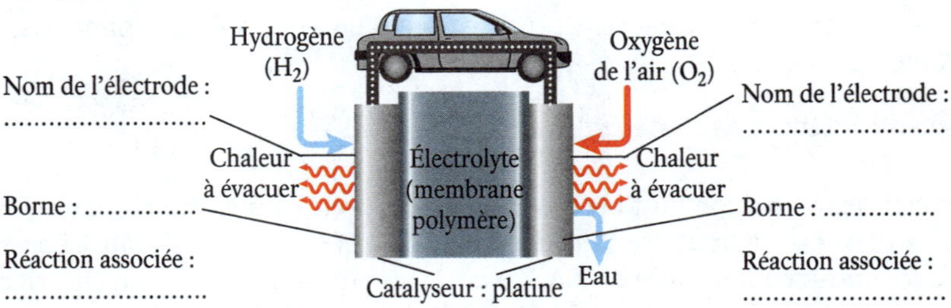

Schéma simplifié d'une cellule de pile à combustible

1. Écrire et nommer les réactions se produisant à chaque électrode de la cellule quand la pile débite. En déduire le nom des électrodes.

2. Indiquer sur le schéma simplifié ci-dessus le sens de circulation des électrons et du courant I dans le circuit extérieur à la cellule. Indiquer les bornes + et − de la cellule.

3. Dans un véhicule motorisé fonctionnant grâce à une pile à combustible, on estime à 1,5 kg la masse de dihydrogène nécessaire pour parcourir 250 km. Quel volume de dihydrogène faut-il stocker pour que la voiture parcourt 500 km dans les conditions normales de température et de pression, soit $\theta = 25$ °C et $P = 1{,}00 \times 10^5$ Pa ? On considère que le dihydrogène se comporte comme un gaz parfait.

4. Proposer une méthode pour réduire le volume de dihydrogène à stocker.

5. Calculer la quantité de matière de dioxygène $n_{(O_2)}$ nécessaire pour que le véhicule motorisé parcourt 500 km.

6. Le véhicule parcourt 500 km à la vitesse constante de $90\ \text{km·h}^{-1}$. Déterminer la valeur de l'intensité moyenne délivrée par une cellule de la pile à combustible lors de ce trajet.

6 La glace flotte

Cet exercice original sur la structure des cristaux de glace permet de tester ses compétences à la fois en chimie-physique et en géométrie.

> Voir la partie II du cours sur les propriétés physico-chimiques de l'eau.

L'eau solide est un cristal moléculaire qui présente plusieurs variétés allotropiques. La glace III est une variété stable pour des pressions supérieures à 3×10^3 bar. Cette variété peut être décrite de la façon suivante : les atomes d'oxygène occupent le sommet d'un cube d'arête *a* et le centre des faces d'un réseau cubique à faces centrées, ainsi que la moitié des sites tétraédriques (voir figure de la maille élémentaire). Cette structure est de type diamant. Les atomes d'hydrogène s'alignent entre les atomes d'oxygène les plus proches. La cohésion de cet édifice est due aux liaisons hydrogène intermoléculaires. La plus courte distance entre deux atomes d'oxygène est $d = 276$ pm ; elle correspond par exemple à la distance entre l'oxygène 5 et l'oxygène 1 (voir figure du site tétraédrique).

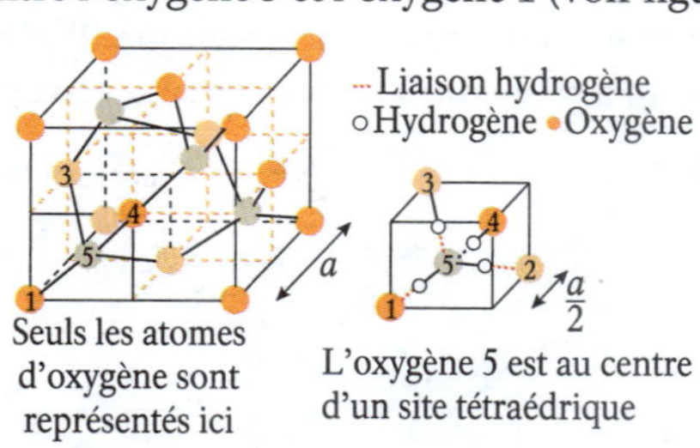

Représentation de la maille élémentaire et d'un site tétraédrique de la glace III.

1. Déterminer le nombre de molécules d'eau présentes dans une maille élémentaire.

2. Déterminer la longueur de l'arête *a* de la maille élémentaire.

3. Calculer la masse volumique de ce cristal.

Données : constante d'Avogadro : $N_A = 6{,}02 \times 10^{23}\ \text{mol}^{-1}$; masse molaire moléculaire de l'eau : $M(H_2O) = 18{,}0\ \text{g·mol}^{-1}$.

7 Le dihydrogène pour la protection de l'environnement

Conforme aux exigences du nouveau programme, cet exercice permet à la fois de tester ses connaissances en électrochimie (piles à combustible, électrolyse...) et de s'entraîner à l'analyse et à l'exploitation de documents.

> Voir les méthodes et stratégies 1 et 2.

Le principe de la pile à combustible, une technique déjà ancienne, consiste à utiliser du dihydrogène pour stocker et transporter l'énergie. En effet, le dihydrogène pourrait être le carburant par excellence pour les véhicules du futur, face aux préoccupations environnementales croissantes.

Une pile à combustible est un assemblage de cellules élémentaires, en nombre suffisant pour assurer la production électrochimique d'électricité dans les conditions de tension et d'intensité voulues.

Données :

• couples oxydant/réducteur mis en jeu : $H^+_{(aq)}/H_{2(g)}$ et $O_{2(g)}/H_2O_{(l)}$;
• charge électrique correspondant à l'échange d'une mole d'électrons aux électrodes : $Q_m = 96{,}5$ kC ;
• l'intensité du courant électrique peut s'exprimer en fonction de la charge électrique Q échangée au cours de la réaction pendant une durée Δt par la relation : $I = \dfrac{Q}{\Delta t}$;
• à 20 °C, une mole de dihydrogène occupe un volume de 25 L.

1. Principe de fonctionnement d'une cellule élémentaire

De façon générale, le fonctionnement électrochimique d'une cellule élémentaire de pile à combustible peut être représenté selon le schéma suivant :

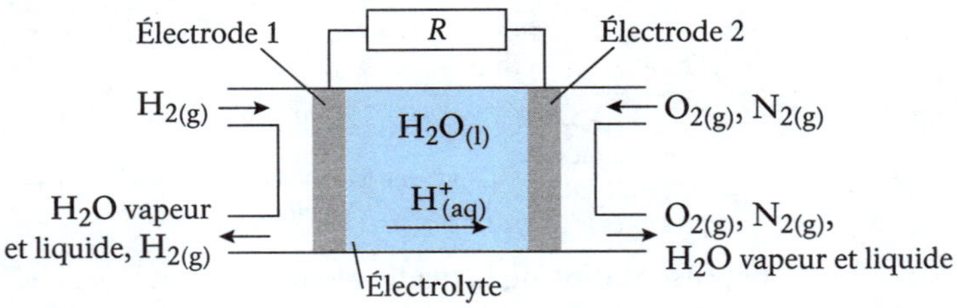

Chaque cellule élémentaire est constituée de deux compartiments disjoints alimentés chacun en dioxygène et dihydrogène (gaz réactifs). Les deux électrodes sont séparées par l'électrolyte, solution qui laisse circuler les ions. Du platine est inséré dans les deux électrodes poreuses.

a. Déterminer l'équation de la réaction globale de fonctionnement de cette pile acide.

b. Pour l'environnement, quel est l'avantage d'une pile à combustible utilisant le dihydrogène par rapport à un carburant classique ?

c. Quelle électrode (1 ou 2) joue le rôle de « cathode » ? Justifier.

d. Indiquer sur le schéma le sens de circulation des électrons. En déduire à quelle électrode correspond le pôle positif de la pile et à quelle électrode correspond le pôle négatif.

e. Le platine inséré dans les deux électrodes poreuses joue le rôle de catalyseur. Définir un catalyseur.

f. Une cellule élémentaire fonctionne pendant une durée $\Delta t = 190$ h et débite un courant d'intensité considérée constante $I = 300$ A. Déterminer la quantité d'électrons échangés pendant cette durée.

2. La filière hydrogène

Pendant les phases de production, une pile à combustible doit être alimentée en continu en combustible – la plupart du temps du dihydrogène – et en comburant – le plus souvent du dioxygène, présent à près de 20 % dans l'air ambiant.
Le dihydrogène n'est pas une source d'énergie naturelle. Il faut le produire en émettant le moins de pollution possible.
À l'aide de l'organigramme sur la filière hydrogène, confronter les différents moyens de production de dihydrogène et citer leurs inconvénients et leurs avantages.

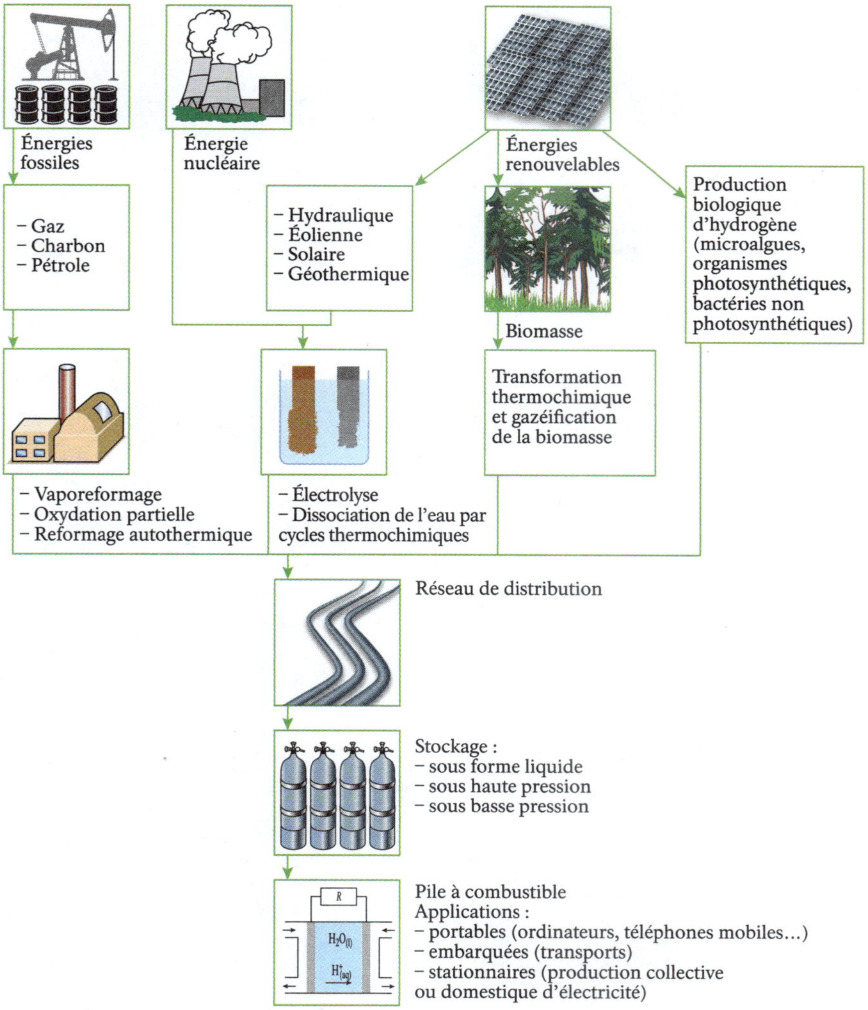

La filière hydrogène (source : CEA)

3. Principe de production du dihydrogène par électrolyse au laboratoire

Le dihydrogène peut être produit par électrolyse. La cellule d'électrolyse est constituée de deux électrodes et d'un électrolyte ; un générateur de tension continue maintient une tension voisine de 2 V permettant d'avoir une intensité du courant électrique de plusieurs kiloampères.

L'équation de la réaction s'écrit : $2\ H_2O_{(l)} \rightleftharpoons 2\ H_{2(g)} + O_{2(g)}$.

Les couples d'oxydoréduction qui participent à l'électrolyse sont $H^+_{(aq)}/H_{2(g)}$ et $O_{2(g)}/H_2O_{(l)}$.

a. À quelle électrode (cathode ou anode) se dégage le dihydrogène ? Justifier.

b. À quelle borne du générateur cette électrode est-elle branchée ?

c. À l'instant $t_0 = 0$, on démarre l'électrolyse. Déterminer l'intensité I du courant qui doit circuler dans l'électrolyseur pour assurer une production horaire de dihydrogène de $6{,}0\ m^3$.

CORRIGÉS

1 Comment désinfecter une eau ?

La réaction en milieu acide entre les ions iodures $I^-_{(aq)}$ et les ions hypochlorites $ClO^-_{(aq)}$ met en jeu les deux couples d'oxydoréduction suivants : $ClO^-_{(aq)} / Cl^-_{(aq)}$ et $I^-_{3(aq)} / I^-_{(aq)}$.

Réaction de réduction : $ClO^- + 2\,H^+ + 2\,e^- \rightleftharpoons Cl^- + H_2O$

Réaction d'oxydation : $3I^- \rightleftharpoons I_3^- + 2\,e^-$

Équation de la réaction : $ClO^- + 3\,I^- + 2\,H^+ \rightarrow I_3^- + Cl^- + H_2O$

Comme les ions iodures $I^-_{(aq)}$ sont apportés en excès par rapport aux ions hypochlorites $ClO^-_{(aq)}$ et que la réaction est totale, les ions hypochlorites $ClO^-_{(aq)}$ sont alors entièrement consommés. D'après l'équation de la réaction, on peut écrire :

$$n_{(ClO^-)\text{consommé}} = n_{(I_3^-)\text{formé}} \qquad (1)$$

La quantité d'ions hypochlorites $ClO^-_{(aq)}$ correspond donc à la quantité d'ions triiodures $I^-_{3(aq)}$ formés.

Pour déterminer la quantité d'ions triiodures $I^-_{3(aq)}$ formés, on a réalisé un dosage.

La réaction support de dosage met en jeu les deux couples d'oxydoréduction suivants : $S_4O_6{}^{2-}{}_{(aq)} / S_2O_3{}^{2-}{}_{(aq)}$ et $I^-_{3(aq)} / I^-_{(aq)}$.

Réaction de réduction : $I_3^- + 2\,e^- \rightleftharpoons 3\,I^-$

Réaction d'oxydation : $2\,S_2O_3{}^{2-} \rightleftharpoons S_4O_6{}^{2-} + 2\,e^-$

Équation de la réaction : $I^-_{3(aq)} + 2\,S_2O_3{}^{2-}{}_{(aq)} \rightarrow 3\,I^-_{(aq)} + S_4O_6{}^{2-}{}_{(aq)}$

À l'équivalence, les réactifs ont été introduits dans les proportions stœchiométriques :

$n_{(I_3^-)\text{dosé}} = \dfrac{n_{(S_2O_3^{2-})\text{ajouté}}}{2}$, soit finalement $n_{(I_3^-)\text{dosé}} = \dfrac{[S_2O_3^{2-}] \times V_E}{2}$.

Application numérique : $n_{(I_3^-)} = \dfrac{0{,}100 \times 16{,}0 \times 10^{-3}}{2} = 8{,}00 \times 10^{-4}\,\text{mol}$.

Or d'après la relation (1), on peut écrire que dans 2,0 mL d'eau de Javel®, on a aussi $n_{(ClO^-)} = 8{,}00 \times 10^{-4}\,\text{mol}$.

> Le résultat s'exprime avec trois chiffres significatifs comme $[S_2O_3{}^{2-}]$ et V_E.

L'OMS recommande d'ajouter 3,0 mg d'ions hypochlorites $ClO^-_{(aq)}$ par litre d'eau pour une désinfection satisfaisante (doc. 1), ce qui correspond à une quantité de matière d'ions hypochlorites $ClO^-_{(aq)}$:

$$n_{(ClO^-)} = \frac{m}{M_{(ClO^-)}} \Rightarrow n_{(ClO^-)} = \frac{3{,}0 \times 10^{-3}}{35{,}5 + 16{,}0} = 5{,}8 \times 10^{-5}\,\text{mol}.$$

> Penser à convertir la masse *m* en g ; le résultat s'exprime avec deux chiffres significatifs comme m.

Pour 500 litres d'eau, il faut donc $n_{(ClO^-)} = 500 \times 5{,}8 \times 10^{-5} = 2{,}9 \times 10^{-2}$ mol.

Comme on sait que 2,0 mL d'eau de Javel® apporte $n_{(ClO^-)} = 8{,}00 \times 10^{-4}$ mol d'ions hypochlorites, on peut obtenir le volume nécessaire d'eau de Javel® pour désinfecter 500 litres d'eau : $V_{(\text{Javel})} = \dfrac{2{,}0 \times 2{,}9 \times 10^{-2}}{8{,}00 \times 10^{-4}} = 73\,\text{mL}$.

> Le résultat s'exprime avec deux chiffres significatifs car les données $2{,}9 \times 10^{-2}$ mol et 2,0 mL n'en ont que deux.

2 Une carafe filtrante pour adoucir l'eau ?

1. Pour répondre à la question, on doit tout d'abord déterminer la dureté de l'eau du robinet et celle de l'eau du robinet après filtration dans les mêmes conditions expérimentales. On comparera ensuite les résultats.
Lors de ce dosage, il se produit simultanément deux réactions de complexation. À l'équivalence, les ions Y^{4-} ont réagi avec la totalité des ions calcium et magnésium présents dans la solution : $n_{(Y^{4-})\text{ajouté}} = n_{(Ca^{2+})\text{dosé}} + n_{(Mg^{2+})\text{dosé}}$.
On remplace chaque terme par son expression :
$C \times V_E = n_{(Ca^{2+})} + n_{(Mg^{2+})} \Rightarrow C \times V_E = [Ca^{2+}] \times V + [Mg^{2+}] \times V$.

On obtient finalement : $[Ca^{2+}] + [Mg^{2+}] = \dfrac{C \times V_E}{V}$.

Application numérique pour l'eau n°1 :

$$[Ca^{2+}] + [Mg^{2+}] = \frac{1{,}0 \times 10^{-2} \times 6{,}7 \times 10^{-3}}{20{,}0 \times 10^{-3}} = 3{,}4 \times 10^{-3}\,\text{mol·L}^{-1}.$$

Application numérique pour l'eau n°2 :

$$[Ca^{2+}] + [Mg^{2+}] = \frac{1{,}0 \times 10^{-2} \times 2{,}2 \times 10^{-3}}{20{,}0 \times 10^{-3}} = 1{,}1 \times 10^{-3}\,\text{mol·L}^{-1}.$$

> Il faut penser à convertir les volumes en L et le résultat s'exprime avec deux chiffres significatifs, car C et V_E n'ont que deux chiffres significatifs.

D'après le document 1, le titre hydrotimétrique (TH) correspond à 10^{-4} mol·L^{-1} d'ions calcium (Ca^{2+}) et magnésium (Mg^{2+}).

Le titre hydrotimétrique pour l'eau n°1 est : $\text{TH} = \dfrac{3{,}4 \times 10^{-3}}{10^{-4}} = 34\ °\text{f}$.

Le titre hydrotimétrique pour l'eau n°2 est : $\text{TH} = \dfrac{1{,}1 \times 10^{-3}}{10^{-4}} = 11\ °\text{f}$.

Or d'après le document 1, l'eau n°1 peut être qualifiée de dure car le titre hydrotimétrique est entre 25 et 42°f ; l'eau n°2 est quant à elle douce, car le titre hydrotimétrique est inférieur à 15.
On peut donc conclure que la carafe filtrante adoucit l'eau.

2. Pour le couple acide/base NH_4^+/NH_3, on peut écrire $\text{pH} = \text{p}K_a + \log\dfrac{[NH_3]_{eq}}{[NH_4^+]_{eq}}$.

Préparer une solution tampon de pH = 9,2 implique que pH = pK_a, car $\text{p}K_a(NH_4^+/NH_3) = 9{,}2$.

D'où $\log\dfrac{[NH_3]_{eq}}{[NH_4^+]_{eq}} = 0$, soit la condition $[NH_3]_{eq} = [NH_4^+]_{eq}$.

Pour réaliser cette condition, deux méthodes sont possibles :
• méthode 1 : on dilue au quart la solution 1 d'ammoniaque pour obtenir une solution fille 1′ qui aura la même concentration que la solution 2 :

facteur de dilution $= \dfrac{C_1}{C_2} = \dfrac{0{,}010}{2{,}5 \times 10^{-3}} = 4{,}0$.

Puis on mélange 50,0 mL de la solution fille 1′ d'ammoniaque avec 50,0 mL de la solution 2 de nitrate d'ammonium afin d'obtenir 100,0 mL de solution tampon ;

• méthode 2 :

$$[NH_3]_{eq} = [NH_4^+]_{eq} \Rightarrow n_{(NH_3)_{eq}} = n_{(NH_4^+)_{eq}} \Rightarrow C_1 \times V_1 = C_2 \times V_2 \Rightarrow \frac{C_1}{C_2} = \frac{V_2}{V_1} = 4{,}0 .$$

Pour préparer la solution, il faut donc introduire un volume V_2 de la solution de nitrate d'ammonium 4 fois plus grand que le volume V_1 de la solution 1 d'ammoniaque.
Pour préparer 100,0 mL de solution tampon, on mélange donc 20,0 mL de la solution d'ammoniaque avec 80,0 mL de la solution de nitrate d'ammonium.

3 Titre alcalimétrique d'une eau

1. Le diagramme de prédominance des espèces carbonatées met en jeu deux couples acido-basiques $CO_2, H_2O/HCO_3^-$ et HCO_3^-/CO_3^{2-}. Le diagramme de prédominance est donc :

D'après la courbe d'évolution du pH au cours du titrage, on lit pH = 7 pour $V_a = 0$ mL.
D'après le diagramme de prédominance, le pH de l'eau minérale est comprise entre pK_{a3} et pK_{a4}, donc les ions HCO_3^- prédominent en solution par rapport aux autres espèces carbonatées.

2. Pour le couple $CO_2, H_2O/HCO_3^-$, on a la relation suivante :

$$pH = pK_{a3} + \log\frac{[HCO_3^-]}{[CO_2, H_2O]}$$

soit $\frac{[HCO_3^-]}{[CO_2, H_2O]} = 10^{pH - pK_{a3}} \Rightarrow \frac{[HCO_3^-]}{[CO_2, H_2O]} = 10^{7-6,3} = 5$.

Pour le couple HCO_3^-/CO_3^{2-}, on a la relation suivante : $pH = pK_{a4} + \log\frac{[CO_3^{2-}]}{[HCO_3^-]}$

soit $\frac{[CO_3^{2-}]}{[HCO_3^-]} = 10^{pH - pK_{a4}} \Rightarrow \frac{[CO_3^{2-}]}{[HCO_3^-]} = 10^{7-10,3} = 5 \times 10^{-4}$.

À pH = 7, les ions hydrogénocarbonates HCO_3^- sont donc bien prédominants.

3. Les ions carbonates CO_3^{2-} étant en trop faible quantité pour être dosés par les ions oxonium H_3O^+, on peut en déduire que le titre alcalimétrique TA est nul.
Lors du dosage, il se produit une réaction acido-basique entre les ions hydrogénocarbonates HCO_3^- et les ions oxonium H_3O^+. L'équation support de dosage est :

$$HCO_3^-{}_{(aq)} + H_3O^+{}_{(aq)} \rightarrow CO_2,H_2O_{(aq)} + H_2O_{(l)}$$

L'ion hydrogénocarbonate est une base dans cette équation ; le couple mis en jeu est donc $CO_2, H_2O / HCO_3^-$.
Lors du titrage, on a dosé $V_1 = 50{,}0$ mL d'eau minérale et on a versé un volume V_E d'acide chlorhydrique pour atteindre l'équivalence du dosage. Le volume à l'équivalence V_E correspond à l'abscisse de l'extremum (ici minimum) de la courbe dérivée $\frac{dpH}{dV_a} = f(V_a)$.

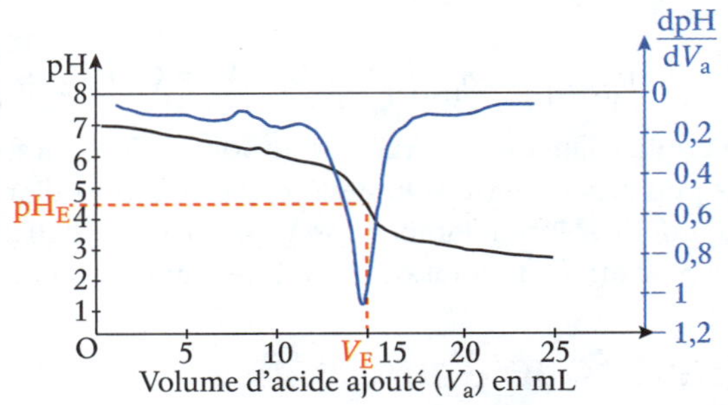

Le volume à l'équivalence V_E est proche de 15 mL pour 50,0 mL d'eau minérale dosée. On peut donc en déduire le titre alcalimétrique complet de cette eau minérale : TAC = 2 × 15 = 30.

Ne pas oublier de multiplier le volume à l'équivalence V_E par 2 car d'après le document 2, le TAC est défini pour 100 mL d'eau minérale.

4. Pour déterminer le TAC, on a utilisé le vert de bromocrésol comme indicateur coloré, car sa zone de virage contient le pH à l'équivalence. Le pH à l'équivalence est l'ordonnée du volume à l'équivalence sur la courbe d'évolution du pH (voir la figure ci-dessus). Graphiquement, on détermine que le pH à l'équivalence pH_E est voisin de 4,5.

4 Titrage d'un pesticide

1. Les domaines de longueurs d'onde UV, visible et IR sont :

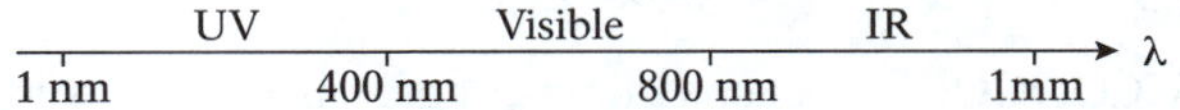

2. L'appareil permettant de réaliser la figure 2 est un spectrophotomètre.

3. D'après la figure 2, l'absorbance de l'acifluorfen est maximale pour une longueur d'onde de 310 nm. Il est donc judicieux de se placer à cette longueur d'onde.

4. Pour déterminer la concentration molaire de l'extrait E, on trace préalablement la droite moyenne. La concentration de l'extrait E correspond à l'abscisse du point de la droite moyenne qui a pour ordonnée $A = 0{,}085$.

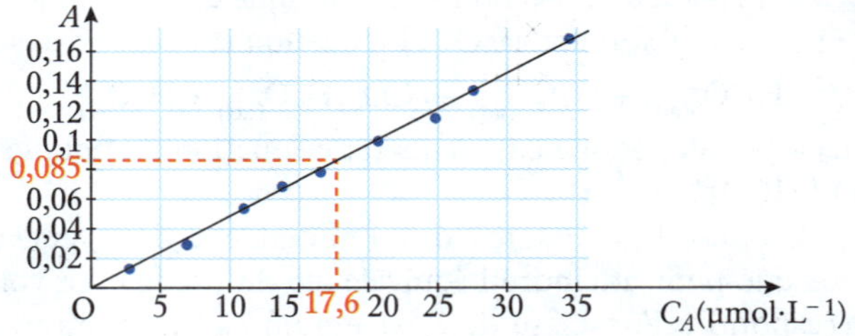

Graphiquement, on détermine que la concentration molaire de l'extrait E est C_E = **17,6 µmol·L⁻¹ = 17,6 × 10⁻⁶ mol·L⁻¹**.

Rappel de conversion : 1 µmol = 10^{-6} mol.

Or, l'eau analysée a une concentration molaire 5 000 fois plus petite, car le facteur de concentration F est de 5 000, d'où : $C_A = \frac{C_E}{5\,000} = \frac{17,6 \times 10^{-6}}{5\,000} = 3,52 \times 10^{-9}\ \text{mol·L}^{-1}$.
Pour comparer cette valeur au taux légal, il faut convertir cette concentration molaire en concentration massique c_{mA} : $c_{mA} = \frac{m}{V_{solution}} = \frac{n \times M}{V_{solution}} = C_A \times M$.
Application numérique :
$c_{mA} = 3,52 \times 10^{-9} \times 361,7 = 1,27 \times 10^{-6}\ \text{g·L}^{-1} = 1,27\ \mu\text{g·L}^{-1}$.
D'après le document 1, l'eau analysée n'est pas potable, car le taux en pesticides est supérieur à $0,100\ \mu\text{g·L}^{-1}$. L'eau est donc polluée.

5 La voiture à pile à hydrogène

1. D'après le schéma simplifié de la pile à combustible, les réactifs sont le dihydrogène et le dioxygène. Les couples mis en jeu sont donc $H^+_{(aq)}/H_{2(g)}$ et $O_{2(g)}/H_2O_{(l)}$.
La réaction d'oxydation est : $H_{2(g)} \rightleftharpoons 2\,H^+_{(aq)} + 2\,e^-$.
L'électrode où se produit la réaction d'oxydation est l'anode.
La réaction de réduction est : $O_{2(g)} + 4\,H^+_{(aq)} + 4\,e^- \rightleftharpoons 2\,H_2O_{(l)}$.
L'électrode où se produit la réaction de réduction est la cathode.

2. À l'anode, il se produit une oxydation : il y a libération d'électrons dans le circuit extérieur ; tandis qu'à la cathode il se produit une réduction : il y a consommation d'électrons.

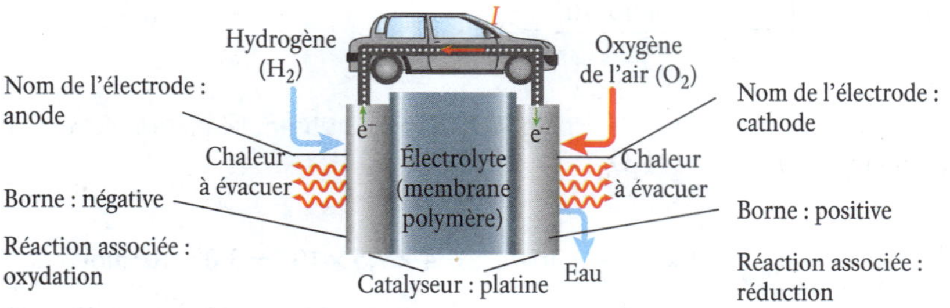

3. Pour parcourir 500 km, le véhicule motorisé a besoin de 3,0 kg de dihydrogène.
La quantité de matière nécessaire est donc :

$$n(H_2) = \frac{m(H_2)}{M(H_2)} \Rightarrow n(H_2) = \frac{3,0 \times 10^3}{2 \times 1,0} = 1,5 \times 10^3\ \text{mol}.$$

Penser à convertir la masse en grammes : 1 kg = 10^3 g.

On considère que le dihydrogène se comporte comme un gaz parfait, donc on peut appliquer la loi des gaz parfait :

$$PV = nRT \Rightarrow V = \frac{nRT}{P} \Rightarrow V = \frac{1,5 \times 10^3 \times 8,314 \times (25 + 273)}{1,00 \times 10^5} = 37\ \text{m}^3.$$

Penser à convertir la température en kelvins : si θ = 25 °C alors $T = 25 + 273 = 298\ \text{K}$.

4. D'après la loi des gaz des parfaits $PV = nRT$, si T et n sont constants, alors $PV = cte$; et si V diminue, alors P augmente. Ainsi, pour réduire le volume de dihydrogène pour une quantité n de gaz et une température T donnée, il faut augmenter la pression du gaz.

5. L'équation de fonctionnement de la pile a pour expression :

réaction d'oxydation : $\left(H_{2(g)} \rightleftharpoons 2\,H^+_{(aq)} + 2\,e^-\right) \times 2$

réaction de réduction : $O_{2(g)} + 4\,H^+_{(aq)} + 4\,e^- \rightleftharpoons 2\,H_2O_{(l)}$

équation de fonctionnement : $2\,H_{2(g)} + O_{2(g)} \rightarrow 2\,H_2O_{(l)}$

Pour déterminer la relation entre la quantité de dioxygène et de dihydrogène nécessaire, on peut établir un tableau d'avancement :

Équation		$2\,H_{2(g)}$ +	$O_{2(g)}$	$\rightarrow 2\,H_2O_{(l)}$
État	Avancement (mol)	Quantité de matière (mol)		
Initial	x	$n_{i(H_2)}$	$n_{i(O_2)}$	0
Final	x_{max}	$n_{i(H_2)} - 2x_{max} = 0$	$n_{i(O_2)} - x_{max} = 0$	$2x_{max}$

D'après le tableau d'avancement, on a la relation : $\dfrac{n_{(H_2)}}{2} = n_{(O_2)}$.

Application numérique : $n_{(O_2)} = \dfrac{1,5 \times 10^3}{2} = 7,5 \times 10^2$ mol.

6. Connaissant la vitesse du véhicule, on détermine tout d'abord la durée du trajet Δt :

$$v = \frac{d}{\Delta t} \Rightarrow \Delta t = \frac{d}{v} \Rightarrow \Delta t = \frac{500 \times 10^3}{\left(\dfrac{90}{3,6}\right)} = 2,0 \times 10^4\,\text{s}.$$

Puis, on détermine le nombre d'électrons échangés en utilisant l'équation de réduction : $O_{2(g)} + 4\,H^+_{(aq)} + 4\,e^- \rightleftharpoons 2\,H_2O_{(l)}$.

On obtient alors :

$$\frac{n_{(e^-)}}{4} = n_{(O_2)} \Rightarrow n_{(e^-)} = 4 \times n_{(O_2)} \text{ soit } n_{(e^-)} = 4 \times 7,5 \times 10^2 = 3,0 \times 10^3\,\text{mol}.$$

Pour déterminer le nombre d'électrons échangés, on peut aussi travailler avec la réaction d'oxydation : $H_{2(g)} \rightleftharpoons 2\,H^+_{(aq)} + 2\,e^-$.

On obtient alors une relation faisant intervenir la quantité de dihydrogène :

$\dfrac{n_{(e^-)}}{2} = n_{(H_2)}$. On trouve finalement le mêmerésultat que précédemment.

Comme on connait la quantité d'électricité correspondant à une mole d'électrons échangée, on peut en déduire la quantité d'électricité Q échangée lors de ce trajet de 500 km :

$$Q = Q_m \times n_{(e^-)} \Rightarrow Q = 96,5 \times 10^3 \times 3,0 \times 10^3 = 2,9 \times 10^8\,\text{C} ;$$

soit pour une cellule : $Q_{cellule} = \dfrac{Q}{100} \Rightarrow Q_{cellule} = \dfrac{2,9 \times 10^8}{100} = 2,9 \times 10^6$ C.

La valeur moyenne de l'intensité du courant délivrée par une cellule est donc :

$$I = \frac{Q_{cellule}}{\Delta t} \Rightarrow I = \frac{2,9 \times 10^6}{2,0 \times 10^4} = 1,4 \times 10^2\,\text{A}.$$

6 La glace flotte

1. Le nombre de molécules d'eau présentes dans une maille élémentaire correspond au nombre d'atomes d'oxygène, puisqu'une molécule d'eau contient un atome d'oxygène. Chaque atome d'oxygène situé à un sommet compte pour $\frac{1}{8}$ puisque $\frac{1}{8}$ de l'atome d'oxygène appartient au cube (8 sommets dans un cube), celui situé au centre d'une face compte pour $\frac{1}{2}$ (6 faces du cube) puisque la moitié seulement de l'atome appartient au cube et chaque atome d'oxygène situé dans un site tétraédrique compte pour 1 (4 sites tétraédriques occupés sur les 8 possibles dans le cube).
Le nombre d'atomes d'oxygène présents dans une maille est donc :

$$N = \left(8 \times \frac{1}{8}\right) + \left(6 \times \frac{1}{2}\right) + (4 \times 1) = 8.$$

On a donc 8 molécules d'eau par maille.

2. Pour déterminer la longueur a, on peut travailler avec le cube du site tétraédrique d'arête $\frac{a}{2}$.

On détermine tout d'abord la diagonale d_1 au niveau d'une face (par exemple la face du dessous).
D'après le théorème de Pythagore :

$$\left(\frac{a}{2}\right)^2 + \left(\frac{a}{2}\right)^2 = d_1^2 \Rightarrow d_1 = \frac{a\sqrt{2}}{2}.$$

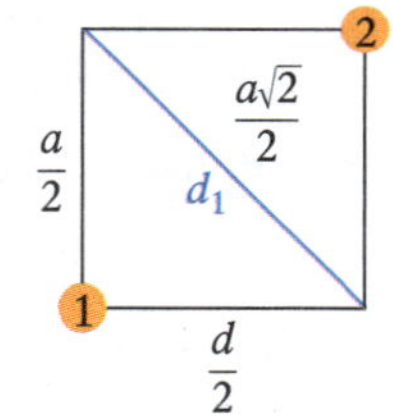

On peut maintenant déterminer la diagonale d_2 du cube du site tétraédrique :
D'après le théorème de Pythagore :

$$\left(\frac{a}{2}\right)^2 + \left(\frac{a\sqrt{2}}{2}\right)^2 = d_2^2 \Rightarrow d_2 = \frac{a\sqrt{3}}{2}.$$

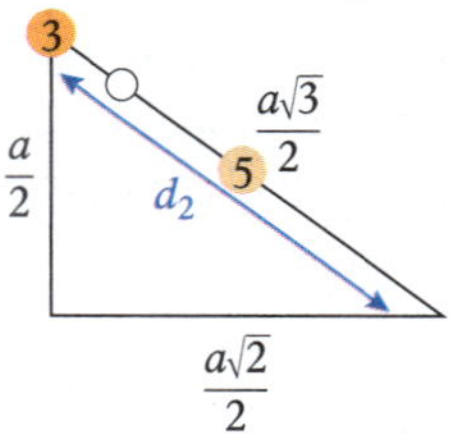

La moitié de la diagonale d_2 correspond à la plus courte distance d entre deux atomes d'oxygène :

$$d = \frac{\frac{a\sqrt{3}}{2}}{2} = \frac{a\sqrt{3}}{4} \Rightarrow a = \frac{4d}{\sqrt{3}}.$$

Application numérique :

$$a = \frac{4 \times 276 \times 10^{-12}}{\sqrt{3}} = 6{,}37 \times 10^{-10}\,\text{m}.$$

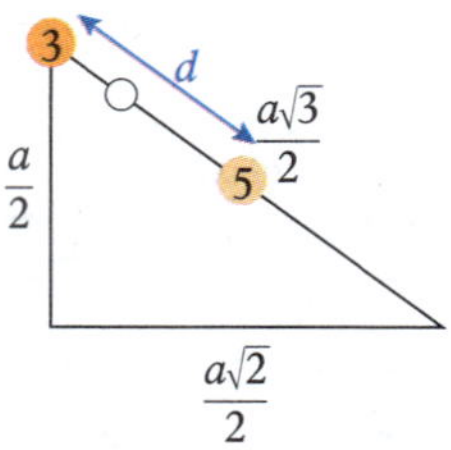

Penser à convertir la distance en mètres : 1 pm = 10^{-12} m.

3. La masse volumique de la glace est définie par : $\rho_{(\text{glace})} = \frac{\text{masse des 8 molécules d'eau}}{\text{volume de la maille}}$.

Or le volume de la maille est $V = a^3$ avec a la longueur de l'arête du cube.

La masse d'une molécule d'eau est donnée par la relation : $m = \dfrac{M(H_2O)}{N_A}$ car la masse molaire M correspond à la masse d'une mole d'eau et la constante d'Avogadro N_A donne le nombre de molécules présentes dans une mole. On a donc :

$$\rho_{(glace)} = \frac{8 \times \dfrac{M(H_2O)}{N_A}}{a^3} \Rightarrow \rho_{(glace)} = \frac{8 \times \dfrac{18,0}{6,02 \times 10^{23}}}{(6,37 \times 10^{-10})^3} = 9,25 \times 10^5 \, g{\cdot}m^{-3} = 925 \, kg{\cdot}m^{-3}.$$

On exprime le résultat avec 3 chiffres significatifs, comme la donnée a.

La glace flotte car sa masse volumique est inférieure à celle de l'eau liquide qui est de $1\,000 \, kg{\cdot}m^{-3}$.

7 Le dihydrogène pour la protection de l'environnement

1. a. D'après le schéma de la pile à combustible, les réactifs sont le dihydrogène et le dioxygène. Les couples mis en jeu sont donc $H^+_{(aq)}/H_{2(g)}$ et $O_{2(g)}/H_2O_{(l)}$.

On a la réaction d'oxydation : $\left(H_{2(g)} \rightleftharpoons 2\,H^+_{(aq)} + 2\,e^-\right) \times 2$;

la réaction de réduction : $O_{2(g)} + 4\,H^+_{(aq)} + 4\,e^- \rightleftharpoons 2\,H_2O_{(l)}$;

soit l'équation de fonctionnement : $2\,H_{2(g)} + O_{2(g)} \rightarrow 2\,H_2O_{(l)}$.

b. On évite ainsi toute production de gaz carbonés comme le monoxyde de carbone (CO) ou encore le dioxyde de carbone (CO_2), des gaz en partie responsables du réchauffement climatique actuel.

c. La cathode est l'électrode où il se produit une réduction : c'est donc l'électrode 2 sur le schéma.

d.

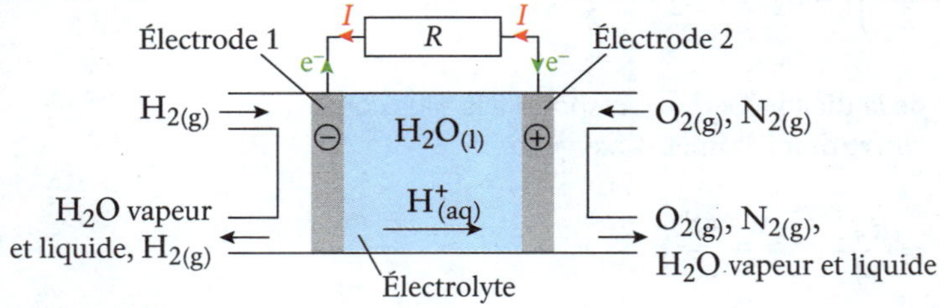

À l'électrode 2 se produit une consommation d'électrons : cette électrode est donc le pôle positif de la pile.

e. Un catalyseur est une espèce chimique qui accélère une réaction chimique sans être consommé par celle-ci. Sa formule n'apparaît donc pas dans l'équation de la réaction.

f. La charge électrique échangée lors de la réaction est :

$Q = I \times \Delta t \Rightarrow Q = 300 \times (190 \times 3\,600) = 2,05 \times 10^8 \, C$.

Penser à convertir la durée en secondes : 1 h = 3 600 s.

On peut en déduire le nombre de moles d'électrons échangées lors de cette réaction :

$$n_{(e^-)} = \frac{Q}{Q_m} \Rightarrow n_{(e^-)} = \frac{2{,}05 \times 10^8}{96{,}5 \times 10^3} = 2{,}13 \times 10^3 \text{ mol}.$$

On exprime le résultat avec 3 chiffres significatifs comme les données Δt et Q_m.

2. Aujourd'hui, 95 % du dihydrogène est produit à partir d'énergies fossiles (gaz naturel le plus souvent) par reformage. Ce mode de production présente l'inconvénient de rejeter du gaz carbonique (CO_2) dans l'atmosphère, principal gaz responsable de l'effet de serre.

On peut aussi produire du dihydrogène par électrolyse de l'eau, mais cela est très coûteux en énergie. Cette solution est la plus intéressante en termes d'émission de gaz à effet de serre. Il faut toutefois utiliser des sources d'énergie elles-mêmes non émettrices de CO_2 : énergies renouvelables (éoliennes, solaire, etc.) ou énergie nucléaire. Actuellement, la production de dihydrogène par électrolyse coûte 3 à 4 fois plus cher que la production par reformage du gaz naturel. Elle souffre de plus d'un mauvais rendement global.

La biomasse est une source de production de dihydrogène potentiellement très importante. Elle est constituée de tous les végétaux (bois, paille, etc.) qui se renouvellent à la surface de la Terre. Le dihydrogène est produit par gazéification. Cette solution est attrayante car la quantité de CO_2 émise au cours de la conversion de la biomasse en dihydrogène est à peu près équivalente à celle qu'absorbent les plantes au cours de leur croissance.

Il est aussi possible de produire du dihydrogène à partir de bactéries et de microalgues. Ces organismes ont la particularité de produire du dihydrogène sous l'action de la lumière. Mais ce procédé n'est actuellement pas très développé.

3. a. Le dégagement de dihydrogène se produit à l'électrode où se déroule la réduction des ions H^+ en dihydrogène : $2\,H^+_{(aq)} + 2\,e^- \rightleftharpoons H_{2(g)}$. L'électrode où se produit la réduction est la cathode.

b. La réaction de réduction des ions H^+ est une réaction qui consomme des électrons. Le sens du courant étant opposé à celui des électrons, la cathode de l'électrolyseur est donc reliée à la borne négative de l'alimentation.

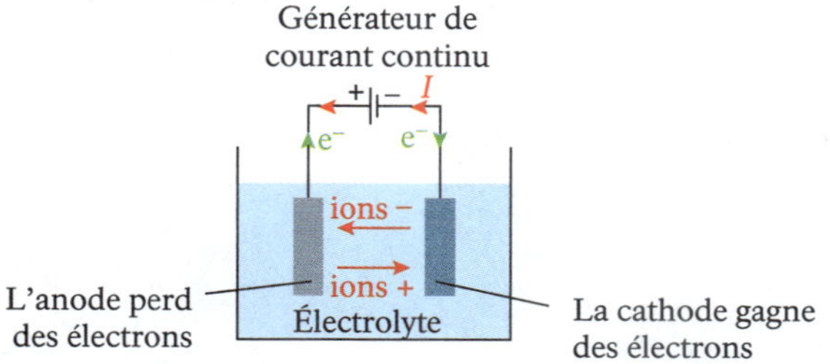

c. On peut tout d'abord calculer la quantité de dihydrogène produite en une heure : on a $6{,}0 \text{ m}^3 = 6{,}0 \times 10^3 \text{ L}$ d'où $n_{(H_2)} = \frac{6{,}0 \times 10^3}{25} = 2{,}4 \times 10^2 \text{ mol}$, car on sait d'après les données qu'à 20 °C, une mole de dihydrogène occupe un volume de 25 L.

La réaction de réduction nous permet de déterminer une relation entre la quantité d'électrons échangés en une heure et la quantité de dihydrogène produite :

$$2\,H^+_{(aq)} + 2\,e^- \rightleftharpoons H_{2(g)}$$

D'après les proportions de cette équation, on peut écrire :

$$\frac{n_{(e^-)\text{échangé}}}{2} = n_{(H_2)\text{formé}} \Rightarrow n_{(e^-)\text{échangé}} = 2 \times n_{(H_2)\text{formé}} \,;$$

soit $n_{(e^-)\text{échangé}} = 2 \times 2{,}4 \times 10^2 = 4{,}8 \times 10^2 \text{ mol}$.

On peut maintenant déterminer la charge électrique Q échangée en une heure au cours de la réaction :

$Q = n_{(e^-)} \times Q_m$ soit $Q = 4{,}8 \times 10^2 \times 96{,}5 \times 10^3 = 4{,}6 \times 10^7 \text{ C}$.

L'intensité du courant électrique s'obtient en utilisant l'expression $I = \frac{Q}{\Delta t}$.

Application numérique : $I = \frac{4{,}6 \times 10^7}{3\,600} = 1{,}3 \times 10^4 \text{ A}$.

Ce résultat est cohérent avec l'énoncé (intensité du courant électrique de plusieurs kiloampères).

CHAPITRE 17

Son et musique

COURS

MÉTHODES ET STRATÉGIES

SUJETS DE TYPE BAC

CORRIGÉS

COURS

Son et musique

Les sons musicaux sont produits par des instruments de musique fabriqués par l'homme depuis l'Antiquité. L'étude des caractéristiques de ces sons et des phénomènes associés permet de concevoir des salles de concert de plus en plus performantes au niveau de l'acoustique.

I. Les caractéristiques d'un son

Le son est une vibration qui se transmet de proche en proche dans l'air. On définit trois grandeurs liées à la perception d'un son produit par un instrument de musique :

- la **hauteur d'un son** : elle est déterminée par la fréquence de l'onde sonore ; plus la fréquence d'un son est élevée, plus le son est perçu aigu ;
- l'**intensité sonore** (ou **niveau d'intensité sonore**) : elle est liée à l'amplitude de l'onde sonore. Elle s'exprime en **décibels (dB)**. Le son est perçu d'autant plus fort que l'intensité est grande, donc que son amplitude est grande ;
- le **timbre d'un son** : il permet de différencier des notes de même hauteur et de même intensité sonore jouées par deux instruments différents ; la même note sera perçue différemment par notre oreille selon l'instrument à l'origine du son. Le timbre correspond à la forme du signal produit par cet instrument.

II. La création d'un son musical

- La production d'un son par un instrument de musique se fait en deux étapes : la première consiste à réaliser une vibration de l'air par un **excitateur** ; la seconde consiste à amplifier cette vibration par un **résonateur**.
- Une vibration est un mouvement périodique d'oscillation rapide autour d'une position d'équilibre (voir figure 1).

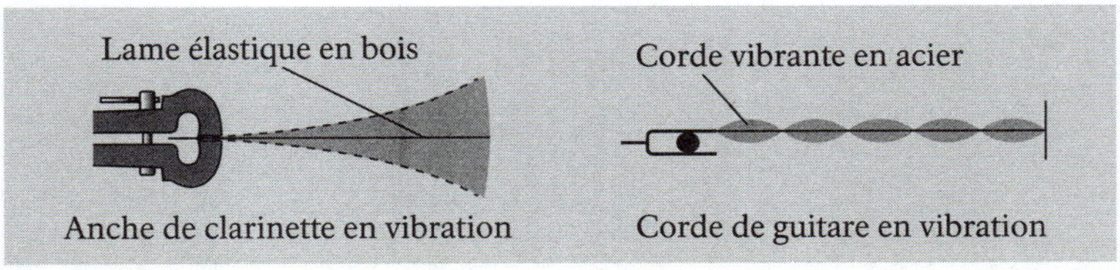

FIGURE 1. Exemples d'excitateurs.

- Le résonateur est un système qui assure le couplage avec l'air. Il est mis en vibration par l'excitateur, puis produit une onde sonore suffisamment amplifiée pour pouvoir être audible. Les résonateurs ne se contentent pas d'amplifier les vibrations, ils jouent également un rôle dans le timbre du son, ce qui permet de distinguer pour une même note différents types d'instruments.

III. L'acoustique musicale

L'acoustique musicale relie les caractéristiques physiques du son à sa perception par l'oreille. Lorsque l'on étudie des ondes sonores, on constate que chaque son a une forme différente.

• Un **son pur** correspond à une **onde sonore sinusoïdale** dont la fréquence f et l'amplitude A sont constantes au cours du temps. Le son du diapason est un exemple de son pur.

• Un **son complexe** est une **vibration sonore périodique non sinusoïdale,** qui peut être décomposée en une somme d'ondes sonores sinusoïdales. La vibration dont la fréquence est la plus petite est appelée **fondamental**. Les autres vibrations sont appelées **harmoniques** et leurs fréquences f_n sont des multiples de la fréquence f_1 du fondamental (premier harmonique) : $f_n = n \times f_1$.

Afin d'étudier les sons, on procède à leur **analyse spectrale**. Chaque harmonique est représenté sur un graphique (appelé spectre) par un segment de droite vertical dont l'abscisse correspond à la fréquence et la hauteur est proportionnelle à l'intensité (ou amplitude) du son (voir figure 2 ci-contre).

Un son pur comporte un seul harmonique, tandis qu'un son complexe est constitué d'un fondamental et de plusieurs harmoniques.

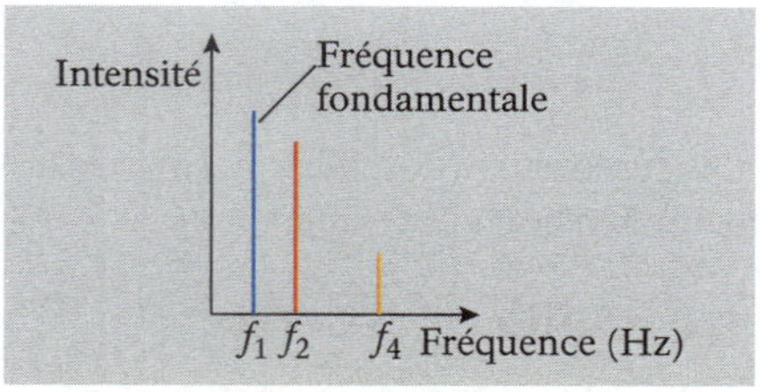

FIGURE 2. Spectre de fréquences d'un son complexe

Une gamme est une succession de notes dont les combinaisons produisent des effets sonores harmonieux. Deux notes dont le rapport de fréquences est égal à 2^n sont séparées par une octave.

IV. Les émetteurs sonores

Les émetteurs sonores sont des systèmes mécaniques : ils émettent un son en produisant une vibration de l'air qui est ensuite amplifiée (instruments de musique, corde vocales ou haut-parleur).

1. Les cordes vocales

La production de la voix s'effectue en trois étapes :

• *étape 1 :* les poumons envoient de l'air dans le larynx de façon contrôlée ;

• *étape 2 :* sous l'effet de l'air envoyé par les poumons, les cordes vocales situées dans le larynx se mettent à vibrer en émettant une palette d'ondes sonores de fréquences différentes ;

• *étape 3 :* les cavités buccales et nasales filtrent certaines fréquences produites et en amplifient d'autres. Les mouvements des lèvres, de la langue, du voile et de la cavité nasale permettent l'articulation et la production des mots.

2. Le haut-parleur

Un **haut-parleur** transforme un signal électrique en une onde sonore. Il est constitué d'une membrane mobile solidaire d'une bobine mobile entourant un aimant (figure 3).

Sous l'effet du passage d'un courant électrique variable dans la bobine, celle-ci se met en mouvement. Les vibrations de la bobine se font à la même fréquence que celle du courant électrique. La bobine met en mouvement la membrane, ce qui crée un mouvement de l'air et produit ainsi une onde sonore.

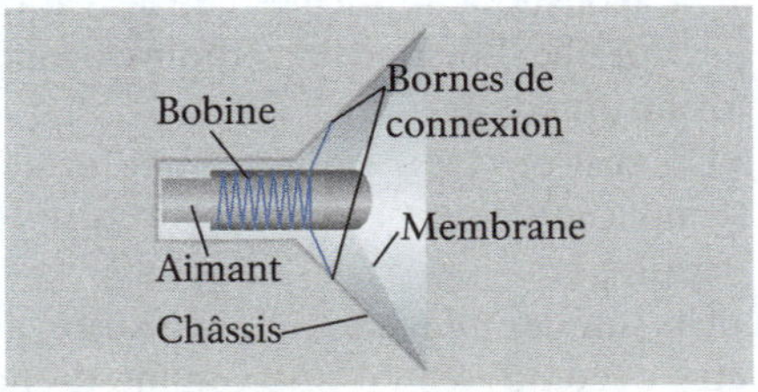

FIGURE 3. **Schéma d'un haut-parleur.**

V. Les récepteurs sonores

Les récepteurs (l'oreille, micro) transforment les vibrations de l'air en influx nerveux ou en tension électrique.

1. L'oreille

- L'audition est un mécanisme complexe : plusieurs transformations se produisent successivement dans l'oreille. Les sons captés par le pavillon pénètrent dans le conduit auditif externe. Le tympan est mis en vibration dans l'oreille moyenne par les ondes sonores. La chaîne des osselets permet le passage du milieu aérien au milieu liquidien. Dans la cochlée, au cœur de l'oreille interne, les ondes sont transformées en un message électrique acheminé jusqu'au cerveau par le nerf auditif.
- L'oreille perçoit les sons dont les fréquences sont comprises **entre 20 Hz et 20 000 Hz**. Les fréquences inférieures correspondant aux infrasons et les fréquences supérieures correspondent aux ultrasons (figure 4).

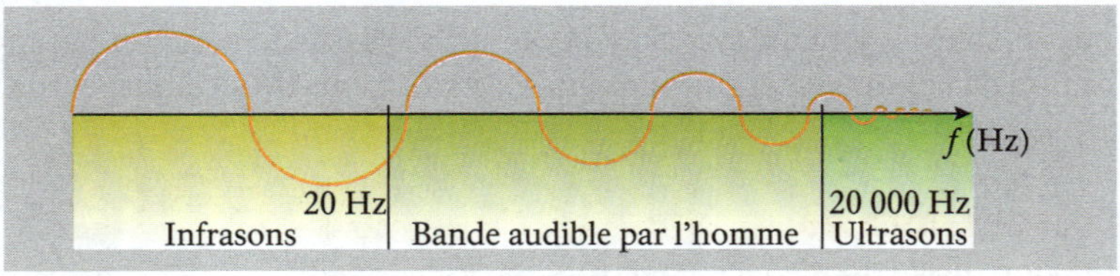

FIGURE 4. **Gamme de fréquences audibles par l'homme.**

- L'**intensité sonore** (notée I) est égale à la puissance sonore reçue par unité de surface. Elle caractérise la puissance énergétique reçue par l'oreille et s'exprime **en watts par mètre carré ($W \cdot m^{-2}$)**. Le seuil d'audibilité est fixé à $I_0 = 10^{-12}\ W \cdot m^{-2}$ et le seuil de douleur à une valeur $I_{max} = 25\ W \cdot m^{-2}$.
- Pour mieux prendre en compte la sensation physiologique de l'oreille, on définit une grandeur appelée niveau sonore L exprimé en décibels (dB), qui est liée à l'intensité sonore I par la relation :

$$L = 10 \times \log_{10}\left(\frac{I}{I_0}\right)$$

2. Le microphone

C'est un dispositif qui convertit des ondes sonores en un signal électrique. Il comporte une partie mobile appelée membrane, qui se met en mouvement sous l'effet des ondes sonores. Les oscillations mécaniques sont alors converties en une tension électrique variable, image électrique du signal sonore. Cette tension électrique peut être amplifiée ou enregistrée.

MÉTHODES ET STRATÉGIES

1 Analyser le son d'un instrument de musique

> Voir les exercices 1 et 3 mettant en œuvre cette méthode.

Méthode

> **Étape 1 :** Identifier la nature du son à partir de l'enregistrement. Si la courbe est sinusoïdale, le son est pur ; dans le cas contraire, le son est qualifié de complexe : il est la superposition de plusieurs sons sinusoïdaux.

> **Étape 2 :** Mesurer la période du son à partir de l'enregistrement. On mesure l'intervalle de temps séparant deux points successifs où l'on retrouve les mêmes caractéristiques de la courbe (valeur et sens de variation). Pour plus de précisions, on peut mesurer l'intervalle de temps correspondant à plusieurs périodes puis diviser par le nombre de périodes associées. L'incertitude sur la mesure en est divisée d'autant. Si r est l'incertitude sur la mesure d'une seule période et r_N celle sur N périodes alors :
$r = \dfrac{U(T)}{T_{\text{mesure}}}$ et $r_N = \dfrac{U(T)}{\Delta t}$ avec $\Delta t = N \times T_{\text{mesure}}$ soit $r_N = \dfrac{U(T)}{N \times T_{\text{mesure}}} \Leftrightarrow r_N = \dfrac{r}{N}$.

> **Étape 3 :** Calculer la fréquence associée. La fréquence f est égale au nombre de périodes T dans une seconde :

$$f = \frac{1}{T}$$

f en hertz (Hz)
T en secondes (s)

On peut alors s'assurer, comme pour tous les sons audibles par l'oreille humaine, que $20\ \text{Hz} \leqslant f \leqslant 20\ 000\ \text{Hz}$.

> **Étape 4 :** Identifier les fréquences des harmoniques à partir du spectre en fréquences. Toute fonction périodique non sinusoïdale de fréquence f peut être décomposée en une somme de fonctions sinusoïdales de fréquences f, $2f$, $3f$… Chaque composante sinusoïdale est appelée harmonique. La composante de plus petite fréquence f_1 est appelé fondamental et correspond à la fréquence f du son. Les fréquences f_n des harmoniques sont des multiples de celle du fondamental f_1, soit : $f_n = n \times f_1$. On appelle le spectre en fréquences d'un signal, un diagramme en bâtons dont les abscisses coïncident avec l'ensemble des fréquences des harmoniques du signal et les amplitudes de chaque harmonique sont proportionnelles aux hauteurs.

Exemple

On enregistre le son d'un instrument à cordes jouant une note, puis on en réalise le spectre en fréquences. On obtient les résultats ci-dessous. Analyser un tel son.

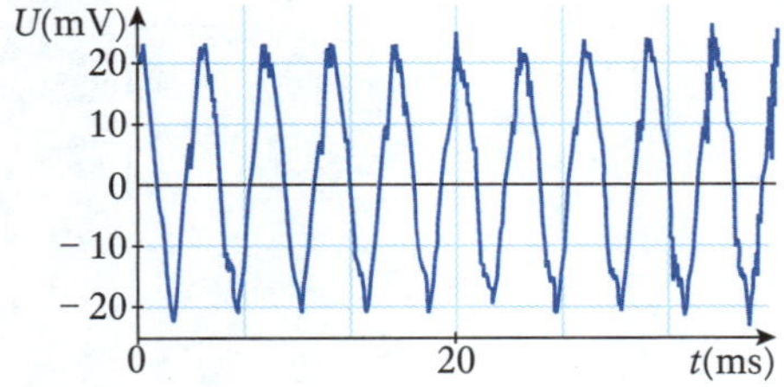

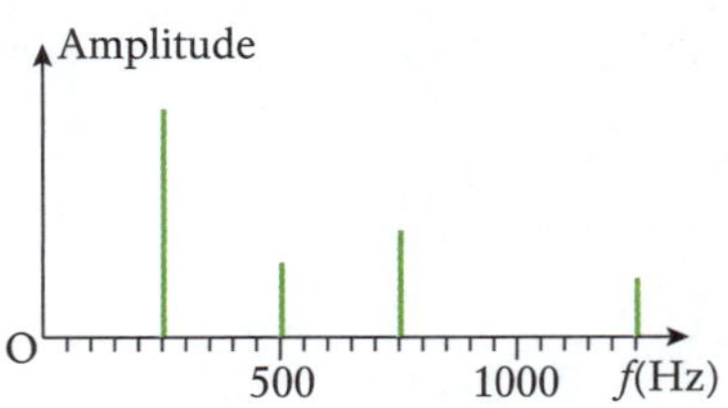

Application

> Étape 1 : La courbe d'enregistrement n'est pas une sinusoïde, donc le son est qualifié de complexe : il est la superposition de plusieurs sons sinusoïdaux.

> Étape 2 : On mesure l'intervalle de temps correspondant à cinq périodes : $\Delta t = 20{,}0$ ms.
On calcule la période T : $T = \frac{\Delta t}{5} = \frac{20{,}0}{5} = 4{,}00 \text{ ms}$.

> Étape 3 : Calcul de la fréquence associée : $f = \frac{1}{T} = \frac{1}{4{,}00 \times 10^{-3}} = 250 \text{ Hz}$.

On constate que la fréquence est bien dans l'intervalle des fréquences audibles par l'homme : $20 \text{ Hz} \leqslant f \leqslant 20\ 000 \text{ Hz}$.

> Étape 4 : D'après le spectre en fréquences, on identifie :
- le fondamental de fréquence $f_1 = 250$ Hz ;
- trois harmoniques de fréquences $f_2 = 2 \times f_1 = 500$ Hz ; $f_3 = 3 \times f_1 = 750$ Hz ; $f_5 = 5 \times f_1 = 1\ 250$ Hz.

On constate que l'harmonique de fréquence f_4 est absent.

2 Résoudre un problème en acoustique

> Voir les exercices 2 et 4 mettant en œuvre cette méthode.

Méthode

> Étape 1 : Identifier et reformuler le problème. À partir de l'énoncé, trouver les mots-clés qui permettent de mettre la problématique sous une forme intelligible faisant ressortir une question claire et précise.

> Étape 2 : Trouver les pistes qui permettent d'y répondre. En s'appuyant sur les documents fournis et sur ses connaissances, trouver les grandeurs d'intérêt à calculer.

> Étape 3 : Mettre en ordre les étapes de la résolution. En s'appuyant sur les documents fournis et sur ses connaissances, identifier les formules, les lois et les données fournies qui permettront la résolution.
Réarranger en plusieurs étapes le processus de la résolution.

> Étape 4 : Rédiger la solution. On réalise les calculs de chacune des étapes identifiées.

> Étape 5 : Conclure. Répondre à la question posée sur la base de la résolution effectuée.

Exemple

Sur un chantier, un marteau piqueur a un niveau sonore estimé à 120 dB. Cet engin émet dans toutes les directions une onde sonore dont l'intensité sonore est donnée par la relation : $I = \frac{P}{4 \times \pi \times d^2}$

avec P la puissance sonore en watts (W) de la source sonore et d la distance à cette source en mètres (m).

Données :

• L'intensité sonore I est égale à la puissance sonore P reçue par unité de surface. Elle s'exprime en $W \cdot m^{-2}$.

• Le seuil d'audibilité est fixé à $I_0 = 1{,}0 \times 10^{-12}\ W \cdot m^{-2}$ (ce qui correspond à $P_0 = 1{,}0 \times 10^{-12}\ W$) et le seuil de douleur à une valeur de $25\ W \cdot m^{-2}$.

• La législation impose le port d'une protection auditive pour des niveaux sonores dépassant 85 dB.

• Le niveau sonore L, exprimé en décibels (dB), est lié à l'intensité sonore I ou à la puissance sonore P par les relations :

$$L = 10 \times \log_{10}\left(\frac{I}{I_0}\right) \Leftrightarrow I = I_0 \times 10^{\frac{L}{10}} \text{ et } L = 10 \times \log_{10}\left(\frac{P}{P_0}\right) \Leftrightarrow P = P_0 \times 10^{\frac{L}{10}}.$$

Problème : dans quel périmètre autour du marteau piqueur faut-il porter un casque anti-bruit ?

Application

> Étape 1 : Le périmètre autour de l'engin est un disque de rayon R à l'intérieur duquel le niveau sonore L est supérieur ou égal à 85 dB. Il faut donc calculer la valeur de R, distance au marteau piqueur pour laquelle L est égal à 85 dB.

> Étape 2 : Trouver la valeur de I pour laquelle L est égal 85 dB, puis trouver la puissance sonore P du marteau piqueur. Déterminer enfin la valeur de R.

> Étape 3 :

Calcul de I à l'aide de la formule $I = I_0 \times 10^{\frac{L}{10}}$, avec $L = 85$ dB et $I_0 = 1{,}0 \times 10^{-12}\ W \cdot m^{-2}$.

Calcul de P à l'aide de la formule $P = P_0 \times 10^{\frac{L}{10}}$, avec $L = 120$ dB et $P_0 = 1{,}0 \times 10^{-12}$ W.

Calcul de R à l'aide de la formule $I = \dfrac{P}{4 \times \pi \times d^2}$ en remplaçant d par R puis en isolant R.

> Étape 4 : Applications numériques :

$$I = 1{,}0 \times 10^{-12} \times 10^{\frac{85}{10}} = 3{,}2 \times 10^{-4}\ W \cdot m^{-2}.$$

$$P = 1{,}0 \times 10^{-12} \times 10^{\frac{120}{10}} = 1{,}0\ W.$$

$$I = \frac{P}{4 \times \pi \times R^2} \Leftrightarrow R^2 = \frac{P}{4 \times \pi \times I} \Leftrightarrow R = \sqrt{\frac{P}{4 \times \pi \times I}}$$

soit $R = \sqrt{\dfrac{1{,}0}{4 \times \pi \times 3{,}2 \times 10^{-4}}} = 16\ m$.

> Étape 5 : En conclusion, le port du casque anti-bruit est obligatoire si l'on se situe à une distance inférieure ou égale à 16 mètres du marteau piqueur.

SUJETS DE TYPE BAC

1 Le son du hautbois

60 min

Cet exercice passe en revue les différentes étapes de l'analyse d'un son musical, ainsi que la notion de fréquences propres d'un tuyau sonore. Un grand classique de l'épreuve du baccalauréat !

> Voir la méthode et stratégie 1.

Le hautbois est un instrument de musique à vent de la famille des bois. Le son est créé par la vibration d'une hanche double, sous le passage du souffle du musicien. Le hautbois est aussi bien utilisé en solo qu'au sein d'un orchestre symphonique. Il était tout particulièrement prisé par le compositeur Hector Berlioz qui le considérait comme l'instrument mélodique par excellence.

DOC. 1 Description d'un hautbois

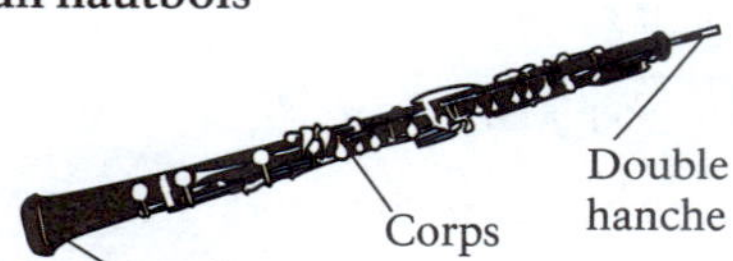

DOC. 2 Son produit par un instrument

Un son pur est une vibration sonore sinusoïdale, alors qu'un son complexe est une vibration sonore périodique non sinusoïdale. Les instruments de musique produisent des sons complexes qui sont une superposition de sons sinusoïdaux. Les fréquences des sons sinusoïdaux sont composées de la fréquence f associée au fondamental et des fréquences multiples de f associées aux harmoniques.

DOC. 3 Modélisation d'un hautbois par un tuyau sonore

On modélise un hautbois par une colonne d'air cylindrique, de longueur L, fermée à une extrémité et ouverte à l'autre. La vibration de la double anche génère une vibration de l'air à l'intérieur du hautbois selon les fréquences propres données par la relation : $f = (2n - 1) \times \dfrac{v}{4 \times L}$, avec L la longueur de la colonne d'air en mètres, n un entier supérieur ou égal à 1 et v la vitesse du son dans l'air : $v = 340\ \text{m·s}^{-1}$. La fréquence fondamentale de la colonne correspond à $n = 1$.

DOC. 4 Effet de la température de l'air sur la vitesse du son

Température (°C)	−10	0	10	15	30
Vitesse (m·s^{-1})	325	331	337	340	349

Partie 1 – Analyse du son émis par un hautbois

Un joueur de hautbois fait réaliser l'enregistrement du son émis par son instrument lorsque celui-ci joue la note la_3 qui correspond à une fréquence de 440 Hz.

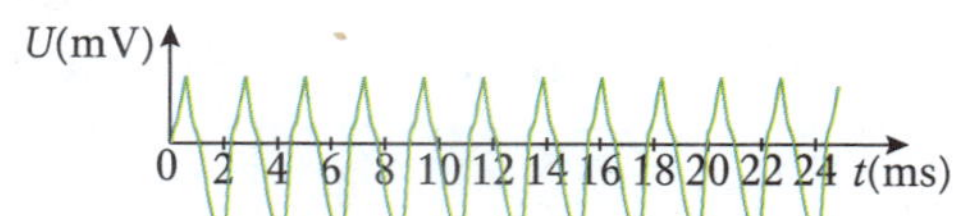

1. L'instrument est-il correctement accordé ?

2. Pour accorder son instrument, le musicien peut en modifier la longueur en allongeant le « bocal » qui est la partie reliant le corps et la double hanche. Trouver la longueur L que doit avoir la colonne d'air pour que l'instrument soit accordé.

3. Trouver parmi les trois spectres proposés celui qui correspondrait au hautbois une fois accordé.

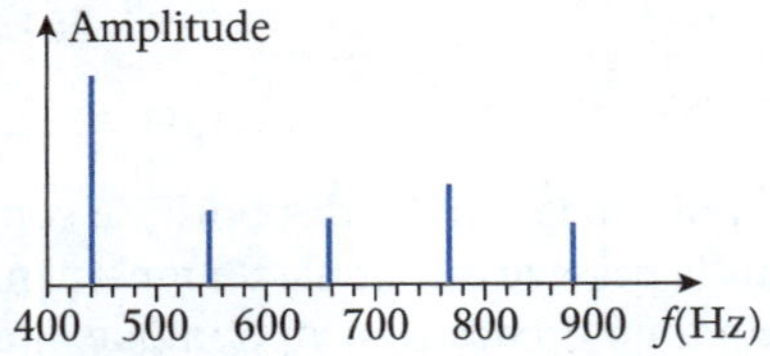

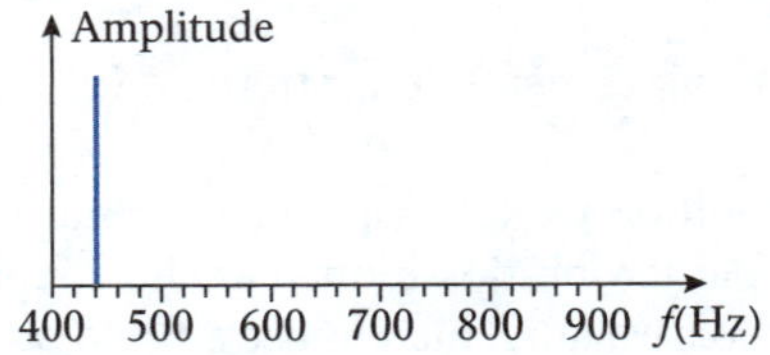

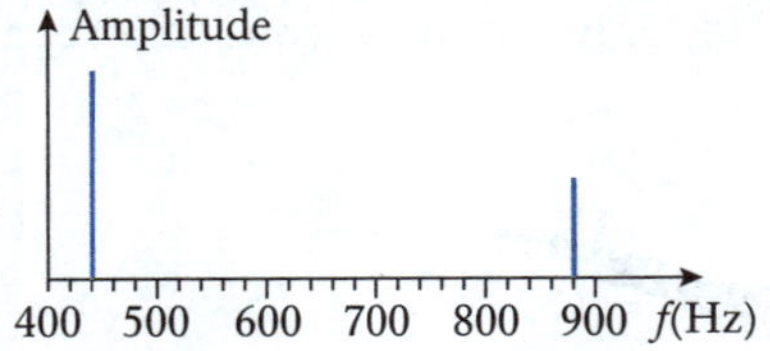

Partie 2 – Les harmoniques du son du hautbois

La colonne d'air du hautbois est désormais fixée à une longueur de 12,9 cm.

1. Quelle est la fréquence du fondamental ?

2. Calculer les fréquences des trois premiers harmoniques.

3. Montrer que l'affirmation du musicien « mon instrument ne produit que les harmoniques impairs » est vraie.

4. À quelle température la note a-t-elle été jouée ?

5. Le musicien fait ses gammes à l'extérieur, où la température avoisine les 0 °C.

a. Quelle sera la fréquence de la note émise ?

b. Comment doit évoluer la longueur L pour retrouver une note de même hauteur ?

c. Calculer cette nouvelle longueur.

6. Pour quelle température la note jouée correspondra-t-elle à la fréquence la plus grande ?

2 Acoustique d'une salle de concert

90 min

Cet exercice répond parfaitement aux exigences du nouveau programme puisqu'il permet à la fois de s'entraîner à l'exploitation de documents, tout en faisant le lien entre des notions transversales : les propriétés acoustiques d'une salle et les matériaux utilisés pour les parois de celle-ci.

> Voir les méthodes et stratégie 1 et 2.

DOC. 1 **Correspondance entre la hauteur et la fréquence d'une note**

Note	la_1	la_2	la_3	si_3	mi_4	fa_4	sol_4	la_4
Fréquence (Hz)	110	220	440	494	659	698	783	880

DOC. 2 La réverbération d'une salle

La réverbération est un phénomène qui prolonge le son dans une salle après un arrêt brusque de la source sonore. L'onde sonore émise rencontre des obstacles tels que le plafond, le sol et les murs lors de sa propagation dans toutes les directions. En fonction des matériaux utilisés pour réaliser les parois, une partie de l'énergie acoustique portée par l'onde sonore incidente est absorbée tandis que le reste est réfléchi et porté par l'onde sonore réfléchie.

La durée de réverbération souhaitée dépend du type de sons :

• pour un discours, elle doit être courte, c'est-à-dire 0,8 seconde au maximum, ceci afin d'éviter que les mots ne se chevauchent ;

• pour des sons musicaux, elle doit-être comprise entre 1,0 et 3,5 secondes, ceci pour avoir une prolongation du son produit.

Une salle sans réverbération est à éviter pour les musiciens car on a alors un rendu sec et dur de la musique, ce qui procure une sensation auditive désagréable.

DOC. 3 La durée de réverbération

La durée de réverbération T_R est égale au temps mis par un son pour diminuer de 60 dB après la coupure de la source sonore : $T_R = \dfrac{0{,}16 \times V}{A}$, avec V le volume de la salle (en m^3) ; A l'aire de la surface absorbante équivalente de la salle (en m^2) ; T_R la durée de réverbération (en s).

La surface équivalente A a pour formule : $A = \sum_i (\alpha_i \times S_i)$, où α_i représente le coefficient d'absorption du matériau de surface S_i :

Matériau	Plâtre	Carrelage	Béton	Bois	Verre	Dalle acoustique
α_M	0,028	0,018	0,010	0,16	0,20	0,79

Partie 1 – Étude des propriétés acoustiques de la salle de concert

La salle de concert est un parallélépipède dont les dimensions sont précisées ci-contre.

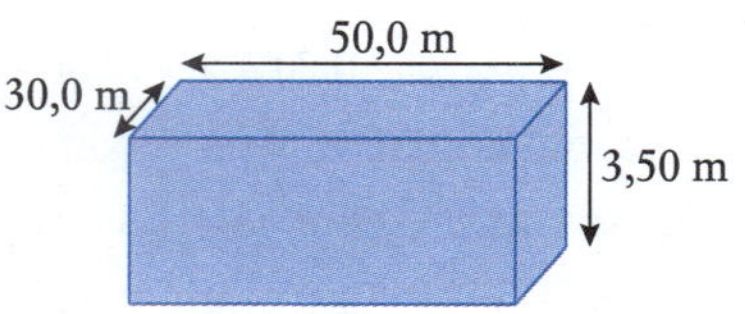

Le sol est recouvert de carrelage, les murs latéraux de plâtre et le plafond de bois.

1. Quels sont les phénomènes physiques qui surviennent au cours de la propagation du son dans la salle ?

2. Calculer la surface absorbante de la salle.

3. Cette salle possède-t-elle une bonne acoustique pour un concert ?

4. On veut organiser un meeting politique dans cette salle.

a. La salle a-t-elle une acoustique adéquate ?

b. Sur quelle grandeur peut-on jouer pour améliorer l'acoustique ?

c. Pour rendre l'acoustique d'un discours acceptable, un ingénieur du son propose de recouvrir le plafond de dalles acoustiques. Vérifiez son hypothèse.

5. La mesure du volume de la salle et de la surface absorbante nous donne : $V = (5\,250 \pm 2)$ m^3 ; $A = (405 \pm 5)$ m^2.

a. Trouver les incertitudes $U(V)$ et $U(A)$.

b. L'incertitude sur le temps de réverbération a pour expression :

$$U(T_R) = T_R \times \sqrt{\left(\frac{U(V)}{V}\right)^2 + \left(\frac{U(A)}{A}\right)^2}$$

Calculer $U(T_R)$ pour une mesure égale à 1,50 s.

c. Trouver un encadrement du temps de réverbération.

6. Quelle doit-être la valeur de A pour que le temps de réverbération soit égal à 1,50 s ?

7. Calculer le temps de réverbation le plus court que l'on puisse trouver en choisissant les matériaux adéquats. Expliciter la démarche.

8. Un architecte propose de faire une salle de concert entièrement en béton brut. Montrer que ce projet n'a pas de sens.

Partie 2 – Analyse du son des instruments avant le concert

Les musiciens accordent leurs instruments en utilisant comme référence un diapason qui émet la note « la_3 ». Chaque musicien joue cette note sur son instrument puis la compare à celle émise par le diapason afin de procéder aux réglages qui permettent d'obtenir la note de même hauteur.

On obtient l'enregistrement d'un violon et les spectres en fréquences d'une trompette et du diapason :

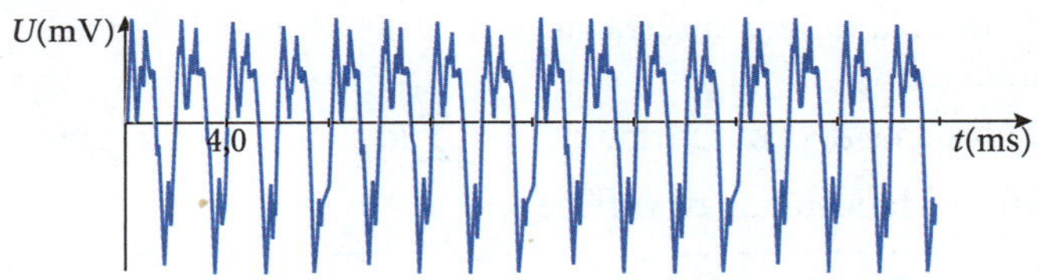

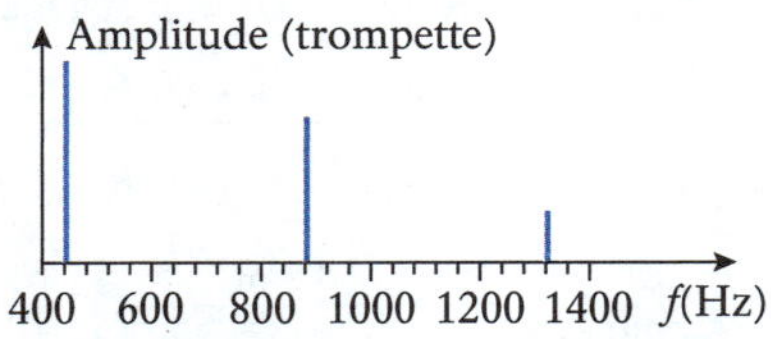

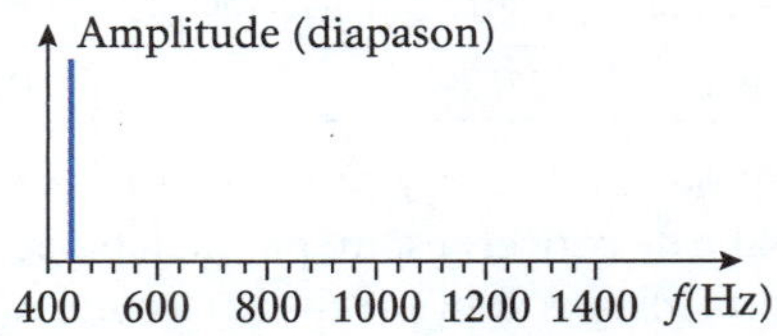

1. Comment qualifie-t-on le son du diapason et celui des deux instruments ?

2. Est-ce que les deux instruments sont accordés ?

3. Quel est l'instrument qui joue la note la plus haute ?

4. Trouver la relation entre les fréquences d'un « la_N » et d'un « la_{N+1} ».

5. Calculer la fréquence d'un « la_6 ».

3 Étude d'une corde de guitare

90 min

Cet exercice aborde l'étude importante des cordes vibrantes et de la production de sons associés. Il permet de tester sa capacité à manipuler et à exploiter des formules littérales fournies dans des documents.

> Voir les méthodes et stratégies 1 et 2.

La guitare est un instrument où la production d'un son résulte de la mise en vibration d'une corde métallique. Avant toute utilisation, le musicien accorde sa guitare en jouant sur les forces de tension s'exerçant sur les différentes cordes de son instrument.

DOC. 1 La vitesse d'une onde le long d'une corde

La vitesse v de l'onde le long d'une corde est fonction de la tension T imposée à la corde et de la masse linéique μ par la relation :

$$v = \sqrt{\frac{T}{\mu}}$$

T en newtons (N)
μ en kilogrammes par mètre (kg·m^{-1})

DOC. 2 Onde stationnaire le long d'une corde

Une onde stationnaire est le phénomène qui résulte de la superposition de deux ondes de même fréquence se propageant simultanément selon une même direction mais dans des sens opposés. On obtient une vibration stationnaire où l'on n'observe plus de propagation : les points du milieu vibrent en phase avec des amplitudes différentes. Pour une corde, on observe des ventres d'amplitude et des nœuds d'amplitude.

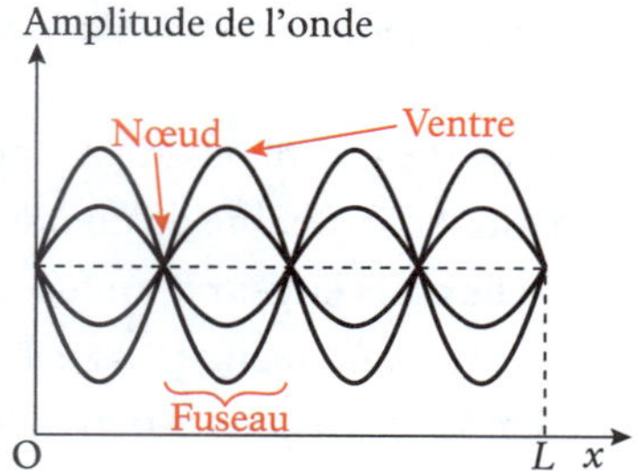

DOC. 3 Conditions d'apparition d'une onde stationnaire le long d'une corde

Une onde stationnaire apparaît le long d'une corde lorsque sa longueur L est égale à un multiple de la demi-longueur d'onde λ :

$$L = n \times \frac{\lambda}{2}$$

λ, longueur d'onde de la vibration de la corde

Pour $n = 1$, on obtient le mode fondamental et pour les valeurs de n suivantes, on obtient les harmoniques. Le nombre n nous donne le nombre de ventres identifiés le long de la corde. Une corde de longueur L qui vibre dans son mode fondamental présente un seul fuseau, et vérifie la relation : $L = \frac{\lambda}{2}$.

DOC. 4 Quelques informations sur les ondes sonores

Pour une onde de fréquence f (en Hz), de vitesse v (en m·s^{-1}) et de longueur d'onde λ (en m), on a la relation : $v = \lambda \times f$.

Le domaine du spectre audible pour l'homme va de 20 Hz à 20 kHz.

DOC. 5 Fréquences de quelques notes dans la gamme tempérée

Numéro d'octave	f (Hz)
do	65,4
ré	73,4
mi	82,4
fa	87,3
sol	98,0
la	110
si	123

On nomme les cordes d'un instrument d'après la note qu'elles émettent dans le mode fondamental, lorsqu'on les a pincées à vide.

Partie 1 – Étude des modes de vibration d'une corde de guitare

À l'aide d'un dispositif électromagnétique, on met en vibration une corde de guitare de longueur $L = 90,0$ cm puis on règle la fréquence f de vibration imposée à la corde.

1. Montrer que l'on observera sur la corde des ondes stationnaires uniquement pour une série discrète de fréquences à préciser.

2. Calculer la fréquence fondamentale f_1 sachant que la vitesse est égale à 14,0 $m \cdot s^{-1}$. Est-ce que l'on entendra un son ?

3. Trouver le numéro n de l'harmonique à partir duquel la corde en vibration engendrerait un son.

4. On réalise une photographie de la corde en vibration :

a. Identifier le nombre de nœuds et de ventres.

b. Quelle est la largeur d'un fuseau ?

c. Calculer la fréquence f associée à l'onde stationnaire.

d. Pour quelle fréquence obtiendrait-on cinq fuseaux ?

5. Déterminer l'expression littérale de la longueur maximale L_{max} en fonction de la vitesse v le long de la corde pour laquelle la vibration du mode fondamental engendrera un son audible. Calculer L_{max} pour $v = 14,0$ $m \cdot s^{-1}$.

6. On donne les masses linéiques de deux cordes de la guitare : $\mu_1 = 0,569$ $g \cdot m^{-1}$; $\mu_2 = 0,702$ $g \cdot m^{-1}$.

a. Montrer que ces cordes sont soumises à des tensions proches. On prendra $v = 14,0$ $m \cdot s^{-1}$ pour les deux cordes.

b. Comment agir sur la tension pour augmenter la vitesse ?

c. On applique sur les deux cordes une tension identique. Sur quelle corde l'onde se propagera-t-elle le plus vite ?

Partie 2 – Accordage d'une guitare

Un musicien réalise l'accord des cordes de sa guitare. Il fait enregistrer une note sensée être un la_3, de fréquence égale à 440 Hz, puis étudie le spectre en fréquences associé.

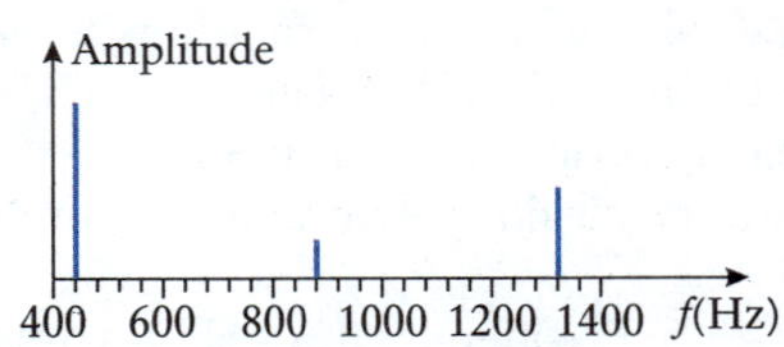

1. La corde est-elle correctement accordée ?

2. Quel type de son produit la guitare ?

3. Combien de fuseaux possèderait la corde si elle vibrait à $f = 880$ Hz ? Quelle serait leur largeur ?

4. On s'intéresse à la note mi de la gamme tempérée.

a. Exprimer puis calculer la longueur L de la corde de guitare à pincer pour obtenir une telle note, avec $v = 32,0$ $m \cdot s^{-1}$, sachant que l'on produit le fondamental.

b. Doit-on augmenter ou diminuer la longueur pincée pour jouer un si ?

5. Montrer que pour une corde désaccordée produisant une note pas assez haute, il faut augmenter la tension à laquelle est soumise la corde.

4 La protection contre le bruit

90 min

Un excellent exercice d'application autour des casques anti-bruit, dont la résolution fait appel à de nombreuses compétences : extraire et exploiter les informations, mobiliser ses connaissances et « jongler » avec des formules mathématiques.

> Voir la méthode et stratégie 2.

Dans le domaine du BTP, les conditions de travail des ouvriers ont été grandement améliorées avec l'adoption de casques anti-bruit, permettant de réduire drastiquement les cas de surdité liés à l'environnement professionnel.

DOC. 1 Intensité et niveau sonore

L'intensité sonore I ($W{\cdot}m^{-2}$) associée à un son émis par une source produisant une puissance sonore P (W), est une fonction de la distance r (m) à la source : $I = \dfrac{P}{4 \times \pi \times r^2}$.

Le niveau sonore L (dB) permet de rendre compte de la sensation auditive de l'oreille humaine : $L = 10 \times \log\left(\dfrac{I}{I_0}\right)$ avec $I_0 = 1{,}0 \times 10^{-12}\ W{\cdot}m^{-2}$, intensité sonore de référence.

DOC. 2 Les niveaux sonores et la sensation physiologique

Niveau sonore (dB)	0	60	85	90	120
Sensation	Limite d'audibilité	Bruit gênant	Seuil de risque	Seuil de danger	Seuil de douleur

DOC. 3 Le principe d'un casque anti-bruit

La loi exige le port d'une protection auditive si le bruit aux alentours égale ou dépasse 85 dB. On distingue deux types de casques anti-bruit : les casques passifs et les casques actifs.

Les casques anti-bruit passifs ont pour effet d'atténuer le bruit ambiant grâce à des matériaux isolants. Les casques anti-bruit passifs permettent une atténuation de 20 décibels à 33 décibels.

Les casques anti-bruit actifs ajoutent au bruit ambiant un son identique mais en opposition de phase : ceci permet à l'oreille de ne rien percevoir car la résultante des deux sons est nulle. Le casque actif est composé d'un récepteur du son ambiant et d'un émetteur du son correcteur en opposition de phase.

Partie 1 – Se protéger en s'éloignant

On considère une machine sur un chantier, qui est une source sonore de puissance sonore P.

1. Trouver l'expression du niveau sonore L en fonction de P.

2. La puissance sonore de l'engin est égale à $P = 900$ mW.

a. Calculer le niveau sonore à une distance de 1,0 m puis de 10,0 m.

b. Les ouvriers courent-ils un risque sur le chantier ?

c. À quelle distance minimale devrait-on se placer pour que le bruit de la machine ne constitue plus un risque pour l'oreille ?

3. Montrer que lorsque la puissance sonore est doublée, le niveau sonore augmente de 3 dB.

4. Une machine de chantier à bas régime émet un bruit qualifié de gênant. De combien de fois la puissance sonore doit-elle être multipliée pour atteindre le stade de bruit dangereux ?

Partie 2 – Bien choisir son casque anti-bruit

Les sons correspondent à des fréquences comprises entre 20 Hz et 20 000 Hz. Les performances des casques anti-bruit sont données par des courbes donnant l'atténuation en décibels en fonction des fréquences sonores :

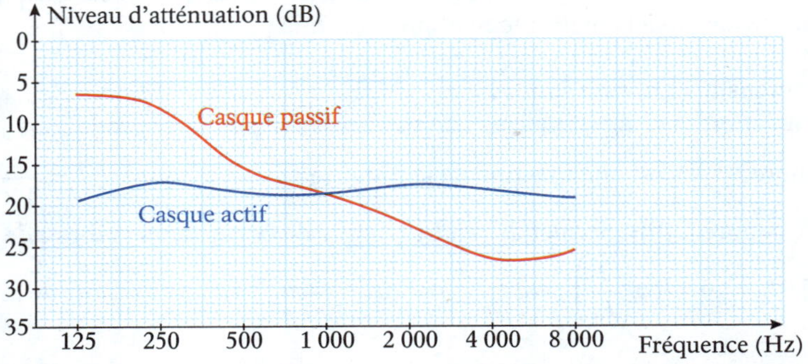

1. Un ouvrier se trouve à 5,0 mètres d'un engin ayant une puissance sonore de 800 mW.

a. L'ouvrier devrait-il porter une protection auditive ?

b. L'engin produit un son de fréquence 250 Hz. L'ouvrier doit-il porter un casque passif ou actif ? Justifier.

2. Pour quelles fréquences le casque passif est-il plus efficace que le casque actif ?

3. On s'intéresse au fonctionnement du casque actif. On représente ci-dessous les variations temporelles de deux ondes sonores qui s'ajoutent.

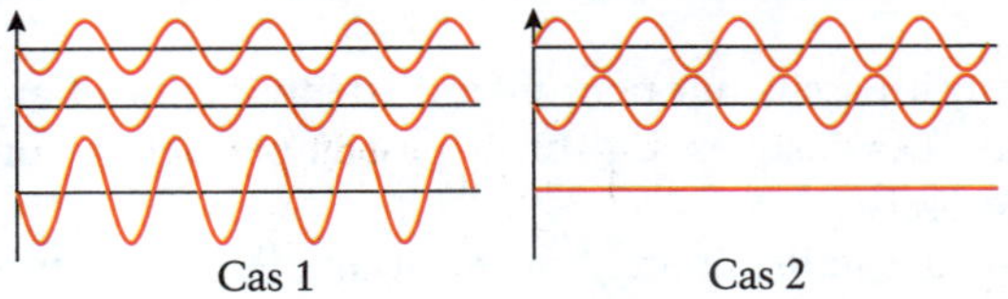

a. Quel cas permet d'expliquer le fonctionnement du casque actif ?

b. Le casque actif permet-il d'obtenir un silence absolu ?

c. Le casque actif permet-il de travailler dans un environnement où le bruit est au niveau du seuil de danger, quelle que soit la fréquence ?

d. Pour quelle fréquence l'écart de performance est-il le plus grand entre le casque passif et le casque actif ?

4. On considère un ouvrier se trouvant à une distance D d'une machine de puissance sonore $P = 500$ mW produisant un son de fréquence 2 000 Hz.

a. Calculer la distance à laquelle se trouve l'ouvrier sans casque qui perçoit un niveau sonore de 85 dB.

b. Même question s'il est muni d'un casque actif.

CORRIGÉS

1 Le son du hautbois

Partie 1

1. On mesure un intervalle de temps Δt correspondant à 5 périodes :
$\Delta t = 11{,}0$ ms.
On en déduit la période T :

$$T = \frac{\Delta t}{5} = \frac{11{,}0}{5} = 2{,}20 \text{ ms}.$$

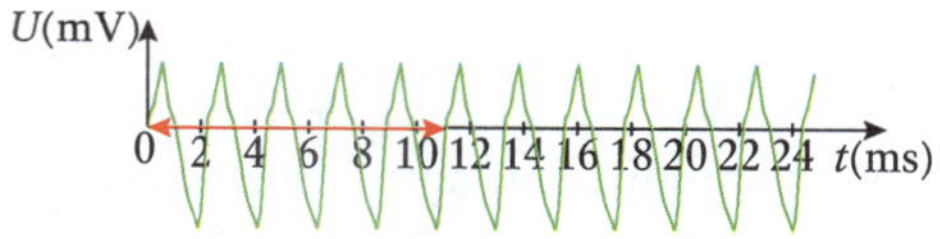

On calcule ensuite la fréquence : $f = \frac{1}{T} = \frac{1}{2{,}20 \times 10^{-3}} = 455 \text{ Hz}$.

Penser à convertir la période en secondes : 1 ms = 10^{-3} s.

On constate que l'instrument n'est pas correctement accordé car la fréquence trouvée est différente de 440 Hz.

2. On applique la formule : $f = (2n-1) \times \frac{v}{4 \times L} \Leftrightarrow L = (2n-1) \times \frac{v}{4 \times f}$.

On pose $n = 1$ car il s'agit de la fréquence du son correspondant au fondamental à 440 Hz et on obtient : $L = (2-1) \times \frac{340}{4 \times 440} = 0{,}193 \text{ m}$.

3. Le son du hautbois est un son complexe car il n'est pas sinusoïdal. Son spectre doit donc comporter le fondamental à 440 Hz et des harmoniques dont les fréquences sont des multiples de celle du fondamental. Le troisième spectre proposé est celui qui correspondrait au hautbois une fois accordé car on trouve la fréquence du fondamental et celle d'un harmonique : $f_2 = 2 \times 440 = 880 \text{ Hz}$.

Partie 2

1. La fréquence du fondamental se calcule par l'expression :

$$f = (2n-1) \times \frac{v}{4 \times L} = (2 \times 1 - 1) \times \frac{340}{4 \times 0{,}129} = 659 \text{ Hz}.$$

Penser à convertir la longueur en mètres : 1 cm = 10^{-2} m.

2. Les fréquences des trois premiers harmoniques sont obtenues en posant respectivement $n = 2$, 3 et 4, soit : $f_2 = (2 \times 2 - 1) \times \frac{340}{4 \times 0{,}129} = 1\,977 \text{ Hz}$;

$f_3 = (2 \times 3 - 1) \times \frac{340}{4 \times 0{,}129} = 3\,295 \text{ Hz}$; $f_4 = (2 \times 4 - 1) \times \frac{340}{4 \times 0{,}129} = 4\,612 \text{ Hz}$.

3. Pour les fréquences des trois premiers harmoniques on a $\frac{f_2}{f} = 3$; $\frac{f_3}{f} = 5$; $\frac{f_4}{f} = 7$, ce qui correspond bien à des harmoniques impairs.
De manière plus générale on a :

$$f = (2n-1) \times \frac{v}{4 \times L} \text{ avec } f_1 = \frac{v}{4 \times L} \text{ donc } f = (2n-1) \times f_1.$$

Sachant que $(2n-1)$ est impair pour tout entier n, on en déduit que l'affirmation du musicien est vraie.

4. D'après le document 4, la vitesse du son utilisée correspond à une température de 15 °C.

5. a. Pour une température $T = 0$ °C, on a $v = 331 \text{ m·s}^{-1}$. La fréquence de la note émise sera égale à : $f = (2n-1) \times \dfrac{v}{4 \times L} = (2-1) \times \dfrac{331}{4 \times 0{,}129} = 641 \text{ Hz}$.

b. Pour retrouver une note de même hauteur, il faut augmenter f (car on doit passer de 641 Hz à 659 Hz) et donc diminuer la longueur L.

c. $f = (2n-1) \times \dfrac{v}{4 \times L} \Leftrightarrow L = (2n-1) \times \dfrac{v}{4 \times f} = (2-1) \times \dfrac{331}{4 \times 659} = 0{,}126 \text{ m}$.

6. La note jouée correspondra à la fréquence la plus grande pour la plus grande des vitesses du son dans l'air, soit pour la température la plus élevée : 30 °C.

2 Acoustique d'une salle de concert

Partie 1

1. Les phénomènes physiques qui surviennent au cours de la propagation du son dans la salle sont la réflexion, l'absorption et la transmission.

2. Calcul de la surface absorbante de la salle :

$$A = \sum_i (\alpha_i \times S_i) = \alpha_{\text{Plâtre}} \times S_{\text{Murs}} + \alpha_{\text{Carrelage}} \times S_{\text{Sol}} + \alpha_{\text{Bois}} \times S_{\text{Plafond}}.$$

Or $\alpha_{\text{Plâtre}} = 0{,}028$; $\alpha_{\text{Carrelage}} = 0{,}018$; $\alpha_{\text{Bois}} = 0{,}16$;

$S_{\text{Murs}} = 3{,}50 \times (2 \times 50{,}0 + 2 \times 30{,}0) = 560{,}0 \text{ m}^2$;

$S_{\text{Plafond}} = S_{\text{Sol}} = 50{,}0 \times 30{,}0 = 1\,500{,}0 \text{ m}^2$;

Donc $A = 0{,}028 \times 560{,}0 + 0{,}018 \times 1\,500{,}0 + 0{,}16 \times 1\,500{,}0 = 282{,}7 \text{ m}^2$.

3. Pour savoir si cette salle possède une bonne acoustique pour un concert, on calcule le temps de réverbération :

$T_R = \dfrac{0{,}16 \times V}{A}$ avec $V = 3{,}50 \times 30{,}0 \times 50{,}0 = 5\,250{,}0 \text{ m}^3$ et $A = 282{,}7 \text{ m}^2$;

soit $T_R = \dfrac{0{,}16 \times 5\,250{,}0}{282{,}7} = 3{,}0 \text{ s}$.

On en conclut que la salle possède une bonne acoustique pour un concert car $1{,}0 \text{ s} \leqslant T_R \leqslant 3{,}5 \text{ s}$.

4. a. La salle n'a pas une acoustique adéquate car $T_R > 0{,}8 \text{ s}$.

b. Pour améliorer l'acoustique, on peut augmenter la surface équivalente absorbante en collant des plaques de matériaux plus adaptés (dont le coefficient d'absorption est plus grand).

4. c. On calcule la surface absorbante équivalente :

$$A = \sum_i (\alpha_i \times S_i) = \alpha_{\text{Plâtre}} \times S_{\text{Murs}} + \alpha_{\text{Carrelage}} \times S_{\text{Sol}} + \alpha_{\text{D.Acoustiques}} \times S_{\text{Plafond}}.$$

On a : $\alpha_{\text{Plâtre}} = 0{,}028$; $\alpha_{\text{Carrelage}} = 0{,}018$; $\alpha_{\text{D.Acoustiques}} = 0{,}79$;

soit $A = 0{,}028 \times 560{,}0 + 0{,}018 \times 1\,500{,}0 + 0{,}79 \times 1\,500{,}0 = 1\,227{,}7 \text{ m}^2$.

On calcule le remps de réverbération associé : $T_R = \dfrac{0{,}16 \times V}{A} = \dfrac{0{,}16 \times 5\,250{,}0}{1\,227{,}7} = 0{,}68 \text{ s}$.

On constate que $T_R < 0{,}8 \text{ s}$. On peut donc valider la proposition de l'ingénieur du son.

5. a. Les incertitudes ont pour valeur : $U(V) = 2 \text{ m}^3$ et $U(A) = 5 \text{ m}^2$.

Pour une grandeur X mesurée avec une incertitude $U(X)$, on peut écrire : $X = X_{\text{mesure}} \pm U(X)$.

b. L'incertitude sur le temps de réverbération a pour expression :

$$U(T_R) = T_R \times \sqrt{\left(\frac{U(V)}{V}\right)^2 + \left(\frac{U(A)}{A}\right)^2} = 1{,}50 \times \sqrt{\left(\frac{2}{5\,250}\right)^2 + \left(\frac{5}{405}\right)^2} = 0{,}02 \text{ s.}$$

c. Encadrement du temps de réverbération : $1{,}48 \text{ s} \leqslant T_R \leqslant 1{,}52 \text{ s}$.

6. $T_R = \dfrac{0{,}16 \times V}{A} \Leftrightarrow A = \dfrac{0{,}16 \times V}{T_R} = \dfrac{0{,}16 \times 5\,250}{1{,}50} = 560 \text{ m}^2$.

7. Pour obtenir le temps de réverbation le plus court, il faut augmenter au maximum la valeur de A car le volume V ne peut pas être modifié.
Pour augmenter A, il faut recouvrir l'ensemble des surfaces (sol, plafond et murs) de plaques composées du matériau ayant le coefficient d'absorption α le plus grand.
Parmi les matériaux proposés, les dalles acoustiques constituent le meilleur choix possible. Il faut donc entièrement recouvrir les surfaces de la salle de dalles acoustiques :

$A = \sum_i (\alpha_i \times S_i) = \alpha_{\text{D.acoustiques}} \times (S_{\text{Murs}} + S_{\text{Sol}} + S_{\text{Plafond}})$ avec $\alpha_{\text{D.acoustiques}} = 0{,}79$;

soit $A = 0{,}79 \times (560{,}0 + 1\,500{,}0 + 1\,500{,}0) = 2\,812{,}4 \text{ m}^2$.

On obtient le temps de réverbération : $T_R = \dfrac{0{,}16 \times 5\,250{,}0}{2\,812{,}4} = 0{,}30 \text{ s}$.

8. Si toutes les surfaces sont bétonnées, on a :

$A = \sum_i (\alpha_i \times S_i) = \alpha_{\text{Béton}} \times (S_{\text{murs}} + S_{\text{sol}} + S_{\text{plafond}})$ avec $\alpha_{\text{Béton}} = 0{,}010$;

soit $A = 0{,}010 \times (560{,}0 + 1\,500{,}0 + 1\,500{,}0) = 35{,}6 \text{ m}^2$.

On obtient le temps de réverbération : $T_R = \dfrac{0{,}16 \times 5\,250{,}0}{35{,}6} = 23{,}6 \text{ s}$.

On constate que $T_R >> 3{,}5 \text{ s}$, donc les sons vont se chevaucher et rendre la musique totalement inaudible et incompréhensible : le projet n'a donc pas de sens.

Partie 2

1. Le son du diapason est pur, tandis que ceux des deux instruments sont complexes.

2. Calcul de la fréquence du son émis par le violon : on mesure l'intervalle Δt correspondant à deux périodes : $\Delta t = 4{,}0 \text{ ms} \Rightarrow T = \dfrac{\Delta t}{2} = 2{,}0 \text{ ms}$;

soit $f = \dfrac{1}{T} = \dfrac{1}{2{,}0 \times 10^{-3}} = 5{,}0 \times 10^2 \text{ Hz}$.

On constate que la fréquence est différente de 440 Hz, donc le violon n'est pas accordé.
Pour la trompette, on lit directement la fréquence du fondamental sur le spectre en fréquences : $f = 440$ Hz. La trompette est donc accordée.

3. L'instrument qui joue la note la plus haute est celui produisant le son de plus haute fréquence : il s'agit donc du violon.

4. D'après le tableau du document 1, on a :

$$\frac{f_{la_2}}{f_{la_1}} = \frac{220}{110} = 2 \ ; \ \frac{f_{la_3}}{f_{la_2}} = \frac{440}{220} = 2 \ ; \ \frac{f_{la_4}}{f_{la_3}} = \frac{880}{440} = 2$$

On peut généraliser à : $\frac{f_{la_{N+1}}}{f_{la_N}} = 2$.

5. Calcul de la fréquence d'un « la_6 » :

$$\frac{f_{la_6}}{f_{la_5}} = 2 \Leftrightarrow f_{la_6} = 2 \times f_{la_5} = 2 \times 2 \times f_{la_4} = 2 \times 2 \times 880 = 3\ 520 \text{ Hz} .$$

3 Étude d'une corde de guitare

Partie 1

1. Pour que l'on observe sur la corde des ondes stationnaires, il faut que la longueur L vérifie la relation : $L = n \times \frac{\lambda}{2}$.

Or $\lambda = \frac{v}{f}$, d'où $L = n \times \frac{v}{2f} \Leftrightarrow f = n \times \frac{v}{2L} \Leftrightarrow f = n \times f_1$ avec $f_1 = \frac{v}{2L}$.

Les fréquences possibles constituent donc une suite discrète où elles sont des multiples d'une fréquence f_1.

2. Calcul de la fréquence fondamentale f_1 : $f_1 = \frac{v}{2L} = \frac{14{,}0}{2 \times 0{,}900} = 7{,}78 \text{ Hz}$.

Penser à convertir L en mètres.

On n'entendra pas ce son car sa fréquence est inférieure à 20 Hz (seuil d'audibilité pour l'oreille humaine).

3. Calcul du numéro n de l'harmonique à partir duquel la corde en vibration engendrerait un son : $n \times f_1 \geqslant 20 \Leftrightarrow n \geqslant \frac{20}{f_1}$ soit $n \geqslant \frac{20}{7{,}78} \Leftrightarrow n \geqslant 2{,}5$.

Soit pour $n = 3$, on a $f = n \times f_1 = 3 \times 7{,}78 = 23{,}34 \text{ Hz}$.

Il s'agit bien d'une fréquence correspondant à un son audible (entre 20 Hz et 20 kHz).

4. a. On identifie 4 nœuds et 3 ventres.

b. On compte trois fuseaux pour une longueur L. La largeur d'un fuseau l_f est donc égale à $l_f = \frac{L}{3} = \frac{0{,}900}{3} = 0{,}300 \text{ m}$.

c. Calcul de la fréquence f associée à l'onde stationnaire, sachant que l'on a identifié 3 ventres (donc $n = 3$) : $f = n \times f_1 = 3 \times 7{,}78 = 23{,}34 \text{ Hz}$.

d. Si l'on avait cinq fuseaux, alors on identifierait 5 ventres, soit :
$f = n \times f_1 = 5 \times 7{,}78 = 38{,}90 \text{ Hz}$.

5. On a $f = n \times \frac{v}{2L} \Leftrightarrow L = n \times \frac{v}{2f}$ avec $n = 1$ (mode fondamental) et $f_{min} = 20 \text{ Hz}$;

d'où $L_{max} = 1 \times \frac{v}{2f_{min}} \Leftrightarrow L_{max} = \frac{v}{2f_{min}}$, soit $L_{max} = \frac{14{,}0}{2 \times 20} = 0{,}35 \text{ m}$.

6. a. D'après le document 1, on a : $v = \sqrt{\frac{T}{\mu}} \Rightarrow v^2 = \frac{T}{\mu} \Leftrightarrow T = v^2 \times \mu$.

On calcule : $T_1 = v^2 \times \mu_1 = 14{,}0^2 \times 0{,}569 \times 10^{-3} = 0{,}112 \text{ N} \approx 0{,}1 \text{ N}$;

$T_2 = v^2 \times \mu_2 = 14{,}0^2 \times 0{,}702 \times 10^{-3} = 0{,}138 \text{ N} \approx 0{,}1 \text{ N}$.

Les deux tensions sont proches.

> Penser à convertir les masses linéiques en $kg{\cdot}m^{-1}$: $1 \text{ g}{\cdot}\text{m}^{-1} = 10^{-3} \text{ kg}{\cdot}\text{m}^{-1}$.

b. Il faut augmenter la tension pour augmenter la vitesse.

c. L'onde se propagera le plus vite sur la corde dont la masse linéique sera la plus faible, car la vitesse est une fonction décroissante de cette grandeur.

Partie 2

1. La corde est correctement accordée car on identifie le fondamental à 440 Hz, qui correspond à la fréquence du son émis.

2. La guitare produit un son complexe.

3. Si la corde vibrait à $f = 880$ Hz, on observerait deux fuseaux, car 880 Hz correspond à $n = 2$. Leur largeur l_f est égale à $l_f = \frac{L}{2}$.

4. a. Calcul de la longueur L de la corde de guitare à pincer pour obtenir le mi de la gamme tempérée : $f = n \times \frac{v}{2L} \Leftrightarrow L = n \times \frac{v}{2f}$;

avec $n = 1$ (mode fondamental), $f = 82{,}4$ Hz (d'après le doc. 5) et $v = 32{,}0 \text{ m}{\cdot}\text{s}^{-1}$,

on obtient : $L = \frac{32{,}0}{2 \times 82{,}4} = 0{,}194 \text{ m}$.

b. Pour jouer un si, on doit augmenter la fréquence (car 123 Hz > 82,4 Hz). Il faut donc diminuer la longueur pincée car f et L sont inversement proportionnelles.

5. Si la note n'est pas assez haute, cela signifie que $f_{\text{note}} < f_{\text{accord}}$.

On a : $f = n \times \frac{v}{2L} \Leftrightarrow v = \frac{2 \times f \times L}{n}$;

on en déduit que, à L et n fixés : $v_{\text{note}} < v_{\text{accord}} \Leftrightarrow \sqrt{\frac{T_{\text{note}}}{\mu}} < \sqrt{\frac{T_{\text{accord}}}{\mu}} \Rightarrow T_{\text{note}} < T_{\text{accord}}$.

Il faut donc augmenter la tension à laquelle est soumise la corde.

4 La protection contre le bruit

Partie 1

1. Expression du niveau sonore L en fonction de P : $L = 10 \times \log\left(\frac{I}{I_0}\right)$

avec $I = \frac{P}{4 \times \pi \times r^2}$ soit $L = 10 \times \log\left(\frac{P}{4 \times \pi \times r^2 \times I_0}\right)$.

2. a. Calcul du niveau sonore à une distance de 1,0 m puis de 10,0 m :

$L = 10 \times \log\left(\frac{P}{4 \times \pi \times r^2 \times I_0}\right)$ avec $I_0 = 1{,}0 \times 10^{-12} \text{ W}{\cdot}\text{m}^{-2}$ et $P = 900 \text{ mW} = 0{,}900 \text{ W}$;

• si $r = 1{,}0$ m : $L = 10 \times \log\left(\dfrac{0{,}900}{4 \times \pi \times 1{,}0^2 \times 1{,}0 \times 10^{-12}}\right) = 109\ \text{dB}$;

• si $r = 10{,}0$ m : $L = 10 \times \log\left(\dfrac{0{,}900}{4 \times \pi \times 10{,}0^2 \times 1{,}0 \times 10^{-12}}\right) = 89\ \text{dB}$.

b. Les ouvriers courent un risque sur le chantier car nous sommes dans les deux cas au-dessus de 85 dB, limite imposée par la législation pour le port de casques anti-bruit.

c. La distance minimale D_{min} a pour expression :

$$I = \frac{P}{4 \times \pi \times D_{min}^2} \Leftrightarrow D_{min}^2 = \frac{P}{4 \times \pi \times I} \Rightarrow D_{min} = \sqrt{\frac{P}{4 \times \pi \times I}}.$$

Or $L = 10 \times \log\left(\dfrac{I}{I_0}\right) \Rightarrow I = I_0 \times 10^{\frac{L}{10}}$ avec $L = 85$ dB et $I_0 = 1{,}0 \times 10^{-12}\ \text{W·m}^{-2}$;

d'où $D_{min} = \sqrt{\dfrac{P}{4 \times \pi \times I_0 \times 10^{\frac{L}{10}}}} = \sqrt{\dfrac{0{,}900}{4 \times \pi \times 1{,}0 \times 10^{-12} \times 10^{\frac{85}{10}}}} = 15{,}0\ \text{m}$.

Les ouvriers doivent se tenir à une distance minimale de 15 m de l'engin.

3. On a $L = 10 \times \log\left(\dfrac{P}{4 \times \pi \times r^2 \times I_0}\right)$.

Si P est doublée, on a $P' = 2 \times P$;

d'où $L' = 10 \times \log\left(\dfrac{P'}{4 \times \pi \times r^2 \times I_0}\right) = 10 \times \log\left(\dfrac{2 \times P}{4 \times \pi \times r^2 \times I_0}\right)$

$= 10 \times \log\left(\dfrac{P}{4 \times \pi \times r^2 \times I_0}\right) + 10 \times \log(2)$

soit $L' = L + 3$.

4. D'après la question précédente, une augmentation de 3 dB double la puissance. Un bruit gênant correspond à 60 dB et un bruit dangereux à 90 dB.

On en déduit : $\dfrac{L_{danger} - L_{gênant}}{3} = \dfrac{90 - 60}{3} = 10$.

La puissance sonore doit donc être multipliée par 2^{10} pour atteindre le stade de bruit dangereux.

Partie 2

1. a. Calcul de l'intensité sonore : $I = \dfrac{P}{4 \times \pi \times r^2} = \dfrac{0{,}800}{4 \times \pi \times 5{,}0^2} = 2{,}5 \times 10^{-3}\ \text{W·m}^{-2}$.

Penser à convertir la puissance P en watts (W).

Calcul du niveau sonore : $L = 10 \times \log\left(\dfrac{I}{I_0}\right)$ avec $I_0 = 1{,}0 \times 10^{-12}\ \text{W·m}^{-2}$;

soit $L = 10 \times \log\left(\dfrac{2{,}5 \times 10^{-3}}{1{,}0 \times 10^{-12}}\right) = 94\ \text{dB}$.

On constate que le niveau sonore est au-dessus du seuil de danger de 90 dB : il faut donc porter une protection auditive (la législation impose une protection à partir de 85 dB).

b. À 250 Hz, les atténuations sont les suivantes : 8 dB pour le casque passif et 17 dB pour le casque actif.

On obtient alors les niveaux sonores :
$L_{\substack{\text{casque}\\\text{actif}}} = 94 - 17 = 77\,\text{dB} < 85\,\text{dB}$ et $L_{\substack{\text{casque}\\\text{passif}}} = 94 - 8 = 86\,\text{dB} > 85\,\text{dB}$.
On en déduit que l'ouvrier doit porter un casque actif et non un casque passif qui constitue une protection insuffisante.

2. D'après le graphique, le casque passif est plus efficace que le casque actif pour des fréquences supérieures à 1 000 Hz.

3. a. Le cas 2 permet d'expliquer le fonctionnement du casque actif car on observe que la somme algébrique des deux ondes donne une amplitude nulle à chaque instant.

b. Le casque actif ne permet pas d'obtenir un silence absolu mais d'atténuer le bruit ambiant (entre 17 dB et 20 dB) d'après le document 3.

c. Le casque actif permet d'atténuer le son d'environ 17 dB au moins sur l'ensemble des fréquences. Dans un environnement où le bruit est au niveau du seuil de danger, le niveau sonore ressenti avec le casque actif est égal à : $L_{\text{casque}} = L_{\text{danger}} - 17 = 90 - 17 = 73\,\text{dB}$.
On se retrouve bien en-dessous du seuil de risque (85 dB) et le travail peut donc être effectué en portant un casque actif.

d. L'écart de performance entre le casque passif et le casque actif est le plus grand pour une fréquence égale à 125 Hz : $\left|L_{\substack{\text{casque}\\\text{passif}}} - L_{\substack{\text{casque}\\\text{actif}}}\right| = |6{,}5 - 19{,}5| = 13{,}0\ \text{dB}$.

4. a. Calcul de la distance à laquelle se trouve l'ouvrier sans casque qui perçoit un son de niveau sonore de 85 dB : $I = \dfrac{P}{4 \times \pi \times D^2} \Leftrightarrow D^2 = \dfrac{P}{4 \times \pi \times I} \Rightarrow D = \sqrt{\dfrac{P}{4 \times \pi \times I}}$.

Or $L = 10 \times \log\left(\dfrac{I}{I_0}\right) \Rightarrow I = I_0 \times 10^{\frac{L}{10}}$ avec $L = 85$ dB et $I_0 = 1{,}0 \times 10^{-12}\ \text{W}\cdot\text{m}^{-2}$;

d'où on obtient : $D = \sqrt{\dfrac{P}{4 \times \pi \times I_0 \times 10^{\frac{L}{10}}}} = \sqrt{\dfrac{0{,}500}{4 \times \pi \times 1{,}0 \times 10^{-12} \times 10^{\frac{85}{10}}}} = 11{,}2\ \text{m}$.

Penser à convertir P en watts (W).

b. Calcul de la distance à laquelle se trouve l'ouvrier percevant un son de niveau sonore de 85 dB avec un casque actif :
par lecture graphique, on lit que l'atténuation vaut 17 dB pour 2 000 Hz ;
donc le niveau sonore réel sans casque actif serait : $L_{\text{réel}} = 85 + 17 = 102$ dB.

On a alors : $D = \sqrt{\dfrac{P}{4 \times \pi \times I_0 \times 10^{\frac{L_{\text{réel}}}{10}}}}$, soit $D = \sqrt{\dfrac{0{,}500}{4 \times \pi \times 1{,}0 \times 10^{-12} \times 10^{\frac{102}{10}}}} = 1{,}6\ \text{m}$.

Par conséquent, l'ouvrier muni d'un casque actif peut être beaucoup plus proche de la source sonore.

CHAPITRE 18

Les matériaux

COURS

MÉTHODES ET STRATÉGIES

SUJETS DE TYPE BAC

CORRIGÉS

COURS

Les matériaux

Les matériaux qui nous entourent sont variés et ont différentes applications quotidiennes. En comprenant mieux leur cycle de vie et leur structure, on peut chercher à les améliorer et développer de nouvelles propriétés.

I. Cycle de vie des matériaux

1. Élaboration : séparation des constituants d'un minerai

Pour comprendre cette partie, on étudie le cas de la séparation du fer (sous la forme $Fe(OH)_{3(s)}$ à un pH neutre) et de l'aluminium (sous la forme $Al(OH)_{3(s)}$ à un pH neutre également) contenus dans le minerai de bauxite.

- Pour effectuer cette séparation, on se place à un pH très basique (pH > 12) en ajoutant de la soude (lixiviation de la bauxite). Dans ces conditions, $Al(OH)_{3\,(s)}$ se transforme selon l'équation suivante :

$$Al(OH)_{3\,(s)} + HO^-_{(aq)} \rightleftharpoons Al(OH)^-_{4\,(aq)}$$

Ainsi, le fer étant sous forme solide et l'aluminium sous forme aqueuse, il est possible de les séparer par une simple filtration.

- Pour réobtenir l'aluminium sous forme solide, on se place en milieu neutre :

$$Al(OH)^-_{4\,(aq)} + H^+_{(aq)} \rightleftharpoons Al(OH)_{3\,(s)} + H_2O_{(l)}$$

- L'aluminium peut ensuite être calciné pour avoir la forme Al_2O_3 :

$$2\,Al(OH)_{3\,(s)} \rightarrow Al_2O_{3\,(s)} + 3\,H_2O_{(g)}$$

2. Électrolyse

- L'électrolyse est une **réaction forcée**. Elle est réalisée par un générateur électrique qui impose un courant dans une solution ionique.
- L'électrolyse a de nombreuses applications ; elle permet par exemple de **protéger un métal de la corrosion**. Le cas le plus connu est la **galvanisation**, qui consiste à recouvrir le fer de zinc.

Un autre exemple d'application est celui de la **purification** : le métal impur est placé à l'anode et les ions métalliques viennent se déposer à la cathode. Les impuretés tombent au fond du récipient.

• À la cathode : $Cu^{2+}_{(aq)} + 2e^- = Cu_{(s)}$

• À l'anode : $Cu_{(s)} = Cu^{2+}_{(aq)} + 2e^-$

$$Cu^{2+}_{(aq)} + Cu_{(anode)} = Cu_{(cathode)} + Cu^{2+}_{(aq)}$$

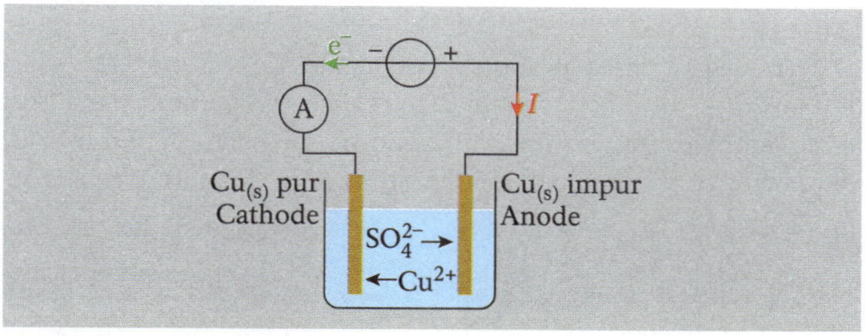

DOC. 1 Schéma d'une électrolyse : purification du cuivre. La masse de l'anode diminue, celle de la cathode augmente.

3. Corrosion des matériaux

- La plupart des métaux (à part l'or, l'argent et le platine) **s'oxydent** naturellement lorsqu'ils sont mis en contact avec le dioxygène (O_2). Le cas le plus connu étant celui du fer qui forme de la **rouille** : le métal est lentement détruit.
- Afin d'éviter ce phénomène, on introduit des blocs de zinc sur les coques de navire contenant du fer. Le zinc se corrodera à la place du fer ; cette méthode constitue donc un moyen de protection de la corrosion. Dans ce cas, le fer et le zinc constituent une **pile électrochimique**, l'eau de mer laissant en effet passer le courant (solution électrolytique).
- Une pile est constituée de **deux demi-piles** reliées électriquement par un **pont salin**. Le cas le plus simple est la demi-pile constituée par une électrode métallique solide, plongeant dans une solution aqueuse contenant le cation métallique de la même espèce. Par exemple, une lame métallique de cuivre $Cu_{(s)}$ plongeant dans une solution de sulfate de cuivre $\left(\mathbf{Cu^{2+}_{(aq)}, SO_4^{2-}{}_{(aq)}}\right)$ constitue une demi-pile.

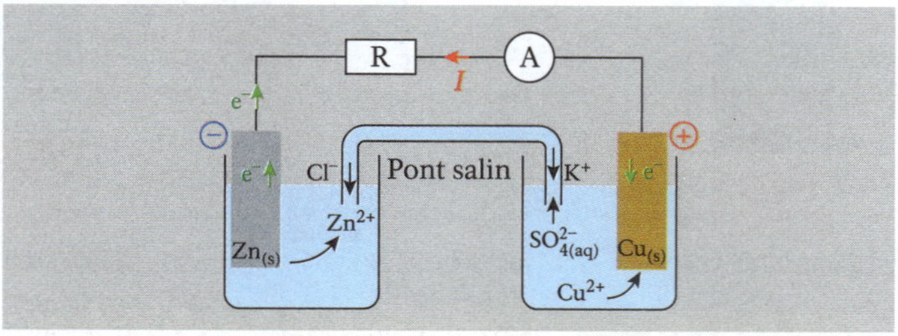

DOC. 2 Schéma d'une pile cuivre-zinc (historiquement appelée pile Daniell). Les mouvements des porteurs de charge sont représentés.

L'électrode où a lieu l'**oxydation** (perte d'électrons) est l'**anode** ; l'électrode siège de la **réduction** (gain d'électrons) est la **cathode**.
Le pont salin assure une liaison électrique entre les deux demi-piles et permet de respecter l'électroneutralité de chacune des demi-piles.
À l'extérieur de la pile, seuls les électrons circulent et à l'intérieur de la pile, ce sont les ions et uniquement eux qui assurent le passage du courant.

4. Recyclage des plastiques

Pour recycler certaines matières plastiques, on peut les **dépolymériser** (réaction inverse de la polymérisation). Cette action peut être réalisée facilement dans le cas du polyméthacrylate de méthyle (plus connu sous le nom de Plexiglas®). Pour cela, on chauffe cette matière plastique : il se forme alors le monomère (le méthacrylate de méthyle) :

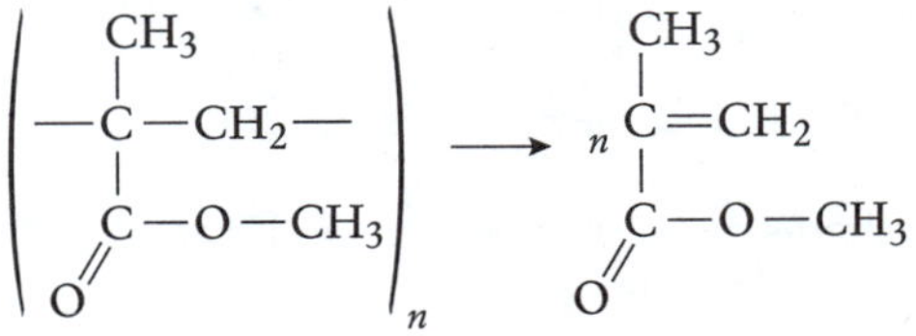

Ce monomère peut reformer du polyméthacrylate de méthyle.

II. Structure et propriétés des matériaux

1. Matériaux conducteur, semi-conducteur et isolant

- Pour comprendre pourquoi certains matériaux conduisent ou non le courant électrique, il faut introduire un modèle quantique de bandes d'énergie à l'échelle atomique : la **théorie des bandes**.

- On considère deux bandes d'énergie :
  - l'une correspond à la **bande de conduction** : elle est de haute énergie. Les électrons contenus dans cette bande peuvent participer à la conduction du courant électrique ;
  - l'autre correspond à la **bande de valence** : elle est de plus basse énergie. Les électrons contenus à l'intérieur de cette bande restent localisés autour du noyau, ils ne participent donc pas à la circulation du courant électrique.

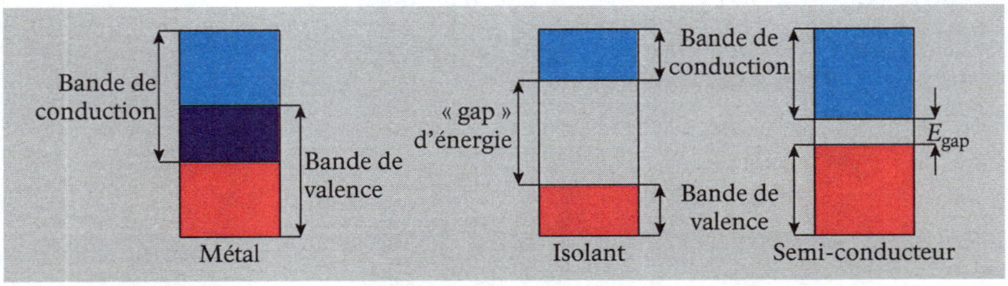

DOC. 3 Bandes de valence et de conduction d'un métal, d'un isolant et d'un semi-conducteur.

- La conduction est facile dans les matériaux conducteurs car les deux bandes se chevauchent ; ce qui n'est pas le cas dans les isolants : la différence entre les deux niveaux d'énergie étant trop grande.

- Pour les semi-conducteurs, l'intervalle d'énergie entre les deux bandes est plus faible, la conduction devient possible lorsqu'on ajoute à la structure cristalline du silicium (Si) ou du germanium (Ge), ou encore des impuretés comme le phosphore (**dopage N**) ou le bore (**dopage P**).

Les **diodes** et les **panneaux photovoltaïques** sont d'ailleurs composés de ces deux dopages avec une **jonction PN**. La diode ne laisse alors passer le courant que dans un seul sens. Dans les panneaux photovoltaïques, seule la jonction N est exposée au soleil, ce qui permet à un électron de la jonction N de passer dans la bande de conduction lorsqu'il a une énergie suffisante.

2. Tensioactifs, mousse et émulsion

Les savons sont des carboxylates de sodium ou de potassium ; ils ont pour formule $R{-}COO^-$, Na^+ ou $R{-}COO^-$, K^+. La partie ionique ($-COO^-$) constitue la partie **hydrophile** (qui se dissout facilement dans l'eau), la partie radicalaire R constitue la partie **hydrophobe** (qui ne se dissout pas facilement dans l'eau). Cette double propriété permet au savon :
- d'être utilisé comme agent de nettoyage ; ils dissolvent les taches de graisses grâce à leur partie hydrophobe ;
- de former des bulles ou de la mousse, car il abaisse la tension superficielle de l'eau (force surfacique à la surface d'un liquide).
- de mélanger de l'huile et de l'eau : il se forme alors une émulsion (même principe que la vinaigrette).

La caséine (protéine que l'on trouve dans le lait), possède les mêmes propriétés que le savon : elle est **amphiphile** (elle possède une partie hydrophile et une partie hydrophobe).

3. Les cristaux liquides

Les cristaux liquides possèdent à la fois les propriétés d'un liquide et d'un solide : ils sont **mésomorphes**. Les différents états qu'ils peuvent prendre dépendent de la température (principe des thermomètres frontaux), de la pression et de la concentration.

Les molécules ont une direction bien déterminée dans la phase **nématique.** Elles sont ordonnées en couches avec des orientations différentes dans la phase **smectique.** Enfin, dans le cas d'une molécule chirale, le cristal liquide peut s'orienter en hélice : c'est l'état **cholestérique**.

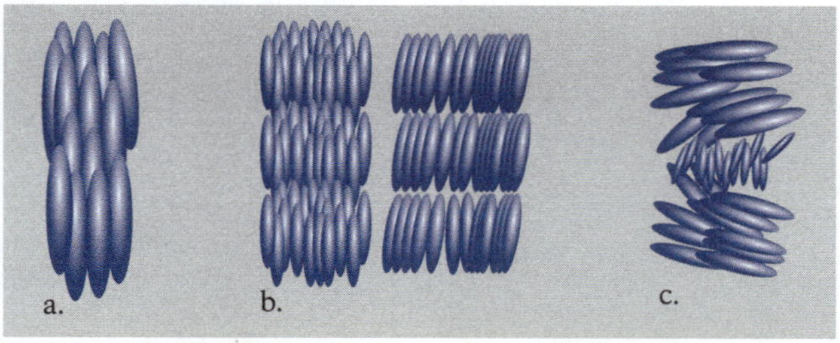

DOC. 4 Orientation des molécules d'un cristal liquide selon leur phase.
a. Phase nématique.
b. Phase smectique.
c. Phase cholestérique.

III. Les nouveaux matériaux

1. Les céramiques et les verres

- Les céramiques et les verres sont des **solides inorganiques**. Les céramiques peuvent être des oxydes (Al_2O_3, ZrO_2;…) ou des non-oxydes (WC, Si_3N_4,…) ou un mélange des deux. Les céramiques sont notamment utilisées comme isolants thermiques et prothèses chirurgicales.
- Les verres eux n'ont pas de structure cristalline bien définie : ce sont des solides **amorphes**. En ajoutant certains composés en faible proportion, on peut améliorer leurs propriétés : par exemple, la vitrocéramique est un verre résistant à la chaleur car on lui a ajouté du ZrO_2.

2. Les nanotubes

Dans les nanotubes, les atomes de carbone sont arrangés sous forme hexagonale, puis ces hexagones sont eux-mêmes disposés sous forme de tube. Ces matériaux sont utilisés (ou à l'étude) dans plusieurs domaines : gilets pare-balles, vêtements autonettoyants, équipements sportifs, stockage de dihydrogène dans les piles à combustibles,…

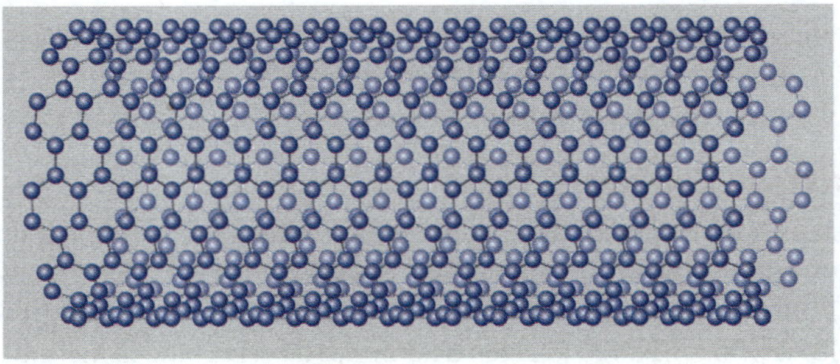

DOC. 5 Nanotube de carbone.

MÉTHODES ET STRATÉGIES

1 Déterminer la variation de masse des électrodes pour une pile ou une électrolyse

> Voir les exercices 2 et 3 mettant en œuvre cette méthode.

Méthode

> **Étape 1 :** Identifier s'il s'agit d'une pile électrochimique (le système est un générateur) ou d'une électrolyse (le système est un récepteur) et faire un schéma du montage expérimental.

> **Étape 2 :** Déterminer le sens de circulation du courant. Cela permet de trouver l'électrode correspondant à l'anode, celle correspondant à la cathode et éventuellement la polarité de la pile.

> **Étape 3 :** Écrire les équations-bilans des réactions se déroulant au niveau de chaque électrode et l'équation-bilan de la pile ou de l'électrolyseur. Établir à partir d'une demi-équation la relation entre la variation de quantité de matière de l'électrode et le nombre d'électrons échangés.

> **Étape 4 :** Utiliser enfin la relation $\Delta m = \Delta n \times M$ où M est la masse molaire du métal, pour obtenir les variations de masse aux électrodes.

Exemple

On considère la pile constituée d'une électrode d'argent plongeant dans une solution de nitrate d'argent ($Ag^{+}_{(aq)}$, $NO^{-}_{3\,(aq)}$) et d'une électrode de plomb plongeant dans une solution de sulfate de plomb ($Pb^{2+}_{(aq)}$, $SO^{2-}_{4\,(aq)}$). Ces deux électrodes sont reliées par un pont salin. Le courant, à l'extérieur de la pile, circule de l'électrode d'argent vers l'électrode de plomb. La pile débite un courant de 500 mA pendant 20 min.
Déterminer la variation de masse sur chacune des électrodes.
Données :
$Q = I \times \Delta t$ avec Q, la charge électrique (en C) ; I, l'intensité du courant électrique (en A) ; Δt, la durée de fonctionnement de la pile (en s).
Une mole d'électrons a une charge électrique en valeur absolue de $q = 9{,}65 \times 10^{4}$ C.

Application

> **Étape 1 :** Il s'agit d'une pile : le système se comporte comme un générateur. On peut réaliser le schéma suivant :

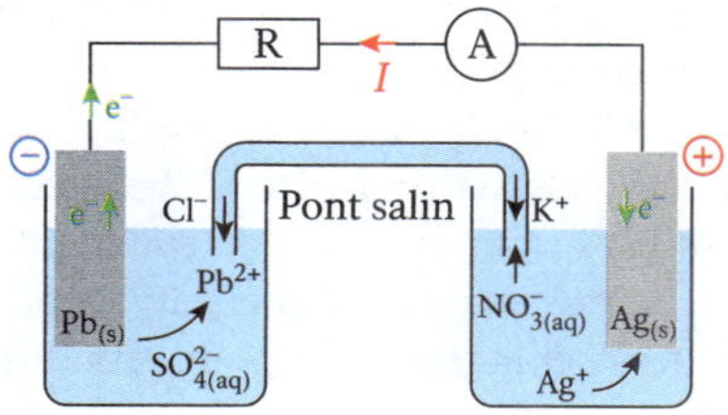

> Étape 2 : Il y a perte d'électrons au niveau de l'électrode de plomb : elle constitue l'anode. Il y a un gain d'électrons au niveau de l'électrode d'argent : elle constitue la cathode. L'électrode d'argent constitue donc le pôle + de la pile, celle de plomb le pôle –.

> Étape 3 : L'électrode de plomb fournit les électrons (réaction d'oxydation) dans la demi-pile de plomb : $Pb_{(s)} = Pb^{2+}{}_{(aq)} + 2\ e^{-}$.
Les ions argent captent un électron et se transforment en atomes d'argent métal (réaction de réduction) : $Ag^{+}{}_{(aq)} + e^{-} = Ag_{(s)}$.
L'équation-bilan de cette pile lorsqu'elle débite un courant a pour expression :

$$Pb_{(s)} + 2\ Ag^{+} \rightarrow Pb^{2+}{}_{(aq)} + 2\ Ag_{(s)}$$

> Étape 4 : À partir des demi-équations, on en déduit les relations :
$\Delta n_{(Pb)} = \dfrac{n_{(e^-)}}{2}$ et $\Delta n_{(Ag)} = n_{(e^-)}$.

De plus, les informations données nous permettent de déduire : $n_{(e^-)} = \dfrac{I \times \Delta t}{9{,}65 \times 10^4}$.

En combinant les deux dernières relations trouvées, on trouve : $\Delta n_{(Pb)} = \dfrac{I \times \Delta t}{2 \times 9{,}65 \times 10^4}$.

En introduisant la masse molaire, on obtient : $\Delta m_{(Pb)} = \dfrac{I \times \Delta t \times M_{(Pb)}}{2 \times 9{,}65 \times 10^4}$

De la même manière, pour l'électrode d'argent, on trouve : $\Delta m_{(Ag)} = \dfrac{I \times \Delta t \times M_{(Ag)}}{2 \times 9{,}65 \times 10^4}$.

La perte de masse à l'anode (électrode de plomb) est :
$$\Delta m_{(Pb)} = \frac{0{,}500 \times 20 \times 60 \times 207{,}2}{2 \times 9{,}65 \times 10^4} = 0{,}64\ \text{g}.$$
Le gain de masse à la cathode (électrode d'argent) est :
$$\Delta m_{(Ag)} = \frac{0{,}500 \times 20 \times 60 \times 107{,}9}{9{,}65 \times 10^4} = 0{,}67\ \text{g}.$$

2 Déterminer l'orientation des molécules amphiphiles selon le milieu avec lequel elles interagissent

> Voir les exercices 4 et 5 mettant en œuvre cette méthode.

Méthode

> Étape 1 : Faire une représentation symbolique de la molécule amphiphile avec une tête représentant la partie hydrophile et une queue en zigzag représentant une chaîne carbonée assez longue (partie hydrophobe).

> Étape 2 : Si le milieu est un corps gras, la molécule amphiphile aura sa queue hydrophobe en interaction avec le corps gras et sa tête hydrophile dirigée vers l'extérieur.
Si le milieu est ionique ou polarisé, la molécule amphiphile aura sa tête hydrophile en interaction avec le milieu et sa partie hydrophobe dirigée vers l'extérieur. Dans ce dernier cas, si le solvant est l'eau, une seconde couche de molécules amphiphiles viendra se chevaucher avec la précédente : la queue hydrophobe sera au contact de la couche hydrophobe précédente et la tête hydrophile sera dirigée vers l'extérieur.

> **Étape 3 :** Représenter ces molécules à l'aide d'un schéma. La molécule amphiphile forme en générale des micelles.

Exemple

Le savon est un carboxylate de sodium ou de potassium (R–COO^-, Na^+ ou R–COO^-, K^+). La partie carboxylate possède une tête hydrophile (–COO^-) et une queue hydrophobe (R). Le savon permet d'enlever les taches de graisse sur un tissu. Expliquer comment le savon peut interagir avec une tache de graisse et enlever la tache du tissu lors d'une lessive ? Que devient la tache par la suite ?

Application

> **Étape 1 :** La molécule amphiphile peut être représentée de la manière suivante :

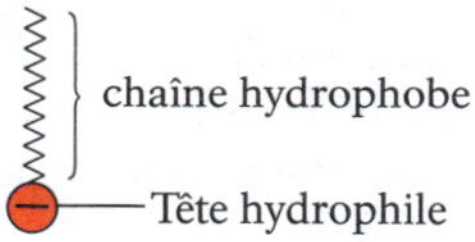

> **Étape 2 :** Lors de la lessive, la tache va capter des molécules de savon : la partie hydrophobe interagit avec la tache d'huile. Le brassage pendant la lessive permet à la tache de capter de plus en plus de tensioactifs (molécules amphiphiles du savon), qui parviennent à décoller la tache du tissu.

> **Étape 3 :** La graisse se trouve en solution, piégée à l'intérieur d'une micelle. On obtient les schémas suivants :

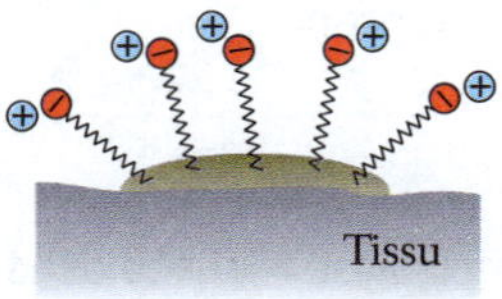

SCHÉMA 1 La tache capte de plus en plus de molécules de savon (tensioactifs).

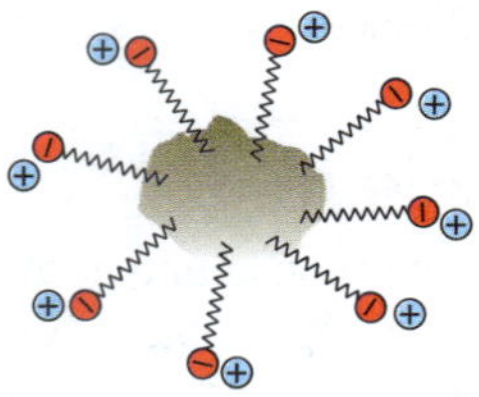

SCHÉMA 2 La tache est détachée du tissu, elle se retrouve au centre de la micelle.

Chaque micelle est entourée d'ions Na^+ ou K^+ qui se repoussent mutuellement : les micelles se dispersent puis disparaissent ensuite au moment du rinçage.

Remarque Les schémas sont très importants pour résoudre ce genre de problème, il faut donc bien les soigner.

SUJETS DE TYPE BAC

1 Minerai de bauxite

45 min

Cet exercice typique de l'épreuve du baccalauréat permet de tester ses connaissances générales sur les matériaux. Sa résolution nécessite de plus une bonne maîtrise des équations-bilans et des tableaux d'avancement.

> Voir le chapitre 10.

La bauxite est un minerai exploité industriellement qui contient en masse et en moyenne 58 % d'alumine ($Al_2O_{3(s)}$), 20 % d'oxyde de fer III ($Fe_2O_{3(s)}$), le reste étant des impuretés.
Parmi ces composés, seule l'alumine (lorsqu'elle est chauffée) réagit avec l'hydroxyde de sodium ($Na^+_{(aq)}$, $HO^-_{(aq)}$) pour former l'ion $Al(OH)^-_{4\,(aq)}$ qui est dissous dans l'eau.
Cet ion $Al(OH)^-_{4\,(aq)}$ réagit avec l'acide chlorhydrique ($H^+_{(aq)}$, $Cl^-_{(aq)}$) pour former un précipité de $Al(OH)_{3(s)}$.
On dispose de 50 g de bauxite et on souhaite séparer l'aluminium du reste de ses composés (oxyde de fer et impuretés) avec la verrerie et les produits usuels du laboratoire.
Le but de cet exercice est de proposer un protocole pour réaliser l'extraction de l'alumine dans la bauxite.

1. Déterminer la quantité de matière d'alumine contenue dans le minerai.

2. Écrire les équations des réactions ayant lieu lors de cette séparation.

3. Déterminer la masse minimale de soude nécessaire pour réaliser cette séparation.

4. Déterminer le volume nécessaire d'acide chlorhydrique, sachant que celui-ci a une concentration de 2,0 mol·L^{-1}.

5. Proposer un protocole permettant de réaliser cette séparation et indiquer les consignes de sécurité. Des schémas peuvent illustrer vos propos.

2 Étamage du fer

45 min

Cet exercice propose une application concrète d'électrolyse réalisée dans l'industrie. De plus, il répond parfaitement aux exigences du nouveau programme puisqu'il permet de s'entraîner à l'analyse et à l'exploitation de documents.

> Voir la méthode et stratégie 1.

DOC. 1 La boîte de conserve

La boîte de conserve a été inventée au début du XIXe siècle. À l'origine, elle était utilisée dans les armées et la marine, puis dans les foyers à partir du milieu du XXe siècle. On la trouve partout dans le monde, principalement pour la conservation des aliments.
Les boîtes sont en acier étamé, c'est-à-dire un acier recouvert d'étain (Sn), l'acier étant un alliage de fer et de carbone. Au début, l'étamage était réalisé à chaud : les feuilles d'acier étaient trempées dans de l'étain en fusion, mais maintenant l'étamage est réalisé par électrolyse.

DOC. 2 Étamage de l'acier

Pour réaliser l'étamage de l'acier par électrolyse, on branche un générateur de tension continue sur une cuve à électrolyse. La cuve à électrolyse contient une solution de sulfate d'étain ($Sn^{2+}{}_{(aq)}$, $SO_4^{2-}{}_{(aq)}$) à 0,200 mol·L^{-1}. L'élément en acier que l'on veut recouvrir d'étain est branché à la cathode. L'anode est constituée d'une électrode d'étain pur ($Sn_{(s)}$).
Le courant est maintenu constant à une intensité $I = 2{,}00$ A.

DOC. 3 Dimensions d'une boîte de conserve

Une boîte de conserve cylindrique de 850 mL a un diamètre de 99 mm et une hauteur de 118 mm.
La surface d'un cylindre est $S_{cylindre} = 2\pi RH + 2\pi R^2$ où R est le rayon du cylindre et H sa hauteur.
Le volume du dépôt sur la surface interne d'un cylindre est $V = S \times e$ où e est l'épaisseur du dépôt.
Données : 1 mole d'électrons a une charge $q = 9{,}65 \times 10^4$ C ;
masse volumique de l'étain : $\rho = 7{,}28$ g·cm^{-3} ;
l'étain appartient au couple $Sn^{2+}{}_{(aq)}/Sn_{(s)}$.

Première partie

1. Pourquoi est-il nécessaire de recouvrir le fer d'étain dans une boîte de conserve ?
2. Quelle(s) partie(s) de la boîte de conserve doit-on recouvrir ?

Deuxième partie

1. Faire un schéma de montage permettant la réalisation de l'électrolyse. Préciser les polarités de votre générateur et les électrodes.
2. Préciser le déplacement des porteurs de charge sur votre schéma.
3. Indiquer les réactions qui ont lieu à chaque électrode.
4. Comment varient les concentrations des ions $Sn^{2+}{}_{(aq)}$ au cours de l'électrolyse ?

Troisième partie

On souhaite réaliser un dépôt de 15 µm sur la surface interne et externe d'une boîte de conserve de taille standard.

1. Montrer que la masse d'étain à déposer est $\Delta m_{(Sn)} = \dfrac{I \times \Delta t \times M_{(Sn)}}{2 \times 9{,}65 \times 10^4}$.
2. Déterminer le temps nécessaire pour réaliser cette électrolyse.

3 Protection contre la corrosion

30 min

Toujours dans l'esprit du nouveau programme, cet exercice demande d'analyser et d'exploiter des documents autour de la notion de corrosion. Sa résolution demande une bonne maîtrise des équations d'oxydoréduction.

> Voir la méthode et stratégie 1.

DOC. 1 Principe de l'anode sacrificielle

Le fer est un métal principalement utilisé dans le domaine de la métallurgie, notamment dans la construction des coques de bateaux. Soumis à l'action de l'eau et du dioxygène, le fer s'oxyde : on parle de corrosion.

Afin d'éviter ce problème, on accole sur les coques de bateaux des blocs de zinc qui s'oxydent à la place du fer : on parle d'anodes sacrificielles. La coque du bateau est ainsi protégée tant que le bloc de zinc n'est pas entièrement consommé.

DOC. 2 Pile électrochimique

Le fer et le zinc forment une pile électrochimique qui peut être décrite selon le schéma ci-contre. L'eau de mer, solution électrolytique, joue le rôle du pont salin. La densité de courant qui s'établit est $j = 0{,}100\ \text{A}\cdot\text{m}^{-2}$.

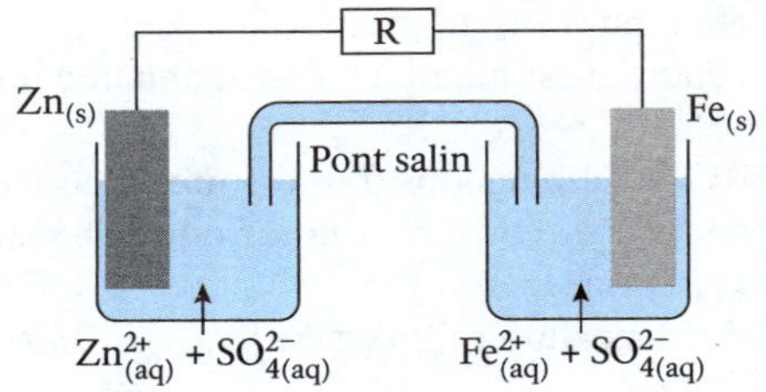

Données :

• 1 mole d'électrons a une charge $q = 9{,}65 \times 10^4$ C ;

• le fer appartient au couple Fe^{2+}/Fe, le zinc au couple Zn^{2+}/Zn ;

• la charge électrique Q est reliée au courant I et au temps Δt par la relation : $Q = I \times \Delta t$ avec Q en C, I en A et Δt en s.

1. Écrire l'équation d'oxydation du fer.

2. À partir des informations dans les documents, indiquer sur la pile du document 2 :
• le mouvement des porteurs de charge à l'intérieur et à l'extérieur de la pile ;
• les équations qui se déroulent au niveau de l'électrode de fer et de zinc ;
• l'anode et la cathode ;
• les polarités de la pile ;
• le sens du courant électrique.

3. Expliquer pourquoi le zinc permet de protéger le fer de la corrosion. Expliquer le terme d'anode sacrificielle.

4. Déterminer la masse minimale de zinc à accoler sur une coque de $50{,}0\ \text{m}^2$ pour la protéger pendant un an.

5. Que peut-on dire du résultat obtenu ?

4 Synthèse d'un savon

60 min

Un exercice d'application concret et complet, en deux parties indépendantes, typique d'une épreuve de baccalauréat, qui demande des connaissances transversales sur plusieurs chapitres du programme.

> Voir la méthode et stratégie 2, ainsi que le chapitre 9.

Partie 1 – Synthèse d'un savon

On peut préparer un savon de Marseille à partir d'huile d'olive et d'une solution concentrée d'hydroxyde de sodium ($Na^+_{(aq)}$, $HO^-_{(aq)}$).

La formule semi-développée de l'huile d'olive est donnée ci-contre.

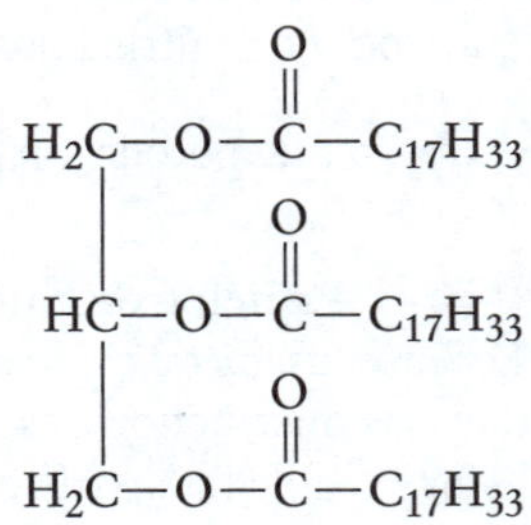

L'équation générale d'une saponification a pour expression :

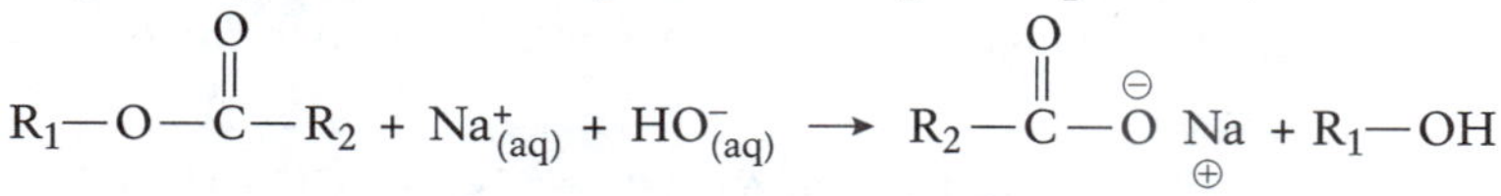

Le composé R_2–COO^-, Na^+ est un carboxylate de sodium : il constitue le savon.
Le mécanisme de la réaction de saponification est le suivant :

Étape 1 :
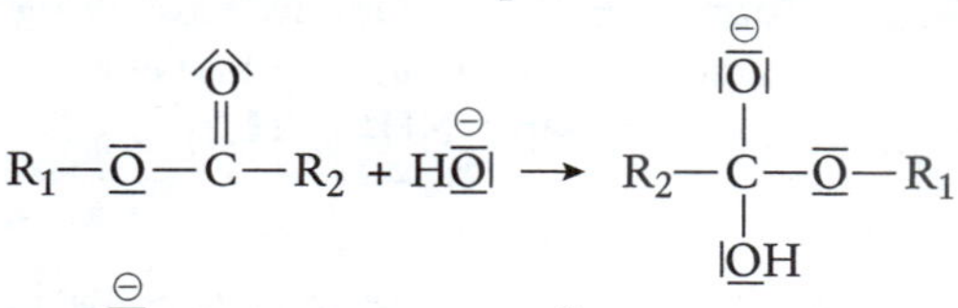

Étape 2 :
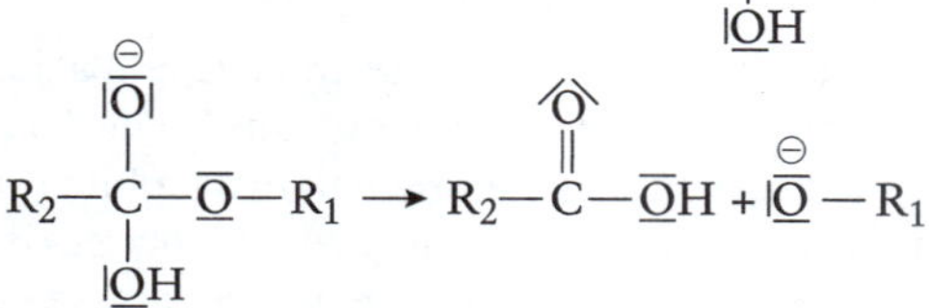

Étape 3 :
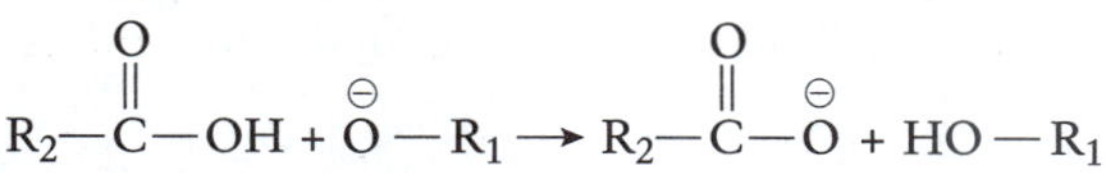

Donnée : densité de l'huile d'olive $d = 0{,}80$.

1. Identifier le(s) groupe(s) caractéristique(s) dans l'huile d'olive.

2. Écrire l'équation de saponification dans le cas de l'huile d'olive.

3. Nommer la molécule formée avec le carboxylate de sodium.

4. À quelle catégorie de réaction appartiennent les étapes 1, 2 et 3 ?

5. Proposer un mécanisme en indiquant le mouvement des doublets d'électrons pour les étapes 1 et 2.

6. Déterminer le volume minimal de la solution d'hydroxyde de sodium ($C = 10{,}0\ mol{\cdot}L^{-1}$) à prévoir pour réaliser la saponification de 20 mL d'huile d'olive.

Partie 2 – Pouvoir moussant des savons

Le savon appartient à la famille des tensioactifs : la molécule comporte une partie hydrophile (qui peut se dissoudre dans l'eau) et une partie hydrophobe (qui ne se dissout pas dans l'eau). Ils peuvent former un film continu à la surface de l'eau : la partie hydrophile est orientée vers l'eau, la partie hydrophobe est à l'air libre. Les molécules sont toutes serrées les unes contre les autres. Ce film peut emprisonner de l'air, ce qui explique le pouvoir moussant des savons.

À partir des documents, répondre au problème suivant : comment s'orientent les molécules de savon à la surface de l'eau et dans une bulle de savon ?

5 Synthèse d'une colle

45 min

Un excellent exercice typique de l'épreuve du baccalauréat qui fait appel à des notions spécifiques de ce chapitre mais également à des connaissances essentielles d'autres chapitres. Sa résolution demande aussi une bonne maîtrise de l'exploitation de documents.

> Voir la méthode et stratégie 2, ainsi que les chapitres 9 et 10.

DOC. 1 **Les acides α-aminés**

Les acides α-aminés sont des acides aminés dont un atome de carbone comporte le groupe COOH et le groupe NH_2. Leur formule générale est $NH_2{-}CH(R){-}C({=}O){-}OH$.

Ces molécules présentent plusieurs formes acido-basiques avec les couples $COOH/COO^-$ et NH_3^+/NH_2. Ils sont chacun caractérisé par un pK_a : le plus petit pour le couple $COOH/COO^-$ (pK_{a1}) et le plus grand pour le couple NH_3^+/NH_2 (pK_{a2}).

DOC. 2 **La caséine**

La caséine est une protéine complexe qui résulte de l'assemblage 209 acides aminés (non nécessairement α-aminés). On la retrouve notamment dans le lait. La caséine est une molécule amphiphile (comme le savon). Elle a une tête hydrophile (qui peut se dissoudre dans l'eau) et une ramification hydrophobe (qui ne se dissout pas dans l'eau). La caséine forme des micelles dans le lait : les molécules de matière grasse sont entourées de molécules de caséine. Ces micelles sont réparties uniformément : le lait forme alors une émulsion.

DOC. 3 **Préparation de la colle**

Une colle est une substance liquide permettant de lier des objets entre eux. Cette substance forme en général un polymère lorsqu'on la laisse sécher à l'air libre. La caséine peut servir de colle, car elle peut polymériser et former un réseau de molécules en trois dimensions. Dans le lait, la caséine est globalement chargée négativement. Si on ajoute un acide dans le lait, les micelles floculent et forment un précipité qui remonte à la surface du lait.

Pour obtenir une colle à partir de 5,0 g de caséine, on ajoute 1,5 g d'hydroxyde de calcium $Ca(OH)_{2(s)}$ et 0,70 g de carbonate de sodium $Na_2CO_{3(s)}$. On ajoute 6 mL d'eau de manière à obtenir une pâte homogène. Lorsque la colle sèche, il se produit des réactions de polymérisation. L'une d'entre elles est la formation d'une chaîne peptidique : il se forme une fonction amide lorsque deux protéines s'associent.

Le but de cet exercice est de répondre aux problèmes suivants :

- comment expliquer que la caséine précipite lorsqu'on ajoute un acide ?
- pourquoi la caséine a-t-elle pu servir de matériau de base dans la synthèse des colles au début du XXe siècle dans l'aéronautique ?

1. Établir le diagramme de répartition des différents couples acido-basiques en fonction du pH pour une protéine quelconque. Comment nomme-t-on l'espèce comprise dans l'intervalle $pK_{a1} < pH < pK_{a2}$?

2. Sous quelle forme la protéine est-elle dans le lait ? Identifier la partie hydrophile et lipophile (hydrophobe) de la caséine.

3. Donner une représentation des micelles présentes dans le lait. Proposer une explication au fait que le lait puisse former une émulsion.

4. Écrire la réaction qui se produit lorsque l'on ajoute l'acide dans le lait. Répondre alors à la première question du problème.

5. Proposer une méthode expérimentale pour récupérer la caséine du lait après introduction de l'acide dans le lait.

6. Répondre à la deuxième question du problème.

6 Panneaux solaires photovoltaïques

30 min

Conforme aux exigences du nouveau programme, cet exercice repose essentiellement sur une bonne analyse et exploitation de documents. C'est l'occasion également de se pencher sur les enjeux techniques et énergétiques de l'énergie solaire.

L'industrie des panneaux solaires photovoltaïques est en pleine expansion. Cependant, ce moyen de production d'électricité reste minoritaire en France, où l'électricité est majoritairement d'origine nucléaire.

DOC. 1 Ensoleillement

La carte ci-dessous indique la répartition de l'ensoleillement en Europe, c'est-à-dire l'énergie lumineuse reçue pendant 1 an pour une surface de 1 m^2. L'ensoleillement peut être exprimé en $kWh \cdot m^{-2}$.

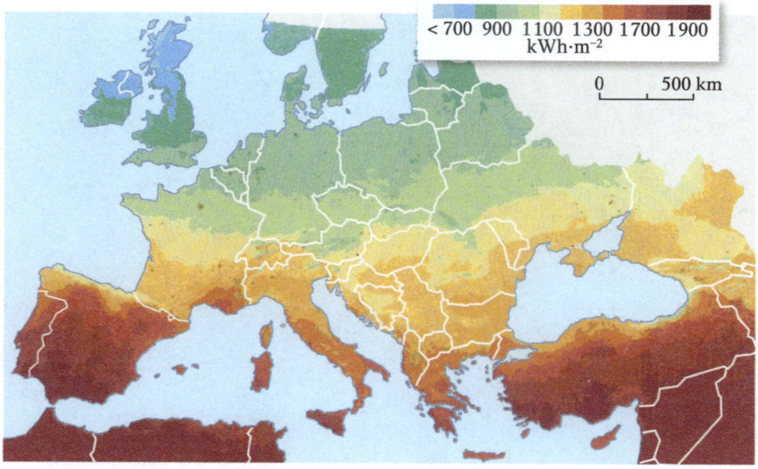

DOC. 2 Caractéristiques d'un panneau photovoltaïque

Pour une puissance lumineuse reçue de 1 000 $W \cdot m^{-2}$, on a représenté la tension U délivrée par un panneau photovoltaïque en fonction de son intensité I :

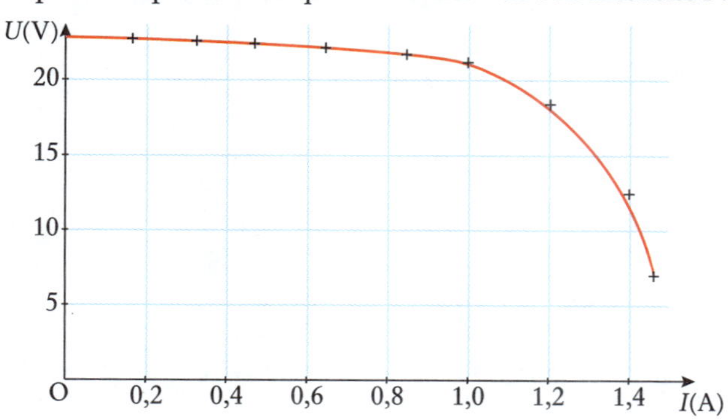

Les valeurs sont indiquées dans le tableau ci-dessous :

U(V)	22,8	22,7	22,5	22,4	22,1	21,7	21,2	18,5	12,5	7,12
I(A)	0,00	0,160	0,320	0,460	0,640	0,840	1,00	1,20	1,40	1,46

Pour déterminer le rendement η d'un panneau photovoltaïque, on peut mesurer le rapport entre la puissance reçue (P_m) et la puissance émise par la cellule ($P_{élec} = U \times I$) :

$$\eta = \frac{U \times I}{P_m}$$

Les dimensions de ce panneau sont de $L \times \ell = 48{,}0$ cm × 32,0 cm.

Données :

• production d'électricité en France en 2012 : 561,2 TWh = $561{,}2 \times 10^{12}$ Wh ;

• la surface de la France est de 550 000 km^2.

À partir des documents, répondre au problème suivant : pourrait-on produire l'électricité en France uniquement avec des panneaux solaires photovoltaïques en fonctionnement optimal ? Discuter de la valeur obtenue.

CORRIGÉS

1 Minerai de bauxite

1. La masse d'alumine contenue dans le minerai est $m_{(Al_2O_3)} = 0{,}58 \times m_{(\text{bauxite})}$.

On en déduit : $n_{(Al_2O_3)} = \dfrac{m_{(Al_2O_3)}}{M_{(Al_2O_3)}} = \dfrac{0{,}58 \times 50}{2 \times 27{,}0 + 3 \times 16{,}0} = 0{,}28$ mol.

La quantité de matière d'alumine présente dans 50 g de bauxite est de 0,28 mol.

2. Lorsque l'on introduit de la soude, il se produit la réaction suivante :

$$Al_2O_{3\,(s)} + 3\,H_2O_{(l)} + 2\,HO^-_{(aq)} \rightarrow 2\,Al(OH)^-_{4\,(aq)}$$

> Pour écrire l'équation-bilan ci-dessus, il faut remarquer que l'alumine subit une hydratation en plus d'une attaque en milieu basique.

La réaction de précipitation par l'acide peut s'écrire :

$$Al(OH)^-_{4\,(aq)} + H^+_{(aq)} \rightarrow Al(OH)_{3\,(s)} + H_2O_{(l)}$$

3. D'après l'équation précédente, pour un mélange en proportions stœchiométriques, on a : $n_{(Al_2O_{3\,(s)})} = \dfrac{n_{(HO^-)}}{2}$, soit $n_{(HO^-)} = 2\,n_{(Al_2O_{3\,(s)})}$.

Or $m_{(NaOH)} = n_{(HO^-)} \times M_{(NaOH)}$, d'où $m_{(NaOH)} = 2\,n_{(Al_2O_{3\,(s)})} \times M_{(NaOH)}$.

> Ne pas oublier de tenir compte de la masse des ions sodium dans la masse totale de la soude.

Application numérique : $m_{(NaOH)} = 2 \times 0{,}28 \times (23{,}1 + 16{,}0 + 1{,}0) = 23$ g.

Il faudra introduire 23 g de pastille de soude au minimum.

4. D'après l'équation $Al_2O_{3\,(s)} + 3\,H_2O_{(l)} + 2\,HO^-_{(aq)} \rightarrow 2\,Al(OH)^-_{4\,(aq)}$, on a :
$n_{(Al(OH)^-_{4\,(aq)})} = 2\,n_{(Al_2O_{3\,(s)})} = 2 \times 0{,}28 = 0{,}56$ mol.

Les coefficients stœchiométriques étant tous égaux à 1 lors de la réaction de précipitation, on en déduit : $V = \dfrac{n}{c} = \dfrac{0{,}56}{2{,}0} = 0{,}28$ L.

5. Pour réaliser l'expérience, il faut se munir d'une blouse, de lunettes et de gants.
Voici les différentes étapes du protocole à réaliser :
Peser 50 g de bauxite, les introduire dans un ballon. Rajouter 200 mL d'eau distillée.
Peser 23 g de pastille de soude puis les introduire également dans le ballon.

> On introduit la soude dans l'eau et non l'inverse : la dissolution des pastilles de soude est une réaction exothermique.

Mettre le ballon contenant le mélange dans un montage à reflux (schéma 1). Chauffer à ébullition pendant 45 min.
Enlever le ballon du montage et le mettre à refroidir. Filtrer sur Büchner (schéma 2).
Le composé recherché $Al(OH)^-_{4\,(aq)}$ se trouve dans le filtrat.
Rajouter tout doucement à l'éprouvette 280 mL d'acide chlorhydrique de concentration 2,0 mol·L^{-1}. Il se forme un précipité blanc $Al(OH)_{3\,(s)}$.

On introduit l'acide chlorhydrique doucement dans le mélange réactionnel car la réaction avec la soude est très exothermique.

Filtrer à nouveau sur Büchner et récupérer $Al(OH)_{3\,(s)}$ dans le filtre.

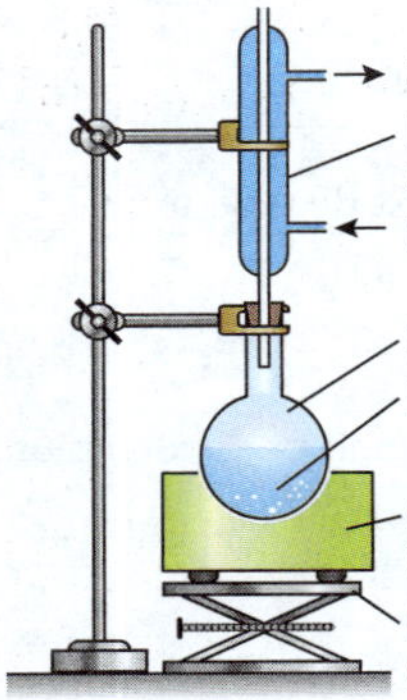

SCHÉMA 1 Chauffage à reflux

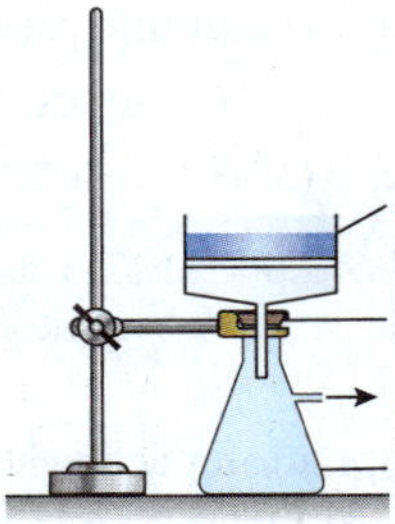

SCHÉMA 2 Filtration sur Büchner

2 Étamage du fer

Première partie

1. Le fer peut s'oxyder et rendre les aliments impropres à la consommation. Le fer recouvert d'étain ne s'oxyde plus.

2. La boîte pouvant être exposée à l'extérieur peut rouiller à l'extérieur et s'oxyder avec les aliments sur la face interne ; il faut donc recouvrir d'étain les deux côtés de la boîte.

Deuxième partie

1. et **2.** Voir le schéma ci-dessous.

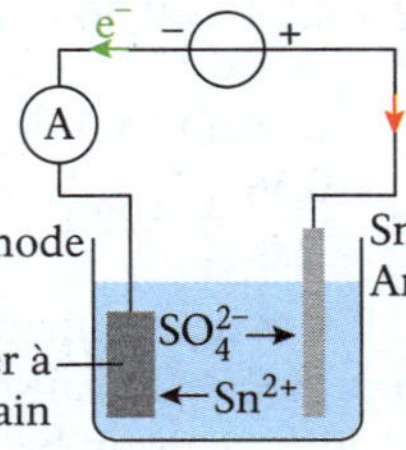

3. À l'anode : $Sn_{(s)} \rightarrow Sn^{2+}_{(aq)} + 2\ e^-$.

À la cathode : $Sn^{2+}_{(aq)} + 2\ e^- \rightarrow Sn_{(s)}$.

4. L'équation globale de la réaction est : $Sn_{(anode)} + Sn^{2+}_{(aq)} \rightarrow Sn_{(cathode)} + Sn^{2+}_{(aq)}$.

Il se crée autant d'ions $Sn^{2+}_{(aq)}$ qu'il en disparaît : la concentration des ions $Sn^{2+}_{(aq)}$ est constante.

L'écriture de l'équation-bilan peut paraître surprenante. C'est pourquoi il est important de préciser dans ce cas l'anode et la cathode.

Troisième partie

1. D'après la réaction se déroulant à la cathode, on en déduit : $n_{(Sn)} = \frac{n_{(e^-)}}{2}$.

Or $Q = I \times \Delta t = n_{(e^-)} \times 9{,}65 \times 10^4$ d'où $\Delta n_{(Sn)} = \frac{I \times \Delta t}{2 \times 9{,}65 \times 10^4}$.

En ajoutant la masse molaire dans l'expression, on retrouve : $\Delta m_{(Sn)} = \frac{I \times \Delta t \times M_{(Sn)}}{2 \times 9{,}65 \times 10^4}$.

2. La surface totale de dépôt est $S = 2 \times S_{cylindre} = 4\pi RH + 4\pi R^2$. Il faut en effet recouvrir d'étain les faces interne et externe de la boîte.
Par conséquent, le volume de dépôt sera $V = S \times e = (4\pi RH + 4\pi R^2) \times e$.
On peut en déduire alors la masse de dépôt d'étain :
$\Delta m_{(Sn)} = \rho \times V = \rho \times (4\pi RH + 4\pi R^2) \times e$.
On égalise avec l'expression trouvée à la question précédente :

$$\rho \times \left(4\pi RH + 4\pi R^2\right) \times e = \frac{I \times \Delta t \times M_{(Sn)}}{2 \times 9{,}65 \times 10^4}.$$

On trouve une expression du temps pour effectuer cette électrolyse :

$$\Delta t = \frac{2 \times 9{,}65 \times 10^4 \times \rho \times \left(4\pi RH + 4\pi R^2\right) \times e}{I \times M_{(Sn)}}.$$

Application numérique :

$$\Delta t = \frac{2 \times 9{,}65 \times 10^4 \times 7{,}28 \times \left(4\pi \times \frac{9{,}9}{2} \times 11{,}8 + 4\pi \times \left(\frac{9{,}9}{2}\right)^2\right) \times 15 \times 10^{-4}}{2{,}00 \times 119} = 9{,}2 \times 10^3 \text{ s}.$$

Il faudra $9{,}2 \times 10^3$ s, soit 2,6 h pour effectuer cette électrolyse.

Les dimensions de la boîte ont été converties en cm pour qu'elles puissent s'annuler avec les cm^3 de la masse volumique.

3 Protection contre la corrosion

1. Lorsque le fer se corrode, il subit une réaction d'oxydation : $Fe_{(s)} \rightarrow Fe^{2+}{}_{(aq)} + 2\ e^-$.

2. On obtient le schéma ci-dessous :

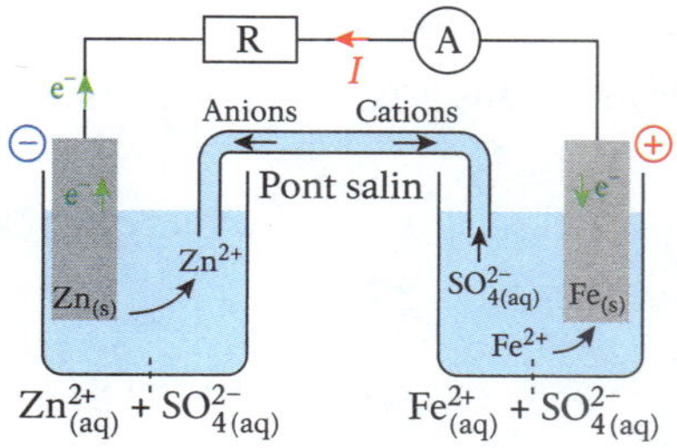

La plaque de fer constitue la cathode qui est le pôle + de la pile. Il se produit la réaction de réduction suivante : $Fe^{2+}{}_{(aq)} + 2\ e^- \rightarrow Fe_{(s)}$.

La plaque de zinc constitue l'anode qui est le pôle − de la pile. Il se produit la réaction d'oxydation suivante : $Zn_{(s)} \rightarrow Zn^{2+}{}_{(aq)} + 2\ e^-$.

3. Lorsque le fer se corrode, il perd ses électrons. Mais ces électrons sont aussitôt récupérés par le fer puisque le zinc s'oxyde aussitôt. On parle d'anode sacrificielle, car le zinc s'oxyde à la place du fer et se détruit petit à petit.

4. L'intensité du courant dans ce cas est : $I = j \times S = 0{,}100 \times 50{,}0 = 5{,}00$ A.

> La relation n'est pas enseignée en terminale S. Cependant, il est facile de la retrouver en étudiant les unités.

D'après la réaction se déroulant à l'anode, on en déduit : $n_{(Zn)} = \dfrac{n_{(e^-)}}{2}$.

Or $Q = I \times \Delta t = n_{(e^-)} \times 9{,}65 \times 10^4$ d'où $\Delta n_{(Zn)} = \dfrac{I \times \Delta t}{2 \times 9{,}65 \times 10^4}$

Soit en rajoutant la masse molaire, on retrouve l'expression demandée :

$$\Delta m_{(Zn)} = \frac{I \times \Delta t \times M_{(Zn)}}{2 \times 9{,}65 \times 10^4}.$$

Application numérique : $\Delta m_{(Zn)} = \dfrac{5{,}00 \times 365 \times 24 \times 3600 \times 65{,}4}{2 \times 9{,}65 \times 10^4} = 5{,}34 \times 10^4$ g.

La masse minimale de zinc à accoler sur le bateau est de 53,4 kg.

5. C'est une masse minimale ; il en faut un peu plus pour protéger réellement la coque. De plus, les blocs de zinc doivent être répartis de façon à peu près homogène sur la coque.

4 Synthèse d'un savon

Partie 1

1. L'huile d'olive possède trois fonctions ester : c'est un triester.

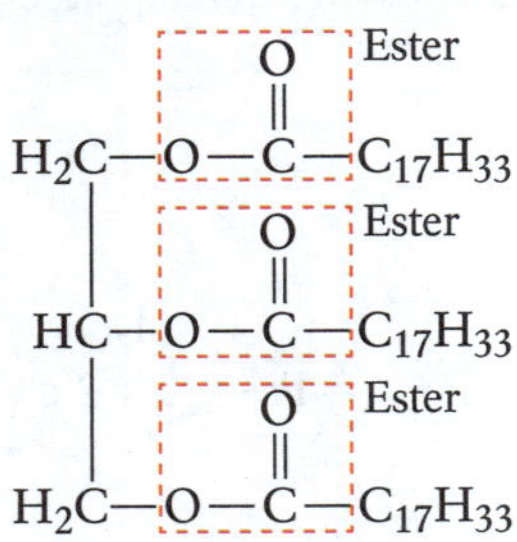

2. L'équation de saponification dans le cas de l'huile d'olive a pour expression :

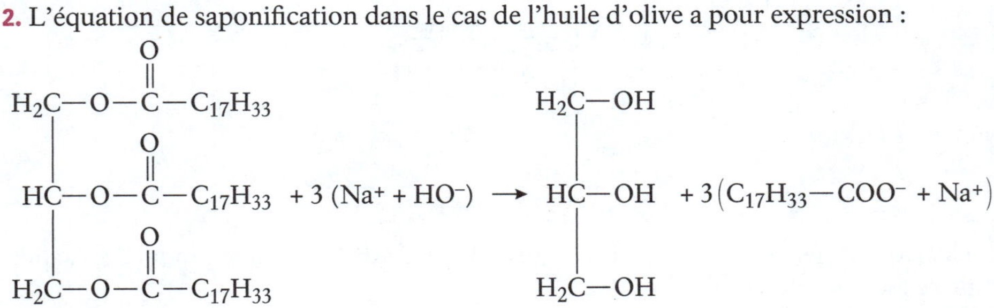

Huile d'olive — Soude — Carboxylate de sodium

3. La molécule formée avec le carboxylate de sodium est le propan-1,2,3-triol.

4. L'étape 1 est une réaction d'addition, l'étape 2 une réaction d'élimination, l'étape 3 une réaction acido-basique.

5. Pour l'étape 1 :

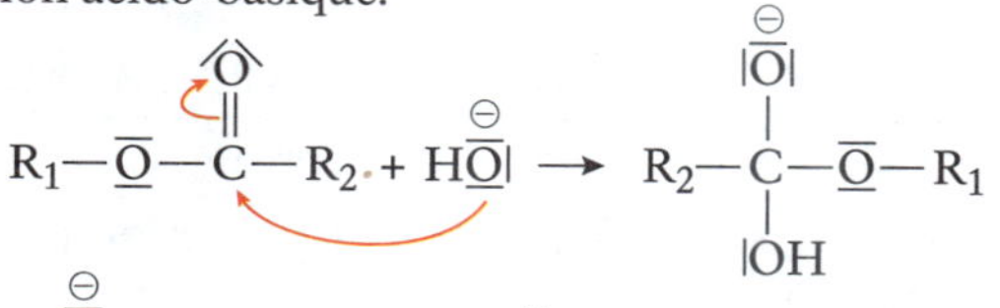

Pour l'étape 2 :

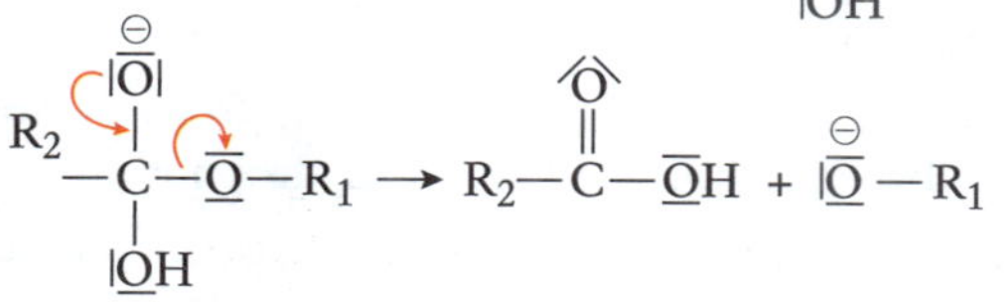

6. La densité de l'huile d'olive étant $d = 0{,}80$, sa masse volumique est :
$\rho = d\rho_{eau} = 0{,}80\ \text{g·mL}^{-1}$.

Le choix de l'unité de la masse volumique (ici g·mL^{-1}) a une importance : elle évite de refaire des conversions par la suite. Le volume est indiqué en mL et la masse en g.

On détermine alors la quantité de matière d'huile d'olive :

$$n_{(huile)} = \frac{\rho \times V}{M} = \frac{0{,}80 \times 20}{57 \times 12{,}0 + 104 \times 1{,}0 + 6 \times 16{,}0} = 1{,}8 \times 10^{-2}\ \text{mol}.$$

D'après l'équation de saponification, on a la relation : $n_{(huile)} = \frac{n_{(soude)}}{3}$
soit $n_{(soude)} = 3\,n_{(huile)}$.

Par conséquent, la quantité de soude à introduire sera :

$$V = \frac{3\,n_{(huile)}}{C} = \frac{3 \times 1{,}8 \times 10^{-2}}{10{,}0} = 5{,}4 \times 10^{-3}\ \text{L}.$$

Il faut prévoir au minimum 5,4 mL de soude pour réaliser cette saponification.

Partie 2

Pour l'ion carboxylate, la partie hydrophile est $-COO^-_{(aq)}$, la partie hydrophobe $C_{17}H_{33}-$. Lorsque les molécules de savon forment un film continu à la surface de l'eau, elles sont orientées de la manière suivante :

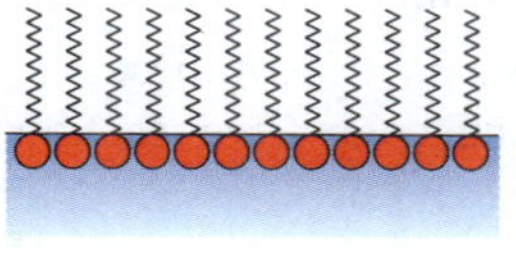

Dans une bulle de savon, les carboxylates sont présents sur la surface interne et externe de la sphère :

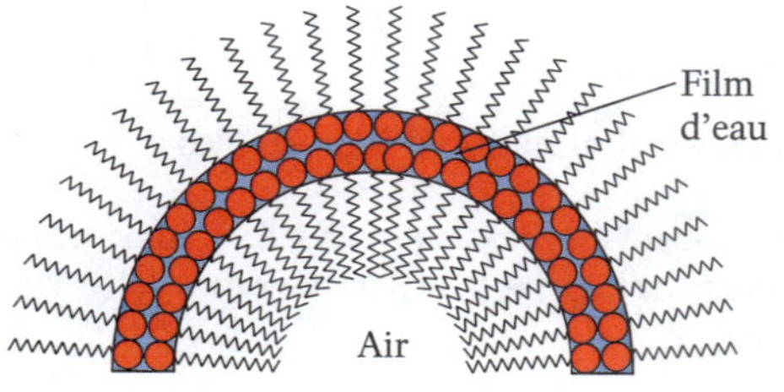

5 Synthèse d'une colle

1. On obtient le diagramme ci-dessous :

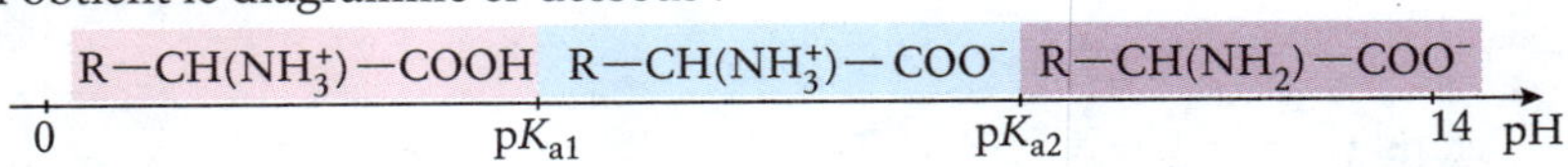

L'espèce comprise dans l'intervalle pK_{a1} < pH < pK_{a2} a des propriétés à la fois acides et basiques : c'est un ampholyte.

2. Dans le lait, la protéine est sous la forme R–CH(NH_2)–COO^-. La partie hydrophile est –COO^-, et R–CH(NH_2)– correspond à la partie hydrophobe.

3. Dans les micelles, la matière grasse est entourée de la caséine, celle-ci s'ordonnant de manière sphérique. On obtient la représentation suivante :

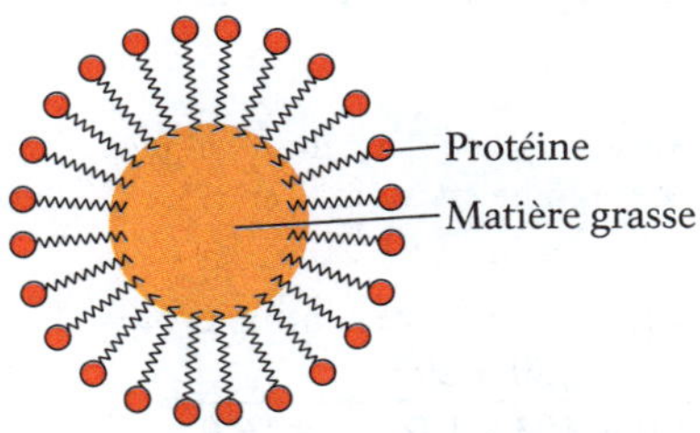

Le lait forme une émulsion car la partie hydrophile de la caséine est chargée négativement : les micelles se repoussent entre elles et se répartissent ainsi dans la solution.

4. La réaction qui se produit lorsque l'on ajoute l'acide dans le lait est une réaction acido-basique :

$$\text{R–CH(NH}_2\text{)–COO}^- + \text{H}^+_{(aq)} \rightarrow \text{R–CH(NH}_3{}^+\text{)–COO}^-$$

Bien que la caséine porte encore des charges partielles (–NH_3^+ et –COO^-), l'ensemble est électriquement neutre : les micelles ne se repoussent plus. Ces micelles peuvent même s'agglomérer car la charge positive d'une micelle peut interagir avec la charge négative d'une autre micelle. On observe alors une précipitation de la caséine.

5. Une fois la précipitation de la caséine effectuée, on peut la récupérer en effectuant une filtration, la caséine se trouvant alors dans le filtre.

6. La caséine peut servir de base pour la synthèse d'une colle, puisque cette molécule peut réagir avec elle-même en effectuant une réaction de polymérisation :

5.

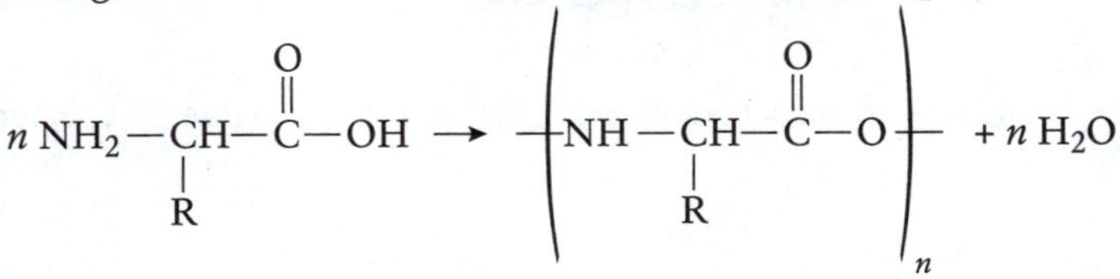

Lorsque la colle sèche, il y a élimination des molécules d'eau.

D'autres réactions interviennent lors de la polymérisation, en particulier des ponts sont créés entre les réseaux de manière à rendre la colle plus résistante.

6 Panneaux solaires photovoltaïques

1. On peut déterminer dans un premier temps la puissance optimale émise par le panneau photovoltaïque étudié :

U (V)	22,8	22,7	22,5	22,4	22,1	21,7	21,2	18,5	12,5	7,12
I (A)	0,00	0,160	0,320	0,460	0,640	0,840	1,00	1,20	1,40	1,46
$P_{élec} = U \times I$ (W)	0	3,63	7,20	10,3	14,1	18,2	21,2	22,2	17,5	10,4

La puissance maximale émise par le panneau est de 22,2 W.

On aurait pu déterminer la puissance maximale par une méthode graphique en traçant la puissance en fonction de l'intensité.

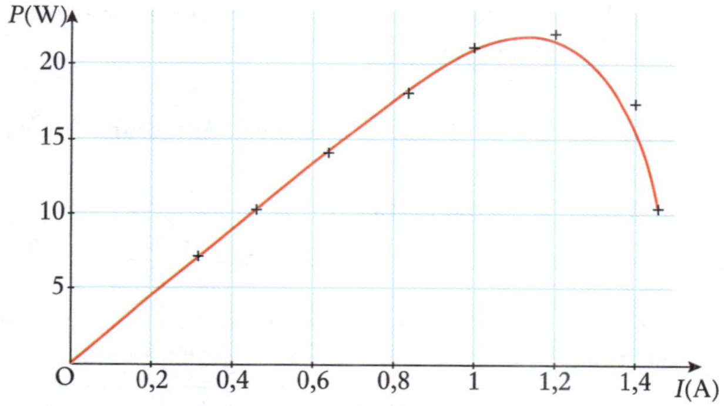

La surface du panneau est $S = L \times l = 0{,}480 \times 0{,}320 = 0{,}154$ m^2.
La puissance lumineuse reçue est donc $P_m = 1\,000 \times 0{,}154 = 154$ W.
Tous ces calculs permettent de déterminer le rendement maximal de la cellule :

$$\eta = \frac{U \times I}{P_m} = \frac{22{,}2}{154} = 14{,}4\ \%.$$

Ensuite, d'après la carte, on peut considérer que l'ensoleillement moyen en France est de 1 300 kWh·m^{-2}. En reprenant le rendement trouvé précédemment, on obtiendrait une production de 0,144×1 300 = 187 kWh·m^{-2} pour un panneau solaire.
La production d'électricité en France est de $561{,}2 \times 10^9$ kWh. On aurait donc besoin de la surface suivante : $S = \frac{561{,}2 \times 10^9}{187} = 3{,}00 \times 10^9\ \text{m}^2$, soit $3{,}00 \times 10^3$ km^2, ce qui est inférieur à la surface de la France ; il semble donc possible de produire de l'électricité en France uniquement avec des panneaux solaires !
En fait, ce résultat correspond en réalité à une surface minimale, puisque l'on a pris le rendement maximal de panneau. De plus, le panneau n'est pas toujours orienté face au soleil. Enfin, les panneaux solaires ne peuvent pas produire d'électricité la nuit et nettement moins l'hiver par rapport à l'été. Toutes ces raisons font que l'énergie solaire ne peut pas être la seule source de production d'électricité en France.

ANNEXES

1. Calculs d'incertitudes de mesure

La mesure d'une grandeur est toujours entachée d'une certaine imprécision. Afin d'apprécier la qualité d'une mesure, il faut évaluer l'incertitude associée.

Vocabulaire

Erreur de mesure : c'est l'écart entre la valeur véritable et celle mesurée.

Incertitude de mesure : c'est une estimation de l'erreur de mesure. On note $U(X)$ l'incertitude sur la mesure d'une grandeur X.

Évaluation de quelques types d'incertitudes

Incertitude sur une mesure unique à l'aide d'une échelle graduée

Considérons une grandeur X dont la valeur est mesurée à l'aide d'une échelle graduée où la valeur d'une graduation est égale à V(graduation). L'incertitude sur la mesure pour un niveau de confiance à 95 % est : $U_1(X) = \frac{2 \times V(\text{graduation})}{\sqrt{12}}$.

Si l'on doit réaliser deux lectures sur l'échelle graduée pour mesurer X, l'expression devient alors : $U_2(X) = \sqrt{2} \times U_1(X)$.

Incertitude avec plusieurs sources d'erreurs

Considérons une grandeur X dont l'expression est : $X = \frac{W \times Z}{Y}$.

Les grandeurs W, Y et Z sont chacune mesurées et associées à une incertitude sur la mesure : $U(W)$, $U(Y)$ et $U(Z)$. L'incertitude sur la valeur de X a alors pour expression :

$$U(X) = X \times \sqrt{\left(\frac{U(Y)}{Y}\right)^2 + \left(\frac{U(W)}{W}\right)^2 + \left(\frac{U(Z)}{Z}\right)^2}$$

Écriture d'un résultat en tenant compte de l'incertitude

L'écriture d'une grandeur X dont la valeur X_{mesure} est issue du résultat d'une mesure avec une incertitude associée $U(X)$ a pour expression : $X = X_{\text{mesure}} \pm U(X)$.

Exemples : $X = 3{,}24 \pm 0{,}02$; $X = (2{,}0369 \pm 0{,}0001) \times 10^{-6}$.

Incertitude relative

Dans le cas de la mesure d'une grandeur X donnant la valeur X_{mesure} avec une incertitude $U(X)$, l'**incertitude relative**, qui est égale à $\frac{U(X)}{X_{\text{mesure}}}$, permet d'avoir une idée de la qualité de la mesure :

- si l'incertitude est inférieure à 0,01 (ou 1 %), on peut considérer la mesure comme étant bonne ;
- si la grandeur X possède déjà une valeur précise connue X_{connue}, le calcul d'incertitude relative r permet d'apprécier la qualité du résultat d'une mesure X_{mesure} :

$$r = \frac{|X_{\text{mesure}} - X_{\text{connue}}|}{X_{\text{connue}}}$$

L'incertitude relative r peut également s'exprimer en pourcentage.

2. Outils mathématiques pour résoudre des problèmes de physique

L'utilisation d'outils mathématiques est indispensable en physique comme en chimie. Il est indispensable de savoir mettre en œuvre de manière autonome certains outils mathématiques (et ceci est d'autant plus vrai dans les études supérieures).

Outils trigonométriques

• Les relations de trigonométrie dans le triangle rectangle :

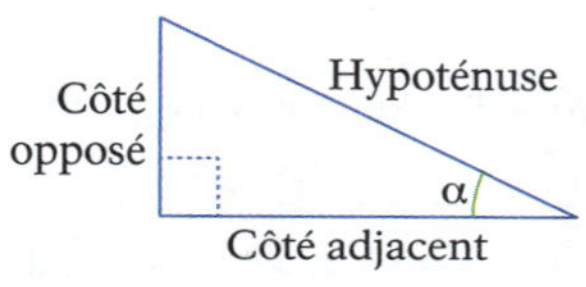

$\cos \alpha = \dfrac{\text{côté adjacent}}{\text{hypoténuse}}$	$\sin \alpha = \dfrac{\text{côté opposé}}{\text{hypoténuse}}$
$\tan \alpha = \dfrac{\text{côté opposé}}{\text{côté adjacent}}$	

• Les relations entre fonctions trigonométriques :

$\tan x = \dfrac{\sin x}{\cos x}$ $\quad\cos^2 x + \sin^2 x = 1$

$\cos(\pi + x) = -\cos x$ $\quad\cos\left(\dfrac{\pi}{2} - x\right) = \sin x$

$\cos(\pi - x) = -\cos x$ $\quad\cos\left(\dfrac{\pi}{2} + x\right) = -\sin x$

$\sin(\pi + x) = -\sin x$ $\quad\sin\left(\dfrac{\pi}{2} + x\right) = \cos x$

$\sin(\pi - x) = \sin x$ $\quad\sin\left(\dfrac{\pi}{2} - x\right) = \cos x$

Outils géométriques

Triangle quelconque

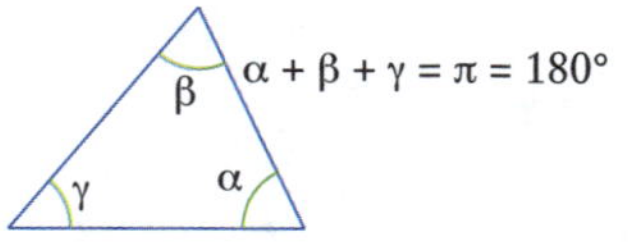

Triangle rectangle

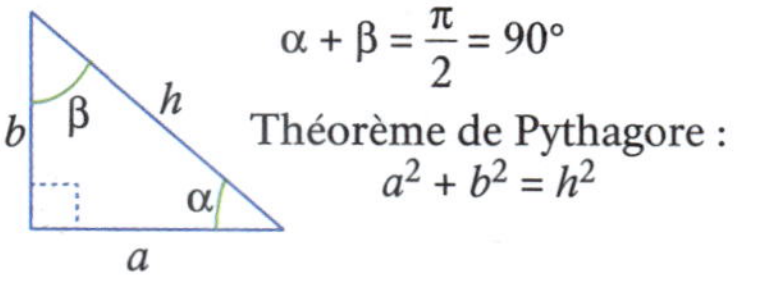

Angles alternes-internes

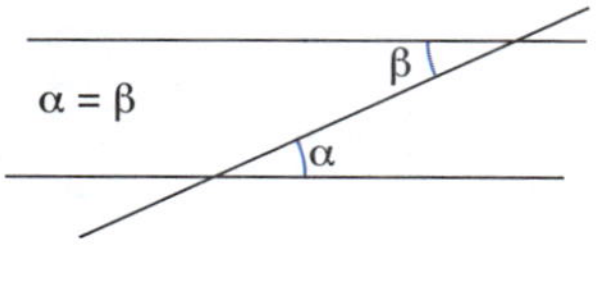

POST BAC

Développements limités

Lorsque la variable x est proche de zéro, on peut approximer des fonctions par des polynômes à l'ordre 1 ou 2.

Développement limité de fonctions usuelles :

$(1+x)^n \approx 1+nx$ $\qquad$ $\ln(1+x) \approx x$

Développement limité de fonctions trigonométriques :

$\cos x \approx 1-\dfrac{x^2}{2}$ $\qquad$ $\sin x \approx x$ $\qquad$ $\tan x \approx x$

Longueurs, aires et volumes

Périmètre d'un cercle de rayon R : $2\pi R$	Aire d'un disque de rayon R : πR^2
Aire d'une sphère de rayon R : $4\pi R^2$	Volume d'une boule de rayon R : $\dfrac{4}{3}\pi R^3$

Courbes planes

Reconnaître les équations cartésiennes d'un certain nombre de courbes planes.

Droite	Branche de parabole	Branche d'hyperbole (POST BAC)	Ellipse (POST BAC)
$y = ax + b$ (affine) $y = ax$ (linéaire)	$y = ax^2$ $y = ax^2 + bx + c$	$y = \dfrac{1}{x}$ $x^2 - y^2 = a^2$	$\left(\dfrac{y}{b}\right)^2 + \left(\dfrac{x}{a}\right)^2 = 1$

INDEX

M, N

O

P

R

S

T, V